Helfen Sie uns, die Arbeit der TYPO3 Association zu unterstützen

Wie bei fast allen Open Source-Projekten hängt auch die erfolgreiche Weiterentwicklung von TYPO3 von der finanziellen Unterstützung durch Dritte ab. Zur Koordination dieser Unterstützung hat die TYPO3 Association – ein Zusammenschluss von Mitgliedern der TYPO3-Community unter Beteiligung des Projektgründers Kasper Skårhøj – das Committee »Research & Development« ins Leben gerufen. An dieses Committee führen wir vom Erlös der bei uns registrierten Exemplare dieses Buches € 1,- ab, zur Unterstützung der weiteren Entwicklung von TYPO3. Indem Sie als Käufer dieses Buches diese Spende online bestätigen, leisten Sie einen wichtigen Beitrag zu Bestand und Weiterentwicklung von TYPO3.

Um die Spende zu bestätigen, wählen Sie unter *http://www.addison-wesley.de/oslib* aus der Liste der angezeigten Bücher per Mausklick diesen Titel aus. Im dann erscheinenden Formularfeld geben Sie bitte den nachfolgenden Code ein und klicken dann auf den »Spenden«-Button, um die Spende abzuschließen. Am erhöhten Zählerstand können Sie ablesen, dass die Spende registriert worden ist.

4G8M-2UJB-B9VV

Ab einem bestimmten Spendenstand werden wir den Gesamtbetrag an das Committee »Research & Development« überweisen und dies unter *http://blog.addison-wesley.de/* mit einer kurzen Meldung dokumentieren. Schauen Sie einfach öfter herein, um zu sehen, was sich tut!

Ihr Addison-Wesley-Team

Das TYPO3 Profihandbuch

open source library

open source library

Open Source Software wird gegenüber kommerziellen Lösungen immer wichtiger. Addison-Wesley trägt dieser Entwicklung Rechnung mit den Büchern der **Open Source Library**. Administratoren, Entwickler und User erhalten hier professionelles Know-how, um freie Software effizient einzusetzen. Behandelt werden sowohl Themen wie Betriebssysteme, Netzwerke und Sicherheit als auch Programmierung.

Eine Auswahl aus unserem Programm:

So vielseitig und erweiterbar TYPO3 auch ist, so hoch sind die ersten Hürden, die Sie als Anwender auf Ihrem Weg vom Einstieg bis zu Ihrer ersten TYPO3-Webseite bewältigen müssen. Auf diesem Weg unterstützt und begleitet Sie das TYPO3-Anwenderhandbuch. Von Aufsetzen und Einrichten des CMS, über die Erstellung und Verwendung von Templates bis hin zu TypoScript, Mehrsprachigkeit und dem Beispiel zweier Praxisprojekte hilft es Ihnen, TYPO3 für Ihre eigenen Webprojekte einzusetzen.

Das TYPO3-Anwenderhandbuch
Joscha Feth
672 S.
Euro 39,95 (D), 41,10 (A)
ISBN 978-3-8273-2354-5

Diese Neuauflage wurde auf die Debian GNU/Linux-Version 4 »Etch« hin aktualisiert und überarbeitet. Sie wendet sich an Nutzer, die vielleicht schon eine Linux-Distribution ausprobiert haben, aber dennoch eine grundlegende Einführung benötigen. Autor Frank Ronneburg bietet genau das: einen Einstieg in alle Bereiche der täglichen Arbeit mit Debian – von der Installation auf verschiedensten Plattformen über Netzwerkeinsatz, Office- und Grafikanwendungen bis hin zu Multimedia. Ein Schwerpunkt des Buch liegt auf der Debian-eigenen Paketverwaltung apt-get.

Debian GNU/Linux 4 Anwenderhandbuch
Frank Ronneburg
768 S.
Euro 49,95 (D), 51,40 (A)
ISBN 978-3-8273-2523-5

Franz Ripfel, Melanie Meyer, Irene Höppner

Das TYPO3 Profihandbuch

Der Leitfaden für Entwickler und Administratoren zu Version 4.1

An imprint of Pearson Education

München • Boston • San Francisco • Harlow, England
Don Mills, Ontario • Sydney • Mexico City
Madrid • Amsterdam

Die Deutsche Bibliothek – CIP-Einheitsaufnahme

Die Deutsche Bibliothek verzeichnet diese Publikation in der Deutschen
Nationalbibliografie; detaillierte bibliografische Daten sind im Internet
über http://dnb.ddb.de abrufbar.

Die Informationen in diesem Produkt werden ohne Rücksicht auf einen eventuellen Patentschutz
veröffentlicht.
Warennamen werden ohne Gewährleistung der freien Verwendbarkeit benutzt.
Bei der Zusammenstellung von Texten und Abbildungen wurde mit größter Sorgfalt vorgegangen.
Trotzdem können Fehler nicht vollständig ausgeschlossen werden.
Verlag, Herausgeber und Autoren können für fehlerhafte Angaben und deren Folgen weder eine
juristische Verantwortung noch irgendeine Haftung übernehmen.
Für Verbesserungsvorschläge und Hinweise auf Fehler sind Verlag und Herausgeber dankbar.

Alle Rechte vorbehalten, auch die der fotomechanischen Wiedergabe und der Speicherung in
elektronischen Medien.
Die gewerbliche Nutzung der in diesem Produkt gezeigten Modelle und Arbeiten ist nicht zulässig.

Fast alle Hardware- und Softwarebezeichnungen und weitere Stichworte und sonstige Angaben, die in diesem
Buch verwendet werden, sind als eingetragene Marken geschützt. Da es nicht möglich ist, in allen Fällen zeitnah
zu ermitteln, ob ein Markenschutz besteht, wird das ® Symbol in diesem Buch nicht verwendet.

Umwelthinweis:
Dieses Produkt wurde auf chlorfrei gebleichtem Papier gedruckt.
Um Rohstoffe zu sparen, haben wir auf Folienverpackung verzichtet.

10 9 8 7 6 5 4 3 2 1

09 08

ISBN 978-3-8273-2322-4

© 2008 by Addison-Wesley Verlag,
ein Imprint der Pearson Education Deutschland GmbH
Martin-Kollar-Straße 10–12, D-81829 München/Germany
Alle Rechte vorbehalten
Einbandgestaltung: Marco Lindenbeck, webwo GmbH (mlindenbeck@webwo.de)
Lektorat: Boris Karnikowski, bkarnikowski@pearson.de
Fachlektorat: Rupert Germann, Jo Hasenau, Ingmar Schlecht
Korrektorat: Friederike Daenecke, Zülpich
Herstellung: Monika Weiher, mweiher@pearson.de
Satz: reemers publishing services gmbh, Krefeld (www.reemers.de)
Druck: Bercker Graph. Betrieb, Kevelaer
Printed in Germany

Inhaltsübersicht

	Geleitwort	21
	Einleitung	23
1	Grundlegendes zum Universum von TYPO3	27
2	Installation	31
3	Das Frontend – vorne raus	67
4	Das Backend – hinten rein	205
5	Das Framework – der Werkzeugkasten	287
6	Extensions entwickeln	387
7	HowTos	525
8	Extension TOP 10 (für Entwickler)	547
9	Spezialthemen	653
	Stichwortverzeichnis	685

Inhaltsverzeichnis

	Geleitwort	21
	Einleitung	23
1	**Grundlegendes zum Universum von TYPO3**	27
	1.1 Open Source und GPL	27
	1.2 Die Entstehungsgeschichte von TYPO3	28
	1.3 Die Community	29
	1.4 Die Association	30
	1.4.1 Active Members	30
	1.4.2 Supporting Members	30
2	**Installation**	**31**
	2.1 Systemvoraussetzungen	32
	2.1.1 Hardware	32
	2.1.2 Software	33
	2.2 Paketwahl und Platzierung auf dem Server	36
	2.2.1 Lösungen für häufig anzutreffende Probleme	37
	2.3 Das Installationstool	39
	2.3.1 Standardmäßiges Passwort ändern	42
	2.3.2 Basiseinstellungen	42
	2.3.3 Datenbank mit $TCA vergleichen	43
	2.3.4 Bildbearbeitung überprüfen	43
	2.3.5 Gezielt Einstellungen suchen und verändern	43
	2.4 Backup/Recovery vorsehen	50
	2.4.1 Export des Seitenbaums	50
	2.4.2 Backup durch TYPO3-Extensions	50
	2.4.3 Eigene Scripts	52
	2.4.4 Ihren Provider fragen	52
	2.5 Extensions einsetzen	52
	2.5.1 Extension Manager konfigurieren	52
	2.5.2 Extensions installieren	54
	2.6 Sprachpakete laden	57
	2.7 Los geht's	58

2.8		TYPO3-Update durchführen	58
	2.8.1	Dateistruktur umstellen	59
	2.8.2	Datenbank aktualisieren	60
	2.8.3	Konfiguration überprüfen, Update Wizard	62
	2.8.4	Extensions überprüfen	63
	2.8.5	Reference-Index-Tabelle aktualisieren	65
	2.8.6	Cache leeren und temporäre Dateien löschen	65
	2.8.7	Superadmin-Script	65
2.9		Materialien zum Weitermachen	66

3 Das Frontend – vorne raus 67

3.1		Tutorial – Die erste Webseite	68
	3.1.1	Vorbereitungen und Inhalte importieren	68
	3.1.2	Das erste TypoScript-Template	68
	3.1.3	Das HTML-Template und CSS einbinden	70
	3.1.4	Marker ersetzen	72
	3.1.5	Verschachtelungen übersichtlicher darstellen	73
	3.1.6	Hauptnavigation erstellen	74
	3.1.7	Eine Breadcrumb-Navigation erstellen	75
	3.1.8	Die Seiteninhalte anzeigen lassen	76
3.2		Grundlagen	77
	3.2.1	Aus der Datenbank in den Browser	77
	3.2.2	Was ist TypoScript (nicht)?	82
	3.2.3	Zusammenspiel mit PHP	82
	3.2.4	TypoScript versus TSconfig	84
	3.2.5	Der Begriff »Template«	86
	3.2.6	HTML-Templates vorbereiten (dynamische und statische Bereiche)	86
3.3		TypoScript-Syntax und -Semantik	88
	3.3.1	Begriffe: Objekt, Objektname, Eigenschaft, Funktion & Co.	89
	3.3.2	Datentypen (data types)	90
	3.3.3	Operatoren und Kommentare	91
	3.3.4	Konstanten	93
	3.3.5	Bedingungen	94
	3.3.6	Die Bedeutung der Reihenfolge	96
	3.3.7	Die TypoScript-Referenz (TSref)	97
3.4		TypoScript-Templates verwalten	101
	3.4.1	Der TypoScript-Template-Datensatz	101
	3.4.2	TypoScript-Konfigurationsbereiche wiederverwenden (temp.*, styles.* und lib.*)	104
	3.4.3	TypoScript-Templates übersichtlich organisieren	105

	3.4.4	TypoScript-Templates in Dateien auslagern	106
	3.4.5	TypoScript-Editoren	109
3.5	Das Modul Web, Template		109
	3.5.1	TypoScript-Templates bearbeiten (Info/Modify)	110
	3.5.2	TypoScript-Struktur betrachten (Object Browser)	111
	3.5.3	Template-Organisation überblicken (Template Analyzer)	114
	3.5.4	Konstanten bequem ändern (Constant Editor)	115
3.6	Das Grundgerüst des Setup-Feldes (Toplevel Objects)		118
	3.6.1	Grundlegende Konfigurationen (CONFIG)	119
	3.6.2	Globale Marker (CONSTANTS)	120
	3.6.3	Das eigene Layout (PAGE)	121
	3.6.4	Metatags (META)	123
	3.6.5	plugin	124
	3.6.6	Ausgabe von Datensätzen (tt_*)	125
3.7	Navigationen (Menüs)		125
	3.7.1	Grundlagen	125
	3.7.2	Der Ausgangspunkt (HMENU)	127
	3.7.3	Textmenüs (TMENU)	128
	3.7.4	Grafisches Menüs (GMENU)	129
	3.7.5	Layermenüs (TMENU_LAYER, HMENU_LAYER)	130
	3.7.6	Menü als Auswahlbox (JSMENU, JSMENUITEM)	131
	3.7.7	Weitere Menütypen	132
	3.7.8	Spezielle Funktionen in Menüs (iProc)	132
	3.7.9	Menüpunkte unterschiedlich behandeln (optionSplit)	134
	3.7.10	Die Ausgabe von Inhalten (cObjects)	136
	3.7.11	Dynamische Textausgabe (HTML, TEXT)	137
	3.7.12	Inhaltselemente zusammenfassen (COA, COA_INT)	138
	3.7.13	Dateien einbinden (FILE)	140
	3.7.14	Bilder darstellen (IMAGE, IMG_RESOURCE)	140
	3.7.15	Datensätze ausgeben (CONTENT, RECORDS)	142
	3.7.16	Navigationen (HMENU)	148
	3.7.17	Text mit Bild darstellen (IMGTEXT)	148
	3.7.18	Fallunterscheidungen einsetzen (CASE)	149
	3.7.19	Globale Variablen verwenden (LOAD_REGISTER und RESTORE_REGISTER)	150
	3.7.20	Mail-Formulare erzeugen (FORM)	151
	3.7.21	Eigene PHP-Scripts verwenden (USER, USER_INT, PHP_SCRIPT)	154
	3.7.22	HTML-Templates verwenden (TEMPLATE)	156
	3.7.23	Bearbeitungsleiste im Frontend (EDITPANEL)	157

Inhaltsverzeichnis

- 3.8 Erweiterte Konfiguration: Funktionen 158
  - 3.8.1 Die Allzweckwaffe (stdWrap) 159
  - 3.8.2 Bilddateien einbinden (imgResource) 161
  - 3.8.3 Klickvergrößern (imageLinkWrap) 163
  - 3.8.4 SQL-Statement konfigurieren (select) 164
  - 3.8.5 Noch mal Bedingungen (if) 164
  - 3.8.6 Links erzeugen (typolink) 167
  - 3.8.7 Textfelder/HTML parsen (parseFunc) 168
- 3.9 Bildbearbeitung mit dem GIFBUILDER 169
- 3.10 Mehrsprachigkeit 173
  - 3.10.1 Verschiedene Konzepte der Mehrsprachigkeit 173
  - 3.10.2 Grundeinstellungen 175
  - 3.10.3 TypoScript 177
  - 3.10.4 Alle Sprachen im gleichen Baum 178
  - 3.10.5 Übersetzungen 188
  - 3.10.6 Ein eigener Baum für jede Sprache 189
  - 3.10.7 Materialien zum Weitermachen 190
- 3.11 Fehler finden 190
  - 3.11.1 Debuggen mit TypoScript 191
  - 3.11.2 Das AdminPanel verwenden 192
- 3.12 Caching 193
  - 3.12.1 Caching-Einstellungen 196
  - 3.12.2 Ungecachte Teilbereiche einer Seite 198
  - 3.12.3 Caching mit URL-Parametern (cHash) 199
  - 3.12.4 Extensions zum Thema Caching 200
- 3.13 Barrierefreiheit 201
  - 3.13.1 Strukturierung des Dokuments durch Überschriften 201
  - 3.13.2 Barrierefreie Menüs 202
  - 3.13.3 Kennzeichnung von Abkürzungen und Akronymen, Glossar 202
  - 3.13.4 Tabellen 202
- 3.14 Materialien zum Weitermachen 203

4 Das Backend – hinten rein 205
- 4.1 Backend-Benutzerverwaltung – Rechte 205
  - 4.1.1 Funktionsweise, Grundprinzip 207
  - 4.1.2 Home-Verzeichnisse 218
  - 4.1.3 Überblick behalten 219

4.2	TypoScript-Konfiguration (TSconfig)	219
	4.2.1 Page TSconfig	220
	4.2.2 User TSconfig	229
4.3	Versioning und Workspaces für das Team	236
	4.3.1 Einführung	236
	4.3.2 Benutzerverwaltung und Rechtevergabe	243
	4.3.3 Der Workspace Manager	245
	4.3.4 Redaktionelles Arbeiten mit Workspaces	263
	4.3.5 Tipps und Tricks	270
	4.3.6 Ausblick	273
4.4	Interessante (oft unbekannte) Funktionalitäten	273
	4.4.1 Arbeitsschritte zusammenfassen	273
	4.4.2 Suchen im Backend	276
	4.4.3 Datenbankfelder kontrollieren	277
	4.4.4 Import/Export	278
	4.4.5 Drag&Drop	280
	4.4.6 Das Klemmbrett (Clipboard)	281
	4.4.7 Lokalisierung	283
	4.4.8 Datensätze im Modul Page anzeigen	283
	4.4.9 Kontrollmöglichkeiten, Logs	283
	4.4.10 Autologin	285
4.5	Extension Manager für Administratoren	285
4.6	Materialien zum Weitermachen	285

5 Das Framework – der Werkzeugkasten **287**

5.1	Aufbau und Funktionsweise	288
	5.1.1 Konzeptioneller Aufbau	288
	5.1.2 Dateisystem	288
	5.1.3 Dateien in typo3conf, Konfiguration	291
	5.1.4 Sprachvielfalt durch Lokalisierung L10n, UTF8	293
5.2	Datenbank	297
	5.2.1 Anforderungen an Tabellen, die von TYPO3 verwaltet werden	297
	5.2.2 Wichtige Tabellen	298
	5.2.3 Wie erkennt TYPO3 neu anzulegende Tabellen?	298
	5.2.4 Tabellenverknüpfungen	300
5.3	Im Zentrum der Macht: The Core	303
	5.3.1 TCE (TYPO3 Core Engine)	303
	5.3.2 $TCA (Table Configuration Array)	312

	5.3.3	Spezialkonfigurationen in defaultExtras	355
	5.3.4	$PAGES_TYPES	356
	5.3.5	Aufbau der Backend-Schnittstelle	357
5.4	Aussehen der Backend-Formulare anpassen		360
	5.4.1	Colorschemes	361
	5.4.2	Styleschemes	362
	5.4.3	Borderschemes	363
5.5	RTE-API		363
5.6	Versioning und Workspaces im Detail		365
	5.6.1	Voraussetzungen für eine versionierbare Tabelle	366
	5.6.2	Sonderfall Löschen und Erzeugen	367
	5.6.3	Eindeutige Felder (unique fields)	368
	5.6.4	Lebenszyklus von versionierten Elementen	368
	5.6.5	Workspaces-API für Programmierer	368
5.7	Kontextsensitive Menüs		368
5.8	Kontextsensitive Hilfe		369
5.9	Funktionsweisen von TYPO3 abändern		371
	5.9.1	Ändern des Core-Codes	371
	5.9.2	Erweiterung mittels XCLASS	372
	5.9.3	Hooks	376
	5.9.4	Services	381
5.10	Texte anpassen		385
5.11	Materialien zum Weitermachen		385
6	**Extensions entwickeln**		**387**
6.1	Wozu Extensions?		388
6.2	Extension Key		389
	6.2.1	Extension Key registrieren	391
6.3	Ja, wo liegt sie denn? Sysext vs. global vs. lokal		392
	6.3.1	System-Extensions, typo3/sysext	392
	6.3.2	Globale Extensions, typo3/ext	392
	6.3.3	Lokale Extensions, typo3conf/ext/	392
	6.3.4	Vorrangreihenfolge	393
6.4	Kickstarter		393
	6.4.1	Allgemeine Informationen	395
	6.4.2	Verschiedene Sprachen vorsehen	396
	6.4.3	Eigene Datenbanktabellen anlegen	397

	6.4.4	Bestehende Datenbanktabellen erweitern	410
	6.4.5	Frontend-Plugin erstellen	411
	6.4.6	Backend-Modul anlegen	414
	6.4.7	Neue Möglichkeiten für bestehende Module hinzufügen	414
	6.4.8	Neue Elemente im Kontextmenü der Seiten	415
	6.4.9	Neuen Service definieren	416
	6.4.10	Statischen TypoScript-Code einfügen	418
	6.4.11	TSconfig hinzufügen	418
6.5		Struktur, Aufbau, Funktionsweise	418
	6.5.1	Extension-Daten in ext_emconf.php	418
	6.5.2	Weitere reservierte Datei- und Ordnernamen	422
	6.5.3	Konfigurationsmöglichkeiten für Extensions (ext_conf_template.txt)	425
	6.5.4	Bereich für Frontend-Plugins (pi*)	427
	6.5.5	Bereich für Backend-Module (mod*)	428
	6.5.6	Bereich für Services (sv*)	431
	6.5.7	Textinformationen und ihre Lokalisierung (L10n)	431
	6.5.8	Und dann geht's los!	436
6.6		Coding Guidelines	436
	6.6.1	Organisationsregeln	437
	6.6.2	Formatierung und Benennung	438
	6.6.3	Programmiergrundsätze mit PHP	442
	6.6.4	Weitere Programmiergrundsätze mit TYPO3	444
	6.6.5	Dokumentation	444
	6.6.6	Datenbankzugriffe	447
	6.6.7	Operationen im Dateisystem	449
6.7		Das Rad nicht neu erfinden, API nutzen	450
	6.7.1	Verfügbare Konstanten	450
	6.7.2	Globale Variablen	453
	6.7.3	Die wichtigsten Klassen für den Extension-Entwickler	457
	6.7.4	Reference Index Table	466
6.8		Cache-Möglichkeiten intelligent nutzen	468
	6.8.1	plugin als USER oder USER_INT	469
6.9		Was Sie verstehen und einsetzen sollten	471
	6.9.1	T3DataStructure, XML und Flexforms	471
	6.9.2	Links im Frontend richtig erzeugen	477
	6.9.3	Cache während der Entwicklung unterdrücken	480
	6.9.4	Sessions im Frontend	481

	6.9.5	Workspaces beachten	482
	6.9.6	Alleinstehende Scripts	487
	6.9.7	Debug: debug und devlog	494
	6.9.8	sysLog	498
6.10	AJAX		500
	6.10.1	Zeichensatz richtig einstellen	505
6.11	Veröffentlichung Ihrer Extension		506
	6.11.1	Dokumentation erstellen	506
	6.11.2	Ins TER hochladen	507
	6.11.3	Ein eigenes Extension Repository aufsetzen	508
6.12	Ausblick: Model-View-Control-Architektur		509
	6.12.1	Struktur, theoretisch	510
	6.12.2	Struktur, praktisch für TYPO3	510
	6.12.3	Erweiterung bestehender Extensions	523
6.13	Materialien zum Weitermachen		524

7 HowTos ... 525

7.1	Darstellung im Backend anpassen		526
	7.1.1	Login-Formular anpassen	526
	7.1.2	Icons und Farben verändern	526
	7.1.3	Datensätze im Page-Modul anzeigen	529
	7.1.4	Position und Erscheinen von Feldern beeinflussen	530
7.2	Label überschreiben		531
	7.2.1	Label über Frontend-TypoScript anpassen	532
	7.2.2	Label für das Backend über Page TSConfig anpassen	532
	7.2.3	Label über Sprachdateien	533
7.3	Kontextsensitive Hilfe einbauen		535
7.4	Datensätze in Feldern speziell bearbeiten (itemsProcFunc)		537
7.5	Eigene Wizards zu Feldern hinzufügen		539
7.6	Durch eigene Listenansichten den Überblick behalten		542
7.7	Den kompletten Seitenbaum auf einmal erzeugen		545

8 Extension TOP 10 (für Entwickler) ... 547

8.1	cal		548
	8.1.1	Beschreibung	548
	8.1.2	Voraussetzungen	549
	8.1.3	Installation und Konfiguration	549
	8.1.4	Anwendung	551
	8.1.5	Spezialwissen	553

Inhaltsverzeichnis

- 8.2 commerce 557
  - 8.2.1 Beschreibung 557
  - 8.2.2 Voraussetzungen 557
  - 8.2.3 Installation und Konfiguration 558
  - 8.2.4 Anwendung 567
  - 8.2.5 Spezialwissen 567
- 8.3 DAM 570
  - 8.3.1 Beschreibung 570
  - 8.3.2 Voraussetzungen 571
  - 8.3.3 Installation und Konfiguration 571
  - 8.3.4 Anwendung 573
  - 8.3.5 Spezialwissen 578
- 8.4 direct_mail 584
  - 8.4.1 Beschreibung 585
  - 8.4.2 Voraussetzungen 585
  - 8.4.3 Installation und Konfiguration 585
  - 8.4.4 Anwendung 592
  - 8.4.5 Spezialwissen 596
- 8.5 indexed_search 599
  - 8.5.1 Beschreibung 599
  - 8.5.2 Voraussetzungen 599
  - 8.5.3 Installation und Konfiguration 600
  - 8.5.4 Anwendung 601
  - 8.5.5 Spezialwissen 603
- 8.6 realurl 606
  - 8.6.1 Beschreibung 606
  - 8.6.2 Voraussetzungen 606
  - 8.6.3 Installation und Konfiguration 607
  - 8.6.4 Anwendung 608
  - 8.6.5 Spezialwissen 609
- 8.7 rtehtmlarea und weitere Rich-Text-Editoren 612
  - 8.7.1 Beschreibung 613
  - 8.7.2 Voraussetzungen 613
  - 8.7.3 Installation und Konfiguration 613
  - 8.7.4 Anwendung 616
  - 8.7.5 Spezialwissen 616

8.8	templavoila	....	618
	8.8.1	Beschreibung	618
	8.8.2	Voraussetzungen	618
	8.8.3	Installation und Konfiguration	619
	8.8.4	Anwendung	629
	8.8.5	Spezialwissen	631
8.9	timtab (Weblog)	....	642
	8.9.1	Beschreibung	642
	8.9.2	Voraussetzungen	642
	8.9.3	Installation und Konfiguration	642
	8.9.4	Anwendung	643
	8.9.5	Spezialwissen	644
8.10	tt_news	....	645
	8.10.1	Beschreibung	645
	8.10.2	Voraussetzungen	646
	8.10.3	Installation und Konfiguration	646
	8.10.4	Anwendung	648
	8.10.5	Spezialwissen	649

9 Spezialthemen **653**

9.1	Sicherheit	....	653
	9.1.1	Organisationsverschulden	654
	9.1.2	Beliebte Angriffsvarianten	655
	9.1.3	Grundsätzliche Sicherheitsmaßnahmen	659
	9.1.4	Einstellungen im Install Tool	661
	9.1.5	Standard-Admin-Benutzer deaktivieren	663
	9.1.6	Coding Guidelines einhalten	663
	9.1.7	Abonnieren Sie die Mailingliste TYPO3-Announce	663
	9.1.8	Weitere Möglichkeiten	664
	9.1.9	Zugriffsgeschützte Seiten im Frontend	665
	9.1.10	Spam-Vermeidung	666
	9.1.11	Materialien zum Weitermachen	668
9.2	TYPO3 im Intranet mit Single Sign On (SSO)	....	669
	9.2.1	Authentifizierungsmodul für Apache einrichten	670
	9.2.2	LDAP für PHP aktivieren	670
	9.2.3	Browsereinstellungen	671
	9.2.4	Testumgebung einrichten	672
	9.2.5	TYPO3 konfigurieren	672
	9.2.6	Troubleshooting	674

9.3		Seiten mit sehr viel Last, Performance	676
	9.3.1	Lasttests durchführen	676
	9.3.2	Technische Rahmenbedingungen und Erfahrungswerte	676
	9.3.3	TYPO3 Cache nutzen, serverseitig	677
	9.3.4	Cache Control Headers, clientseitig	678
	9.3.5	Statische Files	680
	9.3.6	PHP-Beschleuniger	680
	9.3.7	Apache optimieren	680
	9.3.8	Datenbank optimieren (MySQL)	681
	9.3.9	Hardware, Cluster	683
	9.3.10	Materialien zum Weitermachen	683
9.4		Werkzeuge für Profis	683

Stichwortverzeichnis ... **685**

Dieses Buch ist den Aufbauhelfern unserer Firma,
der Open Source Community und allen Menschen gewidmet,
die sich ehrenamtlich engagieren.

Geleitwort

TYPO3 ist in aller Munde, wenn es um Content Management geht, vor allem im deutschsprachigen Raum. Fast könnte man von einem Siegeszug sprechen, und das wäre auch in mehrfacher Hinsicht gar nicht so falsch, da der Erfolg auch typische Nebenwirkungen gezeigt hat.

Zum einen hat die Nachfrage nach TYPO3-Implementationen viele Dienstleister unvorbereitet getroffen, denen es nur teilweise gelungen ist, das nötige Wissen aufzubauen. Aus der langjährigen Praxis und vielen Gesprächen mit tatsächlich erfahrenen Dienstleistern weiß ich, wie oft versucht wurde, TYPO3 im Projekt »mal eben« zu erlernen, nicht selten mit fatalen Folgen für die Qualität, Kosten und Termine. Nicht selten steht man vor solchen Altlasten und kann dem verkorksten Status Quo nur den rettenden Gnadenschuss geben.

Auch aus diesem Grund ist ein weiteres Buch ausgewiesener Experten und TYPO3-Begeisterter nicht zu verwechseln mit der Vielzahl von Schnellschüssen, die dem Erfolg der ersten Bücher nacheifern wollten. Der Versuch dieses vorliegenden Buches, angehende TYPO3-Experten tatkräftig zu unterstützen, ist so umfänglich über den Text bis hin zur `abz_*`-Extensionfamilie umgesetzt, wie es nur eine kleine Zahl der bisherigen Titel von sich behaupten kann.

Entwickler, die TYPO3 beherrschen, sind zuallererst wichtig für TYPO3 selbst, denn nur diese können durch Support auf den Mailinglisten und ihren Beitrag durch eigene Extensions zur qualitätsvollen Erweiterung und Entwicklung beitragen. Ein weiterer Grund für ein weiteres Buch ist natürlich die Weiterentwicklung von TYPO3 einerseits, aber auch die Kundenerwartung andererseits. TYPO3 wird in immer anspruchsvolleren Situationen eingesetzt, und Weltunternehmen beweisen in »mission critical«-Anwendungen seine Eignung. Der Weg dahin, solche Aufgaben zu lösen, ist weit und steil und nicht leicht zu meistern. Proviant wie dieses Buch soll helfen, das Ziel zu erreichen und TYPO3 in allen Situationen zu beherrschen.

Schließlich wird dieses Buch mit jedem gekauften und beim Verlag registrierten Exemplar einen Euro in die Kasse der TYPO3 Association spenden. Das ist angesichts knapp kalkulierter Bücher nicht nur nobel, sondern auch vorbildhaft, weil es eine Investition in die Zukunft von TYPO3 darstellt. Die TYPO3 Association hat sich zum Ziel gesetzt Mittel in Form von Mitgliedsbeiträgen und Spenden zu sammeln, um die Weiterentwicklung des Projekts von Partikularinteressen zu entkoppeln und für das Projekt wichtige Arbeiten vor den alltäglichen wirtschaftlichen Zwängen Freiwilliger zu schützen. In dem nunmehr dritten Jahr ihrer Aktivität zählt die TYPO3 Association mehr als 100 Personen und ebenso viele Unternehmen zu ihren Unterstützern, dazu nun auch diesen Buchtitel, bzw. Sie, seinen Käufer. Ihnen, den Autoren und dem Verlag Dank dafür im Namen der TYPO3-Community!

Daniel Hinderink

Vorstands- und Gründungsmitglied der TYPO3 Association
München

Einleitung

Zielsetzung und Zielgruppen

Nachdem es lange Zeit im TYPO3-Universum nur Bücher für den Einstieg in TYPO3 gab, hat sich in letzter Zeit auch im Bereich für Administratoren und Entwickler etwas getan. Mit diesem Buch haben wir uns zum Ziel gesetzt, einen Meilenstein für die Ausbildung von fähigen TYPO3-Entwicklern zu setzen. Dabei wollen wir Entwicklern sowohl den Einstieg in die professionelle TYPO3-Programmierung erleichtern als auch bereits erfahrenen Haudegen weiteres Wissen an die Hand geben, um die Qualität und Nachhaltigkeit von TYPO3, von entwickelten Extensions und von damit umgesetzten Projekten zu erhöhen. Administratoren sollen wichtige Zusammenhänge, Tipps und Tricks vermittelt bekommen, um ihre TYPO3-Installationen sauber, sicher und gut pflegbar vorliegen zu haben. Dabei wollen wir nicht nur TYPO3 an sich behandeln, sondern auch die für den Projekterfolg wichtigen Rahmenthemen wie Sicherheit oder Teamarbeit einbeziehen.

In Kürze gesagt, dieses Buch ist für

- Administratoren, die bereits (erste) Erfahrungen mit TYPO3 gesammelt haben und ihr Wissen weiter vertiefen möchten,
- Entwickler mit PHP-Wissen, die die vielfältigen Möglichkeiten von TYPO3 ausschöpfen wollen, sowie für
- Projektleiter und technisch versierte Vertriebsmitarbeiter, die über die Zusammenhänge, Funktionsweise und Möglichkeiten von TYPO3 Bescheid wissen wollen.

Es ist *nicht* für

- Redakteure, die eine Seite pflegen und sich nicht darum kümmern müssen, dass und wie das System funktioniert, bzw. für
- Designer, die Layouts liefern, aber mit der technischen Umsetzung nichts zu tun haben.

Redakteuren empfehlen wir das *Handbuch für Redakteure*[1] von Werner Altmann.

Einsteigern in TYPO3 empfehlen wir generell die Einsteiger-Tutorials.

---

1 *Handbuch für Redakteure*: http://www.artplan21.info/232.0.html

Als Grundlagenwerk zu TYPO3, aber auch für dieses Buch, empfehlen wir folgenden Titel: *Das TYPO3 Anwenderhandbuch* von Joscha Feth, Addison-Wesley Verlag, erschienen 11/2006, ISBN: 978-3-8273-2354-5

Extensions

Da TYPO3 im Prinzip eine Bündelung von verschiedenen Extensions darstellt, werden entsprechend viele Extensions im Buch genannt werden. Bei der Erwähnung von Extensions werden wir immer den Extension Key nennen und die Extension damit bezeichnen, um eine Eindeutigkeit und leichte Auffindbarkeit im *TYPO3 Extension Repository (TER)* zu gewährleisten.

Anglizismen überall

Sie werden in diesem Buch an vielen Stellen Anglizismen finden. Wir haben versucht, bei gleicher Ausdrucksstärke den deutschen Begriff zu verwenden, allerdings wurde an vielen Stellen bewusst auf Übersetzungen verzichtet.

Wir nutzen im Buch bei TYPO3-spezifischen Begriffen immer die englische Variante, um einen einheitlichen Sprachgebrauch sicherzustellen und eine Recherche im Internet zu den jeweiligen Schlüsselwörtern zu erleichtern.

Grafische Darstellungen des Konfigurations- und Redaktionsbereiches von TYPO3 sind ausschließlich in englischer Sprache gehalten. Bereiche im Backend, Feldnamen von Datensätzen und wichtige TYPO3-spezifische Begriffe nennen wir alle bei ihrem englischen Namen. Wir empfehlen Ihnen deswegen, beim Arbeiten mit diesem Buch im Backend die englische Sprache eingestellt zu lassen, um jeweils sofort die Verknüpfungen herstellen zu können.

Natürlich haben wir gute Gründe für dieses Vorgehen:

- Viele Texte im TYPO3-Kern sind nicht in andere Sprachen übersetzt, wir können also nur auf diesem Wege eine einheitliche Sprachwelt schaffen.

- Wenn Sie im Internet nach Hilfestellungen zu Problemen suchen, haben Sie mit den englischen Begriffen deutlich mehr Chancen, auf die richtige Lösung zu kommen. Die deutschsprachige TYPO3-Gemeinde ist zwar sehr groß und schlagkräftig, die offizielle Entwicklersprache ist jedoch Englisch. Work locally, think globally!

Der rote Faden

Wir haben versucht, in einem Schaubild zu visualisieren, wie TYPO3 aufgebaut ist und welche Komponenten an welcher Stelle aktiv sind. Sie werden in jedem Kapitel des Buches erfahren, an welcher Stelle im Schaubild wir uns gerade befinden, falls es sich nicht um ein übergreifendes Kapitel handelt.

Dieses Schaubild erhebt nicht den Anspruch auf Vollständigkeit, und man kann es vielleicht an der einen oder anderen Stelle als nicht ganz korrekt bezeichnen. Das liegt jedoch daran, dass es nicht unser Ziel war, ein wissenschaftlich lupenreines Gebilde zu schaffen, sondern wir wollen durch die Visualisierung ein Verständnis für die Zusammenhänge schaffen und die Leser so an die komplexe Thematik TYPO3 heranführen.

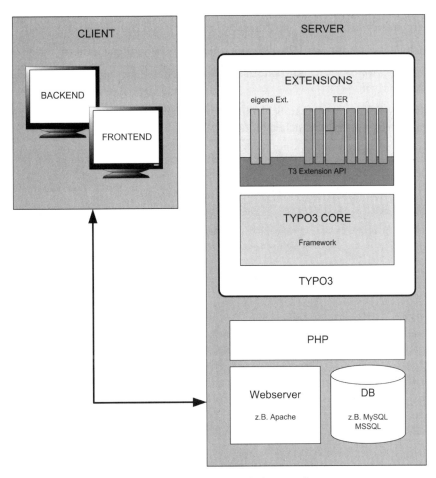

Abbildung E.1: TYPO3 & Friends schematisch dargestellt

Dank

Während der Arbeit an diesem Buch haben wir (auch aus der Projektarbeit heraus) viel Feedback und eine Menge Anregungen bekommen. Vielen Dank an alle, die uns unterstützt, unsere Zeitknappheit geduldet und uns mit Projekten beauftragt haben.

Einen besonderen Dank möchten wir folgenden Personen aussprechen:

- unseren Lebenspartnern, die uns Zeit und Kraft für diese Unternehmung gaben
- der TYPO3-Community und ihren vielen unermüdlichen guten Geistern
- unserem Lektor Boris Karnikowski für das Vertrauen, die Freiheiten und die gute Zusammenarbeit
- unseren Fachlektoren Ingmar Schlecht, Rupert Germann und Jo Hasenau, die einen sauberen Rundschliff sicherstellten
- der Sprachlektorin Friederike Daenecke für die vielen sprachlichen Verbesserungen

1 Grundlegendes zum Universum von TYPO3

1.1 Open Source und GPL

TYPO3 unterliegt der *GNU General Public Licence*[1], der am weitesten verbreiteten Open Source-Lizenz. Kurz und vereinfacht ausgedrückt hat das folgende Konsequenzen:

1. TYPO3 ist kostenlos erhältlich, die Quellen können von jedermann heruntergeladen und begutachtet werden.
2. TYPO3 darf ohne Einschränkung für jeden Zweck genutzt werden. Dies schließt eine kommerzielle Nutzung ausdrücklich ein.
3. Sie dürfen TYPO3 nach Belieben für Ihre Zwecke anpassen, allerdings muss das Ergebnis Ihrer Anpassung wieder der GPL unterliegen. Dies gilt auch für Extensions, die für TYPO3 geschrieben werden. Die einzige Ausnahme hiervon sind Applikationen, die auch für sich allein funktionsfähig wären. Daraus folgt:
4. Sie sind nicht verpflichtet, eigene Extensions zu veröffentlichen bzw. herauszugeben. Sie können allerdings niemandem grundsätzlich verbieten, Ihre Extension nach Belieben für eigene Zwecke einzusetzen oder anzupassen.

Die große Beliebtheit, Verbreitung und Unterstützung durch die Community hängt in sehr starkem Maße mit dem Open Source-Gedanken zusammen. Nicht umsonst ist der Leitspruch von TYPO3:

TYPO3 – inspiring people to share!

Für den Umgang mit Kunden, die in kommerziellen Bahnen denken, haben Sie als Agentur oder Selbstständiger im Prinzip zwei Möglichkeiten:

1. Nur der Kunde bekommt Ihre entwickelten Erweiterungen zu sehen. Damit hat er als Einziger eine Nutzungsmöglichkeit.

---

[1] GPL: http://www.gnu.org/copyleft/gpl.html,
deutsche Fassung: http://www.gnu.de/gpl-ger.html

2. Sie überzeugen den Kunden davon, dass er durch den Einsatz von TYPO3 bereits einen großen (auch finanziellen) Vorteil hat und eine Nutzung neuer Extensions durch Dritte die Weiterentwicklung dieser Extensions fördert. Oft macht es auch Sinn, eine Extension über mehrere Projekte hinweg weiterzuentwickeln und damit Kosten zu teilen.

Tipp

Im Sinne des Gemeinschaftsgedankens: Falls Sie für bestimmte Funktionalitäten im *TYPO3 Extension Repository* eine Extension ausfindig gemacht haben, diese aber noch nicht ganz Ihren Bedürfnissen entspricht, nehmen Sie Kontakt mit dem Entwickler auf, um eventuell gemeinsam die Extension zu verbessern oder zu erweitern, anstatt diese selbst im stillen Kämmerchen »umzubiegen«. Aus der Zusammenarbeit resultieren in der Regel besserer Code und vielfältigere Einsatzmöglichkeiten. Außerdem behalten Sie die Update-Möglichkeit, die Sie sich sonst verspielen.

1.2 Die Entstehungsgeschichte von TYPO3

Die Ursprünge reichen bis ins Jahr 1997 zurück. Damals, noch lange vor dem Internet-Hype, war Content Management noch kein allseits bekannter Begriff. Die Vorteile und die Notwendigkeit einer Trennung zwischen Layout und Content waren jedoch einigen Leuten schon klargeworden, darunter auch Kasper Skårhøj.

Webseiten sollten demzufolge pflegbar sein, ohne dass der Redakteur auf HTML-Kenntnisse angewiesen ist. Kasper entwickelte bei der Webagentur *Superfish.com* bis zum Sommer 1999 die ersten Versionen von TYPO3. Als klar wurde, dass sich Superfish.com – inzwischen mit einer anderen Firma fusioniert – nicht in Richtung Content Management weiterentwickeln würde, verließ Kasper die Firma, mit allen Rechten für eine selbstständige Weiterentwicklung von TYPO3 ausgestattet. Kasper hatte bereits erkannt, dass seine Vorstellungen von Qualität bei der kommerziellen Softwareentwicklung aufgrund der rasanten Entwicklung des Marktes praktisch nicht einzuhalten waren.

Also stürzte sich Kasper voller Enthusiasmus allein auf die Aufgabe, TYPO3 fertigzustellen. Ein volles Jahr lang dauerte es, bis Kasper im August 2000 die erste Betaversion unter der GNU-OpenSource-Lizenz veröffentlichte, eine Woche vor seiner Hochzeit mit Rie. Bereits nach wenigen Monaten in der Öffentlichkeit konnte TYPO3 eine stetig wachsende Gemeinde vorweisen.

Im Winter 2002 startete dann die erste *TYPO3 Snowboard Tour* in Österreich mit 25 Teilnehmern, was einen großen Motivationsschub bei den Entwicklern auslöste.

Ein Meilenstein in der Erfolgsgeschichte von TYPO3 wurde im November 2002 erreicht, als die Version 3.5 mitsamt dem neuen Extension Manager freigegeben wurde. Damit war die Möglichkeit für unzählige Programmierer auf der ganzen Welt geschaffen, praktisch ohne Abhängigkeit von der Kerngemeinde TYPO3 mit eigenen Erweiterungen für kundenspezifische Wünsche einzusetzen. Seitdem ist die Zahl der begeisterten TYPO3-Nutzer und -Entwickler und die Zahl verfügbarer Extensions explodiert, während am Kern viele Verbesserungen und Vereinheitlichungen vorgenommen wurden.

Was daraus entstanden ist, können Sie selbst sehen: eines der bekanntesten und erfolgreichsten Open Source-Projekte weltweit!

1.3 Die Community

Die TYPO3-Community[2] ist in den letzten Jahren zu einer großen internationalen Gemeinschaft aus TYPO3-Enthusiasten, -Nutzern und -Anfängern herangewachsen. Die größte Popularität und Aktivität von TYPO3 ist derzeit im deutschsprachigen Raum zu finden, obwohl die Ursprünge in Dänemark liegen. Nichtsdestotrotz scheint der Siegeszug auch auf internationaler Ebene nicht mehr aufzuhalten zu sein. Das Rückgrat der Kommunikation bilden die Mailinglisten, die auch als Newsgroup abonnierbar sind. Auf lokaler Ebene sind viele Usergroups entstanden, die einen persönlichen Austausch ermöglichen. Der sehr dynamische Charakter unserer Community zeigt sich in der schnell wachsenden Anzahl von aktiven Menschen und in den vielen weiteren Kommunikationsmöglichkeiten. Dazu zählen z. B. ein IRC-Chat, verschiedene Arbeitsgruppen und nicht zuletzt die internationalen Treffen wie die *TYPO3 Snowboard Tour*, die *TYPO3 Developer Days* oder die *T3CON*. Sogar ein eigenes Magazin (*T3N Magazin*[3]) kann TYPO3 mittlerweile vorweisen.

Um die vielen Aufgaben und Herausforderungen eines Systems wie TYPO3 zu meistern, wurden Teams für verschiedenste Aufgaben gebildet. Dazu gehören z. B. das *Bug Fixing Team*, das *TYPO3 Core Team*, das *Marketing Team*, das *Certification Team* und das *Security Team*.

Informationen zu allen Möglichkeiten und Aktivitäten finden Sie auf der offiziellen Seite *http://www.typo3.org*.

> **Tipp**
>
> Wir möchten Sie an dieser Stelle nachdrücklich dazu ermutigen, aktives Mitglied der Community zu werden. Neben netten Kontakten bekommen Sie dadurch viele wichtige und hilfreiche Hintergrundinformationen, vom Spaßfaktor bei den verschiedenen Treffen ganz zu schweigen!

---

2 TYPO3-Community-Seite: *http://typo3.org/community*
3 T3N Magazin: *http://www.yeebase.com/*

1.4 Die Association

Die *TYPO3 Association*[4] wurde im November 2004 vom Vater von TYPO3, Kasper Skårhøj, und weiteren langjährigen Mitstreitern vorbereitet und aus der Taufe gehoben. Das Hauptziel der Association ist es, die Zukunftsfähigkeit von TYPO3 sicherzustellen und die Weiterentwicklung zu fördern. Dazu gehören Aufgaben wie

- Organisation von Veranstaltungen für die Weiterbildung ihrer Mitglieder und der Community
- Forcierung und Finanzierung der Weiterentwicklung von TYPO3, Einbringung internationaler Softwarestandards
- Ausbildung und Zertifizierung von Einzelpersonen und Firmen, um die Qualität von Projekten sicherzustellen
- Marketing und Branding für TYPO3

In der Association gibt es zwei Arten von Mitgliedern:

1.4.1 Active Members

Diese Gruppe stellt den Kern der Association, sozusagen das Management. Sie besteht aus sehr wenigen, langjährig verdienten Mitgliedern der Community, bestimmt im Wesentlichen die eingeschlagene Richtung der TYPO3-Entwicklung und versucht, der Community eine Struktur zu geben.

1.4.2 Supporting Members

Alle Nutzer von TYPO3 sind aufgerufen, Supporting Member zu werden. Dies ist sowohl für Einzelpersonen als auch für Firmen möglich. Die nötigen Schritte zur Mitgliedschaft finden Sie auf der Webseite der Association.

---

4 *TYPO3 Association: http://association.typo3.org/*

2 Installation

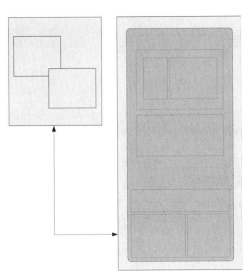

Da dieses Buch an Entwickler und Administratoren gerichtet ist, gehen wir davon aus, dass Sie durchaus in der Lage sind, selbst TYPO3 ohne größere Schwierigkeiten zu installieren. Wir werden deshalb nicht auf Profanes und sehr einfache Sachverhalte eingehen. Jedoch geben wir hier einen Überblick über grundsätzliche Voraussetzungen und Informationen, die Ihnen die Installation leichter machen und diese besser auf die anstehenden Aufgaben vorbereitet.

Hinweis

Eine ausführliche Anleitung mit den vielen zur Verfügung stehenden Optionen können Sie im *TYPO3 Anwenderhandbuch* von Joscha Feth[1] nachlesen oder in den vielfältigen Dokumentationen zu TYPO3 recherchieren.

---

1 Erschienen bei Addison-Wesley, 2006, ISBN 978-3-8273-2354-5.

Bevor Sie TYPO3 als schlagkräftiges Content Management-Werkzeug einsetzen können, müssen Sie eine lauffähige Installation vorliegen haben. Um dies zu erreichen, haben Sie mehrere Möglichkeiten:

- Sie mieten ein Webpaket bei einem Provider mit vorinstalliertem TYPO3.
- Sie bitten Ihren Administrator oder einen fähigen Mitarbeiter, TYPO3 für Sie zu installieren.
- Sie installieren TYPO3 selbst.

2.1 Systemvoraussetzungen

2.1.1 Hardware

TYPO3 als Content Management System wird in aller Regel auf einem Webserver für das Internet oder Intranet betrieben. Je nach Einsatzgebiet Ihrer TYPO3-Installation können hier große Unterschiede in den Anforderungen auftreten. Eine kleine Webseite mit ein paar Dutzend Besuchern am Tag ist nicht mit einem weltweit bekannten Informationsportal wie z. B. *typo3.org* zu vergleichen.

Falls Sie ein sogenanntes Shared-Hosting-Paket bei einem Hosting-Anbieter in Anspruch nehmen wollen, müssen Sie vorher sicherstellen, dass TYPO3 problemlos auf dem Paket eingesetzt werden kann. Mittlerweile gibt es viele Anbieter, die speziell zugeschnittene Pakete für TYPO3 bereitstellen. Eine Suche im Internet nach den Stichwörtern »typo3 hosting« wird Ihnen hier viele Möglichkeiten aufzeigen.

Für einen eigenen Rechner sind 512 Mbyte Arbeitsspeicher ein absolutes Minimum. Bei intensivem Einsatz von Bildbearbeitung oder bei der Generierung von PDF-Dateien darf es ruhig auch deutlich mehr sein.

Achtung

Stellen Sie beim Betrieb eines eigenen Servers sicher, dass Sie über entsprechendes Wissen zur Wartung und vor allem zur Sicherheit eines Webservers verfügen.

2.1.2 Software

Browser und Browsereinstellungen

Zum Arbeiten mit TYPO3 genügt Ihnen lokal ein normaler Standardbrowser wie der Internet Explorer oder Firefox. Es müssen jedoch ein paar Einstellungen richtig gesetzt sein, um auch effizient arbeiten zu können.

- JavaScript aktivieren

  Im TYPO3-Backend wird an vielen Stellen JavaScript eingesetzt, um ein komfortables Arbeiten zu ermöglichen. In der Regel werden Sie JavaScript sowieso bereits aktiviert haben, da viele Webdienste darauf zurückgreifen.

- Popup-Fenster für die bearbeitete Domain freischalten

  An manchen Stellen wird vom TYPO3-Backend ein Popup-Fenster geöffnet, um z. B. Verknüpfungen zu erstellen oder ein abgelaufenes Login zu erneuern. Falls Sie Popups nicht generell freigeben wollen, sollte Ihnen Ihr Browser die Möglichkeit geben, gezielt für einzelne Domains Popups zu erlauben.

- Cookies akzeptieren

  Um sich im Backend überhaupt anmelden zu können, müssen Sie Cookies erlauben. Auch hier wird Ihnen Ihr Browser Möglichkeiten zur Differenzierung anbieten, falls Sie Cookies nicht generell akzeptieren wollen.

Abbildung 2.1: Einstellungsmöglichkeiten in Firefox 2.0

Webserver

TYPO3 ist grundsätzlich auf jedem Webserver einsatzfähig, der PHP betreiben kann. Generell zu empfehlen ist der weltweit meistgenutzte Webserver Apache.[2] Aber auch der IIS von Microsoft wird gemeinsam mit TYPO3 erfolgreich eingesetzt.

---

2 *Apache HTTP-Server-Projekt: http://httpd.apache.org*

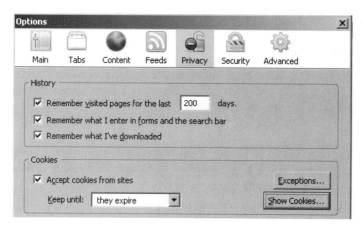

Abbildung 2.2: Weitere Einstellungsmöglichkeiten in Firefox 2.0

PHP

PHP 4 ab der Version 4.3.0 ist derzeit wohl am häufigsten im Live-Einsatz. Seit der TYPO3-Version 3.7 wird auch PHP 5 unterstützt, ab der TYPO3-Version 4.2 ist PHP 5.2 als Mindestanforderung festgelegt.[3] Für einen reibungslosen Betrieb ist ein Wert von mindestens 16 Mbyte, besser 32 Mbyte für die Einstellung memory_limit erforderlich. Der Extension Manager der TYPO3-Version 4.0 ist jedoch auch damit oft noch nicht zufriedengestellt; erhöhen Sie bei Problemen also diesen Wert. Ab der TYPO3-Version 4.1 wurde der Speicherhunger deutlich reduziert, eine Erhöhung kann jedoch unter Umständen trotzdem nötig sein.

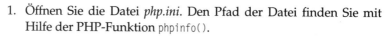

Exkurs: Den verfügbaren Arbeitsspeicher erhöhen Sie wie folgt mittels *memory_limit*:

1. Öffnen Sie die Datei *php.ini*. Den Pfad der Datei finden Sie mit Hilfe der PHP-Funktion phpinfo().

2. Suchen Sie nach dem String memory_limit.

3. Ändern Sie den Wert (standardmäßig 8M) auf 32M oder mehr.

4. Die Zeile sollte jetzt so aussehen: memory_limit = 32M;.

5. Speichern Sie die Datei, und starten Sie den Webserver neu.

---

3 http://buzz.typo3.org/people/stucki/article/leaving-php4-behind und http://wiki.typo3.org/index.php/4.2_Development

In der Datei *localconf.php* (Konfigurationsdatei jeder TYPO3-Installation) lassen sich die Einstellungen für `memory_limit` direkt oder im Web über das Install Tool festlegen. Suchen Sie nach `setMemoryLimit`. Diesen Weg können Sie versuchen, falls Sie bei Ihrem Provider nicht auf die Datei *php.ini* zugreifen können. Mehr Informationen zum Install Tool finden Sie weiter unten in diesem Abschnitt.

Datenbank

Die Standarddatenbank für TYPO3 ist MySQL. Zu empfehlen sind Versionen ab 4.0.18. Bis zur TYPO3-Version 4.0 war MySQL die einzige Datenbank, die einen problemlosen Einsatz ermöglichte. Seit 4.0 ist jedoch eine Abstrahierungsschicht für Datenbanken, der sogenannte *Database Abstraction Layer (DBAL)*, mit in den Kern von TYPO3 aufgenommen und dessen Unterstützung durchgängig sichergestellt. DBAL unterstützt mit Hilfe von ADODB eine breite Palette von relationalen Datenbanken und kann sogar für eine Datenhaltung in XML konfiguriert werden. Der erfolgreiche, bisher jedoch nicht immer problemlose Einsatz von Oracle und Microsoft SQL Server für produktive Systeme ist bereits von Agenturen bekannt gegeben worden. Weitere Informationen zur hier nötigen Konfiguration finden Sie mit dem aktuellsten Stand im TYPO3-Wiki für Oracle[4] und MS SQL[5].

Hinweis

Es gibt noch einige Extensions, die nur MySQL unterstützen. Stellen Sie sich also bei einem Einsatz einer anderen Datenbank als MySQL auf zusätzlichen Aufwand ein, falls Sie Extensions von Dritten nutzen wollen.

GDLib, FreeType, ImageMagick, GraphicsMagick

Diese Grafikbearbeitungsprogramme sind zwar für den Betrieb von TYPO3 nicht zwingend erforderlich, der Erfolg von TYPO3 gründet sich jedoch zu einem nicht geringen Anteil auf die vielfältigen grafischen Möglichkeiten, die durch den Einsatz von ImageMagick und Co. mit relativ geringem Aufwand möglich sind.

FreeType[6] wird benötigt, um beispielsweise Beschriftungen von Buttons und Ähnliches zu generieren. In der Windows-Binärdistribution von PHP ist die FreeType-Bibliothek bereits enthalten.

---

4 *TYPO3-Wiki zu Oracle: http://wiki.typo3.org/index.php/Oracle*
5 *TYPO3-Wiki zu MS SQL: http://wiki.typo3.org/index.php/Mssql*
6 *FreeType: http://www.freetype.org/*

GDLib[7] ist eine Grafikbibliothek, die meist schon in PHP einkompiliert ist und somit standardmäßig zur Verfügung steht. Aufgrund zahlreicher Änderungen an ImageMagick, die eine problemlose Zusammenarbeit mit TYPO3 erschwert haben, wurde lange der Einsatz von ImageMagick Version 4.2.9 empfohlen, auch wenn diese schon eine relativ alte Version darstellte. Seit der TYPO3-Version 3.8 ist es möglich, ImageMagick durch GraphicsMagick zu ersetzen. Derzeit wird der Einsatz von GraphicsMagick empfohlen, weil hier meist eine bessere Qualität bei geringerem Verbrauch von Systemressourcen erzielt wird und für neuere Versionen von einer stabilen Schnittstelle auszugehen ist. Für eine normale Webseite ohne spezielle Bildbearbeitungen ist aus unserer Sicht der Unterschied jedoch nicht entscheidend. Informationen und Tipps zur Installation finden Sie im Abschnitt *Das Installationstool*, Seite 39.

Weitere nützliche externe Programme und Module

Je mehr Funktionalitäten Sie mit TYPO3 nutzen, desto mehr externe Programme werden Sie über TYPO3 einsetzen. Dazu gehören beispielsweise Tools für die Extension `indexed_search`, um auch verlinkte Dateien wie *pdf*s (*pdftotext* und *pdfinfo*) oder MS-Office-Dokumente, beispielsweise Word, Excel oder PowerPoint (*ppthtml*), durchsuchen zu können. In der Regel müssen diese Tools auf dem Server zur Verfügung gestellt werden, und der korrekte Pfad dazu muss in TYPO3 konfiguriert werden.

Hinweis

Falls eine Extension ein externes Tool benötigt oder unterstützt, ist dies in der Regel in der Dokumentation der Extension angegeben.

2.2 Paketwahl und Platzierung auf dem Server

Auf *http://typo3.org/download/* finden Sie jeweils die aktuellsten stabilen TYPO3-Versionen zum Herunterladen. Falls Sie noch keinen Webserver in Betrieb haben, machen Ihnen die Installer-Pakete das Leben leichter. Wählen Sie das passende Paket für Ihre Hardware, und folgen Sie den Anweisungen auf dem Bildschirm.

Für die Installation einer neuen TYPO3-Instanz auf einem bereits bestehenden Webserver oder auf einem (nicht schon mit TYPO3 vorkonfigurierten) Hosting-Paket brauchen Sie die beiden Pakete *dummy-** und *typo3_src-**. Das Sternchen steht hier für die jeweils aktuelle oder gewünschte Version. Das Paket *typo3_src-** enthält das *TYPO3-Source-Paket*, das für mehrere Instanzen von TYPO3 auf demselben Server verwendet werden kann. *dummy-** enthält eine leere TYPO3-Instanz inklusive Daten-

---

7 GDLib: *http://www.boutell.com/gd/*

bank mit Admin-Benutzer (Benutzername: *admin*, Passwort: *password*) und Standardordnern. Der Unterschied zwischen *tar.gz*- und *zip*-Paketen besteht in der Verwendung von symbolischen Links (Symlinks). Die generelle Regel lautet: *zip*-Pakete sind für Windows gedacht, *tar.gz*-Pakete für Linux- und Unix-Derivate.

Hinweis

Wie Sie auch unter Windows in den Genuss von Symlinks kommen können, ist im Kapitel *Spezialthemen*, Abschnitt *Werkzeuge für Profis*, Seite 683, beschrieben.

Diese Pakete müssen Sie nun in den Webordner Ihres Webservers (meist *htdocs*) entpacken. Auf einem Unix/Linux-System geschieht dies durch die Eingabe entsprechender Befehle auf der Konsole:

```
user@domain:~$ tar xzf typo3_src-<version>.tar.gz
user@domain:~$ tar xzf dummy-<version>.tar.gz
```

Als Resultat erhalten Sie die Ordner *dummy-4.** und *typo3_src-4.**. Den Ordner *dummy* benennen Sie am besten um und geben ihm einen passenden Projektnamen, denn hier werden alle projektspezifischen Dateien liegen. Innerhalb des Ordners befinden sich unter anderem die Symlinks, die eine Verbindung zum Source-Paket herstellen. Solange beide Ordner im selben Verzeichnis liegen, müssen Sie hier keine Änderungen vornehmen. Der Webserver (beispielsweise als Nutzer namens *www-data*) muss Schreibrechte auf den Ordner *dummy-4.** inklusive der Unterordner haben:

```
user@domain:/var/www$ chgrp -R www-data dummy-4.*
user@domain:/var/www$ chmod -R g+w dummy-4.*
```

Eine ausführliche Installationsanleitung finden Sie in beiden Paketen in der Datei *INSTALL.txt*.

2.2.1 Lösungen für häufig anzutreffende Probleme

Kein Zugriff auf die Konsole (Shell) möglich

Bei vielen Hosting-Paketen wird Ihnen kein Zugriff auf die Konsole erlaubt. Dadurch können Sie weder die TYPO3-Pakete auf dem Server entpacken noch Symlinks setzen.

Lösung: Der rustikale und immer mögliche Weg ist, die Pakete lokal zu entpacken und die resultierenden Ordner per FTP auf den Server zu verschieben. Per FTP sind allerdings keine Symlinks möglich, sodass Sie die Ordner manuell richtig zusammenstellen müssen. Testen Sie in diesem Fall am besten die korrekte Funktionsweise der

TYPO3-Instanz lokal, und verschieben oder kopieren Sie dann das gesamte Paket auf den Webserver. Informationen zur nötigen Ordnerstruktur in TYPO3 finden Sie im Abschnitt *Dateisystem*, Seite 288.

Etwas schöner, aber aus Sicherheitsgründen nicht immer möglich und nur mit Vorwissen zu empfehlen, ist der Einsatz einer Shell-Emulation per PHP. Dabei können Sie über eine Eingabemaske mithilfe Ihres Browsers Konsolenbefehle an das Betriebssystem absetzen. Nutzen Sie dazu ein PHP-Script wie *PHP Shell*[8]. Alternativ können Sie auch ein von Joscha Feth speziell für die TYPO3-Installation geschriebenes Script[9] benutzen.

Berechtigungsprobleme zwischen FTP-Benutzer und Web-Benutzer

Oft werden auch Dateien für den Bereich *fileadmin* per FTP auf den Server geladen. Dies können Unterordner, Bilder oder sonstige Dateien sein. Jetzt ist der für den FTP-Transfer verwendete Benutzer gleichzeitig auch Besitzer der Datei. Ein Bearbeiter, der über das TYPO3-Backend auf diesen Ordner oder die Datei zugreift, tut dies unter der Kennung des Webservers (oft *www-data*), wodurch Berechtigungsprobleme entstehen können.

Lösung: Weisen Sie *www-data* und dem FTP-Benutzer die gleiche Gruppe zu, und vergeben Sie die Schreibberechtigung auf Gruppenebene, bzw. weisen Sie Ihren Hosting-Anbieter auf die Problematik hin. Falls Sie nicht sicher sind, ob der Web-Benutzer wirklich *www-data* ist, können Sie dies entweder über Konsolenbefehle oder auch mit PHP herausfinden.

```
user@domain:~$ ps -aux | grep apache
```

Als Ergebnis bekommen Sie eine Liste von Prozessen zum Apache Webserver, die ähnlich wie folgt aussehen wird:

Listing 2.1: Prozessliste auf der Konsole

```
root      3665  0.0  1.1 15896  6132 ?     Ss  Sep17  0:09 /usr/sbin/apache2 -k start -DSSL
www-data 17498  0.0  5.6 38092 28976 ?     S   Sep21  0:17 /usr/sbin/apache2 -k start -DSSL
www-data 17499  0.0  8.6 53856 44748 ?     S   Sep21  0:18 /usr/sbin/apache2 -k start -DSSL
www-data 17500  0.0  4.1 30140 21096 ?     S   Sep21  0:16 /usr/sbin/apache2 -k start -DSSL
admin     8140  0.0  0.1  2096   700 pts/0 S+  15:02  0:00 grep apache
```

Die letzte Zeile ist der Prozess, den Sie durch die Abfrage gestartet haben, und die erste Zeile ist der *root*-Benutzer, der den Apache Webserver initial gestartet hat. Die Zeilen dazwischen sind Kindprozesse des ersten Prozesses und laufen unter dem gesuchten Benutzer, in unserem Beispiel *www-data*.

Ohne Zugriff auf die Konsole bleibt Ihnen das Web über eine Funktion von PHP. Schieben Sie eine PHP-Datei mit folgendem Inhalt auf den Server, und rufen Sie diese

---

8 PHP Shell: http://mgeisler.net/php-shell/
9 TYPO3 Installer Skript: http://typo3.feth.com

Datei über den Webbrowser auf. Falls die Funktion *passthru* aktiviert ist, wird Ihnen der Webserver-Benutzer angezeigt. Falls PHP im *safe_mode* betrieben wird, ist dies eventuell nicht möglich.

Listing 2.2: Beispiel zur Erkennung des Benutzernamens des Webservers

```
<?php
passthru("whoami");
?>
```

2.3 Das Installationstool

Nachdem nun alle Dateien am richtigen Platz sind, können Sie die neue Webseite erstmalig aufrufen. Falls Sie die Dateien lokal auf Ihrem Rechner im Standardverzeichnis *htdocs* (also in Ihrer *DocumentRoot*) abgelegt haben und den Ordner *dummy-** beispielsweise in *testprojekt* umbenannt haben, lautet der korrekte URI vermutlich *http://localhost/testprojekt/*.

Nun können Sie das Install Tool aufrufen. Standardmäßig finden Sie es in *http://localhost/testprojekt/typo3/install*.

Eventuell müssen Sie bei einer Installation einer TYPO3-Version, die älter als 4.1 (entsprechend dem Meldungstext) ist, den Einsatz des Install Tools durch Einfügen eines Kommentarzeichens an der geforderten Stelle erst noch ermöglichen:

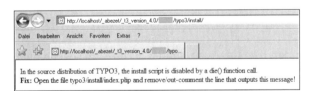

Abbildung 2.3: Fehlermeldung einer älteren TYPO3-Version, wenn das Install Tool deaktiviert ist.

Listing 2.3: Durch Einfügen des Zeichens # am Anfang der Zeile wird der Zugriff auf das Install Tool ermöglicht.

```
if (1==0 || (substr($_SERVER['REMOTE_ADDR'],0,7)!='192.168' &&
$_SERVER['REMOTE_ADDR']!='127.0.0.1')){
    #die("In the source distribution of TYPO3, the install script is disabled by a
die() function call.<br/><b>Fix:</b> Open the file typo3/install/index.php and
remove/out-comment the line that outputs this message!");
}
```

Achtung

Entfernen Sie nach der erfolgreichen Installation dieses Kommentarzeichen wieder, um vor unerlaubtem Zugriff geschützt zu sein.

Ab der Version 4.1 hat sich dies leicht geändert, um den Vorgang etwas zu erleichtern. Sie müssen einfach eine (leere) Datei *typo3conf/ENABLE_INSTALL_TOOL* erzeugen, um den Zugriff zum Installationstool zu ermöglichen. Bitte denken Sie jedoch auch hier daran, diese Datei aus Sicherheitsgründen im Live-Betrieb wieder zu entfernen.

Abbildung 2.4: Aktuelle Fehlermeldung, wenn das Install Tool deaktiviert ist.

Falls Sie die TYPO3-Instanz komplett neu aufsetzen, sollten Sie jetzt im sogenannten *1-2-3 Modus* angelangt sein. Folgen Sie einfach den Anweisungen auf dem Bildschirm.

Hinweis

Für die Version 4.2 soll ein überarbeitetes Install Tool zur Verfügung gestellt werden. Die folgenden Schritte sind in diesem Fall eventuell nicht mehr ganz aktuell.

1. Geben Sie die Zugangskennung für den eingesetzten Datenbankserver ein. Auf lokalen MySQL-Datenbanken zum Entwickeln ist dies eventuell noch der Benutzer *root* ohne Passwort. Fragen Sie ansonsten Ihren Administrator.
2. Legen Sie die Datenbank neu an, in der die TYPO3-Tabellen angelegt werden sollen. In Ausnahmefällen können Sie hier auch eine existierende Datenbank auswählen.

2.3 Das Installationstool

3. Importieren Sie die Basis-Datenbank für TYPO3. Dabei wird auch ein Backend-Benutzer *admin* mit dem Passwort *password* angelegt.
4. Ein Klick auf CONTINUE TO CONFIGURE TYPO3 bringt Sie ins tatsächliche Install Tool, das Sie später auch vom Backend aus erreichen können.

Wir werden nicht jeden einzelnen Punkt des Install Tools ansprechen können, da dies den Umfang des Buches sprengen würde und wir davon ausgehen, dass Sie die Bedeutung und Auswirkung vieler Einstellungen auch ohne explizite Hilfe durch das Buch verstehen werden. Wir werden jedoch die aus unserer Sicht wichtigsten und manchmal vielleicht etwas schwierigeren Punkte ansprechen.

Tipp

Eine detaillierte Übersicht aller Optionen finden Sie im schon oben erwähnten *TYPO3 Anwenderhandbuch* von Joscha Feth.

Alle Einstellungen, die Sie auf den folgenden Seiten festlegen, haben einen Eintrag in der Datei *localconf.php* im Ordner *typo3conf* zur Folge. Entsprechendes Wissen vorausgesetzt, können Sie also auch direkt in der *localconf.php* arbeiten. Zumindest für den Einstieg empfehlen wir jedoch den komfortablen Weg über die Masken im Install Tool.

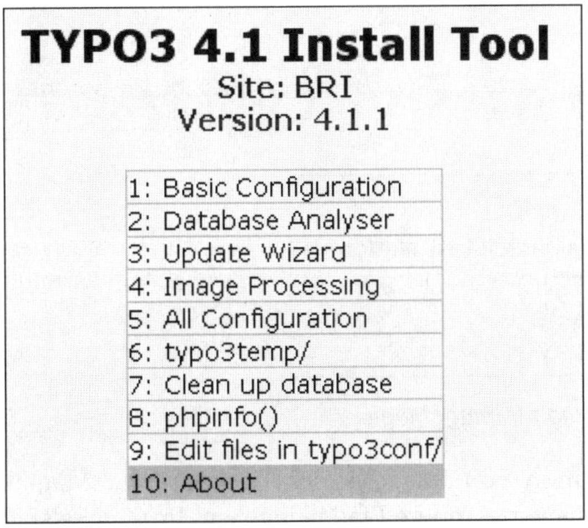

```
TYPO3 4.1 Install Tool
       Site: BRI
      Version: 4.1.1

   1: Basic Configuration
   2: Database Analyser
   3: Update Wizard
   4: Image Processing
   5: All Configuration
   6: typo3temp/
   7: Clean up database
   8: phpinfo()
   9: Edit files in typo3conf/
   10: About
```

Abbildung 2.5:   *Bereiche im Install Tool*

2.3.1 Standardmäßiges Passwort ändern

Das Standard-Passwort für das Install Tool ist *joh316*. Dies leitet sich von der Bibelstelle Johannes, Kapitel 3 Vers 16 ab. Recherchieren Sie selbst, was sich dahinter versteckt ...

Da dieses Passwort (fast) der ganzen Welt bekannt ist, sollten Sie es dringend in eine nur Ihnen bekannte Zeichenfolge abändern. Dies können Sie im Bereich 10: ABOUT durchführen.

2.3.2 Basiseinstellungen

Im Bereich Basiseinstellungen (1: BASIC CONFIGURATION) befinden sich viele der wichtigsten Einstellungen. Eventuelle Probleme durch fehlende Verzeichnisse oder nicht ausreichende Schreibberechtigungen können Sie hier erkennen und beheben. Für einen Einsatz der vielfältigen Bildbearbeitungsmöglichkeiten von TYPO3 müssen die Pfade zu ImageMagick oder GraphicsMagick gesetzt sein. Im Idealfall werden sie von TYPO3 automatisch gefunden, ansonsten müssen Sie die Pfade entsprechend Ihrem Betriebssystem angeben.

Achtung

Falls das Install Tool den korrekten Pfad automatisch gefunden hat, klicken Sie bitte noch auf UPDATE LOCALCONF, damit diese Änderungen auch übernommen werden.

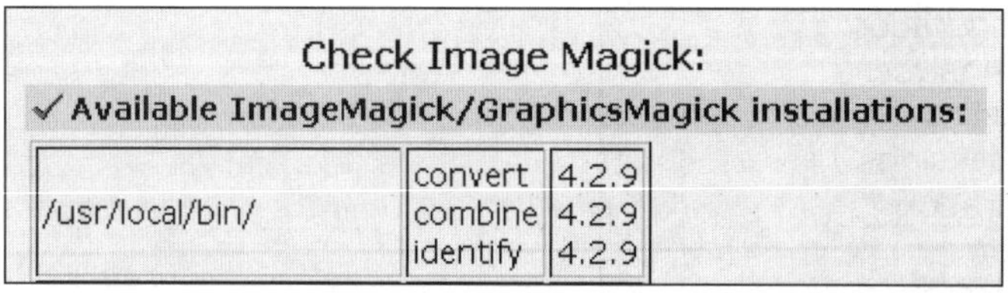

Check Image Magick:		
✓ Available ImageMagick/GraphicsMagick installations:		
/usr/local/bin/	convert	4.2.9
	combine	4.2.9
	identify	4.2.9

Abbildung 2.6: Korrekte Pfadeinstellung für ImageMagick

Falls an dieser Stelle keine Installation von ImageMagick oder GraphicsMagick gefunden wurde, können Sie versuchsweise andere Pfade eingeben. Im Zweifelsfall sollten Sie sich mit Ihrem Administrator oder Hoster in Verbindung setzen und die korrekten Pfade erfragen bzw. um eine Installation der Programme bitten.

2.3 Das Installationstool

> **Tipp**
>
> Besondere Beachtung sollte hier auch der *Encryption Key* finden, der einen großen Beitrag zur Sicherheit Ihrer Installation leisten kann. Sie können ihn zufällig erzeugen lassen (was wir empfehlen würden) oder selbst eine Zeichenkette angeben. Viele weitere Informationen zum Thema Sicherheit finden Sie im Abschnitt *Sicherheit*, Seite 653.

2.3.3 Datenbank mit $TCA vergleichen

Im Bereich 2: DATABASE ANALYSER können Sie über den Link COMPARE die Vollständigkeit der Datenbank überprüfen, indem die Tabellen und ihre Felder mit den im $TCA konfigurierten Feldern verglichen werden. Dies sollten Sie vor allem bei einem Update von TYPO3 routinemäßig durchführen. Details zu dieser Funktionalität finden Sie im Abschnitt *Datenbankfelder kontrollieren*, Seite 277.

2.3.4 Bildbearbeitung überprüfen

Falls Sie die richtigen Einstellungen in den Basiseinstellungen getroffen haben, sollten Sie im Bereich 4: IMAGE PROCESSING einen kleinen Einblick bekommen, was Sie mit Bildern in TYPO3 alles anstellen können. Falls ein Test nicht zufriedenstellend funktioniert, bekommen Sie in der Erklärung direkt Hinweise auf mögliche Fehlerquellen oder nötige Änderungen an der Konfiguration.

2.3.5 Gezielt Einstellungen suchen und verändern

Jetzt ist es an der Zeit, sich einen Überblick über die vielfältigen Einstellungsmöglichkeiten zu verschaffen. Auf den Bereich 5: ALL CONFIGURATION werden Sie immer wieder mal zugreifen, um Einstellungen anzupassen.

Wie der Name schon sagt, sind hier alle Einstellmöglichkeiten aufgelistet, die über das Install Tool modifizierbar sind. Es werden fünf Bereiche unterschieden.

Bereichsname	Anwendung
GFX	Grafikrelevante Einstellungen
SYS	Einstellungen zur Systemkonfiguration in Frontend und Backend
EXT	Konfigurationen zu Einstellungen der Extensions
BE	Einstellungen speziell für das Backend
FE	Einstellungen speziell für das Frontend

Tabelle 2.1: Bereiche für die Konfiguration

2 Installation

Sie werden in den Mailinglisten immer wieder Hinweise auf Konfigurationsvariablen finden, die beispielsweise so aussehen wie $TYPO3_CONF_VARS['BE']['forceCharset'] = "utf-8";. Genau diese werden hier festgelegt. Sie sehen, dass der Bereich die erste Ebene im Konfigurationsarray $TYPO3_CONF_VARS darstellt. Wir werden hier auf Einstellungen eingehen, die aus unserer Sicht wichtig und interessant sind.

Wichtige Einstellungen speziell zum Thema Sicherheit Ihrer Installation finden Sie detailliert im Abschnitt *Sicherheit*, Seite 653.

Hinweis

In der Maske im Install Tool finden Sie zu den jeweiligen Konfigurationsmöglichkeiten der einzelnen Felder bereits hilfreiche Informationen und Erklärungen. Der hier folgende Abschnitt dient dem Zweck, Ihnen zusätzliche Möglichkeiten und interessante Hinweise zu geben.

- [SYS][doNotCheckReferer]

  In TYPO3 wird an verschiedenen Stellen geprüft, ob der aktuell zugreifende Host identisch mit dem verweisenden Host ist. Manche Proxyserver geben diese Information (normalerweise in der PHP-Variablen $HTTP_REFERER) jedoch nicht korrekt weiter, wodurch beim Bearbeiten Fehler auftreten können. Sprechen Sie in diesem Fall mit dem zuständigen Administrator, oder deaktivieren Sie die Überprüfung. Falls Sie übermäßig oft aus dem Backend rausfliegen, können Sie dies vermutlich durch eine Umstellung an dieser Stelle verbessern.

- [SYS][sqlDebug]

  Durch ein Aktivieren der SQL-Debug-Funktion werden alle SQL-Fehler direkt im Browser ausgegeben und bringen den Entwickler sehr schnell auf die richtige Spur zu dem Fehler. Wichtig: Verwenden Sie diese Einstellung nur auf dem Entwicklungsserver, bzw. deaktivieren Sie sie vor der Live-Schaltung!

- [SYS][devIPmask]

  Die Debug-Funktion prüft vor einer Ausgabe von Werten, ob der aktuelle Besucher von der gesetzten IP-Maske aus zugreift, und verhindert so die Übermittlung sicherheitskritischer Informationen an Unberechtigte. Standardmäßig ist 127.0.0.1 eingestellt, d. h. für die lokale Installation, diese Einstellung muss also ggf. angepasst werden.

- [SYS][enable_DLOG]

  Aktiviert den Entwickler-Log, der von Extensions wie cc_debug oder abz_developer genutzt wird. Damit können Sie zentral Einträge für das Logging im Core und in anderen Extensions aktivieren und deaktivieren. Dieser Wert wird von TYPO3 in die Konstante TYPO3_DLOG übernommen. Wichtig: Verwenden Sie diese Einstellung nur auf dem Entwicklungsserver, bzw. deaktivieren Sie sie vor der Live-Schaltung!

2.3 Das Installationstool

Listing 2.4: Typischer Eintrag für das Logging in typo3/sysext/cms/tslib/index_ts.php

```
if (TYPO3_DLOG) t3lib_div::devLog('END of FRONTEND
session','',0,array('_FLUSH'=>TRUE));
```

Hinweis

Weitere Informationen zu Hilfen für die Entwicklung finden Sie im Abschnitt *Debug: debug und devlog*, Seite 494.

- [SYS][setMemoryLimit]

Falls Sie keinen Zugriff auf die direkte Konfiguration von PHP haben (*php.ini*), können Sie über diese Option versuchen, das Speicherlimit für das Ausführen für PHP-Scripts zu erhöhen. Eine Erhöhung des Limits an dieser Stelle greift jedoch nur, wenn die PHP-Funktion `ini_set()` nicht vom Administrator deaktiviert wurde. Weitere Informationen zum Thema Hardware finden Sie im Abschnitt *Hardware*, Seite 32.

- [EXT][extCache]

Für die Phase der Entwicklung kann es hilfreich sein, diesen Wert auf 0 zu setzen. Dadurch werden die Inhalte der Dateien *ext_localconf.php* und *ext_tables.php* aus den einzelnen Extensions nicht in den Dateien *typo3conf/temp_CACHED_** zusammengefasst, sondern bei jedem Seitenaufruf einzeln eingebunden. Dies kostet natürlich Performance, erlöst den Entwickler aber vom lästigen Leeren des Caches nach jeder Änderung in diesen Dateien.

Achtung

Vergessen Sie nicht, den Wert für die Produktivseite wieder umzustellen! Der Wert 3 ist in der Regel die optimale Einstellung.

- [BE][sessionTimeout]

Speziell während der Entwicklung kann die häufig erscheinende Anmeldemaske sehr lästig werden. Erhöhen Sie hier einfach die Laufzeit einer Session und damit die Zeit für das erneute Erscheinen der Maske.

- [BE][installToolPassword]

  Das Passwort für das Install Tool ist md5-gehasht. Falls Sie ein neues Passwort setzen wollen, können Sie hier den md5-Hash-Wert eintragen.

  Sie erhalten ihn folgendermaßen: Fügen Sie Ihr neues Wunschpasswort im Klartext in die Zugangsabfrage zum Install Tool ein. Da es sich um ein neues Passwort handelt, wird der Zugriff nicht klappen, aber der md5-Hash für das eben eingegebene Passwort wird unten angezeigt. Kopieren Sie diesen dann einfach in das Feld hier.

  Sie können das Passwort jedoch auch direkt im Bereich ABOUT ändern.

- [BE][adminOnly]

  Für Wartungsaufgaben kann es manchmal sinnvoll sein, temporär keine normalen Redakteure auf das System zu lassen. Dazu setzen Sie den Wert auf 1. Durch Setzen des Wertes auf -1 kann das Backend komplett deaktiviert werden.

> **Achtung**
>
> Bei einem Wert von -1 ist jeglicher Zugriff auf das Backend gesperrt. Dadurch sind natürlich auch Sie und alle anderen Administratoren vom System getrennt. Führen Sie also diese Einstellung nur durch, wenn Sie die Einstellung durch direkten Zugriff auf die Datei *typo3conf/localconf.php* verändern können. Alternativ können Sie versuchen, direkt das Install Tool-Script zur Konfiguration aufzurufen:
>
> *http://www.ihreDomain/typo3/install/*

- [BE][interfaces]

  Sie können dem Benutzer über ein Dropdown-Menü unter der TYPO3-Anmeldemaske die Backend- sowie auch die Frontend-Bearbeitungsoberfläche (sogenanntes *Frontend-Editing*) zur Auswahl anbieten. Der Eintrag im Install Tool erfolgt kommagetrennt, z. B. backend,frontend.

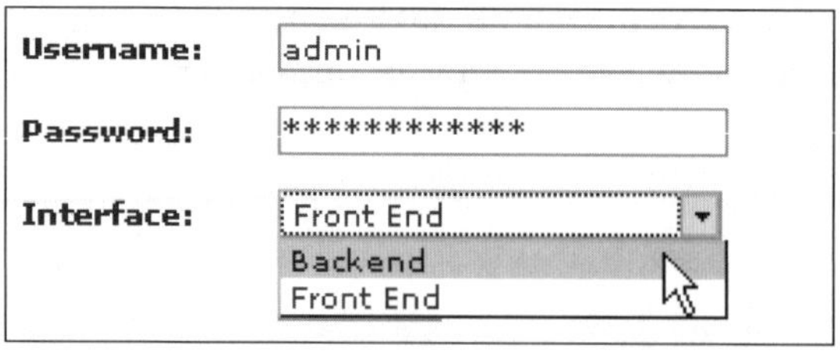

Abbildung 2.7: Anmeldemaske

- [BE][loginLabels]

  Hier können Sie die Label auf der Anmeldemaske für das Backend definieren. Dies ist derzeit nur an dieser Stelle möglich und unterstützt keine Lokalisierung.

- [BE][explicitADmode]

  Diese Einstellung verändert die Verfügbarkeit von Inhaltselementen für den Redakteur. Standardmäßig (*explicitDeny*) kann der Benutzer auf alle Inhaltselemente zugreifen, die ihm nicht explizit verweigert werden. Das hat zur Folge, dass neue Inhaltselemente (beispielsweise durch Installation von Extensions) automatisch allen Redakteuren zur Verfügung stehen.

  Im invertierten Modus (*explicitAllow*) sieht der Redakteur nur diejenigen Inhaltselemente, die ihm explizit freigeschaltet werden. Aufgrund der relativ großen Zahl verschiedener Inhaltselemente mit entsprechenden Auswirkungen auf die Webseite empfehlen wir einen Einsatz von *explicitAllow*, da dann ganz bewusst einzelne Inhaltselemente freigeschaltet werden müssen.

- [BE][forceCharset]

  Hier wird der Zeichensatz eingestellt. Beachten Sie im Zusammenhang mit dem gewählten Zeichensatz auch die Einstellung [SYS][multiplyDBfieldSize]. Für *utf-8* sollten Sie diesen Wert auf 2 bis 3 erhöhen, da jedes Zeichen dann mehr Platz benötigt. Mehr Informationen dazu erhalten Sie im Abschnitt *Grundeinstellungen*, Seite 175.

Tipp

Stellen Sie diesen Wert gleich zu Beginn des Projekts auf *utf-8*. Dadurch sind Sie bei einer möglichen späteren Erweiterung Ihrer Webseite um weitere Sprachen bereits bestens gerüstet, vor allem, wenn diese Sprachen nicht dem westeuropäischen Raum angehören.

- [FE][tidy], [tidy_option], [tidy_path]

  Das Programm *tidy* überarbeitet HTML-Code so, dass ein absolut sauberer und korrekter Code entsteht. Dies ist vor allem dann interessant, wenn Ihre Redakteure viele Inhalte von Textbearbeitungssystemen wie Word in die RTE-Felder kopieren.

Achtung

Überprüfen Sie bei einer Aktivierung auf jeden Fall Ihre Seite auf mögliche Layout-Veränderungen. Da die HTML-Ausgabe von *tidy* angepasst wird, greifen Ihre CSS-Klassen eventuell nicht mehr richtig.

2 Installation

- [FE][pageNotFound_handling]

  Standardmäßig (Wert 0) versucht TYPO3 bei einem Aufruf einer nicht existierenden Seite die nächstliegende existierende Seite anzuzeigen, wodurch Verwirrung beim Besucher entstehen kann. Alternativ (Wert 1) wird eine TYPO3-Fehlermeldung angezeigt. Eine ansprechende Lösung bietet jedoch die Definition einer Fehlerseite, bei der Sie mehrere Möglichkeiten haben:

  - Angabe einer URL für die Fehlerseite, z. B.:

    http://www.domain.org/errors/notfound.html

  - Angabe des Pfades zu einer Fehlerseite, z. B.:

    READFILE:fileadmin/notfound.html

    Dabei ist ein Einsatz von zwei Markern möglich: ###CURRENT_URL### wird durch die gesuchte Seite ersetzt, ###REASON### gibt eine Fehlermeldung an.

  - Aufruf einer benutzerdefinierten Funktion, z. B.:

    USER_FUNCTION:typo3conf/pageNotFoundHandling.php:user_pageNotFound->pageNotFound.

    In der aufgerufenen Datei muss eine Klasse user_pageNotFound mit einer Funktion pageNotFound() definiert sein. Es werden zwei Parameter, $param und $ref, erwartet. Dort können Sie eine individuelle Behandlung für eine fehlgeschlagene Anfrage festlegen.

> **Achtung**
>
> Durch dieses TYPO3-interne Handling für den Status *404 Not Found* werden keineswegs alle Anfragen nach nicht vorhandenen Seiten an den Server abgefangen. Erst durch die entsprechenden Einstellungen für mod_rewrite (im Falle eines Apache Webservers), der diese Anfragen an TYPO3 weiterleitet, kann ein einheitliches Verhalten erreicht werden. Die Einstellungen für mod_rewrite werden in der Regel in Dateien mit dem Namen *.htaccess* im TYPO3-Hauptverzeichnis abgelegt.

Listing 2.5: Beispielhafte Einstellung in einer .htaccess-Datei

```
RewriteEngine On
ErrorDocument 404 http://www.domain.de/notfound.html
RewriteCond %{REQUEST_FILENAME} !-f
RewriteRule   ^[^/]*\.html$  index.php
```

Alle Seiten, die nicht vom Webserver gefunden werden und deswegen den Status 404 (*not found*) auslösen, werden automatisch nach *http://www.domain.de/notfound.html* weitergeleitet. Die (nicht vorhandene!) HTML-Seite *notfound.html* wird durch die RewriteRule an TYPO3 übergeben, TYPO3 wiederum startet das interne Handling, wie Sie es in *[FE][pageNotFound_handling]* konfiguriert haben. Bei der Angabe für `ErrorDocument` können Sie auch einen lokalen Pfad eingeben. Dies bereitet jedoch bei Shared-Hosting-Angeboten meist Probleme, da dieser Pfad nicht richtig aufgelöst wird.

Hinweis

Alternativ können Sie tatsächlich eine Seite mit dem Alias *notfound* benennen und dort entsprechenden Inhalt hinterlegen. Dann wird diese Seite regulär aufgerufen. Dann wird allerdings keine Header-Information 404 mitgeschickt, die dem anfragenden Browser oder Suchroboter mitteilt, dass die gewünschte Seite nicht existiert. Eine Anfrage nach einer nicht existierenden Seite sollte jedoch immer mit dem Status 404 beantwortet werden.

- `[FE][addRootLineFields]`

Sie können eine Liste von zusätzlichen Datenbankfeldern der Tabelle *pages* bestimmen, die bei Abfragen zur *Rootline* mit eingebunden werden. Auf die *Rootline* wird häufig mittels TypoScript oder in Frontend-Plugins zugegriffen.

Exkurs: Die Rootline

Im Buch (und auch in anderen Dokumentationen zu TYPO3) wird an einigen Stellen von der *Rootline* gesprochen. Die Rootline können Sie sich als den Weg von der aktuellen TYPO3-Seite bis hinauf an die Seitenwurzel vorstellen. Besonders gut können Sie das am Seitenbaum im Backend sehen.

Dabei ist die Seitenwurzel jedoch nicht immer zwangsläufig die oberste Seite im Backend, sondern von der aktuellen Seite ausgehend die erste Seite, die ein TypoScript-Template enthält, bei dem das Häkchen im Feld ROOTLEVEL gesetzt ist.

In der Abbildung ist nur auf der Seite *Home* ein TypoScript-Template enthalten, deshalb reicht die Rootline von der aktuellen Seite *Sub Header* bis hinauf zur Seite *Home*.

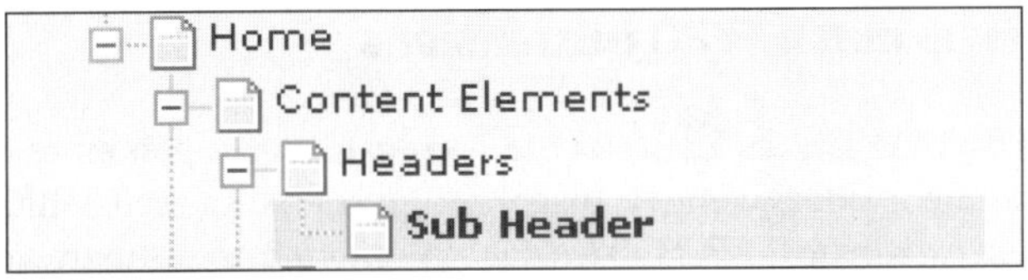

Abbildung 2.8: Rootline über vier Seiten

■ [FE][pageOverlayFields]

Durch die Liste von Feldnamen können Sie bestimmen, welche Felder bei mehrsprachigen Seiten übersetzt werden können bzw. müssen. Funktionale Details können Sie in der Funktion t3lib_page::getPageOverlay() finden.

Hinweis

Nachdem Sie Ihre TYPO3-Instanz entsprechend konfiguriert haben, sollte das Backend fehlerfrei funktionieren. Melden Sie sich am Backend an. Sie erinnern sich:

Benutzer: *admin*

Passwort: *password*

Dann ändern Sie am besten gleich das Passwort für den Benutzer *admin* im Modul TOOLS, USER ADMIN oder alternativ im Modul USER, SETUP.

2.4 Backup/Recovery vorsehen

Bereits bei der Installation sollten Sie sich Gedanken über ein Backup bzw. die Wiederherstellung des Systems machen, falls einmal ein unvorhergesehener Datenverlust auftreten sollte. Speziell für TYPO3-Installationen haben Sie hier verschiedene Möglichkeiten, deren Wirtschaftlichkeit sehr stark von Ihren Bedürfnissen abhängt.

2.4.1 Export des Seitenbaums

Die simpelste, aber auch unvollständigste Methode ist der Export des Seitenbaums. Darin sind alle Inhalte und Bilder und auch Einstellungen enthalten, die Sie auf demselben, aber auch auf anderen TYPO3-Systemen wieder einspielen können. Allerdings haben Sie damit weder die installierten Extensions noch die Einstellungen der Extensions automatisch gesichert. Außerdem fehlt Ihnen die Konfiguration der Installation, die (wie auch die Konfiguration der Extensions) in der Datei *typo3conf/localconf.php* enthalten sind. Für ein professionelles und sicheres Backup ist diese Methode (zumindest für sich allein genommen) also nicht zu empfehlen.

2.4.2 Backup durch TYPO3-Extensions

Wie so oft bei TYPO3 gibt es auch für die Herausforderungen eines Backups eigene Extensions, die mehr oder weniger ausgereift an die Aufgabenstellung herangehen. Eine Suche nach *backup* im *TYPO3 Extension Repository* bringt Ihnen hier einige Ergebnisse. Die bekannteste und erfolgreichste Extension ist w4x_backup. Diese Extension erzeugt einen Dump Ihrer Datenbank und packt diesen mit allen notwendigen Ordnern des Dateisystems in ein Archiv. Dazu gehören *fileadmin*, *uploads* und *typo3conf*.

2.4 Backup/Recovery vorsehen

Sie können dabei noch auswählen, ob auch alle lokal installierten Extensions aus dem Ordner *typo3conf/ext* mit in das Archiv aufgenommen werden sollen.

Achtung

Stellen Sie bei einem Einsatz der Extension auf jeden Fall sicher, dass tatsächlich alle gewünschten Daten mit in die Archivdatei aufgenommen werden. Vor allem der Dump der Datenbank muss sauber erzeugt werden, was eine richtige Konfiguration der Extension voraussetzt.

```
                                    Files
MySql command                                           [w4x_backup.mysql_path]
Command (and path if needed) for mySQL executable. Example for Windows: C:\mysql\bin\mysql.exe
Default for Linux/Unix: mysql
mysql
Default: mysql

MySqlDump command                                   [w4x_backup.mysqldump_path]
Command (and path if needed) for mySQLdump executable. Example for Windows:
C:\mysql\bin\mysqldump.exe Default for Linux/Unix: mysqldump
mysqldump
Default: mysqldump

Tar command                                             [w4x_backup.tar_path]
Command for TAR (UNIX, Linux). Default for Linux/Unix: tar
tar
Default: tar

Path to 7-Zip                                          [w4x_backup.7zip_path]
Path and command for 7-ZIP (Windows). You can download it at www.7-zip.org.
c:\Program files\7-zip\7z.exe
Default: c:\Program files\7-zip\7z.exe

Backup Dir                                           [w4x_backup.backup_path]
Relative path to backup files. Here you can set a different folder for backup files.
typo3temp/w4x
Default: typo3temp/w4x
```

Abbildung 2.9: Ausschnitt aus der Konfiguration der Extension w4x_backup

Die Bedienung im Backend ist sehr intuitiv. Sie können zwischen den Hauptaufgaben BACKUP, RESTORE und CLEAR wählen. Dabei haben Sie auch die direkte Möglichkeit, erzeugte Backup-Archive herunterzuladen.

Eine neuere, aber auch sehr smarte Variante bietet die Extension wwsc_t3sync. Sie können damit zwischen zwei oder auch mehreren TYPO3-Installationen Daten synchronisieren. Dabei werden wie bei der w4x_backup sowohl ein Dump der Datenbank erstellt als auch alle notwendigen Ordner des Dateisystems dazugeholt. Die Übertragung erfolgt mittels FTP.

2.4.3 Eigene Scripts

Die ambitionierten Profis unter Ihnen werden vermutlich diesen Weg einschlagen. Auf einem Server, auf dem Sie die Verantwortung für das Backup haben, werden Sie für eine saubere und automatisierte Lösung nicht um eigene Scripts herumkommen. Sie können jedoch sicher gute Ideen und Anregungen aus den oben genannten Extensions holen. Um auf der sicheren Seite zu sein, sollten Sie alle Inhalte einbeziehen, die auch die Extension w4x_backup einbezieht.

2.4.4 Ihren Provider fragen

Falls Sie Ihre Webseite bei einem Provider hosten, sollten Sie auf jeden Fall wissen, welche Backup-Strategie dort eingesetzt wird.

Tipp

Fragen Sie Ihren Provider explizit danach, welche Wiederherstellungsmöglichkeiten Sie haben, falls durch einen Fehler (Ihrerseits oder auch anderer Ursache) die Webseite so stark beeinträchtigt wird, dass ein Wiedereinspielen eines älteren Zustands als die beste Lösung erscheint. Wichtig ist dabei vor allem, welche Zustände von welchem Zeitraum Sie wiederherstellen können.

2.5 Extensions einsetzen

Eine individuelle TYPO3-Installation besteht zum Großteil aus installierten Extensions. In diesem Kapitel beschreiben wir die Vorgehensweise des Administrators für den Einsatz von Extensions, um entsprechende Ergebnisse im Frontend (oder auch im Backend) zu bekommen.

2.5.1 Extension Manager konfigurieren

Der Extension Manager kann direkt »out of the box« eingesetzt werden, allerdings kann man ohne angepasste Konfiguration über Probleme stolpern.

Hinweis

Für die Version 4 von TYPO3 wurden der *Extension Manager (EM)* und das *TYPO3 Extension Repository* (auch bekannt als *TER*) einer grundlegenden Überarbeitung unterzogen. Um die Last der immer weiter steigenden Downloads von Extensions von der Seite *www.typo3.org* zu nehmen, wurde die Möglichkeit der Spiegelung des Extension Repository geschaffen, und es wurden auch bereits mehrere gespiegelte Server eingerichtet.

2.5 Extensions einsetzen

Eine entscheidende Einstellung (in den neueren TYPO3-Versionen ab 4.0) ist ENABLE UNSUPPORTED EXTENSIONS im Untermenü *Settings*. Falls Sie dieses Häkchen nicht setzen, sind Sie zwar davor geschützt, noch nicht sicherheitsgeprüfte Extensions zu laden und zu installieren, allerdings sind derzeit viele populäre Extensions noch nicht dieser Prüfung unterzogen worden und werden dann im Extension Manager nicht für den Import gefunden.

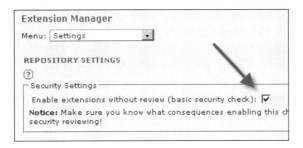

Abbildung 2.10: Einstellung für den Extension Manager

Achtung

Falls Sie nicht geprüfte Extensions auf einem Live-System einsetzen wollen, müssen Sie wissen, was die Extension macht und wie sie funktioniert. Im Zweifelsfall empfehlen wir Ihnen den Versuch, die zur Diskussion stehende Extension mit Hilfe einer Spende an das Security Team[14] auf der Dringlichkeitsliste nach oben zu schieben.

Um öffentliche Extensions aus dem TER zu laden, müssen Sie keinen Benutzer für *typo3.org* haben. Dieser ist nur wichtig für das Hochladen von eigenen Extensions.[10]

Seit der Version 4.1 wird die Liste der verfügbaren Plugins aus Performance-Gründen nicht bei jedem Import-Versuch online geholt, sondern auf dem lokalen System abgelegt. Falls eine von Ihnen gewünschte Extension nicht gefunden wird, sollten Sie also zuerst die Liste der verfügbaren Extensions aktualisieren.

Abbildung 2.11: Extension-Liste aktualisieren

---

10 Kontaktseite des Security Teams: http://typo3.org/teams/security/contact-us/

2.5.2 Extensions installieren

Achtung

Wir möchten Sie an dieser Stelle dazu ermuntern, Extensions auszuprobieren und einzusetzen. Seien Sie sich jedoch darüber im Klaren, dass Sie keinen Anspruch auf tolle und einwandfrei funktionierende Extensions haben. Alle Extensions werden von den Autoren freiwillig und kostenlos zur Verfügung gestellt. Prüfen Sie also vor einem Einsatz einer Extension in einer Live-Umgebung, ob diese fehlerfrei funktioniert und aktuellen Sicherheitsanforderungen entspricht.

Um eine Extension in Ihrer TYPO3-Installation einzusetzen, sind nicht viele Schritte nötig.

Schritt 1: Extension importieren

Sie müssen die gewünschte Extension importieren, falls sie nicht bereits mit dem Source-Paket mitgeliefert wurde. Dazu können Sie entweder den Ordner der Extension in das entsprechende Verzeichnis kopieren (meist *typo3conf/ext/*) oder – was bequemer ist – den Extension Manager einsetzen.

Das Menü des Extension Managers setzt sich zusammen aus den 5 Standard-Untermenüs LOADED EXTENSIONS, INSTALL EXTENSIONS, IMPORT EXTENSIONS, TRANSLATION HANDLING und SETTINGS. Weitere Untermenüpunkte kommen gegebenenfalls durch installierte Extensions hinzu, die weitere nützliche Funktionalitäten bieten, beispielsweise durch den Extension Kickstarter zum Anlegen neuer Extensions (kickstarter, siehe Abschnitt *Kickstarter*, Seite 393) oder die Extension ter_update_check (siehe weiter unten).

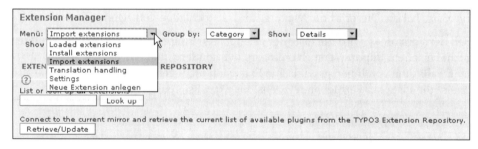

Abbildung 2.12: Menü des Extension Managers

Um im Extension Manager die richtige Maske zu erhalten, müssen Sie im Dropdown-Menü das Untermenü IMPORT EXTENSIONS auswählen. Hier erhalten Sie als Suchergebnis die jeweilige Extension mit der Möglichkeit, diese zu importieren und zu installieren.

2.5 Extensions einsetzen

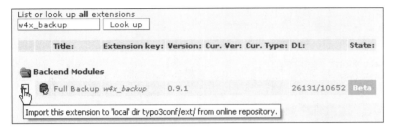

Abbildung 2.13: Ergebnis einer Extension-Suche für den Import

Wenn Sie auf das Symbol vor der Extension klicken, wird diese importiert und dann direkt installiert. Vor der Installation werden jedoch eventuelle Abhängigkeiten zu anderen Extensions geprüft, und gegebenenfalls wird eine dementsprechende Meldung angezeigt, sowie die Möglichkeit bereitgestellt, diese Extensions nachzuinstallieren.

Über den Link auf den Extension-Namen gelangen Sie – noch vor einem Import – auf eine Informationsseite zu der Extension. Dort erhalten Sie verschiedene Informationen sowie die Möglichkeit, aus den vorhandenen – auch älteren – Versionen auszuwählen. Dies ist auch die Vorgehensweise, um bei Ihnen vorhandene Extensions auf neuere Versionen im *TER* zu überprüfen.

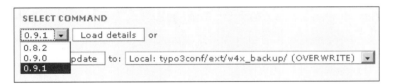

Abbildung 2.14: Version zum Download auswählen

Tipp

Um generell einen Überblick über neuere Versionen von installierten Extensions zu bekommen, installieren Sie die Extension `ter_update_check`. Dadurch erhalten Sie in der Auswahlliste der Funktionen eine neue Option, mit der automatisch auf alle neuen Versionen geprüft wird.

Als Ergebnis bekommen Sie eine Übersicht über alle Extensions, von denen eine neuere Version im *TER* verfügbar ist. Ein Klick auf den Namen der Extension bringt Sie dann zum Dialog für den Import der gewählten Extension.

2 Installation

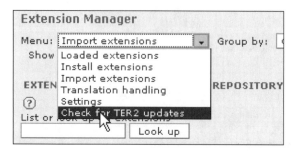

Abbildung 2.15: Auswahl des Untermenüs der Extension ter_update_check

Schritt 2: Extension installieren

Sie müssen die Extension installieren, damit sie aktiv wird. Auch hier bietet der Extension Manager alles, was Sie brauchen. Rein technisch gesehen wird dabei der Extension Key in die kommagetrennte Liste der Konfigurationsvariable $TYPO3_CONF_VARS['EXT']['extList'] in der Datei *localconf.php* geschrieben.

Installieren Sie Extensions immer mit dem Extension Manager, da sich dieser während des Installationsvorgangs auch gleich um Prioritäten, Abhängigkeiten und mögliche Konflikte kümmert.

Weitere Informationen zur Datei *ext_emconf.php*, aus der der Extension Manager seine Informationen bezieht, finden Sie im Abschnitt *Struktur, Aufbau, Funktionsweise*, Seite 418.

Schritt 3 (optional): Extension konfigurieren

Sie müssen die Extension eventuell noch konfigurieren. Dazu gehören alle individuellen Einstellungen der Extension wie Datenbank-Updates, Parameter und die Erstellung notwendiger Ordner.

Auch hier wird Ihnen der Extension Manager hilfreich zur Seite stehen. Da die Konfiguration für die jeweilige Extension gilt, ist der Programmierer der Extension dafür zuständig, alle notwendigen und sinnvollen Optionen so zu hinterlegen, dass der Extension Manager daraus die entsprechende Konfigurationsmaske erzeugen kann.

Die Maske wird Ihnen bei der Installation automatisch vorgelegt; Sie können diesen Schritt also nicht vergessen. Die im Extension Manager vorgenommenen Konfigurationseinstellungen gelten global für alle Bäume dieser TYPO3-Instanz. Wollen Sie seitenspezifisch Werte überschreiben, so müssen Sie dies über TypoScript (für das Frontend) bzw. *Page-* und/oder *User TSConfig*-Einstellungen (für das Backend) vornehmen.

2.6 Sprachpakete laden

Tipp

Falls Sie bei einer möglichen Konfiguration im Zweifel sind, versuchen Sie, entsprechende Dokumentation darüber zu finden, oder versuchen Sie Ihr Glück erst einmal mit der Standardeinstellung, die von der Extension vorgegeben wird.

2.6 Sprachpakete laden

Um die benötigten Sprachpakete für das Core-System und die installierten Extensions zu laden, wählen Sie im Extension Manager das Untermenü TRANSLATION HANDLING.

Hinweis

Die Verwaltung der vielen verfügbaren Sprachen in TYPO3 hat sich ab der Version 4 geändert. Die bisher für die Mehrsprachigkeit zuständigen Extensions wie (csh_* oder ts_language_*) können Sie entfernen.

Zuerst müssen Sie die gewünschten Sprachen auswählen und speichern.

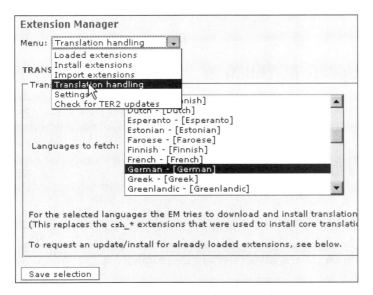

Abbildung 2.16: Auswahl der gewünschten Sprachen

2 Installation

Dann überprüfen Sie das System auf neue vorhandene Sprachpakete und/oder installieren diese.

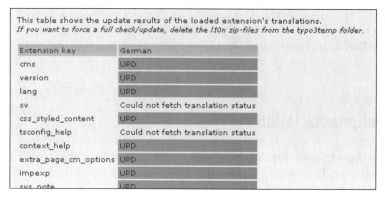

Abbildung 2.17: Erfolgreiches Update der Sprachpakete

Weitere Informationen zur Funktionsweise der Lokalisierung finden Sie im Abschnitt *Sprachvielfalt durch Lokalisierung L10n, UTF8*, Seite 293.

2.7 Los geht's

Zu diesem Zeitpunkt haben Sie alle Vorbereitungen getroffen, die nötig sind, um eine funktionierende TYPO3-Installation zu haben. Sie können nun damit beginnen, die Darstellung Ihrer Webseite im Frontend nach Ihren Wünschen anzupassen.

Dazu können Sie sich im nächsten Kapitel *Das Frontend – vorne raus* alle nötigen Grundlagen erarbeiten.

2.8 TYPO3-Update durchführen

Wir besprechen an dieser Stelle die Umstellung einer TYPO3-Version 3.8 auf 4.x. Ein Upgrade von einer älteren Version sollte sehr ähnlich ablaufen. Die erforderlichen Schritte sind recht überschaubar und funktionieren im Normalfall (zumindest für eine Standardinstallation) problemlos.

Hinweis

Ein Update von Version 4.0 auf 4.1 folgt denselben Schritten, allerdings können Sie sich im Abschnitt *Dateistruktur umstellen*, Seite 59, darauf beschränken, die Symlinks auf das neue Paket umzustellen, da sich an der Dateistruktur sonst nichts geändert hat.

2.8.1 Dateistruktur umstellen

Ab der Version 4.0 gibt es einige Änderungen im Dateisystem, die Sie bei einer Versionsumstellung berücksichtigen müssen.

Listing 2.6: Typisches Verzeichnis einer Installation der Version 3.8 unter Linux

```
.
..
INSTALL.txt
Package.txt
README.txt
RELEASE_NOTES.txt
_.htaccess
clear.gif
fileadmin
index.php -> tslib/index_ts.php
media -> tslib/media
showpic.php -> tslib/showpic.php
t3lib -> typo3_src/t3lib
tslib -> typo3_src/tslib
typo3 -> typo3_src/typo3
typo3_src -> ../typo3_src-3.8.1/
typo3conf
typo3temp
uploads
```

Die Ordner *media*, *tslib* und die Datei *showpic.php* werden ab der Version 4.0 nicht mehr benötigt. Diese können also gelöscht werden. Falls Sie im Ordner *media* eigene Dateien platziert haben, müssen Sie diese natürlich sichern.

Die Ordner *t3lib* und *typo3* gehören zum TYPO3-Source-Paket und werden komplett ausgetauscht. Auf einem Linux/Unix-System sind diese vermutlich durch Symlinks abgebildet, die auf das neue Source-Paket umgestellt werden müssen. In der Regel erledigen Sie dies durch eine Umstellung des Symlinks *typo3_src* auf den neuen TYPO3 Core. Dies gilt auch, falls Sie unter Windows sogenannte *NTFS-Links* verwenden. Diese bieten im Prinzip die gleichen Möglichkeiten wie Symlinks unter Linux. Mehr Informationen zu *NTFS-Links* finden Sie im Abschnitt *Werkzeuge für Profis*, Seite 683.

Achtung

Falls Sie bei Ihrer alten Installation Extensions global installiert haben (diese liegen im Ordner *typo3/ext/*), kopieren Sie diese in den neuen (ab der Version 4.0 bei Auslieferung noch leeren) Ordner *typo3/ext*, da diese Extensions sonst nicht mehr erreichbar sein werden.

Alle anderen Verzeichnisse und Ordner lassen Sie so, wie sie sind. Speziell die Ordner *fileadmin, typo3conf, typo3temp, uploads* und eine eventuell vorhandene Datei *.htaccess* sollten keinesfalls gelöscht werden. Diese Ordner enthalten im Normalfall wichtige Dateien Ihrer Installation und beziehen sich auf die TYPO3-Instanz, sind also unabhängig vom TYPO3-Source-Paket (und der TYPO3-Version).

Unter Windows kopieren Sie den Inhalt des neuen Kerns (also den Inhalt aus dem Verzeichnis *typo3_src-4.x.x*) in das aktuelle Verzeichnis. Bereits vorhandene Dateien können Sie überschreiben. Natürlich können Sie, wie oben erwähnt, auch *NTFS-Links* einsetzen. Unter Linux/Unix löschen Sie die überflüssigen Symlinks und generieren den erforderlichen Bezug für den neuen Kern:

```
user@domain:~$ rm ./media
user@domain:~$ rm ./showpic.php
user@domain:~$ rm ./tslib
user@domain:~$ ln -snf ../typo3_src-4.x.x/ ./typo3_src
```

Als Ergebnis sollten Sie eine saubere Dateistruktur für die Version 4.x vorliegen haben.

Listing 2.7: Dateistruktur einer Version 4.1.0

```
.
..
INSTALL.txt
Package.txt
README.txt
RELEASE_NOTES.txt
_.htaccess
clear.gif
fileadmin
index.php -> typo3_src/index.php
t3lib -> typo3_src/t3lib
typo3 -> typo3_src/typo3
typo3_src -> ../typo3_src-4.1.0/
typo3conf
typo3temp
uploads
```

2.8.2 Datenbank aktualisieren

Mit Hilfe des Abschnitts DATABASE ANALYSER im Modul INSTALL TOOL müssen Sie nun noch die Datenbank auf den aktuellen Stand bringen. Klicken Sie auf den Link COMPARE. Es werden Ihnen die notwendigen Änderungen an der Datenbank angezeigt, die Sie bestätigen können. Die Optionen für das Entfernen bzw. Umbenennen von Feldern sind standardmäßig nicht aktiviert. Dies ist für die Funktion von TYPO3 nicht relevant, die Felder werden einfach nicht mehr benutzt. Falls Sie ein

2.8 TYPO3-Update durchführen

Löschen/Umbenennen explizit aktivieren, müssen Sie sicherstellen, dass die Felder wirklich nicht mehr gebraucht werden, etwa von einer eigenen Extension.

Nachdem Sie, wie oben beschrieben, die Datenbankstruktur aktualisiert haben, müssen Sie die Inhalte einiger Datenbanktabellen mittels IMPORT auf den aktuellen Stand bringen. Setzen Sie hier das Häkchen bei IMPORT THE WHOLE FILE 'CURRENT_STATIC' DIRECTLY (IGNORES SELECTIONS ABOVE), und bestätigen Sie mit WRITE TO DATABASE.

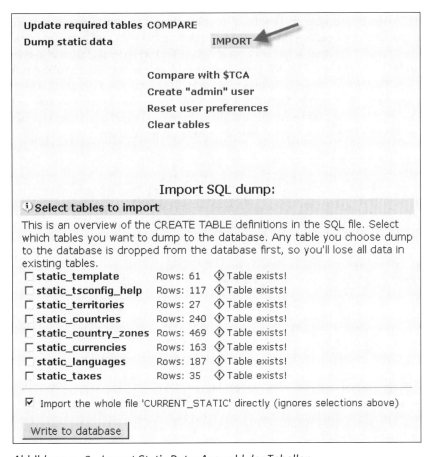

Abbildung 2.18: Import Static Data: Auswahl der Tabellen

Falls Sie die Extension static_info_tables oder eine sonstige Extension mit statischen Daten für die Datenbank (Datei *ext_tables_static+adt.sql*) installiert haben, können Sie die in diesen Dateien enthaltenen Daten per SQL-Dump einspielen. Die bestehenden Daten werden dabei gelöscht. Da Sie normalerweise aber keine eigenen Änderungen an diesen Tabellen vorgenommen haben sollten, ist dies in der Regel kein Problem.

2.8.3 Konfiguration überprüfen, Update Wizard

Da sich auch bei den Konfigurationsparametern einige Änderungen ergeben haben, ist es sinnvoll, diese kurz zu überprüfen. Nutzen Sie dazu die Abschnitte UPDATE WIZARD und ALL CONFIGURATION im INSTALL TOOL. Im Update Wizard können Sie die Kompatibilität zu älteren Versionen einstellen bzw. deaktivieren. Die Einstellung resultiert in einem Wert der Variable $TYPO3_CONF_VARS['SYS']['compat_version']. Wir empfehlen Ihnen, den Schritten am Bildschirm zu folgen und ein Update durchzuführen.

Überprüfen Sie die Ergebnisse im Frontend, und bearbeiten Sie falls nötig Ihre CSS-Dateien entsprechend. Gerade beim Frontend-Rendering hat sich viel getan, was die Generierung von CSS-Klassen angeht. Beispielsweise werden Menüs/Sitemaps nun mit anderen HTML-Tags und CSS-Klassen erzeugt und müssen unbedingt überprüft werden. Einen Einblick in die Änderungen erhalten Sie, wenn Sie im Modul TEMPLATE im Untermenü TYPOSCRIPT OBJECT BROWSER die Condition *compat_version* ein- und ausschalten. Sie sehen dann (wie in unserem Beispiel), welche Klassen erzeugt werden. Der TEMPLATE ANALYZER gibt ausführlichere Informationen.

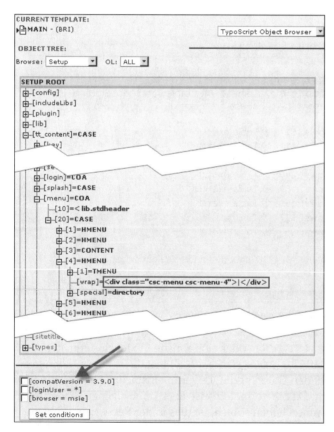

Abbildung 2.19: Erzeugung der CSS-Klassen in der compat_version 4.0

2.8 TYPO3-Update durchführen

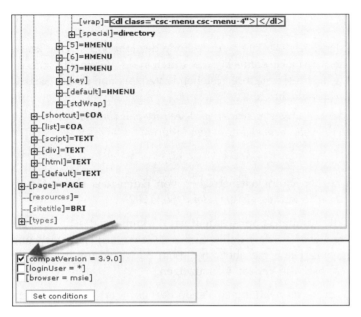

Abbildung 2.20: Erzeugung der CSS-Klassen in der compat_version 3.9

Bei größeren unerwarteten Problemen können Sie die *compat_version* auch wieder zurückstellen. Dies sollte jedoch nur zum Beheben der Fehler geschehen.

Tipp

Unterziehen Sie auch die Bildbearbeitungsfunktionalitäten im Bereich IMAGE PROCESSING einer kurzen Kontrolle, um die korrekte Funktionsweise sicherzustellen. In der Regel sollte es hier zu keinen Problemen kommen.

2.8.4 Extensions überprüfen

Die wohl wichtigste Änderung bei den Extensions ist die Änderung bei den Rich-Text-Editoren. Statt dem in Version 3.8 mitgelieferten rte wird ab der Version 4.0 die Extension rtehtmlarea mitgeliefert. Falls Sie rte benutzt haben, dabei aber keine speziellen Konfigurationen im Einsatz waren, empfehlen wir den Umstieg auf rtehtmlarea. Falls Sie rte behalten wollen, müssen Sie Extension lokal mit Hilfe des Extension Managers installieren, da sie jetzt nicht mehr im Kern enthalten ist. Falls Sie bereits rtehtmlarea eingesetzt haben, sollten Sie die Version überprüfen. Da eine vorliegende Extension im lokalen Bereich (*typo3conf/ext/*) Vorrang vor den globalen Extensions hat, wäre es eventuell sinnvoll, diese einfach zu entfernen, um dann automatisch auf die mit dem Kern mitgelieferte System-Extension zuzugreifen.

2 Installation

Achtung

In der Extension rtehtmlarea wurde Ende des Jahres 2006 eine kritische Sicherheitslücke entdeckt und durch neue Versionen schnell behoben. Überprüfen Sie Ihre bestehende Version, und führen Sie bei Bedarf ein Update durch.

http://news.typo3.org/news/article/typo3-security-bulletin-typo3-20061220-1-remote-command-execution-in-typo3/

Weitere Informationen zu den Gültigkeitsbereichen von Extensions finden Sie im Abschnitt *Ja, wo liegt sie denn? Sysext vs. global vs. lokal*, Seite 392.

Eine weitere Extension, die zumindest optisch deutlich Wirkung zeigt, ist t3skin, die auch mit dem Kern mitgeliefert wird. Installieren Sie diese einfach testhalber, und begutachten Sie das Ergebnis. Die Screenshots in diesem Buch sind mit installierter t3skin erzeugt, um auch optisch die Version 4 anzuzeigen.

Da sich auch die Lokalisierungsverwaltung ab Version 4.0 geändert hat, sind Extensions für die Lokalisierung wie alle csh_*- oder gar ts_language_*-Extensions nicht mehr nötig. Deinstallieren Sie diese. Wie Sie weitere Sprachen dazu laden, ist im Abschnitt *Sprachpakete laden*, Seite 57, weiter oben beschrieben.

Generell ist es sinnvoll, alle installierten Extensions auf neuere Versionen zu überprüfen. Dazu empfehlen wir Ihnen die Verwendung der Extension ter_update_check. Sie wird im Abschnitt *Extensions installieren*, Seite 54, vorgestellt.

Es kann durchaus passieren, dass eine oder mehrere Extensions nicht mit der neuen TYPO3-Version kompatibel sind. Diese Gefahr besteht vor allem bei Extensions, die eine *XCLASS* auf eine Klasse des TYPO3-Kerns anwenden. Sie sollten deshalb vorab prüfen, ob Ihre eingesetzten Extensions XCLASSES enthalten (suchen Sie nach Dateien, die an ux_* erkennbar sind) und welcher Art diese Erweiterungen sind, um die Auswirkungen eines Upgrades richtig einschätzen zu können. Versuchen Sie bei Problemen zuerst, die verursachende Extension durch gezieltes Deinstallieren herauszufinden, falls es nicht offensichtlich ist. Recherchieren Sie, ob es eine neue Version für diese Extension gibt. Mehr zur Verwendung einer *XCLASS* finden Sie im Abschnitt *Aufbau und Funktionsweise*, Seite 288.

Tipp

Falls eine Extension mit einer neuen TYPO3-Version nicht mehr kompatibel ist, kontaktieren Sie den Inhaber der Extension und weisen ihn auf das Versionsproblem hin. Warten Sie aber bei einer brandneuen TYPO3-Version erst eine Weile ab, bevor Sie alle Pferde scheu machen, da der Entwickler auch erst einmal Zeit braucht, um nötige Änderungen durchzuführen.

2.8 TYPO3-Update durchführen

2.8.5 Reference-Index-Tabelle aktualisieren

Die Tabelle für den Referenz-Index ist neu in Version 4.0 dazugekommen und demzufolge noch leer. Sie sollten sie daher aktualisieren. Wechseln Sie in das Modul DB CHECK, MANAGE REFERENCE INDEX. Dort finden Sie alle relevanten Informationen.

2.8.6 Cache leeren und temporäre Dateien löschen

Direkt nach dem Update ist es empfehlenswert, den Cache für Frontend und Backend zu löschen.

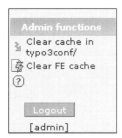

Abbildung 2.21: Links für das Löschen des Caches

Zusätzlich ist es sinnvoll, die temporären Dateien im Ordner *typo3temp/* zu entfernen. TYPO3 wird diese Dateien beim nächsten Bedarfsfall neu generieren.

2.8.7 Superadmin-Script

Im Ordner *misc* des TYPO3-Kerns liegt eine Datei mit dem Namen *superadmin.php*. Sie ist als Hilfstool für Administratoren gedacht, die mehrere nebeneinanderliegende TYPO3-Instanzen auf einen neuen Kern updaten möchten. Vor allem bei kleineren Versionsschritten und vielen TYPO3-Instanzen kann sich hier eine deutliche Arbeitserleichterung einstellen. Genauere Informationen zur Funktionsweise finden Sie in der Dokumentation direkt in der Datei.

Achtung

Benutzen Sie dieses Script bitte nur, wenn Sie ein erfahrener Administrator sind! Bei den meisten TYPO3-Projekten ist für ein Update Anpassungsaufwand nötig.

2.9 Materialien zum Weitermachen

Sollten Sie weiterführende Informationen benötigen, können Sie bei folgender Quelle nachlesen:

http://wiki.typo3.org/index.php/TYPO3_Installation_Basics

3 Das Frontend – vorne raus

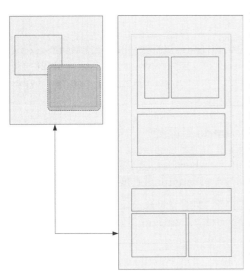

Mit *TYPO3* können so gut wie alle Anforderungen an Layout und Funktion des *Frontends* individuell gestaltet werden. Dies geschieht vor allem mithilfe von *HTML-Templates*, *TypoScript* und *Frontend-Plugins*. Die Erstellung von Frontend-Plugins mithilfe von *Extensions* wird im Kapitel *Extensions entwickeln*, Seite 387, detailliert besprochen, daher kümmern wir uns in diesem Kapitel vor allem um die Frontend-Ausgabe mithilfe von TypoScript. Außerdem werden wir darüber sprechen, was *Caching* ist und wie TYPO3 damit umgeht, und werden uns mit der Umsetzung barrierefreier Webseiten mit TYPO3 befassen.

Hinweis

Anders als in den anderen Teilen dieses Buches fangen wir bei dem Thema TypoScript so an, als wären keinerlei Vorkenntnisse vorhanden. Der Grund dafür ist die Erfahrung, dass häufig auch erfahrene TYPO3-Entwickler nur ungern TypoScript verwenden. Wir wollen mit diesem Kapitel die Hemmschwelle für die Verwendung von TypoScript herabsetzen. Das möchten wir vor allem dadurch erreichen, dass wir das Verständnis für TypoScript erhöhen, die Idee hinter diesem Konzept verdeutlichen und durch Beispiele ein »Gefühl« für diese Art der Konfiguration erzeugen.

(Lern)ziele:

- Das Konzept »TypoScript« verstehen
- TypoScript anwenden können
- Eigene TypoScript-Templates erstellen können
- Die TSref verwenden können

3.1 Tutorial – Die erste Webseite

Dieses Kapitel beginnt mit einem Tutorial. Wenn Sie es durcharbeiten, haben Sie eine erste einfache Webseite mit TypoScript und einem HTML-Template erstellt. Sie bekommen auf diese Weise einen einfachen Überblick darüber, wie man mit TypoScript arbeitet.

3.1.1 Vorbereitungen und Inhalte importieren

Wir haben ein paar Dateien für dieses Tutorial vorbereitet. Um es eins zu eins durcharbeiten zu können, müssen Sie einige wenige Vorbereitungen treffen.

Am besten ist es, wenn Sie mit einer neuen TYPO3-Installation arbeiten. Das Tutorial basiert auf einem *TYPO3-Dummy* der Version 4.1.2. Informationen zur Installation von TYPO3 finden Sie im Kapitel *Installation*, Seite 31.

1. Kopieren Sie den Ordner *frontend-tutorial/templates/* von der CD in das Verzeichnis *fileadmin* Ihrer TYPO3-Instanz.
2. Importieren Sie im Backend den *Seitenbaum* des Tutorials von der CD (*frontend-tutorial/seitenbaum.t3d*) mithilfe der *Import/Export-Funktion*. Die Vorgehensweise dazu finden Sie im Abschnitt *Import/Export*, Seite 278. Aktivieren Sie dabei ausnahmsweise die Option FORCE ALL UIDS VALUES.

3.1.2 Das erste TypoScript-Template

Wenn Sie sich jetzt die Ausgabe im Frontend anschauen (z.B. über das Modul WEB, ANZEIGE), bekommen Sie in einer TYPO3-Fehlermeldung gesagt, dass kein Template gefunden wurde. Gemeint ist mit dieser Fehlermeldung das *TypoScript-Template* (siehe auch Abschnitt *Der Begriff »Template«*, Seite 86).

Legen Sie jetzt ein *TypoScript-Template* an. Gehen Sie dazu im Modul WEB, TEMPLATE auf die oberste Seite Ihres Seitenbaumes. Klicken Sie auf den Button CREATE TEMPLATE FOR A NEW SITE, und bestätigen Sie die JavaScript-Meldung.

3.1 Tutorial – Die erste Webseite

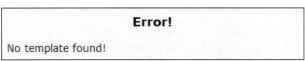

Abbildung 3.1: TYPO3-Fehlermeldung bei fehlendem TypoScript-Template

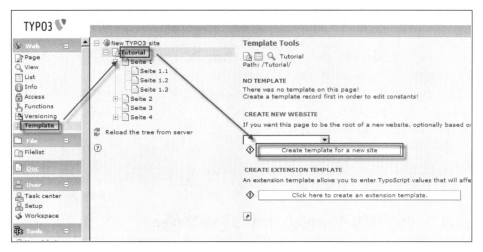

Abbildung 3.2: Anlegen eines Root-Templates

Im Modul WEB, LIST sehen Sie jetzt, dass ein neuer Datensatz vom Typ TEMPLATE mit dem Titel NEW SITE angelegt wurde.

Wenn Sie sich jetzt die Seiten im Frontend anschauen, sehen Sie, dass nicht mehr die TYPO3-Fehlermeldung, sondern der Text HELLO WORLD dort steht.

Gehen Sie jetzt wieder in das Backend, und dort in das MODUL WEB, TEMPLATE, und wählen Sie rechts oben die Funktion INFO/MODIFY aus. Ausführliche Informationen zu den Funktionen des Moduls WEB, TEMPLATE erhalten Sie im Abschnitt *Das Modul Web, Template*, Seite 109.

Klicken Sie auf den Stift vor SETUP:. Sie sehen jetzt den automatisch erzeugten Quelltext Ihres TypoScript-Templates.

Listing 3.1: Automatisch erzeugter TypoScript-Quelltext

```
# Default PAGE object:
page = PAGE
page.10 = TEXT
page.10.value = HELLO WORLD!
```

Ändern Sie den Text HELLO WORLD!, klicken Sie auf den Button UPDATE, und schauen Sie sich das Ergebnis im Frontend an. Sie sehen, dass der Text dort auch geändert wurde. Achten Sie bei allen TypoScript-Eingaben auf korrekte Groß- und Kleinschreibung!

Fügen Sie dem TypoScript jetzt die Zeile page.10.wrap = <strong> | </strong> hinzu, und schauen Sie sich das Ergebnis im Frontend an. Sie sehen, dass der Text fett dargestellt wird.

Ein *Content Management System* wird erst dann interessant, wenn Daten aus der *Datenbank* ausgegeben werden. Ändern Sie den Quelltext so, dass als Ergebnis Listing 3.2 herauskommt. Vergessen Sie nicht, den Button UPDATE anzuklicken.

Listing 3.2: TypoScript für die Ausgabe des Seitentitels

```
01 # Default PAGE object:
02 page = PAGE
03 page.10 = TEXT
04 page.10.field = title
05 page.10.wrap = <strong> | </strong>
```

Im Frontend wird jetzt auf jeder Seite etwas anderes angezeigt, nämlich der Titel der aktuellen Seite. Sie haben eine dynamische Ausgabe erzeugt.

3.1.3 Das HTML-Template und CSS einbinden

In diesem Schritt geht es darum, das vorbereitete *HTML-Template* und die zugehörigen *CSS-Klassen* zu verwenden.

Das HTML-Template finden Sie in dem Ordner *templates*, den Sie von der CD nach *fileadmin* kopiert haben. Prinzipiell soll jede Seite so aussehen wie das HTML-Template. Allerdings sollen die folgenden dynamischen Bereiche durch Inhalte aus der Datenbank ersetzt werden:

❶ Hauptnavigation: Hier wird eine *Textnavigation* mit zwei Ebenen erstellt.
❷ *Breadcrumb*-Navigation
❸ Hauptinhaltsbereich
❹ Ein weiterer Inhaltsbereich
❺ Hier soll das aktuelle Jahr stehen.
❻ Datum, wann die Seite zuletzt geändert wurde

Im HTML-Template sind diese Bereiche durch *Marker* (z.B. ###YEAR###) oder *Subparts* (z.B. <!-- ###CONTENT### begin --> ... <!-- ###CONTENT### end -->) gekennzeichnet. Im Abschnitt *HTML-Templates vorbereiten (dynamische und statische Bereiche)*, Seite 86, wird dieses Vorgehen genau erklärt.

3.1 Tutorial – Die erste Webseite

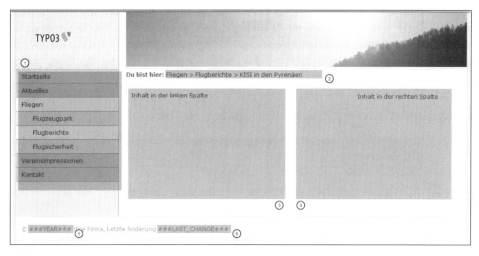

Abbildung 3.3: Dynamische Bereiche der Webseite

Wenn Sie sich den *HTML-Quelltext* Ihres Frontends jetzt anschauen, ehe das HTML-Template eingebunden wird, sehen Sie, dass bereits ein vollständiger <head>-Bereich sowie das <body>-Tag und das <html>-Tag erzeugt werden, ohne dass diese irgendwo explizit definiert wurden. Diese HTML-Teile werden von dem *TypoScript-Objekt* PAGE generiert (siehe Abschnitt *Das eigene Layout (PAGE)*, Seite 121).

Das TEXT-Objekt, das die Ausgabe des Seitentitels erzeugt, wird im Folgenden durch ein TEMPLATE-Objekt ersetzt (detaillierte Informationen finden Sie im Abschnitt *Die Ausgabe von Inhalten (cObjects)*, Seite 136). Diesem TEMPLATE-Objekt wird die Information gegeben, dass es die HTML-Datei als Template verwenden soll.

Listing 3.3: Erstes Einbinden des HTML-Templates

```
# Default PAGE object:
page = PAGE
page.10 = TEMPLATE
page.10.template = FILE
page.10.template.file = fileadmin/templates/main.html
```

Wenn Sie sich jetzt den HTML-Quelltext im Frontend anschauen, sehen Sie, dass die gesamte HTML-Datei inklusive des <head>-Bereichs eingebunden wurde. Tatsächlich wird aber nur der Bereich innerhalb des <body>-Tags gebraucht. Dafür wurde im HTML-Template der Subpart DOCUMENT_BODY vorbereitet. Fügen Sie in Ihrem Typo-Script-Template die Zeile page.10.workOnSubpart = DOCUMENT_BODY ein.

Der Quelltext Ihrer Frontend-Ausgabe sieht jetzt besser aus. Allerdings fehlt das *Stylesheet*, und die Pfade zu den Bildern stimmen nicht.

Mit der Zeile page.10.relPathPrefix = fileadmin/templates/ sorgen Sie dafür, dass TYPO3 die Pfade zu den Bildern automatisch für den Aufruf im Frontend korrigiert.

Dies ist notwendig, da das Frontend über die *index.php* in Ihrem Webroot aufgerufen wird und sich somit alle relativen Pfade auf deren Speicherort und nicht auf den Ort des HTML-Templates beziehen.

Mithilfe der Konfiguration aus dem folgenden Listing binden Sie die Stylesheet-Dateien ein.

Listing 3.4: Einbinden der Stylesheet-Dateien über TypoScript

```
page.includeCSS.screen = fileadmin/templates/css/screen.css
page.includeCSS.screen.media = screen

page.headerData.10 = TEXT
page.headerData.10.value (
<!--[if lte IE 7]>
<link href="fileadmin/templates/css/ie.css" rel="stylesheet" type="text/css" />
<![endif]-->
)
```

Das Einbinden von Stylesheets erfolgt also im Rahmen des PAGE-Objekts. Mehr dazu finden Sie im Abschnitt *Das eigene Layout (PAGE)*, Seite 121.

Hinweis

Die Bezeichnung page des Objekts PAGE ist frei wählbar. Es könnte genauso gut meineSeite = PAGE oder kuehlschrank = PAGE heißen. Wir empfehlen Ihnen trotzdem, page zu verwenden, da einige Extensions davon ausgehen, dass das Objekt so heißt und es mit eigenen Konfigurationen erweitern.

Konfigurieren Sie noch den *doctype* über die Zeile config.doctype = xhtml_trans. Die Seite sollte jetzt im Frontend genau so aussehen wie das HTML-Template.

3.1.4 Marker ersetzen

Nun werden die *dynamischen Bereiche* des HTML-Templates durch dynamisch erzeugte Inhalte ersetzt. Es gibt zwei *Marker* in dem HTML-Template: YEAR und LAST_CHANGE. Diese beiden Marker sollen als Erstes ersetzt werden.

Der Marker YEAR soll durch das aktuelle Jahr ersetzt werden. Dafür finden sich ausreichend Eigenschaften im TEXT-Objekt. Genau genommen handelt es sich um die *Funktion stdWrap* (siehe Abschnitt *Die Allzweckwaffe (stdWrap)*, Seite 159), dazu später mehr.

Listing 3.5: Ausgabe des aktuellen Jahres

```
page.10.marks.YEAR = TEXT
page.10.marks.YEAR.data = date:Y
```

Sie sehen, dass das TEMPLATE-Objekt eine Eigenschaft marks enthält. Innerhalb dieser werden die *Objekte* definiert, durch die die Marker ersetzt werden. Dabei handelt es sich um sogenannte *Inhaltsobjekte* (siehe Abschnitt *Die Ausgabe von Inhalten (cObjects)*, Seite 136).

Auch der zweite Marker wird durch ein TEXT-Objekt ersetzt. Dabei wird zunächst über die *globale Variable* register:SYS_LASTCHANGED der Zeitpunkt der letzten Änderung ermittelt. Diese Variable berücksichtigt nicht nur die Änderungen an der Seite (Tabelle *pages*), sondern auch, wann zuletzt *Inhaltselemente* geändert wurden. Nach Ermittlung des Datums wird dieses in einem lesbaren Format ausgegeben.

Listing 3.6: Ausgabe der letzten Änderung

```
page.10.marks.LAST_CHANGE = TEXT
page.10.marks.LAST_CHANGE.data = register:SYS_LASTCHANGED
page.10.marks.LAST_CHANGE.strftime = %d.%m.%Y
```

3.1.5 Verschachtelungen übersichtlicher darstellen

In Abbildung 3.4 sehen Sie, dass sich das bisherige TypoScript in Bereiche aufteilen lässt, die eine Verschachtelung darstellen.

```
config.doctype = xhtml_trans

# Default PAGE object:
page = PAGE
page.includeCSS.screen = fileadmin/templates/css/screen.css
page.includeCSS.screen.media = screen
page.includeCSS.print = fileadmin/templates/css/print.css
page.includeCSS.print.media = print
page.headerData.10 = TEXT
page.headerData.10.value (
                <!--[if lte IE 7]>
                <link href="fileadmin/templates/css/ie.css" rel="stylesheet" type="text/css" />
                <![endif]-->
)
page.10 = TEMPLATE
page.10.template = FILE
page.10.template.file = fileadmin/templates/main.html
page.10.workOnSubpart = DOCUMENT_BODY
page.10.relPathPrefix = fileadmin/templates/
page.10.marks.YEAR = TEXT
page.10.marks.YEAR.data = date:Y
page.10.marks.LAST_CHANGE = TEXT
page.10.marks.LAST_CHANGE.data = register:SYS_LASTCHANGED
page.10.marks.LAST_CHANGE.strftime = %d.%m.%Y
```

Abbildung 3.4: Verschachtelung innerhalb von TypoScript

Diese Verschachtelungen lassen sich mithilfe von *geschweiften Klammern* übersichtlicher darstellen. Das Ergebnis sehen Sie in Listing 3.7. Dabei wurde nicht jede mögliche Verschachtelung aufgelöst, sondern in erster Linie für Übersichtlichkeit gesorgt. Mehr zum *{}-Operator* finden Sie im Abschnitt *Operatoren und Kommentare*, Seite 91.

Listing 3.7: Übersichtlich gestalteter Quelltext

```
config.doctype = xhtml_trans
# Default PAGE object:
page = PAGE
page {
   includeCSS {
      screen = fileadmin/templates/css/screen.css
      screen.media = screen
      print = fileadmin/templates/css/print.css
      print.media = print
   }
   headerData.10 = TEXT
   headerData.10.value (
      <!--[if lte IE 7]>
      <link href="fileadmin/templates/css/ie.css" rel="stylesheet" type="text/css" />
      <![endif]-->
   )
   10 = TEMPLATE
   10 {
      template = FILE
      template.file = fileadmin/templates/main.html
      workOnSubpart = DOCUMENT_BODY
      relPathPrefix = fileadmin/templates/
      marks {
         YEAR = TEXT
         YEAR.data = date:Y
         LAST_CHANGE = TEXT
         LAST_CHANGE.data = register:SYS_LASTCHANGED
         LAST_CHANGE.strftime = %d.%m.%Y
      }
   }
}
```

3.1.6 Hauptnavigation erstellen

In diesem Schritt wird der *Subpart* MAINNAVI durch ein mehrstufiges Menü ersetzt.

Erstellen Sie ein *temporäres Objekt* für den Subpart, und kopieren Sie dieses temporäre Objekt mithilfe des *<-Operators* (siehe Abschnitt *Operatoren und Kommentare*, Seite 91) in das TEMPLATE-Objekt.

Listing 3.8: Temporäres Objekt für das Hauptmenü

```
temp.mainnavi = HMENU
temp.mainnavi {

   1 = TMENU
   1.wrap = <ul> | </ul>
   1.NO.wrapItemAndSub = <li> | </li>
```

```
1.NO.ATagParams = class="l1-no"
1.ACT = 1
1.ACT.wrapItemAndSub = <li> | </li>
1.ACT.ATagParams = class="l1-act"
2 = TMENU
2.wrap = <ul> | </ul>
2.NO.wrapItemAndSub = <li> | </li>
2.NO.ATagParams = class="l2-no"
2.ACT = 1
2.ACT.wrapItemAndSub = <li> | </li>
2.ACT.ATagParams = class="l2-act"

}
```

Listing 3.9: Kopieren des temporären Objekts

```
page.10.subparts {
   MAINNAVI < temp.mainnavi
}
```

3.1.7 Eine Breadcrumb-Navigation erstellen

Eine *Breadcrumb*-Navigation ist auch ein *hierarchisches Menü*, allerdings mit der Eigenschaft `special = rootline`. Sie werden in TYPO3-Dokumentationen immer wieder auf den Begriff *Rootline* stoßen, der mit dem Begriff *Breadcrumb* eng verwandt ist.

Listing 3.10: Definition einer Breadcrumb-Navigation

```
01 temp.breadcrumb = HMENU
02 temp.breadcrumb {
03    special = rootline
04    special.range = 0/-1
05    1 = TMENU
06    1.NO.allWrap = |  &gt; 
07 }
```

Listing 3.11: Einbinden der Breadcrumb-Navigation

```
page.10.subparts.BREADCRUMB < temp.breadcrumb
```

Bei dieser Konfiguration der Breadcrumb-Navigation würde diese mit dem Zeichen > enden. Dieses Zeichen wollen wir aber nach dem letzten Punkt innerhalb der Breadcrumb-Navigation nicht angezeigt bekommen. Dafür stellt TYPO3 ein mächtiges Werkzeug zur Verfügung, den *optionSplit* (siehe Abschnitt *Menüpunkte unterschiedlich behandeln (optionSplit)*, Seite 134). Mit dessen Hilfe können wir den letzten Punkt der Breadcrumb-Navigation anders wrappen als die übrigen Punkte, indem wir Zeile 6 aus Listing 3.10 folgendermaßen ändern:

Listing 3.12: Optionsplit in der Breadcrumb-Navigation verwenden

```
1.N0.allWrap = |*|  |  &gt;   |*|  |
```

3.1.8 Die Seiteninhalte anzeigen lassen

Zur Ausgabe der Seiteninhalte wird uns von der Extension `css_styled_content` bereits eine Konfiguration zur Verfügung gestellt. Diese müssen wir zunächst in unser Template einbinden. Öffnen Sie dazu den *Template-Datensatz* (siehe Abbildung 3.5).

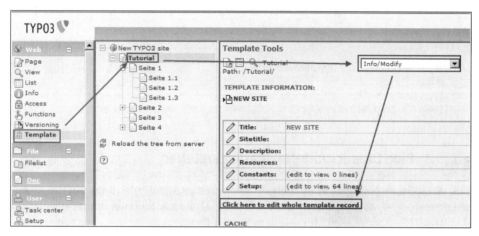

Abbildung 3.5: Den Template-Datensatz im Modul Web, Template öffnen

Binden Sie jetzt im Feld INCLUDE STATIC (FROM EXTENSION) das Template des CSS STYLED CONTENT (CSS_STYLED_CONTENT) ein.

Abbildung 3.6: Statisches Template der Extension css_styled_content einbinden

Nun stehen Ihnen die Konfigurationen dieses *TypoScript-Templates* als *temporäres Objekt* zur Verfügung, das Sie nur noch Ihrem *Subpart* zuweisen müssen.

Listing 3.13: Die Ausgabe der Inhalte dem Subpart zuweisen

```
page.10.subparts.CONTENT < styles.content.get
```

Hinweis

Die Extension `css_styled_content` muss natürlich installiert sein, damit Sie Ihr TypoScript-Template verwenden können. Ab der Version 4.0 ist diese Extension automatisch installiert. Bei älteren Versionen müssen Sie die Installation manuell durchführen (siehe Abschnitt *Extensions einsetzen*, Seite 52).

Hinweis

Das temporäre Objekt `styles.content.get` ist ein CONTENT-Objekt. Dieses wird im Abschnitt *Datensätze ausgeben (CONTENT, RECORDS)*, Seite 142, detailliert erklärt. Dort finden Sie auch Informationen darüber, wie Sie Inhalte aus anderen Spalten einbinden können.

3.2 Grundlagen

3.2.1 Aus der Datenbank in den Browser

TYPO3 ist ein *Content Management System*. Das bedeutet – kurz gesagt – eine Trennung von *Inhalt* und *Layout*. Die Inhalte werden grundsätzlich in der *Datenbank* gespeichert. Dazu gehören nicht nur textuelle Inhalte, sondern auch Informationen über die *Struktur der Inhalte*. Wenn Inhalte aus *Dateien* bestehen – z.B. Bilddateien – werden diese im *Dateisystem* gespeichert. Allerdings verwaltet TYPO3 diese Dateien selbst, da der *Dateiname* wiederum in der Datenbank gespeichert wird.

Das Layout wird unabhängig davon erst bei der Generierung des Frontends erzeugt. So können die gleichen Inhalte auch mit unterschiedlichen Layouts angezeigt werden, beispielsweise einmal für normale *Browser* und einmal für *mobile Endgeräte*.

TYPO3 stellt ohne Erweiterungen schon eine umfangreiche *Benutzeroberfläche* für die Eingabe der Inhalte dar – das *Backend*. Ausführliche Informationen zur Konfiguration und Erweiterung des Backends finden Sie im Kapitel *Das Backend – hinten rein*, Seite 205. Für ein Verständnis von TypoScript reichen die Standardeinstellungen im Backend aus.

3 Das Frontend – vorne raus

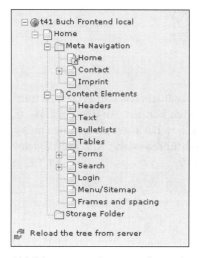

Abbildung 3.7: Baumstruktur mit Dummy-Inhalten zum Starten

In der Datenbank sind die Inhalte (fast) ohne Angaben zum Layout gespeichert. Dort finden sich *Strukturinformationen*: Der *Seitenbaum* verteilt die Inhalte in eine hierarchische Struktur. Innerhalb einer Seite gibt es verschiedene *(Inhalts)elemente*, die wiederum aus Überschriften, Texten, Bildern, Links, Tabellen etc. bestehen. Die Information, ob eine Überschrift im Frontend fett, rot und unterstrichen dargestellt werden soll (oder vielleicht doch ein bisschen hübscher), ist im Backend nicht hinterlegt. Hier legen wir lediglich den Typ der Überschrift fest und definieren Teile des Inhalts mithilfe des *Rich Text Editors*. Der *Rich Text Editor* ist die einzige Stelle, an der Sie als Redakteur eventuell bereits Informationen zum Layout einpflegen, wenn Sie z.B. eine Schriftfarbe definieren. Die exakte Darstellung im Frontend ist jedoch davon abhängig, was über TypoScript, HTML und CSS definiert wurde.

Um eine Ausgabe zu bekommen, wie sie von der Design-Abteilung vorgesehen ist, müssen Sie die Regeln festlegen, nach denen aus den Strukturinformationen im Backend (bzw. in der Datenbank) die Darstellung im Frontend erzeugt wird.

Hinweis

Die folgenden Schritte greifen in Kurzform schon auf die danach folgenden Abschnitte vor, um Ihnen bereits ein vorzeigbares Ergebnis im Frontend zu ermöglichen. Falls Ihnen dieses Vorgehen zu schnell ist, überspringen Sie diesen Abschnitt, und arbeiten Sie sich Schritt für Schritt durch TypoScript.

3.2 Grundlagen

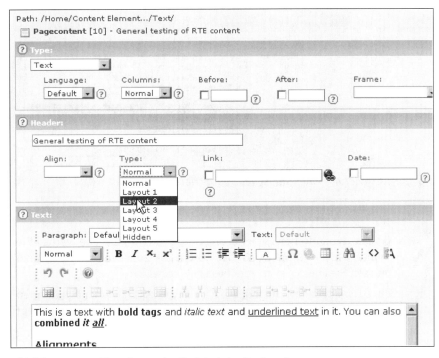

Abbildung 3.8: Eingabemaske für Inhalt im Backend

Damit nicht jeder Entwickler das Rad neu erfinden muss, stellt TYPO3 bereits eine Menge von *PHP-Funktionen* zur Verfügung, die den HTML-Output für das Frontend bei Nutzung der Datenbankinhalte erzeugen. So gibt es z.B. Funktionen, die *Menüs* anhand des Seitenbaumes erzeugen, oder Funktionen, mit denen wir ein Bild erst auf die gewünschte Größe skalieren, mit einem Wasserzeichen versehen können und anschließend das zugehörige *HTML-Tag* ausgeben. Da jede Webseite anders aussieht, können diesen Funktionen *Parameter* mitgegeben oder Anpassungen vorgenommen werden, damit die Ausgabe den Wünschen des TYPO3-Entwicklers bzw. des Designers entspricht. Diese Konfiguration geschieht anhand von *TypoScript-Templates*.

Ein *TypoScript-Template* ist ein Datensatz, der in der Regel auf der obersten Seite des Seitenbaums eingebunden wird. Der von Ihnen importierte Dummy-Seitenbaum enthält bereits einen (fast) leeren Datensatz eines TypoScript-Templates.

Tipp

Um schnell und ohne Aufwand eine Darstellung im Frontend zu bekommen, haben Sie die Möglichkeit, im Datensatz für das Typo-Script-Template ein sogenanntes *static template* auszuwählen. Darin sind alle notwendigen Einstellungen für eine Darstellung enthalten. Diese Methode sollten Sie jedoch nur für Testzwecke benutzen, falls Sie kein eigenes Layout entwerfen wollen.

3 Das Frontend – vorne raus

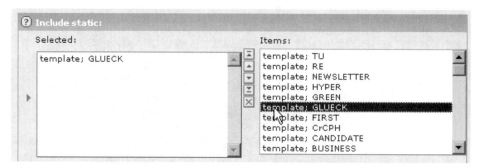

Abbildung 3.9: Aktivierung eines statischen TypoScript-Templates

Exkurs: Die richtigen Feldnamen finden

Bei der dynamischen Generierung der Frontend-Ausgabe werden Sie immer wieder auf Felder in der Datenbank zugreifen müssen. Dazu müssen Sie aber wissen, wie diese Felder heißen.

Ein Beispiel: Sie möchten den *Untertitel* der *Seite* an einer bestimmten Stelle im Frontend ausgeben. Dafür haben Sie einen *Marker* angelegt und ein *TypoScript-Objekt* geschrieben, das ihn ausgeben soll.

Listing 3.14: Vorbereitung der Ausgabe des Untertitels

```
temp.specialtitle = TEXT
temp.specialtitle {
    field = ???
    wrap = <h2> | </h2>
}
```

Wenn Sie das *Backend-Formular* aufmachen, bekommen Sie – auch in der Hilfe zum Feld – keine Informationen darüber, wie das *Feld* in der Datenbank heißt oder in welcher Tabelle der Datenbank der Formularinhalt gespeichert wird.

Sie haben jetzt verschiedene Möglichkeiten, den *Feldnamen* herauszufinden:

❶ Sie wissen, dass der Seitentitel in der Tabelle *pages* gespeichert wird, und schauen nach, ob es dort einen Feldnamen gibt, der zu Ihrem Feld passt. In unserem Beispiel wird dieses Vorgehen Sie zum Erfolg führen (das Feld heißt *subtitle*) – in anderen Fällen nicht.

3.2 Grundlagen

❷ Sie schauen im *Quelltext* nach. Das Attribut name des Input-Feldes verrät Ihnen sowohl den *Tabellennamen* als auch den *Feldnamen*. Dabei ist die *Firefox-Extension* FIREBUG sehr hilfreich. Benutzen Sie die Funktion INSPECT.

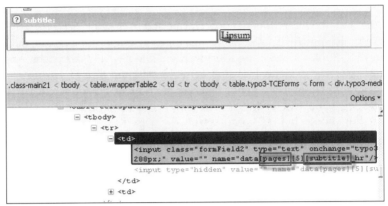

Abbildung 3.10: Tabellen- und Feldname mithilfe des Firebug ermitteln

❸ Sie geben einen Wert in das Feld ein und schauen anschließend in der Datenbank nach, in welcher Spalte bei diesem Datensatz der eingegebene Wert steht. Dazu müssen Sie allerdings die *uid* des Datensatzes kennen, die Sie im Titel des Formulars angezeigt bekommen.

Abbildung 3.11: Anzeige der uid dieser Seite

Hinweis

Sie könnten theoretisch die gesamte Erzeugung der Ausgabe im Frontend auch ohne TypoScript vollständig selbst übernehmen. Wir raten davon ab, wollen Ihnen aber trotzdem nicht den Weg dahin vorenthalten. Für Sonderfälle, in denen TYPO3 lediglich als *Framework* (beispielsweise für die *Rechteverwaltung*) eingesetzt werden soll, kann dies sinnvoll sein.

Nutzen Sie dazu die TypoScript-Konfiguration config.disableAll-HeaderCode = 1 und page.10 = USER. In dem Objekt USER können Sie dann mit Ihrem eigenen eingebundenen *PHP-Script* die komplette Ausgabe selbst übernehmen.

3.2.2 Was ist TypoScript (nicht)?

TypoScript ist eine reine *Konfiguration*smöglichkeit. Es ist **keine Programmiersprache** – auch wenn der Name etwas anderes suggeriert. Das haben Sie sicher schon gehört oder gelesen.

Aber was bedeutet das? TypoScript besitzt z.B. keine *Schleifen* im Sinne einer Programmiersprache. Es gibt allerdings Eigenschaften und Objekte, mit denen Schleifen in PHP-Funktionen konfiguriert werden. Die *if-Konstrukte* (siehe Abschnitt *Noch mal Bedingungen (if)*, Seite 164) sind keine klassischen *if-else-Strukturen*, wie man sie aus Programmiersprachen kennt (was sie auch nicht gerade leicht verständlich macht). Die sogenannten *Funktionen* sind lediglich erweiterte Konfigurationsmöglichkeiten, die Funktionen in PHP voraussetzen, die diese Konfiguration dann umsetzen.

Sind die zugehörigen *PHP-Klassen* nicht eingebunden, wird man mit TypoScript auch keine Ausgabe erzeugen können. TypoScript ist also immer von einer bestehenden PHP-Implementierung abhängig, die für die Verarbeitung der TypoScript-Konfiguration sorgt. Wie das genau funktionieren kann, wird im nächsten Abschnitt erklärt.

Diese Situation führt dazu, dass Sie mit Ihrer TypoScript-Konfiguration nur das machen können, was der Entwickler vorgesehen hat.

Tipp

Gewöhnen Sie sich an, die Dokumentationen zu TypoScript zu lesen. Wenn Sie »raten«, welche Eigenschaften es geben könnte und was diese machen sollten, kommen Sie nicht so zielgerichtet zu einem Ergebnis. Die TypoScript-Eigenschaften des Core finden Sie in der TSRef (siehe auch Abschnitt *Die TypoScript-Referenz (TSref)*, Seite 97), die *Eigenschaften*, die Sie für *Extensions* verwenden können, finden Sie typischerweise in der Dokumentation zu der Extension unter dem Punkt CONFIGURATION.

3.2.3 Zusammenspiel mit PHP

In diesem Abschnitt möchten wir Ihnen anhand von Beispielen zeigen, wie die *TypoScript-Konfiguration* von *PHP-Dateien* verarbeitet wird.

Grundsätzlich wird jede TypoScript-Konfiguration in ein *PHP-Array* umgewandelt. Die TypoScript-Konfiguration aus Listing 3.15 wird dabei in das Array aus Listing 3.16 umgewandelt.

Listing 3.15: Beispiel für eine TypoScript-Konfiguration

```
01 page.10 = TEXT
02 page.10.field = title
03 page.10.wrap = <h1> | </h1>
```

3.2 Grundlagen

Listing 3.16: Umsetzung der TypoScript-Konfiguration in ein PHP-Array

```
01 $config['page.']['10'] = 'TEXT';
02 $config['page.']['10.']['field'] = 'title';
03 $config['page.']['10.']['wrap'] = '<h1> | </h1>';
```

Achtung

Beachten Sie besonders folgendes Vorgehen beim Erstellen des Arrays: *Zuweisungen* von *Werten* zu *Eigenschaften* (z.B. die Zuweisung des Wertes title zu der Eigenschaft field in Zeile 02) werden als *Schlüssel-Werte-Paar* in das *Array* geschrieben. Hat eine Eigenschaft Untereigenschaften (wie z.B. die Eigenschaft 10), gibt es in dem Array einen eigenen Schlüssel, der durch die Eigenschaft mit einem Punkt gekennzeichnet ist (siehe Zeile 2 und 3 in Listing 3.16).

Die PHP-Funktionen, die die TypoScript-Konfiguration auswerten, haben Zugriff auf dieses erzeugte PHP-Array und erzeugen z.B. HTML-Quelltext in Abhängigkeit von den Werten des Arrays.

Betrachten wir die Verarbeitung der TypoScript-Konfiguration aus Listing 3.15. Die PHP-Funktion, die diese Konfiguration verarbeitet, finden Sie in der Datei *typo3/sysext/cms/tslib/class.tslib_content.php*. Dort gibt es in der Klasse tslib_cObj die Funktion TEXT. Diese ruft wiederum die Funktion stdWrap auf. Das Array, das aus dem TypoScript erzeugt wurde, steht in beiden Funktionen in der Variablen $conf zur Verfügung. Lassen Sie sich dieses Array ruhig einmal ausgeben, indem Sie folgende Code-Zeile in die Funktion einfügen und anschließend das Frontend aufrufen: t3lib_div::debug($conf);.

Listing 3.17: Ausschnitt aus der Funktion stdWrap

```
01 function stdWrap($content,$conf){
02    if (is_array($conf)){
03       [...]
04       if ($conf['field']) {$content=$this->getFieldVal($conf['field']);}
05       [...]
06       if ($conf['wrap']){$content=$this->wrap($content, $conf['wrap'],
            ($conf['wrap.']['splitChar']?$conf['wrap.']['splitChar']:'|'));}
07       [...]
08    }
09    return $content;
10 }
```

In Zeile 4 des Listings wird abgefragt, welchen Wert die Eigenschaft field hat. In Abhängigkeit davon wird der Variablen $content der Wert des Datenbankfeldes zugewiesen, das Sie angegeben haben. Hätten Sie diese Eigenschaft nicht gesetzt, würde die Funktion an dieser Stelle auch nichts tun.

Hätten Sie in Ihrer TypoScript-Konfiguration eine Eigenschaft verwendet, die in dieser Funktion nicht verarbeitet wird, würde mit dieser Eigenschaft nichts passieren. Sie wird also schlicht ignoriert.

Tipp

Schauen Sie sich ruhig einmal die PHP-Funktion stdWrap an, und vergleichen Sie diese mit der Tabelle der Eigenschaften für den *stdWrap* in der *TSref*. Sie werden feststellen, dass jede in der *TSref* angegebene Eigenschaft in der Funktion verarbeitet wird. Die Verarbeitung erfolgt exakt in der Reihenfolge, in der die Eigenschaften in der TSref angegeben sind.

Tipp

Ein wesentlicher Schritt für die Verwendung von TypoScript ist, dass Sie verstanden haben, welche Eigenschaften und Werte an welcher Stelle überhaupt gültig sind. Wir empfehlen Ihnen, von Anfang an bei der Arbeit mit TypoScript immer wieder in der TSRef nachzuschlagen, um deren Struktur zu verstehen und die Verwendung zu üben. Es empfiehlt sich auch, einfach mal in der TSRef zu stöbern, da TypoScript an vielen Stellen ungeahnte Konfigurationsmöglichkeiten bietet, die man gar nicht suchen würde, wenn man nicht im Hinterkopf hätte, da »schon mal was gelesen« zu haben. Was wo in der TSRef zu finden ist, wird im Abschnitt *Die TypoScript-Referenz (TSref)*, Seite 97, erklärt.

3.2.4 TypoScript versus TSconfig

Neben dem Begriff *TypoScript* haben Sie sicher schon den Begriff *TSconfig* gehört. Dabei gibt es *Seiten-TSconfig (Page TSconfig)* und *Benutzer-TSconfig (User TSconfig)*. TSconfig steht für *TypoScriptConfiguration*. Durch diese begriffliche Ähnlichkeit entsteht leicht Verwirrung. TypoScript und TSconfig sind aber getrennt voneinander zu betrachten. Die einzige Gemeinsamkeit ist, dass beide Konfigurationsmöglichkeiten dieselbe Syntax haben.

Grundsätzlich gilt:

TypoScript dient zur Konfiguration der Frontend-Ausgabe und wird in Template-Datensätzen oder in speziell dafür vorgesehenen Dateien (siehe Abschnitt *TypoScript-Templates in Dateien auslagern*, Seite 106) gepflegt. Dafür wird typischerweise das MODUL WEB, TEMPLATE verwendet.

3.2 Grundlagen

TSconfig dient zur Konfiguration des Backends und wird in einem Feld im Seitenheader (für Page TSconfig) bzw. im Datensatz des Backend-Benutzers oder der Backend-Gruppe (für User TSconfig) gepflegt. Unter Umständen sind auch TSconfig-Einstellungen in dafür vorgesehenen Dateien zu finden (siehe Abschnitt *TypoScript-Konfiguration (TSconfig)*, Seite 219).

In Abbildung 3.12 wird verdeutlicht, welche Rolle TypoScript und TSconfig im Framework spielen und welches die wichtigsten betroffenen Klassen sind.

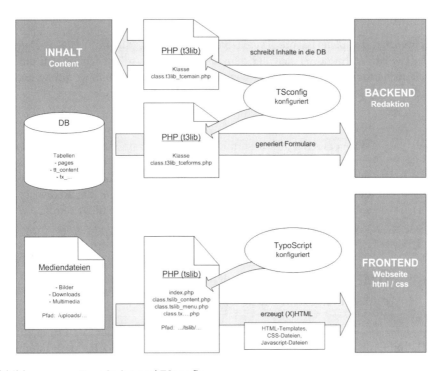

Abbildung 3.12: TypoScript und TSconfig

Hinweis

Die wichtigsten Dokumentationen zu TypoScript und TSconfig finden Sie auf der Webseite *http://www.typo3.org* unter dem Punkt DOKUMENTATION → REFERENCES. Als Faustregel sollten Sie sich merken: **TypoScript = Frontend, TSconfig = Backend**.

3.2.5 Der Begriff »Template«

Template bedeutet übersetzt »Vorlage« oder »Schablone«. In TYPO3 wird dieser Begriff für unterschiedliche Dinge verwendet. Wir möchten daher an dieser Stelle eine klare Begriffsabgrenzung vornehmen.

Ein *HTML-Template* ist eine Datei, die das HTML-Grundgerüst für die Webseite oder Teile der Webseite (bei *Extensions* z.B.) zur Verfügung stellt. Diese Datei wird von TYPO3 eingelesen und in bearbeiteter Form wieder ausgegeben (siehe nächster Abschnitt).

Ein *TypoScript-Template* ist die *TypoScript-Konfiguration*, die im *Template-Datensatz* gepflegt wird. Während es sich bei dem HTML-Template tatsächlich um eine Art Schablone handelt, ist der Begriff »Template« im Zusammenhang mit TypoScript wohl eher als historisch gewachsen zu betrachten.

Achtung

Wir versuchen, in diesem Buch bewusst immer anzugeben, um welche Art von Template es sich handelt. Das wird Ihnen nicht bei jeder Dokumentation so gehen. Machen Sie sich dann bewusst, ob von einem HTML- oder einem TypoScript-Template die Rede ist. Das sollte problemlos aus dem Zusammenhang erkennbar sein.

3.2.6 HTML-Templates vorbereiten (dynamische und statische Bereiche)

HTML-Templates sind Vorlagen für die Ausgabe des *TYPO3-Frontends*. Dabei wird im HTML-Template gekennzeichnet, welche Bereiche von TYPO3 z.B. durch Inhalte aus der Datenbank ersetzt werden sollen (*dynamisch*) und welche Bereiche genau so ausgegeben werden wie im HTML-Template (*statisch*). Ein Beispiel für dynamische Bereiche finden Sie in Abbildung 3.3.

Diese Bereiche müssen für jede Seite unterschiedlich, also dynamisch generiert werden. Im HTML-Template werden diese Bereiche durch **Subparts** oder **Marker** gekennzeichnet, die dann von TYPO3 durch die seitenspezifischen Inhalte ersetzt werden.

Tipp

Falls Sie sich die Mühe der Definition der Marker und Subparts ersparen möchten, können Sie diese auch mithilfe der Extension `automaketemplate` automatisch erzeugen lassen. Dabei geben Sie jedoch ein wenig die Kontrolle aus der Hand, wo Subparts und Marker verwendet werden sollen.

Hinweis

Basierend auf der Extension `templavoila` gibt es mittlerweile auch noch eine weitere Möglichkeit, HTML-Templates mit dynamischen Inhalten zu füllen. Weitere Informationen zu `templavoila` finden Sie im Kapitel *Extension Top 10*, Abschnitt *templavoila*.

Marker

Marker sind einfache Strings, die links und rechts von jeweils drei »Schweinegattern« begrenzt werden, z.B. ###YEAR### oder ###LAST_CHANGE###. In vielen Beispielen sind Marker und Subparts komplett großgeschrieben, das ist aber nicht zwingend erforderlich. Möchten Sie für Marker eine andere Markierung als die Rauten verwenden, können Sie diese mit der Eigenschaft `markerWrap` des TEMPLATE-Objekts selbst bestimmen.

Tipp

Ersetzen Sie in Ihrem HTML-Template alle einfachen Strings, die dynamisch gefüllt werden sollen, durch Marker. Typische Beispiele sind der Seitentitel, der Name des angemeldeten Benutzers oder das aktuelle Jahr in der Fußzeile.

Subparts

Mit *Subparts* können Sie ganze Bereiche markieren. Dazu verwenden Sie jeweils einen öffnenden und einen schließenden *HTML-Kommentar*, der den Subpart-Namen – wie bei Markern – begrenzt von drei Rauten enthält. Sie können weitere Informationen in diesem Kommentar unterbringen, dies ist aber nicht erforderlich.

Listing 3.18: Beispiel für einen Subpart

```
<!-- ###CONTENT_RIGHT### begin -->
   Inhalt in der rechten Spalte
<!-- ###CONTENT_RIGHT### end -->
```

Achtung

Wenn Sie Subparts verwenden, muss zwischen dem öffnenden und dem schließenden Kommentar mindestens ein Zeichen stehen. Ein Leerzeichen reicht dabei nicht aus. Sollten Sie tatsächlich einmal einen leeren Subpart in Ihrem HTML-Template haben, dann schreiben Sie ein   zwischen die beiden HTML-Kommentare.

Tipp

Wir empfehlen, dass Sie Marker für Bereiche verwenden, die kein HTML beinhalten, und Subparts für die Bereiche, innerhalb derer auch HTML ausgegeben wird, z.B. Menüs. Auf diese Weise können Sie das HTML-Template mit dem kompletten HTML-Quelltext vorbereiten und die Person, die für HTML/CSS zuständig ist, muss nicht TYPO3 installiert haben, sondern kann direkt mit der HTML-Datei arbeiten, die das Template darstellt.

3.3 TypoScript-Syntax und -Semantik

Die wichtigsten Dokumentationen zu TypoScript sind:

1. TypoScript Templates[1]
   (auf der beiliegenden CD: *doc_core_tstemplates*)

2. TypoScript Syntax and In-depth Study[2]
   (auf der beiliegenden CD: *doc_core_ts*)

3. Die TSref[3]
   (auf der beiliegenden CD: *doc_core_tsref*)

---

1 http://typo3.org/documentation/document-library/core-documentation/doc_core_tstemplates/current/
2 http://typo3.org/documentation/document-library/core-documentation/doc_core_ts/current/
3 http://typo3.org/documentation/document-library/references/doc_core_tsref/4.1.0/view/

3.3 TypoScript-Syntax und -Semantik

Dabei werden Sie 1. und 2. nur zu Beginn Ihrer Arbeit mit TypoScript benötigen. Es geht dabei vor allem um die Erklärung der Funktionsweise von TypoScript und die Syntax-Regeln. Die *TSref* hingegen sollte zu Ihrem täglichen Werkzeug im Umgang mit TypoScript werden. Es ist die Referenz, in der die bestehenden *Objekte, Eigenschaften, Datentypen* etc. beschrieben sind.

Hinweis

Allein die Dokumentation *TypoScript Syntax and In-depth Study* besteht aus knapp 30 Seiten. Eine entsprechend ausführliche Beschreibung der *TypoScript-Syntax* würde in diesem Buch zu wenig Platz für andere wichtige Dinge lassen. Wir empfehlen daher unbedingt, dass Sie diese Dokumentation wenigstens einmal durchlesen. Der TSref wird regelmäßig aktualisiert und erweitert. Verwenden Sie die Dokumentation auf *typo3.org*, haben Sie zu jedem Fall den aktuellen Stand zur Verfügung.

3.3.1 Begriffe: Objekt, Objektname, Eigenschaft, Funktion & Co.

Wenn von *Objekten* die Rede ist, denken Programmierer sofort an das Paradigma der *Objektorientierten Programmierung*. Wir empfehlen Ihnen, vorübergehend zu vergessen, was Sie zur objektorientierten Programmierung wissen, da die Begriffe im Zusammenhang mit *TypoScript* nicht ganz korrekt objektorientiert verwendet werden.

Im Folgenden beschreiben wir kurz die Begriffe. Wir haben sie ins Deutsche übersetzt, aber in Klammern die englische Bezeichnung hinzugefügt, wie sie in der TSref verwendet wird.

Listing 3.19: TypoScript-Konfiguration unter Verwendung der Begriffe

```
einObjekt = OBJEKTNAME
einObjekt.eigenschaft1 = ein Wert
einObjekt.eigenschaft2 = noch ein Wert
einObjekt.eigenschaft2.eigenschaftA = ein weiterer Wert
einObjekt.eigenschaft2.eigenschaftB = blubb
einObjekt.eigenschaft3 = WertWertWert
```

Listing 3.20: Ein entsprechendes Beispiel mit »echten« Werten

```
einBild = IMAGE
einBild.file = fileadmin/einbild.jpg
einBild.imageLinkWrap = 1
einBild.imageLinkWrap.enable = 1
einBild.imageLinkWrap.width = 650m
einBild.border = 2
```

Begriff	Erklärung
Objekt (*object*) und Objektname (*objectname*)	Unter *objectname* wird der in Großbuchstaben geschriebene Name eines Objekts verstanden, z.B. TEXT, CONTENT, GIFBUILDER. Als Objekt werden sowohl die Beschreibung dieses Namens bezeichnet (z.B. »Das *TEXT-Objekt* dient der Ausgabe von...«) als auch konkrete Objektpfade (z.B. »Das Objekt *styles.content.get* konfiguriert...«).
Objekttyp (*objecttype*)	Die *Objekttypen* stellen eine Gruppierung der Objektnamen dar. Objekttypen sind in der TSref in Kapitel 2.2 beschrieben. Der berühmteste Objekttyp ist *cObject*. Hinweis: In anderer Literatur wird der Begriff »Objekttyp« häufig im Sinne von »Objektname« oder »Objekt« verwendet.
Eigenschaft (*property*)	*Eigenschaften* sind die Parameter, die für *Objekte* oder *Funktionen* gesetzt werden können. Eigenschaften wird typischerweise ein Wert zugeordnet, der von ihrem *Datentyp* abhängt (siehe nächster Abschnitt). In bestimmten Fällen können Eigenschaften aber auch weitere Eigenschaften (Untereigenschaften) zugeordnet werden.
Funktion (*function*)	*Funktionen* sind eigentlich *komplexe Datentypen*, die einer Eigenschaft zusätzliche Parameter (Eigenschaften) zur Verfügung stellen. Die meisten werden – wie auch die Inhaltsobjekte – in der Klasse tslib_cObj (*typo3/sysext/cms/class.tslib_content.php*) von einer PHP-Funktion gleichen Namens abgearbeitet.
Datentyp (*data type*)	Jede *Eigenschaft* hat einen *Datentyp*. Dieser ist in der TSref dokumentiert. Im nächsten Abschnitt gehen wir näher auf mögliche Datentypen ein.

Tabelle 3.1: Definition wichtiger Grundbegriffe

3.3.2 Datentypen (data types)

Die *Datentypen* geben vor, welche Inhalte der *Wert* einer *Eigenschaft* annehmen kann. Die meisten TypoScipt-Datentypen sind für Programmierer eher ungewohnt.

Datentypen können zum einen »normale« Datentypen sein. Diese sind in Kapitel 2.2 der TSref beschrieben.

In den meisten Fällen brauchen Sie einen »normalen« Datentyp nicht in der TSref nachzuschlagen, da er selbsterklärend ist. Eine wichtige und mächtige Ausnahme bildet der Datentyp *getText*, da er viele Möglichkeiten bietet, dynamischen Inhalt zu generieren (siehe Abschnitt *Die Allzweckwaffe (stdWrap)*, Seite 159).

Abbildung 3.13: Beispiele für »normale« Datentypen im IMAGE-Objekt

Eine Eigenschaft kann außerdem einen *Objekttyp* oder ein *Objekt* als Datentyp haben. Die Objekttypen finden Sie in der TSref am Ende von Kapitel 2.2. In einem solchen Fall muss für die Eigenschaft festgelegt werden, um was für ein Objekt es sich handelt (z.B. TEXT oder IMAGE), und es stehen anschließend alle Eigenschaften des Objekts als Untereigenschaft zur Verfügung.

Darüber hinaus kann es sich um eine *Funktion* als Datentyp handeln. Das bedeutet, dass der Eigenschaft mit diesem Dateityp alle Eigenschaften der Funktion als Untereigenschaft zur Verfügung stehen.

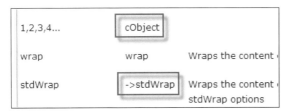

Abbildung 3.14: Beispiel für die Datentypen Objekttyp und Funktion im PAGE-Objekt

3.3.3 Operatoren und Kommentare

Wir stellen hier nur eine kurze Übersicht der Operatoren zur Verfügung, Sie werden schnell Routine mit einzelnen Operatoren bekommen.

Operator	Auswirkung

Zuweisen =	Analog zu Programmiersprachen werden damit einzelne Werte zugewiesen oder auch wieder geleert.
	`config.headerComment = we love it!`
	`config.headerComment =`

Kopieren <	Ein bestehendes Objekt kann mitsamt allen Eigenschaften an eine weitere Stelle kopiert werden. Dabei wird eine tatsächliche Kopie erzeugt, Änderungen an der Kopie bewirken also keine Änderungen im Original (vgl. Referenzieren). `page.10.subparts.CONTENT < styles.content.get`

Tabelle 3.2: Übersicht der Operatoren

Operator	Auswirkung
Referenzieren =<	Eine Referenz erzeugt lediglich eine Verknüpfung des Originals an eine weitere Stelle. Änderungen am Original oder jeder Verknüpfung wirken sich an allen Stellen aus. Dadurch wird der Umfang des Konfigurationsarrays klein gehalten und ein sauber strukturiertes TypoScript ermöglicht. `tt_content.text.10 =< lib.stdheader`

Konkatenieren
:=
	Seit der Version 4.0 gibt es eine tolle Möglichkeit, an bestehende Listen weitere Einträge anzufügen, ohne den bisherigen Inhalt der Liste kennen zu müssen.
	`aNiceList = 1,2,3`
	`aNiceList := addToList(4)`

Konkatenieren :=	Folgende Funktionen sind implementiert: `prependString()`: Fügt am Anfang des Wertes einen String hinzu. `appendString()`: Fügt am Ende des Wertes einen String hinzu. `removeString()`: Entfernt den angegebenen String aus dem Wert. `replaceString()`: Ersetzt einen String durch einen neuen String. Die Strings werden durch | getrennt. `addToList()`: Fügt am Ende des Wertes eine kommagetrennte Liste an. Dabei wird nicht auf doppelte Einträge geprüft, und es findet keine Sortierung statt. `removeFromList`: Entfernt eine kommaseparierte Liste aus einer kommaseparierten Liste. Außerdem findet sich in der Klasse *class.t3lib_tsparser.php* ein *Hook*, mit dem weitere Funktionen implementiert werden können.

Löschen
>
	Sie können ganze Objektpfade auf einen Streich löschen bzw. aus dem Konfigurationsarray entfernen. Dies wird vor allem eingesetzt, um Vererbung in tiefere Ebenen zu verhindern und wenn Sie sichergehen wollen, dass ein Objekt wirklich komplett leer ist, das Sie dann neu füllen können.
	`tt_content >`
	`styles.content >`

Organisieren
{}
	Um die Lesbarkeit deutlich zu erhöhen, sollten Sie generell die Notation der geschweiften Klammern im Zusammenspiel mit Einrückung verwenden.
	`config {`
	`  debug = 0`
	`  admPanel = 0`
	`  disablePrefixComment = 1`
	`}`

Tabelle 3.2: Übersicht der Operatoren (Forts.)

Operator	Auswirkung

Zuweisen II
()
	Für das Zuweisen von Werten über mehrere Zeilen können Sie die runden Klammern benutzen. Dies macht beispielsweise bei HTML und CSS Sinn oder wenn Sie Zeilenumbrüche im Wert enthalten haben wollen. Beachten Sie dabei, dass die Klammern nicht mit dem Wert in der gleichen Zeile stehen dürfen.
	
	`plugin.tx_cssstyledcontent._CSS_DEFAULT_STYLE (`
	`DIV.csc-textpic-caption-c { text-align: center; }`
	`DIV.csc-textpic-caption-r { text-align: right; }`
	`DIV.csc-textpic-caption-l { text-align: left; }`
	`)`

Bedingung stellen []	Bedingungen werden durch eckige Klammern angezeigt. Diese wirken vergleichbar zu if-Abfragen in PHP, beispielsweise für eine Browserweiche. Auf Bedingungen werden wir später noch detailliert eingehen. `[browser = msie] && [system = win]`

Tabelle 3.2: Übersicht der Operatoren (Forts.)

Die *Kommentarzeichen* in TypoScript sind eng an PHP angelehnt.

Listing 3.21: Kommentarzeichen in TypoScript

```
/ one line comment
# another one line comment
/*

   comment one
   several lines
*/
```

3.3.4 Konstanten

Konstanten dienen dazu, bestimmte Werte, die im SETUP-Feld vorkommen, an eine zentrale Stelle auszulagern. Dies kann aus drei Gründen sinnvoll sein:

1. Der gleiche Wert wird im SETUP mehrfach benötigt, Sie möchten ihn aber nur an einer Stelle pflegen müssen.
2. Der Übersichtlichkeit halber möchten Sie Werte an einer Stelle bündeln. Ein gutes Beispiel sind die IDs von Seiten. Wenn Sie im TypoScript auf Seiten-IDs verweisen müssen, diese aber nicht im SETUP verteilt haben möchten, lagern Sie sie in die Konstanten aus.
3. Sie möchten den Administratoren einen Teil der TypoScript-Konfiguration über den CONSTANT EDITOR zugänglich machen. Wie dies geht, wird im Abschnitt *Konstanten bequem ändern (Constant Editor)*, Seite 115, erklärt.

Die Konstanten werden im Feld CONSTANTS des Template-Datensatzes definiert. Dabei gilt die gleiche Syntax wie für TypoScript im SETUP. Die Bezeichnung der Konstanten bleibt dabei komplett Ihnen überlassen.

Wichtige Grundregeln sind:

- Konstanten werden im SETUP-Feld über die Schreibweise {$name.der.konstante} eingebunden.
- Ein Objekt oder eine Eigenschaft mit dem Namen *file* wird immer als Datentyp *resource* interpretiert.
- Das Toplevel-Objekt TSConstantEditor ist für das Modul CONSTANT EDITOR reserviert.
- Konstanten werden im TypoScript-SETUP? durch die Funktion str_replace von PHP ersetzt. Dadurch werden nur tatsächlich definierte Konstanten ersetzt.
- Wie überall in TypoScript wird zwischen Groß- und Kleinschreibung unterschieden.

Listing 3.22: Eintrag im Feld constants

```
bgCol = red
file.toplogo = fileadmin/templates/img/toplogo.gif
```

Listing 3.23: Einsatz der Konstanten in TypoScript

```
page = PAGE
page.typeNum = 0
page.bodyTag = <body bgColor="{$bgCol}">
page.10 = IMAGE
page.10.file = {$file.toplogo}
```

Tipp

Versuchen Sie Ihre Konstanten durch eine systematische Benennung und Gruppierung möglichst selbsterklärend zu machen. Einen guten Ansatz bekommen Sie im CONSTANT EDITOR.

3.3.5 Bedingungen

Sie können die Einbindung einzelner TypoScript-Bereiche von *Bedingungen* abhängig machen. Die Logik dahinter ist vergleichbar zu Bedingungen in Programmiersprachen. Sie können Verknüpfungsangaben wie &&, AND, || und OR verwenden, jedoch

3.3 TypoScript-Syntax und -Semantik

keine Klammern für die Reihenfolge nutzen. AND geht immer vor OR. Die möglichen Bedingungen sind in der TSref in Kapitel 4 beschrieben.

Listing 3.24: Beispiele für Bedingungen

```
    // Es handelt sich um einen im Frontend angemeldeten Besucher
[loginUser = *]
    // Der Besucher befindet sich auf Menüebene 3 oder 4
[treeLevel = 3,4]
    // Die Umgebungsvariable HTTP_HOST hat einen Wert mit typo3.com am Ende, es ist
also auch www.typo3.com oder test.typo3.com möglich
[globalString = HTTP_HOST= *typo3.com]
    // Die ID der aktuellen Seite ist höher als 10
[globalVar = TSFE:id > 10]
```

Um das Ende des Bedingungsbereiches anzuzeigen, schreiben Sie [global]:

Listing 3.25: CSS-Datei nur für Internet Explorer einbinden

```
[browser = msie]
page.includeCSS.iehacks = fileadmin/templates/css/iehacks.css
[global]
```

Es steht Ihnen außerdem das Schlüsselwort [else] zur Verfügung. Damit können Sie alles abdecken, was von einer Bedingung nicht erfüllt wird.

Listing 3.26: CSS-Datei für alle Browser außer dem Internet Explorer einbinden

```
[browser = msie]
[else]
page.includeCSS.notie = fileadmin/templates/css/notie.css
[global]
```

Falls keine der gegebenen Möglichkeiten Ihre Bedürfnisse abdeckt, können Sie eine eigene PHP-Funktion schreiben, die alle nötigen Prüfungen durchführt. In der TSRef finden Sie ein Beispiel für die umzusetzende Funktion in PHP.

Listing 3.27: Eigene PHP-Funktion einbinden

```
    // eigene Funktion user_match mit Parameter aufrufen
[userFunc = user_match(checkLocalIP)]
```

Um das Ende des Bedingungsbereiches anzuzeigen, schreiben Sie [global].

Listing 3.28: CSS-Datei nur für Internet Explorer einbinden

```
[browser = msie]
page.includeCSS.iehacks = fileadmin/templates/css/iehacks.css
[global]
```

Um das Ende des Bedingungsbereiches anzuzeigen, schreiben Sie [global].

Listing 3.29: CSS-Datei nur für Internet Explorer einbinden

```
[browser = msie]
page.includeCSS.iehacks = fileadmin/templates/css/iehacks.css
[global]
```

3.3.6 Die Bedeutung der Reihenfolge

Von oben nach unten

TypoScript wird grundsätzlich von oben nach unten abgearbeitet. Das heißt, Sie können jede TypoScript-Eigenschaft, die Sie einmal definiert haben, weiter unten im TypoScript-Template überschreiben. Listing 3.30 führt also dazu, dass im Frontend HALLO WELT! ausgegeben wird.

Listing 3.30: Beispiel für das Überschreiben einer Eigenschaft

```
page.10 = TEXT
page.10.value = Hello World!
page.10.wrap = <p> | </p>
page.10.value = Hallo Welt!
```

Es gilt: Die Konfiguration, die weiter unten steht, gewinnt. Genau genommen gewinnt die Konfiguration, die als letzte ausgewertet wird. Dies ist dann relevant wenn TypoScript-Templates an mehreren Quellen eingebunden werden (siehe Abschnitt *TypoScript-Templates verwalten*, Seite 101)

Tipp

Sie werden typischerweise auf verschiedene Art und Weise TypoScript-Templates eingebunden haben (siehe auch den Abschnitt *TypoScript-Templates verwalten*, Seite 101). Es steht also nicht jede TypoScript-Konfiguration in Ihrem *Root-Template-Datensatz*. Verwenden Sie den TEMPLATE ANALYZER (siehe Abschnitt *Template-Organisation überblicken (Template Analyzer)*, Seite 114), um zu sehen, in welcher Reihenfolge die verschiedenen TypoScript-Templates eingebunden werden.

Vererbung im Seitenbaum

Eine TypoScript-Konfiguration gilt nicht nur für die Seite, auf der sie vorgenommen wird, sondern auch für jede Unterseite dieser Seite. Wird auf einer Unterseite im Baum ein weiteres TypoScript-Template eingebunden, so können Sie in diesem Template-Datensatz TypoScript-Konfigurationen für diesen Teilbaum überschreiben.

Tipp

Gewöhnen Sie sich an, den OBJECT BROWSER (siehe Abschnitt *Typo-Script-Struktur betrachten (Object Browser)*, Seite 111) zu verwenden, um Ihre endgültige TypoScript-Konfiguration an jeder beliebigen Stelle im Baum zu kontrollieren. Er ist eines der wichtigsten Instrumente zum Finden von Fehlern.

Tipp

Abbildung 3.14 zeigt, wie Sie sich einen Überblick über alle Template-Datensätze verschaffen können, die Sie in Ihrer TYPO3-Instanz angelegt haben.

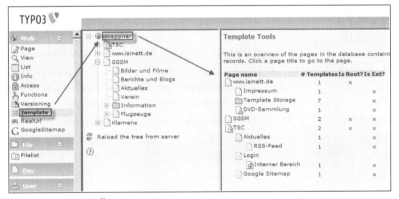

Abbildung 3.15: Überblick über alle verwendeten Template-Datensätze

3.3.7 Die TypoScript-Referenz (TSref)

Die TSref ist **das** Handwerkszeug im täglichen Umgang mit TypoScript. In ihr sind für den *TYPO3-Core Datentypen*, *Funktionen*, *Objekte*, erlaubte *Eigenschaften* und vieles mehr dokumentiert.

Die TSref enthält folgende Hauptkapitel: Die wichtigsten für den regelmäßigen Umgang mit der TSref haben wir fett markiert.

3 Das Frontend – vorne raus

Kapitel	Beschreibung
Kapitel 1: TSref	Einleitung mit einer Warnung und Syntax-Hinweisen
Kapitel 2: Datentypen	Es werden die einfachen Datentypen und die Objekttypen beschrieben.
Kapitel 3: Objekte und Eigenschaften	Der wichtigste Teil dieses Kapitels ist die Beschreibung des *optionSplit*.
Kapitel 4: Bedingungen	Die zur Verfügung stehenden Bedingungen sind dokumentiert und werden beschrieben.
Kapitel 5: Funktionen	Hier werden die Eigenschaften der Funktionen dokumentiert.
Kapitel 6: Konstanten	Eine Beschreibung, wie Konstanten verwendet werden können.
Kapitel 7: Setup / Top Level Objekte	Hier sind die sogenannten Toplevel-Objekte dokumentiert. In Abschnitt *Das Grundgerüst des Setup-Feldes (Toplevel Objects)*, Seite 118 werden diese ausführlich behandelt.
Kapitel 8: Inhaltsobjekte	Dies ist sicher eines der Kapitel, wo Sie am häufigsten nachschlagen werden. Sie finden die Beschreibung der Inhaltsobjekte (Content Object oder cObject). Der größte Teil der Frontend-Ausgabe wird über Inhaltsobjekte definiert.
Kapitel 9: Gifbuilder	Der Gifbuilder steuert die Bildbearbeitung in TYPO3. Er stellt eine eigene Gruppe von Objekten zur Verfügung.
Kapitel 10: Menü-Objekte	Hier werden Objekte für die verschiedenen Menütypen beschrieben. Dies steht immer im Zusammenhang mit dem Inhaltsobjekt HMENU, das in Kapitel 8 der TSref zu finden ist.
Kapitel 11	Hier werden Beispiel-PHP-Scripts vorgestellt, die die Core-Funktionalitäten erweitern. Dieses Kapitel ist mit Vorsicht zu genießen, da einige der Beispiele veraltet sind.
Kapitel 12	Kurze Erklärung zu statischen Templates
Kapitel 13	Informationen, die interessant sind, wenn man eigene PHP-Scripts verwendet
Kapitel 14	Fallstudien
Kapitel 15	Informationen zur Standardverarbeitung von GET- und POST-Daten

Tabelle 3.3: Hauptkapitel der TSref

Die TSref dient vor allem als Nachschlagewerk, um die folgenden Fragen zu beantworten:

- Welche Objekte gibt es?
- Welche Eigenschaften sind wo erlaubt?
- Welche Werte können die Eigenschaften annehmen bzw. welche Untereigenschaften sind erlaubt?

3.3 TypoScript-Syntax und -Semantik

Die Herausforderung besteht nun darin, sich im Dschungel der TSref zurechtzufinden und an der richtigen Stelle nachzuschauen.

Bei jeder Funktion und jedem Objekt finden Sie eine Tabelle mit den Spalten PROPERTY (Eigenschaft), DATA TYPE (Datentyp), DESCRIPTION (Beschreibung) und DEFAULT (Standardwert).

Property:	Data type:	Description:	Default:
file	imgResource		
params	<IMG>-params		
border	integer	Value of the "border" attribute of the image tag.	0
altText titleText (alttext)	string /stdWrap	If no titltext is specified, it will use the alttext insteadIf no alttext is specified, it will use an empty alttext ("alttext" is the old spelling of this attribute. It will be used only if "altText" does not specify a value or properties)	
longdescURL	string /stdWrap	"longdesc" attribute (URL pointing to document with...	

Abbildung 3.16: Eigenschaften-Tabelle

Der Spalte mit den *Eigenschaften* können Sie entnehmen, welche Eigenschaften überhaupt erlaubt sind. Achtung: Hier ist die exakte Einhaltung der Groß- und Kleinschreibung gefragt. Der *Datentyp* sagt Ihnen, wie Sie weitermachen. Entweder Sie weisen der Eigenschaft einen Wert zu, oder Sie können Untereigenschaften verwenden oder beides.

Im Folgenden wollen wir dieses Vorgehen visualisieren:

❶ Es handelt sich um einen *einfachen Datentyp* (z.B. *int, align, wrap, boolean,...*). Lesen Sie in Kapitel 2.2 der TSref nach, welche Werte für diesen Datentyp erlaubt sind. In wenigen Fällen werden Sie gegebenenfalls wiederum auf eine Funktion verwiesen (gestrichelte Linie).

❷ Der Datentyp ist eine *Funktion* (z.B. *->select, ->stdWrap* oder */stdWrap*). Suchen Sie in Kapitel 5 die entsprechende Funktion. Die dort beschriebenen Eigenschaften können als Untereigenschaften verwendet werden.

❸ Es wird auf ein *Objekt* verwiesen (z.B. *->META, ->FRAMESET, ->GIFBUILDER*). Die Eigenschaften des angegebenen Objekts können als Untereigenschaften verwendet werden. Objekte finden Sie in der TSref an folgenden Stellen:
   – Kapitel 7: Setup (vor allem Toplevel-Objekte)
   – Kapitel 8: Inhaltsobjekte
   – Kapitel 9: GIFBUILDER
   – Kapitel 10: Menüobjekte

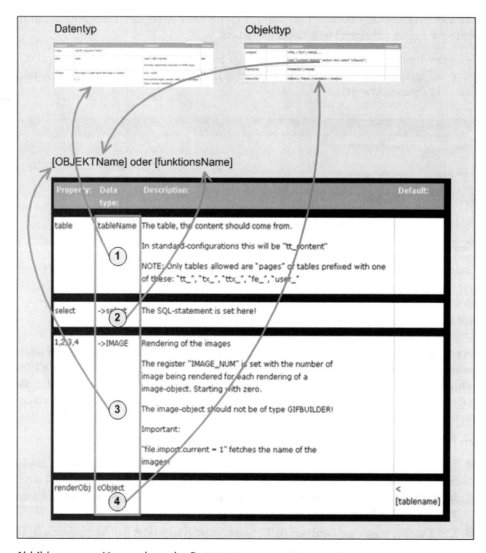

Abbildung 3.17: Verwendung der Datentypen

❹ Ein *Objekttyp* ist angegeben (z.B. *cObject*, *frameObj*, *menuObj*). In Kapitel 2.2 unter Objekttypen können Sie nachschlagen, welche Objekte erlaubt sind. Wählen Sie ein Objekt aus, und weisen Sie der Eigenschaft den Objektnamen zu. Die Eigenschaften dieses Objekts können Sie nun als Untereigenschaften verwenden.

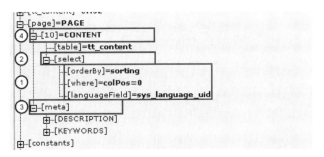

Abbildung 3.18: Beispiel zur Verwendung der Datentypen

❶ Einfache Wertzuweisung (Weg 1)
❷ Eine Funktion; die Untereigenschaften finden Sie durch Weg 2.
❸ Schauen Sie im Objekt *META* nach (Weg 3).
❹ Alle *Inhaltsobjekte* sind erlaubt, hier wurde CONTENT gewählt (Weg 4).

3.4 TypoScript-Templates verwalten

3.4.1 Der TypoScript-Template-Datensatz

Um eine Frontend-Ausgabe zu erzeugen, brauchen Sie mindestens einen Template-Datensatz in der *Root-Seite*. Einen Template-Datensatz können Sie wie jeden Datensatz über das MODUL WEB, LIST erstellen und bearbeiten. Wir empfehlen Ihnen aber, für die Arbeit mit dem Template-Datensatz immer das MODUL WEB, TEMPLATE zu verwenden.

Der Template-Datensatz enthält typischerweise die grundlegende TypoScript-Konfiguration. Sie können außerdem einige weitere Einstellungen vornehmen.

Die Einstellungen im Detail:

❶ Ein gut gewählter Titel des TypoScript-Templates ist nur für die Zuordnung im Backend für Sie wichtig und hat keine Auswirkung auf das Frontend. Sie können das TypoScript-Template und damit alle enthaltenen Einstellungen generell deaktivieren oder über die zeitliche Steuerung nur für einen bestimmten Zeitraum aktiv schalten. Diese Funktionalität ist analog zur Sichtbarkeitssteuerung von Seiten oder Inhalten.

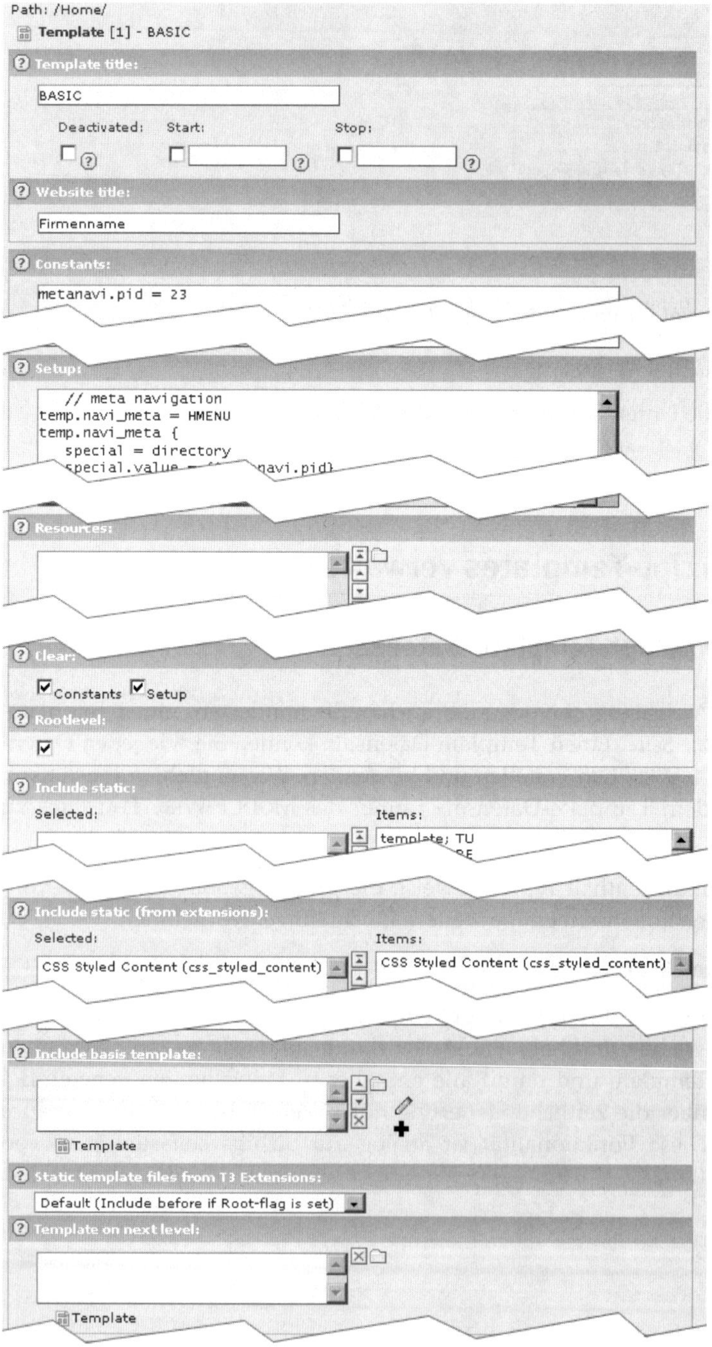

3 Das Frontend – vorne raus

Abbildung 3.19: Felder des TypoScript-Template-Datensatzes

3.4 TypoScript-Templates verwalten

❷ Der Eintrag im Feld WEBSITE TITLE wird standardmäßig dem Eintrag im Tag `<title>` hinzugefügt.

Abbildung 3.20: Titel der Webseite

❸ Feld für die Definition der Konstanten. Der CONSTANT EDITOR liest diese Werte in die Bearbeitungsmaske aus und schreibt geänderte Einträge zurück. Dadurch wird an dieser Stelle ein Überschreiben von bereits bestehenden Werten möglich.

❹ Feld für die Definition des TypoScript-SETUP?. Dies wird in aller Regel die Stelle sein, an der Sie Änderungen am TypoScript vornehmen, falls Sie es nicht in Textdateien ausgelagert haben.

❺ Als *Ressource* können beispielsweise HTML-Templates oder Bilder hochgeladen werden, die vom TypoScript aus referenziert werden. Bei der laufenden Arbeit mit einem System ist es allerdings effizienter, im TypoScript auf Dateien im Dateisystem (z.B. unter *fileadmin*) zu verweisen, da diese dann nach einer Änderung nicht jedes Mal in dem Template-Datensatz hochgeladen werden müssen.

❻ Einstellungen für TypoScript-Setup und -Konstanten werden in der Rootline auf alle Unterseiten vererbt. Falls Sie dies an einer Stelle unterbinden wollen, setzen Sie die entsprechenden Häkchen. Im TEMPLATE ANALYZER können Sie sehen, bei welchen Templates diese Häkchen gesetzt sind.

❼ Dieses sogenannte *Root-Flag* definiert, dass dort, wo es gesetzt ist – also bei der Seite im Seitenbaum, bei der dieses Template eingebaut ist – die Rootline beginnt. Das hat vor allem Auswirkungen auf die Eigenschaft `entryLevel` des *HMENU-Objekts*. Typischerweise setzt man dieses Flag auf der Startseite.

❽ TYPO3 liefert eine ganze Reihe von vorgefertigten statischen TypoScript-Templates mit, die Sie an dieser Stelle einbinden und aktivieren können. Das Häkchen INCLUDE STATIC AFTER BASEDON vertauscht die Reihenfolge der Einbindung bezogen auf Templates aus dem Feld INCLUDE BASIS TEMPLATE.

❾ Extensions können zusätzliche *statische Templates* zur Verfügung stellen. Eine korrekte Funktionsweise dieser Extensions setzt dann in der Regel ein Einbinden dieser Templates an dieser Stelle voraus.

❿ Falls Sie aus Gründen der Übersicht Ihre Templates nach sinnvollen Bereichen aufteilen, können Sie diese gezielt wieder einbinden und dabei auch die Reihenfolge der Einbindung festlegen. Eine gute Möglichkeit ist beispielsweise die separate Speicherung von Konfigurationen für Menüs.

⓫ Die Art und Reihenfolge der Einbindung von statischen Templates kann massiven Einfluss auf die resultierende Darstellung im Frontend haben. Mithilfe des TEMPLATE ANALYZER können Sie die resultierenden Einbindungen sehr gut verfolgen.

3 Das Frontend – vorne raus

⓬ Sie können einen vorgefertigten Template-Datensatz einbinden. Dieser wird jedoch noch nicht für die aktuelle Seite aktiv, sondern erst für Unterseiten. Dies ist z.B. sinnvoll, wenn Sie eine Startseite haben, die sich von allen Unterseiten unterscheidet.

Hinweis

Die Template-Datensätze werden in der Tabelle *sys_template* gespeichert. Die statischen Templates, die TYPO3 bereits mitbringt, stehen in der Tabelle *static_template*.

3.4.2 TypoScript-Konfigurationsbereiche wiederverwenden (temp.*, styles.* und lib.*)

In TypoScript können Konfigurationseinstellungen kopiert oder referenziert werden. Dadurch können sie einerseits mehrfach wiederverwendet werden. Andererseits erlaubt diese Möglichkeit, Templates übersichtlich aufzuteilen und Objektpfade kurz zu halten.

Vor allem für die Erzeugung von eigenen Objekten werden Sie oft die Objekte temp und lib nutzen. Es gibt hierbei jedoch einen entscheidenden Unterschied zu beachten. Ein Objekt temp oder styles kann zwar eigene Anweisungen enthalten, die in andere Objekte kopiert und dort bearbeitet werden können, es wird jedoch nicht im *Cache* gespeichert. Von PHP-Scripts aus können Sie also nicht darauf zugreifen, da zu diesem Zeitpunkt das Objekt bereits verfallen ist. Aus diesem Grund wird es auch nicht im OBJECT BROWSER angezeigt. Ein Objekt lib hingegen steht dauerhaft zur Verfügung und kann deshalb nicht nur kopiert, sondern auch referenziert werden. Ein häufig eingesetztes Objekt ist lib.stdheader, das eine zentrale Konfiguration für die Überschriften aller Inhaltselemente liefert.

Tipp

Nutzen Sie Objekte vom Typ temp, um temporär wiederverwertbare Konfigurationen zusammenzufassen und somit die Übersichtlichkeit Ihrer TypoScript-Einstellungen zu erhöhen.

3.4.3 TypoScript-Templates übersichtlich organisieren

Sie können Ihre gesamte TypoScript-Konfiguration in Ihrem Root-Template auf der Startseite vornehmen. Bei intensiver Arbeit mit TypoScript werden Sie aber feststellen, dass dies ein mühsames Geschäft werden kann, da Sie nach jedem Speichern Ihrer Konfiguration erst wieder zu der Stelle scrollen müssen, die Sie gerade bearbeiten.

Sollten Sie Ihre TypoScript-Templates nicht wie im nächsten Abschnitt beschrieben in Dateien auslagern wollen oder können, empfehlen wir Ihnen daher, Ihre TypoScript-Konfigurationen sinnvoll aufzuteilen und in sogenannte *Extension Templates* auszulagern. Legen Sie dafür einen SYSFOLDER an, in dem Sie für jeden Themenbereich (z.B. Hauptnavigation, Breadcrumb, Spracheinstellungen, config-Einstellungen etc.) ein eigenes Extension Template anlegen. Dieses binden Sie dann über das Feld INCLUDE BASIS TEMPLATE: in Ihr Root-Template ein.

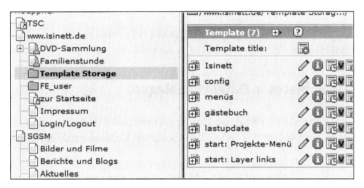

Abbildung 3.21: Beispiel für ausgelagerte Extension Templates

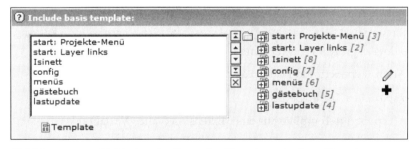

Abbildung 3.22: Einbinden der Extension Templates im Root-Template

Achtung

Der Begriff *Extension Template* bedeutet nicht, dass es sich um ein TypoScript-Template handelt, das aus einer Extension stammt. Er bedeutet, dass bei diesem Template-Datensatz der Root-Flag nicht gesetzt ist. Diese Templates werden also verwendet, um ein bestehendes TypoScript-Template zu erweitern. Extension Templates werden häufig auf untergeordneten Seiten eingesetzt, um dort eine spezifische Konfiguration vorzunehmen. Extension Templates sind auch am Icon im Modul WEB, LIST bzw. TEMPLATE ANALYZER zu erkennen.

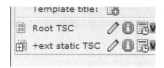

Abbildung 3.23: Icon eines Root- bzw. Extension-Templates im Modul Web, List

3.4.4 TypoScript-Templates in Dateien auslagern

Standardmäßig steht die TypoScript-Konfiguration im Template-Datensatz, also in der Datenbank. Sie können aber so gut wie jedes TypoScript in Dateien auslagen. Das hat folgende Vorteile:

- Sie können einen *TypoScript-Editor* mit Syntax-Highlighting verwenden. Dadurch verringert sich die Fehlerquote. Ab TYPO3 Version 4.2 wird ein TypoScript-Editor von Core mitgeliefert, so dass Sie einen solchen dann auch im TYPO3-Backend zur Verfügung haben.
- Sie können ein Versionierungssystem wie *Subversion* oder *CVS* verwenden, was sich besonders in großen Projekten und bei Teamarbeit bezahlt macht.

Es gibt drei Arten, TypoScript in Dateien auszulagern:

- durch ein spezielles Tag im Setup
- mit einem TypoScript-Template aus einer Extension (»alte« Variante)
- mit einem statischen Template aus einer Extension

Spezieller Tag im Setup

In Listing 3.31 sehen Sie eine spezielle Syntax zum Einbinden von Textdateien mit TypoScript-Konfigurationen. Schreiben Sie diese Zeile in das Constants- oder das Setup-Feld Ihres Template-Datensatzes.

3.4 TypoScript-Templates verwalten

Listing 3.31: Syntax zum Einbinden von TypoScript aus einer Datei

```
<INCLUDE_TYPOSCRIPT: source="FILE:fileadmin/html/mainmenu_typoscript.txt">
```

Achtung

Damit Sie die tatsächliche Herkunft einer auf diese Art eingebundenen TypoScript-Konfiguration auch im TEMPLATE ANALYZER erkennen können, müssen Sie sich Kommentare mit anzeigen lassen.

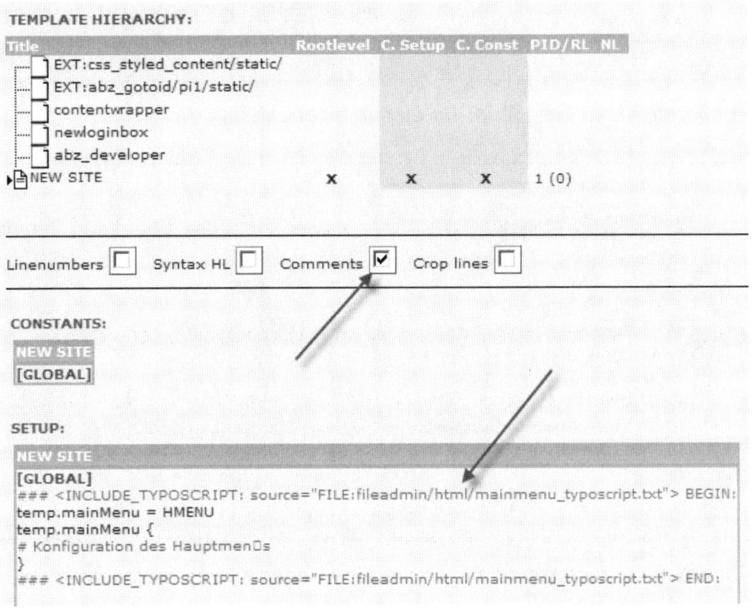

Abbildung 3.24: Die Herkunft von eingebundenen TypoScript-Dateien anzeigen lassen

Hinweis

Die TypoSript-Dateien müssen nicht die Endung *.txt* haben. Sie können sie auch z.B. *.ts* nennen.

TypoScript-Template aus einer Extension (»alte« Variante)

Wenn Sie in einer Extension die Dateien *ext_typoscript_setup.txt* sowie *ext_typoscript_constants.txt* anlegen, werden diese automatisch als TypoScript-Konfiguration eingebunden, sobald die Extension installiert ist.

Abbildung 3.25: TypoScript-Dateien in einer Extension

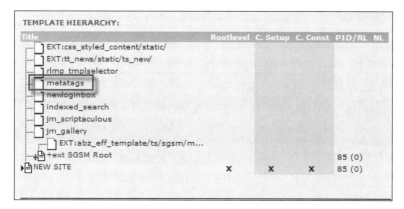

Abbildung 3.26: Anzeige dieser eingebundenen Konfiguration im Template Analyzer

Diese Art der Einbindung verwenden typischerweise ältere Extensions, um die extension-spezifische TypoScript-Konfiguration einzubinden. In neueren Extensions werden Sie häufiger die im folgenden Abschnitt beschriebene Art der Einbindung finden.

> **Hinweis**
>
> Die Reihenfolge, in der diese TypoScript-Dateien eingebunden werden, entspricht der Reihenfolge, in der die Extensions installiert wurden. Es gibt jedoch eine Möglichkeit, diese Reihenfolge zu beeinflussen. Fügen dazu dem Konfigurationsarray in der Datei *ext_emconf.php* in Ihrer Extension `'priority' => 'bottom'` hinzu. Das führt dazu, dass die TypoScript-Dateien dieser Extension immer am Schluss eingebunden werden – unabhängig davon, wann die Extension installiert wurde. Ein Beispiel für dieses Vorgehen finden Sie in der Extension `abz_eff_template` auf der CD. Bei dieser Extension wird die gesamte TypoScript-Konfiguration einer Webseite auf diese Weise eingebunden.

Statisches Template aus einer Extension

Die moderne Art, extension-spezifische TypoScript-Konfigurationen einzubinden, ist die Verwendung von *statischen Templates aus Extensions* (siehe Abschnitt *Statischen TypoScript-Code einfügen*, Seite 418).

Diese TypoScript-Konfigurationen müssen Sie im Template-Datensatz explizit einbinden (im Feld INCLUDE STATIC (FROM EXTENSIONS)).

Für das Auslagern der Konfiguration Ihres Root-Templates eignet sich diese Variante nicht, da diese Templates vor den Templates aus dem vorherigen Abschnitt eingebunden werden und sie also Extension-Konfigurationen älterer Extensions nicht überschreiben könnten (siehe auch Abschnitt *Template-Organisation überblicken (Template Analyzer)*, Seite 114).

3.4.5 TypoScript-Editoren

Es gibt inzwischen einige *Editoren*, die das Syntax-Highlighting für TypoScript unterstützen und zum Teil auch noch weitere Funktionen wie vorgefertigte TypoScript-Snippets zur Verfügung stellen.

Auf der Seite *http://typo3.area42.de/* finden Sie nicht nur einen auf PSPad basierenden TypoScript-Editor, sondern auch Links zu weiteren Tools und Editoren.

Die Möglichkeit, einen TypoScript-Editor zu verwenden, ist einer der wesentlichen Vorteile, die das Auslagern der TypoScript-Konfiguration in Dateien mit sich bringt (siehe vorheriger Abschnitt).

Achtung

TypoScript-Editoren unterstützen zwar Syntax-Highlighting, uns ist aber kein Editor bekannt, der auch die Semantik von TypoScript unterstützt. Das heißt: Auch wenn eine TypoScript-Eigenschaft in Ihrem TypoScript-Editor als korrekt hervorgehoben ist, müssen Sie selbst wissen, ob diese Eigenschaft auch in dem Objekt erlaubt ist, in dem Sie sie verwenden.

3.5 Das Modul Web, Template

Im *TYPO3-Backend* stehen Ihnen einige Tools für die Arbeit mit TypoScript zur Verfügung. Diese sind wie üblich in Extensions gekapselt und stehen in der Regel bereits bei jeder Installation zur Verfügung. Diese Extensions werden bereits im Kern mitgeliefert und sind als *shy* gekennzeichnet.

3 Das Frontend – vorne raus

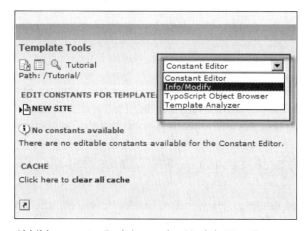

Abbildung 3.27: Extensions für die Arbeit mit TypoScript

Im Modul WEB, TEMPLATE stehen Ihnen dadurch einige Optionen zur Verfügung.

Abbildung 3.28: Funktionen des Moduls WEB, TEMPLATE

In den folgenden Abschnitten werden wir diese Funktionen beschreiben. Sie liefern Ihnen verschiedene Ansichten der bestehenden TypoScript-Konfiguration und leisten vor allem bei der Fehlersuche unschätzbare Dienste.

Tipp

Verwenden Sie für die Bearbeitung von TypoScript immer das Modul WEB, TEMPLATE mit der Funktion INFO/MODIFY, da TYPO3 dann den Cache leert. Wenn Sie den Template-Datensatz als Ganzes bearbeiten (über das Modul WEB, LIST oder über den Link CLICK HERE TO EDIT THE WHOLE TEMPLATE RECORD) müssen Sie daran denken, selbst den Cache zu leeren.

3.5.1 TypoScript-Templates bearbeiten (Info/Modify)

Diese Funktion wird vor allem für die Bearbeitung des TypoScript-Setups und der Konstanten genutzt (sofern Sie für Letzteres nicht den Constant Editor verwenden).

Sie haben aber auch die Möglichkeit, weitere Felder des Template-Datensatzes zu bearbeiten oder den kompletten Datensatz zu öffnen.

3.5 Das Modul Web, Template

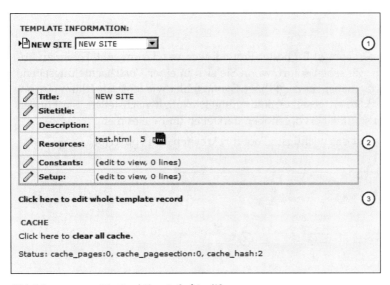

Abbildung 3.29: Die Funktion Info/Modify

❶ Wählen Sie den Template-Datensatz aus, den Sie bearbeiten wollen. Es werden alle Template-Datensätze angezeigt, die in der Seite liegen, die Sie im Seitenbaum ausgewählt haben.

❷ Bearbeiten Sie ausgewählte Felder des Template-Datensatzes. Die Bearbeitung auf diesem Weg ist komfortabler, als wenn Sie dies über das Modul WEB, LIST machen. So sind die Felder SETUP und CONSTANTS angenehm groß. und Sie können z.B. HTML-Dateien, die über das Feld RESOURCES eingebunden wurden, direkt bearbeiten.

❸ Mit diesem Link können Sie den gesamten Datensatz öffnen – so als würden Sie über das Modul WEB, LIST gehen. Das brauchen Sie z.B., um statische Templates aus Extensions einzubinden. Denken Sie daran, anschließend den Cache zu leeren.

3.5.2 TypoScript-Struktur betrachten (Object Browser)

Im *TypoScript Object Browser* wird die TypoScript-Konfiguration abgearbeitet und als übersichtliche Baumstruktur dargestellt. Somit ermöglicht er Ihnen eine exakte Kontrolle der Konfiguration für die gerade gewählte Seite. Dies gilt sowohl für die Konstanten als auch für das Setup. Das Schöne dabei ist, dass hier nur die Konfiguration angezeigt wird, die gewonnen hat, wenn man die Reihenfolge der Einbindung berücksichtigt (siehe Abschnitt *Die Bedeutung der Reihenfolge*, Seite 96).

3 Das Frontend – vorne raus

Tipp

Dieses Tool ist Ihr bester Freund, wenn es darum geht, Fehler zu finden. Sie sehen sofort, wenn Sie sich in einer Verschachtelungsebene vertan haben; es zeigt Ihnen Syntaxfehler wie fehlende Klammern an, Sie können gesetzte Bedingungen explizit nachstellen, Sie können Konstanten hervorgehoben darstellen und vieles mehr.

Dies ist das wichtigste Tool für Arbeiten an TypoScript.

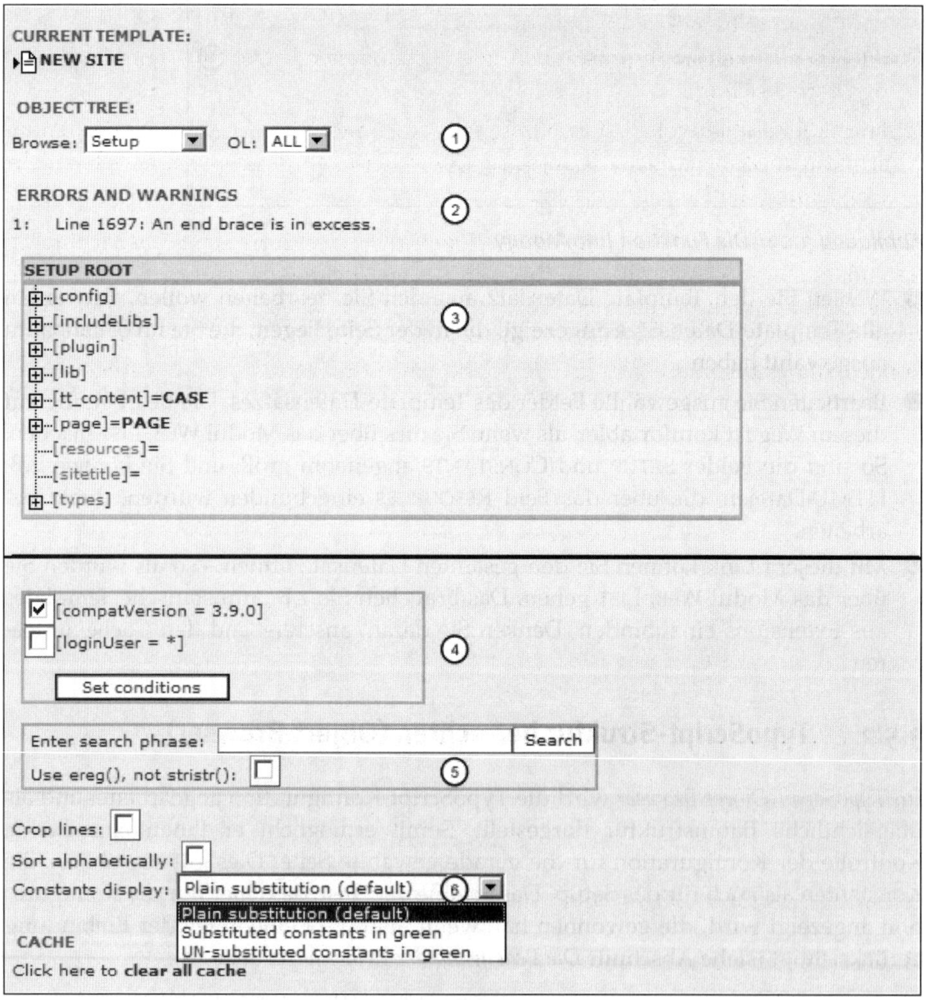

Abbildung 3.30: Die Funktionen des Object Browsers

3.5 Das Modul Web, Template

❶ Wählen Sie aus, ob Sie sich das *Setup* oder die *Konstanten* anzeigen lassen wollen. Wenn Sie sich einmal wundern, dass Ihre Baumstruktur (siehe ❸) so mickrig ausfällt, dann prüfen Sie, ob Sie nicht an dieser Stelle aus Versehen CONSTANTS statt SETUP ausgewählt haben.

❷ Ein paar Syntaxfehler werden an dieser Stelle angezeigt. In diesem Beispiel wurde eine geschweifte Klammer zu viel geschlossen. Wie Sie anhand der Zeilennummer die richtige Stelle in Ihren TypoScript-Templates finden, wird im nächsten Abschnitt erklärt.

❸ Darstellung des TypoScripts als Baumstruktur.

❹ Hier können Sie einstellen, welche Bedingungen bei der Generierung der Baumstruktur in ❷ berücksichtigt werden sollen.

❺ Suchmöglichkeit im TypoScript. Alle eingebundenen TypoScript-Templates werden berücksichtigt.

❻ Hier können Sie weitere Einstellungen vornehmen, die die Anzeige der Baumstruktur in ❷ beeinflussen. Besonders hilfreich kann dabei die unterschiedliche Darstellung der Konstanten sein.

Neben der reinen Anzeige der kompletten Konfiguration in einer übersichtlichen Baumdarstellung können Sie zusätzlich auch Änderungen durch einen Klick auf einzelne Eigenschaften vornehmen. Die geänderten Werte werden direkt in das Feld SETUP des in der aktuellen Seite liegenden TypoScript-Templates geschrieben. Sie können Änderungen auf diesem Weg daher auch nur vornehmen, wenn Sie sich in einer Seite befinden, die auch ein TypoScript-Template enthält.

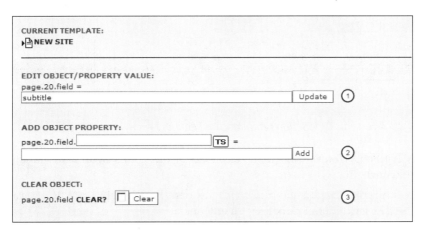

Abbildung 3.31: Eigenschaften über den Object Browser anpassen

❶ Hier können Sie den Wert der Eigenschaft ändern.

❷ Fügen Sie einer Eigenschaft oder einem Objekt Untereigenschaften und deren Werte hinzu.

❸ Hier kann eine Eigenschaft oder ein Objekt gelöscht werden. Es wird der Operator > gesetzt.

Tipp

Eigenschaften über den OBJECT BROWSER anzupassen ist eine hervorragende Möglichkeit, um TypoScript-Konfigurationen auszuprobieren und so gegebenenfalls Fehler bzw. Lösungen zu finden. Der OBJECT BROWSER schreibt aber bei jeder solchen Änderung eine weitere Zeile in das Setup-Feld Ihres TypoScript-Templates, und zwar auch dann, wenn Sie ein und dieselbe Eigenschaft mehrfach nacheinander ändern! Dies wird sehr schnell äußerst unübersichtlich. Sie sollten also immer, wenn Sie Anpassungen auf diesem Wege vorgenommen haben, das Setup-Feld wieder aufräumen, indem Sie das entstandene TypoScript übersichtlich strukturieren.

3.5.3 Template-Organisation überblicken (Template Analyzer)

Der TEMPLATE ANALYZER zeigt Ihnen auf jeder Seite, welche TypoScript-Templates eingebunden wurden und in welcher Reihenfolge diese abgearbeitet wurden.

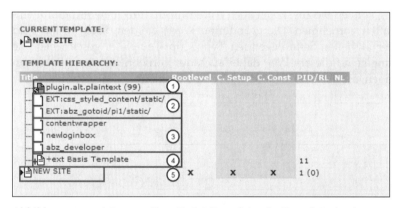

Abbildung 3.32: Arten von TypoScript-Templates im Template Analyzer

❶ *Statisches TypoScript-Template* aus dem Feld INCLUDE STATIC. Es ist an dem grauen Icon zu erkennen.

❷ *Statisches TypoScript-Template aus Extensions* aus dem Feld INCLUDE STATIC (FROM EXTENSIONS). Es ist an dem Präfix EXT: zu erkennen.

❸ Automatisch eingefügte TypoScript-Templates aus Extensions (siehe Abschnitt *TypoScript-Templates in Dateien auslagern*, Seite 106). Angezeigt wird der *Extension-Key*. Über die Selectbox STATIC TEMPLATE FILES FROM T3 EXTENSIONS können Sie beeinflussen, ob und wann diese Templates eingebunden werden.

❹ Ein Template-Datensatz, der über das Feld INCLUDE BASIS TEMPLATE eingebunden wurde. Dass es sich um einen Template-Datensatz handelt, ist wiederum an dem Icon zu erkennen bzw. daran, dass in der Spalte PID/RL die *uid* der Seite angezeigt wird, in der dieser Template-Datensatz liegt.

3.5 Das Modul Web, Template

❺ Das *Root-Template*, das die anderen TypoScript-Templates einbindet. Dass dieses Template die anderen einbindet, ist an den Linien zu den anderen Templates zu erkennen. Da das Root-Template in der Reihenfolge ganz unten steht, können Sie in diesem Template-Datensatz die Eigenschaften aller übrigen Templates überschreiben.

Hinweis

Die Abarbeitung des TypoScripts erfolgt stur in der Reihenfolge, die der Template Analyzer anzeigt, und zwar von oben nach unten. Dabei ist unerheblich, welches TypoScript-Template von welchem Template-Datensatz eingebunden wurde.

Wenn Sie auf eines der TypoScript-Templates klicken, bekommen Sie unten die Konstanten und das Setup dieses TypoScript-Templates angezeigt.

Tipp

Setzen Sie das Häkchen bei LINENUMBERS, wenn Ihnen der OBJECT BROWSER eine Fehlermeldung mit Zeilennummer anzeigt (siehe Abbildung 3.33), Sie aber nicht sofort wissen, wo der genannte Fehler genau auftritt. Dadurch bekommen Sie für jedes eingebundene Template die Zeilennummer jeder Codezeile.

Die weiteren Optionen SYNTAX HL, COMMENTS und CROP LINES tragen des Weiteren zur besseren Orientierung im TypoScript-Dschungel bei. Auch hier bekommen Sie eine Anzeige, sollte im TypoScript ein Fehler in der Syntax vorliegen.

```
1631:      CONTENT_CONTAINER < styles.content.get
1632:    }
1633:    marks {
1634:      PAGE_TITLE < temp.page_title
1635:      YEAR < temp.year
1636:    }
1637:
1638:    } - ERROR: Line 1638: The script is short of 1 end brace(s)
```

Abbildung 3.33: Fehleranzeige im Template Analyzer

3.5.4 Konstanten bequem ändern (Constant Editor)

Der CONSTANT EDITOR dient zum einfachen und übersichtlichen Anpassen von Konstanten. Dabei können die Konstanten Kategorien zugeordnet und durch Kommentare näher erläutert werden. Im Prinzip soll durch diese Vorgehensweise auch ein wenig erfahrener Administrator die wichtigsten Einstellungen vornehmen können.

Falls Sie an dieser Stelle Änderungen an den gegebenen Konstanten durchführen, werden die neuen Werte im Feld CONSTANTS des Template-Datensatzes gespeichert.

Damit eine Konstante über den CONSTANT EDITOR geändert werden kann, muss eine Zeile über der Konstante ein Kommentar stehen, der einer definierten Syntax folgt.

Listing 3.32: Grundsätzlicher Aufbau einer Konstanten zur Nutzung im Constant Editor

```
# cat=Kategorie/Unterkategorie/Sortierung; type=Feldtyp;
label=Überschrift:Beschreibung
konstanten_bezeichnung = Standardwert der Konstante
```

Listing 3.33: Beispiel-Konstanten, die im Constant Editor geändert werden können

```
01 # cat=basic,eff.template/links/1; type=int+; label= An important Link: Uid of the
   page that should be linked with this important link.
02 eff.template.important.link = 2
03
04 # cat=eff.template/links/2; type=int+; label= Another Link: Uid of another page
   that should be linked.
05 eff.template.another.link = 5
06
07 # cat=eff.template/enable; type=comment; label= Remove change date: Remove the
   change date in the bottom of the page.
08 eff.template.removeChangeDate =
```

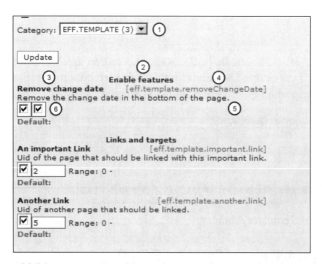

Abbildung 3.34: Resultierende Darstellung im Constant Editor

❶ Kategorie
❷ Unterkategorie
❸ Überschrift

116

3.5 Das Modul Web, Template

❹ Name der Konstanten
❺ Beschreibung
❻ Formularfeld: Ausgabe abhängig vom Typ

In der Kommentarzeile von Listing 3.32 wurden die Teile hervorgehoben, die Sie für Ihre Konstanten anpassen müssen. Diese werden im Folgenden ausführlich erklärt:

Kategorien und **Unterkategorien** für Konstanten sind in der Datei *t3lib/class.t3lib_tsparser_ext.php* hinterlegt.

Listing 3.34: Ausschnitt aus der Datei t3lib/class.t3lib_tsparser_ext.php

```
110     // internal
111 var $categories = array(
112     "basic" => array(),     // Constants of superior importance for the template-
   layout. This is dimensions, imagefiles and enabling of various features. The most
   basic constants, which you would almost always want to configure.
113     "menu" => array(),      // Menu setup. This includes fontfiles, sizes,
   background images. Depending on the menutype.
114     "content" => array(),   // All constants related to the display of pagecontent
   elements
115     "page" => array(),      // General configuration like metatags, link targets
116     "advanced" => array(),  // Advanced functions, which are used very seldomly.
117     "all" => array()        // All constants are put here also!
118 );      // This will be filled with the available categories of the current
   template.
119 var $subCategories = array(
120 // Standard categories:
121     "enable" => Array("Enable features", "a"),
122     "dims" => Array("Dimensions, widths, heights, pixels", "b"),
123     "file" => Array("Files", "c"),
124     "typo"  => Array("Typography", "d"),
125     "color" => Array("Colors", "e"),
126     "links" => Array("Links and targets", "f"),
127     "language" => Array("Language specific constants", "g"),
128
129 // subcategories based on the default content elements
130     "cheader" => Array("Content: 'Header'", "ma"),
131     "cheader_g" => Array("Content: 'Header', Graphical", "ma"),
132     "ctext" => Array("Content: 'Text'", "mb"),
133 //    "ctextpic" =>
134     "cimage" => Array("Content: 'Image'", "md"),
135     "cbullets" => Array("Content: 'Bullet list'", "me"),
136     "ctable" => Array("Content: 'Table'", "mf"),
137     "cuploads" => Array("Content: 'Filelinks'", "mg"),
138     "cmultimedia" => Array("Content: 'Multimedia'", "mh"),
139     "cmailform" => Array("Content: 'Form'", "mi"),
140     "csearch" => Array("Content: 'Search'", "mj"),
```

```
141    "clogin" => Array("Content: 'Login'", "mk"),
142    "csplash" => Array("Content: 'Textbox'", "ml"),
143    "cmenu" => Array("Content: 'Menu/Sitemap'", "mm"),
144    "cshortcut" => Array("Content: 'Insert records'", "mn"),
145    "clist" => Array("Content: 'List of records'", "mo"),
146    "cscript" => Array("Content: 'Script'", "mp"),
147    "chtml" => Array("Content: 'HTML'", "mq")
148 );
```

Dabei können Sie die *Kategorien* beliebig erweitern. Weisen Sie Ihrer Konstante eine Kategorie zu, die es bisher noch nicht gibt, wird diese zusätzlich in dem Select-Feld angezeigt. Für Kategorien gilt:

- Der Konstante muss eine Kategorie zugewiesen werden, sonst wird sie im CONSTANT EDITOR nicht angezeigt.
- Einer Konstanten können mehrere Kategorien zugewiesen werden. Diese werden durch ein Komma getrennt. In diesem Fall wird dieselbe Konstante in allen zugewiesenen Kategorien angezeigt.

Die Zuweisung einer *Unterkategorie* ist optional. Geben Sie keine Unterkategorie an, wird entweder keine Unterkategorie angezeigt oder die Konstante erscheint in der Unterkategorie OTHERS. Bei der Auswahl von Unterkategorien sind Sie auf die Vorgaben in Listing 3.34 beschränkt. Sie können keine eigenen Unterkategorien definieren.

Auch die Angabe der *Sortierung* ist optional. Geben Sie keine Sortierung an, werden die Konstanten innerhalb der Unterkategorien in umgekehrter Reihenfolge zu ihrer Defnition im Constants-Feld angezeigt.

3.6 Das Grundgerüst des Setup-Feldes (Toplevel Objects)

In Kapitel 7 der TSref werden vor allem die *Toplevel Objects* beschrieben. Sie werden deshalb so genannt, weil es sich um die Objekte handelt, die im TypoScript-Setup in der obersten Ebene verwendet werden können. Am besten sehen Sie das im OBJECT BROWSER. Klappen Sie den Baum so weit zu wie irgend möglich. Die Objekte, die Sie jetzt noch sehen, finden Sie im Bereich der Toplevel-Objekte.

Hinweis

Auch in diesem Abschnitt gilt: Öffnen Sie die TSRef! Wir werden alle wichtigen Dinge ansprechen, aber aus Platzgründen nicht alle Details erwähnen können, da es uns wichtiger ist, bei Ihnen ein Grundverständnis zu schaffen, als viele Punkte aufzuzählen.

3.6.1 Grundlegende Konfigurationen (CONFIG)

Das Objekt config beinhaltet zentrale Konfigurationseinstellungen für eine Seite.

Listing 3.35: Interessante Konfigurationsmöglichkeiten in config

```
config {
   debug = 0
   admPanel = 1
   disablePrefixComment = 1
   pageTitleFirst = 1
      // simulate static Documents
      // make sure you have mod_rewrite in /.htaccess file active
   simulateStaticDocuments = 1
   simulateStaticDocuments_noTypeIfNoTitle = 1
   simulateStaticDocuments_addTitle = 20
      // enable logging for use with awstats
   stat = 1
   stat_apache = 1
   stat_apache_logfile = apache_log.txt
      // put js and stylesheet into external files automatically
   removeDefaultJS = external
   inlineStyle2TempFile = 1
   spamProtectEmailAddresses = 6
   spamProtectEmailAddresses_atSubst = (at)
      // enable indexing of pages for indexed search
   index_enable = 1
   index_externals = 1
      // default language definitions
   language = de
   locale_all = de_DE
   htmlTag_langKey = de
   doctype = xhtml_trans
   xhtml_cleaning = all
}
```

Hinweis

Es gibt eine riesige Menge an Konfigurationsmöglichkeiten. Nehmen Sie sich etwas Zeit, und betrachten Sie den diesbezüglichen Abschnitt in der TSRef, um neue Möglichkeiten zu entdecken oder die Bedeutung der im Listing aufgeführten Eigenschaften zu verstehen.

3.6.2 Globale Marker (CONSTANTS)

Mithilfe dieses Objekts können Sie Marker definieren, die dann bei Verwendung der Funktion *parseFunc* durch den hier definierten Wert ersetzt werden. Betreiben Sie z.B. eine Vereinshomepage und möchten in Inhaltselementen an verschiedenen Stellen auf den Vereinsvorstand verweisen, dann wäre es ganz praktisch, wenn Sie bei einem Vorstandswechsel nicht jedes Vorkommen der Namen suchen und die Namen von Hand ändern müssten. Definieren Sie zu diesem Zweck ein Toplevel-Objekt für globale Marker im Setup-Feld Ihres Template-Datensatzes. Diese können Sie dann z.B. im TEXT-Feld der Inhaltselemente TEXT oder TEXT MIT BILD verwenden.

Listing 3.36: Definition der globalen Marker im Setup-Feld

```
constants {
    VORSTAND1 = Liesl Müller
    VORSTAND2 = Hans Meier
}
```

Abbildung 3.35: Verwendung der globalen Marker im RTE des Feldes TEXT

Der erste Vorstand: Liesl Müller.

Der zweite Vorstand: Hans Meier.

Abbildung 3.36: Ausgabe im Frontend

Achtung

Diese »Konstanten« haben nichts mit den Konstanten zu tun, die im Feld CONSTANTS definiert werden! Weiterhin müssen Sie beachten, dass Sie die so definierten Marker nicht in jedem Feld verwenden können. Damit sie tatsächlich ersetzt werden, muss die Funktion parseFunc für dieses Feld mit der Eigenschaft constants = 1 definiert sein (siehe Abschnitt *Textfelder/HTML parsen (parseFunc)*, Seite 168).

3.6.3 Das eigene Layout (PAGE)

Das wichtigste Toplevel-Objekt ist das Objekt PAGE. Dieses haben Sie bereits in unserem Einstiegsbeispiel kennengelernt. Um eine reguläre Seite im Frontend darstellen zu können, brauchen Sie immer ein Objekt PAGE, sonst begrüßt das Frontend Sie mit einer Fehlermeldung.

Das PAGE-Objekt erzeugt typischerweise das HTML-Grundgerüst im Frontend. Dazu gehören das <html>-Tag, der <head>-Bereich sowie das <body>-Tag.

Die Ausgabe innerhalb des <body>-Tags wird durch die Eigenschaft 1,2,3,4,… vom Datentyp *cObject* (siehe TSref) gefüllt. Das bedeutet, Sie können einem PAGE-Objekt beliebig viele Inhaltsobjekte über Zahlen zuweisen. Sie kennen das z.B. als page.10 = TEMPLATE oder page.20 = TEXT. Diese Zahlen werden nach ihrem Wert sortiert und dann in dieser Reihenfolge abgearbeitet. Die Reihenfolge im TypoScript ist für die Abarbeitung irrelevant. Inhaltsobjekte werden in Abschnitt *Die Ausgabe von Inhalten (cObjects)*, Seite 136, besprochen.

Eine Seite wird hauptsächlich durch zwei Parameter referenziert: die *Seiten-ID* (das Feld *uid* in der Tabelle *pages*) und den *Seitentyp*. Über unterschiedliche Seitentypen können Sie unterschiedliche Frontend-Ausgaben der gleichen Seite erzeugen. Seitentypen werden beispielsweise bei *Framesets* benötigt, auf diese gehen wir jedoch nicht weiter ein, da Framesets heutzutage eigentlich nicht mehr eingesetzt werden. Weitere Einsatzmöglichkeiten sind Ausgaben für eine Druckansicht, einen XML-Feed oder ein inverses Layout für eine barrierefreie Webseite.

Listing 3.37: Sehr einfaches Objekt PAGE, Einbindung eines HTML-Templates

```
01 page = PAGE
02 page.includeCSS.screen = fileadmin/learning/screen.css
03 page.10 = TEMPLATE
04 page.10 {
05    template = FILE
06    template.file = fileadmin/learning/main.html
07    workOnSubpart = DOCUMENT_BODY
08 }
```

Listing 3.38: Definition der Druckansicht im statischen Template plugin.alt.print (98)

```
01 alt_print = PAGE
02 alt_print.typeNum=98
03 alt_print.stylesheet = {$plugin.alt.print.file.stylesheet}
04
05 alt_print.10 = TEMPLATE
06 alt_print.10 {
07    template = FILE
08    template.file = {$plugin.alt.print.file.template}
09    marks {
```

```
10      PAGE_TITLE = TEXT
11      PAGE_TITLE.field = title
12      PAGE_SUBTITLE = TEXT
13      PAGE_SUBTITLE.field = subtitle
14      PAGE_AUTHOR = TEXT
15      PAGE_AUTHOR.field = author
16      PAGE_AUTHOR.required=1
17      PAGE_AUTHOR.typolink.parameter.field = author_email
18      PAGE_UID = TEXT
19      PAGE_UID.field = uid
20      CONTENT < styles.content.get
21    }
22    workOnSubpart = DOCUMENT_BODY
23 }
```

Es wird ein weiteres Objekt PAGE erzeugt, das komplett mit einer eigenen Konfiguration ausgestattet werden kann. Wichtig ist dabei die Eigenschaft typeNum in Zeile 02. Falls Sie dem Seitenaufruf im Browser den Parameter *&type=98* hinzufügen, wird statt des regulären Objekts page das Objekt alt_print zur Erzeugung der Seite verwendet. Ein *type=0* bezieht sich auf das reguläre Objekt page.

Listing 3.39: URLs für die reguläre Seite und die Druckansicht

```
http://www.domain.de/index.php?id=1
http://www.domain.de/index.php?id=1&type=98
```

Listing 3.40: Definition des XML-Newsfeeds in tt_news, statisches Template Newsfeed

```
01 xmlnews = PAGE
02 xmlnews {
03    typeNum = 100
04    10 < plugin.tt_news
05    10.pid_list >
06    10.pid_list = {$plugin.tt_news.pid_list}
07    10.singlePid = {$plugin.tt_news.singlePid}
08    10.defaultCode = XML
09    10.catTextMode = 1
10    10.catImageMode = 0
11    config {
12       disableAllHeaderCode = 1
13       additionalHeaders = Content-type:application/xml
14       xhtml_cleaning = 0
15       admPanel = 0
16    }
17 }
```

Mit der Eigenschaft config können Sie Einstellungen des Toplevel-Objekts *config* (siehe Abschnitt *Grundlegende Konfigurationen (CONFIG)*, Seite 119) für nur diesen Seitentyp überschreiben.

Weitere Eigenschaften wie für das Einbinden von CSS und JavaScript-Dateien, für die Definition von Meta-Tags oder Angaben für das HTML-Tag <body> entnehmen Sie bitte der *TSRef*.

Das PAGE-Objekt wird in der PHP-Datei *typo3/sysext/cms/tslib/class.tslib_pagegen.php* in der Klasse Tspagegen gerendert.

3.6.4 Metatags (META)

Das Objekt META finden Sie z.B. als Datentyp der Eigenschaft meta des PAGE-Objekts.

Mit diesem Objekt steuern Sie die Ausgabe der Meta-Tags im Frontend.

Listing 3.41: Definition der Metatags description und keywords

```
page.meta {
   DESCRIPTION.field = description
   DESCRIPTION.ifEmpty = Die Standardbeschreibung, falls in der Seite keine
Beschreibung eingegeben wurde.
   KEYWORDS.field = keywords
   KEYWORDS.ifEmpty = standardkeyword1, standardkeyword2
}
```

Listing 3.42: Ausgabe der Standard-Metatags

```
<meta name="DESCRIPTION" content="Die Standardbeschreibung, falls in der Seite keine
Beschreibung eingegeben wurde." />

<meta name="KEYWORDS" content="standardkeyword1, standardkeyword2" />
```

Listing 3.41 zeigt die Konfiguration von *Metatags*. Dabei kann der Redakteur im Seitentitel (Seitentyp ADVANCED) den Inhalt der Metatags selbst bestimmen, indem er die Felder DESCRIPTION und KEYWORDS füllt. Gibt er diese Informationen nicht ein, werden eine Standardbeschreibung und Standardstichwörter verwendet.

Tipp

Die Extension METATAGS stellt Ihnen mehr Konfigurationsmöglichkeiten zur Verfügung als das META-Objekt. Verwenden Sie diese Extension, wenn Sie viele Metatags nutzen möchten.

3.6.5 plugin

Unter dem Objekt plugin werden alle Konfigurationen für Frontend-Plugins zusammengefasst. Falls Sie einmal ein eigenes Frontend-Plugin entwickeln, sollten Sie hier Konfigurationsmöglichkeiten über den zugehörigen Namen des Plugins vorsehen.

Listing 3.43: Beispielkonfiguration für Indexed Search

```
plugin.tx_indexedsearch {
  search {
    page_links = 10
    detect_sys_domain_records = 0
  }
  show {
    rules = 0
    alwaysShowPageLinks = 0
    advancedSearchLink = 1
    resultNumber = 15
  }
  blind {
    sections=1
    order=1
    lang=1
  }
  _DEFAULT_PI_VARS {
    type = 1
    group = flat
  }
}
```

Die Namen und Auswirkungen der Objekte und Eigenschaften hängen vom Entwickler des Plugins und dem zugehörigen PHP-Code ab. Es gibt jedoch Eigenschaften, die generell von Frontend-Plugins unterstützt werden sollten.

Bezeichnung	Auswirkung
_CSS_DEFAULT_STYLE	Vorgefertigte CSS-Angaben für ein Frontend-Plugin sollten hier hinterlegt sein. Falls ein Anwender diese nicht nutzen will, kann er sie sehr einfach entfernen und eigene Angaben definieren. plugin.tx_indexedsearch._CSS_DEFAULT_STYLE >
_DEFAULT_PI_VARS	Falls es von dem Frontend-Plugin unterstützt wird, können Sie Standardwerte für Parameter des Plugins festlegen. Dies sollte in aller Regel der Fall sein. plugin.tx_indexedsearch._DEFAULT_PI_VARS.type = 1

Tabelle 3.4: Wichtige Eigenschaften für das Objekt plugin

Bezeichnung	Auswirkung
_LOCAL_LANG	Bezeichnungen im Frontend können Sie für alle Sprachen anpassen. `plugin.tx_indexedsearch._LOCAL_LANG.de.submit_button_label = hols dir!`

Tabelle 3.4: Wichtige Eigenschaften für das Objekt plugin (Forts.)

3.6.6 Ausgabe von Datensätzen (tt_*)

Dieses Toplevel-Objekt hängt eng mit den Inhaltsobjekten CONTENT und RECORDS zusammen. Hier kann anhand des Tabellennamens die Standardausgabe von Datensätzen dieser Tabelle konfiguriert werden. Wie das im Detail funktioniert, wird im Abschnitt *Die Ausgabe von Inhalten (cObjects)* → *Datensätze ausgeben (CONTENT, RECORDS)*, Seite 142, genau erklärt.

3.7 Navigationen (Menüs)

3.7.1 Grundlagen

Die Navigationen in TYPO3 basieren auf dem Seitenbaum. Wenn Sie eine Navigation erstellen, müssen Sie immer mit einem HMENU-Objekt beginnen (das H steht für hierarchisch). Innerhalb des HMENU-Objekts definieren Sie für jede Ebene des Menüs einen Menütyp (z.B. Textmenü (TMENU), grafisches Menü (GMENU), ...).

Innerhalb einer Menüebene können Sie wiederum die Ausgabe der einzelnen Menüpunkte anhand ihres Zustandes steuern. Das heißt, Sie können einen gerade ausgewählten Menüpunkt (die aktuelle Seite) anders darstellen als nicht ausgewählte Menüpunkte. Oder Sie stellen Menüpunkte mit Unterpunkten anders dar als Menüpunkte ohne Unterpunkte.

Die folgenden Zustände können unterschieden werden (siehe TSref, Kapitel 10.2.):

Zustandsbezeichnung	Beschreibung
NO	Der Normalzustand muss für jedes Menü zwingend definiert sein und gilt als Basiseinstellung für alle nicht definierten Zustände.
RO	Für grafische Menüs steht außerdem ein Zustand zur Verfügung, der aktiv wird, wenn der Benutzer mit der Maus über den Menüpunkt fährt. Diese Funktionalität wird mit JavaScript umgesetzt.
IFSUB, IFSUBRO	Tritt für Seiten ein, die im Menü eigene Unterpunkte enthalten. Der Zusatz RO steht für Rollover.

Tabelle 3.5: Definition der möglichen Zustände eines Menüpunkts

Zustandsbezeichnung	Beschreibung
ACT, ACTRO	Tritt ein, wenn der Menüpunkt die aktuelle Seite oder eine der übergeordneten Seiten der aktuellen Seite darstellt. Man spricht davon, dass die Seite sich in der Rootline befindet.
ACTIFSUB, ACTIFSUBRO	Tritt für Seiten ein, die sich in der Rootline befinden und eigene Unterpunkte enthalten.
CUR, CURRO	Tritt nur für die aktuelle Seite ein, kann also als ein Unterbereich von *ACT* angesehen werden.
CURIFSUB, CURIFSUBRO	Tritt für die aktuelle Seite ein, falls diese Unterseiten enthält.
USR, USRRO	Tritt für Seiten ein, die einer eingeschränkten Zugriffsberechtigung unterliegen. Diese Seiten sind nur sichtbar, falls der Betrachter das Zugriffsrecht hat.
SPC	Seiten vom Typ SPACER können für optische Zwecke im Menü dargestellt werden. Diese können jedoch nicht angeklickt werden.
USERDEF1, USERDEF1RO, USERDEF2, USERDEF2RO	Tritt für Seiten ein, die mittels der Eigenschaft special=userdefined des Objekts HMENU benutzerdefiniert erstellt wurden.

Tabelle 3.5: Definition der möglichen Zustände eines Menüpunkts (Forts.)

Der Zustand NO muss zwingend definiert sein, alle anderen sind optional. Zu beachten ist noch, dass die optionalen Zustände aktiviert werden müssen, um berücksichtigt zu werden (ACT = 1).

Listing 3.44: Beispiel eines Menüs

```
01  lib.mainMenu = HMENU
02  lib.mainMenu {
03      1 = GMENU
04      1 {
05          NO {
06              XY = 100,20
07              backColor = yellow
08              10 = TEXT
09              10 {
10                  text.field = title
11                  offset = 5,14
12                  niceText = 1
13              }
14              wrap = | <br />
15          }
16          ACT < .NO
17          ACT = 1
18          ACT.backColor = red
```

```
19   }
20   2 = TMENU
21   2 {
22     NO.allWrap = <div class="l2-no"> | </div>
23     ACT = 1
24     ACT.allWrap = <div class="l2-act"> | </div>
25   }
26   wrap = <div id="mainMenu"> | </div>
27 }
```

- Zeilen 03 – 19: Die erste Ebene des Menüs ist ein *grafisches Menü*. Der Menüpfad des aktiven Menüpunkts hat einen roten Hintergrund. Alle anderen Menüpunkte sind gelb.

- Zeilen 20 – 25: Die zweite Ebene ist ein *Textmenü*. Inaktiv und aktiv werden durch CSS-Klassen unterschieden.

- Die Eigenschaften für den Objektpfad lib.mainMenu sind in der TSref in Kapitel 8.11 dokumentiert.

- Für den Objektpfad lib.mainMenu.1 können Sie sowohl die in Kapitel 10.1 (COMMON PROPERTIES) als auch die in Kapitel 10.7 beschriebenen Eigenschaften verwenden.

- Die Eigenschaften aus Kapitel 10.1 gelten außerdem für den Objektpfad lib.mainMenu.2, ebenso wie die Eigenschaften aus Kapitel 10.4.

- Für die Objektpfade lib.mainMenu.1.NO sowie lib.mainMenu.1.ACT gelten die Eigenschaften des GIFBUILDER-Objekts (Kapitel 9). Zusätzlich können Sie die in Kapitel 10.1 in der zweiten Tabelle beschriebenen Eigenschaften verwenden.

- Die Objektpfade lib.mainMenu.2.NO sowie lib.mainMenu.2.ACT sind durch das Objekt TMENUITEM (Kapitel 10.8) beschrieben.

Hinweis

Die Ebenen werden durch einfaches Durchnummerieren definiert. lib.mainMenu.1 ist Ebene 1, lib.mainMenu.2 ist Ebene 2, und lib.mainMenu.3 wäre Ebene 3. Anders als z.B. im Objekt COA müssen Sie hier streng durchnummerieren und können nicht 10, 20, 30, ... verwenden.

Menüs werden in der PHP-Datei *typo3/sysext/cms/tslib/tslib_menu.php* abgearbeitet.

3.7.2 Der Ausgangspunkt (HMENU)

Wir möchten auf zwei Eigenschaften des HMENU-Objekts näher eingehen: Mit entryLevel definieren Sie, auf welcher Ebene im Seitenbaum das Menü beginnt. Verwenden Sie diese Eigenschaft z.B., wenn Sie oben auf der Seite eine Hauptnavigation und links die Unternavigation erzeugen müssen.

Listing 3.45: Aufteilung einer dreistufigen Navigation in zwei Objekte

```
lib.topMenu = HMENU
lib.topMenu {
    1 = TMENU
    1 {
        NO.allWrap = <span class="l1"> | </span>
    }
}
lib.leftMenu = HMENU
lib.leftMenu {
    entryLevel = 1
    1 = TMENU
    [...]
    2 = TMENU
    [...]
}
```

Über die Eigenschaft special des Objekts HMENU lassen sich einige Spezialfälle von Navigationen abdecken. Ein Beispiel für einen *Breadcrumb* finden Sie im Abschnitt *Eine Breadcrumb-Navigation erstellen*, Seite 75. Eine Navigation, um zwischen mehreren Sprachen umzuschalten, ist im Abschnitt *Alle Sprachen im gleichen Baum*, Seite 178, beschrieben. In der TSref finden Sie weitere Beispiele.

3.7.3 Textmenüs (TMENU)

Das Objekt TMENU erzeugt eine textbasierte Navigation. Dieses ist das wichtigste und am häufigsten eingesetzte Menüobjekt. Das genannte zugehörige Objekt TMENUITEM taucht unter dieser Bezeichnung nicht im TypoScript-Code auf, es bezieht sich auf die Möglichkeiten, die für die einzelnen Menüelemente verfügbaren Zustände mit Eigenschaften im Detail zu definieren.

Listing 3.46: Einfaches Textmenü mit drei Ebenen

```
01 page.10 = HMENU
02 page.10 {
03     1 = TMENU
04     1 {
05         expAll = 1
06         wrap = <ul class="nav-1"> | </ul>
07         NO {
08             wrapItemAndSub = <li class="no"> | </li>
09             stdWrap.htmlSpecialChars = 1
10             stdWrap.htmlSpecialChars.preserveEntities = 1
11         }
12         ACT < .NO
13         ACT = 1
```

```
14      ACT {
15          wrapItemAndSub = <li class="act"> | </li>
16      }
17  }
18
19  2 < .1
20  2.wrap = <ul class="nav-2"> | </ul>
21  2.expAll = 0
22  3 < .1
23  3.wrap = <ul class="nav-3"> | </ul>
24 }
```

Mit `expAll` wird erzwungen, dass zu jedem Menüpunkt die zweite Ebene angezeigt wird, auch wenn ein Menüpunkt nicht ausgewählt wurde. `wrapItemAndSub` ist die Eigenschaft, die das Erstellen von *ul/li-Menüs* ermöglicht. Das `<li>`-Tag wird um alle tieferen Ebenen gewrappt.

3.7.4 Grafisches Menüs (GMENU)

Das grafische Menü wird aus einzelnen Grafikdateien für jeden Menüpunkt zusammengestellt. Die Grafikdateien werden mithilfe des `GIFBUILDER`-Objekts erstellt. Für die verschiedenen Zustände wie z.B. aktiv und rollover werden jeweils eigene Dateien erstellt.

Listing 3.47: Einfaches grafisches Menü mit einer Ebene

```
lib.einMenu = HMENU
page.10 {
   1 = GMENU
   1.NO {
      XY = [10.w]+20,20
      backColor = #ff0000
      10 = TEXT
      10 {
         text.field = title
         offset = 0,14
         align = center
         niceText = 1
      }
   }
   1.ACT < .1.NO
   1.ACT = 1
   1.ACT.backColor = #00ff00
   1.RO < .1.NO
   1.RO = 1
   1.RO.backColor = #0000ff
}
```

3.7.5 Layermenüs (TMENU_LAYER, HMENU_LAYER)

Sie können die grafischen oder textuellen Menüs um dynamische Ebenen mittels DHTML erweitern. Diese klappen automatisch auf, sobald der Besucher die Maus über einen Menüpunkt bewegt. Die verfügbaren Eigenschaften kommen zu den Eigenschaften von GMENU und TMENU hinzu.

Achtung

Für Layermenüs müssen Sie zwingend die notwendige Bibliothek in Form einer PHP-Datei für die gewünschte Menüart einbinden:

Listing 3.48: Einbinden der notwendigen Scripts für Layermenüs

```
page.includeLibs.tmenu_layers = media/scripts/tmenu_layers.php
page.includeLibs.gmenu_layers = media/scripts/gmenu_layers.php
```

Listing 3.49: TMENU_LAYERS

```
01 page.includeLibs.tmenu_layers = media/scripts/tmenu_layers.php
02 page.10 = HMENU
03 page.10 {
04    1 = TMENU_LAYERS
05    1 {
06       wrap = <ul class="nav"> | </ul>
07       lockPosition = x
08       relativeToTriggerItem=1
09       topOffset=17
10       leftOffset=0
11       hideMenuWhenNotOver = 50
12       hideMenuTimer = 70
13       expAll=1
14       NO = 1
15       NO {
16          allWrap = <li> | </li>
17          stdWrap.htmlSpecialChars = 1
18          stdWrap.htmlSpecialChars.preserveEntities = 1
19       }
20       ACT = 1
21       ACT < .NO
22    }
23    2 = TMENU
24    2 {
```

```
25        wrap = <div class="layer-foldout1"><ul> | </ul></div>
26        NO {
27           wrapItemAndSub = <li> | </li>
28           stdWrap.htmlSpecialChars = 1
29        }
30     }
31 }
```

Beachten Sie besonders die Angabe `expAll=1` in Zeile 13. Die aufzuklappenden Menüpunkte müssen bereits von TYPO3 generiert worden sein, um per DHTML angezeigt werden zu können. Entscheidend ist auch die Frage, ob die Menüpunkte der ersten Ebene nebeneinander (auf der x-Achse) oder untereinander (auf der y-Achse) angeordnet sind. Dies wird durch die Angabe `lockPosition = x` in Zeile 07 verdeutlicht. Für unser Beispiel muss im CSS eine entsprechende Angabe für `<ul class="nav">` hinterlegt sein.

Listing 3.50: CSS-Angaben für Aufzählungspunkte <li> innerhalb <ul class="nav">

```
ul.nav li {
   list-style: none;
   float: left;
   width: 9em;
}
```

3.7.6 Menü als Auswahlbox (JSMENU, JSMENUITEM)

Das Objekt `JSMENU` erzeugt ein Menü in Form einer Auswahlbox, das bei Auswahl eines Elements auf die gewählte Seite springt.

Listing 3.51: Menü als Auswahlfeld

```
page.10 = HMENU
page.10 {
   1 = JSMENU
   1 {
      firstLabelGeneral = Bitte auswählen
      levels = 1
      wrap = |
      showActive = 1
      additionalParams = class="dropdownmenu"
   }
}
```

Abbildung 3.37: Menü als Selectbox

3.7.7 Weitere Menütypen

TYPO3 stellt Ihnen durchaus noch weitere Menütypen zur Verfügung. Dazu gehört z.B. ein Menü, das als Imagemap dargestellt wird.

Hinweis

Die in der TSref beschriebenen Menütypen, die eigene Scripts benötigen, sind keine Core-Funktionalität. Sie werden erst in den eingebundenen Scripts definiert. TYPO3 stellt eine Schnittstelle zur Erzeugung von eigenen Menütypen zur Verfügung. Wie diese funktioniert, können Sie z.B. dem Script entnehmen, mit dem Layermenüs erzeugt werden.

3.7.8 Spezielle Funktionen in Menüs (iProc)

Es kann vorkommen, dass Sie trotz der vielen Einstellungsoptionen für Menüs Sonderfälle wie eigene Darstellungsbedingungen nicht abbilden können. Es gibt jedoch die für alle Menüobjekte gültige Spezialeigenschaft itemArrayProcFunc, die Ihnen einen Eingriff in die Menüerzeugung per PHP-Script erlaubt.

Falls Sie beispielsweise abhängig von dynamischen Informationen einzelne Seiten in einem Menü nicht anzeigen wollen, können Sie trotzdem ein reguläres Menü mit TypoScript mit allen gewünschten Darstellungsoptionen erstellen und per PHP-Funktion dann dynamisch einzelne Seiten wieder aus dem Menü entfernen.

Listing 3.52: HMENU mit eingebundener PHP-Klasse

```
page.includeLibs.menuManipulation =
EXT:abz_eff_template/script/user_menuManipulations.php
[...]
lib.navi = HMENU
lib.navi {
  1 = TMENU
  1 {
```

3.7 Navigationen (Menüs)

```
    itemArrayProcFunc = user_menuManipulations->user_hidePages
    wrap = <ul> | </ul>
    NO {
      wrapItemAndSub = <li> | </li>
    }
  }
}
```

Achtung

Vergessen Sie nicht, das PHP-Script, wie es in der ersten Zeile zu sehen ist, mit dem korrekten Pfad in Ihr TypoScript einzubinden.

Der PHP-Methode werden das gesamte reguläre Menü-Array und die Konfigurationseinstellungen übergeben. In $conf['parentObj'] ist eine Referenz auf das aufrufende Objekt enthalten.

Listing 3.53: PHP-Klasse mit aufgerufener Methode

```
class user_menuManipulations {
  function user_hidePages ($menuArr, $conf) {
    $returnArr = array();
    for($i=0;$i<count($menuArr);$i++) {
      if (REALLY_SHOW_MENUITEM) {
        $returnArr[] = $menuArr[$i];
      }
    }
    return $returnArr;
  }
}
```

Beachten Sie bitte, dass Sie die Bedingung, ob jede einzelne Seite nun tatsächlich angezeigt werden soll, nach Ihren Bedürfnissen anpassen müssen. Je nach Grad der Dynamisierung werden Sie das Menü eventuell aus dem Caching-Mechanismus herausnehmen wollen (siehe Abschnitt *Caching*, Seite 193).

> **Tipp**
>
> Ein Beispiel für beide hier genannten Eigenschaften finden Sie in der Datei *typo3/sysext/cms/tslib/media/scripts/example_itemArrayProcFunc.php* im TYPO3-Source-Paket.

Für die Objekte TMENU und GMENU gibt es eine weitere Spezialfunktion zur Manipulation von Menüs: IprocFunc.

Hierbei wird der aufgerufenen Funktion bzw. Methode neben von Ihnen konfigurierten Parametern das interne Array jedes einzelnen Menüelements übergeben. Sie können dann das von Ihnen modifizierte Array für die weitere reguläre Verarbeitung zurückgeben.

3.7.9 Menüpunkte unterschiedlich behandeln (optionSplit)

optionSplit wird vor allem in Menüs eingesetzt, um abhängig von der Position des Menüpunktes in einer Ebene eine unterschiedliche Darstellung zu erreichen. Beispielsweise muss bei einer Navigation mit optischem Trenner entweder das erste oder das letzte Element unterschiedlich behandelt werden.

Home ::: Contact ::: Imprint

Abbildung 3.38: Navigation mit optischem Trenner

Listing 3.54: TypoScript für Navigation mit optischem Trenner

```
page.10 = HMENU
page.10 {
   special = directory
   special.value = {$metanavi.pid}
   1 = TMENU
   1 {
      wrap = |
      NO {
         wrapItemAndSub = |*| | :::  |*| |
         stdWrap.htmlSpecialChars = 1
         stdWrap.htmlSpecialChars.preserveEntities = 1
      }
   }
}
```

3.7 Navigationen (Menüs)

Syntax	Ergebnis
|*|	Aufteilung in einen ersten Abschnitt (*first*), einen Zwischenabschnitt (*middle*) und einen letzten Abschnitt (*last*)
||	Teilt die entstandenen Abschnitte aus |*| in Unterteile

Tabelle 3.6: Syntaxmöglichkeiten für optionSplit

Der *optionSplit* wird nach folgenden Regeln abgearbeitet:

❶ Die Priorität lautet *last, first, middle*.
❷ Falls der Abschnitt *middle* leer ist, wird der letzte Teil des Abschnitts *first* wiederholt.
❸ Falls der Abschnitt *first* oder *middle* leer ist, wird der erste Teil des Abschnitts *last* wiederholt.
❹ Der Abschnitt *middle* wird rotiert.

Sie können sich das folgendermaßen vorstellen:

Listing 3.55: Schematische Darstellung für optionSplit

```
first1 || first2 |*| middle1 || middle2 || middle3 |*| last1 || last 2
```

Um beispielsweise eine Farbe abwechselnd darzustellen, ist folgende Angabe möglich:

Listing 3.56: Farben abwechseln

```
|*| #ff0000 || #00ff00 |*|
```

Da sowohl der erste als auch der letzte Abschnitt leer sind, greift nur noch Regel 4. Es sind nur zwei Teile definiert, das dritte Element wird also wieder wie das erste dargestellt werden.

Tipp

In der TSRef finden Sie ein sehr komplexes Beispiel, das alle Möglichkeiten von `optionSplit` aufklären sollte.

3.7.10 Die Ausgabe von Inhalten (cObjects)

Die *Inhaltsobjekte* finden Sie in der TSref in Kapitel 8. Sie bieten unglaublich viele Möglichkeiten, HTML-Quelltext zu erzeugen. Ihre Hauptfunktion besteht in der Ausgabe der Inhaltselemente. Sie werden aber darüber hinaus für so ziemlich alle Marker und Subparts verwendet, die im HTML-Template ersetzt werden.

Die Inhaltselemente werden über PHP-Code der Klasse `tslib_cObj` aus der Datei *typo3/sysext/cms/tslib_content.php* gesteuert. Auf diese Klassen wird an vielen Stellen in TYPO3 mit der Variablen `$cObj` verwiesen. Dort ist ein PHP-Array `$this->data` enthalten, das abhängig vom aktuellen Inhaltselement mit passenden Daten gefüllt ist. Mithilfe des Datentyps *getText* (siehe Abschnitt *Die Allzweckwaffe (stdWrap)*, Seite 159) können Sie auf diese Daten zugreifen. Im Falle eines Menüs sind beispielsweise die Daten der aktuellen Seite aus der Tabelle *pages* hinterlegt.

Hinweis

Die Generierung der regulären Inhaltselemente von TYPO3 wie *Text* und *Text mit Bild* wird auch über das hier besprochene TypoScript gesteuert. Alle dazugehörigen Konfigurationen sind im Objekt `tt_content` zusammengefasst und einsehbar.

```
[tt_content]=CASE
  [key]
  [stdWrap]
  [header]=COA
  [text]=COA
    [10]=< lib.stdheader
    [20]=TEXT
      [field]=bodytext
      [required]=1
      [parseFunc]=< lib.parseFunc_RTE
      [editIcons]=tt_content:bodytext, rte_enabled
      [prefixComment]=2 | Text:
  [image]=COA
  [textpic]=COA
  [bullets]=COA
  [table]=COA
  [uploads]=COA
  [multimedia]=COA
  [mailform]=COA
  [search]=COA
  [login]=COA
  [splash]=CASE
  [menu]=COA
  [shortcut]=COA
```

Abbildung 3.39: Ausschnitt aus dem TypoScript Object Browser zu tt_content

Inhaltsobjekte verwenden Sie immer dann, wenn in der TSref bei einer Eigenschaft der Datentyp *cObject* angegeben ist.

3.7.11 Dynamische Textausgabe (HTML, TEXT)

Diese Objekte dienen der Ausgabe von dynamischen Textbereichen. Sie besitzen lediglich die Eigenschaft value und können im Übrigen die Funktion *stdWrap* einsetzen.

Listing 3.57: Einbau von google AdSense-Anzeigen

```
10 = TEXT
10.value (
<script type="text/javascript"><!--
google_ad_client = "pub-xxx";
google_ad_width = 150;
google_ad_height = 125;
google_ad_format = "125x125_as_rimg";
google_cpa_choice = "CAAQ_-GbCM9eLtP9";
//--></script>
<script type="text/javascript"
src="http://pagead2.googlesyndication.com/pagead/show_ads.js"></script>
)
```

Hinweis

Im Grunde besitzen TEXT und HTML genau die gleiche Funktionalität. Der Unterschied besteht lediglich darin, auf welcher Ebene der *stdWrap* verwendet wird: beim TEXT-Objekt direkt auf der Objekt-Ebene, beim HTML-Objekt auf der Ebene der Eigenschaft value.

Listing 3.58: Erzeugung identischer Ausgaben mit dem TEXT- bzw. HTML-Element

```
10 = TEXT
10 {
   value = Hallo Welt!
   wrap = <h1> | </h1>
}
20 = HTML
20 {
   value = Hallo Welt!
   value.wrap = <h1> | </h1>
}
```

Hinweis

Ein Objekt *TEXT* wird sehr häufig nur als Grundlage eingesetzt, um die Funktion *stdWrap* mit ihren vielen Möglichkeiten zur Verfügung zu haben. Diese wird detailliert im Abschnitt *Die Allzweckwaffe (stdWrap)*, Seite 159, besprochen.

3.7.12 Inhaltselemente zusammenfassen (COA, COA_INT)

COA (Content Object Array) ist ein Alias für COBJ_ARRAY. Ein Objekt COA_INT wird analog zu den anderen *_INT-Objekten nicht gecacht.

Dieses Objekt wird verwendet, um Inhaltselemente zusammenzufassen und zu gruppieren, beispielsweise um dann aus den zusammengefassten Objekten einen Marker im Template zu ersetzen. Auch die meisten Inhaltselemente sind als COA definiert, um die Überschrift mit dem eigentlichen Inhalt zu verbinden.

Listing 3.59: Definition des Inhaltselements header als COA

```
tt_content.header = COA
tt_content.header {
   10 = < lib.stdheader
   20 = TEXT
   20 {
      field = subheader
      required = 1
      dataWrap = <p class="csc-subheader csc-subheader-{field:layout}">|</p>
      htmlSpecialChars = 1
      editIcons = tt_content:subheader,layout
      editIcons.beforeLastTag = 1
      editIcons.iconTitle.data =
LLL:EXT:css_styled_content/pi1/locallang.php:eIcon.subheader
      prefixComment = 2 | Subheader:
   }
}
```

3.7 Navigationen (Menüs)

Tipp

Das Objekt *COA* kennt zwei interessante Eigenschaften (`if` und `stdWrap`), die manch ein anderes Inhaltsobjekt vermissen lässt (z.B. das Objekt `FILE`). Möchten Sie trotzdem die Funktion *if* zum Anzeigen dieses Objekts verwenden, binden Sie es einfach im Rahmen eines `COA` ein und nutzen dessen `if`-Eigenschaft.

Listing 3.60: Anzeigen eines Logos in Abhängigkeit vom Feld layout

```
lib.zweitesLogo = COA
lib.zweitesLogo {
   10 = FILE
   10.file = fileadmin/templates/media/logo2.gif
   if.value.field = layout
   if.equals = 1
}
```

Tipp

Möchten Sie einen Bereich Ihrer Seite nicht cachen, können Sie dies ganz einfach erreichen, indem Sie diesen Bereich innerhalb eines `COA_INT` einbinden. Ein typisches Beispiel dafür ist die Anzeige von Benutzerdaten. Der TYPO3-Cache berücksichtigt zwar die Benutzergruppe beim Cachen, nicht jedoch den einzelnen Benutzer. Möchten Sie also z.B. den Namen eines angemeldeten Benutzers anzeigen, dürfen Sie diesen nicht cachen. Der Cache wird ausführlich im Abschnitt *Caching*, Seite 193, erklärt.

Listing 3.61: Anzeige von Benutzername und Name des angemeldeten Benutzers

```
[loginUser = *]
lib.userData = COA_INT
lib.userData {
   10 = TEXT
   10.data = TSFE:fe_user|user|username
   10.wrap = <div>Benutzername: | </div>
   20 = TEXT
   20.data = TSFE:fe_user|user|name
   20.wrap = <div>Name: | </div>
}
[global]
```

3.7.13 Dateien einbinden (FILE)

Nutzen Sie dieses Objekt, um Dateien für die Frontend-Ausgabe einzubinden. Mit der Eigenschaft file legen Sie fest, welche Datei eingebunden wird. Dabei hängt von der Art der eingebundenen Datei ab, was damit passiert. Handelt es sich um eine Bilddatei (*jpg, gif, jpeg, png*), wird ein <img>-Tag erzeugt, handelt es sich um ein anderes Format (typischerweise *text* oder *html*), wird der Inhalt der Datei eingelesen und direkt als Quelltext ausgegeben.

Listing 3.62: FILE-Objekt mit Pfadangabe

```
10 = FILE
10.file = fileadmin/demo/inhaltstext.txt
```

Hinweis

Der Haupteinsatzbereich für dieses Objekt ist die Eigenschaft template des TEMPLATE-Objekts. Wenn Sie Bilder einbinden möchten, nutzen Sie lieber das IMAGE-Objekt.

3.7.14 Bilder darstellen (IMAGE, IMG_RESOURCE)

Mit dem Objekt IMAGE binden Sie Bilder in die Frontend-Ausgabe ein. Das Objekt erzeugt ein <img>-Tag, das Sie mit den möglichen Eigenschaften konfigurieren können.

Die wichtigste Eigenschaft ist file. Mit ihr legen Sie fest, welche Datei als Bild ausgegeben werden soll. Die Eigenschaft file ist vom Datentyp *imgResource*. Lesen Sie einmal in der TSref in Kapitel 2.2 nach, was zu diesem Datentyp gesagt wird.

Sie können mit dieser Eigenschaft direkt eine Datei einbinden. Dazu haben Sie zwei Möglichkeiten. Entweder Sie geben nur den Dateinamen an. In diesem Fall verwendet TYPO3 die Datei mit diesem Namen aus dem Feld RESOURCES des Template-Datensatzes (siehe Listing 3.63). In diesem Fall können Sie ein Sternchen verwenden, um die Datei auch dann richtig einzubinden, wenn TYPO3 sie beim Hochladen im Template-Datensatz durchnummeriert hat, weil sie schon einmal vorhanden war.

Listing 3.63: Anzeigen des Bildes bild.jpg oder bild01.jpg

```
lib.meinBild = IMAGE
lib.meinBild.file = bild*.jpg
```

Alternativ können Sie direkt auf ein Bild im Dateisystem verweisen. TYPO3 geht davon aus, dass Sie dies tun, sobald der Wert, der der Eigenschaft file zugewiesen wurde, einen / enthält.

Listing 3.64: Anzeigen des Bildes aus fileadmin

```
lib.meinBild = IMAGE
lib.meinBild.file = fileadmin/templates/media/bild.jpg
```

Bei diesen beiden Varianten stehen der Eigenschaft file außerdem die Eigenschaften der Funktion *imgResource* als Untereigenschaften zur Verfügung. Damit können Sie z.B. Bilder anhand des *media*-Feldes der Seite einbinden oder die Größe des Bildes im Frontend beeinflussen. Dies wird ausführlich im Abschnitt *Bilddateien einbinden (imgResource)*, Seite 161, erklärt.

Eine weitere spannende Möglichkeit bietet die Verwendung des GIFBUILDER-Objekts. Dies erreichen Sie, indem Sie keinen Pfad zur Bilddatei angeben, sondern die Eigenschaft file als GIFBUILDER definieren.

Listing 3.65: Ausgabe des Seitentitels als Bild mit eigener Schriftart

```
lib.meinBild = IMAGE
lib.meinBild {
   file = GIFBUILDER
   file = GIFBUILDER
   file {
      XY = [10.w]+10,20
      backColor = yellow
      10 = TEXT
      10.text.field = title
      10.fontSize = 10
      10.fontFile = fileadmin/templates/media/eineSchrift.ttf
      10.offset = 5,15
   }
}
```

Ausführliche Informationen zur Verwendung des GIFBUILDER-Objekts finden Sie im Abschnitt *Bildbearbeitung mit dem GIFBUILDER*, Seite 169.

Weitere Eigenschaften des IMAGE-Objekts finden Sie – wie immer – in der TSref. Wie Sie mithilfe der Eigenschaft imageLinkWrap einen JavaScript-Link erzeugen können, der das Bild in einem Popup öffnet, wird im Abschnitt *Klickvergrößern (imageLinkWrap)*, Seite 163, erklärt.

IMG_RESOURCE gibt nur den Pfad eines Bildes zurück. So kann man – in Verbindung mit der *stdWrap*-Eigenschaft – z.B. vom GIFBUILDER erzeugte Bilder als Hintergrundbild einbinden.

Listing 3.66: Einbinden des Seitentitels als Hintergrundbild

```
lib.seitenTitel = IMG_RESOURCE
lib.seitenTitel {
    file = GIFBUILDER
    file {
        XY = [10.w]+10,20
        backColor = yellow
        10 = TEXT
        10.text.field = title
        10.fontSize = 10
        10.fontFile = fileadmin/templates/media/eineSchrift.ttf
        10.offset = 5,15
    }
    stdWrap.wrap = <div style="background:url( | ) no-repeat;"> </div>
}
```

Hinweis

Mit Hilfe der Funktion *stdWrap* können Sie auch über die Datenbank auf Bilder zugreifen. Ein Beispiel dazu finden Sie im Abschnitt *Die Eigenschaft data*, Seite 159.

3.7.15 Datensätze ausgeben (CONTENT, RECORDS)

Die Objekte CONTENT und RECORDS können genutzt werden, um Datenbankabfragen zu konfigurieren und basierend auf den resultierenden Datensätzen eine Ausgabe für das Frontend zu erzeugen.

Tipp

Setzen Sie das Objekt CONTENT ein, wenn Sie die Datensätze anhand ihrer *pid* ermitteln wollen (z.B. alle Datensätze, die in einer bestimmten Seite liegen) oder wenn Sie eine etwas komplexere Datenbankabfrage benötigen, und setzen Sie RECORDS ein, wenn Sie auf Basis der *uid* der Datensätze arbeiten wollen, die Sie ausgeben. Letzteres ist z.B. der Fall, wenn Sie die Datensätze, die Sie auslesen wollen, im Backend-Formular über den *Element Browser* in einem Feld definieren.

3.7 Navigationen (Menüs)

Das CONTENT-Objekt erklären wir an einem Beispiel. Wir nutzen das Feld FRAME in Inhaltselementen zur Hervorhebung. (Ist FRAME 1 ausgewählt, werden Hintergrund und Rahmen erzeugt.)

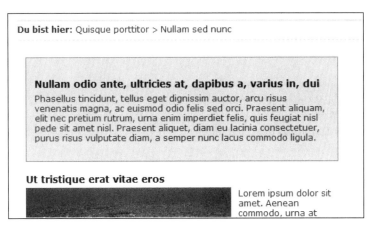

Abbildung 3.40: Mit Rahmen und Hintergrund hervorgehobenes Inhaltselement

Nun möchten wir auf der übergeordneten Seite in einer Übersicht alle hervorgehobenen Inhaltsemente anzeigen. Dazu nutzen wir ein CONTENT-Objekt, das die Inhaltselemente einsammelt, bei denen im Feld FRAME FRAME 1 ausgewählt wurde.

Listing 3.67: Inhaltselemente mit Auswahl Frame 1 in Seite 91

```
01 lib.abstracts = CONTENT
02 lib.abstracts {
03    table = tt_content
04    select {
05       pidInList = 91
06       where = section_frame=20
07    }
08 }
```

In Zeile 03 wird die Tabelle angegeben, die abgefragt werden soll. Die Funktion *select* dient dabei der Konfiguration des SQL-Statements der Datenbankabfrage. Durch den Eintrag in Zeile 05 wird die Seite festgelegt, in der die gesuchten Inhaltselemente liegen. Zeile 06 schränkt die Datenbankabfrage auf Elemente ein, die im Feld *section_frame* den Wert 20 haben. Die Ausgabe der Elemente im Frontend erfolgt anschließend anhand des Toplevel-Objekts tt_content.

Nun möchten wir die hardcodierte Angabe der *pid* in Zeile 05 durch dynamisch generierte Werte ersetzen. Hier soll eine Liste aus den IDs aller Unterseiten der aktuellen Seite stehen. Dafür verwenden wir wiederum das CONTENT-Objekt, das zunächst alle Unterseiten ermittelt und anschließend deren IDs als kommaseparierte Liste zurückgibt.

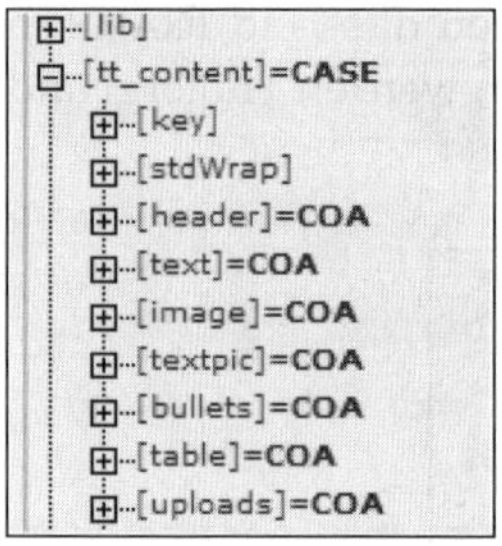

```
⊞--[lib]
⊟--[tt_content]=CASE
    ⊞--[key]
    ⊞--[stdWrap]
    ⊞--[header]=COA
    ⊞--[text]=COA
    ⊞--[image]=COA
    ⊞--[textpic]=COA
    ⊞--[bullets]=COA
    ⊞--[table]=COA
    ⊞--[uploads]=COA
```

Abbildung 3.41: Das Toplevel-Objekt tt_content

Listing 3.68: Ermitteln der Seiten-IDs der Unterseiten

```
lib.subPagesIds = CONTENT
lib.subPagesIds {
  table = pages
  select {
    pidInList.field = uid
  }
  renderObj = TEXT
  renderObj {
    field = uid
    wrap = | ,
  }
}
```

Auch hier wird die Funktion *select* verwendet. Dabei werden alle Seiten (Tabelle *pages*) ermittelt, deren *pid* (parent id) der *uid* der aktuellen Seite entspricht – also die Unterseiten der aktuellen Seite. Im Unterschied zu Listing 3.67 wird in diesem Fall die Ausgabe der Datensätze nicht über das entsprechende Toplevel-Objekt, sondern mit der Eigenschaft renderObj festgelegt. Das Ergebnis sieht dann z.B. so aus: 91,92,93,. Verknüpfen Sie die beiden Listings nun miteinander, indem Sie Zeile 05 aus Listing 3.67 ändern.

Listing 3.69: Dynamische Ermittlung der pids

```
05      pidInList < lib.subPagesIds
```

Tipp

Wenn Sie mehrere CONTENT-Objekte miteinander verknüpfen, lassen Sie sich zur Kontrolle Zwischenergebnisse ausgeben, z.B. durch die Zeile page.5 < lib.subPages.Ids.

3.7 Navigationen (Menüs)

Maecenas ullamcorper nulla nec metus
Sed mollis, sapien ut elementum tristique, tellus ipsum accumsan nisl, ac interdum urna mauris ut velit. Sed nisl nisl, egestas eget, hendrerit eu, tempus at, mauris. Sed nulla nulla, fermentum et, ultricies eget, pellentesque non, nunc. Sed placerat, augue eget dignissim malesuada, nunc elit egestas nisl, a facilisis felis nibh in nisl. Sed placerat, neque sed ullamcorper luctus, erat ipsum consectetuer ante, eget scelerisque ligula tellus vel erat.

Praesent ut mauris sit amet nibh lobortis pulvinar
Ut consectetuer, nunc at porttitor venenatis, ligula massa tristique tortor, eget volutpat tellus tortor ac arcu. Ut elit lectus, blandit at, consectetuer vitae, tincidunt eget, sapien. Ut facilisis, mi et tincidunt bibendum, ante arcu egestas diam, vitae egestas est quam sit amet orci. Ut felis justo, laoreet a, consequat non, porta pretium, massa.

Nullam odio ante, ultricies at, dapibus a, varius in, dui
Phasellus tincidunt, tellus eget dignissim auctor, arcu risus venenatis magna, ac euismod odio felis sed orci. Praesent aliquam, elit nec pretium rutrum, urna enim imperdiet felis, quis feugiat nisl pede sit amet nisl. Praesent aliquet, diam eu lacinia consectetuer, purus risus vulputate diam, a semper nunc lacus commodo ligula.

Abbildung 3.42: Ausgabe der hervorgehobenen Inhaltseme aller Unterseiten

Nun möchten wir noch jedem Inhaltselement einen Link auf die Seite hinzufügen, auf der dieses Inhaltselement liegt. Dafür wird wieder die Eigenschaft renderObj verwendet.

Listing 3.70: Inklusive Verlinkung der Seite

```
lib.abstracts = CONTENT
lib.abstracts {
   table = tt_content
   select {
      pidInList.cObject < lib.subPagesIds
      where = section_frame=20
   }
   renderObj = COA
   renderObj {
      10 = TEXT
      10 {
         typolink.parameter.field = pid
```

```
            wrap = <h1> | :</h1>
        }
        20 =< tt_content
    }
}
```

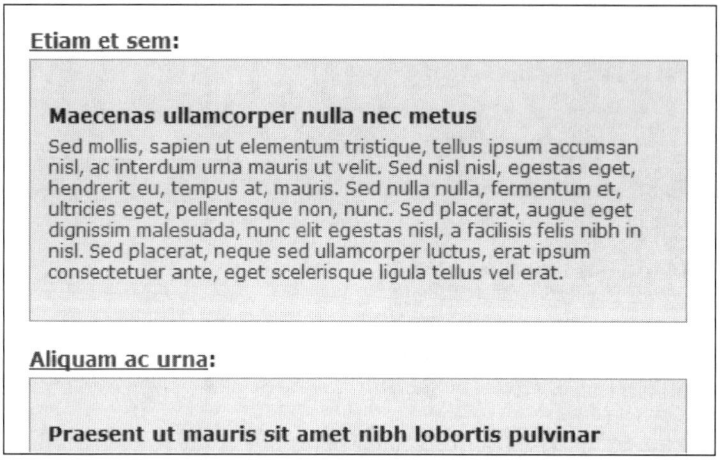

Abbildung 3.43: Ausgabe mit Verlinkung

renderObj ist ein COA, um zunächst die Überschrift der Seiten anzuzeigen und anschließend wieder das Standard-Rendering für Inhaltselemente aufzurufen.

Listing 3.71: Einbinden in das PAGE-Objekt

```
01 page.10.subparts.CONTENT = COA
02 page.10.subparts.CONTENT {
03     10 < styles.content.get
04     10.stdWrap.if {
05         value = 1
06         equals.field = layout
07         negate = 1
08     }
09     20 < lib.abstracts
10     20.stdWrap.if.value = 1
11     20.stdWrap.if.equals.field = layout
12 }
```

Listing 3.71 können Sie verwenden, um alle Seiten, bei denen LAYOUT 1 ausgewählt wurde, automatisch zu Übersichtsseiten zu machen. Die Inhaltselemente dieser Seiten werden dann nicht mehr angezeigt (siehe auch Abschnitt *Noch mal Bedingungen (if)*, Seite 164).

Die Erzeugung der vom Redakteur eingegebenen Inhaltselemente im statischen Template css_styled_content erfolgt mithilfe von CONTENT.

Listing 3.72: styles.content.get* für die Inhalte der Spalten

```
styles.content.get = CONTENT
styles.content.get {
    table = tt_content
    select.orderBy = sorting
    select.where = colPos=0
    select.languageField = sys_language_uid
}
styles.content.getLeft < styles.content.get
styles.content.getLeft.select.where = colPos=1

styles.content.getRight < styles.content.get
styles.content.getRight.select.where = colPos=2

styles.content.getBorder < styles.content.get
styles.content.getBorder.select.where = colPos=3
```

Auch hier wird über die Eigenschaft select die Datenbankabfrage konfiguriert. Die Eigenschaft colPos legt dabei als zusätzliche Bedingung die Spalte fest, deren Inhaltselemente ausgelesen werden sollen.

Das Objekt RECORDS funktioniert ähnlich wie CONTENT: Der Unterschied besteht darin, dass Sie eine Liste von den *uid*s der Elemente angeben, die Sie anzeigen wollen, anstatt diese auf Basis von *pid*s zu ermitteln.

Listing 3.73: Ausgabe der Adressen der Vorstandsmitglieder

```
lib.vorstand = RECORDS
lib.vorstand {
    tables = fe_users
    source = 2,10,14,23,18
    conf.fe_users = COA
    conf.fe_users {
        wrap = <div class="address"> | </div>
        10 = TEXT
        10.field = name
        10.wrap = <p><strong> | </strong></p>
        20 = TEXT
        20.field = address
        20.parseFunc =< lib.parseFunc_RTE
        30 = TEXT
        30.field = telephone
        30.wrap = <p> | </p>
    }
}
```

Geben Sie die betroffenen Tabellen in der Eigenschaft tables an. Die Eigenschaft sources enthält die *uid*s der gewünschten Datensätze. Bei mehreren Tabellen ergänzen Sie zu jeder *uid* den Tabellennamen (z.B. fe_users_2, fe_users_10 etc.). Mit der Eigenschaft conf konfigurieren Sie für jede Tabelle die Frontend-Ausgabe.

3.7.16 Navigationen (HMENU)

Navigationen basieren in TYPO3 auf dem Inhaltsobjekt HMENU. Das heißt, Sie können überall dort, wo Sie ein Inhaltsobjekt einbinden können, auch eine Navigation erstellen. Wie Navigationen im Detail in TYPO3 funktionieren, wird ausführlich im Abschnitt *Navigationen (Menüs)*, Seite 125, erklärt.

3.7.17 Text mit Bild darstellen (IMGTEXT)

Bei dem Objekt IMGTEXT handelt es sich um ein Objekt, das dazu diente, das Inhaltselement Text/Bild auszugeben. Dieses Objekt nimmt die Positionierung der Bilder mithilfe von Tabellen vor.

Möchten Sie sich dieses Objekt trotzdem einmal genauer anschauen, dann schalten Sie im Object Browser die Bedingung compatVersion ab. So finden Sie ein Beispiel im Objektpfad tt_content.image.20.

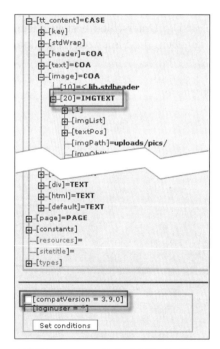

Abbildung 3.44: Beispiel für die Verwendung des IMGTEXT-Objekts

Die Extension css_styled_content stellt außerdem eine Funktion zur Verfügung, die die Positionierung der Bilder mit div-Tags vornimmt. Diese Funktion verarbeitet die gleichen Konfigurationseinstellungen wie das IMGTEXT-Objekt.

3.7.18 Fallunterscheidungen einsetzen (CASE)

Mithilfe des Objekts CASE werden Fallunterscheidungen vergleichbar zu switch in PHP erreicht. Beispielsweise könnten Sie das Feld LAYOUT bei den Seiteneigenschaften dazu nutzen, den Redakteur aus vorgegebenen Hintergrundfarben eine Farbe für die jeweilige Seite auswählen zu lassen.

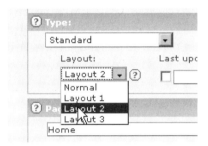

Abbildung 3.45: Auswahlfeld für Layoutmöglichkeiten

Listing 3.74: CASE, um Auswahl umzusetzen

```
01 page.headerData.20 = CASE
02 page.headerData.20 {
03   key.field = layout
04   stdWrap.wrap = <style type='text/css'>body {Background-color:|;}</style>
05   1 = TEXT
06   1.value = gray
07   2 = TEXT
08   2.value = yellow
09   3 = TEXT
10   3.value = blue
11   default = TEXT
12   default.value = white
13 }
```

Dabei legen Sie über die Eigenschaft key in Zeile 03 fest, auf welchen Wert geprüft werden soll, hier auf den Inhalt des Feldes *layout* des Seitendatensatzes. Der eingetragene Wert aus diesem Feld wird dann mit den Angaben in Zeile 05-11 verglichen. Ein Wert 1 erzeugt ein *cObject* TEXT mit dem Wert gray für die CSS-Hintergrundfarbe. Um alle notwendigen HTML-Angaben für jede mögliche Option zu haben, wird die Eigenschaft stdWrap.wrap genutzt.

Tipp

Geben Sie immer auch `default` an. Diese Einstellungen greifen dann, wenn keine Übereinstimmung mit den definierten Werten gefunden wurde.

Ganz ähnlich verläuft die Generierung des Inhalts in TYPO3 – basierend auf dem Feld *CType* der Tabelle *tt_content*.

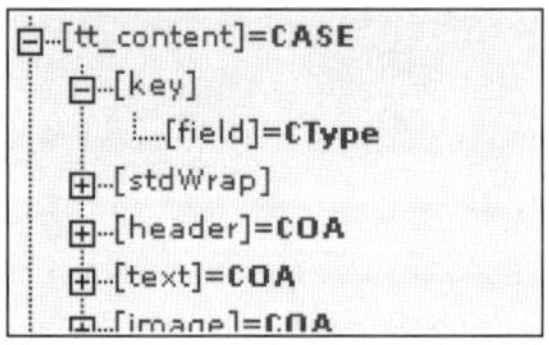

```
[tt_content]=CASE
  [key]
    [field]=CType
  [stdWrap]
  [header]=COA
  [text]=COA
  [image]=COA
```

Abbildung 3.46: CASE für die Auswahl des Inhaltselements

3.7.19 Globale Variablen verwenden (LOAD_REGISTER und RESTORE_REGISTER)

Dieses *cObject* kann dazu verwendet werden, um einzelne Werte in einer globalen Variablen zu speichern, um sie von anderen TypoScript-Objekten aus aufrufen zu können.

Achtung

Seien Sie sich bewusst, dass TypoScript keine ausführbare Programmiersprache ist, sondern nur eine Konfigurationssprache, was die Möglichkeiten hier naturgemäß sehr stark einschränkt.

Listing 3.75: Einsatz von LOAD_REGISTER

```
01 page.10 = LOAD_REGISTER
02 page.10.MY_VALUE = Inhalt des Registers
03
04 page.5 = TEXT
05 page.5.value = Ursprünglicher Wert
06 page.5.override.data = register:MY_VALUE
```

```
07 page.5.wrap = | <HR>
08
09 page.15 < page.5
```

Das Ergebnis sieht folgendermaßen aus:

Abbildung 3.47: Ergebnis des Beispiels LOAD_REGISTER

In Zeile 01 und 02 wird ein Wert in das Register geschrieben. In Zeile 04 bis 07 wird ein Inhaltselement TEXT definiert. Diesem wird in Zeile 05 ein Inhalt zugewiesen. Zeile 06 definiert, dass der zugewiesene Wert dann überschrieben werden soll, wenn im Register unter dem Schlüssel MY_VALUE ein Wert hinterlegt ist. In Zeile 09 wird dann das gesamte Objekt einfach in ein neues Objekt kopiert. Entscheidend sind jedoch die Ziffern 5, 10 und 15. Diese cObjects werden in ein PHP-Array geladen, und zwar aufsteigend sortiert! Das Element page.5 wird also vor dem Element page.10 und dieses wiederum vor page.15 abgearbeitet. In page.5 ist also für TYPO3 noch gar kein Wert in das Register geschrieben, in page.15 jedoch schon.

RESTORE_REGISTER stellt im Register den Zustand wieder her, der vor dem letzten Aufruf von LOAD_REGISTER aktuell war. Sie können also das Register verändern und einsetzen und später wieder auf den Originalwert zurücksetzen.

3.7.20 Mail-Formulare erzeugen (FORM)

Das FORM-Objekt generiert ein Mail-Formular im Frontend. Ein umfangreiches Beispiel finden Sie auch hierfür in der Extension css_styled_content. Schauen Sie sich im OBJECT BROWSER dazu den Objektpfad tt_content.mailform.20 an.

- ❶ Die Informationen, welche Felder das Mail-Formular anzeigen soll, stehen im Feld *bodytext*. Sie können natürlich auch jede andere Datenquelle verwenden, müssen aber darauf achten, dass die Informationen zum Formular dann in der richtigen Syntax gespeichert sind (siehe Abbildung 3.49). Wenn Sie den Formularassistenten (siehe Abbildung 3.50) verwenden, brauchen Sie sich um die Syntax nicht zu kümmern, da das der Formularassistent für Sie übernimmt.
- ❷ Hier wird die grundsätzliche Ausgabe für jedes Formularfeld festgelegt.
- ❸ Feldern dieses Typs werden zusätzliche CSS-Klassen mitgegeben. Das führt dann z.B. zu folgender HTML-Ausgabe einer Checkbox: `<input type="checkbox" class="csc-mailform-check" checked="checked" id="mailformtv" name="tv" value="1"/>`
- ❹ Die in 2. definierte Ausgabe wird für Felder vom Typ RADIO BUTTONS und LABEL überschrieben.
- ❺ Setzen Sie dieses Flag, wenn Sie möchten, dass die Labels der Felder in ein `<label>`-Tag eingeschlossen werden, das korrekt auf das richtige Feld verweist.

3 Das Frontend – vorne raus

```
[mailform]=COA
   [10]=< lib.stdheader
   [20]=FORM
②    [layout]=<div class="csc-mailform-field">###LABEL### ###FIELD###</div>
     [labelWrap]
     [commentWrap]
     [radioWrap]
     [REQ]=1
        [labelWrap]
⑦         [wrap]=|*
     [COMMENT]
        [layout]=<div class="csc-mailform-label">###LABEL###</div>
     [target]={$PAGE_TARGET}
     [goodMess]=
     [badMess]=
     [redirect]
        [field]=pages
        [listNum]=0
⑥   [recipient]
        [field]=subheader
     [data]
①      [field]=bodytext
     [locationData]=1
     [stdWrap]
⑤   [accessibility]=1
     [noWrapAttr]=1
     [formName]=mailform
     [dontMd5FieldNames]=1
     [RADIO]
④      [layout]=<div class="csc-mailform-field">###LABEL### <span class="csc-mailform-radio">###FIELD###</span></div>
     [LABEL]
        [layout]=<div class="csc-mailform-field">###LABEL### <span class="csc-mailform-label">###FIELD###</span></div>
     [params]
        [radio]=class="csc-mailform-radio"
③      [check]=class="csc-mailform-check"
        [submit]=class="csc-mailform-submit"
```

Abbildung 3.48: Verwendung des FORM-Objekts in tt_content

❻ Hier ist konfiguriert, dass der Empfänger des Mail-Formulars dem Feld *subheader* entnommen wird.

❼ Hier wird für die Pflichtfelder des Formulars ein zusätzlicher Wrap um das Label definiert. Diesen Wrap sollten Sie unbedingt setzen, damit die Benutzer des Formulars Pflichtfelder als solche erkennen können.

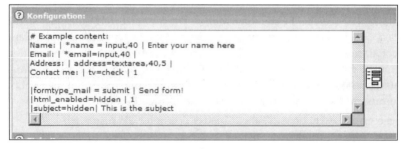

Abbildung 3.49: Speicherung von Formularen im Feld bodytext

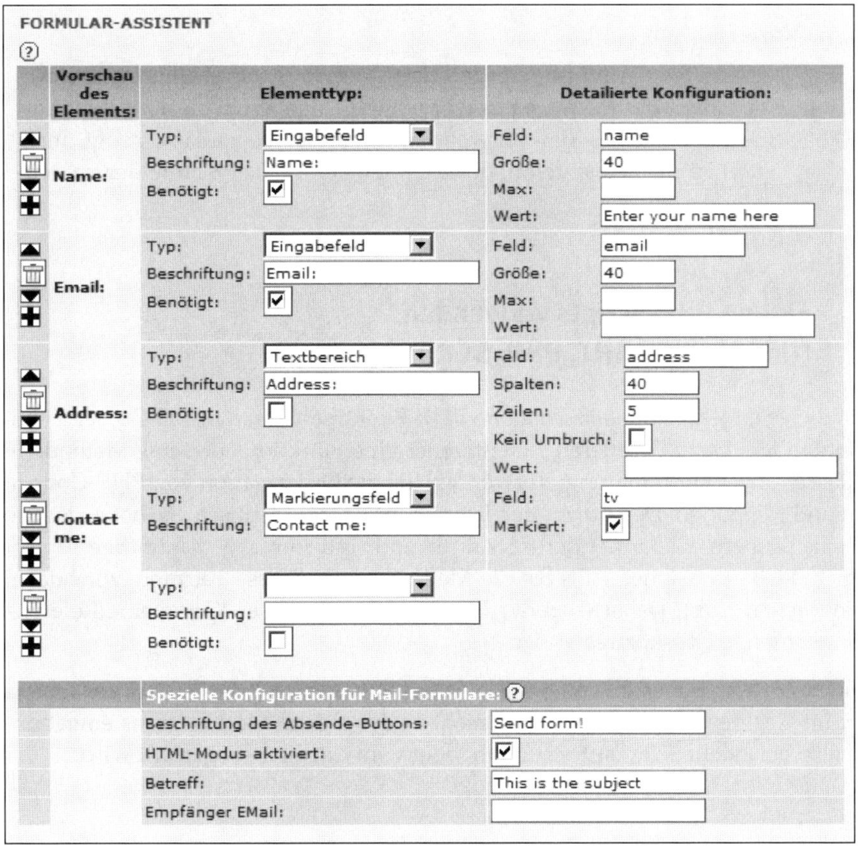

3.7 Navigationen (Menüs)

![Formular-Assistent Screenshot]

Abbildung 3.50: Entsprechende Ansicht im Formularassistenten

Achtung

Per Default steht der Empfänger der E-Mail im Feld *subheader*. Der Formularassistent stellt zwar ein Feld zum Eingeben des Empfängers zu Verfügung (siehe Abbildung 3.50), er speichert die dort eingegebene Information jedoch auch im Feld *subheader*. Damit ihm dies gelingt, müssen die Redakteure die Berechtigung haben, dieses Feld zu ändern. Es muss in den *Exclude Fields* der Backend-Gruppe (siehe Abschnitt *Backend-Benutzerverwaltung – Rechte*, Seite 205) explizit freigeschaltet werden.

Hinweis

Wenn Sie Formularfelder mit dem Namen EMAIL sowie NAME (case-sensitiv!) definieren, dann werden die Angaben in diesen Feldern als Absender der E-Mail verwendet, die dieses Formular erzeugt. Insofern ist es auch sinnvoll, diese beiden Felder als Pflichtfelder zu definieren.

3.7.21 Eigene PHP-Scripts verwenden (USER, USER_INT, PHP_SCRIPT)

Mithilfe dieser Objekte können Sie eigene PHP-Funktionalitäten in TYPO3 per TypoScript einbinden. Dazu definieren Sie entweder eine Funktion oder eine Methode in einer Klasse. Unsere Empfehlung: Verwenden Sie die Organisation von PHP-Code in Klassen und Methoden. Der Aufruf per TypoScript ist fast identisch, Sie haben jedoch bereits eine saubere objektorientierte Struktur und sind somit für zukünftige Versionen von TYPO3 gewappnet. Falls Sie die Methode einer Klasse aufrufen, wird dabei ein Objekt instanziiert. Dabei wird der Eigenschaft cObj dieser Klasse eine Referenz auf das aufrufende Objekt zugewiesen.

Der Unterschied zwischen USER und USER_INT besteht auch hier darin, dass das Objekt USER_INT im Gegensatz zum Objekt USER nicht in den Cache-Mechanismus eingebunden ist, also bei jedem Seitenaufruf unabhängig vom Caching ausgeführt wird.

Achtung

Es wird empfohlen, für die Einbindung eigener Funktionalitäten auf die Erstellung einer Extension zurückzugreifen. Mit dem Kickstarter erzeugte Extensions nutzen für Frontend-Plugins bereits automatisch die Objekte USER oder USER_INT.

In Abbildung 3.51 sehen Sie viele eingebundene Frontend-Plugins. Die beiden hervorgehobenen Objekte sind beispielhaft für viele Extensions. Dabei enthält tx_timtab_pi1 weitere Konfigurationseinstellungen, die an das aufgerufene PHP-Script als zweiter Parameter ($conf) übergeben werden. Der erste Parameter, $content, ist leer, außer das PHP-Script wird über die *stdWrap*-Funktion aus postUserFunc oder preUserFunc aufgerufen.

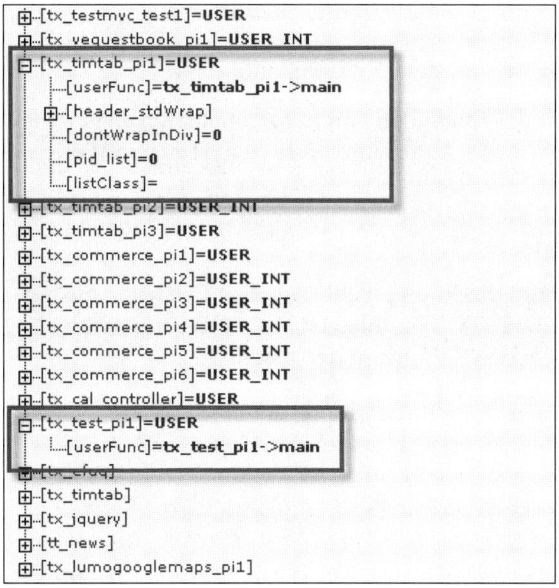

3.7 Navigationen (Menüs)

```
⊞―[tx_testmvc_test1]=USER
⊞―[tx_vequestbook_pi1]=USER_INT
⊟―[tx_timtab_pi1]=USER
    ―[userFunc]=tx_timtab_pi1->main
    ⊞―[header_stdWrap]
    ―[dontWrapInDiv]=0
    ―[pid_list]=0
    ―[listClass]=
⊞―[tx_timtab_pi2]=USER_INT
⊞―[tx_timtab_pi3]=USER
⊞―[tx_commerce_pi1]=USER
⊞―[tx_commerce_pi2]=USER_INT
⊞―[tx_commerce_pi3]=USER_INT
⊞―[tx_commerce_pi4]=USER_INT
⊞―[tx_commerce_pi5]=USER_INT
⊞―[tx_commerce_pi6]=USER_INT
⊞―[tx_cal_controller]=USER
⊟―[tx_test_pi1]=USER
    ―[userFunc]=tx_test_pi1->main
⊞―[tx_cfcq]
⊞―[tx_timtab]
⊞―[tx_jquery]
⊞―[tt_news]
⊞―[tx_lumogooglemaps_pi1]
```

Abbildung 3.51: Verschiedene Plugins im TypoScript Object Browser

Listing 3.76: Codeausschnitt der aufgerufenen Methode main

```
/**
 * The main method of the PlugIn
 *
 * @param string    $content: The PlugIn content
 * @param array     $conf: The PlugIn configuration
 * @return  The content that is displayed on the website
 */
function main($content,$conf) {
  $this->conf=$conf;
  $this->pi_setPiVarDefaults();
  $this->pi_loadLL();
```

[...]

Falls Sie Ihre eigene Funktionalität wie empfohlen über eine Extension einbinden, müssen Sie sich um die grundsätzliche Einbindung ins TypoScript keine Gedanken machen, dies geschieht durch Installation der Extension automatisch. Informationen zur Erstellung einer Extension finden Sie im Kapitel *Extensions entwickeln*, Seite 387.

Ihre Objekte USER oder USER_INT können Sie wie die anderen *cObjects* auch direkt in die TypoScript-Konfiguration einbinden, falls Sie das Plugin nicht als reguläres Inhaltselement im Backend anlegen, sondern es immer fest an einer Stelle platzieren wollen.

Listing 3.77: Einbindung des PHP-Scripts für einen vorgesehenen Marker

page.10.marks.TEST < plugin.tx_test_pi1

Ein gut dokumentiertes Beispiel für das Einbinden von Funktionalitäten an einer festen Stelle auf der Webseite finden Sie in der Extension macina_searchbox von Wolfgang Becker.

Hinweis

Falls Sie ein PHP-Script direkt und nicht über eine Extension ausführen wollen, müssen Sie TYPO3 veranlassen, das PHP-Script einzubinden. Dieses Beispiel finden Sie auch in der TSRef.

includeLibs.something=media/scripts/example_callfunction.php

Tipp

Die Objekte PHP_SCRIPT, PHP_SCRIPT_INT und PHP_SCRIPT_EXT benötigen Sie heutzutage normalerweise nicht mehr. Benutzen Sie stattdessen das Objekt USER bzw. erstellen Sie eine Extension mit einem Frontend-Plugin.

3.7.22 HTML-Templates verwenden (TEMPLATE)

Das TEMPLATE-Objekt dient zum Einbinden eines HTML-Templates. Es ermöglicht, innerhalb dieses HTML-Templates dynamische Bereiche zu definieren (Subparts und Marker – mehr dazu im Abschnitt *HTML-Templates vorbereiten (dynamische und statische Bereiche)*, Seite 86), deren Ausgabe über TypoScript gesteuert wird.

Listing 3.78: Einbinden eines HTML-Templates

```
01 page.10 = TEMPLATE
02 page.10 {
03    template = FILE
04    template.file = fileadmin/learning/main.html
05    workOnSubpart = DOCUMENT_BODY
06    relPathPrefix = fileadmin/learning/
07    subparts {
08       CONTENT_CONTAINER < styles.content.get
09    }
10    marks {
11       PAGE_TITLE = TEXT
```

```
12      PAGE_TITLE.field = title
13    }
14 }
```

Die Eigenschaft `template` ist wiederum ein Inhaltsobjekt. Sinnvoll sind hier die Objekte FILE und TEXT. Dieses Objekt wird vollständig eingelesen und weiterverarbeitet.

Mit der Eigenschaft `workOnSubpart` definieren Sie wiederum den Teil des HTML-Templates, der verarbeitet werden soll. Das ist sinnvoll, da sich das PAGE-Objekt ja schon um das <html>-Tag und den <head>-Bereich etc. kümmert. Damit der CSS-Spezialist vernünftig mit Ihrem HTML-Template arbeiten kann, muss es diese Teile aber auch beinhalten. Würde man die Eigenschaft `workOnSubpart` nun nicht setzen, würde bei Ihrer Frontend-Ausgabe innerhalb des <body>-Tags ein weiteres <html>-Tag ausgegeben werden. Probieren Sie es ruhig aus.

Auch die Eigenschaft `relPathPrefix` soll dem HTML/CSS-Spezialisten das Leben leichter machen. Geben Sie hier den Pfad zu Ihrem HTML-Template an. Alle relativen Pfade – z.B. Bildquellen – werden dann von TYPO3 mit diesem zusätzlichen relativen Pfad versehen. Dadurch werden statische Bilder aus TYPO3 heraus genauso richtig angezeigt, wie wenn man das HTML-Template durch einen Doppelklick im Browser öffnet.

Mit den Eigenschaften `subparts` und `marks` definieren Sie die Ausgabe für die dynamischen Bereiche. Hier werden Sie meistens temporäre Objekte kopieren oder referenzieren.

3.7.23 Bearbeitungsleiste im Frontend (EDITPANEL)

Das Objekt EDITPANEL stellt Funktionen für das Erzeugen, Löschen, Editieren und Verschieben von Datensätzen im Frontend zur Verfügung. Es wird allerdings nur angezeigt, wenn es eine gültige Backend-Session gibt, der Benutzer also im Backend angemeldet ist und ihm *Frontend-Editing* erlaubt ist. Es kann über die Eigenschaft `editpanel` in der Funktion *stdWrap* eingebunden werden.

Im statischen Template *css_styled_content* wird ein temporäres Objekt zum Bearbeiten von Seiten vorkonfiguriert zur Verfügung gestellt: `styles.content.editPanelPage`.

Listing 3.79: styles.content.editPanelPage, css_styled_content

```
styles.content.editPanelPage = COA
styles.content.editPanelPage {
10 = EDITPANEL
10 {
   allow = toolbar,move,hide
   label.data = LLL:EXT:css_styled_content/pi1/locallang.php:eIcon.page
   label.wrap = | <b>%s</b>
}
```

Dieses ermöglicht es Ihnen sehr komfortabel, z.B. unterhalb Ihres Menüs eine Leiste zum Bearbeiten der Seite sowie zum Hinzufügen von weiteren Seiten zur Verfügung zu stellen.

Listing 3.80: Einbinden des EDITPANEL zum Bearbeiten von Seiten

```
page.10 = COA
page.10 {
    10 = HMENU
    10 {
        1 = TMENU
        [...]
    }
    // add editpanel for page record
    20 < styles.content.editPanelPage
}
```

Zusätzlich wird es im Objekt tt_content in der Funktion *stdWrap* für das Bearbeiten von Inhaltselementen eingesetzt.

Listing 3.81: Konfiguration für das Frontend-Editing von Inhaltselementen, css_styled_content

```
editPanel = 1
editPanel {
    allow = move,new,edit,hide,delete
    line = 5
    label = %s
    onlyCurrentPid = 1
    previewBorder = 4
    edit.displayRecord = 1
}
```

Damit das Editpanel im Frontend auch tatsächlich zur Verfügung steht, müssen Sie die Eigenschaft config.admPanel = 1 gesetzt haben. Außerdem muss den Redakteuren – sofern sie nicht Administratoren sind – die entsprechende Berechtigung im User TSconfig gesetzt worden sein (siehe Abschnitt *User TSconfig*, Seite 229).

3.8 Erweiterte Konfiguration: Funktionen

Die Funktionen haben einen großen Anteil an der Mächtigkeit von TypoScript. Sie sind in der TSref in Kapitel 5 beschrieben. Ihre PHP-Umsetzung ist – wie die Inhaltsobjekte – in der Datei *typo3/sysext/cms/tslib/class.tslib_content.php* in der Klasse tslib_cObj zu finden.

3.8.1 Die Allzweckwaffe (stdWrap)

Die Funktion *stdWrap* stellt so viele und flexible Konfigurationsmöglichkeiten zur Verfügung – insbesondere auch zur dynamischen Ermittlung von Inhalten –, dass sich für Eigenschaften, die diese Funktion als Datentyp haben, enorme Möglichkeiten ergeben.

Der *stdWrap* hat so viele Eigenschaften, dass diese in der TSref in drei Hauptbereiche aufgeteilt wurden: GET DATA, OVERRIDE / CONDITIONS und PARSE DATA.

Achtung

Die Eigenschaften des *stdWrap* werden exakt in der Reihenfolge abgearbeitet, in der sie in der TSref stehen. Das kann z.B. dann wichtig sein, wenn man eine PHP-Funktion einsetzen möchte und entscheiden muss, ob man diese über preUserFunc oder postUserFunc einbindet. Außerdem entscheidet sich dadurch, ob eine Eigenschaft sich überhaupt auswirken kann. So können z.B. dataWrap und prioriCalc nicht im gleichen *stdWrap*-Aufruf verwendet werden.

Der *stdWrap* arbeitet also nach folgendem Prinzip:

1. Hole Daten (meist aus der Datenbank).
2. Prüfe diese Daten und überschreibe sie gegebenenfalls.
3. Parse die Daten, um die gewünschte HTML-Ausgabe zu bekommen.

Auf die Eigenschaften des *stdWrap* einzugehen, würde ein eigenes Kapitel füllen. Wir empfehlen Ihnen, sich die Funktion in der TSref einmal genauer anzuschauen. Außerdem finden Sie in fast jedem Listing dieses Kapitels Beispiele für den Einsatz von *stdWrap*-Eigenschaften. Da wir die Eigenschaft data für eine der wichtigsten halten, möchten wir im Folgenden noch auf diese eingehen.

Die Eigenschaft data

Die Eigenschaft data ist vom Datentyp *getText*. Damit können Sie eine ganze Reihe von Informationen aus der Datenbank bekommen – oder auch das aktuelle Datum. Lesen Sie sich die Beschreibung in der TSref genau durch.

Listing 3.82: Aktuelle Jahreszahl in einem Objekt TEXT

```
temp.year = TEXT
temp.year {
   data = date:U
   strftime = %Y
}
```

Listing 3.83: Benutzername des angemeldeten Benutzers

```
temp.username = TEXT
temp.username {
  data = TSFE:fe_user|user|username
}
```

Hinweis

Die gleichen Werte, die die Eigenschaft data annehmen kann, können Sie auch im dataWrap verwenden. Dort müssen Sie sie in geschweifte Klammern setzen.

Listing 3.84: dataWrap

```
temp.welcome = TEXT
temp.welcome.dataWrap = Hallo {data = TSFE:fe_user|user|name}, du
bist als { data = TSFE:fe_user|user|username} angemeldet.
```

Im Zusammenhang mit der Eigenschaft data gibt es eine sehr elegante Möglichkeit, die Rootline dafür zu nutzen, so lange von der aktuellen Seite nach oben zu gehen, bis ein Inhalt in einem definierten Feld gefunden wird. In unserem Beispiel kann der Redakteur über die Seiteninformationen ein Bild in die Seite einfügen. Falls er für eine Seite kein Bild eingefügt hat, soll das Bild der Elternseite angezeigt werden. Falls dort auch kein Bild liegt, soll wiederum das der Elternseite erscheinen, und das so lange, bis wir ganz oben angekommen sind. Es muss also lediglich auf der Root-Seite ein Bild hinterlegt sein, um in jedem Fall ein Bild im Frontend angezeigt zu bekommen. Der Redakteur kann so für ganze Bereiche komfortabel verschiedene Bilder definieren, ohne dafür jede Seite bearbeiten zu müssen.

Listing 3.85: Logo aus dem Feld media auslesen, Modus slide

```
01 page.10 = IMAGE
02 page.10 {
03   params = class=headerlogo
04   file {
05     import = uploads/media/
06     import.data = levelmedia:-1,media,slide
07     import.listNum = 0
08   }
09 }
```

In Zeile 06 wird festgelegt, dass die Dateninformation mithilfe des Datentyps *getText* gelesen werden soll. Die Angabe levelmedia zeigt auf das gewünschte Datenbankfeld (media), die Angabe -1 sagt, dass in der Rootline bei der aktuellen Seite begonnen werden soll, und slide gibt vor, so lange die Rootline nach oben zu gehen, bis Inhalt gefunden wird.

3.8.2 Bilddateien einbinden (imgResource)

Die Funktion *imgResource* wird vor allem von der Eigenschaft file des IMAGE-Objekts verwendet. Sie eröffnet Ihnen vor allem folgende zusätzliche Möglichkeiten:

- Verwendung eines Bildes, das über ein Backend-Formular eingegeben wurde. Es werden also Informationen aus der Datenbank benötigt.
- Anpassen der Größe des Bildes an die Vorgaben des Designers.

Listing 3.86: Bild aus dem Datenbankfeld media der Seite einfügen

```
01  lib.headerImage = IMAGE
02  lib.headerImage {
03    file.import = uploads/media/
04    file.import.field = media
05    file.import.listNum = 0
06  }
```

Wenn Sie im Backend eine Datei hochladen oder über den *Element Browser* einbinden, erstellt TYPO3 eine Kopie dieser Datei in einem Unterordner von *uploads/*. In der Datenbank wird nur der Dateiname gespeichert, nicht jedoch der Ordner. In welchen Ordner die Datei kopiert wird, wird im $TCA konfiguriert. Mit dem MODUL TOOLS, CONFIGURATION können Sie sich das $TCA anschauen (siehe Abschnitt *$TCA (Table Configuration Array)*, Seite 312). Das Feld *media* im Seitentitel speichert die Dateien beispielsweise im Ordner *uploads/media/*.

Tipp

Soll nicht auf jeder Seite ein Bild hochgeladen werden, sondern das Bild für den gesamten untergeordneten Baumbereich gelten, dann verwenden Sie die *stdWrap*-Eigenschaft data. Ändern Sie dazu Zeile 4 in Listing 3.86 folgendermaßen: file.import.data = levelmedia:-1,slide.

Achtung

Die Funktion *imgResource* kann von der Eigenschaft file verwendet werden. Ihre Eigenschaften sind also innerhalb von file zu verschachteln. Sie greift nur, wenn es sich bei file nicht um ein GIFBUILDER-Objekt handelt.

3 Das Frontend – vorne raus

Mit den Eigenschaften maxH, maxW, minH und minW können Sie die maximalen und minimalen Größenangaben für ein Bild bestimmen. Dabei bleiben die Größenverhältnisse des Bildes gleich, es wird also nicht verzerrt.

Schauen wir uns noch einmal das Beispiellayout aus dem Tutorial an (siehe Abbildung 3.3). Dort gibt es rechts oben ein Bild mit untypischen Seitenverhältnissen. Wir möchten den Redakteuren nun erlauben, dieses Bild zu verändern. Dabei soll sichergestellt werden, dass ein Bild, das von Redakteuren eingestellt wurde, in die korrekte Größe umgewandelt wird, ohne verzerrt zu werden.

Da die Bilder typischerweise aus Digitalkameras stammen und Bildbearbeitung nicht unbedingt zu den Kernkompetenzen eines Segelfliegers gehört, wollen wir TYPO3-seitig sicherstellen, dass zumindest das Bildformat bei der Ausgabe im Frontend stimmt. Dazu legen wir zunächst die Breite und die Höhe des Bildes fest, das ausgegeben wird.

Listing 3.87: Bildausgabe mit festgelegter Breite und Höhe

```
01 lib.headerImage = IMAGE
02 lib.headerImage {
03   file {
04     import = uploads/media/
05     import.data = levelmedia:-1,slide
06     width = 726
07     height = 114
08   }
09 }
```

Abbildung 3.52: Ergebnis: korrekte Größe, aber verzerrtes Bild

Das Bild wird verzerrt ausgegeben. Lesen wir in der TSref die Beschreibung der Eigenschaften width und height durch, stellen wir fest, dass es folgende Möglichkeit gibt: Das Bild wird zunächst so skaliert, dass es an beiden Seiten mindestens die gewünschte Größe hat. Stimmen die Seitenverhältnisse des Bildes nicht mit denen der Vorgabe überein, ist es jetzt entweder zu hoch oder zu breit. Die überschüssige Höhe oder Breite wird nun abgeschnitten. Dadurch erhalten wir einen Bildausschnitt ohne Verzerrung.

3.8 Erweiterte Konfiguration: Funktionen

Fügen Sie dazu in Listing 3.87 in Zeile 06 und 07 den Werten von width und height ein c hinzu.

Listing 3.88: Größenangaben mit crop-Funktion

```
width = 726c
height = 114c
```

Abbildung 3.53: Ergebnis: Ein nicht verzerrter Ausschnitt wird erzeugt.

3.8.3 Klickvergrößern (imageLinkWrap)

Ein weiteres interessantes Beispiel ist die Funktion *imageLinkWrap*, mit der Sie ein Bild mit der Funktionalität *Klickvergrößern* ausstatten können. Ein Klick auf das (kleingerechnete) Bild löst also ein Popup mit dem vergrößerten Bild als Inhalt aus.

Listing 3.89: imageLinkWrap mit einigen Optionen

```
lib.meinBild = IMAGE
lib.meinBild {
   file = fileadmin/images/einbild.jpg
   file.maxW = 300
   imageLinkWrap = 1
   imageLinkWrap {
      enable = 1
      bodyTag = <BODY bgColor="white">
      wrap = <A href="javascript:close();"> | </A>
      width = 800m
      height = 600
      JSwindow = 1
      JSwindow.newWindow = 1
      JSwindow.expand = 17,20
   }
}
```

Diese Funktion steht bisher lediglich der Eigenschaft imageLinkWrap des IMAGE-Objekts zur Verfügung.

3.8.4 SQL-Statement konfigurieren (select)

Mithilfe der Eigenschaften dieser Funktion lässt sich ein SQL-Statement konfigurieren, das für die Ausgabe von Daten aus der Datenbank verwendet wird.

Diese Funktion wird von der Eigenschaft select des CONTENT-Objekts sowie von der Funktion *numrows* verwendet. Im Abschnitt *Datensätze ausgeben (CONTENT, RECORDS)*, Seite 142, finden Sie denn auch Beispiele für die Verwendung der *select*-Funktion.

Die Konfiguration wird von der PHP-Funktion tslib_cObj->getQuery() **verarbeitet.**

> **Hinweis**
>
> Wenn Sie diese Funktion für das Ermitteln von Datensätzen verwenden, hat das den Vorteil, dass TYPO3 sich selbst darum kümmert, Datensätze, die gelöscht sind, nicht mit auszuwählen. Sie kümmert sich auch um das Versteckt-Kennzeichen sowie um die zeitgesteuerte Anzeige von Datensätzen. Dabei werden auch Angaben berücksichtigt, die im AdminPanel gemacht werden.

3.8.5 Noch mal Bedingungen (if)

Im Abschnitt *Bedingungen*, Seite 94, haben Sie die Möglichkeit kennengelernt, die Verwendung von bestimmten TypoScript-Konfigurationen an Bedingungen zu knüpfen. Mithilfe der Funktion *if* können Sie die Ausgabe von Objekten an eine Bedingung knüpfen.

Listing 3.90: Bild anzeigen – nur bei bestimmtem Layout

```
page.5 = IMAGE
page.5 {
    file = fileadmin/templates/media/uebersichtsseite.gif
    if.value = 1
    if.equals.field = layout
}
```

Das Beispiel zeigt das Bild nur an, wenn Layout 1 in der Seite gewählt wurde.

Schauen wir uns die TSref an:

❶ Diese Eigenschaften verwenden Sie, wenn Sie nur einen Wert haben, den Sie auf *true, false* oder *isPositive* prüfen wollen.

❷ Diese Eigenschaften dienen dazu, zwei Werte miteinander zu vergleichen. Dafür verwenden Sie immer die Eigenschaft value (für den einen Wert) und eine der anderen Eigenschaften (für den anderen Wert). Dabei legen Sie für die Eigenschaft value einen Wert fest, mit dem Sie etwas vergleichen wollen. Anschließend wählen Sie über die Wahl der zweiten Eigenschaften, welche Art von Vergleich genutzt werden soll, und geben dieser Eigenschaft den Wert, der verglichen werden soll.

3.8 Erweiterte Konfiguration: Funktionen

Property:	Data type:	Description:	Default:
isTrue	str /stdWrap	If the content is "true".... (not empty string and not zero)	
isFalse	str /stdWrap	If the content is "false"... (empty or zero)	
isPositive	int /stdWrap + calc	returns false if content is not positive	①
isGreaterThan	value /stdWrap	returns false if content is not greater than ".value"	
isLessThan	value /stdWrap	returns false if content is not less than ".value"	
equals	value /stdWrap	returns false if content does not equal ".value"	
isInList	value /stdWrap	returns false if content is not in the comma-separated list ".value". The list in ".value" may not have spaces between elements!!	②
value	value /stdWrap	"value" (the comparison value mentioned above)	
negate	boolean	This negates the result just before it exits. So if anything above returns true the overall returns ends up returning false!!	
directReturn	boolean	If this property exists the true/false of this value is returned. Could be used to set true/false by TypoScript constant	

Abbildung 3.54: Eigenschaften der Funktion if

Über die Eigenschaft negate kann abschließend noch eine Negation durchgeführt werden. Setzen Sie negate = 1, wird *true* zu *false* und umgekehrt.

Sie sehen, dass die Eigenschaften aus 1. und 2. alle als Datentyp zusätzlich den *stdWrap* haben. Damit können Sie die notwendigen Werte ermitteln, z.B. Daten aus der Datenbank holen, POST/GET-Parameter auslesen oder Informationen zum angemeldeten Benutzer ermitteln.

Listing 3.91: Rückfallbild festlegen

```
temp.footerimage1 = COA
temp.footerimage1 {
    10 = IMAGE
    10 {
        altText = unser Bild
        file = fileadmin/userfolder/logo.gif
    }
    20 = IMAGE
    20 < .10
    20 {
```

```
        file = fileadmin/default/logo.gif
        if.isFalse.cObject < temp.footerimage1.10
    }
}
```

Im Beispiel wird ein Objekt angelegt, das ein Logo auf der Seite aus einem vorgegebenen Ordner darstellen wird. Falls der Redakteur keine Datei mit dem Logo an dieser Stelle ablegt, das Objekt IMAGE also leer ist, dann wird automatisch ein Rückfallbild angezeigt.

Hinweis

Die Funktion *stdWrap* hat auch eine Eigenschaft if. Das heißt, immer, wenn Sie einen *stdWrap* zur Verfügung haben, können Sie indirekt auch auf die Funktion *if* zugreifen.

Listing 3.92: Zwei Bedingungen verwenden

```
if.value = 1
if.equals.field = layout
if.isTrue.field = nav_hide
```

Sie können auch mehrere Bedingungen gleichzeitig verwenden. Dabei gilt: Die Funktion if gibt ein *true* zurück, sobald alle gesetzten Bedingungen erfüllt sind (AND-Verknüpfung). Bereits eine einzige nicht erfüllte Bedingung resultiert also in einem *false*. Dieses Vorgehen ist außerdem mit Vorsicht zu genießen, da TypoScript-Eigenschaften sich überschreiben. Würden Sie also zweimal die gleiche Bedingung verwenden, würde die zweite die erste überschreiben, und somit würde nur eine übrig bleiben.

Da die Funktion *stdWrap* auch über eine Eigenschaft if verfügt, haben Sie die Möglichkeit, Bedingungen zu verschachteln.

Listing 3.93: Verschachtelte Bedingung

```
page.5 = IMAGE
page.5 {
    file = fileadmin/templates/media/uebersichtsseite.gif
    if.isTrue.field = nav_hide
    if.isTrue {
        if.value = 1
        if.equals.field = layout
    }
}
```

Bei dieser Verschachtelung passiert Folgendes: isTrue wird mit dem Inhalt des Felds *nav_hide* gefüllt, z.B. 1. Ist nun die zweite Bedingung falsch, so gibt die Funktion *stdWrap* einen leeren String zurück (siehe TSref). Aus der 1 wird also nichts und somit falsch. Ist die zweite Bedingung wahr, passiert nichts weiter, die 1 bleibt stehen, und das Bild wird angezeigt.

Tipp

Das Arbeiten mit der Funktion *if* kann man nicht gerade als intuitiv bezeichnen. Besonders beim Verschachteln von Bedingungen wird es sehr schnell arg kompliziert. Nutzen Sie in diesem Fall zunächst die Eigenschaft isTrue = 1 (immer wahr) oder isTrue = 0 (immer falsch), um zu kontrollieren, ob die Verschachtelung überhaupt macht, was Sie sich wünschen. Anschließend kontrollieren Sie einzeln, ob die Bedingungen korrekt konfiguriert sind.

3.8.6 Links erzeugen (typolink)

Mithilfe der TypoScript-Funktion *typolink* greifen Sie auf auf dieselbe PHP-Methode wie jede reguläre Extension zur Erzeugung von Links zurück. Als einfachste Konfiguration geben Sie einfach die ID der Zielseite im Parameter parameters an und erhalten den Seitentitel (je nach Einsatz von config.simulateStaticDocuments oder realurl auch das entsprechende Pendant) verlinkt auf die Zielseite zurück. Bei Angabe eines Dateipfades wird auf die entsprechende Datei verlinkt.

Oft eingesetzt wird die Funktion als Eigenschaft typolink von TEXT, um Links für das Frontend zu erzeugen. Beachten Sie vor allem die Übergabe von Parametern an typolink in den Zeilen 04 und 05.

Listing 3.94: Browsern eine RSS-Quelle anzeigen

```
01   // adds an icon to firefox that enables dynamic favorites
02   page.headerData.47 = TEXT
03   page.headerData.47 {
04     typolink.parameters = {$rssFeedPage}
05     typolink.returnLast = url
06     wrap = <link href="|" rel="alternate" title="RSS-Feed" type="application/rss+xml" />
07   }
```

Achtung

Die große Stärke von *typolink* im Vergleich zum manuellen Einbau eines Links direkt mit HTML ist die automatische Behandlung von aktuellen TYPO3-Parametern, beispielsweise Seitensprache und Seitentyp. Wenn also beispielsweise der Besucher Ihrer Seite gerade die englische Sprache betrachtet (durch den Parameter L=1), dann wird dieser automatisch dem erzeugten Link hinzugefügt, wenn dies zentral über config.linkVars = L konfiguriert wurde.

3.8.7 Textfelder/HTML parsen (parseFunc)

Die Funktion *parseFunc* stellt viele Einstellungsmöglichkeiten zur Verfügung, um Texte zu parsen und so die Inhalte der Datenbank zu »überarbeiten«. Sie wird vor allem für die Auswertung von RTE-Feldern verwendet. Aber auch, wenn Sie einfache Textfelder so ausgeben wollen, dass z.B. jeder Absatz von einem <p>-Tag eingeschlossen werden soll, ist *parseFunc* die Funktion der Wahl.

Sie können auf *parseFunc* nur über den *stdWrap* zugreifen – über die Eigenschaft parseFunc, die vom Datentyp ->*parseFunc* ist.

Das berühmteste Beispiel für die Verwendung von *parseFunc* ist die Ausgabe des *bodytext*-Feldes von Inhaltselementen.

```
[tt_content]=CASE
    [key]
    [stdWrap]
    [header]=COA
    [text]=COA
        [10]=< lib.stdheader
        [20]=TEXT
            [field]=bodytext
            [required]=1
            [parseFunc]=< lib.parseFunc_RTE
            [editIcons]=tt_content:bodytext, rte_enabled
            [prefixComment]=2 | Text:
    [image]=COA
```

Abbildung 3.55: Verwendung der Funktion parseFunc in tt_content

Tipp

Die Extension css_styled_content stellt ihnen mit lib.parseFunc_RTE eine sinnvoll konfigurierte *parseFunc* zur Verfügung. Möchten Sie eigene Textfelder (mit oder ohne RTE) im Frontend ausgeben, so empfehlen wir Ihnen, diese *Funktion* zu verwenden. In vielen Fällen brauchen Sie nichts daran zu ändern. Die Verwendung dieser Konfiguration ist schon dann sinnvoll, wenn Sie möchten, dass Zeilenumbrüche im Backend durch <p>-Tags im Frontend dargestellt werden.

Listing 3.95: Konfiguration wiederverwenden

```
page.5 = TEXT
page.5 {
    field = abstract
    parseFunc =< lib.parseFunc_RTE
    wrap = <div id="abstract"> | </div>
}
```

Die Funktion *parseFunc* dient vor allem dazu, den Inhalt eines Textfeldes in Blöcke aufzuteilen und diese Blöcke dann überwiegend durch die verschiedenen Parsing-Funktionen des *stdWrap* zu schicken.

Die Eigenschaft externalBlocks legt fest, welche Tags separat geparst werden sollen. Mit der Eigenschaft tags können Sie für selbstdefinierte Tags eine Umwandlung ins Frontend konfigurieren. Ein Beispiel dafür ist das <link>-Tag, das auf diesem Weg in ein <a>-Tag umgewandelt wird. Mit den Eigenschaften plainTextStdWrap, nonTypoTagStdWrap lässt sich das Parsing für die übrigen Bereiche konfigurieren. Die Eigenschaft makelinks wandelt URLs und E-Mail-Adressen automatisch in entsprechende Links um. allowTags und denyTags legen fest, welche Tags überhaupt erlaubt sind. Unerlaubte Tags werden entfernt.

3.9 Bildbearbeitung mit dem GIFBUILDER

Sie können mit TYPO3 auf eine faszinierende Weise automatisch eigene Bilder im Format *gif* erzeugen, wobei der besondere Reiz hier in der dynamischen Erzeugung von Bildern aus Bild- und Textdaten, die die Redakteure eingegeben haben.

In der TSRef finden Sie an mehreren Stellen für verschiedene Eigenschaften einen Datentyp *imgResource*. Dieser kann entweder einen Verweis auf eine Grafikdatei darstellen oder eben ein Objekt GIFBUILDER.

Falls Sie Text in die Grafik einbinden wollen, muss dazu eine passende Schriftdatei auf Ihrem Rechner oder dem Server aufgerufen werden. Stellen Sie sicher, dass die gewünschte Datei für TYPO3 verfügbar ist.

Hinweis

Mithilfe des Toplevel-Objekts _GIFBUILDER können Sie globale Einstellungen für alle Objekte GIFBUILDER zentral vornehmen, beispielsweise die Definition von verschiedenen Schriftdateien für unterschiedliche Sprachen. Lesen Sie dazu die Hinweise in der TSRef.

Sie können einige Unterobjekte einbinden. Die dazu vorhandenen Optionen finden Sie in der TSRef.

- TEXT

  Die am häufigsten eingesetzte Variante bietet auch die meisten Optionen für die Darstellung des Textes in der resultierenden Grafik. Experimentieren Sie mit den einzelnen Optionen, um möglichst nah an das gewünschte Ergebnis zu kommen.

- SHADOW

  Schatten können für sich selbst stehen, müssen aber dann auf ein Objekt TEXT referenziert werden, für das sie angewendet werden sollen. Alternativ können sie direkt innerhalb eines Objekts TEXT über die Eigenschaft shadow definiert werden.

- EMBOSS

   Für das Objekt EMBOSS gelten die gleichen Angaben wie für SHADOW. Es werden allerdings zwei Schatten erzeugt, mit verschiedenen Farben in entgegengesetzte Richtungen.

- OUTLINE

   Bei manchen Serverkonfigurationen werden mit dem Objekt SHADOW bessere Ergebnisse erzielt als mit der Verwendung von OUTLINE.

- BOX

   Eine BOX bestimmt ein Rechteck mit definierter Größe und eigener Farbe innerhalb der Grafik.

- IMAGE

   Sie können eine Grafik in die resultierende Grafik einbinden und dafür auch noch eine Maske festlegen.

- EFFECT

   Weitere Effekte werden über eine spezielle Schreibweise hinzugefügt, z.B.:

   ```
   20 = EFFECT
   20.value = gamme=1.3 | flip | rotate=180
   ```

- WORKAREA

   Es kann ein neuer Arbeitsbereich für nachfolgende Operationen definiert werden.

- CROP

   Sie können einen Bereich des Bildes analog zu Bildbearbeitungsprogrammen herausholen. Der Arbeitsbereich (WORKAREA) wird auf die neuen Dimensionen der Grafik angepasst.

- SCALE

   Sie können die Grafik analog zu Bildbearbeitungsprogrammen skalieren. Der Arbeitsbereich (WORKAREA) wird an die neuen Dimensionen der Grafik angepasst.

- ADJUST

   Sie können Eingabe- und Ausgabe-Level wie in Photoshop angeben.

   ```
   20 = ADJUST
   20.value = inputLevels = 32,255
   ```

- IMGMAP

   Dieses Objekt wird nur innerhalb des Objekts TEXT verwendet, um eine Image-Map für die Grafik zu erzeugen. Es wird hauptsächlich vom Menü-Objekt IMGMENU verwendet.

3.9 Bildbearbeitung mit dem GIFBUILDER

Achtung

Das Objekt TEXT des GIFBUILDERS hat nichts mit dem Inhaltsobjekt (*cObject*) TEXT zu tun! Das heißt, wenn Sie sich innerhalb eines Objekts GIFBUILDER befinden, stehen Ihnen die Eigenschaften zur Verfügung, die in der TSref für dieses Objekt TEXT dokumentiert sind. Möchten Sie einem *GIFBUILDER-TEXT-Objekt* Text zuweisen, tun Sie das also nicht mit der Eigenschaft value, sondern mit der Eigenschaft text (siehe Zeile 13 in Listing 3.96).

Das statische TypoScript-Template CONTENT (DEFAULT) mit dem Untertemplate styles.header.gfx1 definiert ein Objekt GIFBUILDER.

Listing 3.96: styles.header.gfx1

```
01 styles.header.gfx1 = IMAGE
02 styles.header.gfx1 {
03    wrap = {$styles.header.gfx1.wrap}
04    alttext.current = 1
05    file = GIFBUILDER
06    file {
07       XY = [10.w]+10 ,{$styles.header.gfx1.itemH}
08       maxWidth = {$styles.header.gfx1.maxWidth}
09       backColor = {$styles.header.gfx1.bgCol}
10       reduceColors = {$styles.header.gfx1.reduceColors}
11       10 = TEXT
12       10 {
13          text.current = 1
14          text.crop = {$styles.header.gfx1.maxChars}
15          fontSize = {$styles.header.gfx1.fontSize}
16          fontFile = {$styles.header.gfx1.file.fontFile}
17          fontColor = {$styles.header.gfx1.fontColor}
18          offset = {$styles.header.gfx1.fontOffset}
19          niceText = {$styles.header.gfx1.niceText}
20       }
21    }
22 }
```

In Zeile 07 wird die Breite der resultierenden Grafikdatei auf die Breite des enthaltenen Objekts 10 (definiert ab Zeile 11) angepasst und werden noch 10 Pixel dazuaddiert. Die Breite der finalen Grafik hängt also von der Breite des enthaltenen Textes ab.

3 Das Frontend – vorne raus

Hinweis

Immer wenn bei einer Eigenschaft des Objekts GIFBUILDER die Information *+calc* vermerkt ist, können Sie die Dimensionen von einzelnen TEXT- oder IMAGE-Objekten innerhalb von GIFBUILDER einsetzen. Dies ist sehr wichtig, da Sie dadurch auf die Höhe oder Breite von enthaltenen Objekten dynamisch reagieren können.

Sie können beispielsweise eine Grafik mit dem Seitentitel auf jeder Seite einblenden.

Listing 3.97: Definition einer grafischen Darstellung des Seitentitels

```
temp.header_img = IMAGE
temp.header_img.file = GIFBUILDER
temp.header_img.file {
    XY = [10.w]+15,25
    backColor = #ffffff
    transparentBackground = 1
    format = gif
    10 = TEXT
    10 {
        text.field = title
        #text.current = 1
        text.htmlSpecialChars = 0
        text.preserveEntities = 1
        text.removeBadHTML = 0
        text.rawUrlEncode = 0
        text.HTMLparser = 1
        text.HTMLparser.htmlSpecialChars = -1
        offset = 1,19
        fontColor = #CC0033
        fontSize = 16
        niceText = 1
    }
}
page.10.marks.PAGE_TITLE < temp.header_img
```

Tipp

Falls Sie automatisch Grafikdateien in Ihre Seite einbinden wollen, testen Sie die vielen Optionen durch, und betrachten Sie die resultierenden Ergebnisse vor allem auch auf dem Server für das Live-System. Das tatsächliche Ergebnis ist oft im Voraus nur schwer abzuschätzen.

3.10 Mehrsprachigkeit

There are more than many ways to do it... So beginnt die ausführliche Dokumentation zur Mehrsprachigkeit von Kasper Skårhøj (*doc_l10nguide*). Diese finden Sie auch auf der dem Buch beiliegenden CD. Wir werden in diesem Kapitel die verschiedenen Möglichkeiten der Konfiguration systematisch und verständlich darlegen. Dabei werden Sie feststellen, dass Sie in den allermeisten Fällen mit wenigen Zeilen TypoScript alle Ihre Wünsche erfüllen können.

3.10.1 Verschiedene Konzepte der Mehrsprachigkeit

Es gibt prinzipiell zwei Arten, mehrsprachige Seiten anzulegen, die sich grundlegend voneinander unterscheiden. Bei der einen Variante legen Sie für jede Sprache einen eigenen Ast bzw. Baum an. Damit werden die Sprachen wie unterschiedliche Bereiche der Webseite behandelt. Bei der anderen Variante verwalten Sie alle Sprachen im gleichen Baum. Jeder Seite im Backend wird die Übersetzung in andere Sprachen direkt zugeordnet. Dies bewirkt, dass der Besucher beim Link zur Sprachumschaltung auf der gleichen Seite verbleibt und nicht erst wieder auf der Startseite der jeweils neuen Sprache anfangen muss.

Beide Varianten haben ihre Berechtigung und werden für unterschiedliche Bedürfnisse eingesetzt.

- In dem Fall, dass die Struktur in allen Sprachen mehr oder weniger dieselbe ist, verwendet man einen Seitenbaum für alle Sprachen. Hier sollen prinzipiell alle Seiten in allen Sprachen verfügbar sein, und beim Sprachwechsel soll der Besucher auf der entsprechenden Seite bleiben. Durch Einstellung der Fallback-Modi gibt es hierbei unterschiedliche Möglichkeiten, mit nicht vorhandenen Seiten oder Inhalten umzugehen. Mehr dazu erfahren Sie in den folgenden Abschnitten.

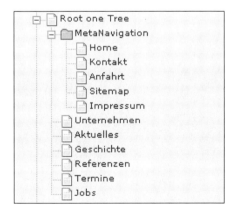

Abbildung 3.56: Ein Seitenbaum, der für jede Sprache durch TYPO3 lokalisiert wird

- Ist die Struktur einer Seite in den verschiedenen Sprachen sehr unterschiedlich (hat beispielsweise eine der angebotenen Sprachen viel weniger oder komplett andere Inhalte), dann macht es Sinn, die Seitenstruktur (d. h. die Seitenbäume) getrennt anzulegen, da man hiermit sehr flexibel bleibt. Allerdings gibt es keine Beziehungen zwischen eventuell inhaltlich gleichen Seiten in den verschiedenen Sprachbäumen, somit gelangt man beim Sprachwechsel immer auf die Startseite der neuen Sprache. Des Weiteren hat ein Chefredakteur, der nicht alle Sprachen beherrscht, keinen Überblick, mit was eine ihm nicht verständliche Seite korrespondiert.

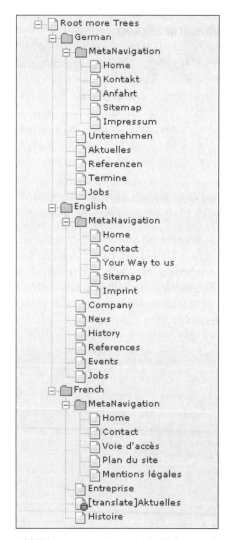

Abbildung 3.57: Unterschiedliche Struktur in jeder Sprache

3.10.2 Grundeinstellungen

Die hier beschriebenen Einstellungen sind unabhängig davon, welches der beiden oben genannten Konzepte Sie für das Vorhalten der Inhalte gewählt haben.

Sprachpakete für TYPO3

Zuallererst müssen Sie die für das Backend (und unter Umständen für das Frontend – abhängig von den Einstellungen der jeweiligen Extension) gewünschten Sprachen herunterladen. Es steht bereits eine Vielzahl an Sprachen für das CMS und die Extensions zur Verfügung. Der Extension Manager bietet eine handliche Verwaltung der Sprachen an. Mehr Informationen hierzu erhalten Sie im Abschnitt *Sprachvielfalt durch Lokalisierung L10n, UTF8*, Seite 293.

Zeichensatz

Spätestens ab TYPO3 Version 4.0 wird empfohlen, *utf-8* standardmäßig als Zeichensatz zu verwenden. utf-8 ist inzwischen weit verbreitet und kann im Gegensatz zu *ISO-8859-1* weit mehr Zeichen – neben lateinischen Buchstaben und arabischen Ziffern auch arabische, asiatische und kyrillische Zeichen – speichern, benötigt jedoch auch pro Zeichen mehr Speicherplatz. Dass die entsprechenden Einstellungen nicht bei Auslieferung voreingestellt sind, hat vor allem den Grund der Abwärtskompatibilität. Auch beim Upgrade einer TYPO3-Instanz in einer älteren Version ist auf den korrekten Zeichensatz zu achten.

Mit folgenden Schritten stellen Sie Ihr Projekt auf utf-8 um. Verwenden Sie MySQL in einer Version ≥ 4.1, dann können Sie die Datenbank als solche zu utf-8 konvertieren. In dem Fall müssen Sie nur die Schritte 1, 2, 4 und 5 vornehmen.

❶ Gehen Sie im Install Tool auf Punkt 5: ALL CONFIGURATION.

❷ Ändern Sie die Einstellung der BE-Variable `forceCharset` auf `utf-8`.

❸ Ändern Sie den Wert von `multiplyDBfieldSize` auf 2 für westeuropäische Sprachen bzw. 3 für asiatische Sprachen. Die Einstellung in diesem Feld bewirkt, dass bei der Berechnung der 4.Datenbankgröße durch das Install Tool die Größe aller Datenbankfelder mit diesem Wert multipliziert wird, um Zeichen mit höherem Speicherbedarf vorhalten zu können.

❹ Die Systemeinstellung `UTF8filesystem = 1` bewirkt, dass TYPO3 (wenn `forceCharset=utf-8` gesetzt ist) Dateinamen in utf-8 speichert, d.h., es können auch Umlaute, bestimmte Sonderzeichen und Akzente in den Dateinamen verarbeitet werden. Mehr Informationen zu den dafür verwendeten regulären Ausdrücken finden Sie in der Funktion `cleanFileName` in *class.t3lib_basicFileFunctions.php*.

Dateiname	Typ	Datum	Grösse	RW	Ref
01ÄnderungFürÖsterreich.txt	TXT	04.06.07	0	RW	
1234.bB.xX.txt	TXT	04.06.07	0	RW	
eéèê.txt	TXT	04.06.07	0	RW	

Abbildung 3.58: Mögliche Dateinamen mit UTF8filesystem

3 Das Frontend – vorne raus

❺ Speichern Sie die geänderten Einstellungen.
❻ Klicken Sie oben im Install Tool auf den Punkt 2: DATABASE ANALYSER.
❼ Klicken Sie auf COMPARE. Sie sehen jetzt, dass TYPO3 die Größe der Felder entsprechend der Angaben in `multiplyDBfieldSize` anpasst.

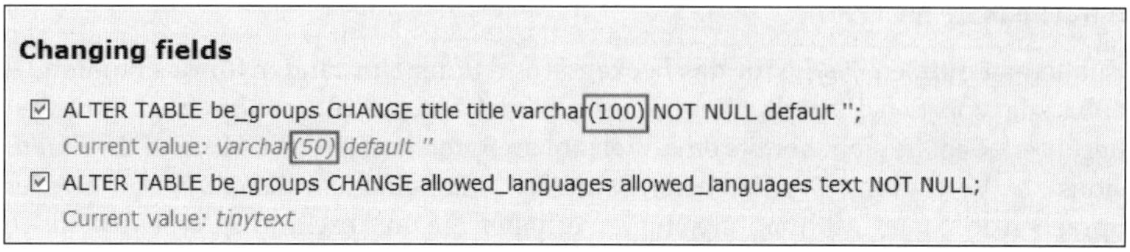

Changing fields

☑ ALTER TABLE be_groups CHANGE title title varchar(100) NOT NULL default '';
   Current value: *varchar(50) default ''*
☑ ALTER TABLE be_groups CHANGE allowed_languages allowed_languages text NOT NULL;
   Current value: *tinytext*

Abbildung 3.59: Anpassung der Feldgröße an utf-8

❽ Klicken Sie so lange auf den Button WRITE TO DATABASE, bis keine Änderungen mehr angezeigt werden oder bis sich an dem, was geändert werden soll, nichts mehr ändert.

Hinweis

Sollten SQL-Befehle nicht angenommen werden, versuchen Sie es direkt über phpMyAdmin, denn es kann sein, dass TYPO3 beim Erzeugen der SQL-Statements einen mit Ihrer aktuellen MySQL-Version nicht korrespondierenden Code produziert. phpMyAdmin gibt dann wenigstens eine entsprechende Fehlermeldung zurück, anhand derer Sie den Code korrigieren können.

Achtung

Am besten nehmen Sie die utf-8-Einstellungen direkt nach der Installation von TYPO3 vor. So verhindern Sie, dass schon Text in anderen Zeichensätzen über das Backend gespeichert wird und dieser mühsam manuell zu utf-8 konvertiert werden muss. Eine nachträgliche Umstellung ist zwar technisch jederzeit problemlos möglich, zieht jedoch umso mehr lästige redaktionelle Nacharbeit nach sich, je mehr Inhalte vorhanden sind.

Die Einstellung `$TYPO3_CONF_VARS['BE']['forceCharset'] = 'utf-8';` führt nicht nur dazu, dass alle Eingaben im Backend in utf-8 erfolgen und dementsprechend in der Datenbank gespeichert werden, sondern sorgt auch für eine entsprechende Ausgabe im Frontend.

Über die beiden Parameter config.renderCharset und config.metaCharset können hier jedoch auch separate Konfigurationen vorgenommen werden. Es wird allerdings – vor allem bei mehrsprachigen Seiten – empfohlen, die Ausgabe zentral über die Variable $TYPO3_CONF_VARS['BE']['forceCharset'] zu steuern, um unnötiges und zeitaufwendiges Konvertieren sowie Fehler zu vermieden.

- Bei renderCharset wird der Zeichensatz angegeben, der für das interne Rendern der Seiteninhalte verwendet wird. Standard ist hier ISO-8859-1, dies wird durch den Wert in TYPO3_CONF_VARS[BE]['forceCharset'] überschrieben.

- Bei metaCharset steht der Zeichensatz, der für die Frontend-Ausgabe der Seite verantwortlich ist. Ist diese Variable nicht gefüllt, wird hier der Wert aus renderCharset verwendet.

Das Charset wird verwendet für:

- die Angabe in den HTML-META-Tags <meta http-equiv="Content-Type" content="text/html; charset=...">
- den HTTP-Header (Content-Type:text/html;charset=...), es sei denn, dies ist durch disableCharsetHeader deaktiviert
- das Encoding im XML-Prolog <?xml version="…" encoding="…"?> (falls korrekt eingebunden, siehe config.xmlprologue)

Tipp

Bei der Arbeit mit utf-8 muss unbedingt darauf geachtet werden, dass das Format von Ihrem Editor unterstützt wird und eingerichtet wurde. Andernfalls kann es beim Speichern von existierenden Dateien zur Zerstörung der bereits vorhandenen Zeichen kommen. Dies passiert vor allem dann, wenn im Team gearbeitet wird und die Editoren der Teammitglieder unterschiedlich eingerichtet sind.

3.10.3 TypoScript

Das Toplevel-Objekt CONFIG stellt einige Eigenschaften zur Verfügung, die die sprachspezifische Ausgabe erzeugen. Diese sollten – unabhängig davon, wie viele Sprachen Sie auf der Webseite darstellen wollen, gesetzt werden – also auch für einsprachige Webseiten.

Die Konfiguration für eine Webseite mit Deutsch als Standardsprache ist wie folgt:

Listing 3.98: Sprachspezifische Grundeinstellungen für die Standardsprache

```
01 config {
02    language = de
03    locale_all = de_DE
04    htmlTag_langKey = de
05 }
```

In Zeile 2 wird durch die Eigenschaft language (*string*) der Sprachschlüssel vergeben. Er ist dafür zuständig, dass die korrekten Übersetzungen (Sprachlabel) gewählt werden (schauen Sie dazu in *t3lib/config_default.php* unter TYPO3_languages nach dem offiziellen 2-Byte-Schlüssel für gewünschte Sprachen).

In Zeile 3 wird durch die Eigenschaft locale_all (*string*) die Länderkennung (Locale) vergeben. Diese muss abhängig vom Betriebssystem gesetzt werden: Bei Windows lautet beispielsweise die deutsche Länderkennung german, wohingegen man bei Linux de_DE angeben muss. Sie ist unter anderem für die korrekte Konvertierung von Datums- oder Zeitformaten bei der Generierung der Frontend-Seiten zuständig (so weit die Ausgabe an der entsprechenden Stelle mit z.B. der PHP-Funktion strftime implementiert ist). Mehr Informationen können Sie bei der PHP-Funktion setlocale nachlesen.

In Zeile 4 wird die Eigenschaft htmlTag_langKey (*string*) gefüllt. Hiermit kann man manuell den Sprachwert der Attribute xml:lang und lang im <html>-Tag setzen (wenn config.doctype = xhtml* verwendet wird).

Detaillierte Informationen zu den einzelnen Einstellungen können Sie in der TSRef nachlesen.

3.10.4 Alle Sprachen im gleichen Baum

Backend

Wollen Sie alle Sprachen in einem Baum vorhalten und deren Verwaltung durch die Lokalisierungsfunktionen von TYPO3 vornehmen lassen, so müssen Sie zunächst TYPO3 für alle Sprachen konfigurieren.

Abbildung 3.60: Sprachendatensätze in der Weltkugel

3.10 Mehrsprachigkeit

In der Weltkugel (oberstes Element im Seitenbaum) im Modul WEB, LIST müssen alle benötigten Sprachen hinzugefügt werden. Die UID wird später für die Konfiguration der Sprachen und das Sprachmenü (per TypoScript) benötigt.

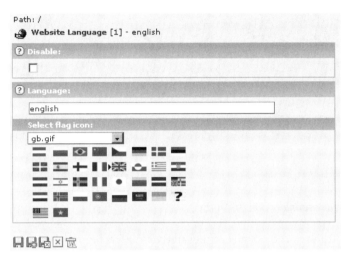

Abbildung 3.61: Sprachdatensatz

Die angelegten Sprachen sind im gesamten Seitenbaum verfügbar. Die Konfiguration, welche Sprachen in welchem Teilbereich dann tatsächlich genutzt werden, wird durch die TypoScript-Konfiguration festgelegt.

Nun können Sie redaktionell im Modul WEB, PAGE zu jeder Seite eine alternative Seitensprache anlegen und die Seite mitsamt Inhalten durch die TYPO3-Lokalisierungsfunktionen übersetzen lassen.

Hinweis

In den einzelnen Inhaltselement-Datensätzen kann man zwar durch ein Auswahlfeld die Sprache direkt wählen bzw. ändern und somit Inhalte übersetzen, das Erstellen eines neuen Sprachseiteninhaltes sollte jedoch möglichst nur im Seiten-, List- oder Info-Modul vorgenommen werden, da die Nutzung des eingebauten Übersetzungstools korrekte Verweise auf die Originalsprache mit den entsprechenden Features erstellt und Plausibilitätsprüfungen beinhaltet, beispielsweise ob für eine Seite die alternative Sprache bereits existiert.

Der redaktionelle Teil der Mehrsprachigkeit ist sehr umfassend und ist nicht Inhalt dieses Buches. Wir gehen im Folgenden jedoch kurz auf ein paar nützliche Werkzeuge ein.

Lokalisierungsansicht

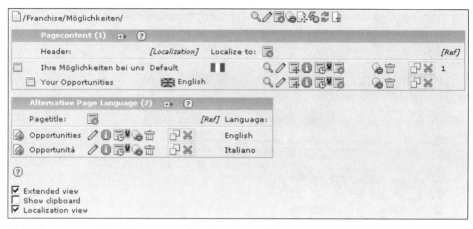

Abbildung 3.62: Lokalisierungsansicht im List-Modul

Im Modul WEB, LIST steht Ihnen die Lokalisierungsansicht zur Verfügung (sie muss mit der Checkbox am Seitenende aktiviert werden). Damit in einer Seite die Lokalisierung anwendbar ist, muss die Seite an sich schon übersetzt sein (sprich eine alternative Seitensprache muss vorhanden sein). Das ist insbesondere dann relevant, wenn man z.B. mehrsprachige *tt_news*-Datensätze in einem Sysfolder liegen hat, der dazu also auch übersetzt sein muss.

Übersetzungsübersicht

Im Modul WEB, INFO gibt es eine schnelle Möglichkeit, Übersetzungen zu kontrollieren, fehlende Übersetzungen aufzuspüren und die entsprechenden Seiten und Seiteninhalte direkt zu bearbeiten: die sogenannte Übersetzungsübersicht (LOCALIZATION OVERVIEW).

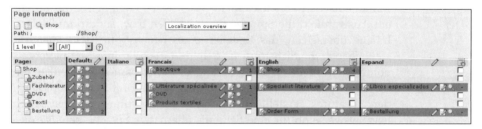

Abbildung 3.63: Übersetzungsübersicht im Info-Modul

Durch die Auswahl der Checkboxen können hier bequem mehrere Seiten gleichzeitig übersetzt werden.

3.10 Mehrsprachigkeit

Die verwendeten Farben haben folgende Bedeutung:

- Grün:

  Die Übersetzung ist in Ordnung, die Seite ist online verfügbar.

- Grau (keine Farbhinterlegung):

  Die Übersetzung für diese Seite fehlt, die Seite wird jedoch in Menüs im Frontend angezeigt, allerdings mit dem Text der Defaultsprache.

- Rot:

  Die Übersetzung für diese Seite fehlt, die Seite erscheint nicht im Menü, und es kann nicht direkt auf diese Sprache der Seite zugegriffen werden. Die Unterscheidung zwischen den Zuständen Grau und Rot hängt vom Fallback-Modul ab. Die Einstellungen dazu finden Sie weiter unten im Abschnitt *Fallback und Overlay*, Seite 185.

TypoScript-Grundeinstellungen

Im TypoScript-Setup sollten folgende Einstellungen für die Standardsprache vorgenommen werden:

Listing 3.99: Basiseinstellungen für Mehrsprachigkeit

```
01 config {
02    linkVars = L
03    uniqueLinkVars = 1
04    language = de
05    locale_all = de_DE
06    htmlTag_langKey = de
07    sys_language_uid = 0
09 }
```

Die Angabe `linkVars` in Zeile 02 legt die Parameter (HTTP_GET_VARS) fest, die beim Erzeugen von Links aus TYPO3 mitgegeben werden. Hier wird in unserem Beispiel festgelegt, dass der Parameter L, der für die Auswahl der Sprache zuständig ist, als GET-Parameter allen Links mitgegeben wird, die über die Funktion *typolink* erzeugt werden. Theoretisch können Sie diesen Sprachparameter frei definieren, es ist jedoch ratsam, mit der Standardvariablen L zu arbeiten, da diese möglicherweise an diversen Stellen fest kodiert ist.

Es kann passieren, dass TYPO3 durch verschiedene Operationen den Sprachparameter zweimal oder mehrmals an die Adresse der Links anhängt. Dies ist prinzipiell unproblematisch, da immer nur der letzte Wert verwendet wird. Jedoch wird durch die Einstellung in Zeile 03 von `uniqueLinkVars` (boolean) bewirkt, dass die ersteren, unnötigen Sprachparameter entfernt werden – also eine rein kosmetische Angelegenheit.

Die Zeilen 04 bis 07 in diesem Beispiel geben die notwendigen Informationen für eine deutsche Seite. Die Eigenschaften language, locale_all und htmlTag_langKey wurden bereits im obigen Abschnitt *TypoScript*, Seite 177, beschrieben.

Die Einstellung sys_language_uid in Zeile 07 ist die ID (Feld *uid*) des zugehörigen Sprachdatensatzes im Backend (Tabelle *sys_language*). Die Standardsprache hat die ID 0 und wird nicht in der Datenbank vorgehalten. Diese ID wird beim Umschalten der Sprache mit dem GET-Parameter, der in linkVars definiert ist, in der Adresszeile mitgegeben und daraufhin in der Bedingung im folgenden Listing beim Seitenaufbau geprüft.

Ist die Standardsprache definiert, können nun alle weiteren Sprachen konfiguriert werden:

Listing 3.100: Einstellungen für alle verfügbaren Sprachen

```
10 # languages #
11 # english
12 [globalVar = GP:L = 1]
13 config {
14     language = en
15     locale_all = en_US
16     htmlTag_langKey = en
17     sys_language_uid = 1
18 }
19 [global]
20
21 # franzoesisch
22 [globalVar = GP:L = 2]
23 config {
24     language = fr
25     locale_all = fr_FR
26     htmlTag_langKey = fr
27     sys_language_uid = 2
28 }
29 [global]
```

In den Zeilen 12 und 22 wird die Sprachvariable durch eine TypoScript-Bedingung geprüft. (GP bedeutet GET/POST; die hierbei genutzte Funktion t3lib_div::GPvar() prüft erst, ob es den entsprechenden POST-Parameter gibt, dann, ob es den GET-Parameter gibt.)

Die Eigenschaften language, locale_all, htmlTag_langKey und sys_language_uid (Zeilen 14 bis 17 sowie 24 bis 27 – sie wurden bereits weiter oben beschrieben) überschreiben hier also die Werte der Standardsprache und sorgen damit für die korrekte Ausgabe in der jeweils anderen Sprache.

3.10 Mehrsprachigkeit

Menü für die Sprachumschaltung

Nun kann das Menü für alle Sprachen über TypoScript erzeugt werden. (Die Auswahloptionen werden oft durch Flaggen realisiert, in unserem Beispiel aber durch Text.)

Listing 3.101: Sprachnavigation als Text in TypoScript erstellen

```
01 temp.menu_lang = COA
02 temp.menu_lang {
03    10 = HMENU
04    10 {
05        # deutsch und englisch
06        special = language
07        special.value = 0,1
08
09        1 = TMENU
10        1 {
11           NO = 1
12           NO.stdWrap.cObject = TEXT
13           NO.stdWrap.cObject {
14              value   = Deutsch || Englisch
15              lang.en = German  || English
16           }
17           ACT < .NO
18           ACT.stdWrap.cObject {
19              value = DEUTSCH || Englisch
20              lang.en = German || ENGLISH
21           }
22           USERDEF1 < .NO
23           USERDEF1.stdWrap.cObject {
24              value = DEUTSCH || -
25              lang.en = - || ENGLISH
26           }
27           USERDEF2 < .NO
28           USERDEF2.stdWrap.cObject {
29              value = (DEUTSCH) || Englisch
30              lang.en = German || (ENGLISH)
31           }
32        }
33    }
34 }
```

In Zeile 06 (`HMENU.spezial`) wird bewirkt, dass TYPO3 ein Menü des Typs Sprachmenü mit den zugehörigen Parametern und Eigenschaften erstellt.

In Zeile 07 werden die IDs der Sprachen (definiert bei jeder Sprache im TypoScript durch `sys_language_uid`), die im Menü erscheinen sollen, in der beabsichtigten Reihenfolge gelistet. Eine Sprache kann also schon komplett fertig angelegt und im Backend vorbereitet werden, erst durch Hinzufügen der ID an dieser Stelle, einen weiteren *optionSplit* in Zeile 14 und eine Angabe für die jeweilige Sprache wie in Zeile 15 erscheint sie dann auch im Sprachmenü und ist damit für den Webseitenbesucher direkt verfügbar.

Zeile 14 gibt den Linktext für die Sprachnavigationspunkte in der Standardsprache an. Das Zeichen || steht hierbei für den TYPO3-*optionSplit*, der die Zeile unterteilt – der erste Teil gilt also für den Linktext für die Sprache, die in special.value in Zeile 7 als erste angegeben ist, der zweite Teil für die zweite Sprache und so weiter. Hier könnten statt Text auch die Bilder als HTML-Tag stehen: value = <img src="{$tmplPath}media/flag_de.gif" alt="Deutsch" /> || <img src="{$tmplPath}media/flag_gb.gif" alt="Englisch" />.

Zeile 15 schließlich ist für jede weitere gewünschte Sprache anzugeben und stellt die Übersetzung der Linktexte dar. Bei einer Bildnavigation würde hier das alt- und/oder title-Attribut der Bilder übersetzt werden, und man könnte aktive und inaktive Flaggen-Icons einsetzen.

Zeile 17 definiert den Zustand ACT (aktiv). Hier könnte man zusätzlich mit doNotLinkIt = 1 bewirken, dass der Link auf die gerade aktuelle Sprache nicht aktiv ist, oder man kann über eine andere CSS-Klasse die aktuelle Sprache optisch hervorheben.

Neben den in normalen Menüs vorhandenen Zuständen NO und ACT (siehe Abschnitt *Navigationen (Menüs)*, Seite 125) gibt es beim Sprachmenü auch noch die beiden Zustände USERDEF1 und USERDEF2. Ersterer wird verwendet, wenn die aktuelle Seite in der Sprache, auf die der Link gehen soll, nicht übersetzt ist: Man kann hiermit also den Link auf nicht übersetzte Seiten deaktivieren. Die andere Option hingegen ist dann der aktuelle Zustand dieser nicht übersetzten Seite. Es ist sinnvoll, diese beiden Zustände nicht zu verlinken, denn es kann hier (je nach Fallback-Einstellungen) zu Fehlern kommen. Mit diesen vier Grundtypen kann man die Sprachnavigationsleiste sehr gut an den aktuellen Bedarf anpassen.

Das TYPO3-Sprachmenü verfügt noch über eine weitere Eigenschaft: normalWhenNoLanguage (boolean). Ist dieser Wert auf true gesetzt, wird jegliche Sonderbehandlung nicht übersetzter Seiten deaktiviert: Die beiden USERDEF-Zustände kommen nicht zum Tragen.

Hinweis

Es könnte übrigens anstelle des TMENU ebenso beispielsweise ein grafisches GMENU oder eines der Layer-Menüs mit den entsprechenden Einstellungen verwendet werden. Natürlich ist unser Beispiel sehr auf das Wesentliche reduziert, andere Optionen wie beispielsweise allWrap, doNotLinkIt etc. müssen Sie Ihren Bedürfnissen entsprechend anpassen.

3.10 Mehrsprachigkeit

Vorhaltung der übersetzten Daten

Die TYPO3-interne Speicherung der Übersetzungen für Seiten und für Inhaltselemente wird unterschiedlich gehandhabt.

- Für die Übersetzungen von Seiten (Inhalte der Tabelle *pages*) gibt es eine korrespondierende Datenbanktabelle *pages_language_overlay*, die die Inhalte der zu übersetzenden Felder vorhält und eine Referenz auf den Originaldatensatz enthält.

- Bei Inhaltselementen werden alle Datensätze (Original und Übersetzungen) in der Tabelle *tt_content* gespeichert. Die Referenz auf den Originaldatensatz erfolgt im Feld *l18n_parent*, weitere Einstellungen zur Übersetzung (Sprache etc.) sind im Feld *l18n_parent_diffsource* vorgehalten. Über das TYPO3-Backend können und sollen Inhalte nur übersetzt werden, nachdem eine Übersetzung der Seite angelegt wurde.

Die für Mehrsprachigkeit zuständigen Felder werden übrigens im $TCA der jeweiligen Tabelle durch folgende Einstellungen festgelegt:

```
[ctrl][transOrigPointerField] = l18n_parent
[ctrl][transOrigDiffSourceField] = l18n_diffsource
[ctrl][languageField] = sys_language_uid
```

Fallback und Overlay

TYPO3 hat auch bei der Mehrsprachigkeit eine Vielzahl an Optionen, die Anpassungen an individuelle Anforderungen ermöglichen. Eine ganz entscheidende Konfiguration betrifft den Umgang mit nicht vorhandenen Übersetzungen von Seiten und Inhalten.

Zu Beginn muss man sich darüber klar werden, welches Verhalten gewünscht ist: Sollen nicht übersetzte Seiten gar nicht in der Navigation auftauchen? Sollen sie auf eine andere Sprache zurückfallen (vorzugsweise auf die Standardsprache, aber auch andere Sprachen sind möglich)? Soll dem Besucher ein Fehler angezeigt werden? (Letzteres ist sicherlich nicht für den Live-Betrieb, dennoch aber beispielsweise während des Übersetzungsprozesses sinnvoll, da Übersetzer hiermit schnell noch fehlende Übersetzungen finden können.) Was soll mit nicht übersetzten Inhalten geschehen: Sollen diese Inhaltselemente leer bleiben oder lieber in der Standardsprache gezeigt werden, um keine leeren Seiten zu generieren?

Das Verhalten auf Seitenebene

Die folgenden Einstellungen wirken sich an vielen Stellen aus, so unter anderem auf die Menügenerierung. Standardmäßig werden alle Seiten in die Navigation integriert, eine Überprüfung auf Übersetzung findet nicht statt. Bei Seiten, die nicht über ALTERNATIVE SEITEN SPRACHE übersetzt wurden, werden Seitentitel und Inhaltselemente in der Standardsprache dargestellt.

Gibt es für eine Seite keine Übersetzung und ist deren Flag (im Seitendatensatz) für die Lokalisierungseinstellung HIDE PAGE IF NO TRANSLATION FOR CURRENT LANGUAGE

EXISTS gesetzt, bekommt der Webseitenbesucher einen Fehler, da das Menü auf eine prinzipiell versteckte Seite verlinkt. Hier kann man über die Eigenschaft des *HMENU* protectLvar = 1 eine Prüfung jeder Seite auf Vorhandensein einer Übersetzung vornehmen. Ist keine Übersetzung vorhanden, hängt die Funktion den Sprachparameter &L=0 an den Link, wodurch dann automatisch auf die Standardsprache verlinkt wird.

Abbildung 3.64: Lokalisierungseinstellungen einer Seite

Hinweis

Die oben genannte Lokalisierungseinstellung HIDE PAGE IF NO TRANSLATION FOR CURRENT LANGUAGE EXISTS kann durch $TYPO3_CONF_VARS['FE']['hidePagesIfNotTranslatedByDefault'] in der *localconf.php* bzw. im Install Tool für alle Seiten gesetzt werden. Hierbei tauscht sich dann jedoch der Sinn der Lokalisierungseinstellung um, d.h., eine Seite, bei der ein Häkchen bei HIDE PAGE IF NO TRANSLATION FOR CURRENT LANGUAGE EXISTS gesetzt ist, wird dann bei einer fehlenden Übersetzung angezeigt, alle anderen nicht.

Damit kann man das Verhalten bereits grob steuern. Jedoch taucht ohne weitergehende Konfiguration dann bei einer Seite, wenn diese trotz fehlender Übersetzung angezeigt wird (also wenn sie nicht durch die gerade erläuterten Optionen versteckt wird), folgendes Phänomen auf:

Die Einstellung, in welcher Sprache sich der Besucher befindet, geht verloren, da TYPO3 in die Standardsprache zurückfällt und den Sprachparameter verliert (beachten Sie auch die weiter oben genannte Eigenschaft protectLvar, die zusätzlich sogar den Sprachparameter der Standardsprache anhängt). Ebenso gehen damit die Darstellung der übersetzten Menüs sowie die Information, welche Seiten in den Menüs angezeigt werden sollen, verloren, bzw. es werden die Navigationspunkte der Standardsprache angezeigt.

Um diesem Phänomen zu begegnen, haben Sie verschiedene Optionen der Typo-Script-Eigenschaft sys_language_mode:

- config.sys_language_mode = content_fallback

    Diese Einstellung (empfohlen) bewirkt, dass (genau für den obigen Fall) zwar die Seiten und Inhalte von nicht übersetzten Seiten in der Standardsprache angezeigt werden (= Fallback auf die Standardsprache), TYPO3 dennoch die Information beibehält, in welcher Sprache man sich gerade befindet (den Sprachparameter beibehält). Somit werden u. a. auch die Menüs weiterhin korrekt erzeugt.

3.10 Mehrsprachigkeit

- `config.sys_language_mode = strict`

  Diese Einstellung bewirkt, dass eine Fehlermeldung angezeigt wird, wenn man eine nicht übersetzte Seite besucht.

- `config.sys_language_mode = ignore`

  Diese Einstellung bewirkt, dass TYPO3 die Sprache nie wechselt. Nicht übersetzte Seiten werden leer angezeigt.

- `config.sys_language_mode = content_fallback:1,0`

  Mit dieser zusätzlichen Option können Sie durch angehängte IDs (`sys_language_uid`) die Reihenfolge der Ausweichsprachen festlegen.

Das Verhalten auf Inhaltsebene

Die obigen Konfigurationen betreffen den Umgang mit nicht übersetzten Seiten und die entsprechende Menügenerierung. Die Darstellung der Inhalte (ob übersetzt oder nicht) wird separat gesteuert.

Standardmäßig zeigt TYPO3 das Verhalten, dass Inhaltselemente bei einer übersetzten Seite nur in der gewählten Sprache dargestellt werden. Nicht übersetzte Elemente werden übergangen, es erfolgt kein Ausweichen auf die Standardsprache. Inhalte einer nicht übersetzten Seite werden in der Sprache dargestellt, auf die die gesamte Seite zurückfällt.

Die folgenden Einstellungen bestimmen, ob und in welcher Form ein Überlagern stattfinden soll.

- `config.sys_language_overlay =1`

  Alle Elemente werden angezeigt. Falls eine Übersetzung existiert, wird diese angezeigt. Dies geschieht dadurch, dass beim Erzeugen der Seite erst die Inhalte der Standardsprache eingebunden werden. Danach wird für jedes Element einzeln nach einer Übersetzung gesucht, und diese überschreibt (falls vorhanden) das Originalelement. Diese Option ist für den Übersetzungsprozess empfehlenswert, da man im Frontend genau sieht, was bereits fertig ist und wo noch Bearbeitungsbedarf besteht.

- `config.sys_language_overlay = hideNonTranslated`

  Diese Option erweitert die gerade genannte. Der Vorgang des Overlays ist derselbe, nur dass hierbei nicht übersetzte Elemente versteckt werden. Also werden nur übersetzte Elemente oder welche mit der Ländereinstellung *all* angezeigt.

- `config.sys_language_softMergeIfNotBlank = tab1:feld1, tab1:feld2, tab2:feld3`

  In Kombination mit dem Overlay gibt es noch diese recht nützliche Option, dass bei einzeln festzulegenden Feldern der Inhalt des Originaldatensatzes verwendet wird, wenn keine davon abweichende Übersetzung vorliegt. Die Syntax ist eine kommagetrennte Liste mit Angabe der jeweiligen Tabelle und dem dazugehörigen Feld. Dies ist beispielsweise dann nützlich, wenn Bilder (oder andere, nicht sprachspezifische Felder) aus dem Originaldatensatz verwendet werden sollen, falls sie nicht in der alternativen Sprache überschrieben werden.

- config.sys_language_overlay =0

  Alle Elemente werden angezeigt. Falls eine Übersetzung existiert, wird diese nicht angezeigt.

Tipp

Falls Sie TemplaVoilà verwenden, beachten Sie bitte auch den Abschnitt *Mehrsprachigkeit*, Seite 641).

Einige TSconfig-Einstellungen

mod.SHARED.defaultLanguageFlag (*string*) ist der Dateiname des Flaggen-Icons in *gfx/flags/* für die Standardsprache. Dieses Icon kommt im Modul WEB, LIST sowie im Seitenmodul von TemplaVoilà zum Einsatz.

Mit mod.SHARED.defaultLanguageLabel (*string*) können Sie ein alternatives Label für die Standardsprache festlegen, falls die Sprachlabels angezeigt werden sollen. Dies kommt im Seiten- und List-Modul sowie im Seitenmodul von TemplaVoilà zum Einsatz. Dies kann für Seiten oder für Benutzer festgelegt werden.

3.10.5 Übersetzungen

Plugins übersetzen

Übersetzungen für Label im Frontend werden per TypoScript an den ursprünglichen Quellen (Core, Extensions) definiert. Sie können individuell in Ihren TypoScript-Einstellungen mithilfe der Eigenschaft _LOCAL_LANG überschrieben und für weitere Sprachen erweitert werden. Details dazu finden Sie im Abschnitt *Label überschreiben*, Seite 531.

Binden Sie nun eine (ältere) nicht Mehrsprachigkeit unterstützende Extension ein, die ein HTML-Template verwendet, jedoch keine Marker vorsieht, und möchten Sie nicht für jede Sprache ein neues Template erstellen, so arbeiten Sie mit selbst erstellten Markern in Ihrem eigenen HTML-Template.

Am Beispiel der Extension tipafriend sehen Sie, wie dies funktionieren kann.

Im HTML-Template werden an verschiedenen Stellen die Marker gesetzt:

Listing 3.102: Ausschnitt aus dem HTML-Template mit Marker

```
01    <div class="csc-tipform-field">
02        <label for="name">###LABELNAME###: *</label><input id="name" type="text" name="TIPFORM[name]" value="###YOUR_NAME###" />
03    </div>
```

Die Marker müssen im entsprechenden Template-Objekt ersetzt werden. Wie Sie das entsprechende Objekt ausfindig machen, ist von der jeweils gewählten Extension abhängig. Der hier gezeigte Weg über eine Suche im TypoScript Object Browser sollte jedoch häufig funktionieren.

Listing 3.103: Marker ersetzen in TypoScript

```
00 ### tipafriend ###
01 tt_content.list.20.11.0 >
02 tt_content.list.20.11.0  = TEMPLATE
03 tt_content.list.20.11.0 {
04   template < plugin.tipafriend
05   marks {
06     LINKTEXT = TEXT
07     LINKTEXT.lang {
08       de = Seite empfehlen
09       en = Tipp a Friend
10       fr = Page Conseiller
11     }
12     LABELNAME = TEXT
13     LABELNAME.lang {
14       de = Ihr Name
15       en = Your Name
16       fr = Votre Nome
17     }
18   }
19 }
```

Übersetzungen in einer Extension sammeln

Eine Möglichkeit, die Übersetzungen von den Dateien zur Konfiguration der Seite zu trennen, besteht darin, alle Sprachlabel in einer separaten Extension zu sammeln. Mehr Informationen dazu finden Sie im Abschnitt *Label überschreiben*, Seite 531.

3.10.6 Ein eigener Baum für jede Sprache

Wenn Sie sich dafür entscheiden, für jede Sprache einen eigenen Baum zu verwenden, sind nicht ganz so viele Konfigurationen vorzunehmen, dennoch gibt es ein paar Feinheiten zu beachten. Die TypoScript-Einstellungen, die für alle Sprachen gelten, halten Sie in einem zentralen TypoScript-Template auf der Root-Seite, in einem TypoScript-Template in einem SysFolder oder in einer entsprechenden Extension vor (siehe auch Abschnitt *TypoScript-Templates verwalten*, Seite 101). Achen Sie darauf, dass dieses TypoScript-Template bei allen Sprachen eingebunden wird.

Nun gilt es noch, die sprachspezifischen Unterschiede an der richtigen Stelle zu vergeben. Dazu benutzen Sie Extension-Templates auf der Startebene der entsprechenden Sprache. Es ist darauf zu achten, dass die Reihenfolge der Einbindung der Templates vom Allgemeinen (zentrales Template) zum Speziellen (Extension-Templates) geht, d. h., die speziellen müssen unbedingt nachher eingebunden werden, damit die zentralen Werte überschrieben werden können. Die Reihenfolge der Einbindung können Sie im Template Analyzer schnell prüfen.

Unterschiede bei den Sprachen können/müssen sein (Beispiele):

Listing 3.104: Sprachspezifische Grundeinstellungen

```
01 config {
02   language = de
03   locale_all = de_DE
04   htmlTag_langKey = de
05 }
```

Diese Konfigurationen sorgen bereits für korrekte Übersetzungen der meisten Plug-ins und anderer TYPO3-spezifischer Frontend-Elemente. Auch Meta-Tags, CSS-Dateien, Farben o. Ä. können analog bei Bedarf getrennt konfiguriert werden.

Die Navigation zwischen den Sprachen kann dann wie eine Navigation zwischen verschiedenen Seitenbäumen mit jeweils eigener Root-Seite erstellt werden.

3.10.7 Materialien zum Weitermachen

Falls Sie sich zu diesem Themenblock weitergehend informieren wollen, können Sie folgende Quellen in Betracht ziehen:

- http://typo3.org/documentation/tips-tricks/multi-language-sites-in-typo3/
- http://typo3.org/documentation/document-library/core-documentation/doc_l10nguide/current/

3.11 Fehler finden

Folgendes Vorgehen hat sich beim Finden von Fehlern bewährt:

- Kontrollieren Sie, ob die Eigenschaften korrekt geschrieben wurden. Wurde auch auf korrekte Groß- und Kleinschreibung geachtet?
- Sind die richtigen Eigenschaften auf der richtigen Ebene eingesetzt? Gibt es diese Eigenschaften an dieser Stelle überhaupt? Schlagen Sie dazu in der TSref nach.
- Verwenden Sie den OBJECT BROWSER, um das betroffene Objekt anzuzeigen. Haben Sie z.B. im Objektpfad eine Ebene vergessen, sehen Sie das im Object Browser sofort. Dort sehen Sie auch, ob Ihre Definition an einer anderen Stelle überschrieben wurde.

3.11 Fehler finden

- Ein Objekt wird überhaupt nicht ausgegeben? Ersetzen Sie es zunächst durch ein einfaches TEXT-Objekt. So sehen Sie sehr schnell, ob das Objekt korrekt eingebunden wurde.

- Wenn Sie Objekte verschachtelt haben, lassen Sie sich ein tief in der Verschachtelung liegendes Objekt separat ausgeben, z.B. in page.5. Korrigieren Sie gegebenenfalls Fehler in diesem Objekt, und binden Sie es erst dann wieder tiefer in der Verschachtelung ein.

3.11.1 Debuggen mit TypoScript

Die Funktion *stdWrap* stellt Ihnen Eigenschaften zur Verfügung, die zum Debuggen während der Entwicklung genutzt werden können.

Listing 3.105: stdWrap-Eigenschaft debug

```
page.5 = TEXT
page.5 {
   value = Titel der Seite
   wrap = <h1> | </h1>
   debug = 1
}
```

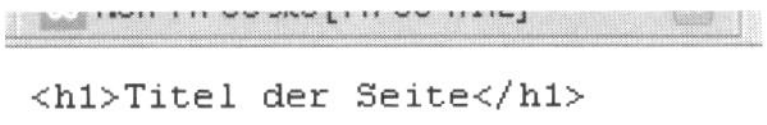

```
<h1>Titel der Seite</h1>
```

Abbildung 3.65: Ausgabe bei eingeschaltetem debug

Mit der Eigenschaft debug sorgen Sie dafür, dass Sie im Frontend auch die HTML-Tags sehen. Sie ersparen es sich also, jedes Mal im Quelltext nachschauen zu müssen, was denn nun ausgegeben wird.

Listing 3.106: Die Eigenschaft debugFunc

```
page.5 = TEXT
page.5 {
   value = Titel der Seite
   wrap = <h1> | </h1>
   debugFunc = 2
}
```

Auch durch diese Eigenschaft wird der Inhalt des *stdWrap* zurückgegeben. Dafür wird allerdings die debug-Funktion von TYPO3 verwendet (t3lib_div::debug). So ist im Frontend die Debug-Ausgabe gegebenenfalls leichter von der übrigen Ausgabe zu trennen.

3   Das Frontend – vorne raus

```
0 <h1>Titel der Seite</h1>
```

Warning: Cannot modify header information - headers a
C:\Programme\xampp\htdocs\t41_test_diverses\typ

Abbildung 3.66: Ausgabe bei Verwendung von debugFunc

Listing 3.107: Ausgabe der Datenfelder

```
page.5 = TEXT
page.5 {
   value = Titel der Seite
   wrap = <h1> | </h1>
   debugData = 1
}
```

Wenn Sie Inhalte aus der Datenbank ausgeben möchten, dann ist die Eigenschaft `debugData` ein sehr nützliches Hilfsmittel, da sie Ihnen anzeigt, auf welche Daten Sie mit Eigenschaften wie `field` oder `data` zugreifen können.

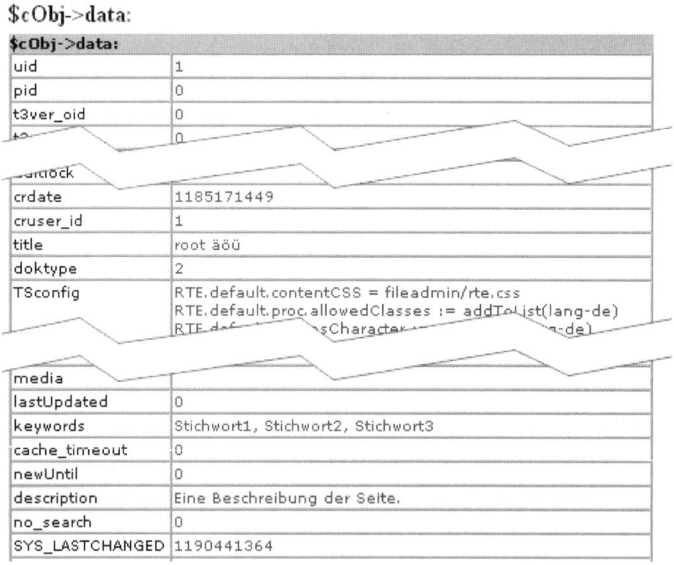

$cObj->data:

$cObj->data:	
uid	1
pid	0
t3ver_oid	0
...	0
...rdlock	
crdate	1185171449
cruser_id	1
title	root äöü
doktype	2
TSconfig	RTE.default.contentCSS = fileadmin/rte.css RTE.default.proc.allowedClasses := addToList(lang-de) RTE.d... sCharacter... -de)
media	
lastUpdated	0
keywords	Stichwort1, Stichwort2, Stichwort3
cache_timeout	0
newUntil	0
description	Eine Beschreibung der Seite.
no_search	0
SYS_LASTCHANGED	1190441364

Abbildung 3.67: Ausgabe von debugData (Tabelle pages)

3.11.2   Das AdminPanel verwenden

Im Bereich TypoScript stellt Ihnen das *AdminPanel* einige Informationen zum Rendering im Frontend zur Verfügung.

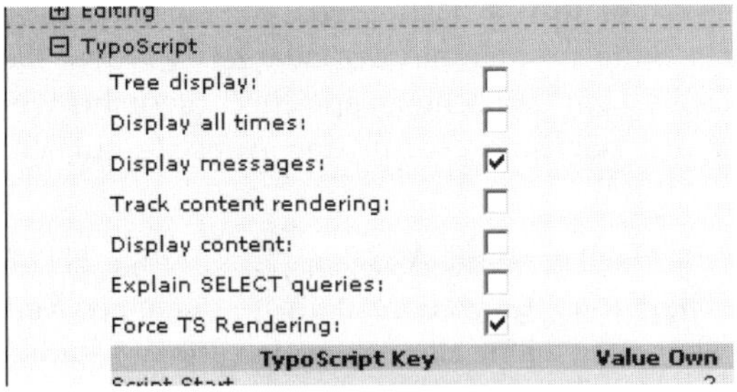

3.12 Caching

Abbildung 3.68: Mögliche Einstellungen im AdminPanel

Diese Einstellungen führen zu folgender Ausgabe:

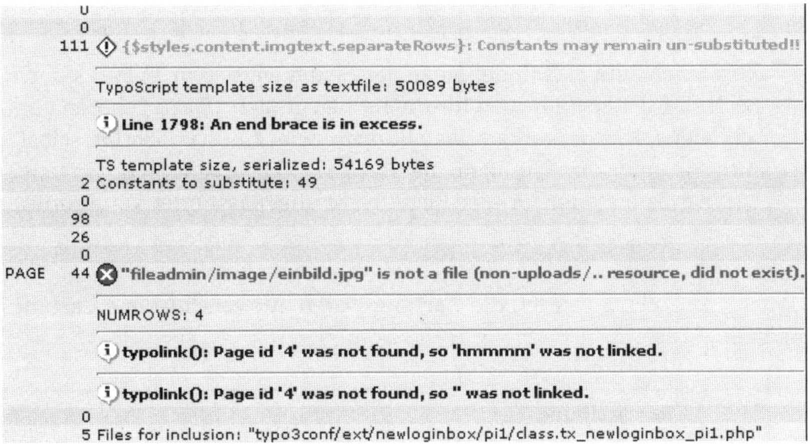

Abbildung 3.69: Ausgabe von Hinweisen zu TypoScript-Fehlern

Hier erkennen Sie einige Dinge, die im TypoScript noch bereinigt werden müssen. Besonders hilfreich ist die rote Zeile, die anzeigt, dass eine Datei nicht gefunden wurde. Auf diesem Weg finden Sie sehr gut Fehler in Pfadangaben.

Probieren Sie ruhig auch die anderen Optionen aus, die Ihnen das ADMINPANEL in diesem Zusammenhang zur Verfügung stellt.

3.12 Caching

Die Erzeugung von dynamischen Webseiten ist insbesondere mit einem so hoch-konfigurierbaren System wie TYPO3 sehr rechenintensiv. Es müssen alle TypoScript-Einstellungen zusammengefasst, das HTML-Template eingelesen, darin Navigationen, Inhalt und sonstige dynamische Bereiche eingebunden werden und das Ergebnis als HTML-Seite an den Browser ausgeliefert werden. Da jedoch viele der TYPO3-Seiten eigentlich statisch sind, also für nacheinander zugreifende Besucher dieselben Inhalte zurückliefern, muss dieser komplette Durchlauf unter Zuhilfenahme eines Caching-Mechanismus für die Erzeugung einer Seite nur einmal durchlaufen werden. Der dabei erzeugte HTML-Code der Webseite kann zwischengespeichert (gecacht) werden und steht dann schon fertig für den nächsten Aufruf der Webseite zur Verfügung.

TYPO3 cacht standardmäßig die Inhalte der Frontend-Ausgabe. Das fertige HTML wird in einer Caching-Tabelle gespeichert und für weitere Aufrufe derselben Seite direkt aus dieser abgerufen. Da nun aber eben nicht alle Seiten und Inhalte statisch sind und demzufolge gecacht werden können, müssen dabei verschiedene Ausnahme- und Sonderfälle berücksichtigt werden. So werden von TYPO3 unter anderem Spracheinstellungen, Benutzergruppen und Seitentypen für das Caching berücksichtigt, und bei Bedarf wird eben eine eigene Variante der Seite zwischengespeichert.

Hinweis

Zusätzlich zum HTML der einzelnen Seiten werden in TYPO3 jedoch noch eine ganze Reihe von Informationen gecacht. Dazu gehören verschiedene Konfigurationseinstellungen wie z.B. TypoScript selbst, Abmessungen von Grafiken, die von TYPO3 bearbeitet wurden usw. Diese müssen jedoch in der Regel nicht angepasst oder konfiguriert werden.

Unter der Haube von TYPO3 werden die Caching-Daten auf verschiedene Caching-Tabellen aufgeteilt:

Tabelle	Beschreibung
cache_extensions	Liste der verfügbaren Extensions aus dem TER (TYPO3 Extension Repository). Diese Tabelle unterstützt den Extension Manager und wird manuell durch Klicken des Buttons RETRIEVE/UPDATE im Extension Manager, Modus IMPORT EXTENSIONS gefüllt.
cache_hash	Ablage verschiedener MD5-Hashes
cache_imagesizes	Ablage von Abmessungen der eingebundenen Grafiken, die automatisch für die Bildbearbeitungsfunktionalität von TYPO3 aus den Grafikdateien ausgelesen werden
cache_md5params	Ablage für md5-verschlüsselte URL-Parameter, siehe auch den TypoScript-Parameter config.simulateStaticDocuments_pEnc=md5
cache_pages	Ablage von gecachten Seiten mitsamt dem fertigen Inhalt
cache_pagesection	Ablage von gecachten TypoScript-Templates
cache_typo3temp_log	Temporäre Ablage für das Rendering von skalierten Bildern, um Mehrfachbearbeitung zu vermeiden

Tabelle 3.7: Caching-Tabellen einer TYPO3-Grundinstallation

3.12 Caching

Hinweis

Von Extensions wie `realurl` oder `direct_mail` können nochmals eigene Caching-Tabellen hinzugefügt werden, z.B. *tx_realurl_pathcache*, *tx_realurl_urldecodecache* oder *cache_sys_dmail_stat*.

Den aktuellen Stand zum Caching-Zustand von Seiten können Sie im Backend mithilfe des Moduls WEB, INFO für jede Seite des Seitenbaumes einsehen. Für weitere Möglichkeiten siehe auch der Abschnitt *Extensions zum Thema Caching*, Seite 200.

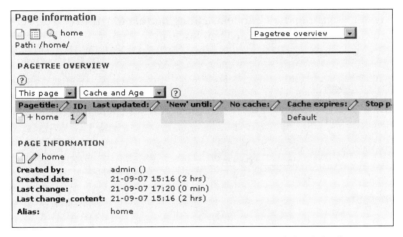

Abbildung 3.70: Informationen zum Caching-Zustand der Seite home

Grafikdateien, die von TYPO3 bearbeitet (meist verkleinert) wurden, werden im Ordner *typo3temp* abgelegt, um auch hier den großen Rechenaufwand nur einmalig durchführen zu müssen. Darum müssen wir uns jedoch in der Regel nicht weiter kümmern.

Achtung

Neben dem hier besprochenen (Frontend-)Caching, das sich auf die Anzeige im Frontend auswirkt, gibt es noch das sogenannte Backend-Caching, das hauptsächlich aus der Zusammenfassung der einzelnen Extension-Dateien *ext_localconf.php* und *ext_tables.php* in Caching-Dateien besteht. Informationen dazu finden Sie im Abschnitt *Cache während der Entwicklung unterdrücken*, Seite 480.

3 Das Frontend – vorne raus

Sowohl Frontend- als auch Backend-Cache können Sie komfortabel im Backend löschen. Als Administrator haben Sie dazu zwei Links im Modul-Frame zur Verfügung.

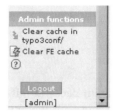

Abbildung 3.71: Links für das Löschen des Caches als Administrator

Für normale Redakteure steht in der Grundeinstellung nur die Möglichkeit zur Verfügung, den Cache der aktuell gewählten Seite zu löschen.

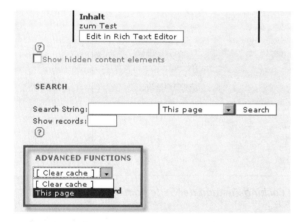

Abbildung 3.72: Cache löschen im Modul WEB, PAGE

Abbildung 3.73: Cache löschen im Modul WEB, LIST

3.12.1 Caching-Einstellungen

Sie können im Backend und/oder auch mithilfe von TypoScript eine ganze Reihe von Einstellungen zum Caching vornehmen.

3.12 Caching

Caching im Backend beeinflussen

Bei den Seiteneigenschaften haben Sie zwei grundsätzliche Möglichkeiten, das Caching zu steuern. Sie können den Cache grundsätzlich deaktivieren oder die Gültigkeitsdauer des Caches festlegen.

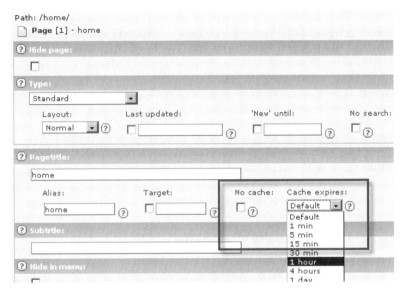

Abbildung 3.74: Einstellungsmöglichkeiten zum Cache

Caching mit TypoScript beeinflussen

- `config.no_cache = 1`

  Damit deaktivieren Sie das Caching für Seiten. Dies sollte in der Regel nur während der Entwicklung eingestellt werden. Unter Umständen nehmen Sie damit auch einen Teilbaum des Seitenbaumes vom Caching aus, da sich die TypoScript-Einstellung auch auf alle Unterseiten bezieht.

- `config.cache_period, config.cache_clearAtMidnight`

  Sie können festlegen, wann die aktuell gecachte Seite ihre Gültigkeit verliert und beim nächsten folgenden Aufruf neu gerendert werden muss.

- `config.sendCacheHeaders`

  Auch clientseitiges Caching kann beeinflusst werden (siehe Abschnitt *Cache Control Headers, clientseitig*, Seite 678).

- `config.debug`

  Hier beeinflussen Sie nicht direkt das Caching, sondern sind vielmehr in der Lage, die Auswirkungen des Cachings einzuschätzen. TYPO3 fügt einen kleinen Kommentar am Ende des HTML-Quellcodes ein.

Falls die Seite noch nicht gecacht war:

`<!-- Parsetime: 456 ms-->`

Falls die Seite aus dem Cache zurückgeliefert wird:

`<!-- Cached page generated 22-09-07 09:40. Expires 23-09-07 09:40 -->`

`<!-- Parsetime: 144 ms-->`

Sie können dabei auch gleich den Performance-Gewinn durch Einsatz des Cachings sehen. Je komplexer der Inhalt Ihrer Seite ist, desto mehr Gewinn werden Sie hier feststellen.

Hinweis

Bei direkten Änderungen an einen TypoScript-Template wird der Cache automatisch geleert. Falls Sie Änderungen an einem HTML-Template oder an in Textdateien ausgelagertem TypoScript durchführen, müssen Sie den Cache eigenständig leeren.

3.12.2 Ungecachte Teilbereiche einer Seite

Es kommt durchaus häufig vor, dass einzelne Elemente einer Seite nicht gecacht werden können, da sie für jeden Seitenaufruf dynamisch erzeugt werden müssen, um den richtigen Inhalt anzuzeigen. Da ein komplettes Abschalten des Cachings aus Performance-Gründen sehr unerwünscht ist, bietet sich Ihnen in TYPO3 die Möglichkeit, eine Seite grundsätzlich zu cachen, einzelne Bereiche der Seite jedoch vom Caching auszunehmen. Für diese Bereiche wird im gecachten HTML-Code ein Marker hinterlegt, der beim Aufruf der Seite automatisch von TYPO3 erkannt und durch den dynamischen Teil ersetzt wird.

Solche ungecachten Bereiche können komfortabel über TypoScript definiert werden. So wollen wir beispielsweise den Namen des gerade angemeldeten Frontend-Benutzers anzeigen. Da das Caching auf Benutzergruppenebene geschieht, muss dieser Teil der Seite vom Caching ausgenommen werden.

Die Einbindung dieses Bereiches würden wir sowieso mithilfe von TypoScript lösen – was liegt näher, als hier auch gleich unsere NoCaching-Forderung einzubauen?

Gecacht könnten wir die Information des Benutzernamens mithilfe des Objekts TEXT einfügen:

Listing 3.108: Objekt für die Darstellung des Benutzerlogins und Einbindung in das HTML-Template

```
lib.username = TEXT
lib.username.data = TSFE:fe_user|user|username

page.10.marks.USERNAME < lib.username
```

Um nun einen ungecachten Bereich daraus zu machen, greifen wir auf das Objekt COA_INT zurück und umhüllen damit unser eigentliches Ausgabe-Objekt:

Listing 3.109: Anpassung als ungecachtes Objekt

```
lib.username = COA_INT
lib.username {
    10 = TEXT
    10.data = TSFE:fe_user|user|username
}

page.10.marks.USERNAME < lib.username
```

Hinweis

Falls die Ausgabe einer Extension innerhalb einer gecachten Seite ungecacht erfolgen soll, wird auf eine ähnliche Syntax (USER und USER_INT) zurückgegriffen (siehe Abschnitt *plugin als USER oder USER_INT*, Seite 469). Arbeitet man jedoch auch hier mit COA oder COA_INT und verwendet darin das Objekt USER, kann der Nutzer der Extension bei Bedarf zusätzliche *stdWrap*-Eigenschaften verwenden.

Achtung

Versuchen Sie nicht, COA_INT-Objekte ineinander zu verschachteln, da TYPO3 durch das Setzen der internen Marker für nicht gecachte Bereiche hier durcheinanderkommt und das innere COA_INT-Objekt nicht mehr anzeigt. Da das gesamte Objekt ungecacht erzeugt wird, können Sie jedoch als inneres Objekt ein einfaches COA benutzen.

3.12.3 Caching mit URL-Parametern (cHash)

Durch verschiedene Parameter wie Sprache, Seitentyp oder Extension-Parameter wird in der Regel jeweils eine unterschiedliche Ausgabe auf ein und derselben Seite erzeugt – für dieselbe Kombination von Parametern wird jedoch derselbe Inhalt angezeigt. Es kann also ein Caching basierend auf dieser Kombination von Parametern durchgeführt werden. Für jede einzelne Kombination der Parameter wird ein eigener Caching-Eintrag erzeugt.

Dies wird automatisch von TYPO3 durchgeführt (natürlich nur, falls das Caching aktiviert ist). Allerdings wird für eine korrekte Funktionsweise der sogenannte *cHash* nötig. Ohne passenden cHash legt TYPO3 das Seitenresultat einer beliebigen Kombination von Parametern direkt in den Cache der Hauptseite (als ob die Seite ohne Parameter aufgerufen worden wäre). Dadurch wird einem DoS-Angriff (Denial of Service) ein Riegel vorgeschoben. Ohne diesen Schutzmechanismus wäre es einem böswilligen Script ohne Probleme möglich, durch eine Vielzahl von beliebigen Parameterkombinationen die Cache-Tabelle mit einer Unzahl von (dann meist unsinnigen) Cache-Einträgen zu verstopfen. Im Umkehrschluss bedeutet das natürlich für uns, dass wir für korrekte Einträge in die Cache-Tabelle eben auch den richtigen cHash mitgeben müssen. Allerdings wird diese Arbeit bereits von TYPO3 für uns erledigt, falls wir zur Erzeugung von Links die entsprechenden TYPO3-Funktionen verwenden. Der cHash wird aus der Kombination der Parameter und einem zusätzlichen (nach außen unbekannten) Server-Wert berechnet.

Achtung

Vermeiden Sie unbedingt die manuelle Erzeugung von Links in TypoScript. Nutzen Sie die Funktion *typolink* (Abschnitt *Links erzeugen (typolink)*, Seite 167) zur Erzeugung von Links.

3.12.4 Extensions zum Thema Caching

Hinweis

Falls Sie sich vertiefend mit dem Thema *Performance* beschäftigen wollen sollten Sie den Abschnitt *Seiten mit sehr viel Last, Performance*, Seite 676, lesen. Eine Suche nach »cache« im TER wird Ihnen viele Extensions aufzeigen, die sich mit dem Caching-Mechanismus von TYPO3 beschäftigen.

cachmgm

Mithilfe dieser Cache-Management-Extension können Sie leichter als bisher einen Überblick über die aktuelle Caching-Situation Ihrer TYPO3-Installation gewinnen. Mithilfe der Extension `crawler` können Sie zusätzlich einen automatisierten Caching-Durchlauf für die gesamte Webseite anstoßen.

indexed_search

Die Extension indexed_search hat selbst keinen direkten Einfluss auf das Caching von Seiten, allerdings werden nur Inhalte für die Suche indiziert, die auch gecacht werden. Inhalte von ungecachten Seiten und Plugins, die aus dem Caching ausgenommen werden, werden also nie als Suchergebnisse auftauchen können. Das macht für tatsächlich dynamischen Inhalt auch keinen Sinn.

3.13 Barrierefreiheit

Wir gehen bewusst nicht auf die Frage ein, was Barrierefreiheit bedeutet und wie die einzelnen Anforderungen der BITV oder WCAG umzusetzen sind. Dieses Thema für sich würde ein eigenes Buch füllen. Wir geben zu einigen Punkten, die bei der Umsetzung von barrierefreien Webseiten in TYPO3 relevant sind, Hinweise. Diese sollen Ihnen helfen, Stolpersteine schneller zu erkennen und eine Lösung zu finden. So werden wir z.B. nicht auf Themen wie ausreichenden Grauabstand bei der Farbgestaltung oder Untertitel in Videos eingehen. TYPO3 stellt Ihnen in der aktuellen Version ein System zur Verfügung, das viele Anforderungen der Barrierefreiheit bereits erfüllt.

Schauen Sie auch auf der Webseite zum Buch vorbei (*http://www.t3buch.de*). Dort werden regelmäßig Artikel zum Thema Barrierefreiheit veröffentlicht.

3.13.1 Strukturierung des Dokuments durch Überschriften

Eine Anforderung der Barrierefreiheit ist die Strukturierung des Dokumentes durch Überschriften. Dazu gehört auch, dass z.B. die Aufteilung des Dokuments in Navigation und Inhaltsbereich bereits durch Überschriften kenntlich gemacht wird. Das führt dazu, dass im Inhaltsbereich das <h2>- oder <h3>-Tag die erste Überschriftenebene für den Redakteur darstellt.

Durch folgende Konfigurationseinstellungen können Sie die ersten beiden Überschriftsebenen für den Redakteur entfernen:

Listing 3.110: Überschriften in Ebene 3 beginnen lassen

```
# Entfernen von Normal, Layout 1 und Layout 2 aus Inhaltselementen
TCEFORM.tt_content.header_layout.removeItems = 0,1,2
# Entfernen von h1 und h2 aus dem RTE
RTE.default.hidePStyleItems = h1,h2
```

3.13.2 Barrierefreie Menüs

Wie Sie ul/li-Menüs erstellen, wird im Abschnitt *Textmenüs (TMENU)*, Seite 128, gezeigt. Möchten Sie die Menüpunkte zusätzlich durchnummerieren, verwenden Sie die Extension cron_accessiblemenus. Mit dieser Extension können Sie auch *Accesskeys* nutzen – was allerdings nicht empfohlen wird.

Achtung

Setzen Sie in dem TMENU-Objekt auf jeden Fall die Eigenschaft noBlur = 1. Nur dann können Benutzer, die mit der Tabulatortaste navigieren, sehen, an welcher Stelle in der Navigation sie sich gerade befinden.

3.13.3 Kennzeichnung von Abkürzungen und Akronymen, Glossar

Auch für die Kennzeichnung von Abkürzungen und Akronymen steht Ihnen mit a21glossary eine Extension zur Verfügung. Dabei pflegen Sie Ihre Abkürzungen und Akronyme in der Datenbank, und die Extension fügt sie dem Quelltext automatisch mit dem korrekten Markup hinzu.

Sie können auch das Akronym-Plugin des RTE nutzen. In dem Fall müssen Sie die parseFunc_RTE so erweitern, dass die Tags erlaubt sind. Da der Internet Explorer das <abbr>-Tag nicht verarbeitet, wird bei ihm nur das <acronym>-Tag ausgegeben.

Listing 3.111: RTE-Konfiguration für abbr und acronym

```
# accessibility settings
lib.parseFunc_RTE.allowTags := addToList(abbr,acronym)
#ie doesnt know abbr, so remap it to acronym
[browser = msie]
lib.parseFunc_RTE.nonTypoTagStdWrap.HTMLparser.tags.abbr.remap = acronym
[global]
```

3.13.4 Tabellen

Für die Ausgabe von barrierefreien Tabellen stellt die Extension accessible_tables z.B. ein Feld für das <caption>-Tag oder das summary-Attribut zur Verfügung

3.14 Materialien zum Weitermachen

Falls Sie sich zu diesem Themenblock weitergehend informieren wollen, können Sie folgende Quellen in Betracht ziehen.

- Auf CD
  - *doc_core_ts*
  - *doc_core_tstemplates*
  - *doc_core_tsref*
  - *core_tsbyex*
- Im Internet
  - TypoScript Syntax and In-depth Study:

    http://typo3.org/documentation/document-library/core-documentation/doc_core_ts/current/view/
  - TSref:

    http://typo3.org/documentation/document-library/references/doc_core_tsref/current/
  - TypoScript by example:

    http://typo3.org/documentation/document-library/core-documentation/doc_core_tsbyex/current/

    http://www.video2brain.com/products-71.htm
  - Frontend Programming:

    http://typo3.org/documentation/document-library/tutorials/doc_tut_frontend/current/view/
  - Golive Tutorial (1):

    http://typo3.org/documentation/document-library/tutorials/doc_tut_n1/current/
  - Modern Template Building Part 1

    http://typo3.org/documentation/document-library/tutorials/doc_tut_templselect/current/

4 Das Backend – hinten rein

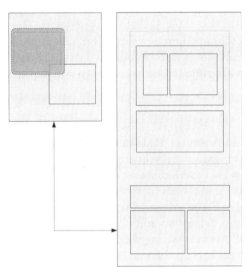

In diesem Kapitel werden Sie lernen, welche Möglichkeiten Ihnen zur Konfiguration des Backends und damit zu Pflege der Webseite geboten werden. Auf eine Besprechung jedes einzelnen Moduls wird bewusst verzichtet, da wir davon ausgehen, dass Sie schon ausreichend Erfahrung mit den grundsätzlichen Modulen wie z. B. der Listenansicht gesammelt haben bzw. dass diese für einen Administrator in der Regel selbsterklärend sind. Hier sei auch auf das *TYPO3 Anwenderhandbuch* von Joscha Feth verwiesen.[1] In Kapitel *How-Tos*, Seite 525 werden wir jedoch Möglichkeiten ansprechen, die vielen Administratoren und Programmierern nicht bewusst sind und deswegen aus unserer Sicht zu selten eingesetzt werden.

4.1 Backend-Benutzerverwaltung – Rechte

TYPO3 bietet Ihnen eine sehr fein granulierte Möglichkeit der Rechtevergabe, die auf Benutzern und Gruppen basiert. Durch entsprechende Anwendung kann damit auch ein rollenbasiertes Berechtigungskonzept umgesetzt werden. Durch die Möglichkeit der Vergabe und Definition von Untergruppen sind hier praktisch keine Grenzen gesetzt. Grundsätzlich gibt es zwei Arten von Benutzern: Redakteure und Administratoren. Und hier liegt auch ein wesentlicher Unterschied zwischen den Möglichkei-

---

[1] Erschienen bei Addison-Wesley, 2006, ISBN 978-3-8273-2354-5.

ten der Benutzer. Ein Administrator darf praktisch alles, was mit der Konfiguration von TYPO3 zu tun hat. Lediglich die Einstellungen im Install Tool sind noch mal durch ein eigenes Passwort geschützt.

Abbildung 4.1: Aktivierung der Admin-Rechte im Benutzerdatensatz

Ein Redakteur ist auf die Pflege der Seite beschränkt und ist (in der Normalkonfiguration) von allen Möglichkeiten ausgeschlossen, die es ihm erlauben würden, die eigenen Rechte zu erweitern. Er hat also keinen Zugriff auf die Einstellungen von Rechten und Einstiegspunkten.

Hinweis

Die einzige Stelle, an der ein normaler Redakteur Änderungen an Einstellungen von Bearbeitungsrechten vornehmen kann, ist das Modul USER, SETUP. Dafür muss das Modul aber erst für den Redakteur freigeschaltet sein. Er kann sich dann selbst im Bereich ADVANCED FUNCTIONS in der Standardeinstellung die Möglichkeit des rekursiven Löschens und Kopierens freischalten. Durch diese bewusste Entscheidung soll vermieden werden, dass jemand aus Unwissenheit versehentlich ganze Seitenbäume löscht.

Letztendlich läuft es darauf hinaus, dass der Redakteur nicht auf die allgemeine Benutzerverwaltung zugreifen kann und keine Möglichkeit bekommt, eigenen PHP-Code auf dem Server auszuführen, da beide Wege eine Erhöhung der eigenen Rechte ermöglichen würden. Während dies bei der Benutzerverwaltung sofort einleuchtet, bedarf es bei der PHP-Geschichte wohl eines kleinen Beispiels.

Stellen Sie sich vor, ein erfahrener Redakteur soll auch Zugriff auf TypoScript-Templates erhalten, da er so beispielsweise selbstständig das Aussehen von Menüs verändern kann. Auf diesem Wege ist es ihm aber auch möglich, über `page.includeLibs` eigene PHP-Dateien einzubinden, die normalerweise zur individuellen Modifizierung der Menüs gedacht sind, aber im Prinzip auch Code zum Erzeugen eines neuen Backend-Administrator-Benutzers oder zur Datenbank-Manipulation enthalten können.

4.1 Backend-Benutzerverwaltung – Rechte

Achtung

Achten Sie also unbedingt darauf, dass Sie den Zugriff auf TypoScript sehr bedacht vergeben.

Generell haben Nicht-Admins von TYPO3 aus keinen Zugriff darauf, sofern TYPO3 nicht durch eine Extension oder einen Hack dahingehend manipuliert wurde bzw. die TypoScript-Templates ausgelagert in externen Dateien liegen, auf die der Redakteur über einen Dateimount Zugriff hat. Außerdem können Sie das Einbinden von PHP-Scripts via TypoScript im Install Tool mit *noPHPscriptInclude* verhindern.

4.1.1 Funktionsweise, Grundprinzip

In der Einleitung zu diesem Kapitel haben Sie gelernt, dass ein Administrator-Benutzer praktisch alle Möglichkeiten hat und dass es deswegen auch keinen Sinn macht, ihn über Rechtestrukturen einschränken zu wollen. Wir konzentrieren uns also auf den Redakteur, dem wir je nach Vorwissen und Aufgabengebieten eine auf ihn zugeschnittene Bearbeitungsoberfläche im Backend bieten wollen.

Achtung

Machen Sie sich in jedem Fall die Mühe, den Redakteuren nur die für ihre Aufgaben benötigten Module und Felder anzuzeigen. Vor allem unerfahrenen Redakteuren erleichtern Sie durch diese einfache Maßnahme das Leben ungemein, da diese sich auf die für Sie relevanten Elemente beschränken können. Die Zufriedenheit mit der Bearbeitungsoberfläche wird deutlich erhöht!

Gruppen und Benutzer anlegen

Die Datensätze für Backend-Benutzer und -Benutzergruppen liegen im Seitenbaum auf der obersten Ebene. Hier können Sie über die bekannte Funktionalität des List-Moduls neue benötigte Datensätze anlegen. Sie entsprechen Einträgen in den Datenbanktabellen *be_users* und *be_groups*. Sinnvollerweise überlegen Sie sich zuerst die verschiedenen Rechte- und Zugriffsszenarien, die Sie benötigen, und schaffen dafür jeweils eine Benutzergruppe. Einem einzelnen Benutzer können dann die benötigten Gruppen (oder eben auch Rollen) zugewiesen werden, wobei – wie auch in anderen

Systemen üblich – die Rechte der einzelnen Gruppen additiv auf den Benutzer angewandt werden. Anhand eines Beispielszenarios können Sie am Ende dieses Hauptkapitels eine Vorgehensweise für sinnvolle Gruppenstrukturen nachvollziehen.

Tipp

Eine weitere komfortable Möglichkeit für die Verwaltung von Backend-Benutzern und -Benutzergruppen befindet sich im Modul TOOLS, USER ADMIN; Näheres dazu finden Sie weiter unten.

Da in TYPO3 bereits eine Dokumentation zu den einzelnen Feldern enthalten ist (über das kleine Hilfe-Icon erreichbar), halten wir es nicht für zielführend, hier alle Felder zu beschreiben, sondern beschränken uns auf die entscheidenden und auf diejenigen, deren Funktion nicht offensichtlich ist. Um die Übersichtlichkeit zu erhalten, ist die sehr umfangreiche Maske einer Benutzergruppe in einzelne Bereiche aufgeteilt.

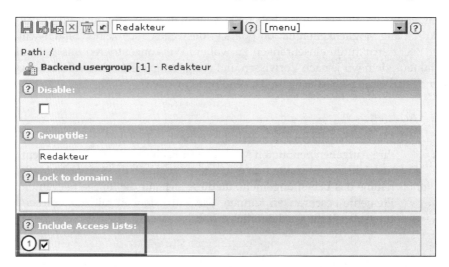

Abbildung 4.2: Oberster Bereich der Backend-Benutzergruppen-Einstellungen

❶ Für Hauptgruppen werden Sie in der Regel die Möglichkeiten der *Access Lists* benötigen, um eine detaillierte Konfiguration zu ermöglichen. (Ist dieser Haken deaktiviert, sind die folgenden Optionen nicht verfügbar. Die Gruppe kann dann aber dennoch für andere Zwecke verwendet werden, beispielsweise zur Gruppierung von Backend-Gruppenrechten oder zur Vergabe von DB bzw. File Mounts.)

4.1 Backend-Benutzerverwaltung – Rechte

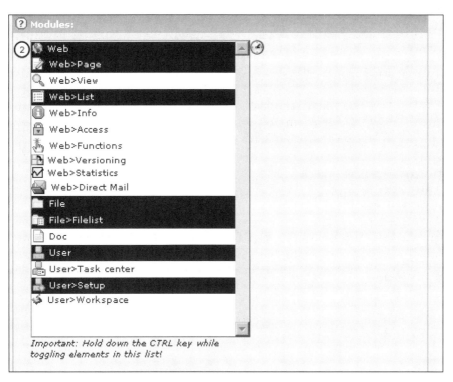

Abbildung 4.3: Modulberechtigungen

❷ Sie können festlegen, welche Module dem Benutzer zur Verfügung stehen.
Je nach installierten Extensions stehen hier verschiedene Optionen zur Auswahl.

Mit Hilfe der Taste [Strg] / [Ctrl] können Sie mehrere Optionen aktivieren.

❸ Sie können festlegen, welche Tabellen/Datensätze vom Benutzer bearbeitet bzw. nur angesehen werden können (Abbildung 4.4).
Je nach installierten Extensions stehen hier verschiedene Optionen zur Auswahl.

Mit Hilfe der Taste [Strg] / [Ctrl] können Sie mehrere Optionen aktivieren.

❹ Sie können dem Redakteur – je nach seinen Aufgaben – verschiedene Seitentypen zur Verfügung stellen (Abbildung 4.5).
Mit Hilfe der Taste [Strg] / [Ctrl] können Sie mehrere Optionen aktivieren.

Im $TCA ist konfiguriert, welche Felder für den jeweiligen Seitentyp angezeigt werden. Details zum $TCA finden Sie im Abschnitt *$TCA (Table Configuration Array)*, Seite 312.

4 Das Backend – hinten rein

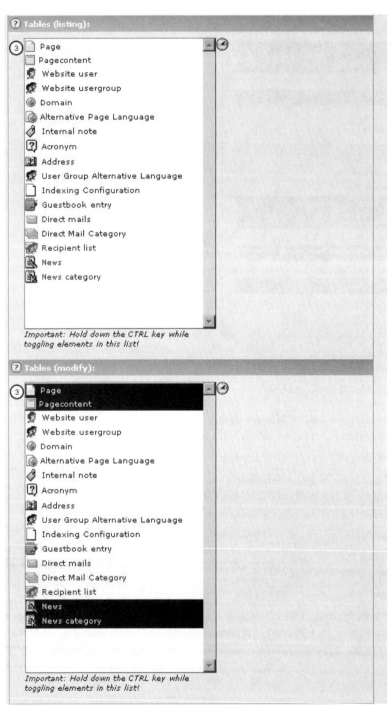

Abbildung 4.4:   Datensatzberechtigungen

4.1 Backend-Benutzerverwaltung – Rechte

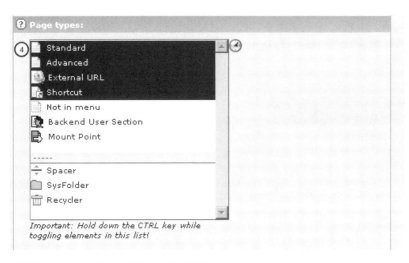

Abbildung 4.5: *Berechtigung für Seitentypen*

Tipp

Falls der Redakteur beispielsweise Inhalte von Metatags bearbeiten soll, können Sie alternativ zu einer Freischaltung des Seitentyps *Advanced* auch die entsprechenden Felder per Konfiguration im $TCA unter dem Seitentyp *Standard* anzeigen lassen.

Dies ist insbesondere dann sinnvoll, wenn eine Freischaltung des Typs *Advanced* dem Redakteur entweder zu viele Rechte einräumt oder zu viel nicht vorhandenes Wissen voraussetzt, sodass ihm die Arbeit mit diesem Typ nicht zugemutet werden soll.

Die Vorgehensweise dazu ist im Kapitel *HowTos*, Abschnitt *Position und Erscheinen von Feldern beeinflussen*, Seite 530, beschrieben.

❺ Eine ganz entscheidende Möglichkeit der Konfiguration sind die sogenannten *excludefields* (Abbildung 4.6). Dadurch wird es Ihnen ermöglicht, ganz gezielt einzelne Felder verschiedener Datensätze für die Bearbeitung durch die Redakteure der entsprechenden Gruppe freizugeben. Natürlich muss ihnen dazu die Bearbeitungsmöglichkeit bzw. Ansicht der entsprechenden Seite (Access-Modul) und des zugehörigen Datensatzes (siehe andere Freischaltungsoptionen) erlaubt sein.
Mit Hilfe der Taste `Strg`/`Ctrl` können Sie mehrere Optionen aktivieren.

Im $TCA kann für jedes Feld angegeben werden, ob es generell oder als *excludefield* zur Verfügung gestellt werden soll. Diese Möglichkeit haben Sie auch für selbst erstellte Extensions.

4 Das Backend – hinten rein

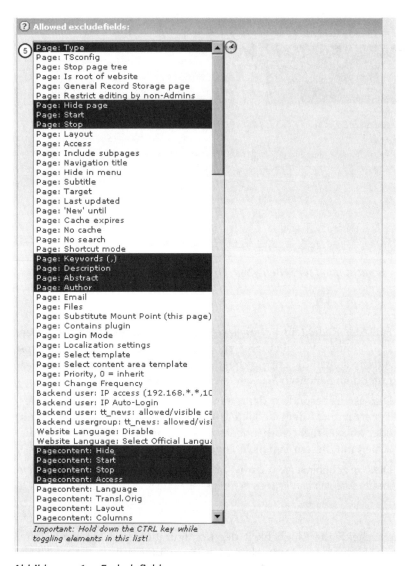

Abbildung 4.6: Excludefields

Auch hier gilt für eine gute Konfiguration wieder die Regel: Weniger ist mehr!

❻ Durch die Einstellung [BE][explicitADmode] im Install Tool können Sie erst mal grundsätzlich definieren, ob die verschiedenen Seiteninhaltselemente erlaubt oder verboten werden müssen (Abbildung 4.7). Wir empfehlen, die Standardeinstellung von explicitDeny auf explicitAllow zu ändern, da dann beim Installieren neuer Extensions daraus resultierende Möglichkeiten hier für den Redakteur bewusst freigeschaltet werden müssen und nicht eventuell unbeabsichtigt direkt zur Verfügung stehen.

4.1 Backend-Benutzerverwaltung – Rechte

Explicitly allow/deny field values:

Pagecontent: Type:
- ⑥ ☑ ✓ [Allow] Header
- ☑ ✓ [Allow] Text
- ☑ ✓ [Allow] Text w/image
- ☑ ✓ [Allow] Image
- ☑ ✓ [Allow] Bullet list
- ☑ ✓ [Allow] Table
- ☑ ✓ [Allow] Filelinks
- ☐ ✓ [Allow] Multimedia
- ☐ ✓ [Allow] Form
- ☐ ✓ [Allow] Search
- ☐ ✓ [Allow] Login
- ☐ ✓ [Allow] Textbox
- ☐ ✓ [Allow] Menu/Sitemap
- ☐ ✓ [Allow] Insert records
- ☐ ✓ [Allow] Insert plugin
- ☐ ✓ [Allow] Script
- ☐ ✓ [Allow] Divider
- ☐ ✓ [Allow] HTML

Select All Checkboxes

Pagecontent: Plugin:
- ☐ ✓ [Allow] Addresses
- ☐ ✓ [Allow] Front End User Registration
- ☐ ✓ [Allow] Subscription with email address
- ☐ ✓ [Allow] Subscription with email address (casual) - DEPRECATED
- ☐ ✓ [Allow] Better login-box
- ☐ ✓ [Allow] User Listing
- ☐ ✓ [Allow] Indexed search
- ☐ ✓ [Allow] Guestbook
- ☐ ✓ [Allow] Google map
- ☐ ✓ [Allow] News

Select All Checkboxes

Limit to languages:
- ☐ Default language

Select All Checkboxes

Custom module options:

Abbildung 4.7: Explicit Allow Fields

4 Das Backend – hinten rein

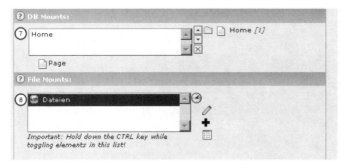

Abbildung 4.8: DB und File Mounts

❼ Der *DB Mount* bestimmt den Einstiegspunkt, den der Redakteur im Seitenbaum bekommt (Abbildung 4.8). Wählen Sie hier einen oder mehrere Seitenbereiche, für die der Redakteur zuständig ist. Auch beim Benutzer können Sie einen DB Mount festlegen, es wird jedoch empfohlen, diesen immer über die Gruppe zu setzen, damit die Übersichtlichkeit nicht verloren geht und das System dauerhaft pflegbar bleibt.

> **Achtung**
>
> Falls ein hier gewählter DB Mount beim Benutzer nicht sichtbar wird, liegt dies vermutlich an der nicht korrekt gesetzten Rechtezuteilung dieser gewählten Seite im Modul WEB, ACCESS. Der Benutzer bzw. die Benutzergruppe muss mindestens Leserechte auf die Seite besitzen. Details zur Rechtezuteilung finden Sie weiter unten.

❽ Ein *File Mount* bestimmt die Zugriffsberechtigung auf einen Ordner im Dateisystem, der meist ein Teilbereich innerhalb des Bereiches *fileadmin* ist (Abbildung 4.8). Um einen *File Mount* auswählen zu können, muss dieser zuerst angelegt werden. Dies können Sie entweder über das Plus-Zeichen von hier aus oder über das List-Modul auf der Root-Ebene durchführen. Der so konfigurierte Ordner steht dem Benutzer dann sowohl im Modul FILE, FILELIST als auch in den Dateiauswahlfenstern (beispielsweise beim Einfügen von Bildern) zur Verfügung.

Ein *File Mount* kann sowohl relativ als auch absolut gesetzt werden. Falls er relativ gesetzt wird, wird ein Unterbereich von *fileadmin* angegeben. Für einen Backend-Administrator ist automatisch der File Mount *fileadmin/* vergeben. Beachten Sie bitte den Schrägstrich am Ende. Falls Ordner von außerhalb des TYPO3-Bereiches oder sogar von außerhalb des DocumentRoot-Verzeichnisses des Webservers zur Verfügung gestellt werden sollen, geschieht dies über die Option *absolut*. Um einen solchen Ordner einbinden zu können, muss jedoch im Install Tool ein passender Pfad im Feld [BE][lockRootPath] eingetragen werden. Zusätzlich muss der Webserver-Benutzer (meist *www-data*) ausreichend Rechte für den Zugriff auf dieses Verzeichnis haben.

4.1 Backend-Benutzerverwaltung – Rechte

Achtung

Falls *safe_mode* oder andere Sicherheitseinschränkungen aktiviert sind, sind Zugriffe auf Ordner außerhalb des *DocumentRoot* in der Regel nicht möglich.

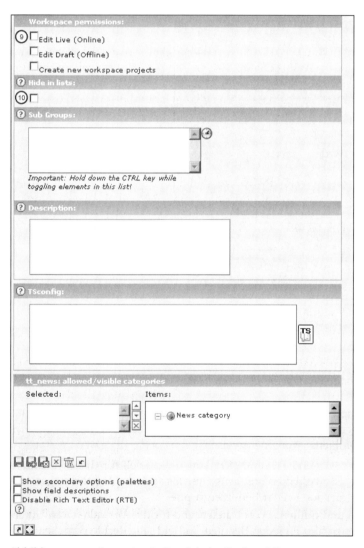

Abbildung 4.9: Der unterste Bereich der Backend-Benutzergruppen-Einstellungen

4 Das Backend – hinten rein

❾ Eine ausführliche Beschreibung der Workspaces finden Sie im Abschnitt *Versioning und Workspaces für das Team*, Seite 236.

❿ HIDE IN LISTS: Generische Gruppen, die beispielsweise TS Config-Einstellungen für alle anderen Gruppen beinhalten, sollen in der Regel nicht direkt ausgewählt werden können und werden durch diese Option für den Benutzer im Task Center oder bei der Zuordnung von Gruppen zu Seiten im Modul WEB, ACCESS unsichtbar.

Sobald die Benutzergruppen korrekt angelegt sind, ist das Anlegen von Benutzern und die Zuordnung der richtigen Benutzergruppen relativ einfach.

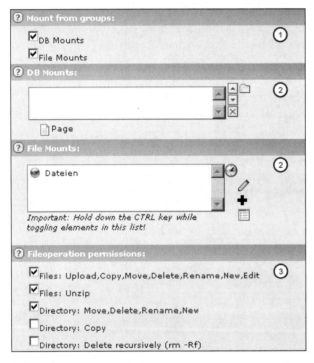

Abbildung 4.10: Ausschnitt aus dem Benutzerdatensatz

❶ Durch Auswahl dieser Häkchen werden die gewählten DB MOUNTS und FILE MOUNTS der zugeordneten Gruppen für den Benutzer übernommen. Dies entspricht der empfohlenen Vorgehensweise.

❷ Zusätzliche DB MOUNTS und FILE MOUNTS können speziell für diesen Benutzer hinzugefügt werden. Sowohl die Vorgehensweise als auch die Auswirkungen entsprechen der Konfiguration bei der Benutzergruppe.

❸ Für das Hochladen und Editieren von Dateien und für das Verwalten von Unterverzeichnissen können hier für jeden Benutzer individuelle Rechte vergeben werden. Die Beschreibung der Kästchen spricht für sich.

4.1 Backend-Benutzerverwaltung – Rechte

Tipp

Um die Auswirkungen der getätigten Konfiguration zu testen, öffnen Sie am besten einen weiteren Browser (nicht nur einen neuen Reiter oder ein Browserfenster desselben Browsers) und melden sich dort als der neu angelegte Redakteur an. Verändern Sie dann im ersten Browser (als Administrator angemeldet) die Konfiguration der entsprechenden Gruppen, und beobachten Sie im zweiten Browser sofort die resultierenden Änderungen.

Im Seitenbaum zuordnen

Nachdem die benötigten Benutzer und Benutzergruppen angelegt worden sind, müssen sie noch den entsprechenden Teilabschnitten im Seitenbaum zugeordnet werden. Dies wird im Modul WEB, ACCESS durchgeführt.

Die Möglichkeiten der Rechtevergabe sind eng an die Rechtestruktur auf einem UNIX/Linux-System angelehnt. Für jede Seite kann ein Besitzer und eine Gruppe angelegt werden. Darauf aufbauend werden die detaillierten Rechte vergeben. Seien Sie vorsichtig mit Rechten für *Everybody*. Jeder angemeldete Benutzer, der diese Seite innerhalb seines DB Mounts sehen kann, darf hier gewählte Aktionen durchführen.

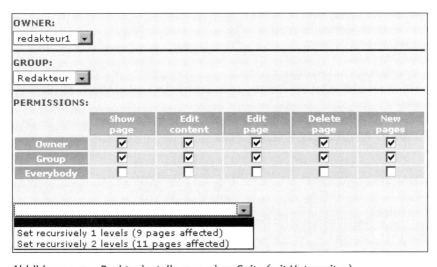

Abbildung 4.11: Rechteeinstellungen einer Seite (mit Unterseiten)

Um nicht für jede Seite extra die nötigen Einstellungen treffen zu müssen, können die gewählten Rechte einschließlich Benutzer und Benutzergruppe rekursiv für alle Unterseiten bis zu dem gewählten Niveau übernommen werden. Ein Administrator hat generell auf alle Seiten Vollzugriff.

4.1.2 Home-Verzeichnisse

Zusätzlich zu den oben beschriebenen Möglichkeiten für die Anlage von Arbeitsverzeichnissen für die Benutzer gibt es noch eine weitere (praktisch automatische) Möglichkeit: die sogenannten Home-Verzeichnisse. Diese von Linux bekannte Struktur bedeutet, dass es ein eigenes Verzeichnis für jeden Benutzer bzw. für jede Gruppe gibt. Somit kann auf einfache Weise und mit wenig Aufwand eine Ablagefläche für Dateien pro Benutzer/Gruppe vorgesehen werden. Dadurch wird auf elegante Weise verhindert, dass sich Benutzer gegenseitig ins Gehege kommen.

Als Grundlage ist eine entsprechende Konfiguration im Install Tool nötig. Die Felder [BE][userHomePath] und [BE][groupHomePath] definieren das Basisverzeichnis für Home-Verzeichnisse. Die hier angegebenen Pfade müssen den im Feld [BE][lockRootPath] angegebenen Pfad enthalten.

Sie müssen natürlich wiederum sicherstellen, dass die angegebenen Verzeichnisse tatsächlich existieren und die nötigen Zugriffsberechtigungen für den Webserver (meist *www-data*) bestehen.

Listing 4.1: Pfadangaben für beispielhafte Home-Verzeichnisse

```
/pfad_zu_lockRootPath/groups/1_basisredakteur/
/pfad_zu_lockRootPath/groups/2/
/pfad_zu_lockRootPath/users/1_admin/
/pfad_zu_lockRootPath/users/3/
```

Die oben aufgelisteten Verzeichnisse könnten durch folgende Konfigurationen (entnommen aus der Datei *typo3conf/localconf.php*, geschrieben vom Install Tool) angesprochen werden:

Listing 4.2: Ausschnitt der localconf.php

```
$TYPO3_CONF_VARS['BE']['lockRootPath'] = '/pfad_zu_lockRootPath/';
$TYPO3_CONF_VARS['BE']['userHomePath'] = '/pfad_zu_lockRootPath/users/';
$TYPO3_CONF_VARS['BE']['groupHomePath'] = '/pfad_zu_lockRootPath/groups/';
```

Die Namen der Verzeichnisse für die Benutzer und Gruppen bestehen im einfachsten Fall aus der UID. Falls Sie in der Verzeichnisstruktur auf den ersten Blick erkennen wollen, welcher Gruppe bzw. welchem Benutzer die Unterverzeichnisse zugeordnet sind, können Sie zusätzlich, durch einen Unterstrich getrennt, den Namen der Gruppe bzw. des Benutzers hinzufügen. Das hat natürlich zur Folge, dass Sie bei einer Änderung des Namens auch das zugehörige Verzeichnis anpassen müssen.

4.1.3 Überblick behalten

Damit Sie bei einer ganzen Reihe von Benutzern und Benutzergruppen nicht den Überblick verlieren, können Sie mit dem Modul TOOLS, USER ADMIN arbeiten. Hier können Sie alles auf einen Blick betrachten.

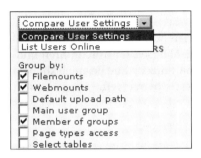

Abbildung 4.12: Weitere Informationen zu den Benutzern anzeigen

Durch einen Klick auf das Icon zum Wechseln des Benutzers können Sie direkt in die Maske des ausgewählten Benutzers wechseln, um die getätigten Einstellungen zu kontrollieren.

Das rot hinterlegte Symbol ermöglicht nach Abschluss der Kontrolle ein Zurückwechseln auf den aktuellen (Administrator-)Benutzer; beim normalen Benutzerwechsel hingegen verlieren Sie die vorige Session, müssen sich also nach Verlassen des simulierten Benutzers neu als Administrator anmelden. Dies ist beispielsweise in einer Schulung angebracht, wenn Sie nicht möchten, dass der Benutzer die Möglichkeit hat, zur Administrator-Session zurückzuwechseln.

Abbildung 4.13: Zum Benutzer wechseln

4.2 TypoScript-Konfiguration (TSconfig)

Analog zur Frontend-Konfiguration per TypoScript können Sie auch im Backend viele Einstellungen mittels TypoScript konfigurieren. Die Syntax gleicht dem Frontend. Im Backend können Sie allerdings keine Konstanten (*constants*) oder Bedingungen (*conditions*) nutzen.

Es wird zwischen *Page TSconfig* und *User TSconfig* unterschieden. Wie die Namen schon andeuten, wird Page TSconfig auf Seitenebene konfiguriert und User TSconfig auf Benutzerebene. Beide sind vererbbar und können überschrieben werden. Mehr dazu folgt in den jeweiligen Unterkapiteln. Manche Einstellungen können sowohl im

Page TSconfig als auch im User TSconfig gesetzt werden. In diesem Fall überschreiben Angaben im User TSconfig die Angaben im Page TSconfig.

Tipp

Falls Sie eine ganze Reihe von projektweiten Einstellungen durchführen wollen, ist es ziemlich unkomfortabel, diese in den Backend-Feldern zu verwalten. Wir empfehlen, diese Konfigurationen mittels einer eigenen Extension in Text-Dateien auszulagern. Dadurch können Sie die Bearbeitung mit Ihrem Lieblingseditor durchführen und beispielsweise Versionierungssysteme nutzen. Ein Beispiel können Sie anhand der Extension abz_eff_tsconfig betrachten.

Listing 4.3: Einbindung von TSConfig-Angaben aus externen Textdateien

```
// add default page TSconfig
t3lib_extMgm::addPageTSConfig('<INCLUDE_TYPOSCRIPT:
source="FILE:EXT:abz_eff_tsconfig/tsconfig_page.txt">');
// add default user TSconfig
t3lib_extMgm::addUserTSConfig('<INCLUDE_TYPOSCRIPT:
source="FILE:EXT:abz_eff_tsconfig/tsconfig_user.txt">');
```

Achtung

Falls Sie mehrere Extensions installiert haben, die diesen Weg nutzen, werden bei Überschneidungen die Einstellungen der in der Extension-Liste zuletzt genannten Extensions verwendet. Die Extension-Liste können Sie in der Datei *typo3conf/localconf.php* in der Variablen $TYPO3_CONF_VARS['EXT']['extList'] einsehen.

Einstellungen, die in das Feld für User TSconfig bei dem Datensatz für den Benutzer oder die Benutzergruppen geschrieben werden, haben nochmals Priorität.

4.2.1 Page TSconfig

Konfigurationen zu *Page TSconfig* werden im Feld TSCONFIG in den Seiteneigenschaften gesetzt, oft global auf der obersten Seite, da sie für alle Unterseiten genauso gelten sollen. Durch Setzen von Konfigurationen auf Unterseiten können diese Werte explizit überschrieben werden. Definierte Werte gelten also immer auf der aktuellen Seite und auf allen innerhalb dieser Seite aufgehängten Unterseiten auf allen folgenden Ebenen.

Die aktuell gesetzten Einstellungen können Sie im Modul WEB, INFO für jede Seite des Seitenbaums betrachten. Falls Sie selbst noch keine Einstellungen vorgenommen haben, entsprechen diese den Standardeinstellungen, die von den installierten Extensions vorgenommen wurden. Sie können sich entweder das gesamte Page TypoScript oder nur einen Hauptbereich anzeigen lassen.

4.2 TypoScript-Konfiguration (TSconfig)

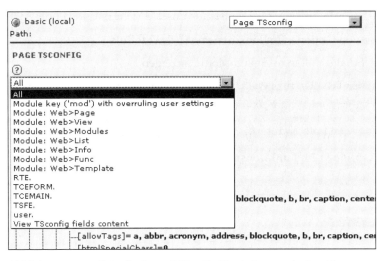

Abbildung 4.14: Aktuelle Page TSConfig-Einstellungen betrachten

Achtung

In diesem Abschnitt werden nur die aus unserer Sicht interessantesten Konfigurationsmöglichkeiten besprochen. Eine detaillierte Übersicht entnehmen Sie bitte der Dokumentation *doc_core_tsconfig*. Einen Hinweis darauf finden Sie auch am Ende dieses Kapitels.

Sie können Einstellungen nach Hauptbereichen (auch *TLO – Top Level Object* genannt) gegliedert vornehmen:

mod (Module)

Hier werden Konfigurationen für die Backend-Module vorgenommen. Die Syntax folgt der Struktur mod.[module_name].[property]. Die entsprechenden Modulnamen finden Sie in der Datei *conf.php* in der jeweiligen Extension in der Variable $MCONF['name'].

Achtung

Auch im Bereich User TSconfig können hierfür Einstellungen vorgenommen werden. Die Einstellungen im User TSconfig haben dabei Priorität. Beachten Sie bitte bei Einstellungen in diesem Bereich immer auch die dort konfigurierten Werte.

Die interessantesten Einstellungsmöglichkeiten aus unserer Sicht sind folgende:

- das Ausblenden von Optionen im Funktionsmenü der Module
- nur eingesetzte Inhaltsspalten im Seiten-Modul anzeigen
- Einschränkung der Tabellen für neue Datensätze
- weitere hilfreiche Ansichten im Extension Manager einblenden

Sie werden im Folgenden kurz erläutert.

Ausblenden von Optionen im Funktionsmenü der Module

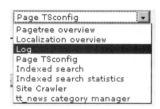

Abbildung 4.15: Info-Menü, noch vollständig

Um z. B. den Punkt LOG des Funktionsmenüs im Modul INFO auszublenden, ist folgende Konfiguration nötig:

Listing 4.4: Menüpunkt ausblenden

```
mod.web_info.menu.function.tx_belog_webinfo = 0
```

Dabei müssen Sie wissen, dass besagter Menüpunkt dem Modul WEB, INFO (interner Schlüssel web_info) zugeordnet ist und den Schlüssel tx_belog_webinfo hat. Die Modulzuordnung ist recht klar, schließlich ist der Menüpunkt überhaupt nur verfügbar, wenn man gerade im entsprechenden Modul arbeitet. Den Schlüssel finden Sie am besten durch einen Blick in den Quellcode des Auswahlmenüs heraus. Dort entspricht der Eintrag im Attribut *value* der Option dem Namen des gewünschten Menüpunktes. Die Anzahl der verfügbaren Optionen hängt natürlich davon ab, welche Extensions Sie installiert haben.

Listing 4.5: HTML-Quellcode des Funktionsmenüs

```
<select name="SET[function]"
onchange="jumpToUrl('index.php?&amp;id=0&amp;SET[function]='+this.options[this.select
edIndex].value,this);">
    <option value="tx_cms_webinfo_page">Pagetree overview</option>
    <option value="tx_cms_webinfo_lang">Localization overview</option>
    <option value="tx_belog_webinfo">Log</option>
    <option value="tx_infopagetsconfig_webinfo" selected="selected">Page TSconfig
</option>
```

```
    <option value="tx_indexedsearch_modfunc1">Indexed search</option>
    <option value="tx_indexedsearch_modfunc2">Indexed search statistics</option>
    <option value="tx_crawler_modfunc1">Site Crawler</option>
    <option value="tx_ttnewscatmanager_modfunc1">tt_news category manager</option>
</select>
```

Achtung

Ein Ausblenden von Menüpunkten stellt noch keine Zugangskontrolle dar. Es werden lediglich nicht benötigte Punkte aus dem Auswahlmenü entfernt, um für die Benutzer ein intuitiveres Arbeiten zu ermöglichen.

Nur eingesetzte Inhaltsspalten im Seiten-Modul anzeigen
Bei vielen Projekten werden von den vier standardmäßig zur Verfügung stehenden Inhaltsspalten nur eine oder zwei benutzt. Um den Benutzer nicht unnötig zu verwirren, sollten alle unbenutzten Spalten ausgeblendet werden.

Spalte	interne ID
Left	1
Normal	0
Right	2
Border	3

Tabelle 4.1: Standardspalten und dazugehörige interne ID

Listing 4.6: Nur die Spalten Normal und Right werden angezeigt.

```
mod.SHARED.colPos_list = 0,2
```

Einschränkung der Tabellen für neue Datensätze
Sie können explizit angeben, welche Tabellen dem Benutzer für das Anlegen von neuen Datensätzen (im Dialog CREATE NEW RECORD oder als Icon in den Modulen WEB, PAGE und WEB, LIST) angeboten werden. Diese Einstellung greift jedoch nur für Tabellen, auf die der Benutzer bereits Schreibrechte hat.

Listing 4.7: Nur Datensätze der Tabellen pages und tt_content werden für eine Neuanlage angeboten.

```
mod.web_list.allowedNewTables = pages,tt_content
```

Weitere hilfreiche Ansichten im Extension Manager einblenden

Für Entwickler kann es sehr hilfreich sein, einen schnellen Überblick über Auswirkungen von Extensions eines Projekts zu haben. Benutzen Sie diese Optionen bitte mit Bedacht, da sie sehr viel Rechenleistung in Anspruch nehmen. Es kann durchaus zu einem Abbruch des PHP-Scripts durch eine Zeitüberschreitung kommen. Falls dies bei Ihnen passiert, wird der Extension Manager erst einmal unbrauchbar. Wechseln Sie in diesem Fall in die Benutzerverwaltung, und deaktivieren Sie die zusätzlichen Optionen. Danach sollten Sie den Extension Manager wieder verwenden können.

Listing 4.8: Aktivierung von Experten-Optionen

```
mod.tools_em.allowTVlisting = 1
```

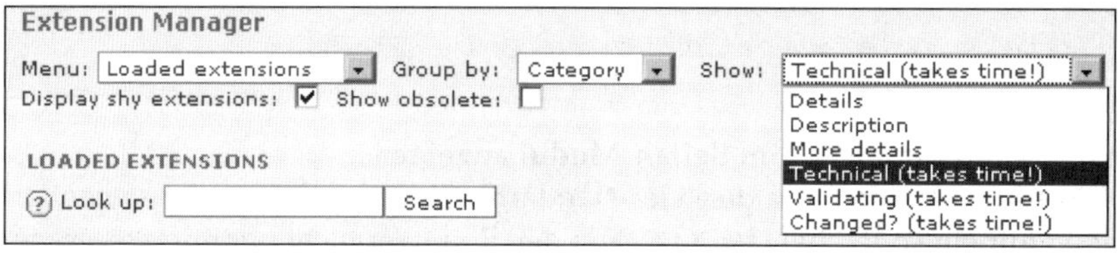

Abbildung 4.16: Zusätzliche Optionen im Extension Manager für Entwickler

RTE

Dieser Bereich enthält die Konfigurationen für den *Rich Text Editor* (RTE). Eine Anpassung der Konfiguration an die Projektanforderungen ist sehr zu empfehlen, da normalerweise der größte Teil des Inhalts der Webseite über RTE-Felder gepflegt wird. Um dem Redakteur das Leben möglichst einfach zu machen, sollten im RTE nur die Felder eingeblendet werden, die nötig sind. Für den individuellen Bedarf können spezielle Formatierungsmöglichkeiten konfiguriert werden. Da die Konfiguration in Zusammenhang mit dem verwendeten RTE steht und es dabei eine Reihe weiterer Dinge zu beachten gilt, verweisen wir hier auf den Abschnitt *rtehtmlarea und weitere Rich-Text-Editoren*, Seite 612.

TCEMAIN

Hier werden Konfigurationen für die *TCE* (TYPO3 Core Engine) vorgenommen. Die *TCE* ist die Schnittstelle zwischen Backend und Datenbank, über die praktisch die komplette Datenbearbeitung abgewickelt wird. Dies beinhaltet Tätigkeiten wie anlegen, editieren, verschieben, löschen usw.

Die interessantesten Einstellungsmöglichkeiten aus unserer Sicht sind:

- den Cache von bestimmten Seiten löschen, falls Datensätze an anderer Stelle verändert wurden
- Benutzer, Gruppen und Rechte für neue Seiten festlegen
- Kopieroptionen festlegen

Sie werden im Folgenden kurz erläutert.

4.2 TypoScript-Konfiguration (TSconfig)

Cache von bestimmten Seiten löschen, falls Datensätze an anderer Stelle verändert wurden
TYPO3 löscht in der Standardkonfiguration automatisch den Cache einer Seite, sobald ein Element auf dieser Seite verändert wird. Beim Einsatz von Datensätzen wie z. B. bei tt_news liegen diese News-Datensätze jedoch häufig auf anderen Seiten als in der Darstellung im Frontend. Zum Beispiel werden Latest News auf der Startseite angezeigt, und bei einer Änderung von News muss der Cache der Startseite gelöscht werden, um die Änderung, die im News-Bereich durchgeführt wurde, sofort sichtbar zu machen. Mit unserem Beispiel-Code wird der Cache der Seiten mit der Seiten-*uid* 3 und 67 gelöscht, sobald Datensätze in der aktuellen Seite bearbeitet wurden. Somit spiegeln auch die Seiten 3 und 67 sofort den aktuellen Stand wider, obwohl auf den Seiten selbst keine Veränderungen vorgenommen wurden.

Listing 4.9: Cache von weiteren Seiten löschen

```
TCEMAIN.clearCacheCmd = 3,67
```

Benutzer, Gruppen und Rechte für neue Seiten festlegen
Neu angelegten oder kopierten Seiten können Sie direkt Benutzer, eine Gruppe und gewünschte Rechte zuweisen. Ohne explizite Definition werden der neuen Seite der aktuelle Benutzer und seine Hauptgruppe zugewiesen. Eine Konfiguration dieser Einstellungen ist vor allem dann sinnvoll, wenn Sie als Administrator Seiten anlegen, die dann aber von normalen Redakteuren bearbeitet werden sollen.

Listing 4.10: Benutzerrechte von neuen Seiten definieren

```
TCEMAIN {
   permissions.userid = 2
   permissions.groupid = 3
   user = show,edit,delete,new,editcontent
   group = show,edit,new,editcontent
   everybody = show
}
```

Durch diese Konfiguration wird der neuen Seite der Benutzer mit der *uid* 2 und die Gruppe mit der *uid* 3 zugewiesen. Die Rechte entsprechen den gesetzten Häkchen im Modul WEB, ACCESS.

Die standardmäßige Einstellung lautet:

Listing 4.11: Standardeinstellung der Rechte

```
user = show,edit,delete,new,editcontent
group => show,edit,new,editcontent
everybody =
```

4 Das Backend – hinten rein

Tipp

Sie können die gewünschten Rechte auch als Integer-Zahl setzen. Die Zahl zeigt an, welche Bits an Rechten gesetzt sind. Eine Addition der einzelnen Zahlen ergibt den aktuellen Status. Die Rechte show, delete und edit ergeben somit die Zahl 7.

```
show=1
edit=2
delete=4
new=8
editcontent=16
```

Dadurch können alle beliebigen Kombinationen an Rechten gesetzt werden.

Kopieroptionen festlegen

Sie können für Datensätze allgemein (default) oder für Datensätze von definierten Tabellen (z. B. table.tt_content) festlegen, dass die kopierte Seite nicht versteckt sein soll. Auch das dem Titel vorangestellte *(copy)* kann unterdrückt werden.

Listing 4.12: Kopieroptionen für Datensätze der Tabelle tt_content festlegen

```
TCEMAIN.table.tt_content {
    disablePrependAtCopy = 1
    disableHideAtCopy = 1
}
```

TCEFORM

In diesem Bereich können die Formulare des Backends an individuelle Bedürfnisse angepasst werden. Die generelle Syntax lautet [tablename].[field]. Sie ist sehr gut mit der $TCA vergleichbar und überschreibt dort getätigte Einstellungen.

Mögliche Elemente für Auswahlfelder einschränken

Sie können aus Auswahlfeldern, die über das $TCA definiert sind, einzelne Elemente bewusst entfernen. Beispielsweise können Sie die umfangreiche Liste der von TYPO3 zur Verfügung gestellten Inhaltselemente oder Seitentypen auf die für das Projekt nötigen einschränken. Die im Listing hervorgehobenen Bezeichnungen entsprechen den Feldnamen in den Tabellen.

Listing 4.13: Elemente aus Auswahllisten entfernen

```
TCEFORM.tt_content.CType.removeItems = search,login,div,script
TCEFORM.pages.doktype.removeItems = 255
```

4.2 TypoScript-Konfiguration (TSconfig)

Die Schlüssel der Inhaltselemente können Sie auch hier dem HTML-Quelltext entnehmen. Öffnen Sie dazu beispielsweise ein Inhaltselement in der Bearbeitungsmaske, und analysieren Sie den Quellcode des Auswahlfeldes für den Inhaltstyp.

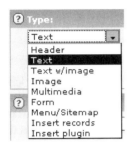

Abbildung 4.17: Auswahlfeld für den Inhaltstyp

Listing 4.14: Mögliche Inhaltstypen eines normalen Projekts

```
<select name="data[tt_content][9][CType]" class="select">
   <option value="header" selected="selected">Header</option>
   <option value="text">Text</option>
   <option value="textpic">Text w/image</option>
   <option value="image">Image</option>
   <option value="multimedia">Multimedia</option>
   <option value="mailform">Form</option>
   <option value="menu">Menu/Sitemap</option>
   <option value="shortcut">Insert records</option>
   <option value="list">Insert plugin</option>
</select>
```

Seitentyp umbenennen
Sie wollen dem Seitentyp *SysFolder* einen Namen geben, der dem Benutzer einleuchtet. Dabei können Sie direkt auf die Mehrsprachigkeitsfunktionalitäten von TYPO3 zurückgreifen.

Listing 4.15: Überschreiben von Bezeichnungen; Möglichkeit der Mehrsprachigkeit

```
TCEFORM.pages.doktype.altLabels.254 = Ordner für Systemdaten
TCEFORM.pages.doktype.altLabels.254 =
LLL:EXT:ihreExtension/locallang_db.php:altLabel.sysFolder
```

Hintergrundwissen und Funktionsprinzip zur Mehrsprachigkeit in TYPO3 finden Sie im Abschnitt *Sprachvielfalt durch Lokalisierung L10n, UTF8*, Seite 293.

Ein detailliertes Beispiel zur Anpassung von Texten finden Sie im Abschnitt *Label überschreiben*, Seite 531.

TSFE

Dieser Bereich enthält derzeit nur zwei Konfigurationsmöglichkeiten, die unter Umständen beide sehr hilfreich sein können:

- Frontend-Session an andere Domain weitergeben
- Konfigurationen für Frontend und Backend gemeinsam nutzen

Frontend-Session an andere Domain weitergeben

Falls Sie Verweise auf andere Seiten innerhalb Ihrer TYPO3-Datenbank im Bereich von verschiedenen Domains mit Hilfe von `jumpUrls` realisieren, können Sie einen Transfer der aktuellen Session des Frontend-Besuchers erzwingen. Ansonsten würde ein angemeldeter Besucher zwangsabgemeldet, da Frontend-Sessions in TYPO3 domainbasiert sind.

Listing 4.16: Die Frontend-Session wird mit übertragen.

```
TSFE.jumpUrl_transferSession = 1
```

Konfigurationen für Frontend und Backend gemeinsam nutzen

Es gibt Szenarien, in denen Sie abhängig von der Position des Seitenbaums unterschiedliche Konfigurationen für ein Backend-Modul durchführen möchten. Falls Sie dieselbe Unterscheidung auch für die Darstellung im Frontend benötigen, können Sie dies durch das Objekt *constants* erreichen.

Listing 4.17: Angabe von Werten für Frontend und Backend gleichzeitig

```
TSFE.constants {
    websiteConfig.id = 123
    weitereAngabe = 0
}
```

Im Frontend können Sie, wie in TypoScript üblich, mittels `{$websiteConfig.id}` auf den Wert zugreifen. Auch in Ihrem Backend-Modul greifen Sie wie gewohnt auf die Werte zu.

Listing 4.18: Zugriff auf die Konfiguration im Backend

```
$PageTSconfig = t3lib_BEfunc::getPagesTSconfig($this->pObj->id);
$websiteID = $PageTSconfig['TSFE.']['constants.']['websiteConfig.']['id'];
```

Objekt tx_[extKey] statt Objekt user verwenden

Das Objekt *user* ist veraltet und sollte nicht mehr benutzt werden. Für von Ihnen definierte Einstellungen in TSconfig, z. B. für die Konfiguration von eigenen Modulen, nutzen Sie bitte die Syntax `tx_[extKey]`. Hierbei wird der Extension Key ohne Unterstriche geschrieben.

> **Tipp**
> Alle relevanten Einstellungen an Page TypoScript für die aktuelle Seite können Sie mit Hilfe des letzten Punktes in der Auswahlliste für das Page TypoScript im Modul WEB, INFO einsehen: VIEW TSCONFIG FIELDS CONTENT.

4.2.2 User TSconfig

User TSconfig können Sie sowohl für Benutzer als auch für Benutzergruppen definieren. Falls Sie dem Benutzer mehrere Gruppen zugewiesen haben, werden die Einstellungen der Gruppen akkumuliert, Rechte addieren sich also. Die zuletzt eingebundene Gruppe überschreibt Werte der vorher eingebundenen Gruppen, Einstellungen im Benutzer überschreiben diejenigen der Gruppen.

Um allgemeine Standardeinstellungen für alle Benutzer zu setzen, ohne dafür Gruppen anzulegen, können Sie die API-Funktion `t3lib_extMgm::addUserTSconfig()` wie am Anfang des Abschnitt *TypoScript-Konfiguration (TSconfig)*, Seite 219, beschrieben nutzen.

Listing 4.19: Beispielhafte Grundeinstellung für User TSconfig (in einer Textdatei)

```
# show adminPanel and edit icons
admPanel {
   enable.edit = 1
   module.edit.forceNoPopup = 1
   module.edit.forceDisplayFieldIcons = 1
   module.edit.forceDisplayIcons = 0
   hide = 1
}
# allow to clear all cache
options {
   clearCache.all = 1
   clearCache.pages = 1
}

# allow resizing of navigation frame always
# you could set default instead of override also
setup.override {
   navFrameResizable = 1
   titleLen = 40
   copyLevels = 3
   recursiveDelete = 0
}
```

Über das Modul TOOLS, USER ADMIN können Sie die letztendlich resultierenden Einstellungen für jeden Benutzer kontrollieren, indem Sie das Häkchen bei TSCONFIG setzen.

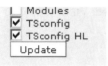

Abbildung 4.18: TSConfig-Einstellungen anzeigen lassen

Sie können Einstellungen nach Hauptbereichen (auch *TLO – Top Level Object* genannt) gegliedert vornehmen. Im Folgenden stellen wir die Hauptbereiche kurz vor.

admPanel

Hier werden Einstellungen bezüglich des Frontend-*Admin Panels* getroffen. Falls normalen Redakteuren ein Frontend-Editing ermöglicht werden soll, bietet sich eine Einstellung an, bei der die Bearbeitungsstifte und Eingabemöglichkeiten angezeigt werden, das Admin Panel selbst jedoch ausgeblendet ist.

Listing 4.20: Mögliche Einstellung für einfaches Frontend-Editing bestehender Datensätze

```
admPanel {
    enable.edit = 1
    override.edit.displayFieldIcons = 1
    override.edit.displayIcons = 1
    hide = 1
}
```

Achtung

Um die Möglichkeiten des Admin Panels im Frontend zu nutzen, muss dieses erst generell durch die entsprechende Einstellung im regulären TypoScript ermöglicht werden:

config.admPanel = 1

page.config.admPanel = 1 (bei einem Einsatz von Frames)

Sie können festlegen, welche Teile des Admin Panels für den Benutzer verfügbar sein sollen.

4.2 TypoScript-Konfiguration (TSconfig)

Listing 4.21: Einzelne Bereiche des Admin Panels freischalten

```
admPanel.enable {
   preview = 0
   cache = 1
   publish = 0
   edit = 1
   tsdebug= 0
   info = 1
}
```

Falls Sie dies für sinnvoll erachten, können Sie mit Hilfe von `override` sogar die einzelnen Einstellungen im Admin Panel fest belegen. Klappen Sie alle Bereiche des Admin Panels auf, um den Zusammenhang zwischen den Einstellungen und den Parametern zu sehen.

Listing 4.22: Beispielkonfiguration mit allen verfügbaren Parametern

```
admPanel.override {
   preview = 1
   preview.showHiddenPages = 0
   preview.showHiddenRecords = 0
      //value must be timestamp
   preview.simulateDate = 0
      //value must be id of FE usergroup
   preview.simulateUserGroup = 1

   cache = 1
   cache.noCache = 1
   #cache.clearCacheLevels = 0

   publish = 1
   publish.levels = 1

   edit = 1
   edit.displayFieldIcons = 1
   edit.displayIcons = 0
   edit.editFormsOnPage = 0
   edit.editNoPopup = 0

   tsdebug = 1
   tsdebug.tree = 0
   tsdebug.displayTimes = 0
   tsdebug.displayMessages = 0
   tsdebug.LR = 0
   tsdebug.displayContent = 0
   tsdebug.displayQueries = 0
   tsdebug.forceTemplateParsing = 0

}
```

Tipp

Falls manche Redakteure nur im Frontend arbeiten und gar nicht mit dem Backend in Berührung kommen, können Sie das Login durch einen Link (möglicherweise mit einem kleinen Login-Icon) auf der Webseite erreichen. Nach dem Login ist der Benutzer direkt im Frontend-Editing:

```
<a href="typo3/index.php?redirect_url=../">Login Edit</a>
```

options

In diesem Bereich bietet sich Ihnen eine Sammlung von verschiedensten Einstellmöglichkeiten für das Arbeiten im Backend. Eine Auflistung aller Parameter können Sie in der Core-Dokumentation *doc_core_tsconfig* einsehen. Besonders interessant aus unserer Sicht sind:

- `RTEkeyList`:

  Benutzerdefinierte Liste der verfügbaren Buttons für den RTE. Damit können die generellen Einstellungen im Page TSconfig noch mal speziell für einzelne Benutzer angepasst werden. Dies wird hauptsächlich benutzt, um einzelnen Redakteuren aufgrund ihrer Rechte oder der Übersichtlichkeit halber weniger Buttons anzuzeigen.

- `clearCache`:

  Durch `options.clearCache.pages = 1` erhält der Benutzer die Möglichkeit, explizit den Cache einer Seite zu löschen. `options.clearCache.all = 1` ermöglicht das Leeren des Caches für alle Seiten.

- `shortcutFrame`:

  Hierdurch wird die Anzeige des Bereiches ganz unten auf dem Bildschirm gesteuert. Dieser enthält die Suche und die Auswahlliste für Workspaces.

- `saveDocNew`:

  Der Button SAVE AND CREATE NEW wird angezeigt. Dies kann auch explizit nur für einzelne Tabellen eingestellt werden (`options.saveDocNew.[table]`).

Abbildung 4.19: Speichern und sofort neuen Datensatz erzeugen

- `disableDelete`:

  Der Button DELETE wird ausgeblendet. Dies kann auch explizit nur für einzelne Tabellen eingestellt werden (`options.disableDelete.[table]`).

4.2 TypoScript-Konfiguration (TSconfig)

Abbildung 4.20: Der Löschbutton kann ausgeblendet werden

- createFoldersInEB:

    Im Element-Browser wird dem normalen Benutzer die Möglichkeit angeboten, neue Dateiordner anzulegen. Der Administrator hat diese Möglichkeit immer.

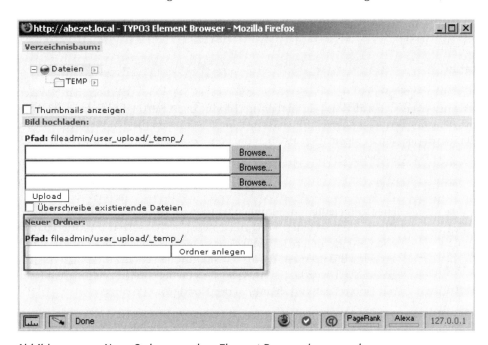

Abbildung 4.21: Neue Ordner aus dem Element Browser heraus anlegen

Hier sehen Sie eine Sammlung von Einstellungen, die nach Meinung der Autoren sinnvoll sind:

Listing 4.23: Sinnvolle Grundeinstellung für den Bereich options

```
options {
   clearCache.all = 1
   clearCache.pages = 1
      //shortcut frame for each BE-user
   shortcutFrame = 1
   shortcut_onEditId_keepExistingExpanded = 1
   saveDocNew = 1
#  saveDocNew.[table] = 1 or top
   createFoldersInEB = 1
```

```
    //modify context Menus
# contextMenu.pageTree.disableItems = view, edit
# contextMenu.options.alwaysShowClickMenuInTopFrame = 1
}
```

mod

Einstellungen aus dem Page TSconfig-Bereich *mod* können hier für einzelne Benutzer gezielt überschrieben werden. Detaillierte Angaben zum Bereich *mod* finden Sie im Abschnitt *Page TSconfig*, Seite 220, oder direkt in der Core-Dokumentation *doc_core_tsconfig*.

setup

Einstellungen können als setup.defaults oder setup.override vorgenommen werden und beziehen sich auf Konfigurationen im Modul USER, SETUP. Diese kann im Normalfall jeder Benutzer speziell für sich einstellen. Es können für den Benutzer sowohl Standardeinstellungen getroffen als auch die vom Benutzer vorgenommenen Einstellungen überschrieben werden.

Achtung

Hier festgelegte Einstellungen werden im Benutzerprofil gespeichert. Wenn Sie also einen Wert mit setup.override setzen und ihn später wieder entfernen möchten, reicht es nicht, einfach die Konfiguration wieder zu entfernen, da die Einstellung ja schon im Benutzerprofil gespeichert wurde. Sie müssen die gewünschte Einstellung explizit mit einem Leerwert (blank) in der Konfiguration setzen.

Sie sehen hier eine sinnvolle Grundeinstellung. Falls Sie die von Ihnen letztendlich gewählte Einstellung für so gut halten, dass der Benutzer sie nicht mehr ändern können soll, blenden Sie einfach das Modul USER, SETUP nicht für ihn ein.

Listing 4.24: Sinnvolle Grundeinstellung für den Bereich setup

```
setup.default {
  thumbnailsByDefault = 1
  startInTaskCenter = 0
  helpText = 1
  titleLen = 40
  edit_docModuleUpload = 1
  copylevels = 5
  recursiveDelete = 0
  neverHideAtCopy = 0
  disableTabInTextarea = 0
}
```

4.2 TypoScript-Konfiguration (TSconfig)

```
setup.override {
...navFrameResizable = 1
}
```

TCAdefaults.[tablename].[field]

Sie können für verschiedene Benutzer unterschiedliche Standardwerte für alle im $TCA definierten Felder setzen. Da auch an anderen Stellen Standardwerte gesetzt werden können, ist es wichtig, die gültige Reihenfolge dieser Werte für neue Datensätze zu beachten. In der Auflistung überschreiben spätere Punkte jeweils die vorhergehenden:

- Defaultwert im $TCA
- Defaultwert aus TCAdefaults (die aktuell besprochenen Einstellungen)
- Werte aus defVals in GET-Variablen (siehe *alt_doc.php*)
- Werte des vorhergehenden Datensatzes laut useColumnsForDefaultValues in $TCA['ctrl']

Falls der aktuelle Benutzer keinen Zugriff auf das entsprechende Feld hat (z. B. weil es nicht zu seiner Liste der ALLOWED EXCLUDEFIELDS: hinzugefügt wurde), wird entsprechend nur auf folgende Einstellungen zurückgegriffen:

- Defaultwert im $TCA
- Defaultwert aus TCAdefaults (die aktuell besprochenen Einstellungen)

In diesem Fall werden also die hier definierten Standardwerte definitiv in die Datenbank gespeichert werden, da der Benutzer gar keine Änderungsmöglichkeiten hat. Dies kann z. B. sehr sinnvoll bei der Sichtbarkeitseinstellung von neu angelegten Seiten sein.

Listing 4.25: Seiten, Inhaltselemente und News sind beim Erstellen erst mal versteckt.

```
TCAdefaults {
   pages.hidden = 1
   content.hidden = 1
   tt_news.hidden = 1
}
```

user / tx_[extKey]

Das Objekt *user* ist veraltet und sollte nicht mehr benutzt werden. Für von Ihnen definierte Einstellungen in TSconfig, z. B. für die Konfiguration von eigenen Modulen, nutzen Sie bitte die Syntax tx_[extKey]. Hierbei wird der Extension Key ohne Unterstriche geschrieben.

4.3 Versioning und Workspaces für das Team

4.3.1 Einführung

Teamarbeit und Freigabemechanismen in TYPO3

Die seit der TYPO3-Version 4.0 verfügbaren Workspaces bieten die Möglichkeit, Seiten und Inhalte zu bearbeiten, ohne dass die Änderungen sofort online sichtbar sind (der sogenannte LIVE WORKSPACE wird also nicht berührt). Dies kann vielfältige Anwendungsgebiete haben.

Zum einen gibt es die Möglichkeit, Inhalte, Seiten oder ganze Seitenbäume (*Branches*) für eine bestimmte Aktion komplett vorzubereiten, sie zeitgesteuert auszutauschen und sogar nach Ablauf der Aktion wieder zum Ursprungszustand zurückzukehren. Ein Beispiel wäre eine Veranstaltung oder eine Weihnachtsaktion. Das macht aber erst Sinn, wenn die Unterschiede umfangreich genug sind, denn einfache Inhalte und Seiten können ja bereits versteckt werden, und dies auch schon zeitgesteuert.

Die andere, viel üblichere Nutzung besteht darin, für die Bearbeitung einzelner Seiten oder ganzer Bereiche abgestufte Rechte zu vergeben. Das heißt, manche Redakteure können Inhalte vorbereiten, andere Redakteure müssen gegenlesen und freigeben, und unter Umständen kann es noch eine Instanz geben, die erst die finale Freigabe erteilen darf. Ein derart detaillierter Redaktions-Workflow war vor der Version 4.0 nicht verfügbar und kann nun verschiedene Stufen an Komplexität einschließen, die in den Workspaces einzeln konfigurierbar sind.

Workspaces basieren auf dem TYPO3-Versionierungssystem (*Versioning*), das sie erweitern. Selbst erstellte Extensions, die workspace-fähig sein sollen, müssen also auch Versionierung unterstützen. Deshalb werden im Folgenden erst einmal deren Grundzüge erläutert.

Hinweis

Wollen Sie tiefer in den TYPO3 Core einsteigen und suchen Sie noch detailliertere Informationen über Versionierung und Workspaces, lesen Sie bitte auch den Abschnitt *Versioning und Workspaces im Detail*, Seite 365.

Versionierung

Versionierung ist ein System, das für beliebige Datensätze (Seiten, Inhalte etc.) alle Änderungen nachvollziehbar mit einer Historie abspeichert und alte Zustände rekonstruierbar macht. Die Benutzeroberfläche für Versionierung (Extension version) ist in TYPO3 seit der Version 3.8 implementiert und bietet zumindest im Ansatz bereits ein System zur Organisation von Arbeitsabläufen.

4.3 Versioning und Workspaces für das Team

Datensätze, die versioniert werden können:

- *Element* = beliebiges Inhaltselement aus der Tabelle *tt_content* oder einer anderen Tabelle, die Versionierung unterstützt
- *Page* = Seite (inklusive abhängiger Elemente, die kopiert werden, z. B. Inhaltselemente, Sprachen) basierend auf der Tabelle *pages*
- *Branch* = Seitenbaum, also eine Seite mit Unterseiten und abhängigen Elementen bis zu einer eingestellten Tiefe

Welchen Versionstyp man nutzt, hängt davon ab, welche Art von Änderung man bezweckt.

Elements als einfachsten Typ verwenden Sie, wenn Sie nur an einer bestimmten Stelle Änderungen vornehmen wollen, deren Umgebung (PID, Sortierung etc.) jedoch unberührt bleibt. Das bedeutet, ein Verschieben in eine andere Seite oder ein Umsortieren wird in neuen Versionen dieses Typs nicht erfasst.

Dafür ist der Typ *Page* geeignet. Der Nachteil ist allerdings, dass beim Typ *Page* alle Unterelemente kopiert werden, neue IDs erhalten und ihren Bezug zum Original verlieren, was zur Folge haben kann, dass Referenzen darauf (z. B. TemplaVoila) sowie interne Links nicht mehr funktionieren.

Den Typ *Branch* nutzen Sie, wenn ganze Bereiche neu bearbeitet oder umsortiert werden sollen. Das Problem ist prinzipiell dasselbe wie beim Typ *Page*, denn auch hier werden alle mit-versionierten Unterelemente kopiert und erhalten neue IDs.

Neue Versionen der Typen *Element* oder *Page* können (z. B. durch Workspaces) automatisch erzeugt werden, oder es gibt (an den entsprechenden Stellen) die Option, mit CREATE NEW VERSION diese zu erzeugen. Einen neuen Branch hingegen müssen Sie immer manuell anlegen (Kontextmenü der entsprechenden Seite: *Versionierung*).

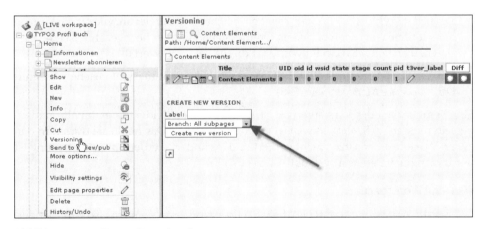

Abbildung 4.22: Neuen Branch anlegen

Befinden Sie sich innerhalb eines Branch, wird im Pfad der Token [#VEP#] zur Markierung der Branch Root angezeigt.

```
Versioning
  🗋 🗐 🔍 Search result
  Path: ...ontent Element.../Search [#VEP#]/Search result/
```

Abbildung 4.23: Pfad innerhalb eines Branch

Damit ein Datensatz versionierungsfähig ist, müssen in der entsprechenden Datenbanktabelle die Felder *t3ver_oid, t3ver_id, t3ver_wsid, t3ver_label, t3ver_state, t3ver_stage, t3ver_count, t3ver_tstamp* und *t3_origuid* vorliegen.

Der *Extension Kickstarter* von TYPO3 erzeugt diese Felder automatisch, wenn Sie bei einer neuen Extension das Häkchen bei ENABLE VERSIONING für jede Datenbanktabelle setzen. (Mehr zum Erstellen einer Extension erfahren Sie im Abschnitt *Kickstarter*, Seite 393.)

Hier eine Erläuterung der wichtigsten Tabellenfelder:

- Versionen, die nicht online sind, haben generell als PID den Wert -1 und in dem Feld *t3ver_oid* eine Referenz auf den Originaldatensatz, der derzeit online ist.

- In *t3ver_label* wird ein Label für die Version gespeichert. Es dient zur Hilfestellung für den Administrator/Redakteur, wird von TYPO3 automatisch erzeugt und kann editiert werden.

- Ist in dem Feld *t3ver_state* der Wert 2 gespeichert, weist dies darauf hin, dass das Element in einer neuen Version existiert und gelöscht wurde. Das heißt, im Moment des Online-Stellens wird ausgelöst, dass das Originalelement gelöscht wird. Der Wert 1 zeigt an, dass dieses Element online noch nicht zur Verfügung steht – dass es sozusagen neu erstellt wurde und im Moment des Publizierens live erzeugt wird.

- Der Lebenszyklus, der in *t3ver_count* gespeichert wird, zeigt an, wie oft die Version schon online war, denn bei jedem Online-Stellen wird er hochgezählt. Ist eine Version neu erstellt, also ein Entwurf, hat dieses Feld den Wert 0.

- *t3ver_wsid* = Workspace-ID und *t3ver_stage* = Bearbeitungsstufe (siehe Abschnitt *Der Workspace Manager*, Seite 245)

Eine Besonderheit der Versionierung ist, dass Datenbankfelder, deren Inhalte eindeutig sein müssen (z. B. *alias, username*) geschützt werden. Das heißt, sie dürfen in den neuen Versionsdatensätzen nicht kopiert und verändert werden, eine Bearbeitung ist nur im Original-Datensatz erlaubt.

Was sind Workspaces?

Der Begriff *Workspace* bedeutet »Arbeitsfläche«. Workspaces stellen also Bereiche dar, die getrennt voneinander bearbeitet werden können. Sie sind erst seit der TYPO3-Version 4.0 implementiert und lösen als Teamwerkzeug seither die komplizierte Arbeitsweise mit Versionierung durch einen verbesserten Ablauf des Workflows ab.

4.3 Versioning und Workspaces für das Team

Die Schwierigkeit bei der Arbeit mit der Versionierung bestand darin, dass der Benutzer keine transparente und übersichtliche Arbeitsweise für alle notwendigen Schritte zur Verfügung hatte. Er musste sich selbst um das Verstecken und die Versionierung der Elemente kümmern, obgleich dies die Arbeit eines einfachen Redakteurs an Komplexität weit überschreiten mag. Dieses Problem wurde in den Workspaces durch automatisierte Abläufe gelöst, wobei es sicher in den folgenden TYPO3-Versionen noch zu Verbesserungen kommen kann. Ein weiterer Vorteil ist die Möglichkeit, ein komplexes Berechtigungsmodell für die Freigabe von Seiten oder von ganzen Bereichen abzubilden.

Als Schwachpunkte bisher gilt zum einen, dass es noch keine übersichtliche Kontrolle der Veröffentlichungen gibt. Zum anderen sind einige Problemstellungen noch nicht zufriedenstellend gelöst, so ist beispielsweise ein Verschieben von Seiten mit äußerster Vorsicht bzw. nachfolgender Kontrolle durchzuführen. Der Grund ist, dass die Versionierung auf dem Ansatz aufbaut, dass Sie entweder ein Element versionieren (dann stimmen weiterhin alle Referenzen auf dieses Element, jedoch können Sie weder verschieben noch umsortieren) oder dass Sie sich für die Versionierung der Seite oder des ganzen Seitenbaumes entscheiden (dann behalten Sie die oben genannten Zuordnungen der Unterelemente zueinander, jedoch wird dies unter Umständen zu *broken links* führen, da die Unterelemente als Kopien erzeugt werden). Außerdem ist es immer ein gewisser Aufwand, einen Workspace zu konfigurieren und die Berechtigungen korrekt einzurichten, sodass der Aufwand zum Nutzen (Mindestumfang) abgewogen werden sollte.

Tipp

Workspaces können im Workspace Manager nicht wieder gelöscht werden. Das heißt, dem Anlegen der Workspaces sollte eine genaue Planung vorausgehen, damit die Übersichtlichkeit im Projekt erhalten bleibt. (Eine manuelle Löschung im List-Modul in der Root-Seite oder direkt in der Datenbank ist nicht zu empfehlen, da an vielen, nicht leicht ausfindig zu machenden Stellen darauf Verweise gesetzt wurden.)

Überblick

Es gibt drei Arten von Workspaces:

- LIVE Workspace (Default):

  Hier ist der Online-Status der Seiten zu sehen.

- DRAFT Workspace (Default):

  Standard-Entwurfs-Workspace

- USER Workspaces:

  Individuell erstellte und konfigurierte Workspaces

LIVE und DRAFT stehen in jedem Projekt standardmäßig zur Verfügung; die USER Workspaces sind individuell zu erstellen. Die Konfiguration der USER Workspaces kann durch den Workspace Manager erfolgen. Die entsprechenden Konfigurationsdatensätze liegen auf der Root-Seite, die Datenbanktabelle heißt *sys_workspace*. Es können beliebig viele USER Workspaces angelegt werden.

Der LIVE Workspace entspricht genau dem bisherigen Verhalten von TYPO3 ohne Verwendung des Workspace-Moduls. Jeder weitere Workspace ist initial identisch mit dem LIVE Workspace. Sobald sich jedoch etwas darin ändert, wird eine neue Version (des jeweiligen Inhaltselementes, der Seite oder des Seitenbaums) erzeugt. Änderungen müssen explizit veröffentlicht werden.

Hinweis

Im Folgenden werden der DRAFT und die USER Workspaces unter dem Sammelbegriff *Entwurfs-Workspaces* zusammengefasst.

Um die Workspaces anzusprechen oder zu erkennen (siehe später), ist es gut, ihre ID zur Verfügung zu haben: LIVE: id = 0, DRAFT: id = -1, alle USER Workspaces beginnen ab 1 aufwärts, sind also immer größer als 0.

Abbildung 4.24: Auswahl des Workspaces im unteren Frame

Die Auswahl des im Backend dargestellten Workspaces lässt sich durch das Auswahlfeld im Frame unten rechts bestimmen. Bei den selbst angelegten USER Workspaces wird vor dem Namen die ID angezeigt, und es werden nur die Workspaces zur Auswahl dargestellt, auf die der jeweilige Benutzer Zugriffsrecht hat.

Beim Wechsel in einen anderen Workspace wird die komplette Backend-Seite neu geladen, da in den unterschiedlichen Workspaces unterschiedliche Bearbeitungsmöglichkeiten und Module erlaubt sind. Die aktuelle Auswahl des Workspaces wird für den Benutzer gespeichert, d.h., nach einem erneuten Einloggen landen Sie im zuletzt gewählten Workspace.

Eigenschaften der Workspaces

LIVE Workspace
- Der Inhalt des LIVE Workspaces entspricht dem Online-Zustand.
- Benutzern und Gruppen muss explizit Zugriff gestattet werden (Einstellung in Benutzer- und Gruppendatensätzen).

- DB Mounts und File Mounts kommen aus den Benutzerprofilen.
- Es ist keine Kontrolle der Publizierung möglich.
- Module können freigegeben oder abgeschaltet werden (siehe Abschnitt *Tipps und Tricks*, Seite 270).

DRAFT Workspace
- Auch hier geschieht die Vergabe der Zugriffsrechte und der DB Mounts über die Einstellung in den Benutzer- und Gruppendatensätzen.
- Es sind keine File Mounts verfügbar, Dateizugriff ist nicht gestattet.
- Den Veröffentlichungsprozess können Sie über die Vergabe der Bearbeitungsstufen *Editing, Review, Reject & Publish* steuern.
- Publizieren können alle Benutzer mit Zugriff auf den LIVE Workspace.
- Automatische Versionierung und *Swapping* (Tausch gegen den LIVE Workspace) ist möglich.
- Alle Versionierungstypen (*Element, Page, Branch*) sind verfügbar.
- Module können (wie oben) freigegeben oder abgeschaltet werden.

USER Workspaces
- Die Zugriffsberechtigung wird im Workspace Manager vergeben. Es gibt 3 Berechtigungsstufen, die dem Redakteur über die Zugehörigkeit zu bestimmten Rollen (*Owner, Reviewer, Editor*) vergeben werden.
- DB Mounts sind konfigurierbar, als Standard gelten diejenigen der Benutzerdatensätze. Diese können Sie aber durch die in der Workspace-Konfiguration festgelegten DB Mounts überschreiben.
- Standardmäßig sind keine File Mounts verfügbar, da hier bei schlechter Konfiguration Zugriff auf den Online-Zustand möglich wäre. File Mounts können Sie jedoch in der Workspace-Konfiguration anlegen.
- Zeitgesteuerte Veröffentlichung und Tausch sind möglich (Cronjob).
- Fein abstimmbarer Veröffentlichungsprozess: Bestimmte Rollen (*Owner, Reviewer, Editor*) dürfen bestimmte Bearbeitungsstufen (*Editing, Review, Reject & Publish*) vergeben.
- Veröffentlichen dürfen alle Benutzer mit Zugriff auf den LIVE Workspace sowie die jeweiligen Workspace-Besitzer (*Owner*), selbst wenn sie keinen Zugriff auf den LIVE Workspace haben. Es gibt die Option, die Veröffentlichung auf Elemente mit der Bearbeitungsstufe *publish* zu beschränken.
- Automatische Benachrichtigungen bei Änderungen der Bearbeitungsstufen sind möglich.
- Automatische Versionierung und *Swapping* (Tausch gegen den LIVE Workspace) sind möglich, können aber jeweils deaktiviert werden.

- Alle Versionierungstypen (*Element, Page, Branch*) sind verfügbar, können aber einzeln deaktiviert werden.
- USER Workspaces können eingefroren werden (Deaktivierung).
- Module können (wie oben) freigegeben oder abgeschaltet werden.

Details zu all diesen Punkten lesen Sie in den folgenden Kapiteln.

Begriffsklärung

Folgende Begriffe werden im Folgenden häufig verwendet:

Swap und Publish

Die beiden Funktionen SWAP und PUBLISH haben beide die Auswirkung, die Entwurfs-Version online zu stellen.

Der Unterschied liegt darin, dass SWAP Austausch/Wechsel bedeutet, mit der Absicht, wieder zurückwechseln zu können. Die ursprüngliche Online-Version ist nun stattdessen im Entwurfs-Workspace vorhanden. Sie können zwei Versionen hiermit beliebig oft hin und wieder zurück tauschen. In der Konfiguration der Workspaces kann dies deaktiviert werden.

PUBLISH hingegen bedeutet, die Entwurfsversion zu veröffentlichen, d. h. online zu stellen und die bisherige Online-Version zu archivieren. Der Entwurfs-Workspace ist folglich aktuell, stimmt also mit dem LIVE-Zustand überein.

Das diff-Tool

Um Workspaces in allen Facetten nutzen zu können, sollten Sie das *diff*-Tool (farbige Darstellungsmöglichkeiten von Unterschieden in verschiedenen Versionen) installieren. Für Windows ist das Tool im Internet verfügbar[2]. Es zeigt die vorkommenden Unterschiede zweifarbig an, wobei in Rot der entfernte Inhalt und in Grün der hinzugefügte Inhalt dargestellt wird.

Dazu muss (unter Windows) die folgende Variable in der *localconf.php* auf den lokalen Wert gesetzt werden:

```
$TYPO3_CONF_VARS['BE']['diff_path'] = 'C:\Programme\GnuWin32\bin\diff.exe';
```

Achtung

Die Beschreibung im Install-Tool für [BE][diff_path] ist etwas irreführend. Im Gegensatz zu vielen anderen Konfigurationen wird hier zusätzlich zum Verzeichnispfad auch der Name der auszuführenden Datei (*diff.exe*) benötigt.

---

2 *diff Tool: http://unxutils.sourceforge.net oder http://gnuwin32.sourceforge.net/packages/diffutils.htm*

4.3 Versioning und Workspaces für das Team

4.3.2 Benutzerverwaltung und Rechtevergabe

Abbildung 4.25: Berechtigungen für die BE User

Die Backend-Benutzer bekommen Berechtigungen für die Bearbeitung einzelner Workspaces über den Benutzerdatensatz oder die Gruppenzugehörigkeit.

Die Berechtigungen für die Bearbeitung des LIVE- und des DRAFT Workspaces und für die Erstellung neuer Workspaces erteilen Sie hier:

Abbildung 4.26: Rechtevergabe im Benutzer- bzw. Benutzergruppendatensatz

Benutzer, die die Berechtigung EDIT LIVE haben, dürfen die Seiten wie bisher bearbeiten und damit auch veröffentlichen. Bei der Berechtigungsstufe EDIT DRAFT darf der Benutzer im Default-DRAFT-Workspace Änderungen vornehmen; für die Veröffentlichung muss er jedoch separat berechtigt werden. Die dritte Option, CREATE NEW WORKSPACE PROJECTS, erlaubt einem Nicht-Admin-Benutzer, neue Workspaces anzulegen. Dies kann er nur, wenn er auf das Workspace-Modul Zugriff hat.

Achtung

Ein Workspace-Besitzer darf Inhalte veröffentlichen, selbst wenn er keinen Zugriff auf den LIVE Workspace hat.

4 Das Backend – hinten rein

Den Zugriff auf Seiten erteilen Sie über DB MOUNTS bei dem Benutzer oder Benutzergruppendatensatz oder im Workspace-Datensatz sowie im *Access Modul*.

Weitere Berechtigungen für die USER Workspaces erfolgen im *Workspace Manager* über die Zugehörigkeit zu den Rollen *Owner*, *Member* und *Reviewer* (mehr Informationen dazu finden Sie im Abschnitt *Konfiguration der USER Workspaces*, Seite 256).

Die Berechtigungsvergabe ist somit grob verteilt:

- für die Standard-Workspaces LIVE und DRAFT über Benutzer und Gruppe
- für die einzelnen USER Workspaces im *Workspace Manager*

Eine Übersicht der vergebenen Berechtigungen erhalten Sie im Modul TOOLS, USER ADMIN mit Markierung der Checkboxen wie in Abbildung 4.27.

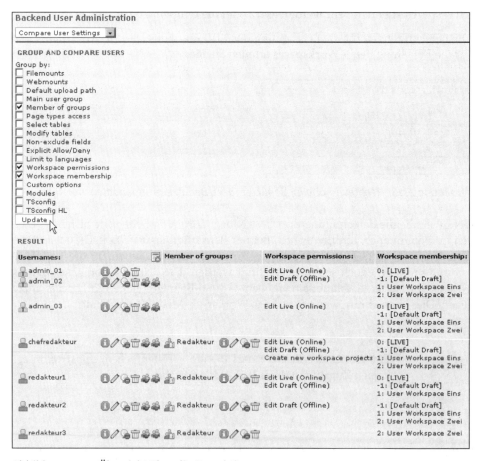

Abbildung 4.27: Übersicht über die Berechtigungen

4.3.3 Der Workspace Manager

Die Veröffentlichung von Unterschieden in den verschiedenen Workspaces an zentraler Stelle und die Verwaltung der Workspaces erfolgt im Modul *Workspace Manager*. Auf den beiden Reitern sind alle dafür notwendigen, teils sehr komplexen Funktionen gesammelt.

Workspaces und Versioning arbeiten eng zusammen, der Workspace Manager bietet die dafür notwendige Verwaltungsoberfläche. Die darin zur Verfügung gestellten Funktionen sind prinzipiell für die Bearbeitung durch den Administrator konzipiert, ein normaler Redakteur, der mit dieser Oberfläche eher überfordert sein wird, findet entsprechende Funktionen im Seiten- und List-Modul (siehe Abschnitt *Redaktionelles Arbeiten mit Workspaces*, Seite 263).

Review and Publish: Filter- und Veröffentlichungsfunktionen

Der erste Reiter gibt Ihnen eine Übersicht über die vorhandenen Workspaces mit allen darin vorkommenden Versionen, gefiltert durch verschiedene – je nach Art des aktuellen Workspaces – andersartige Auswahloptionen.

Es wird jeweils die Online-Version (Spalte LIVE) mit der Version bzw. den Versionen eines oder aller Offline- bzw. Entwurfs-Workspaces (Spalte DRAFT) verglichen.

Die Darstellung im LIVE Workspace

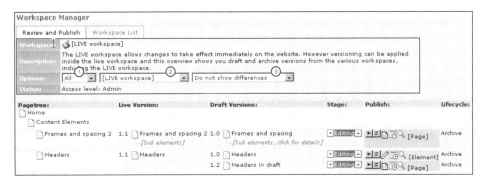

Abbildung 4.28: Der Workspace Manager im LIVE Workspace

Die Darstellung zeigt jeweils den gesamten Seitenbaum. Um eine situations- bzw. benutzerspezifische Ansicht zu ermöglichen, stehen folgende Filter-Optionen zur Verfügung:

- ❶ Auswahl der Art der Versionen (nur im LIVE Workspace) (siehe Abbildung 4.28)
  Zeigt nicht aktuelle Versionen. Die Option *Drafts* zeigt Entwürfe, die noch nicht online sind, die Option *Archive* zeigt Versionen, die bereits angenommen wurden bzw. nicht mehr online sind. Dies kann auch hilfreich sein, um eine Übersicht über alte Versionen zu erhalten, eventuell zum Wiederherstellen. Mit der Option *All* sieht man dementsprechend alle Versionen.

4 Das Backend – hinten rein

❷ Auswahl des Workspaces (nur im LIVE Workspace)

Abbildung 4.29: Auswahl des Workspaces

Alle Optionen (erkennbar an den eckigen Klammern) außer *All* und *Draft Workspaces* stellen eine Auflistung der vorhandenen Workspaces dar.

Bei *All* werden die Inhalte aller Workspaces dargestellt, bei *Draft Workspaces* die Inhalte aller Entwurfs-Workspaces außer dem LIVE Workspace.

❸ Darstellung oder Nicht-Darstellung von Unterschieden: Hier wählen Sie die Darstellungsweise aus, um sich einen schnellen Überblick über die durchgeführten Änderungen zu verschaffen. Es gibt die Möglichkeit, Änderungen nicht darzustellen (*Do not show differences*), Änderungen in derselben Zeile darzustellen (*Show differences inline*) und Änderungen in einer Art Popup-Menü zu zeigen (*Show diff. popups (branches)*).

Die dritte Option unterscheidet sich kaum von der zweiten, allerdings greift sie nur bei den Unterelementen von Branches. Dazu muss jedoch auch der Haken bei *Show sub Elements* gesetzt sein, den es nur in den Entwurfs-Workspaces gibt. Also ergibt diese dritte Option nur in den Entwurfs-Workspaces ein unterschiedliches Ergebnis zur zweiten Option.

Um die Unterschiede farbig anzuzeigen, muss das *diff*-Tool installiert sein (siehe Abschnitt *Das diff-Tool*, Seite 242).

Die Darstellung in den Entwurfs-Workspaces
Die folgenden Funktionen verbergen sich in dieser Maske (siehe Abbildung 4.30):

❶ Darstellung oder Nicht-Darstellung von Unterschieden (wie oben)

❷ SHOW SUB-ELEMENTS

Wenn diese Checkbox markiert ist, erscheint anstelle der Zeile bei Nummer 10 eine Inline-Darstellung aller Unterelemente.

❸ PUBLISH WORKSPACE

Direkte Veröffentlichung des gesamten Workspaces (erscheint nur, wenn der Benutzer die Berechtigung hat)

❹ SWAP WORKSPACE

Austausch des Inhaltes dieses Workspaces gegen den LIVE Workspace (erscheint nur, wenn der Benutzer die Berechtigung hat)

Mehr Informationen zu diesem Punkt finden Sie im Abschnitt *Begriffsklärung*, Seite 242.

4.3 Versioning und Workspaces für das Team

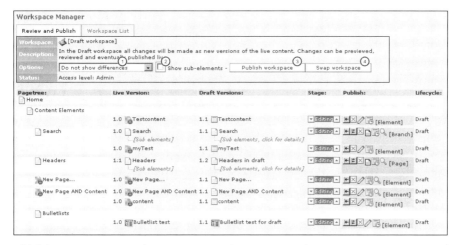

Abbildung 4.30: Der Workspace Manager im DRAFT Workspace

Die Darstellung der Änderungen

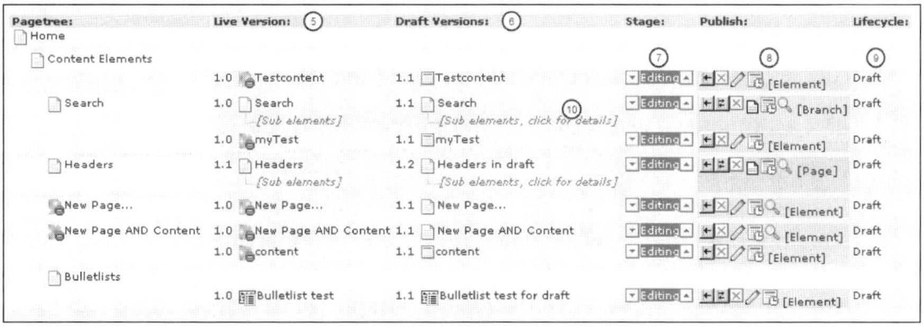

Abbildung 4.31: Darstellung der Änderungen

Die folgenden Funktionen verbergen sich in den Masken aller Workspaces (siehe Abbildung 4.31):

❺ LIVE VERSION

Beim Klick auf das Symbol des jeweiligen Elements bekommen Sie das Kontextmenü zu dem Element, beim Klick auf den Titel bekommen Sie die Übersicht aller seiner Versionen.

In dieser Maske (siehe Abbildung 4.32) verbirgt sich eine Vielzahl an Funktionen.

① Der rote Pfeil markiert die aktuelle Online-Version.

Mit dem grauen Pfeil-Symbol tauschen Sie die jeweilige Version gegen die Online-Version aus. (Bitte beachten Sie: Tauschen Sie hiermit – anstatt über die *swap*-Funktion – eine Entwurfs-Workspace-Version hin und wieder zurück, geht ihre Zugehörigkeit zum Workspace verloren, und sie ist nur mehr als schwebende Version über den Workspace Manager verfügbar.)

4 Das Backend – hinten rein

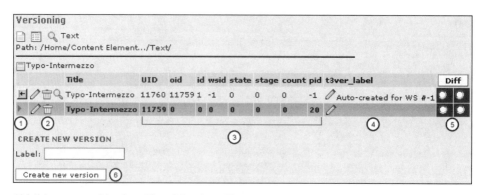

Abbildung 4.32: Versionsübersicht eines Elements

② Hier erscheinen die Bearbeitungssymbole zum jeweiligen Element, bekannt aus dem List-Modul. Mit dem Löschen-Symbol ist die Version tatsächlich gelöscht, dies wird nicht versioniert.

③ Die Angaben hier sind – von links nach rechts:

- UID = ID der Version des Elements (nicht des Originals) in der Tabelle *tt_content*

- OID = Referenz auf den Datensatz, der online ist

- ID = automatisch erzeugte, eindeutige Versionsnummer

- WSID = ID des Workspaces des Elements. (Pro Workspace ist immer nur ein Element möglich, TYPO3 prüft auch beim manuellen Anlegen einer neuen Version, dass dies gewährleistet bleibt, und reagiert mit einer Fehlermeldung, falls dies nicht so ist.)
  Mehr Infos zu den Workspace-IDs finden Sie im Abschnitt *Überblick*, Seite 239.

- STATE = Status der Version (*t3ver_state*)

  0 = normal

  1 = Online-Platzhalter für eine neue Version, die noch nicht online ist

  -1 = neue Version, die bisher nur in einem Entwurfs-Workspace existiert

  2 = als gelöscht markiert

- STAGE = Bearbeitungsstufe (Details siehe Punkt 7)

  0 = Editing (Normalzustand)

  1 = Review

  -1 = Reject

  10 = Publish

4.3 Versioning und Workspaces für das Team

- COUNT = Lebenszykluszähler

  Bei jedem Nicht-Veröffentlichen des Elements wird dieser hochgezählt.

- PID = Parent-ID (Durch den Wert -1 wird der Datensatz als nicht veröffentlichte Version eines anderen Datensatzes gekennzeichnet.)

④ Das Label der jeweiligen Version (*t3_ver_label*), das zunächst automatisch generiert wird, bearbeiten Sie mit dem Stift. Es dient lediglich als Hilfestellung für Redakteure und hat weiter keine Funktion.

⑤ Haben Sie das *diff*-Tool installiert, ist hier eine Prüfung der Unterschiede möglich: Wählen Sie dazu die beiden zu vergleichenden Versionen aus, und klicken Sie auf den Button DIFF.

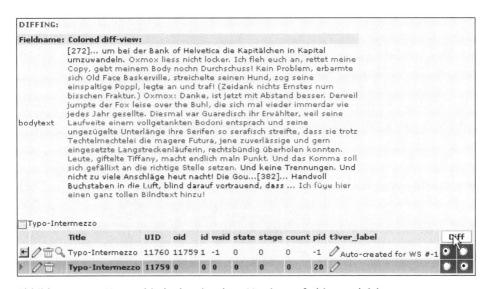

Abbildung 4.33: Unterschiede der einzelnen Versionen farbig vergleichen

⑥ Hiermit lässt sich manuell eine neue Version des Elements, der Seite oder der Seite mit Unterseiten erzeugen. Sie können dabei das Label mit angeben, sonst wird es automatisch generiert.

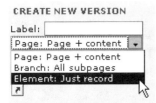

Abbildung 4.34: Möglichkeiten beim Erstellen einer neuen Version

❻ Draft-Version (siehe Abbildung 4.31)

Beim Klick auf das Symbol erscheint das Kontextmenü zu dem Element.

Beim Klick auf den Titel gelangen Sie zu einer detaillierten Versionsübersicht mit farbiger Darstellung der Unterschiede und Veröffentlichungsoptionen.

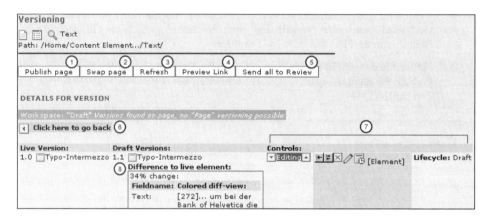

Abbildung 4.35: Detailinformationen zur jeweiligen Version

Diese Maske bietet eine Vielzahl an Funktionen:

① Veröffentlichung der Version, die LIVE-Version wird archiviert.

② Austausch (*swap*) dieser Version gegen die LIVE-Version, die dafür in den entsprechenden Entwurfs-Workspace wechselt. Mehr Informationen dazu finden Sie im Abschnitt *Begriffsklärung*, Seite 242.

③ Seite neu laden – Dies kann nützlich sein, wenn gleichzeitig verschiedene Redakteure im Team an den Versionen arbeiten.

④ Generierung eines Vorschau-Links

Hiermit wird ein sogenannter Vorschau-Link der aktuellen Seite erzeugt, der 48 Stunden aktiv bleibt und mit dem eine Frontend-Vorschau aufgerufen werden kann, ohne dass die Backend-Berechtigung abgefragt wird. Sinnvoll ist dies, wenn ein Kunde ohne jegliche TYPO3-Zugriffe eine Änderung erst freigeben muss.

⑤ Hier wird die aktuelle Version auf die Bearbeitungsstufe *Review* gesetzt. Diese Option erscheint nur, wenn die aktuelle Stufe auf *Editing* steht. Mehr zu den Bearbeitungsstufen (*Stages*) finden Sie in Punkt 7 der übergeordneten Maske.

⑥ Hier gelangen Sie zurück zur übergeordneten Übersichtsmaske.

⑦ Diese Leiste an Funktionen ist mit der in der übergeordneten Maske identisch.

⑧ Farbige Darstellung der Unterschiede

4.3 Versioning und Workspaces für das Team

❼ Stage (Bearbeitungsstufe der Version) (siehe Abbildung 4.31)
Hier ist durch die Pfeiltasten eine Änderung mit Benachrichtigung der entsprechend zugewiesenen Person (soweit das im jeweiligen Workspace konfiguriert ist) möglich.

Mögliche Stufen in der Reihenfolge der Abarbeitung sind:
- Publish (Veröffentlichung)
- Review (Revision, Überprüfung und Überarbeitung)
- Editing (Bearbeitungsstatus – Standardstatus einer neuen Version)
- Reject (Zurückweisung)

Der rechte Pfeil nach oben weist die nächsthöhere, der linke Pfeil nach unten die nächstniedrigere Stufe zu. Hierbei hat der entsprechende Redakteur jeweils die Möglichkeit, eine Bemerkung anzufügen.

Abbildung 4.36: Kommentar zur Statusänderung

Die Zahlen in Klammern zeigen die Anzahl der angefügten Kommentare an, die beim MouseOver erscheinen. (Die Änderungen und Kommentare werden in der Datenbanktabelle *sys_log* vorgehalten.)

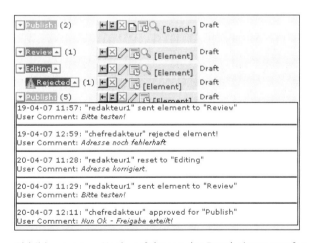

Abbildung 4.37: Nachverfolgung der Bearbeitungsstufen

❽ Publish-Funktionen (siehe Abbildung 4.31)

Abbildung 4.38: Publish-Funktionen

Je nach dem Status des Elements können hier folgende Funktionen erscheinen (von links nach rechts):

- Veröffentlichen (*publish*) und Austauschen (*swap*) – Mehr Informationen dazu finden Sie im Abschnitt *Begriffsklärung*, Seite 242.
- Version aus dem Workspace entfernen – Die Version wird damit nicht gelöscht, sondern verliert nur ihre Zugehörigkeit und kann künftig nur noch über den Workspace Manager erreicht werden.
- Version bearbeiten – Das Symbol kann ein Stift sein (Element bearbeiten) oder eine Seite (Seite oder Branch bearbeiten).
- Verlauf ansehen (mehr Informationen folgen unten im Abschnitt *Verlauf einer Version*, Seite 253).
- Seitenvorschau ansehen (nur bei Seiten und Branches verfügbar)

❾ Lifecycle (siehe Abbildung 4.31)

Hier wird angezeigt, zu welchem Workspace die Version gehört. Archivierte Versionen, die zu keinem Workspace mehr gehören, haben die Markierung ARCHIVE (es wurde einmal veröffentlicht). Es wird hier auch die Information dargestellt, wie oft eine bestimmte Version bereits veröffentlicht wurde.

❿ Sub elements (siehe Abbildung 4.31)

Ist die Checkbox bei ❷ nicht markiert, gelangen Sie hier auf eine neue Seite mit der Darstellung der Unterelemente, die sonst inline dargestellt werden. Die Funktionen gleichen denen der detaillierten Versionsübersicht in Punkt ❻.

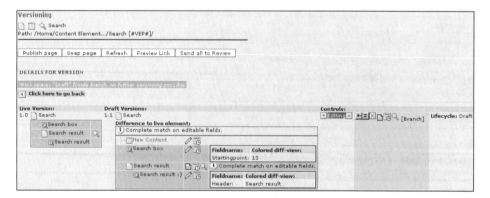

Abbildung 4.39: Darstellung der Unterelemente auf eigener Seite

4.3 Versioning und Workspaces für das Team

Achtung

Bei der Konzeption der Workspace-Berechtigungen sollten Sie berücksichtigen, dass es zwar technisch möglich, aber nicht sinnvoll ist, verschiedene Versionen eines Elements in verschiedenen Workspaces vorzuhalten. Insofern ist in Betracht zu ziehen, den Bearbeitungsgruppen von unterschiedlichen Workspaces nur Zugang auf Ihre Teilbäume zu gewähren.

Wie Sie sich sicherlich gut vorstellen können, kann es hier zu Datenverlusten und Fehlern kommen, da TYPO3 nicht verschiedene Versionen ineinander zu überführen vermag, sondern dies immer noch die Aufgabe des Redakteurs bleibt.

Nur im Workspace Manager erhält man eine Benachrichtigung, dass zu einem Element Versionen in verschiedenen Workspaces vorliegen.

Nur im LIVE Workspace lassen sich alle Versionen vergleichen. Die Zusammenführung ist letztlich manuelle Aufgabe des Redakteurs mit der entsprechenden Berechtigung.

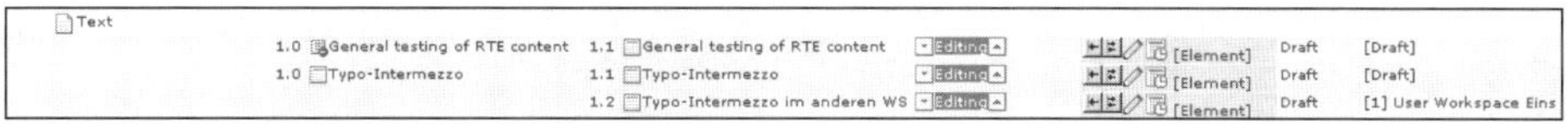

Abbildung 4.40: Ansicht im LIVE Workspace

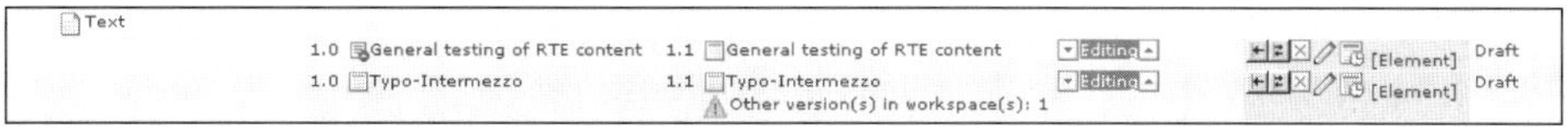

Abbildung 4.41: Ansicht in einem der betroffenen Entwurfs-Workspaces

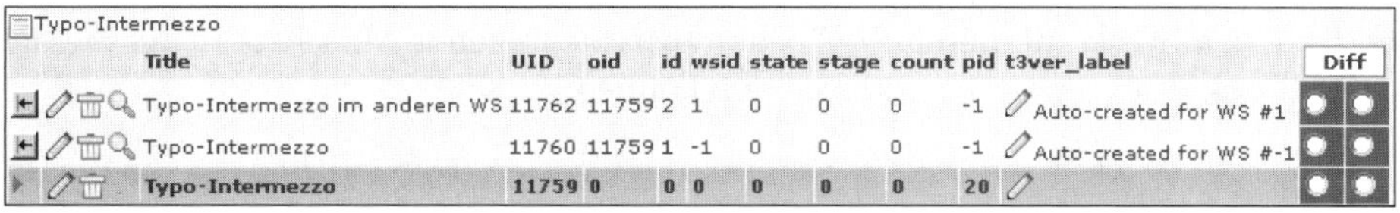

Abbildung 4.42: Vergleich aller Versionen im LIVE Workspace

Verlauf einer Version

TYPO3 stellt noch eine weitere Maske zur Verfügung (siehe Abbildung 4.43), die dem Redakteur gute Dienste leisten kann (siehe oben, Punkt ❽, Publish-Funktionen).

❶ Die Anzahl der dargestellten Datensätze auf einer Seite. Mit der Option MARKED beschränken Sie die Darstellung auf die Datensätze, die mit dem Haken an der Position 6 markiert sind.

❷ Anzeige der Unterschiede: INLINE veranlasst die farbige Darstellung der Unterschiede der jeweiligen Version.

4 Das Backend – hinten rein

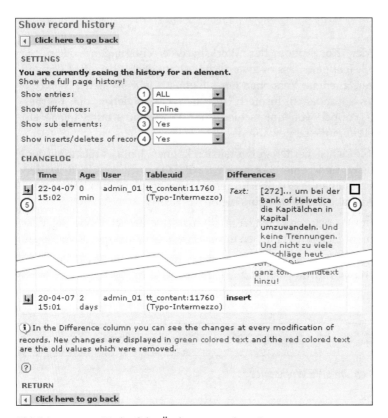

Abbildung 4.43: Verlauf der Änderungen eines Datensatzes

❸ Sollen Unterelemente dargestellt werden?
❹ Sollen neu erstellte bzw. gelöschte Elemente dargestellt werden?
❺ Bei einem Klick auf diesen Pfeil bekommen Sie folgende Vorschau, in der Sie die Rollback-(rückgängig-)Schritte steuern können.

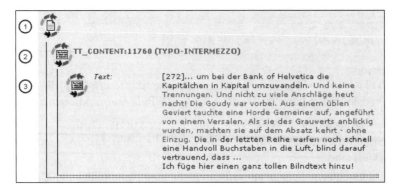

Abbildung 4.44: Rollback-Möglichkeiten eines Elements

4.3 Versioning und Workspaces für das Team

① Alle angezeigten Änderungen rückgängig machen
② Alle Änderungen des Elementes rückgängig machen
③ Die Änderungen in dem angezeigten Feld rückgängig machen

Workspace List: Die Workspaces und ihre Konfigurationen

Der zweite Reiter verschafft eine Übersicht aller vorhandenen Workspaces und bietet die entsprechenden Verwaltungsoptionen.

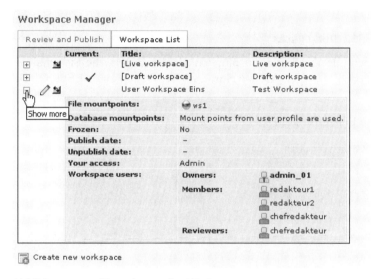

Abbildung 4.45: Verwaltung aller Workspaces

Durch das Klicken auf das [+]-Zeichen bekommen Sie Infos über den jeweiligen Workspace. Es können neue Workspaces angelegt (CREATE NEW WORKSPACE) und bestehende Workspaces durch Klicken auf den Stift konfiguriert werden.

Die Entwurfs-Workspaces
Entwurfs-Workspaces dienen, wie der Name schon sagt, zum Entwerfen neuer Versionen der Webseite. Standardmäßig gibt es nur den DRAFT Workspace, dessen Bearbeitung bestimmten Benutzern explizit erlaubt werden darf. Die individuell angelegten USER Workspaces können im Gegensatz dazu

- über eigene DB Mounts oder File Mounts verfügen,
- Rollen für die Prozesse zugewiesen bekommen (für Status, Benachrichtigung),
- automatische Benachrichtigungen generieren,
- über Cronjobs automatisch veröffentlichen/publizieren und
- auf bestimmte Versionierungsmodi beschränkt werden.

Achtung

Dadurch, dass das Dateisystem nicht in die Versionierung eingebunden ist, kann hier – bei falscher Konfiguration der File Mounts – durch Bearbeitung von Dateien, die im Online-Betrieb sind, das LIVE-System betroffen sein.

Konfiguration der USER Workspaces

Im Folgenden werden alle Konfigurationsmöglichkeiten erläutert, die Sie erhalten, wenn Sie im Workspace Manager auf den Stift zum Bearbeiten eines USER Workspaces klicken.

General (allgemeine Einstellungen)

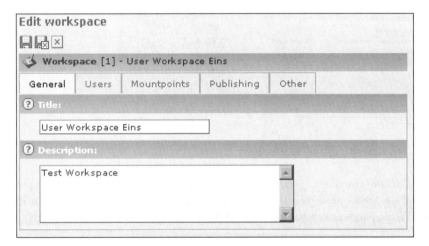

Abbildung 4.46: USER Workspace: allgemeine Einstellungen

Die Einrichtung eines Workspaces kann für bestimmte Benutzergruppen oder Aktionen/Zeiträume sinnvoll sein. Der Name sollte dies sinnvoll erkennbar machen und aussagekräftig sein, damit die Struktur bei einem größeren Projekt jederzeit nachvollziehbar bleibt (nicht zu vergessen ist dabei, dass Workspaces nicht mehr gut gelöscht werden können, siehe oben).

Users (Berechtigungen)

Es gibt drei Rollen/Berechtigungsstufen für einen USER Workspace, und selbstverständlich kann es zu jeder Rolle mehrere Benutzer und Gruppen geben.

4.3 Versioning und Workspaces für das Team

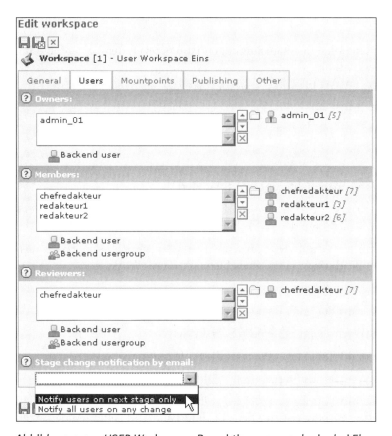

Abbildung 4.47: USER Workspace: Berechtigungsvergabe in drei Ebenen

- *Owner*: Besitzer des Workspaces (Backend-Benutzer). Er hat in diesem Workspace alle Rechte, ebenso darf er den Workspace konfigurieren, Nutzer hinzufügen und Rechte vergeben. Der Ersteller bekommt bei der Erstellung automatisch diese Rolle zugewiesen. Neben den Besitzern dürfen nur Administratoren publizieren. Der Besitzer darf veröffentlichen, selbst wenn er keinen Zugriff auf den LIVE Workspace hat.

- *Member*: Backend-Benutzer und -Benutzergruppen, die in dem Workspace Änderungen durchführen und zum *Review* senden können. Diese Berechtigungsrolle erlaubt kein Publizieren. Diese Benutzer dürfen Inhalte nur editieren, wenn diese in der Bearbeitungsstufe *Editing* sind.

- *Reviewer*: Backend-Benutzer und -Benutzergruppen, die als Rezensenten des Workspaces fungieren. Zusätzlich zu den Rechten der Mitglieder haben diese die Möglichkeit, die Bearbeitungsstufe *Publish* zu vergeben, um damit zu signalisieren, dass sie die Inhalte für eine Veröffentlichung freigegeben haben, oder sie können Änderungen ablehnen (*Reject*). Diese Benutzer dürfen Inhalte nur editieren, wenn diese nicht in der Bearbeitungsstufe *Publish* sind.

Achtung

Die Rangfolge der Berechtigungen ist (entgegen der Reihenfolge in dieser Maske):

Owner (meiste Rechte) – *Reviewer* – *Member* (wenigste Rechte)

Die Veranlassung von Benachrichtigungen erfolgt hier:

- NOTIFY ALL USERS ON ANY CHANGE verursacht eine Benachrichtigung bei einer beliebigen Änderung innerhalb des Workspaces.
- NOTIFY USERS ON NEXT STAGE ONLY verursacht eine Benachrichtigung bei Zuweisung einer neuen Bearbeitungsstufe eines Elements dieses Workspaces.
- Es erfolgt eine Benachrichtigung von:
    - Besitzern (Wechsel der Stufe Review → Publish)
    - Rezensenten (Wechsel der Stufe Editing → Review)
    - Rezensenten und Mitgliedern (Wechsel der Stufe Editing → Reject)
    - Mitgliedern (Wechsel der Stufe Reject → Editing)

Bevor Sie die Benachrichtigungen einstellen, sollten Sie sich das Ausmaß der zu erwartenden Änderungen bewusst machen. In dem Fall, dass selten Änderungen durchgeführt werden oder die Mitglieder sich nicht regelmäßig einloggen, kann es sinnvoll sein, diese per E-Mail zu informieren. Über die Konfiguration, dass nur Benutzer Benachrichtigungen erhalten, die als Benutzer und nicht als Gruppe eingebunden sind, kann man dies gegebenenfalls steuern.

4.3 Versioning und Workspaces für das Team

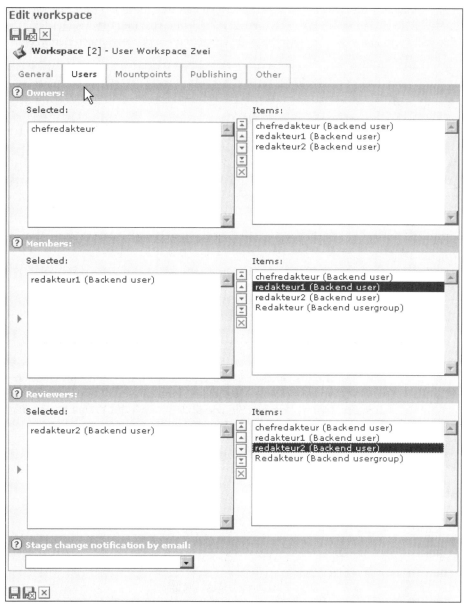

Abbildung 4.48: Der Besitzer kann nur aus vorgegebenen Benutzern oder Benutzergruppen auswählen (d. h. ohne Administratoren).

Mountpoints (Datenbank und Dateimounts)
Im Gegensatz zum DRAFT Workspace können in den USER Workspaces eigene DB Mounts (Teilbäume in der TYPO3-Seitenstruktur) und File Mounts (Datei-Verzeichnisbäume) zugewiesen werden.

Einem Redakteur des jeweiligen Workspaces stehen nur diese DB und File Mounts zur Verfügung; die seinem Benutzerdatensatz vergebenen Mountpoints werden ausgeblendet. Sind keine Mountpoints angegeben, gelten die des jeweiligen Benutzers.

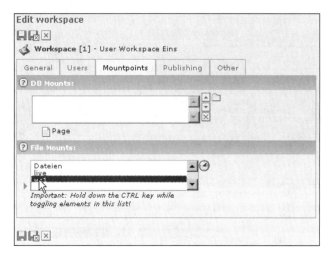

Abbildung 4.49: USER Workspace: DB und File Mounts

Tipp

Die File Mounts müssen vorab erstellt werden, denn im Datensatz des Workspace ist keine Möglichkeit zum direkten Erstellen vorhanden. File Mounts können Sie wie üblich im Modul WEB, LIST auf der Root-Seite mit Hilfe von CREATE NEW RECORD erzeugen.

Publishing (Veröffentlichung)

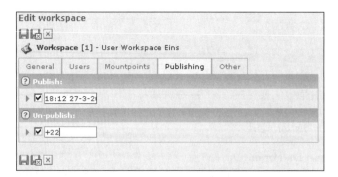

Abbildung 4.50: USER Workspace: Veröffentlichung

4.3 Versioning und Workspaces für das Team

Ein Workspace kann automatisch veröffentlicht und gegebenenfalls wieder zurückgeschaltet werden. Die Konfiguration dafür findet hier statt. Dies können Sie verwenden, wenn Sie beispielsweise für den Zeitraum einer Messe oder einer Aktion bestimmte Informationen online zugänglich machen möchten und diese nach Ablauf des Zeitraums automatisch zurückgezogen werden sollen (damit Sie den Termin nicht vergessen oder nachts um 12 den Administrator an die Applikation schicken müssen).

Hierfür müssen folgende Bedingungen gegeben sein:

- In der folgenden Maske OTHER muss der Swap-Modus auf *Swap-Into-Workspace on Auto Publish* eingestellt sein.
- Es muss ein Cronjob laufen, der folgende Datei minütlich aufruft:
  typo3\mod\user\ws\cli\ws_cli.phpsh

Other (andere Einstellungen)

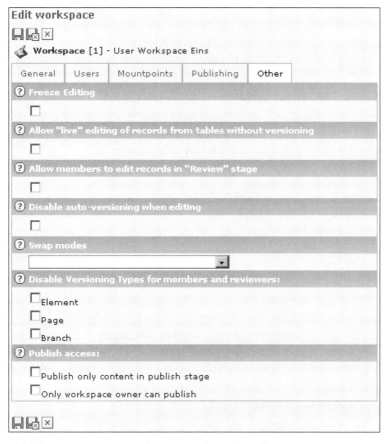

Abbildung 4.51: USER Workspace: andere Einstellungen

Hier stehen folgende weitere Optionen zur Verfügung:

- FREEZE EDITING

  Hiermit können Sie den Workspace (auch temporär) einfrieren. Eine Bearbeitung ist dann nicht möglich.

- ALLOW »LIVE« EDITING OF RECORDS FROM TABLES WITHOUT VERSIONING

  Inhaltselemente, die keine Versionierung unterstützen (beispielsweise aus nicht dafür befähigten oder älteren Extensions), können standardmäßig in Entwurfs-Workspaces nicht bearbeitet werden: Sie sind schreibgeschützt. Dies hat den Hintergrund, dass Änderungen sich sofort auf das Online-System auswirken würden. Hier kann diese Sicherheitsmaßnahme deaktiviert werden, sodass diese Inhaltselemente direkt bearbeitet werden können.

  Damit hat jedoch ein Benutzer, der eigentlich nicht im LIVE-System arbeiten darf, nun direkten Zugriff auf die Online-Version: Diese Konfiguration sollte also wohlüberlegt sein.

- ALLOW MEMBERS TO EDIT RECORDS IN »REVIEW« STAGE

  Hier kann den Benutzern mit der Rollenzugehörigkeit *Member* erlaubt werden, Datensätze auch zu editieren, wenn diese in der Bearbeitungsstufe *Review* sind. Normalerweise können diese Benutzer nur Datensätze in der Stufe *Editing* bearbeiten.

- DISABLE AUTO-VERSIONING WHEN EDITING

  Ist diese Option aktiviert, werden beim Bearbeiten nicht automatisch neue Versionen der jeweiligen Elemente in dem Workspace erzeugt, sondern müssen manuell angelegt werden. Als Fehler erscheint dann folgende Meldung:

Abbildung 4.52: Fehlermeldung

- SWAP MODES

  Jeder Workspace kann verschieden mit den *Swap*-Optionen umgehen. Die Konfiguration erfolgt hier. Normalerweise ist *Swap* ermöglicht.

  Die Option *Swap-Into-Workspace on Auto Publish* ermöglicht zudem ein Austauschen der Version des Workspaces mit dem LIVE Workspace durch die automatische Veröffentlichung (siehe Maske *Publishing*).

  Ist diese Option nicht gesetzt, wird beim ersten automatischen Publizieren nicht *Swap* (Tausch), sondern *Publish* (Veröffentlichung) durchgeführt und das Zurücktauschen durch Angabe des zweiten Datums in dieser Maske ist nicht möglich.

Die Option *Disable Swap-Into-Workspace* bewirkt, dass das Tauschen (*Swap*) in dem Workspace nicht möglich ist.

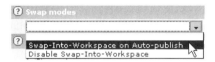

Abbildung 4.53: USER Workspace: Swap Modes

- DISABLE VERSIONING TYPES FOR MEMBERS AND REVIEWERS

  Die Versionierung von Elementen, Seiten oder ganzen Branches für Mitglieder und Rezensenten können Sie hier deaktivieren. Benutzer, die diese Rollen innehaben, können also nur in vorhandenen Versionen arbeiten.

- PUBLISH ACCESS

  Die Option *Publish only content in publish stage* erzwingt, dass eine Version erst die notwendigen Bearbeitungsstufen bis *publish* durchlaufen muss, bevor sie tatsächlich veröffentlicht werden kann. (Elemente mit der Standardstufe *Editing* können also nicht versehentlich veröffentlicht werden.)

  Die Option *Only workspace owner can publish* lässt die Veröffentlichung nur durch den/die Besitzer des jeweiligen Workspaces zu, Benutzer der Rollen *Mitglied* und *Rezensent* dürfen selbst dann nicht publizieren, wenn sie Zugriff auf den LIVE Workspace haben.

Tipp

Alle diese Einstellungen können übrigens ebenso in dem Workspace-Datensatz im List-Modul in der Root-Seite bearbeitet werden.

4.3.4 Redaktionelles Arbeiten mit Workspaces

Seitenvorschau eines Entwurfs-Workspaces

Abbildung 4.54: Auswahl des Frontend Preview im unteren Frame

Befinden Sie sich in einem Entwurfs-Workspace und haben Sie die Checkbox im unteren Frame bei FRONTEND PREVIEW (nur bei Entwurfs-Workspaces sichtbar) gesetzt, dann erscheint im aktuellen Browser (session-abhängig) bei der Seitenvorschau der

Zustand des jeweils aktuellen Workspaces (auch erkennbar an dem roten Balken mit Titel und ID des entsprechenden Workspaces). Wollen Sie den aktuellen Online-Status sehen, deaktivieren Sie die Checkbox. Den Preview erhalten Sie selbstverständlich nur, wenn Sie gleichzeitig im Backend eingeloggt sind. Das Aussehen der Preview-Box kann optisch individuell angepasst werden (siehe Abschnitt *Tipps und Tricks*, Seite 270).

Abbildung 4.55: Markierung eines Entwurfs-Workspaces im Frontend

Bearbeitung im Backend

In der Bearbeitung des LIVE Workspaces gibt es prinzipiell keine Unterschiede zu früher. Sämtliche Änderungen, die hier durchgeführt werden, werden sofort online übernommen.

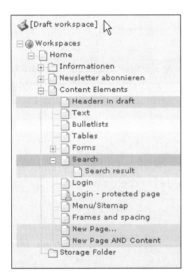

Abbildung 4.56: Die Seitenstruktur in einem Entwurfs-Workspace

In den Entwurfs-Workspaces ist oben in der zweiten Spalte über der Seitenstruktur der Name des Workspaces angegeben, in dem Sie sich gerade befinden. Jede Abweichung vom LIVE Workspace an einer Seite oder an einem Inhaltselement wird hier entsprechend einem Farbschema hervorgehoben, das im nächsten Abschnitt näher erläutert wird.

Inhaltselemente, die keine Versionierung unterstützen, können in Entwurfs-Workspaces nicht bearbeitet werden. Bei der Konfiguration der USER Workspaces kann dies jedoch aktiviert werden (siehe Abschnitt *Konfiguration der USER Workspaces*, Seite 256).

4.3 Versioning und Workspaces für das Team

Eine neue Version einer Seite in dem aktuellen Workspace erzeugen Sie durch die Funktion NEW VERSION OF PAGE im Seitenmodul.

Hinweis

Dies ist nicht gleichbedeutend mit der Bearbeitung der Seite durch EDIT PAGE PROPERTIES, bei der eine neue Version nur erzeugt wird, wenn automatische Versionierung erlaubt ist.

Abbildung 4.57: Bearbeitung einer Seite im Seitenmodul

Ist nun eine von der LIVE-Version abweichende Version der Seite verfügbar, erscheint oben stattdessen die Funktion PUBLISH PAGE, mit der Sie die Seite direkt publizieren können (vorausgesetzt, Sie haben dazu die Berechtigung).

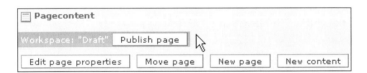

Abbildung 4.58: Hier wird die Seite direkt veröffentlicht.

Es gibt bestimmte Zustände, in denen die Versionierung nicht möglich ist:

Abbildung 4.59: Liegt eine Seite innerhalb eines Branch, ist keine weitere Versionierung und auch keine direkte Veröffentlichung möglich.

Abbildung 4.60: Sind unterschiedliche Versionen, auch von Unterelementen, auf der Seite enthalten, ist keine weitere Versionierung der Seite möglich.

Im LIVE Workspace schauen die Optionen anders aus. Hier schalten Sie in einem Dropdown-Feld zur Bearbeitung und Ansicht zwischen den verschiedenen Versionen um.

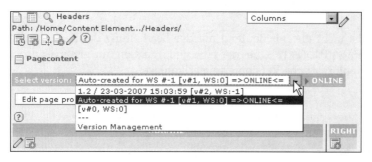

Abbildung 4.61: Versionen einer Seite im LIVE Workspace

Das Dropdown-Feld gibt folgende Informationen:

- [V#0, WS:0] – Versionsnummer und Workspace ID
- 1.2 / 23.03.2007 15:03:59 – Versioning Label (*t3ver_label*), wird automatisch vergeben und kann editiert werden (siehe unten). Es enthält das Erstelldatum einer neuen Version, erzeugt durch Änderung an dem Datensatz.
- AUTO-CREATED FOR WS #-1 – automatische Erzeugung einer neuen Version des Datensatzes durch den Workspace mit der ID -1
- => ONLINE <= – markiert die aktuelle Online-Version.

Abbildung 4.62: Versionen direkt austauschen über Swap/Publish

Das Dropdown-Feld erlaubt folgende Aktionen:

- Wechsel zwischen den Versionen im Backend und ein anschießendes Tauschen im Frontend durch SWAP / PUBLISH
- Über VERSION MANAGEMENT gelangen Sie zu den Versionierungswerkzeugen (siehe weiter unten).

Farbschema zur Darstellung von Versionsunterschieden

Das Vorhandensein verschiedener Versionen von Inhalten, Seiten und Seitenbäumen wird durch Farben dargestellt. Die Farben sind in der neuen TYPO3-Skin jedoch nicht besonders gut zu erkennen.

4.3 Versioning und Workspaces für das Team

Hinweis

Lesen Sie hierzu bitte auch die Beschreibung der verschiedenen Versionstypen und deren Verwendung inklusive ihrer Vor- und Nachteile im Abschnitt *Versionierung*, Seite 236.

- Blau/Lila – komplette Seite und Inhalte (Versionierungstyp *page*: der Seitenheader wurde modifiziert, und Inhaltselemente wurden kopiert; Tabelle *pages*).
- Gelb – Die gelbe Farbmarkierung erscheint im Seitenbaum für Seiten, bei denen mindestens ein Inhaltselement verändert wurde (Versionierungstyp *element*, Tabelle *tt_content*). Gelb bedeutet also, dass dieser Datensatz versionierte Unterelemente hat.
- Grün – Die grüne (eigentlich eher graue) Farbmarkierung erscheint im List- und im Page-Modul bei den Elementen, die verändert wurden, also in einer neuen Version vorliegen (Tabelle *tt_content* oder andere versionierbare Elemente). Wurde nur der Seitenheader einer Seite modifiziert, dann wird die entsprechende Seite im Seitenbaum auch grün angezeigt. Grün bedeutet also: Genau dieser Datensatz ist versioniert.
- Rosa – Ein ganzer Branch wurde verändert (Seite mit Unterseiten). Das dunklere Rosa steht hier für die Ursprungsseite, das hellere Rosa für die kopierten Unterelemente.

Zusammenfassend lässt sich sagen: Ist ein Datensatz farbig markiert, ist er nicht in dieser Version online sichtbar.

So schaut derselbe Ausschnitt des Listmoduls im LIVE bzw. im DRAFT Workspace aus:

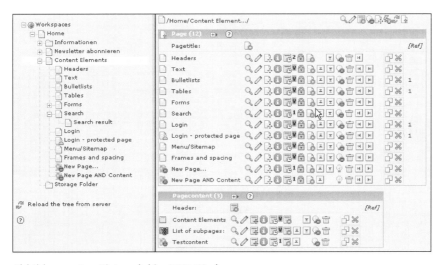

Abbildung 4.63: Listmodul im LIVE Workspace

4 Das Backend – hinten rein

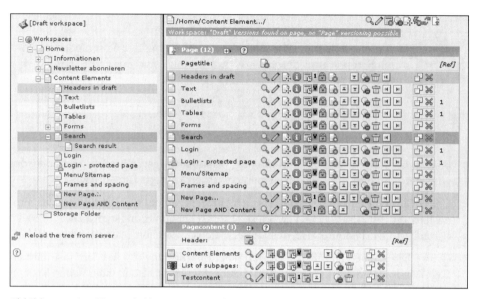

Abbildung 4.64: Listmodul im DRAFT Workspace

Der 3-Frame-Modus

Das Workspace-Modul bietet eine sehr komfortable Möglichkeit, um die Unterschiede direkt im Frontend zu vergleichen und mit den entsprechenden Versionierungs- und Veröffentlichungswerkzeugen zu bearbeiten.

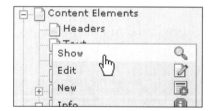

Abbildung 4.65: Frontend-Preview

Hierzu gibt es die Ansicht in einem 3-Frame-Modus, zu dem man mit der Lupe im Backend gelangt.

4.3 Versioning und Workspaces für das Team

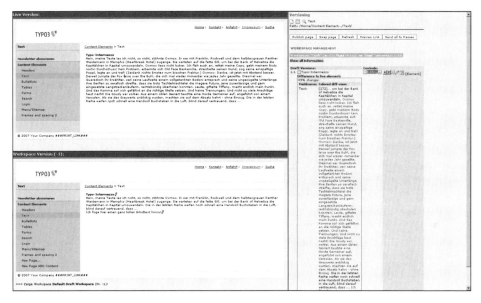

Abbildung 4.66: Der 3-Frame-Modus im Frontend

In den beiden linken Frames werden der Online-Zustand (rot) und der Zustand des gewählten Workspaces (grün) untereinander dargestellt. Im rechten Frame bieten sich, bezogen auf den aktuellen Ausschnitt, alle zur Verfügung stehenden Werkzeuge an.

Hinweis

Innerhalb dieses Modus können Sie auf Verlinkungen nur innerhalb des aktuellen Frames zugreifen. Diese haben keine Auswirkung auf die anderen Frames.

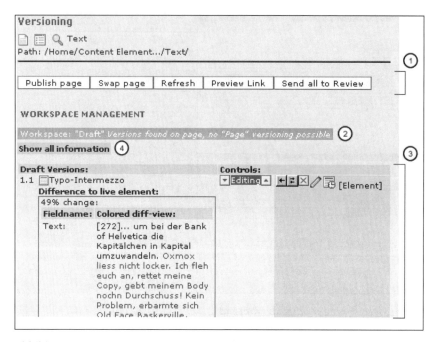

Abbildung 4.67: Versionierungsframe zur Bearbeitung im Frontend

❶ Diese Funktionsleiste wurde bereits im Abschnitt *Review and Publish: Filter- und Veröffentlichungsfunktionen*, Seite 245, beschrieben.

❷ Hier erhalten Sie gegebenenfalls die Möglichkeit, neue Versionen zu erzeugen oder die entsprechenden Meldungen auszugeben.

❸ Diese Funktionen wurden bereits in dem oben genannten Abschnitt *Review and Publish: Filter- und Veröffentlichungsfunktionen*, Seite 245, beschrieben.

❹ Hier gelangen Sie zu der folgenden Maske, deren Funktionen bereits im oben genannten Abschnitt *Review and Publish: Filter- und Veröffentlichungsfunktionen*, Seite 245, beschrieben wurden. Sie haben die Möglichkeit, durch Aktivierung der Checkbox *Show difference view* die farbige Vorschau der Unterschiede inline angezeigt zu bekommen.

4.3.5 Tipps und Tricks

Eigene Extensions

Wie bereits zu Anfang im Abschnitt *Versionierung*, Seite 236, erwähnt, müssen Datensätze, sollen sie in Workspaces verwendet werden, auch Versionierung unterstützen. Der Kickstarter bietet diese Option beim Erstellen einer neuen Extension.

4.3 Versioning und Workspaces für das Team

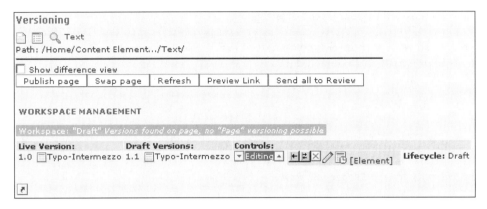

Abbildung 4.68: Versionierungsansicht

Des Weiteren gibt es ein paar Punkte zu beachten, die im Abschnitt *Workspaces beachten*, Seite 482, erläutert werden.

Eigene Extensions vom Typ Modul

Der Parameter `$MCONF['workspaces']` in der Datei *mod1/conf.php* einer Extension definiert, in welchen Workspaces das Modul verfügbar sein soll. Ist der Parameter leer, ist das Modul überall verfügbar. Mögliche Werte sind *online* (LIVE), *offline* (DRAFT) und *custom* (verfügbar für die USER Workspaces), möglich ist auch eine Kombination dieser Werte.

Diese Einstellung kann auch für bestehende Module genutzt werden.

Diverse Konfigurationsmöglichkeiten

Frontend-Ausgabe für die Preview-Box per TYPOSCRIPT steuern
Mit der Option *message_preview_workspace (string)* steuern Sie, wie die HTML-Ausgabe der Box der Preview-Funktion eines Entwurfs-Workspaces aussehen soll. Die beiden Platzhalter stehen für den Namen und die ID des aktuellen Workspaces.

```
>>> Zeige Workspace Default Draft Workspace (Nr. -1)!
```

Abbildung 4.69: Individuelle Anzeige

Listing 4.26: Steuerung der Frontend-Ausgabe für die Preview Box in 2 Varianten

```
config.message_preview_workspace = <div class="prevbox">
>>> Zeige Workspace <b>%s</b> (Nr. %s)! </div>
```

oder

```
config.message_preview_workspace = <div class="prevbox">
Workspace Nr. %2$s, Name: %1$s! </div>
```

Benutzereinstellung per User TSconfig

Wenn der Wert `options.pageTree.onlineWorkspaceInfo` (*boolean*) in der USER TSconfig gesetzt ist, wird auch im Seitenbaum des LIVE Workspace eine Info-Box erscheinen. Dies ist praktisch für Benutzer, die viel mit Workspaces arbeiten.

Abbildung 4.70: Workspace-Info-Box

Systemlog

Im Systemlog werden auch die Operationen der Workspaces angezeigt, wobei in der USER-Spalte neben dem Benutzer der jeweilige Workspace angezeigt wird. (z. B. *admin_01@Draft*).

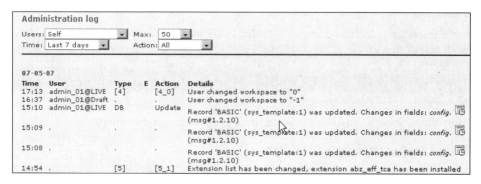

Abbildung 4.71: Systemlog

Übersichtlichkeit

Die neue TYPO3-Skin ist (durch das Weglassen von Tabellenrahmen) in vielen Bereichen unübersichtlich, beispielsweise bei den unter Umständen sehr großen Tabellen im Modul *Workspaces*.

Tipp

Hier kann Ihnen ein Deinstallieren der Extension `t3skin` die Arbeit erleichtern. Es gibt auch die Extension `t3skin_improved`, die jedoch an dieser Stelle keine bemerkenswerte Verbesserung schafft.

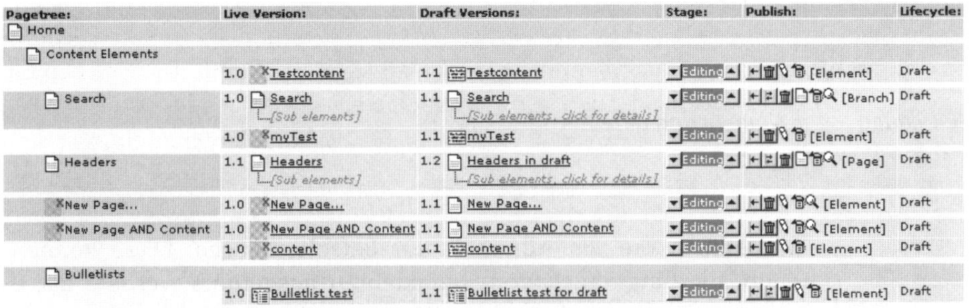

Abbildung 4.72: Bessere Erkennbarkeit der Farben und klarere Erkennbarkeit der zueinandergehörenden Zeilen in der alten Skin, wenn auch nicht so schön ...

4.3.6 Ausblick

Bei den noch in den Kinderschuhen steckenden Workspaces gibt es noch einige Fehler, auf die man bei der Verwendung achten sollte. Es ist zwar im Ansatz ein gutes Konzept, das TYPO3 mit Sicherheit einen weiteren Schritt in Richtung Enterprise-CMS gebracht hat, dennoch gibt es ein paar grundlegende Probleme (einige wurden in der Einleitung bereits erwähnt), die die Zukunft dieses Moduls etwas im Ungewissen lassen.

Mehr Informationen zum konzeptionellen und technischen Hintergrund von Versionierung und Workspaces finden Sie im Abschnitt *Versioning und Workspaces im Detail*, Seite 365.

4.4 Interessante (oft unbekannte) Funktionalitäten

Die schiere Menge an Funktionen und Möglichkeiten in TYPO3 ist überwältigend, allerdings sind viele Funktionen oft nicht weithin bekannt. Hier wollen wir verschiedene Funktionalitäten im Backend ansprechen, die vielen Benutzern auf den ersten und manchmal auch auf den zweiten Blick verborgen bleiben, da sie nicht auf Anhieb auffallen und auch in vielen Dokumentationen nicht auftauchen.

4.4.1 Arbeitsschritte zusammenfassen

Mit Hilfe der sogenannten Befehle können Sie wiederkehrende Aufgaben automatisieren oder auf eine andere Art angehen und so die Arbeit vereinfachen.

Um Befehle nutzen zu können, müssen Sie die Extension sys_action installieren. Diese legt bei der Installation unter anderem die Tabelle *sys_action* an, in der Befehle gespeichert werden. Einen neuen Befehl legen Sie als neuen Datensatz mit Hilfe des Moduls WEB, LIST auf der obersten Ebene im Seitenbaum an.

Abbildung 4.73: Neue Action anlegen

Hinweis

Sie können nur als Administrator Befehle anlegen. Diese können dann allerdings auch von Redakteuren ausgeführt werden. Dazu müssen diese natürlich über die entsprechenden Rechte verfügen. Nötig ist der Zugriff auf das Modul TASK CENTER und Lese- bzw. Schreibrechte auf die betroffenen Tabellen. Für das Anlegen einer News muss der Redakteur beispielsweise auf die Tabelle *tt_news* schreibend zugreifen können.

Für alle Befehle haben Sie die Möglichkeit, Benutzergruppen zu vergeben. Nur Mitglieder dieser Gruppen können dann auf den Befehl zugreifen und diesen ausführen. Sie können also neben der generellen Möglichkeit über das Modul auch einzelne Befehle explizit über die Benutzergruppen für verschiedene Benutzer freigeben oder eben sperren.

Standardmäßig haben Sie fünf verschiedene Befehlstypen zur Auswahl:

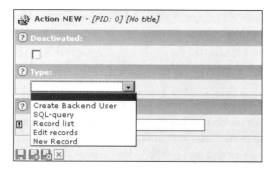

Abbildung 4.74: Leerer Datensatz einer neuen Action

Create Backend User

Falls Sie immer wieder neue Backend-Benutzer des gleichen Typs erstellen müssen, kann diese Option Ihnen hierbei behilflich sein. Basierend auf einem sogenannten Template-Benutzer können Sie oder auch ein von Ihnen vorgesehener Redakteur ohne Admin-Zugang auf einen Rutsch neue Backend-Benutzer anlegen. Dabei besteht dann beim Erzeugen des neuen Benutzers die Möglichkeit, aus einer vorgegebenen Liste von Benutzergruppen auszuwählen, Seitenstartpunkte anzugeben und natürlich die benutzerbezogenen Daten wie Name, E-Mail, Anmeldename und Passwort anzugeben.

Die Komplexität des Vorgangs NEUEN BACKEND BENUTZER ANLEGEN wird also deutlich vereinfacht und dadurch beschleunigt.

SQL-Query

Über diesen Typ können Sie eine SQL-Datenbankabfrage definieren und auf die Ergebnisse in Form einer TYPO3-Listenansicht zugreifen. Die Erstellung der Abfrage erfolgt nicht in der Befehlsmaske. Die Vorgehensweise ist etwas komplizierter und wird deshalb getrennt im Abschnitt *Durch eigene Listenansichten den Überblick behalten*, Seite 542, beschrieben.

Record List

Hier können Sie im Prinzip einen Schnellzugriff auf Datensätze ähnlich dem Modul WEB, LIST implementieren. Sie wählen die gewünschte Seite aus und können zusätzlich die Anzeige auf Elemente von nur einer Tabelle einschränken.

Edit Records

Sie können Datensätze aus verschiedenen Tabellen von verschiedenen Seiten zusammenfassen, um sie in einer editierbaren Liste anzuzeigen. Der große Vorteil hierbei ist, dass häufig zu ändernde Datensätze sehr schnell aufgegriffen werden können, egal wo im Seitenbaum sie liegen.

New Record

Für Redakteure mit einer sehr spezifischen Aufgabe, beispielsweise dem Anlegen von News innerhalb immer derselben Seite, kann durch diese Option die gesamte Komplexität von Seitenbaum und Listview reduziert werden. Der Redakteur legt über einen Link News an, ohne zu wissen bzw. wissen zu müssen, wo diese im Seitenbaum gespeichert werden oder um welche Datensätze es sich genau handelt.

Für Arbeiten an Datensätzen müssen die Rechte des Bearbeiters ausreichend sein. Um beispielsweise Änderungen an den Datensätzen speichern zu können, muss die zugrunde liegende Tabelle für den Benutzer freigeschaltet sein und die Seite, in der der Datensatz liegt, für den Bearbeiter zugreifbar sein. Details zu Rechtestrukturen in TYPO3 finden Sie im Abschnitt *Backend-Benutzerverwaltung – Rechte*, Seite 205.

Alle angelegten Befehle, auf die der aktuelle Benutzer Zugriff hat, werden diesem dann im Modul USER, TASK CENTER zur Auswahl angeboten.

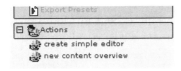

Abbildung 4.75: Zwei angelegte Actions für den Benutzer

4.4.2 Suchen im Backend

Es gibt derzeit zwei sehr gute Möglichkeiten, bestimmte Datensätze mit Hilfe von TYPO3 im Backend ausfindig zu machen. Dies ist einmal die reguläre Suche, die auch für Redakteure häufig zur Verfügung gestellt wird. Sie hat in Version 4 eine deutliche Verbesserung der Möglichkeiten erfahren.

Abbildung 4.76: Suchfeld im unteren Frame des TYPO3-Backends

Achtung

Für normale Redakteure ist der Bereich der Suche nur bei entsprechender Konfiguration verfügbar. Diese wird im User TSconfig eingestellt.

```
options.shortcutFrame = 1
```

Im Modul WEB, LIST finden Sie im unteren Bereich auch die Möglichkeit der Suche. Hier startet die Suche jedoch nur in dem Bereich des Seitenbaumes, in dem Sie sich gerade befinden. Zusätzlich können Sie die Tiefe der Suche bestimmen. Für den Fall, dass Ihre Suche eine große Menge an Ergebnisdatensätzen liefert, können Sie die Anzahl der Ergebnisse über das Feld SHOW RECORDS einschränken.

Sie haben mehrere Möglichkeiten der Eingabe in das Suchfeld:

- Volltextsuche

  Geben Sie einfach den Titel, Teile des Titels oder auch Teile des Inhalts in das Suchfeld ein. Die Suche greift dabei nicht nur auf die Elemente Seite und Seiteninhalt zu, sondern auch auf alle anderen Datensätze, die über die PID mit einer Seite in TYPO3 verbunden sind.

- Seiten-ID

  Durch die Eingabe einer Seiten-ID, die Sie beispielsweise aus der Anzeige im Frontend kennen, können Sie schnell und direkt die Anzeige dieser Seite im Modul WEB, PAGE erreichen, ohne die Lage im Seitenbaum zu kennen. Dies ist vor allem bei großen Seitenstrukturen eine enorme Hilfe.

- ID eines anderen Datensatzes:

  Über die Syntax *tabellenname:uid*, also beispielsweise *tt_news:2*, können Sie direkt in die Bearbeitungsmaske des Datensatzes springen. Eine kleine Unschönheit aus unserer Sicht: Sie wissen während des Bearbeitens und auch nach dem Speichern nicht, wo im Seitenbaum der Datensatz liegt, weil der Seitenbaum über diesen Modus ausgeblendet wird.

Achtung

Tabellenfelder, die mit dem Konfigurationstyp *none* versehen sind, werden von der Suche nicht erfasst.

Modul TOOLS, DB CHECK

Für Administratoren bietet auch das Modul TOOLS, DB CHECK die Möglichkeit, eine Volltextsuche über die gesamte Datenbank durchzuführen. Es werden alle Tabellen durchsucht, die im $TCA konfiguriert sind.

Auch für die Suche im Dateisystem bietet dieses Modul hervorragende Möglichkeiten. Dies kommt besonders zur Geltung, falls Sie keinen Zugang zur Konsole des Betriebssystems haben. Allerdings müssen Sie ein grundsätzliches Verständnis für reguläre Ausdrücke mitbringen, um hiermit arbeiten zu können. Wählen Sie dazu die Option FIND FILENAME, und geben Sie im Suchfeld den benötigten Suchausdruck ein.

Tipp

Reguläre Ausdrücke sind aufgrund ihrer Komplexität und gleichzeitiger Kompaktheit nicht gerade einfach zu verstehen. Wir wollen hier keinen Exkurs zu regulären Ausdrücken machen, sondern die richtige Schreibweise aufzeigen, die einer Volltextsuche entspricht. Wenn Sie nach einer Zeichenkette *abz* suchen, müssen Sie diese für eine Suche mit regulären Ausdrücken wie folgt schreiben: *(abz)+*. Probieren Sie es aus! Die Klammer definiert eine zusammenhängende Zeichenkette, und das + dahinter besagt, dass die Zeichenkette einmal oder mehrfach vorkommen soll. Dies entspricht einer Volltextsuche.

4.4.3 Datenbankfelder kontrollieren

Wurde Ihnen schon einmal der im Folgenden aufgeführte oder ein ähnlicher Fehler gemeldet und hatten Sie erst einmal keine Ahnung, was die Ursache des Fehlers war? Sie sind nicht allein, das ist schon vielen TYPO3-Benutzern so ergangen, einschließlich den Autoren.

```
Warning: mysql_fetch_row(): supplied argument is not a valid MySQL result resource in
D:\_projects\_abezet\_t3_version_4.1.1\▓\typo3\sysext\dbal\class.ux_t3lib_db.php on line 1307
```

Abbildung 4.77: Datenbankfehler im Backend

In den meisten Fällen resultiert diese Meldung ganz einfach aus einer Inkonsistenz zwischen $TCA und Datenbank. Sie erinnern sich: Das $TCA enthält die Datenbankfelder und ihre Konfiguration für die Darstellung und Bearbeitung im Backend. Mit dem Befehl COMPARE (oder etwas anders aufbereitet COMPARE WITH $TCA) können Sie diese Konsistenz überprüfen. Sie führen diese Prüfung im Modul TOOLS, INSTALL im Bereich DATABASE ANALYSER aus.

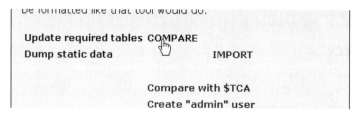

Abbildung 4.78: Vergleich zwischen $TCA und Datenbank starten

Nach einer Überprüfung der vorgeschlagenen Änderungen an der Datenbank können Sie alle oder einzeln ausgewählte Befehle ausführen, um die Datenbank wieder an das $TCA anzugleichen. In über 90 Prozent aller Fälle kann somit die Fehlerquelle entdeckt und behoben werden.

> **Hinweis**
>
> Aufgrund des Einsatzes verschiedener Betriebssysteme und vor allem verschiedener MySQL-Versionen kommt es manchmal vor, dass ein Vergleich zwischen $TCA und Datenbank immer wieder denselben Änderungsvorschlag bringt, obwohl Sie die Änderung (vermeintlich) schon durchgeführt haben. Dies liegt dann meist daran, dass TYPO3 die gewünschte Änderung an der Datenbank nicht durchführen kann, weil sie von der Datenbank mit einer Fehlermeldung abgebrochen wird. Nur leider wird diese Fehlermeldung im Install Tool nicht angezeigt! Vergleichen Sie in diesem Fall den Soll- mit dem Ist-Zustand. Meist ist dann eine Änderung unnötig, weil sie im Prinzip nichts ändern würde.

4.4.4 Import/Export

Genau genommen wird die Import/Export-Funktionalität erst durch die Installation der Extension impexp zur Verfügung gestellt. Sie zählt jedoch zu den System-Extensions und ist im TYPO3-Basispaket standardmäßig bereits installiert. Erreichbar ist sie im Kontextmenü unter MORE OPTIONS.... Damit können Sie sehr komfortabel Daten zwischen verschiedenen Installationen von TYPO3 austauschen. Alle benötigten Daten und Dateien werden automatisch von TYPO3 eingebunden. Es werden einige Features zur Verfügung gestellt.

Die resultierende Exportdatei *.t3d kann durch die eingebundenen Dateien schnell das PHP-Speicherlimit sprengen. In dem Fall sollten Sie versuchen, den Export in mehreren Schritten vorzunehmen, oder Sie übertragen die einzelnen Bestandteile manuell (*fileadmin/*, *typo3conf/*, *uploads/*, Datenbank). Im Abschnitt *Backup/Recovery vorsehen*, Seite 50, finden Sie Hinweise zu Extensions, die dies für Sie erledigen können.

Export

- Auswahl der zu exportierenden Seitenbaumebenen
- Auswahl der direkten und in Beziehung stehenden Tabellen für den Export
- maximale Anzahl von Datensätzen pro Tabelle
- expliziter Ausschluss von einzelnen Datensätzen
- Anzeige der aus den Einstellungen resultierenden Exportdaten
- Speicherung von Export-Einstellungen
- Festlegen von notwendigen Extensions für zugehörige Datensätze

Falls Sie eine komplette Übertragung eines TYPO3-Projekts von kleiner bis mittlerer Größe durchführen möchten, ist es in der Regel sinnvoll, möglichst alle Daten in einem einzigen Durchgang zu exportieren.

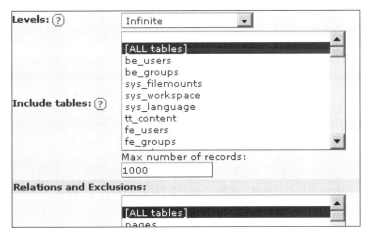

Abbildung 4.79: Einstellung für einen Import

Import

Achtung

Stellen Sie vor einem Import sicher, dass alle benötigten Extensions installiert und damit die zugehörigen Datenbanktabellen und Felder angelegt sind, da Daten für diese Felder sonst beim Import verloren gehen.

Sie können neue Daten importieren oder ein Update von bestehenden Daten durchführen. Ein spezielles Augenmerk sollten Sie auf die Option FORCE ALL UIDS VALUES legen. Damit werden die IDs der importierten Datensätze beibehalten. Bestehende Datensätze, z. B. Seiten mit derselben *uid*, werden überschrieben und gehen verloren. Nutzen Sie diese Option nur, wenn Sie tatsächlich den bestehenden Datenbank-Stand komplett mit dem Import überschreiben wollen.

Im Normalfall werden die importierten Daten den bestehenden Daten hinzugefügt, wobei TYPO3 die Zuordnung von einzelnen Datensätzen automatisch richtig einstellt. Falls beispielsweise eine Seite mit Inhalten eingefügt wird, die Option FORCE ALL UIDS VALUES **nicht** gesetzt ist und bereits eine Seite mit der *uid* der zu importierenden Seite vorliegt, bekommt die zu importierende Seite eine neue *uid*, und die entsprechenden Einträge im Feld *pid* der Inhaltsdatensätze aus *tt_content* werden automatisch angepasst.

4.4.5 Drag&Drop

Ein Feature, das erst seit der Version 4 Einzug in den TYPO3 Core gehalten hat, ist das Ziehen von Seiten mit der Maus an eine andere Position im Seitenbaum. Damit lassen sich sehr komfortabel die Aktionen *Verschieben* und *Kopieren* durchführen. Im Hintergrund wird hier *AJAX* eingesetzt, und das schafft eine Arbeitseffizienz annähernd wie im Datei-Explorer des Betriebssystems.

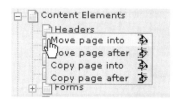

Abbildung 4.80: Optionen für Drag&Drop

4.4 Interessante (oft unbekannte) Funktionalitäten

Hinweis

Für ein Verschieben von Inhaltselementen innerhalb einer Seite im Modul WEB, PAGE gibt es eine ähnliche Funktionalität, die von der Extension gb_bedraganddrop zur Verfügung gestellt wird.

4.4.6 Das Klemmbrett (Clipboard)

Das Klemmbrett dient als Zwischenablage für alle Kopiervorgänge im Backend. Diese Zwischenablage für Dateneinheiten aller Art kann erst genutzt werden, wenn man sie über die Checkbox am Seitenende einblendet.

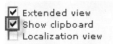

Abbildung 4.81: Anzeige des Klemmbretts aktivieren

Wenn Sie nun einen Datensatz mit dem Ihnen bekannten Befehl kopieren, ist eine Referenz auf diesen Datensatz auf dem Klemmbrett zu sehen.

Das Klemmbrett besteht genau genommen aus vier verschiedenen Unterebenen, wir sprechen zur Vereinfachung von *Klemmbrettebenen*. Hier ist eine – auf den ersten Blick nicht ersichtliche – Besonderheit enthalten. Die Klemmbrettebene NORMAL kann nur einen Datensatz aufnehmen, die anderen jedoch mehrere! Wenn Sie also das Klemmbrett durch einen Klick auf den Namen der Klemmbrettebene (Nr. 1, 2 oder 3) wechseln, sehen Sie (in der Listenansicht durch das Modul WEB, LIST) plötzlich hinter den Datensätzen Checkboxen, die bei Aktivität der normalen Klemmbrettebene nicht sichtbar sind. Damit können Sie nun auch mehrere Datensätze auf einen Schlag auf die jeweilige Klemmbrettebene verschieben, und zwar nicht nur von einem Typ, sondern durchaus auch gemischt. Dies schließt sogar Dateien aus dem Modul FILE, FILELIST mit ein, also z. B. Bilder.

Dabei gehen die Daten einer anderen Klemmbrettebene nicht verloren. Sie können also parallel mit den verschiedenen Ebenen arbeiten. Auf der Ebene *normal*, auf der wie besprochen nur ein Element liegen kann, wird das aktuelle Element natürlich durch ein neu kopiertes Element ersetzt, auf den anderen Ebenen werden neue Elemente einfach hinzugefügt.

4 Das Backend – hinten rein

Abbildung 4.82: Datensätze zum Klemmbrett hinzufügen

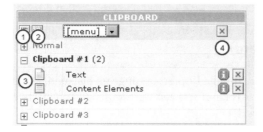

Abbildung 4.83: Ansicht des Klemmbretts

❶ Für Bilder können Sie Vorschaubilder (Thumbnails) anzeigen lassen, um sie einfacher zu identifizieren. Diese Funktionalität setzt jedoch eine Installation und korrekte Konfiguration von ImageMagick oder GraphicsMagick voraus. Details zur Installation der Grafikunterstützung in TYPO3 finden Sie im Abschnitt *Das Installationstool*, Seite 39.

❷ Wenn Sie direkt über das Klemmbrett arbeiten, wird normalerweise beim anschließenden Einfügen an der neuen Stelle die Aktion *Verschieben* durchgeführt, d. h., das Element bzw. die Elemente an der ursprünglichen Stelle werden gelöscht. Dies wird Ihnen auch in der Hinweismeldung vor dem Einfügen des Klemmbrettinhalts an die neue Stelle mitgeteilt. Wollen Sie stattdessen den Vorgang *Kopieren* durchführen, können Sie dies hier durch ein Umschalten bewerkstelligen.

❸ Sobald die gewählte Klemmbrettebene Elemente enthält, haben Sie weitere Bearbeitungsmöglichkeiten für diese Elemente.

❹ Sie können das gesamte Klemmbrett leeren oder gezielt einzelne Elemente entfernen. Wie Sie sicher vermuten, wird dabei natürlich nicht das Originalelement gelöscht, sondern eben nur die Referenz vom Klemmbrett entfernt.

Achtung

Standardmäßig werden Elemente über das Klemmbrett nicht kopiert, sondern verschoben! Falls Sie mehrere Elemente gleichzeitig kopieren möchten, müssen Sie diese Option auf dem Klemmbrett entsprechend aktivieren.

4.4.7 Lokalisierung

Da dieses Thema sowohl das Frontend als auch das Backend betrifft, finden Sie mehr Informationen hierzu (auch redaktioneller Art) im Abschnitt *Mehrsprachigkeit*, Seite 173.

Vertiefende Informationen zur Funktionsweise der Lokalisierung finden Sie im Abschnitt *Sprachvielfalt durch Lokalisierung L10n, UTF8*, Seite 293.

4.4.8 Datensätze im Modul Page anzeigen

Für viele Aufgaben ist ein normaler Redakteur mit dem Modul WEB, PAGE bestens bedient. Falls Sie nun aber über eine Extension eigene Datensätze zur Verfügung gestellt haben, die der Redakteur bearbeiten soll, müssen Sie ihm im Normalfall auch das Modul WEB, LIST freischalten, damit er überhaupt auf die Datensätze Zugriff hat. Alternativ können Sie diese Datensätze aber auch mit im Modul WEB, PAGE anzeigen.

Listing 4.27: Beispielkonfiguration für tx_myext_table-Datensätze

```
$TYPO3_CONF_VARS['EXTCONF']['cms']['db_layout']['addTables']['tx_myext_table'][0] =
Array(
    'fList' => 'title,author,category',
    'icon' => TRUE,
);
```

Sie können auf sehr einfache Weise konfigurieren, welche Datenbankfelder in der Liste angezeigt werden sollen. Über das Schlüsselwort *icon* können Sie festlegen, ob ein zugehöriges Logo angezeigt werden soll.

Im Abschnitt *Datensätze im Page-Modul anzeigen*, Seite 529, finden Sie die Beschreibung der Extension abz_eff_tca, die eine dynamische Konfigurierbarkeit für diese Anzeige bereitstellt.

4.4.9 Kontrollmöglichkeiten, Logs

Bei einem Team von mehreren Redakteuren (und eventuell auch Administratoren) werden Sie immer mal wieder in die Lage geraten, dass Sie nachvollziehen müssen, welche Änderungen innerhalb von TYPO3 (von anderen Benutzern) durchgeführt worden sind. Dazu stellt TYPO3 Ihnen eine umfangreiche Vorgangsprotokollierung zur Verfügung. Eine direkte Zugriffsmöglichkeit zum Logging bietet das Modul TOOLS, LOG. Dieses Modul wird durch die Extension belog realisiert, die als *Shy Extension* bereits in der Grundinstallation enthalten ist. Dort können Sie detailliert nachvollziehen, welcher Benutzer wann welche Änderungen an Datensätzen durchgeführt hat. Falls Sie dieses Protokoll explizit für bestimmte Teilbereiche des Seitenbaums betrachten wollen, finden Sie über das Modul WEB, INFO und die darin enthaltene Auswahloption LOG den Zugang dazu.

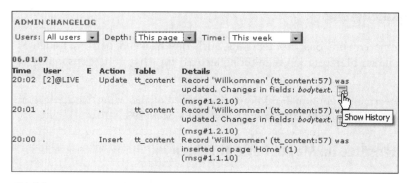

Abbildung 4.84: Log für die Seite Home

Als besonderes Zuckerl haben Sie hierbei sogar die Möglichkeit, über das Icon SHOW HISTORY Änderungen gezielt rückgängig zu machen. Aber Achtung: Machen Sie sich erst bewusst, was Sie vorhaben. Ohne Erfahrung mit diesem sogenannten Rollback können Sie heilloses Chaos für die gewählten Datensätze verursachen!

Falls Sie das Tool *diff* installiert und den Pfad dazu korrekt im Install Tool unter [BE][diff_path] eingetragen haben, können Sie sogar sehen, welche Änderungen im Detail durchgeführt wurden.

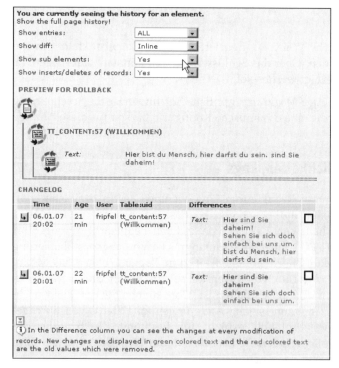

Abbildung 4.85: Veränderungsdarstellung mit Rollback-Möglichkeit

4.4.10 Autologin

Speziell während der Entwicklung einer Seite auf dem lokalen Rechner ist es sehr angenehm, wenn man sich nicht ständig wieder neu am Backend anmelden muss. Eine sehr komfortable und intelligente Lösung bietet hier das von René Fritz geschriebene servicebasierte IP-Login. Mit Hilfe der Extensions cc_ipauth und cc_iplogin_be können Sie für einen bestehenden Benutzer eine IP-Adresse angeben, für die der Benutzer automatisch angemeldet wird. Für die lokale Entwicklung könnten Sie somit die IP-Adresse 127.0.0.1 angeben und bei einem Aufruf des Backends sofort zu arbeiten beginnen, ohne eine Anmeldung vornehmen zu müssen.

Hinweis

In neuen TYPO3-Versionen können Sie aus Sicherheitsgründen nur eingeschränkte IP-Adressen (Maske 192.168.*.*,10.0.0.0/24) im Backend eingeben. Die genannte IP-Adresse 127.0.0.1 für lokales Arbeiten kann also nur über einen direkten Datenbankeintrag im Benutzerdatensatz aktiviert werden.

4.5 Extension Manager für Administratoren

Der Extension Manager ist im Abschnitt *Extensions einsetzen*, Seite 52, beschrieben.

4.6 Materialien zum Weitermachen

Sollten Sie weiterführende Informationen benötigen, können Sie bei folgenden Quellen nachlesen:

- Auf CD
  - *doc_core_tsconfig*
- Im Internet
  - *http://typo3.org/documentation/document-library/extension-manuals/doc_v4_workspace/1.0.5/view/*
  - *http://wiki.typo3.org/index.php/Overview_Administrator_Manuals*

5 Das Framework – der Werkzeugkasten

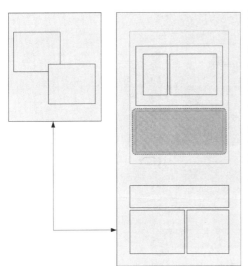

Nachdem Sie jetzt bereits komplette Webseiten mit TYPO3 erstellen können – sowohl was die Darstellung im Frontend als auch was die Datenpflege im Backend angeht –, ist es jetzt an der Zeit, den Aufbau und die Funktionsweise unseres Lieblings-CMS näher zu betrachten. Dieses Kapitel ist dazu gedacht, TYPO3 zu verstehen, damit Sie bei der nächsten Problemstellung schon Anhaltspunkte für eine Lösung haben.

Achtung

Wer TYPO3 wirklich begreifen und eine Chance auf erfolgreiches Ablegen der anstehenden Zertifizierung als TYPO3-Professional haben will, muss dieses Kapitel verstanden haben.

5 Das Framework – der Werkzeugkasten

Lernziele:

- Struktur und Aufbau von TYPO3 verstehen
- Konfigurationsarray $TCA verstehen und einsetzen
- Vorgehensweisen zur Anpassung der Funktionsweise kennen

5.1 Aufbau und Funktionsweise

5.1.1 Konzeptioneller Aufbau

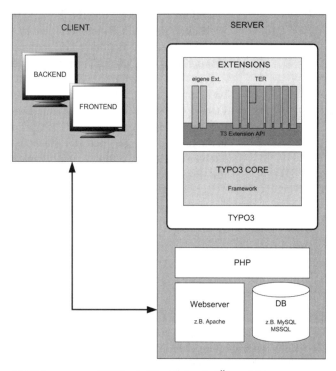

Abbildung 5.1: TYPO3 & Friends in der Übersicht

5.1.2 Dateisystem

Einen ersten Einblick ins System bekommen Sie am einfachsten über das Dateisystem und die darin gelegene Struktur von TYPO3. Grundsätzlich können wir zwischen den beiden Teilen *Source* und *Instanz* unterscheiden. Der Source-Bereich ist für jede Instanz der gleichen Version identisch und kann deswegen per *symlink* auch mehrfach genutzt werden. In den Ordnern und Dateien für die Instanz sind dann die projektspezifischen Anpassungen und Konfigurationen enthalten.

5.1 Aufbau und Funktionsweise

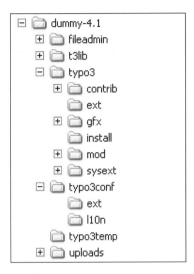

Abbildung 5.2: Dateistruktur einer normalen Installation

Aus dem Source-Paket (Download-Paket *Source*) werden für ein Projekt folgende Ordner eingebunden:

- *misc*

  Verschiedene zusätzliche Scripts wie *superadmin.php*. Dieser Ordner wird für den direkten Betrieb einer Webseite mit TYPO3 nicht benötigt und kann ohne Probleme gelöscht werden.

- *t3lib*

  Diese Klassen und Dateien werden sowohl im Backend als auch im Frontend eingebunden. Der Unterordner *stddb* enthält das grundsätzliche Datenbank-Setup.

- *typo3*

  Quellcode für den Backend- und Administrationsbereich. Dies ist in dem URI zum Backend-Zugang ersichtlich (z. B. http://www.ihre-domain.de/typo3/). Die *alt_*.php*-Dateien bilden das Gerüst für die Darstellung im Backend. *alt* leitet sich von »alternative« ab, das ursprünglich die alternative Backend-Ansicht darstellte, jetzt aber zur Standardansicht geworden ist.

- *typo3/ext*

  Hier liegen alle global installierten Extensions, jede in einem eigenen Ordner mit dem Namen der Extension. Hier abgelegte Extensions sind für all diejenigen Installationen verfügbar, die diese Sourcen benutzen. Das Verzeichnis muss für den Webserver schreibbar sein, falls Extensions global mithilfe des TYPO3 Extension Managers installiert werden sollen. In diesem Fall muss außerdem das entsprechende Flag in den $TYPO3_CONF_VARS gesetzt sein (*allowGlobalInstall*). Der Ordner *typo3/ext* ist von Haus aus leer, kann aber dafür verwendet werden, Extensions an zentraler Stelle für mehrere TYPO3-Installationen, die per Symlink auf die gleiche Source zugreifen, zur Verfügung zu stellen. Dieser globale Extension-Ordner sollte nicht für Extensions verwendet werden, die nur von einer TYPO3-Installation verwendet werden.

Generell sollte man beachten, dass der Inhalt des Ordners beim Upgrade auf eine neue TYPO3-Version verloren geht (wenn er nicht manuell gesichert wurde).

- *typo3/sysext*

    Siehe *typo3/ext*. Hier liegende Extensions sind jedoch System-Extensions. Dadurch sind sie immer im Source-Paket enthalten und nicht durch den Extension Manager veränderbar.

- *typo3/gfx*

    Verschiedene grafische Elemente für Frontend und Backend

- *typo3/install*

    Dieser Ordner enthält das Install Tool-Script. Richten Sie unbedingt einen entsprechenden Zugriffsschutz ein, da von hier aus die gesamte Installation verändert werden kann.

- *typo3/mod*

    Dieser Ordner enthält Backend-Module und stellt noch das alte Konzept vor der Einführung der Extensions dar. Er enthält derzeit hauptsächlich Platzhalter und Standard-Module wie den Extension Manager.

In jeder Instanz unabhängig vorhanden (aus dem Download-Paket *Dummy*) sind die folgenden Ordner:

- *fileadmin*

    Wird in der Regel als Dateiablage für die Redakteure benutzt. Standardmäßig sieht der Administrator diesen Ordner (mit all seinen Unterordnern) bei einem Klick auf das Backend-Modul FILELIST. Hier liegen keine Dateien von TYPO3.

- *typo3conf*

    Konfigurationsverzeichnis für jede Instanz von TYPO3. Wird deswegen auch oft »Lokalverzeichnis« genannt. Dieser Ordner enthält im Unterordner *ext* alle lokalen Extensions und muss zwingend für den Webserver schreibbar sein.

- *typo3conf/ext*

    Hier liegen alle lokal installierten Extensions, jede in einem eigenen Ordner mit dem Namen der Extension. Es muss zwingend für den Webserver schreibbar sein.

- *typo3conf/l10n*

    Hier liegen die Lokalisierungen (*l10n* steht für »localization«) von TYPO3. Dieser Ordner ist seit der Version 4.0 im Einsatz.

5.1 Aufbau und Funktionsweise

- *typo3temp*

  Ablage für temporäre Dateien aus Frontend und Backend. Inhalte können in der Regel ohne Probleme gelöscht werden, benötigte Dateien werden neu generiert. Es ist empfehlenswert, diesen Ordner ab und an zu leeren, um Dateileichen zu verhindern. Direkt nach dem Leeren ist allerdings mit Performance-Einbußen zu rechnen, da der Server die temporären Dateien wieder neu generieren muss.

- *uploads*

  Ablage für alle Dateien, die direkt mit Datenbankeinträgen verknüpft sind. So werden beispielsweise Bilder, die in das Inhaltselement TEXT MIT BILD eingefügt werden, in den Ordner *uploads/pics/* kopiert, selbst wenn das Bild vorher schon auf dem Server im Ordner *fileadmin/* vorhanden war. Auch die im RTE eingefügten Bilder werden in der Defaulteinstellung hier abgelegt. Eine neue Extension legt bei Bedarf hier einen Ordner mit dem Namen der Extension an, um spezifische Dateien der Extension hier abzulegen.

Hinweis

Falls Sie bereits längere Zeit mit TYPO3 gearbeitet haben, ist Ihnen sicher aufgefallen, dass ab der Version 4.0 keine Symlinks mehr innerhalb des Source-Paketes gebraucht werden, um redundanzfrei arbeiten zu können. (Dass die Verwendung von Symlinks zum gemeinsamen Verwenden der Sources durch mehrere TYPO3-Installationen weiterhin empfehlenswert ist, bleibt davon unberührt.) Der Ordner *tslib* auf der Hauptebene ist verschwunden und nur noch innerhalb der System-Extension cms zu finden. Für die Benutzer von Windows-Systemen oder bei Hosting-Paketen nur mit FTP-Zugang wird dadurch der Umfang einer Grundinstallation deutlich verringert. Um die Source-Quellcodes von der Arbeitsinstanz zu trennen und so das Source-Paket mehrfach zu nutzen, sind Symlinks jedoch nach wie vor sinnvoll.

5.1.3 Dateien in typo3conf, Konfiguration

localconf.php

Dies ist die zentrale Konfigurationsdatei, die vom Install Tool und vom Extension Manager beschrieben wird. Dort sind die Zugangsdaten zur Datenbank, die Liste der installierten Extensions mit deren Konfiguration und nicht zuletzt die vielen Konfigurationsparameter aus dem Install Tool hinterlegt. Öffnen Sie die Datei einfach mal in Ihrem Lieblingstexteditor: Sie werden schnell Zuordnungen herstellen können. Konfigurationen für installierte Extensions sind serialisiert hinterlegt, was die Lesbarkeit für den Menschen nicht gerade erhöht, für den Rechner jedoch eine deutlich erhöhte

Lesegeschwindigkeit bringt. Sie können manuell Änderungen an der Datei vornehmen, sollten sich jedoch des schreibenden Zugriffs durch Install Tool und Extension Manager bewusst sein.

Tipp

Wenn Sie einmal TYPO3 auf Ihrem Rechner über das Install Tool sauber installiert haben, also z. B. ImageMagick korrekt konfiguriert ist und diverse andere Einstellungen nach Ihrem Geschmack sind, können Sie diese manuell in der *localconf.php* nach Konfigurationsgruppen sortieren und die gesamte Konfiguration durch Kopieren und Einfügen für die nächste TYPO3-Installation wiederverwenden. Falls Sie gleich die gesamten Daten oder gar das gesamte Projekt kopieren, vergessen Sie nicht, die Datenbankparameter anzupassen, um nicht in die Datenbank des ursprünglichen Projekts zu schreiben.

Alternativ können Sie auch den Teil, der für alle Installationen gleich ist, in eine eigene Datei auslagern und von dort in jede *localconf.php* einbinden.

Listing 5.1: Beispiel typischer Einstellungen, die auf einem Rechner für alle TYPO3-Installationen gleich sind

```
<?php
################################################
# this should be included on every localconf.php locally
################################################

$TYPO3_CONF_VARS["BE"]["sessionTimeout"] = '136000';
$TYPO3_CONF_VARS["BE"]["forceCharset"] = 'utf-8';
$TYPO3_CONF_VARS["BE"]["diff_path"] = 'c:/programme/diff/diff.exe';

$TYPO3_CONF_VARS["EXT"]["extCache"] = '0';

$TYPO3_CONF_VARS["GFX"]["gdlib_png"] = '0';
$TYPO3_CONF_VARS["GFX"]["im"] = '1';
$TYPO3_CONF_VARS["GFX"]["im_combine_filename"] = 'composite';
$TYPO3_CONF_VARS["GFX"]["im_path"] = 'c:\\apachefriends\\xampp\\imagemagick\\';
$TYPO3_CONF_VARS["GFX"]["im_path_lzw"] = 'c:\\apachefriends\\xampp\\imagemagick\\';
$TYPO3_CONF_VARS["GFX"]["im_version_5"] = '0';
$TYPO3_CONF_VARS["GFX"]["im_no_effects"] = '0';
$TYPO3_CONF_VARS["GFX"]["im_mask_temp_ext_gif"] = '0';
$TYPO3_CONF_VARS["GFX"]["im_combine_filename"] = 'combine';
$TYPO3_CONF_VARS["GFX"]["gif_compress"] = '1';
$TYPO3_CONF_VARS["GFX"]["gdlib_2"] = '1';
$TYPO3_CONF_VARS["GFX"]["TTFdpi"]='96';
```

5.1 Aufbau und Funktionsweise

```
$TYPO3_CONF_VARS["GFX"]["thumbnails"] = '0';
$TYPO3_CONF_VARS["GFX"]["imagefile_ext"] = 'gif,jpg,jpeg,tif,bmp,png';

$TYPO3_CONF_VARS["SYS"]["setMemoryLimit"] = '20';
$TYPO3_CONF_VARS["SYS"]["ddmmyy"] = 'd.m.y';

$TYPO3_CONF_VARS['FE']['logfile_dir'] = 'stats/';

$typo_db_extTableDef_script = 'extTables.php';
?>
```

Listing 5.2: Einbinden einer generellen Konfiguration innerhalb der localconf.php

```
include ('d:\projekte_t3\zentral\localconf_all.php');
```

extTables.php

Diese Datei ist eigentlich nur noch aus historischen Gründen hier vorhanden, gibt aber trotzdem einen guten Einblick in die Funktionsweise von TYPO3. Sie könnten hier Einstellungen zum $TCA (Table Configuration Array) erweitern oder überschreiben. *Ext* steht für »extend«, also erweitern. Damit hier getätigte Veränderungen von TYPO3 gelesen und berücksichtigt werden, muss die Variable $typo_db_extTableDef_script in der Datei *localconf.php* entsprechend mit dem Wert extTables.php gesetzt sein. Heutzutage wird jedoch von Entwicklern erwartet, dass Erweiterungen und Veränderungen am $TCA über Extensions vorgenommen werden, um größtmögliche Nachvollziehbarkeit zu ermöglichen. Wie Sie dazu vorgehen, können Sie im Kapitel *Extensions entwickeln*, Seite 387, nachlesen.

5.1.4 Sprachvielfalt durch Lokalisierung L10n, UTF8

Mit der Version 4.0 hat sich die Vorgehensweise bei der Lokalisierung in TYPO3 geändert. Das Ziel der Änderung war eine möglichst saubere Trennung von Code und Sprache bei gleichzeitiger Unabhängigkeit des Übersetzers vom Entwickler. Daraus folgt, dass im Idealfall in der einzelnen Extension nur die Standardsprache (Englisch) und eventuell die Muttersprache des Entwicklers enthalten ist und praktisch beliebig viele weitere Sprachen in Sprachpaketen (sogenannten *language packs*) enthalten sind. Diese werden wie auch die Extension selbst vom Extension Manager verwaltet. Bei der Installation von TYPO3 oder neuen Extensions ist es deshalb ratsam, die Aktualität der installierten Sprachpakete zu überprüfen. Eine Anleitung zur Überprüfung der aktuell geladenen Sprachen und die Vorgehensweise für das Laden neuer Sprachen finden Sie im Abschnitt *Sprachpakete laden*, Seite 57.

Geladene Sprachpakte werden von TYPO3 im Ordner *typo3conf/l10n* abgelegt.

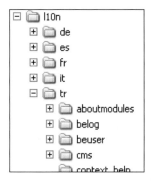

Abbildung 5.3: Struktur der geladenen Sprachpakete

Um auch die Übersetzer der verschiedenen Sprachen voneinander unabhängig zu machen, müssen die einzelnen Sprachen in verschiedene Dateien bzw. Ordnerstrukturen separiert werden. Dem aktuellen Stand der TYPO3-Technik entsprechen die *locallang*-XML-Dateien (*llXML*), in denen alle Labels sowohl für das Backend als auch für das Frontend enthalten sind. Die davor gebräuchlichen *locallang.php*-Dateien können mithilfe von Funktionen der Extension extdeveval in XML-Dateien umgewandelt werden. Informationen zum praktischen Einfügen von Sprachen für Extension-Entwickler finden Sie im Abschnitt *Textinformationen und ihre Lokalisierung (L10n)*, Seite 431.

Die Struktur innerhalb des Sprachpaketes gleicht der Struktur der zugehörigen Extension, da sich die einzelnen Sprachdateien jeweils auf Backend-Module oder Frontend-Plugins beziehen.

Hinweis

Die vor Version 4.0 gebräuchlichen Sprach-Extensions csh_* wurden durch das neue System abgelöst und müssen nicht mehr installiert werden.

Listing 5.3: Inhalt der Datei typo3conf/l10n/de/rtehtmlarea/de.locallang.xml

```
<?xml version="1.0" encoding="utf-8" standalone="yes" ?>
<T3locallangExt>
    <data type="array">
        <languageKey index="de" type="array">
            <label index="Please wait">Der Editor wird geladen. Bitte warten...</label>
            <label index="Normal">Normal</label>
            <label index="Heading 1">Überschrift 1</label>
[...]
```

5.1 Aufbau und Funktionsweise

```xml
            <label index="Preformatted">Vorformatiert</label>
            <label index="Address">Adresse</label>
            <label index="No font">Keine Schriftart</label>
            <label index="No size">Keine Größe</label>
        </languageKey>
    </data>
    <orig_hash type="array">
        <languageKey index="de" type="array">
            <label index="Please wait" type="integer">82508915</label>
            <label index="Normal" type="integer">157332556</label>
            <label index="Heading 1" type="integer">265768972</label>
[...]
            <label index="Preformatted" type="integer">189632771</label>
            <label index="Address" type="integer">232242979</label>
            <label index="No font" type="integer">69479293</label>
            <label index="No size" type="integer">122201874</label>
        </languageKey>
    </orig_hash>
    <orig_text type="array">
        <languageKey index="de" type="array">
            <label index="Please wait">The editor is being loaded. Please wait...</label>
            <label index="Normal">Normal</label>
            <label index="Heading 1">Heading 1</label>
[...]
            <label index="Preformatted">Preformatted</label>
            <label index="Address">Address</label>
            <label index="No font">No font</label>
            <label index="No size">No size</label>
        </languageKey>
    </orig_text>
</T3locallangExt>
```

In den Übersetzungsdateien ist oft zusätzlich zu den übersetzten Texten auch der Block mit den originalen englischen Texten enthalten. Diese sind für die korrekte Darstellung der Sprache in TYPO3 jedoch nicht nötig, sondern dienen als Unterstützung für den Übersetzer.

Für die entsprechende Sprachauswahl zu den von Ihnen sowohl im Frontend als auch im Backend gewählten Einstellungen ist die Extension lang zuständig. Diese ist im Source-Paket enthalten und kann dementsprechend im Ordner *typo3/sysext/* gefunden werden. Die in der Datei *lang.php* enthaltene Klasse *language* wird an vielen Stellen im Code bei Bedarf aufgerufen und stellt beispielsweise für Frontend-Plugins bereits das $LOCAL_LANG-Array zur Verfügung. Diese Klasse liefert bei vorhandenen Übersetzungen die von Ihnen gewählte Sprache und fällt ansonsten auf die Defaultsprache Englisch zurück. Zusätzlich zu dieser Sprachklasse sind in dieser Extension auch die

Labels für den Core von TYPO3 enthalten – allerdings, wie Sie jetzt sicher richtig vermuten, natürlich nur in der Standardsprache Englisch. Alle weiteren Sprachen sind in Sprachpakete ausgelagert.

Das TYPO3-Backend ist derzeit in knapp 50 Sprachen verfügbar, wobei Bereiche, die nur für Administratoren/Entwickler zugänglich sind, bewusst von Übersetzungen ausgenommen wurden, um eine einheitliche Begriffswelt unter den Entwicklern zu schaffen. Die verfügbaren Sprachen sind in der Konstante TYPO3_languages enthalten und direkt in der Datei *typo3/t3lib/config_default.php* kodiert.

Listing 5.4: Ausschnitt zu den verfügbaren Sprachen aus der Datei config_default.php

```
// Defining backend system languages
// When adding new keys, remember to:
//    - Update pages.lang item array (t3lib/stddb/tbl_be.php)
//    - Add character encoding for lang. key in t3lib/class.t3lib_cs.php (default
        for new languages is "utf-8")
//    - Add mappings for language in t3lib/class.t3lib_cs.php (TYPO3/ISO,
        language/script, script/charset)
//    - Update 'setup' extension labels (sysext/setup/mod/locallang.xml)
//    - Using translation server? Create new user with username = "language key",
        member of "translator" group, set to "language key" language.
// Thats it! Use extension "llxmltranslate" to begin translation. Language pack is
    automatically created in "typo3conf/l10n/[language key]/"
define('TYPO3_languages',
'default|dk|de|no|it|fr|es|nl|cz|pl|si|fi|tr|se|pt|ru|ro|ch|sk|lt|is|hr|hu|gl|th|gr|hk|eu|bg|br|et|ar|he|ua|lv|jp|vn|ca|ba|kr|eo|my|hi|fo|fa|sr');
```

An dieser Stelle ist praktischerweise auch gleich dokumentiert, was in dem Fall zu tun ist, wenn eine neue Sprache für TYPO3 angelegt werden soll.

In einer Extension, die von dritten Personen übersetzt werden können soll, sollten also nur die Label für die englische Sprache enthalten sein und in den entsprechenden Sprachpaketen die zugehörigen Übersetzungen.

Um bei der Übersetzung von TYPO3 mitzuhelfen, können Sie Mitglied im Übersetzer-Team[1] werden oder Ihre Übersetzungen direkt an den Extension-Entwickler oder einen der Übersetzer der jeweiligen Sprache schicken. Sie können sich außerdem bei der Übersetzer-Mailing-Liste[2] anmelden.

---

1 Zentrale Seite der Übersetzer: *http://typo3.org/extensions/translators*
2 Übersetzer-Mailing-Liste: *lists.netfielders.de/cgi-bin/mailman/listinfo/typo3-translators*

Um eine neue Übersetzung zu einer Extension anzulegen, installieren Sie die Extension llxmltranslate. Damit können Sie ganz einfach neue Sprachpakete erzeugen. Derzeit müssen Sie diese noch an den Hauptübersetzer oder das Übersetzer-Team Ihrer Sprache schicken. Es ist jedoch vorgesehen, solche Sprachpakete über die Extension llxmltranslate in das Extension Repository laden zu können, damit sie dort direkt zum Herunterladen zur Verfügung stehen.

5.2 Datenbank

Obwohl TYPO3 mittlerweile durch die Datenbankabstraktionsschicht *DBAL* nicht mehr zwingend direkt auf MySQL oder überhaupt eine relationale Datenbank angewiesen ist, wird der Einsatz einer relationalen Datenbank wie MySQL doch in den allermeisten Fällen stattfinden. Wir werden im Folgenden deshalb immer von Tabellen, Feldern und Datensätzen sprechen.

5.2.1 Anforderungen an Tabellen, die von TYPO3 verwaltet werden

Damit die Verwaltung der Tabellen reibungslos von TYPO3 gehandhabt werden kann, müssen ein paar Voraussetzungen erfüllt sein:

- Die Tabelle muss im Konfigurationsarray $TCA konfiguriert sein. Dort sind Informationen über die Tabelle, deren Felder und deren Darstellung in der Verwaltungsoberfläche abgelegt. Die bei der Installation mitgelieferten und die durch Extensions erzeugten Tabellen erfüllen diese Voraussetzung.
- Es müssen mindestens die Felder *uid* und *pid* vorhanden sein. Die *uid* (Integer) enthält die sogenannte *unique id* des Datensatzes, die eine eindeutige Identifizierung ermöglicht. Die *pid* (*parent id*, Integer) enthält in der Regel einen Verweis auf die *uid* der Seite, die den aktuellen Datensatz beinhaltet.
- Wichtige Funktionen haben außerdem folgende Felder:
  - Ein Feld für den Titel des Datensatzes (*title*)
  - Ein Feld für die Zeit der letzten Veränderung des Datensatzes (*tstamp*)
  - Ein Feld für die Sortierung von Datensätzen (*sorting*)
  - Ein Feld, um einen Datensatz als gelöscht zu markieren (*deleted*). Der Datensatz wird dann nicht mehr angezeigt, kann aber bei unbeabsichtigtem Löschen wiederhergestellt werden.

5.2.2 Wichtige Tabellen

Im Folgenden sind die wichtigen bzw. interessanten Tabellen beschrieben.

Tabellenname	Beschreibung
pages	Bildet das Rückgrat von TYPO3 und beinhaltet die Seiten und deren Struktur. Die meisten anderen Datensätze verweisen auf diese Tabelle, um ihre Position im Seitenbaum zu definieren. Sie ist im Seitenbaum im Backend sichtbar.
tt_content	Beinhaltet alle Inhaltselemente der Seite, die über NEUEN INHALT EINFÜGEN erzeugt werden und im Seiten- oder Listmodul sichtbar sind.
be_groups, be_users	Backend-Benutzer und -Benutzergruppen mitsamt den zugehörigen Einstellungen
be_sessions	Sessioninformationen der angemeldeten Backend-Benutzer
sys_be_shortcuts	Shortcuts, die sich die Benutzer im Backend anlegen können
sys_history	In dieser Tabelle wird die Veränderungshistorie aller Datensätze abgelegt, die bei der Undo- und Revert-Funktion sowie im Backend-Log genutzt wird.
cache_pages cache_hash cache_*	Enthalten Informationen für das Caching von Seiten. cache_pages enthält die gesamte generierte Seite (bereits im HTML-Format).
fe_groups fe_users	Frontend-Benutzer und -Benutzergruppen mitsamt den zugehörigen Einstellungen
fe_sessions fe_session_data	Sessioninformationen angemeldeter Frontend-Benutzer, falls Zugangsbeschränkungen auf Seiten eingesetzt werden
static_tempate	Von TYPO3 mitgelieferte *Static Templates*, die im Modul *Templates* ausgewählt werden können. In *uid* 43 liegt z. B. content (default), das in fast jeder älteren TYPO3-Installation zum Einsatz kam, mittlerweile aber durch die Extension css_styled_content abgelöst wurde.
sys_template	Im Backend angelegte Templates
sys_filemounts	Zuordnung von Ordnern zu Benutzern/Benutzergruppen, mit denen in der FILELIST gearbeitet werden kann
sys_lockedrecords	»Gesperrte Datensätze« für die Warnanzeige, welcher andere Benutzer gerade Datensätze editiert

Tabelle 5.1: Die wichtigsten Datenbanktabellen von TYPO3

5.2.3 Wie erkennt TYPO3 neu anzulegende Tabellen?

TYPO3 macht dem Benutzer das Anlegen neuer Datenbanktabellen und das Ergänzen von Feldern zu bestehenden Tabellen besonders einfach: Indem es aus einer Reihe von SQL-Dateien die *Soll*-Datenbankstruktur ausliest und diese mit der beste-

5.2 Datenbank

henden Datenbankstruktur vergleicht, kann es gezielte Änderungsvorschläge ausgeben, die im Install Tool bzw. bei der Installation einer neuen Extension im Extension Manager vom Benutzer ausgeführt werden können.

Das Grundgerüst der vom TYPO3 Core unbedingt benötigten Tabellen ist in der Datei *t3lib/stddb/tables.sql* definiert. Die Extension cms (*typo3/sysext/cms/ext_tables.sql*) steuert weitere wichtige Tabellen bei. Beim Installieren von TYPO3 werden diese beiden Dateien und die *ext_tables.sql*-Dateien der weiteren als *required* gekennzeichneten Extensions von *TYPO3* gelesen, und daraus werden die Tabellen erzeugt. Eine Installation von Extensions, die neue Tabellen benötigen, funktioniert nach demselben Schema. Tabellendefinitionen in Form von SQL-Befehlen liegen immer in der Datei *ext_tables.sql* innerhalb des Extension-Ordners.

Hinweis

Auch die Option COMPARE im Install Tool greift auf die SQL-Befehle in diesen Dateien zu, um die angeforderten Tabellen und Felder mit dem Ist-Zustand zu vergleichen.

Die SQL-Befehle werden allerdings nicht einfach direkt ausgeführt. Wenn Sie z. B. die Datei *ext_tables.sql* der Extension rlmp_tmplselector betrachten, erkennen Sie auch sofort, warum das so ist.

Listing 5.5: SQL für neue benötigte Felder in der Tabelle pages

```
CREATE TABLE pages (
   tx_rlmptmplselector_main_tmpl varchar(32) DEFAULT '' NOT NULL,
   tx_rlmptmplselector_ca_tmpl varchar(32) DEFAULT '' NOT NULL
);
```

Ein Absetzen dieses SQL-Befehls würde von der Datenbank umgehend mit einem Fehler quittiert werden, da die Tabelle *pages* im Regelfall bereits besteht. Da aufgrund der vielfältigen Kombinationsmöglichkeiten von Extension und verschiedenen Einsatzzielen von TYPO3-Installationen im Vorfeld nicht mit Sicherheit gesagt werden kann, ob eine Tabelle bereits existiert und nur um neue Felder erweitert werden muss oder ob sie komplett neu angelegt werden muss, wird hier immer der CREATE TABLE-Befehl hinterlegt. Der Extension Manager liest die Befehle ein und führt je nachdem, ob die Tabelle bereits existiert oder nicht, einen CREATE- oder UPDATE-Befehl aus. Auch die Definitionen für jedes Tabellenfeld werden erst noch über einen Parser in der Klasse t3lib_install kontrolliert und modifiziert, um verschiedenen Versionen von TYPO3 und Datenbanken Rechnung tragen zu können.

5.2.4 Tabellenverknüpfungen

In TYPO3 gibt es verschiedene Möglichkeiten, Beziehungen zwischen Datensätzen abzubilden.

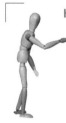

Hinweis

Diese Beziehungen werden über das `$TCA` hergestellt. Dieses wird im Abschnitt *$TCA (Table Configuration Array)*, Seite 312, näher erläutert. Auch die neue Möglichkeit der Datenverknüpfung im Backend namens IRRE wird dort besprochen.

Die häufigste Form der Verknüpfung von Datensätzen in TYPO3 ist die Zuordnung von Elementen zu einer Seite des Seitenbaumes. Dabei ist ein Datensatz wie z. B. ein Inhaltselement oder ein News-Datensatz genau einer Seite zugeordnet. Dies wird über den Eintrag der Seiten-*uid* in das Feld *pid* des jeweiligen Datensatzes realisiert.

Seiteninhalt (3)

Überschrift:	[uid]	[pid]
Inhalt1	3	2
Inhalt2	4	2
[Kein Titel]	1	2

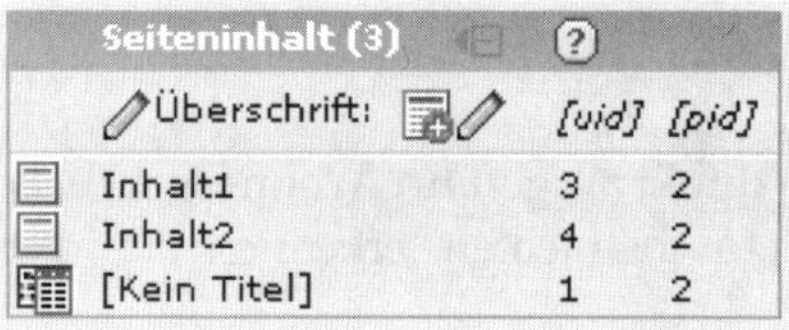

Abbildung 5.4: Inhalte auf der Seite mit der uid 2

Alle Datensätze der Tabelle *tt_content* mit dem Eintrag 2 im Feld *pid* sind der Seite mit der *uid* 2 zugeordnet und werden auch entsprechend im Backend und Frontend angezeigt.

Diese einfache Form der Verknüpfung ist in einigen Fällen nicht ausreichend, deswegen werden weitere Vorgehensweisen nötig.

Kommaseparierte Listen

Einem Datensatz kann eine kommagetrennte Liste von *uids* anderer Datensätze zugeordnet werden. Diese Verbindung von Datensätzen ist die ursprünglich in TYPO3 realisierte Umsetzung von m:m-Verknüpfungen in relationalen Datenbanken. Dabei kann ein Datensatz (theoretisch) beliebig viele Beziehungen zu Datensätzen einer anderen Tabelle bilden. Diese wiederum können auch (theoretisch) beliebig viele Verbindungen zu Datensätzen der ersten Tabelle eingehen. Die Zuordnung von Benutzergruppen zu Benutzern (sowohl Frontend als auch Backend) erfolgt auf diesem Wege.

Benutzergruppe:
Ausgewählt:
Gruppe 1
Gruppe 2
Objekte:
Gruppe 1
Gruppe 2

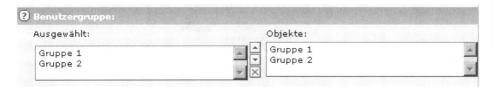

Abbildung 5.5: Zwei zugewiesene Gruppen für einen Frontend-Benutzer

Dieser Ansatz wurde gewählt, um auf die sonst nötige Zwischentabelle zur Abbildung der Beziehungen verzichten zu können.

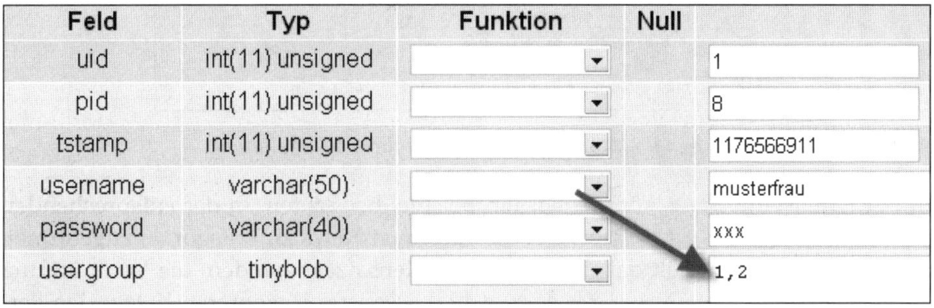

Feld
Typ
Funktion
Null
uid
int(11) unsigned
1
pid
int(11) unsigned
8
tstamp
int(11) unsigned
1176566911
username
varchar(50)
musterfrau
password
varchar(40)
xxx
usergroup
tinyblob
1,2

Abbildung 5.6: Werte in der Datenbank für den Benutzer

Die *uid* jeder zugeordneten Gruppe wird direkt durch Kommas getrennt in die Datenbank geschrieben.

Da die Beziehungen über kommagetrennte Listen nicht über direkte `SQL JOIN`-Befehle aus der Datenbank gelesen werden können, bietet TYPO3 API-Funktionen, um den Umgang mit dieser Art der Datenverknüpfung zu erleichtern, und liefert in vielen Objekten bereits Daten der verknüpften Datensätze mit.

m:m-Relationen

Auf Wunsch von zahlreichen Programmierern haben auch die sonst gebräuchlichen m:m-Verknüpfungen zwischen Tabellen Einzug in TYPO3 gehalten. Dabei werden die Datensatzbeziehungen über eine Zwischentabelle realisiert. Bei der Erstellung von neuen Extensions bietet der Kickstarter die Möglichkeit für direkte m:m-Beziehungen an.

5 Das Framework – der Werkzeugkasten

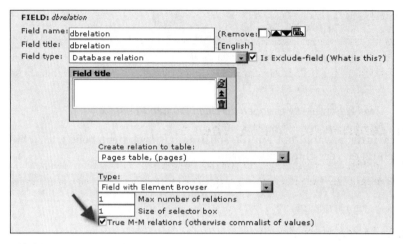

Abbildung 5.7: Häkchen im Kickstarter für eine reale m:m-Beziehung

In der Extension tt_news können wir ein Beispiel betrachten. In der entsprechenden m:m-Tabelle *tt_news_cat_mm* werden die einzelnen News zu Kategorien zugeordnet. Das Feld *uid_local* enthält dabei die *uid* des Datensatzes, von dem die Verknüpfung ausgeht, hier z. B. eine News mit der *uid* 19. Diese ist mit mehreren Kategorien verknüpft. Das Feld *sorting* schafft die Möglichkeit, die Reihenfolge der Verknüpfungen zu bestimmen.

uid_local	uid_foreign	tablenames	sorting
11	38		1
19	73		5
19	80		4
19	92		3
19	98		2
19	97		1
16	97		1
17	80		2

Abbildung 5.8: m:m-Verknüpfungstabelle

Falls Ihnen der Begriff *Normalisierung* im Zusammenhang mit Datenbanken nichts sagt, empfehlen wir Ihnen eine Recherche im Internet mit den Begriffen »Datenbank Normalisierung«. Dabei werden Sie auf vielfältige Unterlagen zu einer guten Datenbankstruktur stoßen. Beim Einsatz von TYPO3 ist es zwar sehr hilfreich zu wissen, wie Normalisierung funktioniert, aber dieses Wissen ist nicht unbedingt nötig. Sobald Sie jedoch eigene Extensions mit neuen Tabellen für TYPO3 erstellen, sollten Sie die Zusammenhänge zwischen erster, zweiter und dritter Normalform verstanden haben, um gute Datenbankstrukturen erstellen zu können.

Reference Index Table

Die Tabelle *sys_refindex* liefert Ihnen eine Möglichkeit, direkte SQL-Abfragen über verschiedene Verknüpfungen durchzuführen. Die Reference Index Table und die gebotenen Möglichkeiten sind im Abschnitt *Reference Index Table*, Seite 466, beschrieben.

5.3 Im Zentrum der Macht: The Core

Der Kern oder *Core* ist der Sammelbegriff für das Herz von TYPO3. Hier werden die gesamte Editiermöglichkeit im Backend und der Zusammenhang mit der Datenbank gesteuert.

5.3.1 TCE (TYPO3 Core Engine)

Die *TCE* (TYPO3 Core Engine) ist die Einheit, die für die *gesamte* Verwaltung aller Daten im Backend zuständig ist. Alle Datenbewegungen zu Tabellen, die über das $TCA (siehe auch den folgenden Abschnitt) konfiguriert sind, werden über die Klasse t3lib_TCEmain (in der Datei *t3lib/class.t3lib_tcemain.php*) gesteuert. Dazu gehören Aktionen wie neu anlegen, verschieben, kopieren, löschen, Historie schreiben, Versionierung verwalten und Zugriffsrechte kontrollieren – also praktisch alles, was mit der Datenverwaltung im Backend zu tun hat.

Falls Sie sich fragen, warum alles so zentral geregelt wird, gibt es dafür eine relativ simple Antwort: Nur so kann die Datenintegrität sichergestellt werden.

Sie sollten es vermeiden, auf Core-Tabellen ohne die *TCE* zuzugreifen, also z. B. einfach einen Datensatz per SQL-Befehl einzufügen, da Sie zugehörige Informationen beispielsweise zur Versionierung und Workspaces sonst vermutlich nicht korrekt behandeln.

Achtung

Da die *TCE* einen Backend-Benutzer benötigt, kann sie vom Frontend aus nicht eingesetzt werden. Bei Aktionen, die vom Frontend ohne Backend-Login ausgehen, müssen die entsprechenden Tabellen derzeit leider direkt angesprochen werden.

Es handelt sich bei notwendigen Updates aus dem Frontend jedoch in der Regel um Tabellen von Extensions, z. B. des Gästebuchs oder von einem Forum. Werden diese Tabellen per sogenanntem *Frontend Editing* bearbeitet, greift die *TCE* wiederum, weil hier bekanntermaßen erst mal ein Backend-Login erforderlich ist.

Auch die Dateiverwaltung im Modul FILE, FILELIST wird über die *TCE* abgewickelt. Hierfür sind zwei weitere Core-Klassen, t3lib_basicFileFunc und t3lib_extFileFunc, zuständig. Einen ausführlichen Einblick in die Möglichkeiten und die API von Dateifunktionen bekommen Sie am besten, wenn Sie einen Blick direkt in die Quellcodes werfen.

Um die *TCE* für eigene Programmierung im Backend zu nutzen, sind zwei Arten von Informationen nötig: die zu verwaltenden Tabellendaten und die durchzuführenden Aktionen/Kommandos. Beide werden in Array-Strukturen vorgehalten. Sie sollten immer versuchen, für Datenaktionen in einem von Ihnen geschriebenen Backend-Modul diese Vorgehensweise zu benutzen.

Hinweis

Ein reales Code-Beispiel für ein Kommando-Array und ein Daten-Array finden Sie am Ende des Abschnitts.

Kommando-Array ($cmd)

Das Kommando-Array enthält pro Aktion ein Element, und diese Elemente werden der Reihe nach abgearbeitet. Die Aktionen beziehen sich alle auf Elemente des Seitenbaumes. Dort sind die Datensätze über das Listmodul einsehbar. Die Syntax ist wie folgt:

$cmd[tablename][uid][command] = value

- tablename:

  Name der Tabelle des Datensatzes. Diese muss im $TCA konfiguriert sein.

- uid:

  Die uid des Datensatzes, der bearbeitet werden soll.

- command (Befehl):

  Der durchzuführende Befehl, siehe folgende Tabelle. Es kann jeweils nur ein Befehl pro Element ausgeführt werden.

- value (Wert):

  Konfiguration für den Befehl, siehe folgende Tabelle.

5.3 Im Zentrum der Macht: The Core

Befehl	Datentyp	Wert
copy	integer	0: Der Datensatz wird in den rootlevel kopiert.
		Positiver Integer: Stellt die Zielseite des Datensatzes (evtl. einschließlich von Unterseiten im Falle von `tablename="pages"`) dar. Der Datensatz wird an die erste Stelle in dieser Seite kopiert.
		Negativer Integer: Der absolute Wert zeigt auf einen Datensatz, der derselben Tabelle wie der zu kopierende Datensatz angehört. Dieser wird dann auf derselben Seite eingefügt. Falls `$TCA[...]['ctrl']['sortby']` gesetzt ist, wird er direkt dahinter eingefügt.
		Die *uid* der Zielseite wird also hier nicht definiert, sondern von TYPO3 aus dem angegebenen Datensatz extrahiert und verwendet.
move	integer	Siehe `copy`. Der Datensatz wird verschoben statt kopiert.
delete	»1«	Der Datensatz mit *uid* wird gelöscht, oder das *deleted*-Flag wird gesetzt, falls dies im `$TCA` so konfiguriert ist.
localize	integer	`value` entspricht der *uid* eines Eintrags in der Tabelle *sys_language*. Die Lokalisierung eines Datensatzes erzeugt im Prinzip eine Kopie des Datensatzes mit einer Zuordnung zur entsprechenden Sprache. Folgende Bedingungen müssen erfüllt sein:
		Die `[ctrl]`-Optionen `languageField` und `transOrigPointerField` müssen für die Tabelle gesetzt sein.
		Ein Eintrag mit der angesprochenen *uid* muss in der Tabelle *sys_language* tatsächlich vorhanden sein.
		Für den Datensatz darf noch keine Lokalisierung in der gewählten Sprache bestehen.
		Alle weiteren Rechte werden wie für normales Kopieren angewendet.
version	array	Im Schlüssel `[action]` ist die gewünschte Aktion der Versionierung hinterlegt.
		▪ new
		Für das Anlegen einer neuen Version eines Datensatzes können weitere Schlüssel gefüllt werden:
		Durch `treeLevels` wird die Tiefe des zu versionierenden Seitenbaumes bestimmt. Dabei ist als Defaultwert *-1* eingestellt, wodurch nur der Seiteneintrag versioniert wird. Ein Wert *0* steht für den Seiteneintrag und alle direkten Inhaltselemente, eine positive Zahl von 1 bis 4 zeigt die Tiefe im Seitenbaum an. Dabei werden alle erfassten Unterseiten inklusive aller Inhalte erfasst.
		`label` gibt der aktuellen Version einen Namen.

Tabelle 5.2: Befehle und dafür mögliche Werte

Befehl	Datentyp	Wert
version	array	▪ swap Die aktuelle Online-Version wird gegen eine andere Version ausgetauscht. Zusätzliche Schlüssel sind swapWith, um die ID der neuen Online-Version anzugeben, und swapIntoWS, um beim Publizieren den bisherigen Live-Datensatz in den Workspace zu holen. ▪ clearWSID Dadurch wird der Workspace des Datensatzes auf 0 gestellt, wodurch der Datensatz ohne Publizieren aus dem Workspace entfernt wird. ▪ setStage Es wird ein neuer Status für eine Version festgelegt. Um den Status für mehrere Datensätze gleichzeitig ändern zu können, wird aus dem Feld uid im Befehlsarray auch eine kommagetrennte Liste von IDs ausgelesen. Weitere Schlüssel sind stageId, um den neuen Status zu definieren (-1 (rejected), 0 (editing, default), 1 (review), 10 (publish)), und comment.

Tabelle 5.2: Befehle und dafür mögliche Werte (Forts.)

Hier ein paar Beispiele für häufige Aktionen:

Listing 5.6: Beispiele für das Array $cmd

```
// löscht den Datensatz uid=54 aus tt_content
$cmd['tt_content'][54]['delete'] = 1;
//Kopiert die Seite mit uid 12 an die Position nach der Seite 30
$cmd['pages'][12]['copy'] = -30;
// Verschiebt die Seite mit uid 12 an die erste Stelle innerhalb der Seite 30
$cmd['pages'][12]['move'] = 30;
```

Daten-Array ($data)

Das Daten-Array enthält die zu bearbeitenden Daten mit folgender Syntax:

$data[tablename][uid][fieldname] = value

▪ tablename:

Name der Tabelle des Datensatzes. Diese muss im $TCA konfiguriert sein.

▪ uid:

Die *uid* des Datensatzes, der bearbeitet werden soll. Für einen neuen Datensatz wird die Zeichenfolge "NEW", gefolgt von einem Zufallsstring, genutzt, z. B. "NEW7342abc5e6d".

▪ fieldname:

Name des Datenbankfeldes. Dieses muss im $TCA in $TCA[tablename]['columns'] konfiguriert sein.

- value:

    Der Wert für das Feld. Stellen Sie sicher, dass vor dem Einsatz von `TCEmain` `$this->stripslashes_values = false` gesetzt ist.

> **Hinweis**
>
> Beim Einsatz von Flexforms kann das Array auch deutlich mehr Ebenen als die hier beschriebenen drei enthalten.

Hier einige häufig anzutreffende Beispiele:

Eine neue Seite mit dem Titel *My Page* wird als erste Unterseite zu der Seite mit der *uid* 45 angelegt:

Listing 5.7: Beispiel 1 zum Array $data

```
$data['pages']['NEW9823be87'] = array(
   "title" => "My Page",
   "subtitle" => "Other title stuff",
   "pid" => "45"
);
```

Eine neue Seite mit dem Titel *My Page* wird direkt unterhalb der Seite mit der *uid* 45 angelegt:

Listing 5.8: Beispiel 2 zum Array $data

```
$data['pages']['NEW9823be87'] = array(
   "title" => " My Page ",
   "subtitle" => "Other title stuff",
   "pid" => "-45"
);
```

Die Felder der Seite mit der *uid* 34 werden verändert:

Listing 5.9: Beispiel 3 zum Array $data

```
$data['pages'][34] = array(
   "title" => "changed title",
   "no_cache" => "1"
);
```

5 Das Framework – der Werkzeugkasten

TCE selbst einsetzen

Die *TCE* kann sehr einfach in eigenen Scripts benutzt werden. Es muss dazu immer ein Backend-User ($BE_USER) initialisiert sein.

Ein Beispiel für das Bearbeiten von Daten:

Listing 5.10: Daten mit TCE bearbeiten

```
$tce = t3lib_div::makeInstance('t3lib_TCEmain');
$tce->stripslashes_values = 0;
$tce->start($data,array());
$tce->process_datamap();
```

Nachdem das TCE-Objekt instanziiert ist, wird der Einsatz von stripslashes() unterbunden (dies ist die empfohlene Einstellung), dann wird das *Datenarray* zur Verfügung gestellt und dabei die TCE initialisiert, und schließlich werden die Befehle in der Reihenfolge der Arraystruktur ausgeführt.

Ein Beispiel für das Abarbeiten von Befehlen:

Listing 5.11: Befehle mit TCE abarbeiten

```
$tce = t3lib_div::makeInstance('t3lib_TCEmain');
$tce->stripslashes_values = 0;
$tce->start(array(),$cmd);
$tce->process_cmdmap();
```

Nachdem das TCE-Objekt instanziiert ist, wird der Einsatz von stripslashes() unterbunden (dies ist die empfohlene Einstellung), dann wird das *Befehlsarray* geladen und dabei die TCE initialisiert, und schließlich werden die Befehle ausgeführt.

Vor dem Ausführen der Befehle können bei Bedarf einige Parameter als Attribute des Objekts $tce gesetzt werden. Hier die wichtigsten:

Attribut	Datentyp	Beschreibung
deleteTree	Boolean	Durch ein Setzen dieses Flags kann eine Seite mitsamt allen Unterseiten und Inhalten gelöscht werden. Dazu muss der aktuelle Benutzer das Recht zu löschen für alle betroffenen Seiten haben. Falls das Flag nicht gesetzt ist, kann eine Seite nicht gelöscht werden, falls sie Unterseiten hat. Standardwert: false
copyTree	Integer	Legt die Tiefe des beim Kopieren einer Seite rekursiv mitzukopierenden Unterbaums fest. Bei 0 wird nur die aktuelle Seite kopiert, bei 1 die erste Ebene, also alle Kindseiten und so weiter. Standardwert: 0

Tabelle 5.3: Wichtige Parameter bzw. Attribute für den Einsatz des TCE-Objekts

5.3 Im Zentrum der Macht: The Core

Attribut	Datentyp	Beschreibung
reverseOrder	Boolean	Die Reihenfolge des Daten-Arrays wird für die Abarbeitung umgekehrt. Speziell beim Anlegen von einer ganzen Reihe von Datensätzen wie z. B. mehrerer Seiten auf einen Streich ist diese Möglichkeit sehr vorteilhaft, da dann die Reihenfolge der Unterseiten wieder der Reihenfolge des Daten-Arrays entspricht. In TYPO3 wird eine neue Seite standardmäßig an erster Stelle im Vergleich zu den anderen Unterseiten angelegt. Da das Daten-Array normalerweise von »oben nach unten« abgearbeitet wird, würde dann die letzte Seite im Daten-Array im TYPO3-Seitenbaum ganz oben erscheinen. Standardwert: false
copyWhichTables	Liste von Strings	Sie können die Tabellen angeben, deren Datensätze beim Kopieren von Seiten mitkopiert werden sollen. Voraussetzung ist, dass der aktuelle Benutzer Lese- und Schreibrecht auf diese Tabellen hat. Standardwert: * (Datensätze aller Tabellen mitkopieren)
stripslashes_values	Boolean	Dieser Wert ist seit den Anfangstagen von TYPO3 standardmäßig auf true gesetzt, weil Eingaben aus Formularen mit escape() behandelt waren und dementsprechend »unescaped« werden mussten. Dieses Verhalten ist heutzutage veraltet; Werte sollten zur Weiterverarbeitung nicht »escaped« werden. Standardwert: true **Es wird dringend empfohlen, diesen Wert immer auf** false **zu stellen, sobald Sie die Klasse** t3lib_TCEmain **in eigenen Scripts einsetzen.**

Tabelle 5.3: Wichtige Parameter bzw. Attribute für den Einsatz des TCE-Objekts (Forts.)

Auch für das Löschen des Caches wird eine API zur Verfügung gestellt. Dabei werden keine Daten in die Datenbank geschrieben oder Kommandos aus einem Kommando-Array ausgeführt. Sie müssen das Objekt $tce jedoch in jedem Fall initialisieren. Dabei muss der aktuelle Benutzer entweder Administrator sein oder durch eine entsprechende Konfiguration im User-TypoScript die Erlaubnis zum Löschen des Caches besitzen.

Listing 5.12: Den Cache mit TCE löschen

```
$tce = t3lib_div::makeInstance('t3lib_TCEmain');
$tce->start(Array(),Array());
$tce->clear_cacheCmd('all');
```

Als weiteres Schmankerl haben Sie die Möglichkeit, über GET- oder POST-Variablen das TCE-Objekt zu nutzen. Dabei greift man auf das Script *tce_db.php* zurück. Dieses stellt eine Schnittstelle zur TCE dar und wurde ursprünglich für das Speichern von Daten im Backend benutzt. Bei Benutzung dieser Methode können Sie in Ihren Backend-Modulen z. B. das Löschen von Datensätzen einfach durch entsprechende Links auf das Script *tce_db.php* vornehmen, und es ist nicht mehr notwendig, die Klasse tce_main direkt zu benutzen. Da diese Vorgehensweise heutzutage recht selten eingesetzt wird, werden wir hier nicht näher darauf eingehen. Details können Sie in der Core-API oder direkt im Quellcode nachsehen.

Zur Verdeutlichung folgt hier ein Beispiel für das Löschen des Datensatzes mit der *uid* 5 aus der Tabelle *tt_content*. Je nach Konfiguration im Install Tool wird der Datensatz tatsächlich gelöscht oder nur das Flag *deleted* gesetzt.

Listing 5.13: TCE mittels GET-Parameter einsetzen

```
Pfad_zu_TYPO3/typo3/tce_db.php?cmd[tt_content][5][delete]=1
```

Dateiverwaltung

Die TCE verwaltet Dateioperationen über die Klasse t3lib_extFileFunctions, die eine Ableitung von t3lib_basicFileFunctions darstellt. Die Befehle für Dateimanipulationen werden über ein mehrdimensionales Array übergeben. Die Syntax ist der von Kommando- und Daten-Arrays sehr ähnlich.

Listing 5.14: Kommando für Dateioperationen

```
$file[ command ][ index ][ key ] = value
```

- command (**Befehl**):

    Der auszuführende Befehl, siehe folgende Tabelle

- index:

    Integer-Index, der mehrere Befehle desselben Typs unterscheidet

- key (**Schlüssel**):

    Abhängig vom Befehl steht hier der Schlüssel, der das auszuführende Kommando genauer spezifiziert. In der Regel wird der Schlüssel target das Zielverzeichnis oder der Schlüssel data bearbeitete Daten beinhalten.

    Details können Sie der folgenden Tabelle entnehmen.

- value (**Wert**):

    Der Wert des auszuführenden Befehls

    Details können Sie der folgenden Tabelle entnehmen.

5.3 Im Zentrum der Macht: The Core

Befehl	Schlüssel	Wert
`delete`	`"data"`	Absoluter Pfad zur Datei bzw. zum Verzeichnis, das gelöscht werden soll.
`copy`	`"data"`	Absoluter Pfad zur Datei bzw. zum Verzeichnis, das kopiert werden soll.
	`"target"`	Absoluter Pfad zum Zielverzeichnis
	`"altName"`	Boolescher Wert: Falls gesetzt, werden an die Dateinamen der zu kopierenden Dateien aufsteigende Ziffern angehängt, falls schon eine Datei mit diesem Namen existiert.
`move`	`"data"`	Es gelten die gleichen Angaben wie bei `copy`.
	`"target"`	
	`"altName"`	
`rename`	`"data"`	Neuer Name als alphanumerische Zeichenfolge mit max. 30 Zeichen.
	`"target"`	Absoluter Pfad zum umzubenennenden Ordner oder zu der umzubenennenden Datei.
`newfolder`	`"data"`	Ordnername als alphanumerische Zeichenfolge mit max. 30 Zeichen.
	`"target"`	Absoluter Pfad zu dem Ordner, in dem der neue Ordner erstellt werden soll.
`newfile`	`"data"`	Name der neuen Datei
	`"target"`	Absoluter Pfad zu dem Ordner, in dem die neue Datei erstellt werden soll.
`editfile`	`"data"`	Der neue Inhalt der Datei
	`"target"`	Absoluter Pfad zu der Datei, die editiert werden soll.
`upload`	`"data"`	ID, die auf die globale Variable zeigt, in der die Dateireferenz gespeichert ist.
	`"target"`	`$GLOBALS["HTTP_POST_FILES"]["upload_".$id]["name"]`
	`upload_$id`	Absoluter Pfad zum Zielverzeichnis für die hochgeladene Datei
		Dateireferenz, wobei `$id` dem Wert in `"data"` entsprechen muss
`unzip`	`"data"`	Absoluter Pfad zur *zip*-Datei. Der Name der Datei muss die Erweiterung *zip* haben.
	`"target"`	Absoluter Pfad zu dem Verzeichnis, in das entpackt werden soll. Standardmäßig ist dies das Verzeichnis, in dem die *zip*-Datei liegt.

Tabelle 5.4: Befehle für Dateimanipulationen

Sie können die Befehle über ein Objekt der Klasse `t3lib_extFileFunctions` absetzen. Als Beispiel sehen Sie hier die Methode `main()` der Klasse `SC_tce_file` in der Datei *tce_file.php*.

Listing 5.15: Aufruf der Dateibearbeitung in tce_file.php

```
/**
 * Performing the file admin action:
 * Initializes the objects, setting permissions, sending data to object.
 *
 * @return   void
 */
function main()   {
    global $FILEMOUNTS,$TYPO3_CONF_VARS,$BE_USER;

        // Initializing:
    $this->fileProcessor = t3lib_div::makeInstance('t3lib_extFileFunctions');
    $this->fileProcessor->init($FILEMOUNTS, $TYPO3_CONF_VARS['BE']['fileExtensions']);
    $this->fileProcessor->init_actionPerms($BE_USER->user['fileoper_perms']);
    $this->fileProcessor->dontCheckForUnique = $this->overwriteExistingFiles ? 1 : 0;

        // Checking referer / executing:
    $refInfo = parse_url(t3lib_div::getIndpEnv('HTTP_REFERER'));
    $httpHost = t3lib_div::getIndpEnv('TYPO3_HOST_ONLY');
    if ($httpHost!=$refInfo['host'] && $this->vC!=$BE_USER->veriCode() &&
        !$TYPO3_CONF_VARS['SYS']['doNotCheckReferer']) {
        $this->fileProcessor->writeLog(0,2,1,'Referer host "%s" and server host "%s"
        did not match!',array($refInfo['host'],$httpHost));
    } else {
        $this->fileProcessor->start($this->file);
        $this->fileProcessor->processData();
    }
}
```

5.3.2 $TCA (Table Configuration Array)

Das globale Array $TCA enthält für TYPO3 alle Informationen zum Aufbau der Datenbanktabellen und zu ihren Beziehungen zueinander sowie zur Darstellung der entsprechenden Bearbeitungsmasken im Backend. Eine exzellente und ausführliche Dokumentation zum $TCA finden Sie in der TYPO3-Core-API[3], die auch auf der dem Buch beiliegenden CD enthalten ist. Aufgrund der schieren Menge an Informationen und Möglichkeiten werden wir hier nicht auf alle Details eingehen können; wir werden Ihnen jedoch einen guten Einblick in den Aufbau und die Funktionsweise des $TCA geben.

Das $TCA ist sehr einfach erweiter- und veränderbar, was durch sehr viele TYPO3-Extensions genutzt wird. In der Datei *t3lib/stddb/tables.php* liegt die Basis des $TCA. Diese Grundeinstellung muss für jede TYPO3-Installation zwingend vorhanden sein. Dort sind lediglich die Konfigurationen für die Tabellen *pages, be_users, be_groups* und

---

3 TYPO3-Core-API: http://typo3.org/documentation/document-library/core-documentation/doc_core_api/current/

5.3 Im Zentrum der Macht: The Core

sys_filemounts enthalten. Damit Sie einen Eindruck vom Aufbau des $TCA bekommen, haben wir Ihnen hier die Grunddefinitionen für die Tabelle *pages* aufgelistet, die mit dem Seitenbaum das Rückgrat von TYPO3 bildet. In den folgenden Abschnitten werden wir die einzelnen Bestandteile näher erläutern.

Listing 5.16: Teil des $TCA für die Tabelle pages aus t3lib/stddb/tables.php

```
$TCA['pages'] = Array (
  'ctrl' => Array (
    'label' => 'title',
    'tstamp' => 'tstamp',
    'sortby' => 'sorting',
    'title' => 'LLL:EXT:lang/locallang_tca.php:pages',
    'type' => 'doktype',
    'versioningWS' => TRUE,
    'origUid' => 't3_origuid',
    'delete' => 'deleted',
    'crdate' => 'crdate',
    'hideAtCopy' => 1,
    'prependAtCopy' => 'LLL:EXT:lang/locallang_general.php:LGL.prependAtCopy',
    'cruser_id' => 'cruser_id',
    'editlock' => 'editlock',
    'useColumnsForDefaultValues' => 'doktype',
    'shadowColumnsForNewPlaceholders' => 'doktype,title',
  ),
  'interface' => Array (
    'showRecordFieldList' => 'doktype,title',
    'maxDBListItems' => 30,
    'maxSingleDBListItems' => 50
  ),
  'columns' => Array (
    'doktype' => Array (
      'exclude' => 1,
      'label' => 'LLL:EXT:lang/locallang_general.php:LGL.type',
      'config' => Array (
        'type' => 'select',
        'items' => Array (
          Array('LLL:EXT:lang/locallang_tca.php:doktype.I.0', '1'),
          Array('LLL:EXT:lang/locallang_tca.php:doktype.I.1', '254'),
          Array('LLL:EXT:lang/locallang_tca.php:doktype.I.2', '255')
        ),
        'default' => '1'
      )
    ),
    'title' => Array (
      'label' => 'LLL:EXT:lang/locallang_tca.php:title',
      'config' => Array (
        'type' => 'input',
```

```
                'size' => '30',
                'max' => '256',
                'eval' => 'required'
            )
        ),
        'TSconfig' => Array (
            'exclude' => 1,
            'label' => 'TSconfig:',
            'config' => Array (
                'type' => 'text',
                'cols' => '40',
                'rows' => '5',
                'wizards' => Array(
                    '_PADDING' => 4,
                    '0' => Array(
                        'type' => t3lib_extMgm::isLoaded('tsconfig_help')?'popup':'',
                        'title' => 'TSconfig QuickReference',
                        'script' => 'wizard_tsconfig.php?mode=page',
                        'icon' => 'wizard_tsconfig.gif',
                        'JSopenParams' =>
                        'height=500,width=780,status=0,menubar=0,scrollbars=1',
                    )
                ),
                'softref' => 'TSconfig'
            ),
            'defaultExtras' => 'fixed-font : enable-tab',
        ),
        'php_tree_stop' => Array (
            'exclude' => 1,
            'label' => 'LLL:EXT:lang/locallang_tca.php:php_tree_stop',
            'config' => Array (
                'type' => 'check'
            )
        ),
        'is_siteroot' => Array (
            'exclude' => 1,
            'label' => 'LLL:EXT:lang/locallang_tca.php:is_siteroot',
            'config' => Array (
                'type' => 'check'
            )
        ),
        'storage_pid' => Array (
            'exclude' => 1,
            'label' => 'LLL:EXT:lang/locallang_tca.php:storage_pid',
            'config' => Array (
                'type' => 'group',
                'internal_type' => 'db',
                'allowed' => 'pages',
                'size' => '1',
```

5.3 Im Zentrum der Macht: The Core

```
                'maxitems' => '1',
                'minitems' => '0',
                'show_thumbs' => '1'
            )
        ),
        'tx_impexp_origuid' => Array('config'=>array('type'=>'passthrough')),
        't3ver_label' => Array (
            'label' => 'LLL:EXT:lang/locallang_general.php:LGL.versionLabel',
            'config' => Array (
                'type' => 'input',
                'size' => '30',
                'max' => '30',
            )
        ),
        'editlock' => Array (
            'exclude' => 1,
            'label' => 'LLL:EXT:lang/locallang_tca.php:editlock',
            'config' => Array (
                'type' => 'check'
            )
        ),
    ),
    'types' => Array (
        '1' => Array('showitem' => 'doktype, title, TSconfig;;6;nowrap,
        storage_pid;;7'),
        '254' => Array('showitem' => 'doktype,
        title;LLL:EXT:lang/locallang_general.php:LGL.title, TSconfig;;6;nowrap,
        storage_pid;;7'),
        '255' => Array('showitem' => 'doktype, title, TSconfig;;6;nowrap,
        storage_pid;;7')
    ),
    'palettes' => Array (
        '6' => Array('showitem' => 'php_tree_stop, editlock'),
        '7' => Array('showitem' => 'is_siteroot')
    )
);
```

Alle weiteren Tabellen und dazugehörigen Konfigurationen werden durch Extensions definiert. Lassen Sie sich durch den Begriff *Extension* nicht verwirren. Für eine normale Basisinstallation von TYPO3 sind schon eine ganze Reihe von Extensions automatisch eingebunden und auch notwendig. Diese gehören zu den sogenannten *System-Extensions*, die bereits im Core von TYPO3 enthalten sind. Informationen zur Philosophie und Funktionsweise der TYPO3-Extensions finden Sie im Kapitel *Extensions entwickeln*, Seite 387. Die wichtige System-Extension cms definiert für das $TCA viele weitere wichtige Tabellen wie beispielsweise *tt_content*. Wie Sie sicher bereits vermuten, werden in dieser Tabelle die regulären Seiteninhalte abgelegt.

5 Das Framework – der Werkzeugkasten

Falls Sie eigene Erweiterungen und Modifikationen am $TCA vornehmen wollen und müssen, halten Sie sich bitte an die einfache Regel »Alle Erweiterungen an TYPO3 kommen in Extensions«. Dazu müssen Sie dann natürlich eigene Extensions erzeugen. Weitere Informationen zum Erstellen von Extensions finden Sie im Kapitel *Extensions entwickeln*, Seite 387.

Einen guten Einblick in das aktuell in Ihrer TYPO3-Installation geladene $TCA haben Sie im Modul TOOLS, CONFIGURATION (wählen Sie im Dropdown-Feld MENU $TCA aus).

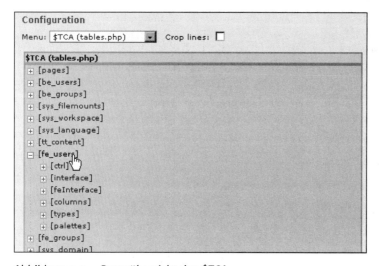

Abbildung 5.9: Baumübersicht des $TCA

Wie Sie sehen können, besteht die erste Ebene des $TCA aus den Tabellen Ihrer TYPO3-Installation. Innerhalb der Tabellen gibt es mehrere wichtige Bereiche.

ctrl

Listing 5.17: Grundkonfiguration des Bereichs ctrl der Tabelle fe_users

```
01  $TCA['fe_users'] = Array (
02      'ctrl' => Array (
03          'label' => 'username',
04          'tstamp' => 'tstamp',
05          'crdate' => 'crdate',
06          'cruser_id' => 'cruser_id',
07          'fe_cruser_id' => 'fe_cruser_id',
08          'title' => 'LLL:EXT:cms/locallang_tca.php:fe_users',
09          'delete' => 'deleted',
10          'mainpalette' => '1',
11          'enablecolumns' => Array (
12              'disabled' => 'disable',
```

5.3 Im Zentrum der Macht: The Core

```
13          'starttime' => 'starttime',
14          'endtime' => 'endtime'
15      ),
16      'useColumnsForDefaultValues' =>
        'usergroup,lockToDomain,disable,starttime,endtime',
17      'dynamicConfigFile' => t3lib_extMgm::extPath($_EXTKEY).'tbl_cms.php'
18  ),
```

Der Bereich `ctrl` beinhaltet die allgemeinen Definitionen zur Tabelle. Dabei kann zwischen zwei Gruppen unterschieden werden:

1. Eigenschaften, die sich auf das Aussehen und die Behandlung der Tabelle im Backend beziehen. Beispielsweise wird in Zeile 03 als Bezeichner für die Listendarstellung das Feld `username` definiert. Der Inhalt des Feldes wird im TYPO3-Backend immer als Titel zur Erkennung für diesen Datensatz eingesetzt.

Abbildung 5.10: Anzeige des Feldinhalts aus username

2. Eigenschaften, die festlegen, wie die Tabelle von der *TCE* (TYPO3 Core Engine) behandelt werden soll. Eine wichtige Eigenschaft ist hier in Zeile 09 definiert. In TYPO3 werden in der Regel Datensätze beim Löschen nicht komplett aus der Datenbank entfernt, sondern als gelöscht markiert. Hier wird das Feld *deleted* als Aufbewahrungsort für diese Information festgelegt. Wird ein Datensatz im Backend gelöscht, wird in diesem Feld ein Flag auf 1 gesetzt, wodurch das ganze System den Datensatz als gelöscht behandelt, also z. B. nicht mehr in Auflistungen anzeigt, obwohl er physikalisch noch vorhanden ist.

Tipp

Diesen Ansatz für das Markieren von Datensätzen als gelöscht sollten Sie auch für Tabellen beibehalten, die Sie neu in das System einbringen. Falls Sie per SQL-Abfrage auf Tabellen zugreifen, müssen Sie die mit dem *deleted*-Flag gesetzten Datensätze auch als solche behandeln und beispielsweise für Auflistungen nicht darstellen. Das Datenbankzugriffsobjekt (siehe Abschnitt *Die wichtigsten Klassen für den Extension-Entwickler*, Seite 457) bietet entsprechende Methoden dafür an.

Für eine detaillierte Beschreibung der einzelnen Elemente und ihrer Bedeutung sei hier noch einmal auf die TYPO3-Core-API verwiesen.

interface

Der Bereich `interface` enthält Konfigurationen für die Darstellung und Auflistung im Backend.

Listing 5.18: Beispielkonfiguration für den Bereich interface

```
$TCA['be_users']['interface'] => Array (
    'showRecordFieldList'] => 'username,usergroup',
    'always_description' => true,
    'maxDBListItems' => 30,
    'maxSingleDBListItems' => 60
);
```

Sie können definieren, welche Felder im Informationsdialog angezeigt werden, ob die Feldbeschreibung in den Formularen immer angezeigt werden soll (unabhängig von den Einstellungen des einzelnen Benutzers) und wie viele Datensätze in der Listenansicht angezeigt werden, sowohl für die reguläre Darstellung einer Seite als auch für die Darstellung von nur einer Tabelle.

feInterface

Im Bereich `feInterface` können Konfigurationen für das herkömmliche Frontend-Editing getroffen werden. Diese Einstellungen werden in der `feAdmin_lib` ausgewertet. In diesem Bereich sind keine weiteren Arbeiten geplant. Da das Frontend-Editing sich voraussichtlich schon in naher Zukunft stark verändern wird, werden wir hier nicht näher darauf eingehen.

columns

Dies ist der umfangreichste und komplexeste Bereich des $TCA, da hier für jedes Feld sowohl die Darstellung in Backend als auch der Bearbeitungsprozess für die eingegebenen Daten definiert wird. TYPO3 stellt bereits eine große Anzahl an verschiedenen Feldtypen zur Verfügung, die umfangreich konfiguriert werden können. Über Extensions können Sie bei Bedarf zusätzliche benutzerdefinierte Feldtypen hinzufügen.

Unabhängig vom Feldtyp sind einige Felder zur Ausgestaltung der Darstellung oder Datenverarbeitung im Backend notwendig. Diese werden für alle Datenbankfelder angegeben.

Listing 5.19: Definition des Titels für das Feld username der Tabelle fe_users

```
$TCA['fe_users']['columns']['username']['label'] =
'LLL:EXT:cms/locallang_tca.php:fe_users.username';
```

- `label`, **Typ String**

  Der Titel des Feldes im Bearbeitungsformular des Datensatzes im Backend.

5.3 Im Zentrum der Macht: The Core

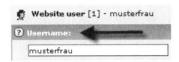

Abbildung 5.11: Darstellung der Feldbezeichnung

- exclude, Typ Boolean

  Falls dieses Flag gesetzt ist, ist das Feld für Backend-Benutzer nicht sichtbar, solange es nicht über die Möglichkeit ALLOWED EXCLUDEFIELDS für seine Benutzergruppe freigeschaltet wird. Administratoren können immer alle Felder einsehen und bearbeiten.

Abbildung 5.12: Allowed excludefields bei einer Backend-Benutzergruppe

Falls Sie über den Extension Manager neue Felder anlegen, können Sie diese Einstellung bereits beim initialen Anlegen festlegen. Mehr zum Thema Berechtigungen im TYPO3-Backend finden Sie im Abschnitt *Backend-Benutzerverwaltung – Rechte*, Seite 205.

- l10n_mode, Typ String, Schlüsselwert

  Hier kann ein Schlüssel für den Lokalisierungsmodus hinterlegt werden. Diese Angabe greift nur, falls im Feld languageField im Bereich ctrl ein Datenbankfeld angegeben wurde.

- l10n_cat, Typ String, Schlüsselwert

  Falls ein Feld übersetzt, also lokalisiert werden soll, wird hier text oder media eingetragen. Nur dann ist das Feld für die Übersetzungsfunktionalität im TYPO3-Backend freigegeben und wird für den Vorgang des Übersetzens angezeigt.

- config, Typ Array

  Dieses Feld enthält die wichtigsten Informationen bezüglich der Darstellung und Bearbeitung im Backend. Prinzipiell hängen diese vom Typ des Feldes ab, der innerhalb des config-Bereiches definiert wird. Eine Übersicht über die verschiedenen Feldtypen finden Sie weiter unten in diesem Abschnitt.

- `displayCond`, Typ String

  Sie können für ein Feld definieren, ob es nur in Abhängigkeit vom Inhalt eines anderen Feldes angezeigt werden soll. Beispielsweise soll ein Feld *cancelled_reason* nur angezeigt werden, wenn in einem anderen Feld des gleichen Datensatzes *cancelled* der Wert auf true steht.

  `'displayCond' => 'FIELD:cancelled:REQ:true',`

  Es gibt noch eine Reihe weiterer Bedingungsmöglichkeiten, die Sie im Detail in der Core-API nachschlagen können.

- `defaultExtras`, Typ String

  Hier können Sie einen Standardwert festlegen, der als zusätzliche Konfiguration zum Bereich `types` festgelegt wird. Dort kann an der vierten Stelle eine erweiterte Konfiguration festgelegt werden, beispielsweise die Einstellungen für ein RTE-Feld: Details zu dieser Möglichkeit finden Sie im nächsten Abschnitt *types und showitem*, Seite 349.

Und nun zu den standardmäßig verfügbaren Feldtypen, denen Sie bei Ihrer Arbeit mit TYPO3 ständig begegnen. In den folgenden Beispielen sehen Sie den Ausschnitt aus dem `$TCA`, der das besprochene Feld bestimmt. Relevant für die einzelnen Feldtypen ist jeweils der Bereich `config`.

Feldtyp input
Der wohl am häufigsten eingesetzte Feldtyp besticht durch seine vielfältigen Konfigurationsmöglichkeiten und automatischen Feldprüfungen. Das standardmäßige Eingabefeld kann neben einer normalen Texteingabe wie z. B. für einen Titel noch für viele andere Zwecke der Darstellung und Bearbeitung genutzt werden, z. B. für Passwortfelder oder Zeitangaben. Sie können Daten auf bestimmte Bereiche überprüfen, Pflichtfelder festlegen, die Daten in Datumsangaben umwandeln oder trimmen lassen. Für einen detaillierten Überblick empfehlen wir wiederum einen Blick in die TYPO3-Core-API. Ein paar häufig benötigte Konfigurationen können wir Ihnen hier vorstellen.

Listing 5.20: Konfiguration für den Titel einer Seite: pages:title

```
'title' => Array (
   'label' => 'LLL:EXT:lang/locallang_tca.php:title',
   'config' => Array (
      'type' => 'input',
      'size' => '30',
      'max' => '256',
      'eval' => 'required'
   )
),
```

Neben der Größe des Feldes wird die Anzahl der maximal möglichen Zeichen festgelegt und das Feld als Pflichtfeld definiert. Eine Seite kann also nur gespeichert werden, falls der Titel eingegeben wurde.

5.3 Im Zentrum der Macht: The Core

Abbildung 5.13: Titel einer Seite: pages:title

Listing 5.21: Konfiguration für das Datum einer News: tt_news:datetime

```
'datetime' => Array (
   'l10n_mode' => 'mergeIfNotBlank',
   'exclude' => 1,
   'label' => 'LLL:EXT:tt_news/locallang_tca.php:tt_news.datetime',
   'config' => Array (
      'type' => 'input',
      'size' => '10',
      'max' => '20',
      'eval' => 'datetime',
      'default' => mktime(date("H"),date("i"),0,date("m"),date("d"),date("Y"))
      )
),
```

Der Inhalt des Feldes wird als Datum im Backend dargestellt und auch bei der Eingabe durch JavaScript bereits auf einen Wert überprüft, der in ein Datum umgewandelt werden kann. Versuchen Sie einmal, in einem solchen Datumsfeld Buchstaben einzugeben: Es wird Ihnen nicht gelingen. Da für eine News in der Regel immer ein Datum gewünscht ist, wurde hier ein Standardwert festgelegt, der bereits beim Öffnen der Maske für eine neue News im Feld vorgegeben wird.

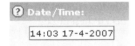

Abbildung 5.14: Datum einer News: tt_news:datetime

Listing 5.22: Konfiguration für das Passwortfeld eines Backend-Benutzers: be_users:password

```
'password' => Array (
   'label' => 'Password:',
   'config' => Array (
      'type' => 'input',
      'size' => '20',
      'max' => '40',
      'eval' => 'required,md5,password'
      )
),
```

Neben der Größe des Feldes und der maximal zulässigen Anzahl der Zeichen für das Passwort können wir weitere Bearbeitungs- und Prüfoptionen definieren. Wir haben hier ein Pflichtfeld, das beim Speichern in einen md5-Hash umgewandelt wird und dann bei der Darstellung auch als Passwortfeld behandelt wird. Das heißt, statt einer Klartextanzeige werden nur Sternchen angezeigt.

Abbildung 5.15: Passwortfeld eines Backend-Benutzers: be_users:password

Die verschiedenen eval-Optionen können durch Kommata getrennt zusammen verwendet werden.

Option	Auswirkung
required	Das Feld wird zum Pflichtfeld; der aktuelle Datensatz kann nicht gespeichert werden, solange hier nichts eingetragen ist.
trim	Vom Wert im Feld werden am Anfang und am Ende Whitespaces entfernt.
date	Die Eingabe wird als Datum erkannt und als UNIX-Timestamp in die Datenbank gespeichert. In der Maske wird aber wieder ein formatiertes Datum angezeigt. Bespiel: 19-11-2006
datetime	Analog zur Option date mit zusätzlicher Zeitinformation in Stunden und Minuten. Beispiel: 15:51 19-11-2006
time	Der Eingabewert wird als Zeitangabe in Minuten und Sekunden erkannt. In der Datenbank wird die Anzahl der Sekunden für einen Tag bis zu diesem Zeitpunkt gespeichert. Für 00:05 wird in der Datenbank also 300 gespeichert. (5 Minuten entsprechen 300 Sekunden.)
timesec	Analog zur Option time, aber mit Sekundengenauigkeit. Für 00:05:12 wird in der Datenbank also 312 gespeichert. (5 Minuten und 12 Sekunden entsprechen 312 Sekunden.)
year	Der Eingabewert wird als Jahreszahl zwischen 1970 und 2038 erkannt. Falls Sie einen weiter gefassten Bereich für Jahreszahlen benötigen, können Sie die int-Option dafür verwenden.
int	Der Eingabewert wird als Integer-Zahl evaluiert.
upper	Alle wandelbaren Zeichen der Eingabe werden in Großbuchstaben umgewandelt. Die wandelbaren Zeichen beschränken sich auf den Bereich von A-Z und einige Zeichen des westeuropäischen Zeichensatzes.
lower	Analog zu upper, nur wird hier in Kleinbuchstaben umgewandelt.

Tabelle 5.5: Optionen des Feldes eval

5.3 Im Zentrum der Macht: The Core

Option	Auswirkung
alpha	Es werden nur Zeichen von a-z und A-Z für die Eingabe erlaubt.
num	Es werden nur numerische Eingaben erlaubt, also die Ziffern 0-9.
alphanum	Es werden nur alphanumerische Zeichen für die Eingabe erlaubt, also die Summe aus den Optionen alpha und num.
alphanum_x	Analog zu alphanum, zusätzlich sind Bindestrich – und Unterstrich _ erlaubt.
nospace	Alle Leerzeichen (chr(32)) werden entfernt.
md5	Der Eingabewert wird in den daraus resultierenden md5-Hash umgewandelt. Dies wird durch die Funktion MD5() in *typo3/md5.js* erledigt.
is_in	Alle Eingabewerte, die nicht im Schlüssel is_in definiert sind, werden ausgefiltert. Dieser Schlüssel liegt im $TCA auf gleicher Ebene wie das hier besprochene eval.
password	Der Eingabewert wird in Sternchen umgewandelt, sobald der Cursor das Feld verlässt. Während der Eingabe sind die Zeichen in Klartext sichtbar.
double2	Wandelt den Eingabewert in einen float mit zwei Dezimalstellen um, wobei sowohl ein Punkt als auch ein Komma als Trennzeichen erkannt werden.
unique	Der Eingabewert muss für alle regulären Datensätze der gesamten Tabelle einmalig sein. Dies wird serverseitig sichergestellt. Beachten Sie bitte jedoch, dass für die Tabelle bei der Verwendung von Versionierung keine wirkliche unique-Vorgabe auf SQL-Ebene getroffen werden darf, weil versionierte Datensätze durchaus gleichlautende Inhalte aufweisen können. Zur Unterscheidung steht bei diesen im Feld *pid* der Wert -1. Verwenden Sie für eigene Abfragen auf eine solche Tabelle also den SQL-Zusatz where pid >=0.
uniqueInPid	Analog zur Option unique, allerdings wird die Bedingung der Eindeutigkeit auf Datensätze mit derselben *pid* eingeschränkt, gilt also nur für Datensätze, die auf der gleichen Seite liegen.

Tabelle 5.5: Optionen des Feldes eval (Forts.)

Feldtyp text
Neben allen Eingabebereichen für größere Felder wie TypoScript wird dieser Typ auch für Felder mit Rich Text Editor verwendet. Neben den Dimensionen des Eingabebereichs können Sie hier auch diverse Wizards hinzufügen.

Listing 5.23: Konfiguration für das Feld Page TypoScript: pages: TSconfig

```
'TSconfig' => Array (
   'exclude' => 1,
   'label' => 'TSconfig:',
   'config' => Array (
      'type' => 'text',
      'cols' => '40',
      'rows' => '5',
      'wizards' => Array(
```

```
            '_PADDING' => 4,
            '0' => Array(
                'type' => t3lib_extMgm::isLoaded('tsconfig_help')?'popup':'',
                'title' => 'TSconfig QuickReference',
                'script' => 'wizard_tsconfig.php?mode=page',
                'icon' => 'wizard_tsconfig.gif',
                'JSopenParams' => 'height=500,width=780,status=0,menubar=0,scrollbars=1',
            )
        ),
        'softref' => 'TSconfig'
    ),
    'defaultExtras' => 'fixed-font : enable-tab',
),
```

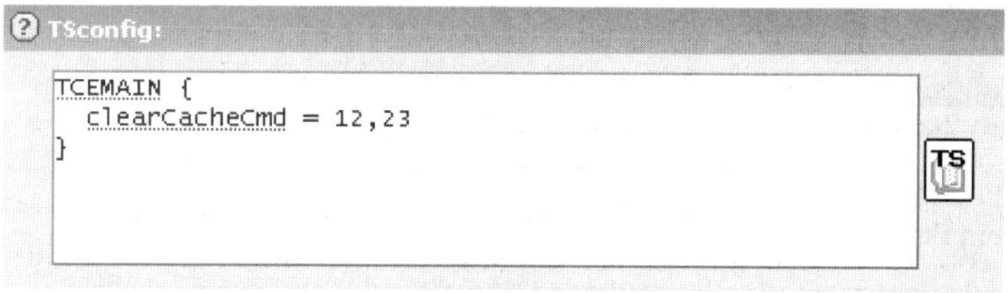

Abbildung 5.16: Feld Page TypoScript: pages: TSconfig

Weitere Informationen zur Konfiguration von Wizards finden Sie im Abschnitt *Wizards*, Seite 347, am Schluss der Beschreibung der Feldtypen.

Feldtyp check
Die vermutlich auch von Ihnen am häufigsten verwendete Checkbox bietet die Möglichkeit, eine Seite zu verstecken bzw. einzublenden.

Listing 5.24: Konfiguration für das Feld zur Sichtbarkeit einer Seite: pages:hidden

```
'hidden' => Array (
    'label' => LLL:EXT:cms/locallang_tca.php:pages.hidden,
    'exclude' => 1,
    'config' => Array (
        'type' => 'check',
        'default' => '1'
    )
),
```

Abbildung 5.17: Sichtbarkeit einer Seite: pages:hidden

5.3 Im Zentrum der Macht: The Core

Mit Checkboxen können Sie auf sehr einfache Art Ein/Aus-Zustände darstellen. Es dürfen bis zu 10 Checkboxen in einer Reihe sein. In der Datenbank werden die Zustände der Checkboxen als Integer abgebildet. Jede Box wird als ein Bit des Integers dargestellt. Aus diesem Grund sollten Sie auch bei einem Einsatz von nur einer Checkbox nicht auf 0/1 überprüfen, sondern den Wert des ersten Bits von rechts (Bit 0) abfragen.

Exkurs: Zustände bitweise speichern

Mehrere zusammengehörige Werte, die nur den Zustand 0 oder 1 annehmen, können sehr elegant in einer Integerzahl gespeichert werden. Der Benutzer bekommt dabei häufig zusammengehörige Checkboxen zu sehen. Beispiel:

Sie müssen für wiederkehrende Veranstaltungen festlegen, an welchen Wochentagen diese stattfinden. Dabei sind einzelne Veranstaltungen häufig für mehrere Wochentage vorgesehen. Sie könnten nun für jeden Wochentag ein eigenes Feld als booleschen Wert definieren und darin ablegen, ob die Veranstaltung an diesem Tag stattfindet oder nicht. Viel eleganter ist es jedoch, die Informationen der Wochentage in einem einzigen Feld zusammenzufassen. Dazu belegen Sie für eine Integer-Zahl die einzelnen Stellen mit je einem Wochentag. Dabei weisen Sie dem Montag das erste Bit von rechts (Bit 0), dem Dienstag das zweite Bit von rechts (Bit 1) zu und so weiter. In der binären Schreibweise hätten Sie dann für eine Veranstaltung, die am Montag und Mittwoch stattfindet, folgende Darstellung:

0000101

Die Umrechnung von Binärdarstellung in das Dezimalsystem[19] erfolgt durch Addition der einzelnen Bitwerte, also so:

1*1+0*2+1*4+0*8+0*16+0*32+0*64 = 5

Im Datenbankfeld steht also die Zahl 5. Falls die Veranstaltung zusätzlich auch noch am Sonntag stattfindet (der Sonntag liegt auf dem letzten Bit ganz links) ergibt sich folgendes Bild:

1*1+0*2+1*4+0*8+0*16+0*32+1*64 = 69

Jede Kombination von Zuständen ergibt somit eine eindeutige Zahl, die sehr effektiv und ressourcenschonend in der Datenbank abgelegt werden kann.

Die Extrahierung der einzelnen Zustände kann per PHP mit den bitweisen Operatoren durchgeführt werden. Wollen wir prüfen, wann unsere Veranstaltungen stattfinden, wäre folgender Code möglich:

---

4   Binär nach Dezimal umwandeln: *http://www.cinetix.de/interface/tiptrix/dec2bin.htm*

Listing 5.25: Beispielcode zur Bestimmung von gesetzten Wochentagen

```
print 'Montag ist '.($a & 1 ? '':'nicht ').'gesetzt!'.'<br />';
print 'Dienstag ist '.($a & 2 ? '':'nicht ').'gesetzt!'.'<br />';
print 'Mittwoch ist '.($a & 4 ? '':'nicht ').'gesetzt!'.'<br />';
print 'Donnerstag ist '.($a & 8 ? '':'nicht ').'gesetzt!'.'<br />';
print 'Freitag ist '.($a & 16 ? '':'nicht ').'gesetzt!'.'<br />';
print 'Samstag ist '.($a & 32 ? '':'nicht ').'gesetzt!'.'<br />';
print 'Sonntag ist '.($a & 64 ? '':'nicht ').'gesetzt!'.'<br />';
```

Abbildung 5.18: Feld zur Speicherung von Wochentagen

Unser Beispiel mit den Wochentagen sieht im $TCA wie folgt aus:

Listing 5.26: Konfiguration für das Feld zur Speicherung von Wochentagen

```
'config' => array (
   'type' => 'check',
   'cols' => 7,
   'default' => 5,
   'items' => array (
      array('Mo', ''),
      array('Di', ''),
      array('Mi', ''),
      array('Do', ''),
      array('Fr', ''),
      array('Sa', ''),
      array('So', ''),
   ),
)
```

Ein Wert 5 für die Eigenschaft default resultiert dabei schon bei einem neuen Datensatz in einem Häkchen für Montag und Mittwoch.

Feldtyp radio

Radiobuttons werden relativ selten eingesetzt. Sie sind sehr eng mit Auswahlboxen verwandt, die in der Regel von den Benutzern bevorzugt werden. Funktionell können sie komplett durch Auswahlboxen ersetzt werden. An einigen Stellen kann hiermit eventuell eine optisch ansprechende Lösung gefunden werden.

5.3 Im Zentrum der Macht: The Core

Listing 5.27: Konfiguration für die Auswahl der Basis für Filemounts: sys_filemounts:base

```
'base' => Array (
  'label' => 'BASE',
  'config' => Array (
  'type' => 'radio',
    'items' => Array (
      Array('absolute (root) / ', 0),
      Array('relative ../fileadmin/', 1)
    ),
    'default' => 0
  )
)
```

Abbildung 5.19: Auswahl der Basis für Filemounts: sys_filemounts:base

Sie definieren den Text, der zu den Radiobuttons angezeigt wird, und den Wert, der bei einer Auswahl in die Datenbank geschrieben wird.

Für eine spezielle Bearbeitung der Elemente können Sie eine selbst zu schreibende PHP-Funktion einsetzen, die sogenannte `itemsProcFunc`. Der Name leitet sich aus »items processing function« ab. Weitere Informationen dazu finden Sie im Anschluss an die Feldtypen im Abschnitt *itemsProcFunc*, Seite 347.

Feldtyp select
Auswahlboxen werden in TYPO3 in verschiedenen Variationen eingesetzt. Neben herkömmlichen Auswahlboxen als Dropdown-Liste können damit auch Tabellenverknüpfungen abgebildet werden.

Der Feldtyp `select` ist der mächtigste und deshalb auch komplizierteste Typ, den wir standardmäßig zur Verfügung haben. Für eine tiefergehende Recherche zu den Konfigurationsoptionen verweisen wir auch hier auf die TYPO3-Core-API. An dieser Stelle wollen wir Ihnen die gebräuchlichsten Formen aufzeigen und erklären, damit Sie einen Eindruck von den Möglichkeiten bekommen.

Die einfachste Verwendung von `select` ist ein statisch gefülltes Auswahlfeld, wie es für die Bestimmung des Layouts einer Überschrift in einem normalen Inhaltselement genutzt wird.

Abbildung 5.20: Layoutmöglichkeiten für die Überschrift: tt_content:header_layout

Listing 5.28: Konfiguration für das Feld Layoutmöglichkeiten für die Überschrift: tt_content:header_layout

```
01 'header_layout' => Array (
02    'exclude' => 1,
03    'label' => 'LLL:EXT:lang/locallang_general.php:LGL.type',
04    'config' => Array (
05       'type' => 'select',
06       'items' => Array (
07          Array('LLL:EXT:lang/locallang_general.php:LGL.normal', '0'),
08          Array('LLL:EXT:cms/locallang_ttc.php:header_layout.I.1', '1'),
09          Array('LLL:EXT:cms/locallang_ttc.php:header_layout.I.2', '2'),
10          Array('LLL:EXT:cms/locallang_ttc.php:header_layout.I.3', '3'),
11          Array('LLL:EXT:cms/locallang_ttc.php:header_layout.I.4', '4'),
12          Array('LLL:EXT:cms/locallang_ttc.php:header_layout.I.5', '5'),
13          Array('LLL:EXT:cms/locallang_ttc.php:header_layout.I.6', '100')
14       ),
15       'default' => '0'
16    )
17 ),
```

Die Einstellungen hier sind recht einfach. Neben den auszuwählenden Optionen ist als Standardwert die Ziffer 0 vorbelegt. Die Beschriftungen für einzelne Optionen sind in eine Sprachdatei ausgelagert. Damit kann die Mehrsprachigkeit sehr komfortabel unterstützt werden.

Für das Einbinden von vorgefertigten HTML-Templates können auch Dateien als Auswahlfeld dargestellt werden. Dies wird beispielsweise beim Anlegen einer Webseitensprache genutzt.

Abbildung 5.21: Auswahl des Icons Flagge: sys_language:flag

5.3 Im Zentrum der Macht: The Core

Listing 5.29: Konfiguration zur Auswahl des Icons Flagge: sys_language:flag

```
01 'flag' => array(
02    'label' => 'LLL:EXT:lang/locallang_tca.php:sys_language.flag',
03    'config' => Array (
04       'type' => 'select',
05       'items' => Array (
06          Array('',0),
07       ),
08       'fileFolder' => 'typo3/gfx/flags/', // Only shows if "t3lib/" is in the
                                              PATH_site...
09       'fileFolder_extList' => 'png,jpg,jpeg,gif',
10       'fileFolder_recursions' => 0,
11       'selicon_cols' => 8,
12       'size' => 1,
13       'minitems' => 0,
14       'maxitems' => 1,
15    )
16 )
```

In Zeile 05 wird der Basiswert festgelegt; dies entspricht dem weißen Feld vor einer Auswahl. In Zeile 08 wird mittels fileFolder das Verzeichnis definiert, aus dem die Inhalte gelesen werden sollen. Diese können mit Hilfe von fileFolder_extList anhand der Dateiendungen eingeschränkt werden. Des Weiteren können Sie einstellen, wie viele Ebenen von Unterordnern durchsucht werden sollen. Dadurch bleiben Sie relativ frei bei der Gestaltung Ihrer Ordnerstruktur. Und natürlich können Sie auch hier wieder die Größe des Feldes und die minimale und maximale Anzahl der ausgewählten Elemente bestimmen.

Neben der direkten Angabe der Auswahloptionen und dem Lesen aus einem Verzeichnis können Optionen auch aus einer weiteren Tabelle generiert werden. Die Ansicht der Auswahlbox kann variiert und durch Wizards mit Funktionalität aufgewertet werden.

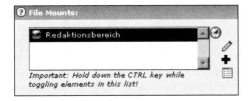

Abbildung 5.22: Datei-Mount-Points für den Benutzer: be_users:file_mountpoints

Listing 5.30: Konfiguration zum Feld der Datei Mount Points: be_users:file_mountpoints

```
01 'file_mountpoints' => Array (
02    'label' => 'File Mounts:',
03    'config' => Array (
```

```
04          'type' => 'select',
05          'foreign_table' => 'sys_filemounts',
06          'foreign_table_where' => ' AND sys_filemounts.pid=0 ORDER BY
            sys_filemounts.title',
07          'size' => '3',
08          'maxitems' => '20',
09          'autoSizeMax' => 10,
10          'renderMode' => $GLOBALS['TYPO3_CONF_VARS']['BE']['accessListRenderMode'],
11          'iconsInOptionTags' => 1,
12          'wizards' => Array(
13             '_PADDING' => 1,
14             '_VERTICAL' => 1,
15             'edit' => Array(
16                'type' => 'popup',
17                'title' => 'Edit filemount',
18                'script' => 'wizard_edit.php',
19                'popup_onlyOpenIfSelected' => 1,
20                'icon' => 'edit2.gif',
21                'JSopenParams' =>
                  'height=350,width=580,status=0,menubar=0,scrollbars=1',
22             ),
23             'add' => Array(
24                'type' => 'script',
25                'title' => 'Create new filemount',
26                'icon' => 'add.gif',
27                'params' => Array(
28                   'table'=>'sys_filemounts',
29                   'pid' => '0',
30                   'setValue' => 'prepend'
31                ),
32                'script' => 'wizard_add.php',
33             ),
34             'list' => Array(
35                'type' => 'script',
36                'title' => 'List filemounts',
37                'icon' => 'list.gif',
38                'params' => Array(
39                   'table'=>'sys_filemounts',
40                   'pid' => '0',
41                ),
42                'script' => 'wizard_list.php',
43             )
44          )
45       )
46 ),
```

In Zeile 05 und 06 legen Sie den Zugriff auf die externe Tabelle fest. Beim Punkt renderMode legen Sie fest, wie die Auswahl dargestellt wird. Um für diese Auswahlmöglichkeiten im Backend eine einheitliche Darstellung zu bekommen, wurde eine Ein-

5.3 Im Zentrum der Macht: The Core

stellmöglichkeit im Install Tool geschaffen: [BE][accessListRenderMode]. Diese ist standardmäßig auf den Wert `singlebox` gestellt, wodurch die Darstellung erreicht wird, die Sie im Screenshot sehen. Ändern Sie ruhig einmal die Einstellung im *Install Tool*, und begutachten Sie die verschiedenen Darstellungen.

Die Konfiguration der Wizards werden wir noch einmal speziell im Abschnitt *Wizards*, Seite 347, am Ende der Feldtypen besprechen.

Eine für den TYPO3-Anwender sehr komfortable Konfiguration ist die Auswahl von Datensätzen mittels zweier Felder. Beispielsweise bekommen Sie bei der Zuordnung von Benutzergruppen zu Backend-Benutzern im rechten Feld alle möglichen Gruppen angezeigt und können diese durch einen einfachen Klick auswählen. Da die Reihenfolge der zugewiesenen Benutzergruppen von Bedeutung ist, haben Sie zusätzlich die Möglichkeit, diese zu verändern.

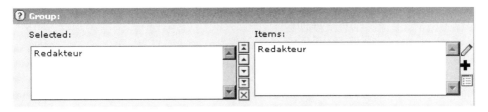

Abbildung 5.23: Gruppen für Backend-Benutzer: be_users:usergroup

Listing 5.31: Konfiguration des Feldes Gruppen für Backend-Benutzer: be_users:usergroup

```
01 'usergroup' => Array (
02    'label' => 'Group:',
03    'config' => Array (
04       'type' => 'select',
05       'foreign_table' => 'be_groups',
06       'foreign_table_where' => 'ORDER BY be_groups.title',
07       'size' => '5',
08       'maxitems' => '20',
09       'iconsInOptionTags' => 1,
10       'wizards' => Array(
11          '_PADDING' => 1,
12          '_VERTICAL' => 1,
13          'edit' => Array(
14             'type' => 'popup',
15             'title' => 'Edit usergroup',
16             'script' => 'wizard_edit.php',
17             'popup_onlyOpenIfSelected' => 1,
18             'icon' => 'edit2.gif',
19             'JSopenParams' =>
                  'height=350,width=580,status=0,menubar=0,scrollbars=1',
20          ),
```

```
21          'add' => Array(
22             'type' => 'script',
23             'title' => 'Create new group',
24             'icon' => 'add.gif',
25             'params' => Array(
26                'table'=>'be_groups',
27                'pid' => '0',
28                'setValue' => 'prepend'
29             ),
30             'script' => 'wizard_add.php',
31          ),
32          'list' => Array(
33             'type' => 'script',
34             'title' => 'List groups',
35             'icon' => 'list.gif',
36             'params' => Array(
37                'table'=>'be_groups',
38                'pid' => '0',
39             ),
40             'script' => 'wizard_list.php',
41          )
42       )
43    )
44 ),
```

Abgesehen von den Wizards, die wir weiter unten noch näher besprechen werden, ist hier nur sehr wenig Konfiguration nötig. Vergleichen Sie bitte diese Konfiguration mit den Einstellungen für die Mount-Points ein Beispiel weiter oben. Sie sind praktisch identisch bis auf den `renderMode`, der einen sehr starken Einfluss auf die Darstellung hat.

Es besteht auch die Möglichkeit, feste Werte mit dynamischen Werten zusammenzufügen. Dies wird unter anderem für die Zugangsbeschränkung von Seiten im Frontend genutzt.

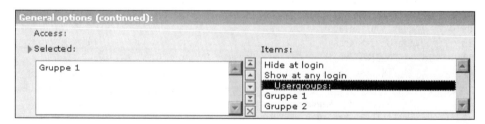

Abbildung 5.24: Zugriffsbeschränkung im Frontend: pages:fe_group

5.3 Im Zentrum der Macht: The Core

Listing 5.32: Konfiguration des Feldes Zugriffsbeschränkung im Frontend: pages:fe_group

```
01  'fe_group' => Array (
02      'exclude' => 1,
03      'label' => 'LLL:EXT:lang/locallang_general.php:LGL.fe_group',
04      'config' => Array (
05          'type' => 'select',
06          'size' => 5,
07          'maxitems' => 20,
08          'items' => Array (
09              Array('LLL:EXT:lang/locallang_general.php:LGL.hide_at_login', -1),
10              Array('LLL:EXT:lang/locallang_general.php:LGL.any_login', -2),
11              Array('LLL:EXT:lang/locallang_general.php:LGL.usergroups', '--div--')
12          ),
13          'exclusiveKeys' => '-1,-2',
14          'foreign_table' => 'fe_groups',
15      )
16  ),
```

Wie Sie sehen, können Sie über `items` feste Einträge definieren und aus einer weiteren Tabelle zusätzliche Einträge automatisch hinzufügen lassen. Wichtig ist hier, dass Sie das Element `exclusiveKeys` verstehen, denn damit können Sie bei Feldern mit Mehrfachauswahl definieren, welche Schlüssel respektive Auswahloptionen exklusiv sind – das heißt, dass neben ihnen keine anderen Auswahlmöglichkeiten gewählt sein dürfen. Im Einsatz äußert sich dies darin, dass automatisch alle bisher gewählten Optionen entfernt werden, falls der Benutzer eine der exklusiven Optionen auswählt.

Es gibt verschiedene Möglichkeiten, diese Beziehungen von Datensätzen untereinander in den Tabellen abzubilden. Diese sind im Abschnitt *Tabellenverknüpfungen*, Seite 300, besprochen.

Für eine spezielle Bearbeitung der Elemente können Sie eine selbst zu schreibende PHP-Funktion einsetzen, die sogenannte `itemsProcFunc`. Der Name leitet sich von »items processing function« ab. Weitere Informationen dazu finden Sie im Anschluss an die Feldtypen im Abschnitt *itemsProcFunc*, Seite 347.

Feldtyp group
Der Feldtyp `group` hat eine starke Ähnlichkeit mit dem Feldtyp `select`; beide schaffen Verbindungen zwischen Datensätzen und/oder Dateien. Beim Feldtyp `group` liegt der Schwerpunkt allerdings auf der Verknüpfung von Objekten, die über den gesamten TYPO3-Seitenbaum oder -Dateibaum verstreut sein können. Sie können mit Hilfe des *TYPO3 Object Browsers* Elemente aus verschiedenen Tabellen oder Bereichen einfügen.

Die Verknüpfung von grafischen Elementen mit Text im Inhaltselement *Text mit Bild* erfolgt auf diese Weise.

5 Das Framework – der Werkzeugkasten

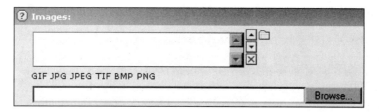

Abbildung 5.25: Bilder einfügen: tt_content:image

Listing 5.33: Konfiguration für das Feld Bilder einfügen: tt_content:image

```
01 'image' => Array (
02    'label' => 'LLL:EXT:lang/locallang_general.php:LGL.images',
03    'config' => Array (
04       'type' => 'group',
05       'internal_type' => 'file',
06       'allowed' => $GLOBALS['TYPO3_CONF_VARS']['GFX']['imagefile_ext'],
07       'max_size' => '1000',
08       'uploadfolder' => 'uploads/pics',
09       'show_thumbs' => '1',
10       'size' => '3',
11       'maxitems' => '200',
12       'minitems' => '0',
13       'autoSizeMax' => 40,
14    )
15 ),
```

Der internal_type definiert, ob wir Dateien (file) oder Datenbankinhalte (db) verknüpfen wollen. Dieses Feld ist ein Pflichtfeld und muss von Ihnen bewusst gesetzt werden. Eine Mischung ist dabei nicht möglich (und nach unserem Erkenntnisstand auch nicht sinnvoll). Mittels allowed können Sie genau definieren, welche Dateiendungen (für Dateiverknüpfungen) bzw. Tabellen (für Datenbankverknüpfungen) erlaubt sind. Nur diese werden im *TYPO3 Object Browser* zur Auswahl angeboten. In unserem Beispiel werden die im Install Tool gewählten Dateierweiterungen genutzt, um den Redakteuren einheitliche und stringente Möglichkeiten zu bieten. Wir empfehlen Ihnen, sich bei neuen Feldern an diese Vorgehensweise zu halten, solange Sie keine Sonderanforderungen speziell für dieses Feld haben.

Eine alternative Möglichkeit zur Definition von erlaubten Dateierweiterungen bietet der Konfigurationsparameter disallowed, mit dessen Hilfe Sie explizit festlegen können, welche Dateiendungen aus Sicherheitsgründen nicht erlaubt sind (oft beispielsweise *.php*), und ansonsten dem Benutzer viel Freiheit lassen.

5.3 Im Zentrum der Macht: The Core

Achtung

Bei der Verknüpfung von Dateien mit Datenbankinhalten wird in TYPO3 nicht einfach nur eine Referenz zur Datei erstellt. Die gewählte Datei (vornehmlich aus einem Ordner im Bereich *fileadmin*, der FILELIST) wird vielmehr in einen internen Bereich von TYPO3 kopiert, und diese Kopie in der Datenbank verknüpft. Dieser interne Bereich ist in der Regel der Ordner *uploads* mitsamt allen Unterordnern. So ist sichergestellt, dass ein versehentliches Löschen einer Datei im Bereich FILELIST, die an vielen Stellen verwendet wird, keine fatalen Auswirkungen auf die Webseite hat.

Falls Sie die direkte Upload-Möglichkeit für Dateien innerhalb von Inhaltselementen nutzen, landen diese Dateien direkt im Ordner *uploads* oder einem Unterordner. Die Möglichkeit für das direkte Hochladen von Dateien wird zentral in den Benutzereinstellungen geregelt, z. B. im *User TSConfig*.

Das Inhaltselement INSERT RECORDS nutzt die Möglichkeiten des Feldtyps group ganz explizit. Damit können Sie verschiedene Elemente aus verschiedenen Bereichen im Seitenbaum zusammenfassen.

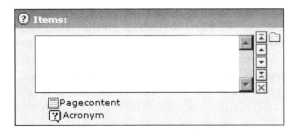

Abbildung 5.26: Feld im Inhaltstyp Insert Records: tt_content:records

Listing 5.34: Inhaltselemente verknüpfen und zusammenfassen: tt_content:records

```
01 'records' => Array (
02    'label' => 'LLL:EXT:cms/locallang_ttc.php:records',
03    'config' => Array (
04       'type' => 'group',
05       'internal_type' => 'db',
06       'allowed' => 'tt_content',
07       'size' => '5',
08       'maxitems' => '200',
09       'minitems' => '0',
10       'show_thumbs' => '1'
11    )
12 ),
```

Da der Parameter `internal_type` diesmal auf 'db' steht, bezieht sich der Wert in `allowed` auf Datenbanktabellen, aus denen Datensätze verknüpft werden dürfen. Um sowohl die Information zur Tabelle wie auch zur Datensatz-ID hinterlegen zu können, wird der Name der Tabelle durch einen Unterstrich mit der *uid* zusammengefasst, also beispielsweise als `tt_content_12`.

Im Frontend erfolgt beim Inhaltselement INSERT RECORDS die Darstellung aller gewählten Elemente untereinander. Da es sich hier um Referenzen auf Seiteninhalte handelt, wird bei einer Änderung des Originals auch die Anzeige bei der Referenz entsprechend geändert. Beispielsweise können Sie so Kontaktdaten an einer Stelle pflegen und an verschiedenen Stellen auf der Webseite platzieren.

Es gibt verschiedene Möglichkeiten, Beziehungen von Datensätzen untereinander in den Tabellen abzubilden. Diese werden im Abschnitt *Tabellenverknüpfungen*, Seite 300, besprochen.

Für eine spezielle Bearbeitung der Elemente können Sie eine selbst zu schreibende PHP-Funktion einsetzen, die sogenannte *itemsProcFunc*. Der Name leitet sich von »items processing function« ab. Weitere Informationen dazu finden Sie im Anschluss an die Feldtypen im Abschnitt *itemsProcFunc*, Seite 347.

Feldtyp none
Hier wird der Inhalt des Feldes einfach nur im Backend dargestellt und kann nicht editiert werden. Es erfolgt auch keine Umwandlung, beispielsweise von *timestamp* in ein für Menschen lesbares Datumsformat. Verständlicherweise gibt es dabei nicht sehr viele Konfigurationsmöglichkeiten. Neben der Größe des Feldes ist vor allem der Konfigurationsparameter `pass_content` wichtig. Falls Sie diesen auf *true* setzen, wird der Inhalt direkt ausgegeben und nicht durch die PHP-Funktion `htmlspecialchars()` gegen *Cross Site Scripting*-(XSS-)Angriffe geschützt. Seien Sie also hier entsprechend vorsichtig. Mehr Informationen zum Thema Sicherheit finden Sie im Abschnitt *Beliebte Angriffsvarianten*, Seite 655.

Listing 5.35: Anzeige der Session-ID für indexed search: index_config:set_id

```
'set_id' => Array (
  'label' => 'Session ID (if > zero, then indexing job is running):',
  'config' => Array (
     'type' => 'none',
  )
),
```

Feldtyp passthrough
Felder von diesem Typ können über die TCE-API direkt in die Datenbank geschrieben werden. Dabei findet keine Datenüberprüfung statt, jedoch werden Veränderungen geloggt, und `history/undo`-Funktionen funktionieren wie gewohnt. Sie können also Verarbeitungsdaten hinterlegen, die für Ihre Extensions, aber nicht für den Bearbeiter relevant sind. Die Extension `impexp` nutzt dies für interne Informationen.

Listing 5.36: Information zur Original-uid des Datensatzes: pages:tx_impexp_origuid

```
'tx_impexp_origuid' => Array(
  'config'=>array(
     'type'=>'passthrough'
  )
),
```

Feldtyp user
Sie haben die Möglichkeit, ein komplett selbst definiertes Feld in die regulären TYPO3-Masken mit einzubinden. Dazu müssen Sie lediglich eine benutzerdefinierte Funktion oder Methode für diesen Zweck erzeugen. Die Art der Darstellung und eventuelle Datenmanipulationen werden ausschließlich durch Ihre Methode bestimmt. Für Sonderfälle haben Sie also die volle Kontrolle und Konfigurationsmöglichkeit.

Listing 5.37: Benutzerdefiniertes Feld für Sonderanforderungen

```
'my_own_special_field' => Array (
  'label' => 'Mein Spezialfeld:',
  'config' => Array (
     'type' => 'user',
     'userFunc' => 'user_class->user_TCAform_test',
  )
),
```

Natürlich müssen Sie dafür sorgen, dass Ihre Klasse eingebunden wird und dass die genannte Methode auch darin enthalten ist.

Listing 5.38: Beispielcode für selbst generierte Felder

```
01 class user_class {
02    function user_TCAform_test($PA, $fobj)    {
03 debug($PA,'Test auf $PA');
04       return 'Testinhalt:
05       <input
06          name="'.$PA['itemFormElName'].'"
07          value="'.htmlspecialchars($PA['itemFormElValue']).'"
08       />';
09    }
10 }
```

Analysieren Sie die Eingangsvariablen $PA und $fobj, um einen Einblick in Ihre Möglichkeiten zu bekommen. Dies können Sie in der Regel am einfachsten durch die Angabe der debug-Funktion erreichen, die wir hier demonstrativ in Zeile 03 eingebaut haben.

5 Das Framework – der Werkzeugkasten

Achtung

Direkte Debug-Funktionen sollten Sie nur für die Zeit der Entwicklung einsetzen. Damit sie greifen, müssen Sie im TypoScript eine entsprechende Einstellung vornehmen:

config.debug = 1

Mehr zum Thema Debugging finden Sie im Abschnitt *Debug: debug und devlog*, Seite 494.

Feldtyp flex

Im Feldtyp flex können Elemente hierarchisch strukturiert hinterlegt werden. Das entsprechende Feld in der Datenbank wird dann eine XML-Datenstruktur enthalten, da eine *Flexform* durch XML-Strukturen abgebildet wird, die von TYPO3 interpretiert und ausgewertet werden. Die wohl geläufigste Flexform ist die Konfigurationsmaske in Plugins von Extensions, die per Flexform umfangreich erweitert werden kann.

Dazu ist vonseiten TYPO3 bereits ein Feld in der Tabelle *tt_content* vorgesehen. Falls Sie Konfigurationsparameter für ein Plugin benötigen, sollten Sie diese darüber ermöglichen und nicht neue Tabellenspalten der Tabelle *tt_content* hinzufügen.

Listing 5.39: Bereits vorbereitetes Feld für Flexforms: tt_content:pi_flexform

```
01  'pi_flexform' => array(
02    'l10n_display' => 'hideDiff',
03    'label' => 'LLL:EXT:cms/locallang_ttc.php:pi_flexform',
04    'config' => Array (
05      'type' => 'flex',
06      'ds_pointerField' => 'list_type',
07      'ds' => array(
08        'default' => '
09          <T3DataStructure>
10            <ROOT>
11              <type>array</type>
12              <el>
13                <!-- Repeat an element like "xmlTitle" beneath for as many
                     elements you like. Remember to name them uniquely  -->
14                <xmlTitle>
15                  <TCEforms>
16                    <label>The Title:</label>
17                    <config>
18                      <type>input</type>
19                      <size>48</size>
20                    </config>
21                  </TCEforms>
22                </xmlTitle>
23              </el>
24            </ROOT>
```

5.3 Im Zentrum der Macht: The Core

```
25            </T3DataStructure>
26          ',
27        )
28     )
29 ),
```

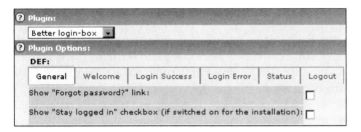

Abbildung 5.27: Flexform der Extension newloginbox

Flexforms in Kürze:

Flexforms sind im Prinzip nichts anderes als Formulare innerhalb von Formularen. Ihre Eingaben in diese Formulare werden weiterhin in der Datenbank gespeichert, allerdings alle zusammen innerhalb einer XML-Struktur (`<T3DataStructure>`) in einem einzigen Datenbankfeld. Zur Konfiguration können Sie prinzipiell alle Elemente einsetzen, die auch für reguläre Formulare im `$TCA` möglich sind. Es gibt allerdings einige Punkte zu beachten:

- Eine Evaluierung von Inhalten auf `unique` und `uniqueInPid` ist nicht möglich.
- Es können keine Flexforms innerhalb von Flexforms verschachtelt werden.
- Der verwendete Zeichensatz entspricht dem Zeichensatz des Backends, also entweder der Definition in `[BE][forceCharset]` oder der gewählten Sprache des Backend-Benutzers.

Wollen Sie ein Rich Text Editor-Feld innerhalb einer Flexform definieren, so bietet TYPO3 auch hier die nötigen Konfigurationsmöglichkeiten.

Listing 5.40: Konfigurationsbeispiel für ein RTE-Feld innerhalb einer Flexform

```
<TCEforms>
   <config>
      <type>text</type>
      <cols>48</cols>
      <rows>10</rows>
   </config>
```

```
<label>Mein RTE Feld:</label>
<defaultExtras>richtext[*]:rte_transform[mode=ts_css]</defaultExtras>
</TCEforms>
```

Weitere Informationen und Tipps zum Thema Flexform für Plugins finden Sie im Abschnitt *T3DataStructure, XML und Flexforms*, Seite 471.

Feldtyp inline

Der Feldtyp *inline* wird durch eine neue Technik mit dem Namen *Inline-Relational-Record-Editing (IRRE)* ermöglicht. Er steht seit Version 4.1 zur Verfügung. Die Umsetzung im Backend basiert auf einer AJAX-Implementierung, sodass kein Reload der Seite durch die Bearbeitung nötig wird.

Hinweis

IRRE ermöglicht das Bearbeiten (mehrerer aufeinanderfolgender) verknüpfter Datensätze innerhalb einer einzigen Backend-Maske. Es bietet also eine deutliche Komfortsteigerung für den Bearbeiter. Die Extension `irre_tutorial` bietet einen guten Einstieg in die Möglichkeiten des neuen Datentyps.

Um einen Datensatz mit einem anderen verknüpfen zu können, war es bisher nötig, erst beide Datensätze anzulegen und dann von einem Datensatz ausgehend den anderen zu verknüpfen oder alternativ einen Wizard über ein Popup-Fenster zu nutzen. Mit *IRRE* ist es möglich, den verknüpften Datensatz direkt in der Maske des Hauptdatensatzes zu erzeugen und damit automatisch zu verknüpfen. Dabei kann auch der Hauptdatensatz neu sein, also bisher noch nicht gespeichert sein.

Die einfachste Variante ist die Verknüpfung von Datensätzen über die in TYPO3 bekannte kommagetrennte Liste.

Listing 5.41: Konfiguration der Angebote eines Hotels: tx_irretutorial_1ncsv_hotel:offers

```
01 "offers" => Array (
02   "exclude" => 1,
03   "label" => "LLL:EXT:irre_tutorial/locallang_db.xml:tx_irretutorial
              _hotel.offers",
04   "config" => Array (
05     "type" => "inline",
06     "foreign_table" => "tx_irretutorial_1ncsv_offer",
07     "maxitems" => 10,
08   ),
09 ),
```

5.3 Im Zentrum der Macht: The Core

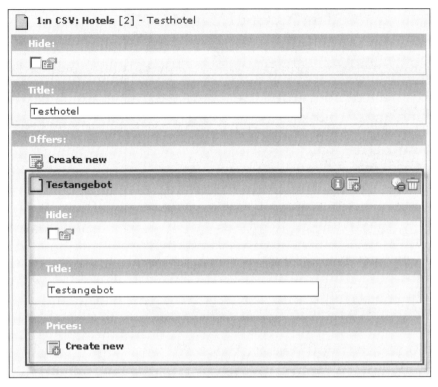

Abbildung 5.28: Das Testangebot kann direkt innerhalb des Hotel-Datensatzes bearbeitet werden.

Auch mit dem bereits besprochenen Feldtyp select sind m:m-Verknüpfungen möglich, allerdings wird dabei die Verknüpfungstabelle nicht im $TCA definiert, wodurch ein direktes Bearbeiten der Verknüpfungstabelle und/oder eine Historie der Verknüpfungen nicht möglich ist. Mit *IRRE* kann dies ermöglicht werden.

Hinweis

Über diesen Ansatz wird das Bearbeiten von Verknüpfungen von beiden Seiten aus möglich. Sie können nicht nur vom Hotel ausgehend neue Angebote hinzufügen, sondern auch vom Angebot aus die verbundenen Hotels einsehen und verändern.

5 Das Framework – der Werkzeugkasten

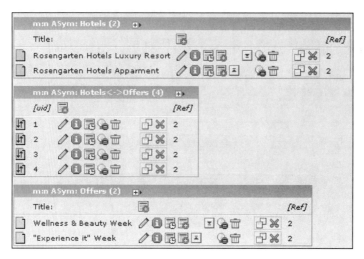

Abbildung 5.29: Auch die m:m-Tabelle kann direkt editiert werden.

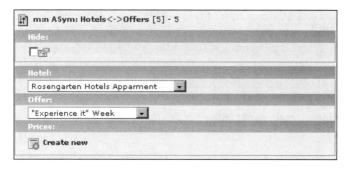

Abbildung 5.30: Editieren der m:m-Tabelle

Listing 5.42: Konfiguration der relevanten Felder für die Verknüpfung

```
01 $TCA["tx_irretutorial_mnasym_hotel"] = Array (
02    "columns" => Array (
03       "offers" => Array (
04          "exclude" => 1,
05          "label" =>
             "LLL:EXT:irre_tutorial/locallang_db.xml:
             tx_irretutorial_hotel.offers",
06          "config" => Array (
07             "type" => "inline",
08             "foreign_table" => "tx_irretutorial_mnasym_hotel_offer_rel",
09             "foreign_field" => "hotelid",
10             "foreign_sortby" => "hotelsort",
11             "foreign_label" => "offerid",
12             "maxitems" => 10,
13          )
```

342

5.3 Im Zentrum der Macht: The Core

```
14        ),
15     ),
16 );
17
18 $TCA["tx_irretutorial_mnasym_offer"] = Array (
19     "columns" => Array (
20         "hotels" => Array (
21            "exclude" => 1,
22            "label" =>
               "LLL:EXT:irre_tutorial/locallang_db.xml:
                tx_irretutorial_offer.hotels",
23            "config" => Array (
24              "type" => "inline",
25              "foreign_table" => "tx_irretutorial_mnasym_hotel_offer_rel",
26              "foreign_field" => "offerid",
27              "foreign_sortby" => "offersort",
28              "foreign_label" => "hotelid",
29              "maxitems" => 10,
30            )
31        ),
32     ),
33 );
34
35 $TCA["tx_irretutorial_mnasym_hotel_offer_rel"] = Array (
36     "columns" => Array (
37         "hotelid" => Array (
38            "label" =>
               "LLL:EXT:irre_tutorial/locallang_db.xml:
                tx_irretutorial_hotel_offer_rel.hotelid",
39            "config" => Array (
40              "type" => "select",
41              "foreign_table" => "tx_irretutorial_mnasym_hotel",
42              "foreign_table_where" => "AND
                 tx_irretutorial_mnasym_hotel.pid=###CURRENT_PID###",
43              "maxitems" => 1,
44            )
45        ),
46        "offerid" => Array (
47            "label" =>
               "LLL:EXT:irre_tutorial/locallang_db.xml:
                tx_irretutorial_hotel_offer_rel.offerid",
48            "config" => Array (
49              "type" => "select",
50              "foreign_table" => "tx_irretutorial_mnasym_offer",
51              "foreign_table_where" => "AND
                 tx_irretutorial_mnasym_offer.pid=###CURRENT_PID###",
52              "maxitems" => 1,
53            )
```

```
54    ),
55    ),
56 );
```

Achtung

Um die Übersichtlichkeit zu wahren, wurden im obigen Listing nur die für die Verknüpfung relevanten Felder dargestellt; das $TCA ist nicht vollständig.

Eine weitere tolle Möglichkeit ist die Anbindung von Attributen an die eigentliche Verknüpfung. Dadurch kann im Beispiel der Verknüpfung zwischen Hotel und Angebot noch eine zusätzliche Information zur Qualität von genau dieser Kombination angegeben werden.

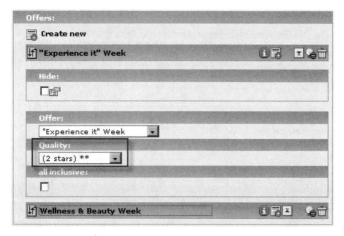

Abbildung 5.31: Das Attribut quality wird zur Verknüpfung hinzugefügt.

Listing 5.43: Verknüpfungstabelle mit Zusatzinformationen als Attribute

```
01 $TCA["tx_irretutorial_mnattr_hotel_offer_rel"] = Array (
02    "ctrl" => $TCA["tx_irretutorial_mnattr_hotel_offer_rel"]["ctrl"],
03    "interface" => Array (
04       "showRecordFieldList" =>
       "hidden,title,hotelid,offerid,hotelsort,offersort,quality,allincl"
05    ),
06    "feInterface" => $TCA["tx_irretutorial_mnattr_hotel_offer_rel"]["feInterface"],
07    "columns" => Array (
08       "hidden" => Array (
```

5.3 Im Zentrum der Macht: The Core

```
09          "exclude" => 1,
10          "label" => "LLL:EXT:lang/locallang_general.xml:LGL.hidden",
11          "config" => Array (
12             "type" => "check",
13             "default" => "0"
14          )
15       ),
16       "hotelid" => Array (
17          "label" =>
            "LLL:EXT:irre_tutorial/locallang_db.xml:
            tx_irretutorial_hotel_offer_rel.hotelid",
18          "config" => Array (
19             "type" => "select",
20             "foreign_table" => "tx_irretutorial_mnattr_hotel",
21             "maxitems" => 1,
22          )
23       ),
24       "offerid" => Array (
25          "label" =>
            "LLL:EXT:irre_tutorial/locallang_db.xml:
            tx_irretutorial_hotel_offer_rel.offerid",
26          "config" => Array (
27             "type" => "select",
28             "foreign_table" => "tx_irretutorial_mnattr_offer",
29             "maxitems" => 1,
30          )
31       ),
32       "hotelsort" => Array (
33          "config" => Array (
34             "type" => "passthrough",
35          )
36       ),
37       "offersort" => Array (
38          "config" => Array (
39             "type" => "passthrough",
40          )
41       ),
42       "quality" => Array (
43          "exclude" => 1,
44          "label" =>
            "LLL:EXT:irre_tutorial/locallang_db.xml:
            tx_irretutorial_hotel_offer_rel.quality",
45          "config" => Array (
46             "type" => "select",
47             "items" => Array (
48                Array("LLL:EXT:irre_tutorial/locallang_db.xml:
                tx_irretutorial_hotel_offer_rel.quality.I.0", "1"),
49                Array("LLL:EXT:irre_tutorial/locallang_db.xml:
                tx_ irretutorial_hotel_offer_rel.quality.I.1", "2"),
```

```
50                    Array("LLL:EXT:irre_tutorial/locallang_db.xml:
                          tx_ irretutorial_hotel_offer_rel.quality.I.2", "3"),
51                    Array("LLL:EXT:irre_tutorial/locallang_db.xml:
                          tx_irretutorial_ hotel_offer_rel.quality.I.3", "4"),
52                    Array("LLL:EXT:irre_tutorial/locallang_db.xml:
                          tx_irretutorial_ hotel_offer_rel.quality.I.4", "5"),
53                  ),
54                )
55            ),
56            "allincl" => Array (
57                "exclude" => 1,
58                "label" => "LLL:EXT:irre_tutorial/locallang_db.xml:
                      tx_irretutorial_hotel_ offer_rel.allincl",
59                "config" => Array (
60                    "type" => "check",
61                )
62            ),
63        ),
64        "types" => Array (
65            "0" => Array("showitem" => "hidden;;1;;1-1-1, title;;;;2-2-2, hotelid;;;;3-
                  3-3, offerid, hotelsort, offersort, quality, allincl")
66        ),
67        "palettes" => Array (
68            "1" => Array("showitem" => "")
69        )
70 );
```

Hinweis

Es gibt noch einige weitere Möglichkeiten, auf deren Darstellung wir aus Platzgründen hier verzichten. Mit Hilfe der Extension irre_tutorial können Sie sich tiefer einarbeiten.

Für die Darstellung der inline-Datensätze gibt es verschiedene Konfigurationsmöglichkeiten.

```
01 "offers" => Array (
02     "exclude" => 1,
03     "label" =>
       "LLL:EXT:irre_tutorial/locallang_db.xml:
       tx_irretutorial_hotel.offers",
04     "config" => Array (
05         "type" => "inline",
06         "foreign_table" => "tx_irretutorial_1ncsv_offer",
07         "maxitems" => 10,
```

5.3 Im Zentrum der Macht: The Core

```
08        'appearance' => Array(
09            'collapseAll' => 1,
10            'expandSingle' => 1,
11        ),
12    ),
13 ),
```

In den Zeilen 08 bis 11 wird bestimmt, dass die Unterelemente durch die Angabe collapseAll erst einmal eingeklappt angezeigt werden. Ein Klick auf Titel oder Icon öffnet den Datensatz per AJAX. Die Angabe expandSingle verursacht, dass beim Öffnen eines zweiten Datensatzes derselben Tabelle der erste geöffnete Datensatz automatisch wieder zugeklappt wird.

itemsProcFunc
Manchmal kann es passieren, dass Sie trotz der vielfältigen Konfigurationsmöglichkeiten von TYPO3 Ihre genaue Anforderung an die Verarbeitung von Feldern, die auf Datensatzlisten (Feldtypen radio, check oder select) basieren, nicht abbilden können. Für diesen eher relativ selten auftretenden Fall haben Sie natürlich auch eine konfigurierbare Eingreifmöglichkeit. Sie können eine selbst geschriebene PHP-Funktion aufrufen, um die einzelnen Datensatzelemente zu bearbeiten.

Die Funktionsweise und alle nötigen Schritte finden Sie im Abschnitt *Datensätze in Feldern speziell bearbeiten (itemsProcFunc)*, Seite 537.

Wizards
Wizards dienen der Erweiterung von Feldern um Funktionalitäten, die in der Regel in mehreren Schritten ablaufen und dazu ein eigenes Fenster öffnen. Sie können für die Feldtypen input, text, select und group verwendet werden. Sehr häufig werden Wizards als Unterstützung für Auswahlfelder angelegt, beispielsweise NEU, BEARBEITEN und AUFLISTEN. Betrachten wir einmal die Konfiguration im $TCA für die Zuordnung von Backend-Benutzergruppen zu Benutzern.

Abbildung 5.32: Wizards für Bearbeiten, Hinzufügen und Auflisten

Listing 5.44: Konfiguration der Gruppenzuordnung: be_users:usergroup

```
01 'usergroup' => Array (
02    'label' => 'Group:',
03    'config' => Array (
04        'type' => 'select',
05        'foreign_table' => 'be_groups',
06        'foreign_table_where' => 'ORDER BY be_groups.title',
```

347

```
07      'size' => '5',
08      'maxitems' => '20',
09      'iconsInOptionTags' => 1,
10      'wizards' => Array(
11          '_PADDING' => 1,
12          '_VERTICAL' => 1,
13          'edit' => Array(
14              'type' => 'popup',
15              'title' => 'Edit usergroup',
16              'script' => 'wizard_edit.php',
17              'popup_onlyOpenIfSelected' => 1,
18              'icon' => 'edit2.gif',
19              'JSopenParams' =>
                    'height=350,width=580,status=0,menubar=0,scrollbars=1',
20          ),
21          'add' => Array(
22              'type' => 'script',
23              'title' => 'Create new group',
24              'icon' => 'add.gif',
25              'params' => Array(
26                  'table'=>'be_groups',
27                  'pid' => '0',
28                  'setValue' => 'prepend'
29              ),
30              'script' => 'wizard_add.php',
31          ),
32          'list' => Array(
33              'type' => 'script',
34              'title' => 'List groups',
35              'icon' => 'list.gif',
36              'params' => Array(
37                  'table'=>'be_groups',
38                  'pid' => '0',
39              ),
40              'script' => 'wizard_list.php',
41          )
42      )
43  )
44 ),
```

Zusätzlich zu den Feldkonfigurationen wird ab Zeile 10 der Bereich wizards eingebracht. Innerhalb dieses Abschnitts können Sie mehrere vordefinierte Helfer als Array definieren.

Sie können das Aufrufverhalten der einzelnen Wizards recht detailliert steuern, die Funktionalität innerhalb wird dann durch das aufgerufene Script im Parameter script definiert. Für den Wizard BEARBEITEN wird hier festgelegt, dass ein neues Fenster geöffnet werden soll und dass diese Möglichkeit nur zur Verfügung steht, falls wirklich ein Datensatz ausgewählt wurde. Für das Hinzufügen von neuen Datensätzen

5.3 Im Zentrum der Macht: The Core

muss die Tabelle des Datensatzes bestimmt werden. Alle weiteren Informationen für das Erzeugen des Formulars werden dann aus dem $TCA geholt.

Eine detaillierte Übersicht über alle Möglichkeiten zum Einbinden von Wizards finden Sie in der *TYPO3-Core-API (doc_core_api)*.

Wie Sie eigene Wizards erzeugen und dem TYPO3-Backend hinzufügen, können Sie im Abschnitt *Eigene Wizards zu Feldern hinzufügen*, Seite 539, nachverfolgen.

types und showitem

Bei der Konfiguration im Bereich types wird durch das showitem-Element festgelegt, welche der in columns definierten Felder wie und in welcher Reihenfolge dargestellt werden. Alle Felder, die auf der Maske erscheinen sollen, müssen also hier definiert werden; nur eine Definition in columns reicht nicht aus. Das mag etwas verwirrend sein, diese Aufteilung ermöglicht aber eine maximale Flexibilität der Konfiguration. Der Eintrag showitem beinhaltet die darzustellenden Felder in der angesetzten Reihenfolge, durch ein Komma voneinander getrennt. Zusätzlich können weitergehende Einstellungen zu jedem Feld vorgenommen werden. Diese werden durch ein Semikolon getrennt und an den eigentlichen Feldnamen angehängt.

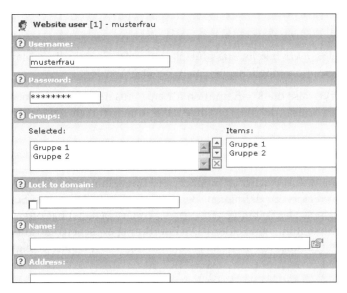

Abbildung 5.33: Backend-Maske zur Bearbeitung der Frontend-Benutzer

Listing 5.45: Konfiguration für die Darstellung der Felder in fe_users

```
$TCA['fe_users']['types']['0']['showitem'] = 'username;;;;2-2-2, password, usergroup, lockToDomain, --div--, name;;2;;3-3-3, address, zip, city, country, telephone, fax, email, www, image;;;;4-4-4, --div--, TSconfig;;;;5-5-5';
```

Der String (in Listing 5.45 dargestellt) enthält die Definition der Bereiche für die einzelnen Felder. Die Angaben für jedes Feld werden durch Kommata getrennt. Innerhalb dieser Definition für jedes einzelne Feld stehen Angaben, die per Semikolon getrennt sind und folgende Anweisung enthalten:

1. Stelle: Feldname
2. Stelle: alternative Feldbezeichnung (für die Anzeige im Formular)
3. Stelle: Nummer der Palette, die diesem Feld zugeordnet ist (siehe folgenden Abschnitt *palettes*, Seite 353)
4. Stelle: weitere Einstellungen, diesmal durch Doppelpunkt getrennt
5. Stelle: Code für die grafische Darstellung des Feldes (siehe den späteren Abschnitt *Aussehen der Backend-Formulare anpassen*, Seite 360)

Hinweis

Eine detaillierte Angabe der Konfigurationsmöglichkeiten finden Sie wie üblich in der TYPO3-Core-API.

Sie sehen am Beispiel der *fe_users* bereits, dass für ein normales Standardformular viele der speziellen Konfigurationsmöglichkeiten nicht benötigt werden.

Sie haben eventuell bemerkt, dass die Konfiguration für types aus mehr als nur einer Angabe showitems bestehen muss, da die Direktive types offensichtlich ein Array beinhaltet:

```
$TCA['fe_users']['types']['0']['showitem'] =
```

Durch die Anordnung in ein Array wird es möglich, die Darstellung von Feldern abhängig vom Inhalt eines Feldes zu definieren. Bei Anlegen von Seiten haben Sie dies schon vielfach beobachtet. Der Seitentyp (STANDARD, SYSFOLDER, ...) hat offensichtlich Einfluss auf die Darstellung von Feldern. Die Zuordnung zwischen dem ausgewählten Wert im Seitentyp und der korrekten Darstellung von Feldern erfolgt dabei über den Schlüssel im Array types.

Listing 5.46: Basisdefinition für das Feld des Seitentyps: pages:doktype

```
'doktype' => Array (
    'exclude' => 1,
    'label' => 'LLL:EXT:lang/locallang_general.php:LGL.type',
    'config' => Array (
        'type' => 'select',
        'items' => Array (
            Array('LLL:EXT:lang/locallang_tca.php:doktype.I.0', '1'),
```

5.3 Im Zentrum der Macht: The Core

```
            Array('LLL:EXT:lang/locallang_tca.php:doktype.I.1', '254'),
            Array('LLL:EXT:lang/locallang_tca.php:doktype.I.2', '255')
        ),
        'default' => '1'
    )
),
```

Listing 5.47: Basiseinstellung der types für die Tabelle pages

```
'types' => Array (
   '1' => Array('showitem' => 'doktype, title, TSconfig;;6;nowrap, storage_pid;;7'),
   '254' => Array('showitem' => 'doktype,
     title;LLL:EXT:lang/locallang_general.php:LGL.title, TSconfig;;6;nowrap,
     storage_pid;;7'),
   '255' => Array('showitem' => 'doktype, title, TSconfig;;6;nowrap, storage_pid;;7')
),
```

Um eine Tabelle für die Verwendung von solchen Umschaltern zu konfigurieren, müssen Sie die Angabe type im Bereich ctrl des $TCA entsprechend setzen:

```
$TCA['pages']['ctrl']['type'] = 'doktype';
```

Im obigen Code-Listing sind nur drei verschiedene Seitentypen definiert. Sie werden sich jetzt sagen: »Moment mal, für eine Seite kann ich doch wesentlich mehr als 3 verschiedene Seitentypen festlegen!«

Abbildung 5.34: Verfügbare Seitentypen

Richtig! Wie immer in TYPO3 können mit Hilfe von Extensions eigene Erweiterungen schnell und effektiv eingebunden werden. Und bei einer Basisinstallation von TYPO3 sind schon eine ganz Reihe von Extensions installiert.

Dazu gehört unter anderem die Extension cms, die die wichtigste Basis-Extension für den Einsatz von TYPO3 als Redaktionssystem darstellt. Dort werden in der Datei *ext_tables.php* weitere Seitentypen definiert.

Listing 5.48: Hinzufügen weiterer Seitentypen: Extension cms, ext_tables.php

```
[...]
63  // Merging in CMS doktypes:
64  array_splice(
65      $TCA['pages']['columns']['doktype']['config']['items'],
66      1,
67      0,
68      Array(
69          Array('LLL:EXT:cms/locallang_tca.php:pages.doktype.I.0', '2'),
70          Array('LLL:EXT:lang/locallang_general.php:LGL.external', '3'),
71          Array('LLL:EXT:cms/locallang_tca.php:pages.doktype.I.2', '4'),
72          Array('LLL:EXT:cms/locallang_tca.php:pages.doktype.I.3', '5'),
73          Array('LLL:EXT:cms/locallang_tca.php:pages.doktype.I.4', '6'),
74          Array('LLL:EXT:cms/locallang_tca.php:pages.doktype.I.5', '7'),
75          Array('-----', '--div--'),
76          Array('LLL:EXT:cms/locallang_tca.php:pages.doktype.I.7', '199')
77      )
78  );
[...]
```

Durch die PHP-Funktion array_splice() werden direkt nach dem ersten Element (dem Seitentyp Standard) eine ganze Reihe weiterer Elemente hinzugefügt, die für den Einsatz von TYPO3 als CMS benötigt werden.

Hinweis

TYPO3 ist grundsätzlich als Framework für Webapplikationen angelegt und muss nicht zwangsläufig als Content Management System eingesetzt werden, auch wenn dies meistens der Fall ist.

Auch für die Konfiguration der verschiedenen Ansichten abhängig vom Seitentyp werden wir in der Datei *ext_tables.php* fündig.

Listing 5.49: Überschreiben der bisherigen Definition 'types' für die Tabelle pages

```
471     // Totally overriding all type-settings:
472  $TCA['pages']['types'] = Array (
473      '1' => Array('showitem' => 'hidden;;;;1-1-1, doktype;;2;button, title;;3;;2-2-
             2, subtitle, nav_hide, TSconfig;;6;nowrap;5-5-5, storage_pid;;7, l18n_cfg'),
474      '2' => Array('showitem' => 'hidden;;;;1-1-1, doktype;;2;button, title;;3;;2-2-
             2, subtitle, nav_hide, nav_title, --div--, abstract;;5;;3-3-3,
             keywords,description, media;;;;4-4-4, --div--, TSconfig;;6;nowrap;5-5-5,
             storage_pid;;7, l18n_cfg, fe_login_mode, module, content_from_pid'),
475      '3' => Array('showitem' => 'hidden;;;;1-1-1, doktype, title;;3;;2-2-2,
```

5.3 Im Zentrum der Macht: The Core

```
                subtitle, nav_hide, url;;;;3-3-3, urltype, TSconfig;;6;nowrap;5-5-5,
                storage_pid;;7, l18n_cfg'),
476     '4' => Array('showitem' => 'hidden;;;;1-1-1, doktype, title;;3;;2-2-2,
                subtitle, nav_hide, shortcut;;;;3-3-3, shortcut_mode, TSconfig;;6;nowrap;5-5-
                5,storage_pid;;7, l18n_cfg'),
477     '5' => Array('showitem' => 'hidden;;;;1-1-1, doktype;;2;button, title;;3;;2-2-
                2, subtitle, nav_hide, nav_title, --div--, media;;;;4-4-4, --div--,
                TSconfig;;6;nowrap;5-5-5, storage_pid;;7, l18n_cfg, fe_login_mode, module,
                content_from_pid'),
478     '7' => Array('showitem' => 'hidden;;;;1-1-1, doktype;;2;button, title;;3;;2-2-
                2, subtitle, nav_hide, nav_title, --div--, mount_pid;;;;3-3-3, mount_pid_ol,
                media;;;;4-4-4, --div--, TSconfig;;6;nowrap;5-5-5, storage_pid;;7, l18n_cfg,
                fe_login_mode, module, content_from_pid'),
479     '199' => Array('showitem' => 'hidden;;;;1-1-1, doktype, title;;;;2-2-2,
                TSconfig;;6;nowrap;5-5-5, storage_pid;;7'),
480     '254' => Array('showitem' => 'hidden;;;;1-1-1, doktype,
                title;LLL:EXT:lang/locallang_general.php:LGL.title;;;2-2-2, --div--,
                TSconfig;;6;nowrap;5-5-5,storage_pid;;7, module'),
481     '255' => Array('showitem' => 'hidden;;;;1-1-1, doktype, title;;;;2-2-2')
482 );
```

Sie sehen, dass durch Extensions jederzeit alle bisherigen Einstellungen im $TCA überschrieben werden können. Als einzige Bedingung müssen Sie beachten, dass die Einstellungen der zuletzt eingebundenen Extension die letztlich gültigen sind. Die schlussendliche Konfiguration, die auf allen installierten Extensions basiert, können Sie im Modul CONFIGURATION im Bereich $TCA (TABLES.PHP) einsehen.

Achtung

Die Reihenfolge der Einbindung von Extensions hängt neben der Reihenfolge der Installation auch von der Priorität der Extensions ab. Die aktuelle Einbindungsreihenfolge können Sie in der Datei *localconf.php* in der Variable $TYPO3_CONF_VARS['EXT']['extList'] einsehen. Diese wird vom Extension Manager gepflegt und wird manchmal in der Datei *localconf.php* einfach ganz unten noch mal angefügt. Durchsuchen Sie also immer die ganze Datei!

palettes

Paletten dienen zum Zusammenfassen von Elementen, um das Formular übersichtlicher zu gestalten und einfacher bedienbar zu machen. Manche Elemente werden vom Redakteur nicht oft benötigt und können auf eine Palette ausgelagert werden. Eine Palette wird, wie oben im Abschnitt types bereits erwähnt wurde, einem Hauptfeld zugeordnet und kann über ein optisch immer gleich aussehendes Icon für eine Palette angesprochen werden. Paletten sind auch als *secondary options* (siehe Häkchen SHOW SECONDARY OPTIONS (PALETTES)) bekannt und können generell sichtbar geschaltet werden.

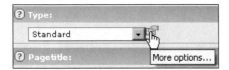

Abbildung 5.35: Seitentitel ohne »Show secondary options (palettes)«

Abbildung 5.36: Seitentitel mit »Show secondary options (palettes)«

Die letztendlich gültige Konfiguration für die Paletten kann wiederum durch verschiedene Extensions beeinflusst werden.

Listing 5.50: Basiseinstellung in t3lib/stddb/tables.php

```
'palettes' => Array (
   '6' => Array('showitem' => 'php_tree_stop, editlock'),
   '7' => Array('showitem' => 'is_siteroot')

)
```

Listing 5.51: Erweiterung der Einstellungen in der Extension cms: ext_tables.php

```
483    // Merging palette settings:
484    // t3lib_div::array_merge() MUST be used - otherwise the keys will be re-
       numbered!
485    $TCA['pages']['palettes'] =
       t3lib_div::array_merge($TCA['pages']['palettes'],Array(
486    '1' => Array('showitem' => 'starttime,endtime,extendToSubpages'),
487    '15' => Array('showitem' => 'fe_group'),
488    '2' => Array('showitem' => 'layout, lastUpdated, newUntil, no_search'),
489    '3' => Array('showitem' => 'alias, target, no_cache, cache_timeout'),
490    '5' => Array('showitem' => 'author,author_email'),
491 ));
```

```
[palettes]
   [1]
   [15]
   [2]
       [showitem]=layout, lastUpdated, newUntil, no_search
   [3]
   [5]
   [6]
   [7]
```

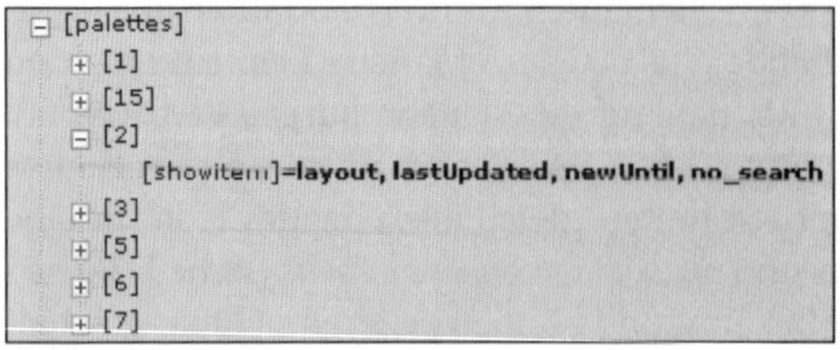

Abbildung 5.37: Das Ergebnis, wie Sie es im Modul Tools, Konfiguration sehen

5.3 Im Zentrum der Macht: The Core

Damit ist jede Palette einer Tabelle über ihren Schlüssel eindeutig identifizierbar und kann in der Konfiguration von Feldern referenziert werden. Sie erinnern sich an die Ausführungen im vorhergehenden Kapitel über types:

Listing 5.52: Ausschnitt aus dem Bereich types für den Seitentyp Standard

```
471    // Totally overriding all type-settings:
472 $TCA['pages']['types'] = Array (
473       '1' => Array('showitem' => 'hidden;;;;1-1-1, doktype;;2;button, title;;3;;2-2-
       2, subtitle, nav_hide, TSconfig;;6;nowrap;5-5-5, storage_pid;;7, l18n_cfg'),
```

Für das Feld doktype sehen Sie die Einstellung, dass die Palette mit dem Schlüssel 2 zugeschaltet werden soll. Diese wiederum enthält die folgende Konfiguration:

Listing 5.53: Ausschnitt des Bereichs palettes für die Palette '2'

```
489      '2' => Array('showitem' => 'layout, lastUpdated, newUntil, no_search'),
```

5.3.3 Spezialkonfigurationen in defaultExtras

Innerhalb der Möglichkeit, durch verschiedene types verschiedene Felder anzuzeigen (siehe Abschnitt *types und showitem*, Seite 349 weiter oben), können weitere Konfigurationseinstellungen getätigt werden. Diese speziellen Konfigurationen werden an der vierten Stelle innerhalb der Felddefinitionen angegeben.

```
$TCA['pages']['types']['1']['showitem']   =   'doktype,   title,   TSconfig;;6;nowrap,
storage_pid;;7'
```

Für das Feld TSconfig im Seitenkopf ist im Beispiel für den Seitentyp 1 (Standard) vorgesehen, dass der Inhalt nicht umbrochen wird, wie es normalerweise bei einem textarea-Element der Fall wäre. Dabei wirkt sich diese Konfiguration nur für den Seitentyp 1 aus, auf anderen Seitentypen können also andere Einstellungen wirksam sein.

Um eine solche Einstellung gleich für alle types zur Verfügung zu stellen, gibt es den Parameter defaultExtras innerhalb der Konfiguration für ein Datenbankfeld.

Listing 5.54: Konfiguration für ein fiktives Feld testfeld

```
'testfeld' => Array (
   'label' => 'Testfeld für defaultExtras',
   'config' => Array (
      'type' => 'text',
   ),
   'defaultExtras' => 'nowrap'
),
[...]
),
'types' => Array (
   '0' => Array('showitem' => 'hidden;;1, type, title, testfeld'),
```

Hinweis

Neben nowrap stehen noch eine ganze Reihe weiterer Spezialkonfigurationen wie die Aktivierung des RTE, die Ermöglichung von Tabulatoren und das Schreiben des Feldinhalts in Textdateien zur Verfügung. Details entnehmen Sie bitte der TYPO3-Core-API.

5.3.4 $PAGES_TYPES

Neben dem $TCA gibt es noch eine Reihe weiterer Konfigurationsarrays, die in der Regel mit dem $TCA zusammenarbeiten. An dieser Stelle wollen wir uns noch einmal den Seitentypen und weiteren Konfigurationsmöglichkeiten dafür zuwenden. In $PAGE_TYPES können Sie vor allem festlegen, welche Inhalte und Datensätze auf welchen Seitentypen erlaubt sind. Auch die Icons für die Darstellung können hier definiert werden. $PAGE_TYPES ist ein Array und bei den Basiskonfigurationen in der Datei *t3lib/stddb/tables.php* zu finden.

Listing 5.55: Basiskonfiguration für $PAGES_TYPES

```
58  $PAGES_TYPES = Array(
59      '254' => Array(    // Doktype 254 is a 'sysFolder' - a general purpose
            storage folder for whatever you like. In CMS context it's NOT a viewable page.
            Can contain any element.
60          'type' => 'sys',
61          'icon' => 'sysf.gif',
62          'allowedTables' => '*'
63      ),
64      '255' => Array(    // Doktype 255 is a recycle-bin.
65          'type' => 'sys',
66          'icon' => 'recycler.gif',
67          'allowedTables' => '*'
68      ),
69      'default' => Array(
70          'type' => 'web',
71          'icon' => 'pages.gif',
72          'allowedTables' => 'pages',
73          'onlyAllowedTables' => '0'
74      )
75  );
```

5.3 Im Zentrum der Macht: The Core

Schlüssel	Beschreibung
type	Kann die Werte sys und web annehmen. Seitentypen aus der Gruppe sys entsprechen den Ordnern im Backend; Seitentypen aus der Gruppe web entsprechen den Seiten.
icon	Alternatives Icon, dessen Pfadangabe der Einstellung in ['ctrl']['iconfile'] entspricht. In Ihrer Extension würden Sie beispielsweise $PAGES_TYPES['1']['icon'] = t3lib_extMgm::extRelPath($_EXTKEY).'icons/my_icon.gif' in der Datei *ext_tables.php* schreiben, wobei Ihre Icons in einem Unterordner *icons* innerhalb der Extension liegen.
allowedTables	Kommagetrennte Liste mit Namen von Tabellen, deren Datensätze für den jeweiligen Seitentyp erlaubt sind. Ein * erlaubt alle Tabellen. Eine Ausnahme bieten die Tabellen *be_users* und *be_groups*, die generell nur auf der Root-Seite erlaubt sind.
onlyAllowedTables	Wenn dieser boolesche Wert gesetzt ist, kann der Seitentyp nicht umgestellt werden, falls auf der Seite Datensätze sind, die für den gewünschten Seitentyp nicht erlaubt sind.

Der Bereich default gilt für alle Seitentypen, solange diese nicht explizit konfiguriert werden. Auch das Array $PAGES_TYPES kann von jeder Extension angepasst werden.

5.3.5 Aufbau der Backend-Schnittstelle

Oberfläche

Das Standard-Backend baut sich (derzeit noch) aus Framesets auf. Da sich dieser Zustand jedoch vermutlich bald ändern wird, werden wir an dieser Stelle nur kurz darauf eingehen (siehe Abbildung 5.38).

- ❶ *alt_main.php*:

  Auf diese Seite wird der Benutzer nach erfolgreichem Login weitergeleitet. Sie beinhaltet das Frameset und einige Hilfsfunktionen in JavaScript (JavaScript-Objekt top).

- ❷ *alt_toplogo.php*:

  Erzeugt das Logo in der linken oberen Ecke (JavaScript-Objekt top.toplogo).

- ❸ *alt_topmenu_dummy.php*:

  Standardmäßig wird hier nichts angezeigt. Eine Nutzung erfolgt z. B. durch die Paletten in den Backend-Formularen, falls SHOW SECONDARY OPTIONS nicht gesetzt ist. Die Extension extdeveval nutzt den Bereich zur Anzeige der API wichtiger Klassen mittels einer XCLASS. Ein Benutzer kann durch das Aktivieren von ICONS IN TOP FRAME im Setup-Modul USER, SETUP die Modulliste an dieser Stelle ablegen (JavaScript-Objekt top.topmenuFrame).

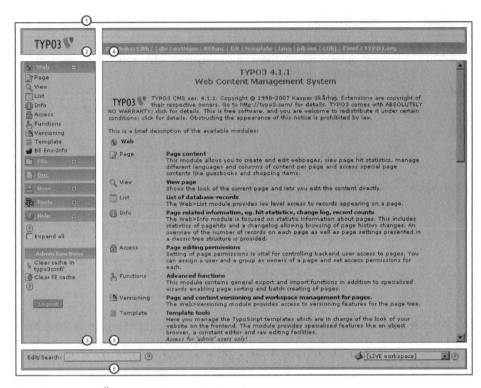

Abbildung 5.38: Übersicht über das Backend

❹ *alt_menu.php*:

Darstellung des Modulmenüs (JavaScript-Objekt `top.menu`).

❺ *alt_intro.php*:

Dies ist der Haupt-Frame des TYPO3-Backends. Nach dem Login ins Backend wird hier standardmäßig die Ansicht ABOUT MODULES dargestellt. Je nach aktivem Menü werden die entsprechenden Inhalte und Masken generiert. Einige Module wie WEB, PAGE und FILE, FILELIST erzeugen hier wiederum ein Frameset, das aus dem Seiten- oder Ordnerbaum und zugehörigen Inhalten besteht (JavaScript-Objekt `top.content`).

❻ *alt_shortcut.php*

Dieser Frame wird nur für Administratoren standardmäßig angezeigt. Für normale Benutzer muss er durch den Eintrag `options.shortcutFrame` im User *TSconfig* explizit freigeschaltet werden (JavaScript-Objekt `top.shortcutFrame`).

Weitere konfigurierbare Ansichten und ihre Besonderheiten finden Sie in der Dokumentation *TYPO3 Core Inside (doc_core_inside)*.

5.3 Im Zentrum der Macht: The Core

Verschiedene Modultypen

Module sind die grundlegenden Organisationselemente im Backend. Es gibt 3 verschiedene Modultypen in TYPO3, die je nach Funktionalität und Wünschen der Benutzer eingesetzt werden können.

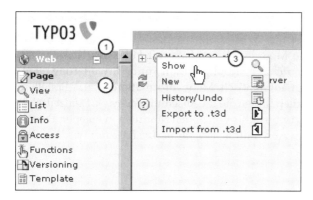

Abbildung 5.39: Alle 3 Modultypen auf einen Blick

❶ Main-Module

Main-Module dienen hauptsächlich zur Organisation und übersichtlichen Darstellung der Sub-Module.

❷ Sub-Module

In der Regel werden neue Funktionalitäten durch Sub-Module dargestellt. Ein Klick auf das gewünschte Modul öffnet normalerweise die entsprechende Maske im Bearbeitungsbereich.

❸ Function-Module

Vor allem Funktionalitäten, die sich auf eine spezifische Seite beziehen, werden gern in das Kontextmenü (Funktionsmenü) des Seiten-Icons im Seitenbaum gepackt.

$TBE_MODULES

Im globalen Array $TBE_MODULES sind alle Main-Module und Sub-Module des Backends enthalten. Dabei wird auch die Anordnung der Module (und Untermodule) über dieses Konfigurationsarray gesteuert. Die Grundfüllung des Arrays erfolgt wiederum in der Datei *t3lib/stddb/tables.php*.

Listing 5.56: Basisfüllung des Arrays $TBE_MODULES

```
$TBE_MODULES = Array (
   'web' => 'list,info,perm,func',
   'file' => 'list',
   'doc' => '',    // This should always be empty!
```

```
    'user' => 'ws',
    'tools' => 'em',
    'help' => 'about,cshmanual'
);
```

Die Dateien der Kernmodule sind im Ordner *typo3/mod* enthalten.

> **Hinweis**
>
> Sie können eigene Module sehr einfach mit Hilfe des Kickstarters hinzufügen. Die richtige Konfiguration und Erweiterung von $TBE_MODULES erfolgt automatisch. Mehr Informationen zum Erstellen von eigenen Modulen finden Sie im Abschnitt *Backend-Modul anlegen*, Seite 414. Details zur Struktur von neuen Modulen in eigenen Extensions finden Sie im Abschnitt *Bereich für Backend-Module (mod*)*, Seite 428.

5.4 Aussehen der Backend-Formulare anpassen

Es ist relativ einfach, das Layout des TYPO3-Backends an eigene Bedürfnisse und Wünsche anzupassen. Änderungen können in einer eigenen Extension zusammengefasst werden und beziehen sich größtenteils auf das Anpassen des globalen Arrays $TBE_STYLES in Sachen Größe der Frames, Austausch von Icons und Einsatz von eigenen CSS-Stilen. Diese Möglichkeit wird von mehreren Extensions genutzt, unter anderem von der seit der Version 4.0 im TYPO3-Core mitgelieferten Extension t3skin. Natürlich kann $TBE_STYLES auch dazu genutzt werden, nur kleinere Anpassungen im Backend durchzuführen, z. B. um bestimmte Felder besonders hervorzuheben.

Im $TCA wird auf die hier im Anschluss genauer beschriebenen Farbschemata verwiesen.

Listing 5.57: Konfiguration für die Darstellung der Felder in fe_users

```
$TCA['fe_users']['types']['0']['showitem'] = 'username;;;;2-2-2, password, usergroup,
lockToDomain, --div--, name;;2;;3-3-3, address, zip, city, country, telephone, fax,
email, www, image;;;;4-4-4, --div--, TSconfig;;;;5-5-5';
```

Die im Listing hervorgehobenen Angaben stellen den Bezug des Feldes zu den Farbschemata her. Dabei verweist die erste Zahl auf colorschemes, die zweite Zahl auf styleschemes und die dritte Zahl auf borderschemes. Da diese jeweils aufeinander abgestimmt sind, wird meist jeweils derselbe Index angesprochen. Standardmäßig stehen Ihnen bereits sechs verschiedene Grunddarstellungen zur Verfügung.

5.4 Aussehen der Backend-Formulare anpassen

Index/Schlüssel	Beschreibung
0	Standard:
	Falls Sie keine Angaben machen, wie z. B. bei mit dem Kickstarter eingefügten Feldern, wird diese Darstellung verwendet.
1	Meta-Felder:
	Dazu zählen Felder wie *hidden, type* und andere Meta-Felder.
2	Titelfelder:
	Diese Felder stellen die Überschrift und Erkennung des Datensatzes für den Benutzer dar. Auch damit in Verbindung stehende Felder können damit ausgezeichnet werden.
3	Hauptinhalte:
	Damit werden Felder ausgezeichnet, die wesentliche Inhalte bereitstellen.
4	Extras:
	Zusätzliche Inhalte wie Bilder oder Dateien werden hiermit dargestellt.
5	Erweitert:
	Besondere Inhalte wie Konfigurationsfelder können hiermit hervorgehoben werden.

Tabelle 5.6: Standardmäßig vorgesehene Darstellungsarten

5.4.1 Colorschemes

Sie können fünf Klassen- bzw. Farbdefinitionen (durch Komma getrennt) für die einzelnen Bereiche eines Feldblocks in der Backend-Maske angeben. Die Reihenfolge wird durch die Auswirkung auf einzelne Bereiche definiert:

[Bereich allgemein], [Bereich Überschrift], [Bereich Überschrift für Felder aus der Palette], [Schriftfarbe der Überschrift], [Schriftfarbe der Überschrift für Felder aus der Palette]

Die Extension t3skin legt (in ihrer Datei *ext_tables.php*) folgende Stile fest:

Listing 5.58: Definition der $TBE_STYLES['colorschemes'] in t3skin

```
$TBE_STYLES['colorschemes'][0]='-|class-main1,-|class-main2,-|class-main3,-|class-
  main4,-|class-main5';
$TBE_STYLES['colorschemes'][1]='-|class-main11,-|class-main12,-|class-main13,-|class-
  main14,-|class-main15';
$TBE_STYLES['colorschemes'][2]='-|class-main21,-|class-main22,-|class-main23,-|class-
  main24,-|class-main25';
$TBE_STYLES['colorschemes'][3]='-|class-main31,-|class-main32,-|class-main33,-|class-
  main34,-|class-main35';
$TBE_STYLES['colorschemes'][4]='-|class-main41,-|class-main42,-|class-main43,-|class-
```

```
main44,-|class-main45';
$TBE_STYLES['colorschemes'][5]='-|class-main51,-|class-main52,-|class-main53,-|class-
main54,-|class-main55';
```

Durch diese Schreibweise werden Farben nicht direkt angegeben, sondern über die definierten CSS-Klassen angesprochen. In einer eigenen CSS-Datei können Sie dann die gewünschten Farben festlegen.

5.4.2 Styleschemes

Jedes Formularelement bekommt eine Stilangabe zugewiesen. Diese kann für jeden Typ eines Formularelements getrennt angegeben werden. Die Angabe all gilt für alle Formularelemente und kann speziell für einzelne Elementtypen überschrieben werden. Betrachten Sie doch einmal den Quelltext eines Backend-Formulars (bei installierter Extension t3skin), und suchen Sie nach hier definierten Klassen. Sie werden den Zusammenhang schnell verstehen.

Listing 5.59: Definition der $TBE_STYLES['styleschemes'] in t3skin

```
$TBE_STYLES['styleschemes'][0]['all'] = 'CLASS: formField';
$TBE_STYLES['styleschemes'][1]['all'] = 'CLASS: formField1';
$TBE_STYLES['styleschemes'][2]['all'] = 'CLASS: formField2';
$TBE_STYLES['styleschemes'][3]['all'] = 'CLASS: formField3';
$TBE_STYLES['styleschemes'][4]['all'] = 'CLASS: formField4';
$TBE_STYLES['styleschemes'][5]['all'] = 'CLASS: formField5';

$TBE_STYLES['styleschemes'][0]['check'] = 'CLASS: checkbox';
$TBE_STYLES['styleschemes'][1]['check'] = 'CLASS: checkbox';
$TBE_STYLES['styleschemes'][2]['check'] = 'CLASS: checkbox';
$TBE_STYLES['styleschemes'][3]['check'] = 'CLASS: checkbox';
$TBE_STYLES['styleschemes'][4]['check'] = 'CLASS: checkbox';
$TBE_STYLES['styleschemes'][5]['check'] = 'CLASS: checkbox';

$TBE_STYLES['styleschemes'][0]['radio'] = 'CLASS: radio';
$TBE_STYLES['styleschemes'][1]['radio'] = 'CLASS: radio';
$TBE_STYLES['styleschemes'][2]['radio'] = 'CLASS: radio';
$TBE_STYLES['styleschemes'][3]['radio'] = 'CLASS: radio';
$TBE_STYLES['styleschemes'][4]['radio'] = 'CLASS: radio';
$TBE_STYLES['styleschemes'][5]['radio'] = 'CLASS: radio';

$TBE_STYLES['styleschemes'][0]['select'] = 'CLASS: select';
$TBE_STYLES['styleschemes'][1]['select'] = 'CLASS: select';
$TBE_STYLES['styleschemes'][2]['select'] = 'CLASS: select';
$TBE_STYLES['styleschemes'][3]['select'] = 'CLASS: select';
$TBE_STYLES['styleschemes'][4]['select'] = 'CLASS: select';
$TBE_STYLES['styleschemes'][5]['select'] = 'CLASS: select';
```

5.4.3 Borderschemes

Jetzt fehlen uns nur noch die Angaben zu Rahmen und Abständen. Da die Backend-Formulare als Tabellen erzeugt werden, können wir hier derzeit auch nur tabellenspezifische Angaben machen. Diese sind in vier Elemente eines Arrays unterteilt.

Index/Schlüssel	Beschreibung
0	Inhalt des style-Attributs der umschließenden Tabelle
1	Pixelabstand nach der umschließenden Tabelle
2	Inhalt des background-Attributs der umschließenden Tabelle
3	Inhalt des class-Attributs der umschließenden Tabelle

Tabelle 5.7: Formatierungselemente für die umschließenden Tabellen

Da heutige Browsergenerationen sehr gut mit CSS-Angaben umgehen können, wird meist nur noch das letzte Element verwendet, und die gesamten Stileinstellungen werden über die dabei definierte Klasse vorgenommen.

Listing 5.60: Definition der $TBE_STYLES['borderschemes'] in t3skin

```
$TBE_STYLES['borderschemes'][0]= array('','','','wrapperTable');
$TBE_STYLES['borderschemes'][1]= array('','','','wrapperTable1');
$TBE_STYLES['borderschemes'][2]= array('','','','wrapperTable2');
$TBE_STYLES['borderschemes'][3]= array('','','','wrapperTable3');
$TBE_STYLES['borderschemes'][4]= array('','','','wrapperTable4');
$TBE_STYLES['borderschemes'][5]= array('','','','wrapperTable5');
```

Die Vorgehensweise zum Festlegen einer eigenen Oberfläche können Sie im Abschnitt *Darstellung im Backend anpassen*, Seite 526, nachvollziehen.

5.5 RTE-API

Um dem Redakteur komfortable Möglichkeiten zur Eingabe von formatierten Inhalten zu geben, können Eingabefelder im Backend mit einem *Rich Text Editor (RTE)* belegt werden. Dies wird durch entsprechende Einstellungen im $TCA vorgenommen. Da es für verschiedene Browser und Betriebssysteme oder Anforderungen verschiedene RTEs gibt, wurde in TYPO3 eine Schnittstelle für die Kommunikation zwischen den RTEs und TYPO3 entwickelt. Auch der seit der Version 4.0 als Standard eingebundene RTE (Extension Key rtehtmlarea) arbeitet über diese Schnittstelle. Sie können für verschiedene Bedürfnisse sogar mehrere Editoren installieren, damit z. B. Benutzer mit unterschiedlichen Browsern jeweils einen spezialisierten RTE nutzen können.

Der wichtigste Vorgang beim Einsatz eines RTE ist die Transformation der Daten zwischen RTE und Datenbank. Betrachten Sie einmal den HTML-Code innerhalb des RTE, und vergleichen Sie diesen mit dem korrespondierenden Inhalt der Datenbank.

5 Das Framework – der Werkzeugkasten

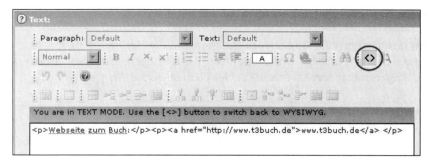

Abbildung 5.40: RTE rtehtmlarea mit aktiviertem CodeView

Listing 5.61: Inhalt des Feldes bodytext in der Datenbank

```
Webseite zum Buch:
<link http://www.t3buch.de>www.t3buch.de</link>
```

Auf der erzeugten Webseite wiederum erscheint der Code so, wie Sie es vermutlich überall erwartet hätten. Zwischen der Datenbank und dem Frontend erfolgt also wiederum eine Transformation.

Listing 5.62: Resultat auf der Webseite

```
<p class="bodytext">
<a href="http://www.t3buch.de" target="_blank">www.t3buch.de</a> </p>
```

Der Grund für diese Transformationen ist die spezielle Behandlung von einzelnen Inhalten in TYPO3, wie z. B. der Links. Diese sollen beispielsweise bei mehreren Domains innerhalb einer TYPO3-Installation mal interne Links, mal externe Links sein, je nachdem, über welche Domain der Besucher die Seite aufgerufen hat. Interne Links sollen relative Links sein, externe Links müssen absolut sein. Die notwendigen Prüfungen dazu können auf dem Weg des Inhalts von der Datenbank ins Frontend durchgeführt werden, und entsprechende Umwandlungen können angestoßen werden. Der Editor im Backend muss davon gar nichts mitbekommen. Auf dem Weg zwischen Datenbank und RTE muss der von TYPO3 formatierte Inhalt nur so weit umgewandelt werden, dass der RTE entsprechend arbeiten kann.

Hinweis

Rich Text Editoren werden in der Regel unabhängig von TYPO3 entwickelt und als eigene Projekte vorangetrieben. Sie werden in der Regel in TYPO3-Extensions verpackt, um die Schnittstelle zu TYPO3 zu ermöglichen.

Da Sie vermutlich keinen neuen RTE in TYPO3 integrieren möchten, sondern einen bestehenden für Ihre Projekte konfigurieren, werden wir an dieser Stelle nicht detailliert auf die Schnittstellenkonfiguration eingehen. Falls Sie an näheren Details interessiert sind, empfehlen wir die Recherche in der TYPO3-Core-API im Abschnitt *RTE API*.

Die möglichen Konfigurationsparameter sind für die einzelnen RTEs unterschiedlich. Eine Anleitung zur Konfiguration finden Sie im Abschnitt *rtehtmlarea und weitere Rich-Text-Editoren*, Seite 612.

5.6 Versioning und Workspaces im Detail

Die seit der Version 4.0 hinzugekommenen Workspaces basieren auf der Versionierung von Datensätzen und erweitern seither die Möglichkeiten, mit TYPO3 redaktionell im Team zu arbeiten. Versionierung kann dazu genutzt werden, von einzelnen Datensätzen oder ganzen Gruppen von Datensätzen Versionen zu erzeugen, die nicht sofort online sichtbar sein müssen. Eine der Versionen stellt dabei immer die Live-Version dar, dazu kann es beliebig viele Bearbeitungsversionen geben, die als Entwurf (noch nicht online) oder als Archiv (bereits einmal oder mehrmals online) vorliegen. Versionierung wird vom *TYPO3 Core* direkt unterstützt.

Hinweis

Wollen Sie mehr über die redaktionellen Möglichkeiten und Anwendungsgebiete erfahren, lesen Sie bitte auch den Abschnitt *Versioning und Workspaces für das Team*, Seite 236.

Es gibt drei verschiedene Typen der Versionierung:

- Element: einzelnes Element

    Ein einzelner Datensatz einer Tabelle wird versioniert. Die Tabelle muss natürlich Versionierung unterstützen. Die Voraussetzungen dazu finden Sie weiter unten.

    Der Datensatz wird für sich allein kopiert und enthält eine Referenz auf die Originalversion. Dies stellt die einfachste und direkteste Variante des Versionierens dar, ist allerdings für die Redakteure nicht das Optimum, da eine Version eines Datensatzes immer nur zu ihrem Originaldatensatz eine Verbindung hat, nicht jedoch zu anderen Datensätzen, die gemeinsam mit ihm geändert werden sollen (beispielsweise durch Umsortierung).

- Page: einzelne Seite

    Ein einzelner Datensatz der Tabelle *pages* wird versioniert. Dabei wird eine Kopie des Datensatzes erzeugt, der eine Referenz auf die Originalversion enthält. Alle untergeordneten Datensätze der Originalseite werden – soweit sie mit versioning_followPages im $TCA, Bereich ctrl, dafür vorgesehen sind – mitkopiert und als Inhalte der neuen Version angelegt. Durch das Kopieren der Unterseiten enthalten diese komplett neue *uid*s, haben keine Referenz mehr zum Originaldatensatz, und als Folge kann es dazu kommen, dass interne Verlinkungen verloren gehen.

- Branch: ganzer Zweig des Seitenbaums

Es passiert das Gleiche wie bei einer einzelnen Seite, allerdings werden zusätzlich auch enthaltene Unterseiten – rekursiv bis zu einer bestimmten Tiefe – und deren Inhalte mitkopiert. Bei der Versionierung von Zweigen werden also eine ganze Menge neuer Datensätze erzeugt.

Achtung

Bei einer versionierten Seite gehen leider alle Verknüpfungen beispielsweise des Inhaltselements INSERT RECORDS zu den originalen Inhaltselementen verloren, da sie neue *uid*s bekommen und nur zur neuen Version der Seite eine Verknüpfung aufweisen. Bei der Variante des ganzen Seitenbaums gehen dabei sogar Verlinkungen auf Unterseiten verloren.

Der technische und konzeptionelle Aufwand, um diesen Nachteil auszuschalten, ist so groß, dass es dafür bisher keinen Lösungsansatz gibt.

5.6.1 Voraussetzungen für eine versionierbare Tabelle

Tabellen müssen im $TCA für die Versionierung konfiguriert werden und die dafür benötigten Felder enthalten.

Listing 5.63: Ausschnitt aus der Tabellendefinition für pages

```
CREATE TABLE pages (
  uid int(11) NOT NULL auto_increment,
  pid int(11) DEFAULT '0' NOT NULL,
  t3ver_oid int(11) DEFAULT '0' NOT NULL,
  t3ver_id int(11) DEFAULT '0' NOT NULL,
  t3ver_wsid int(11) DEFAULT '0' NOT NULL,
  t3ver_label varchar(30) DEFAULT '' NOT NULL,
  t3ver_state tinyint(4) DEFAULT '0' NOT NULL,
  t3ver_stage tinyint(4) DEFAULT '0' NOT NULL,
  t3ver_count int(11) DEFAULT '0' NOT NULL,
  t3ver_tstamp int(11) DEFAULT '0' NOT NULL,
  t3ver_swapmode tinyint(4) DEFAULT '0' NOT NULL,
  t3_origuid int(11) DEFAULT '0' NOT NULL,
```

5.6 Versioning und Workspaces im Detail

Wie hier sehr schön zu sehen ist, sind für die Tabelle *pages* eine ganze Reihe von Feldern für die Versionierung vorgesehen. Bis auf das Feld *t3ver_swapmode* sind diese auch für alle anderen Tabellen notwendig, die versionierungsfähig sein sollen. Beim Anlegen neuer Extensions bietet der Kickstarter die Option, Datensätze versionierbar zu machen, indem die benötigten Felder und Konfigurationen automatisch angelegt werden.

Listing 5.64: ctrl-Abschnitt einer neu erzeugten Tabelle mit Versioning

```
"ctrl" => Array (
   'title' => 'LLL:EXT:abz_references/locallang_db.xml:tx_abzreferences_items',
   'label' => 'uid',
   'tstamp' => 'tstamp',
   'crdate' => 'crdate',
   'cruser_id' => 'cruser_id',
   'versioningWS' => TRUE,
   'origUid' => 't3_origuid',
   'languageField' => 'sys_language_uid',
   'transOrigPointerField' => 'l18n_parent',
   'transOrigDiffSourceField' => 'l18n_diffsource',
   "default_sortby" => "ORDER BY crdate",
   "delete" => "deleted",
   "enablecolumns" => Array (
      "disabled" => "hidden",
      "starttime" => "starttime",
      "endtime" => "endtime",
   ),
```

Den Unterschied zu einer herkömmlichen Tabelle machen die beiden hervorgehobenen Zeilen aus. Damit wird TYPO3 mitgeteilt, dass Versionierung gewünscht ist und in welchem Datenbankfeld die Verknüpfung zum Originaldatensatz abgelegt werden soll. Entwurfs- oder Archiv-Versionen eines Live-Datensatzes werden zusätzlich mit dem Wert -1 im Feld *pid* als offline gekennzeichnet. Beim Austausch einer neuen Version eines einzelnen Datensatzes werden die *pid* und *uid* für die Live-Version nicht verändert, somit bleiben alle Referenzen darauf intakt (im Gegensatz zur Versionierung von ganzen Seiten oder Seitenbäumen, siehe oben).

5.6.2 Sonderfall Löschen und Erzeugen

Für das Löschen wird erst eine neue Version des Datensatzes erzeugt. Dieser Datensatz bekommt das Flag t3ver_state=2. Beim Publizieren wird dann das vorgesehene Löschen durchgeführt.

Für neue Elemente wird zuerst ein Platzhalterelement erzeugt, das den Status t3ver_state=1 bekommt. Dieses Element ist tatsächlich live, wird aber online aufgrund des Flags nicht angezeigt. Dann wird von diesem Element ein versionierter Datensatz erzeugt, der dann beim Publizieren sichtbar wird.

5.6.3 Eindeutige Felder (unique fields)

Felder mit einer Einschränkung auf Eindeutigkeit (wie Benutzernamen oder Seitenalias) bergen eine gewisse Problematik in sich, da eine Prüfung auf Eindeutigkeit nur mit den Live-Datensätzen Sinn macht. Da die Online-Version und die Entwurfsversionen alle in einer Tabelle liegen, kann nicht auf eine Eindeutigkeitsprüfung auf Datenbankbasis zurückgegriffen werden. Die Online-Version und die neue Version enthalten nach dem Erzeugen einer neuen Version erst einmal die gleichen Werte. Derzeit ist in TYPO3 der einfachste Weg gewählt: Diese Felder werden beim Livestellen überhaupt nicht ausgetauscht, sondern behalten ihren Wert. Sie können also nur im Live-Datensatz geändert werden.

Um Verwirrungen zu vermeiden, können Sie diese Felder in den versionierten Datensätzen mit Hilfe der Darstellungsbedingungen im *$TCA* ausblenden.

Listing 5.65: Darstellungsbedingung im Falle einer Versionierung: pages:alias

```
$TCA['pages']['columns']['alias']['displayCond'] = 'VERSION:IS:false';
```

5.6.4 Lebenszyklus von versionierten Elementen

Das Feld *t3ver_count* enthält die Information über die Versionierungshistorie des Elements. Nach dem Erzeugen des Elements hat es den Zustand draft, der Zähler steht auf 0. Wird das Element veröffentlicht, lautet der Status live. Der Unterschied zwischen draft und live ist im Feld *pid* erkennbar: -1 steht bei einem draft-Datensatz, das Element unter all den Versionen, das mit der tatsächlichen *pid* versehen ist, ist der live-Datensatz.

Sobald das aktuelle Live-Element abgelöst wird, bekommt es den Status archiv. Dabei wird der Zähler im Feld *t3ver_count* um eins hochgezählt. Dies passiert jedes Mal beim Wechsel vom Zustand live zu archiv und zeigt somit an, wie oft ein Element den Zustand live innehatte.

5.6.5 Workspaces-API für Programmierer

Bei der Programmierung von Extensions, die für Workspaces geeignet sein sollen, gibt es einige Punkte zu beachten. Sie finden diese im Abschnitt *Workspaces beachten*, Seite 482.

5.7 Kontextsensitive Menüs

Kontextsensitive Menüs in TYPO3 sind vor allem für Windows-Benutzer eine sehr hilfreiche und gern angenommene Möglichkeit. Technisch gesehen entspricht das Menü einem HTML-Layer-Menü. Das PHP-Script in *typo3/alt_clickmenu.php* erzeugt dieses Menü, bietet aber vor der endgültigen Generierung des HTML-Codes die Möglichkeit für externe Scripts, dem Menü eigene Punkte hinzuzufügen. Ein solches externes Script wird über $GLOBALS['TBE_MODULES_EXT']['xMOD_alt_clickmenu']['extendCMclasses'] definiert. Ein gutes Beispiel für eine solche Einbindung finden Sie in den System-Extensions extra_page_cm_options und impexp.

Listing 5.66: Einbindung eines Elements ins Kontextmenü in ext_tables.php in impexp

```
$GLOBALS['TBE_MODULES_EXT']['xMOD_alt_clickmenu']['extendCMclasses'][]=array(
    'name' => 'tx_impexp_clickmenu',
    'path' => t3lib_extMgm::extPath($_EXTKEY).'class.tx_impexp_clickmenu.php'
);
```

Praktische Anweisungen zum Erzeugen und Einbinden von eigenen Menüpunkten in ein kontextsensitives Menü finden Sie im Abschnitt *Neue Elemente im Kontextmenü der Seiten*, Seite 415.

5.8 Kontextsensitive Hilfe

Damit die Benutzer von TYPO3 an der Fülle der Felder und ihrer jeweiligen Bedeutung nicht verzweifeln, bietet TYPO3 die Möglichkeit, für alle Felder und Masken eine kontextbezogene Hilfe einzufügen.

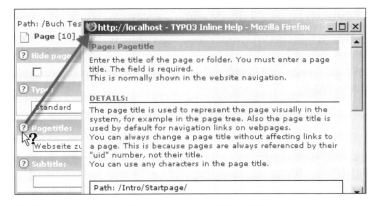

Abbildung 5.41: Aufruf der kontextsensitiven Hilfe

Realisiert wird dies durch die Einbindung von sprachabhängigen Dateien (*locallang_csh_*.php* oder *locallang_csh_*.xml*) analog zu den Labels für die Benennung der Felder. Bestehende Hilfetexte können durch eigene Texte ersetzt oder erweitert werden, was eine sehr hohe Flexibilität ermöglicht. Die Labels werden in dem globalen Array $TCA_DESCR vorgehalten und können genauso wie die anderen Labels über das Objekt $LANG im Backend ausgelesen werden. Für Formulare, die mit der TCE erzeugt werden, geschieht dies bereits automatisch. Sobald also Hilfetexte vorhanden sind, werden sie direkt in das Hilfesystem eingebunden. Bequem, nicht wahr?

In das globale Array $TCA_DESCR werden die Labels durch spezielle Aufrufe geladen:

Listing 5.67: Einbindung von Hilfetexten

```
t3lib_extMgm::addLLrefForTCAdescr('pages','EXT:lang/locallang_csh_pages.php');
t3lib_extMgm::addLLrefForTCAdescr('sys_filemounts','EXT:lang/locallang_csh_sysfilem.
    php');
t3lib_extMgm::addLLrefForTCAdescr('_MOD_tools_em','EXT:lang/locallang_csh_em.php');
```

Sie sehen, dass Sie anhand dieser API sowohl Hilfetexte für Tabellenfelder als auch für Modulmasken laden können. Dafür müssen Sie statt dem Tabellennamen den Modulnamen angeben. Der korrekte Name des Moduls ist innerhalb des Moduls in der Datei *conf.php* in der Variable $MCONF gespeichert.

Für ein eigenes Modul müssen Sie die Label natürlich auch erst laden, bevor sie angezeigt werden können.

Listing 5.68: Modullabels innerhalb des Moduls laden

```
$key = '_MOD_'.$MCONF['name'];
$LANG->loadSingleTableDescription($key);
```

Die eigentlichen Sprachdateien können wiederum wie alle anderen Sprachdateien auch als *.php*- oder *.xml*-Datei vorliegen. Eine Umwandlung von *php* nach *xml* kann auch hier mittels der Extension extdeveval durchgeführt werden.

Der Inhalt der Sprachdateien folgt natürlich auch gewissen Regeln:

Listing 5.69: Auszug aus der Datei sysext/lang/locallang_csh_pages.php (analog zur xml-Datei, falls diese bereits vorliegt)

```
$LOCAL_LANG = Array (
   'default' => Array (
      'title.description' => 'Enter the title of the page or folder.',
      'title.syntax' => 'You must enter a page title. The field is required.',
      'doktype.description' => 'Select the page type. This affects . . . ses.',
      'doktype.details' => 'The \'Standard\' type represents a . . . any problems).',

      'TSconfig.description' => 'Page TypoScript configuration.',
      'TSconfig.details' => 'Basically \'TypoScript\' is a . . . alled).',
      'TSconfig.syntax' => 'Basic TypoScr. . . \'Conditions\' and \'Constants\'.',
   )
);
?>
```

Der Aufbau der Schlüssel ist wie folgt:

`[fieldname].[type-key].[special options]`

- `fieldname`:

  Name des Feldes, für das ein Hilfetext definiert wird
- `type-key` kann folgende Werte annehmen:
  - `description`:

    Beschreibung des Feldes; wird bei entsprechend gesetzter Option direkt im Feld angezeigt.
  - `details`:

    Ausführliche Beschreibung, die im Popup erscheint
  - `syntax`:

    Beschreibt die nötige Schreibweise für Inhalte des Feldes, falls dies nötig ist.
  - `image`:

    Verweis auf ein Bild, das im Popup erscheint
  - `image_desc`:

    Beschreibung für das Bild
  - `seeAlso`:

    Verweis auf weitere relevante Einträge in der Hilfe
  - `alttitle`

    Alternativer Titel für das Feld oder die Tabelle
- `special options`

  Wenn Sie einen bestehenden Hilfetext nicht überschreiben möchten, können Sie durch Angabe des Zeichens + Ihren Text zum bestehenden hinzufügen (ohne den bestehenden Text kennen zu müssen).

Die Umsetzung eines praktischen Beispiels finden Sie im Abschnitt *Kontextsensitive Hilfe einbauen*, Seite 535.

5.9 Funktionsweisen von TYPO3 abändern

Als Entwickler werden Sie immer wieder vor der Aufgabe stehen, bestehende Funktionalitäten zu erweitern oder abzuändern. Für diese Aufgabe stehen Ihnen mehrere Möglichkeiten zur Verfügung.

5.9.1 Ändern des Core-Codes

Die schnellste und wohl (auf den ersten Blick) einfachste Möglichkeit für Änderungen an Funktionalitäten ist das direkte Abändern der entsprechenden Stelle im Code.

Allerdings hat diese Vorgehensweise so gravierende Nachteile, dass wir sie als Tabu deklarieren.

In Ausnahmefällen kann das direkte Ändern nötig sein, z. B. wenn die im Folgenden besprochenen Änderungsmöglichkeiten nicht anwendbar sind. Sorgen Sie dann aber unbedingt für eine entsprechende Dokumentation.

Gründe, die gegen eine direkte Änderung sprechen, sind:

- Bei einem Update von TYPO3 gehen die Anpassungen verloren bzw. müssen manuell nachgeführt werden, was einen sehr großen Aufwand darstellt und ein beträchtliches Fehlerrisiko beinhaltet.
- Projektspezifische Anpassungen werden von anderen Entwicklern (z. B. neu im Projekt eingesetzten) nicht im Core vermutet und stellen dadurch eine Fehlerquelle dar. Die Übersichtlichkeit leidet.

Achtung

Änderungen an Funktionalitäten in TYPO3 sollten IMMER in Extensions gepackt werden.

Es ist ziemlich einfach, neue Extensions in TYPO3 zu erstellen. Informationen zum Erstellen von Extensions finden Sie im Kapitel *Extensions entwickeln*, Seite 387.

5.9.2 Erweiterung mittels XCLASS

Eine sehr häufig und schon lange in TYPO3 eingesetzte Möglichkeit zur Anpassung von Funktionalitäten stellt die Erweiterung von Klassen dar. Dieses Vorgehen wird im TYPO3-Universum *XCLASS* genannt (eXtending CLASSes). So gut wie alle PHP-Scripts in TYPO3 sind in Klassen gekapselt und können von sogenannten *user classes* erweitert werden.

Die Erweiterung von bestehenden Klassen hat jedoch einen Nachteil: Eine Klasse kann nur einmal erweitert werden. Wenn mehrere Extensions dieselbe Klasse erweitern möchten, kommt in der Regel nur die Erweiterung der Extension zum Zuge, die als Letzte installiert wurde. Versuchen Sie also nach Möglichkeit, Hooks (siehe das nächste Kapitel) für Anpassungen zu verwenden, und setzen Sie die XCLASS-Methode nur für projektspezifische Anpassungen ein. Eine Erweiterung einer Erweiterung ist jedoch durchaus möglich, allerdings aus Gründen der Übersichtlichkeit generell in Frage zu stellen.

5.9 Funktionsweisen von TYPO3 abändern

Ein gutes Anschauungsbeispiel finden Sie in der Extension ingmar_admpanelwrap von Ingmar Schlecht:

Listing 5.70: Einbindung einer XCLASS in der Datei ext_localconf.php der Extension ingmar_admpanelwrap

```
$TYPO3_CONF_VARS[TYPO3_MODE]["XCLASS"]["t3lib/class.t3lib_tsfebeuserauth.php"] =
t3lib_extMgm::extPath($_EXTKEY)."class.ux_t3lib_tsfeBeUserAuth.php";
```

Und so wird's gemacht:

1. Erzeugen Sie mit dem Extension Kickstarter eine neue Extension.

Hinweis

Öffnen Sie die Datei, die das zu ändernde Script enthält. Im Regelfall werden Sie zu diesem Zeitpunkt schon wissen, wo Sie die Anpassung durchführen möchten. Beim Auffinden hilft Ihr Editor und in schwierigen Fällen entsprechendes Debugging.

2. Stellen Sie den Namen der zu überschreibenden Klasse fest (Originalklasse).
3. Legen Sie eine neue *php*-Datei im Verzeichnis der eben geschaffenen Extension an. Der Name folgt folgenden Vorgaben: *class.ux_[Originalklasse].php*
4. Kopieren Sie die Originalklasse in diese Datei, und passen Sie den Kommentar im Kopf entsprechend an.
5. Ändern Sie die Zeile

```
class [Originalklasse] {
```
in:
```
class ux_[Originalklasse] extends [Originalklasse] {
```

6. Entfernen Sie alle Eigenschaften und Methoden, die Sie nicht verändern werden, aus der neuen Klasse.
7. Betrachten Sie den Code ganz am Ende der Datei mit der Originalklasse:

Listing 5.71: Die Einbindung der XCLASS ist bereits vorbereitet.

```
if (defined('TYPO3_MODE') &&
$TYPO3_CONF_VARS[TYPO3_MODE]['XCLASS']['t3lib/class.t3lib_tsfebeuserauth.php']){
    ...include_once($TYPO3_CONF_VARS[TYPO3_MODE]['XCLASS']['t3lib/class.t3lib_tsfebeus
erauth.php']);
}
```

Und kopieren Sie die komplette $TYPO3_CONF_VARS-**Variable**.

8. Öffnen bzw. erzeugen Sie die Datei *ext_localconf.php* der neuen Extension, fügen Sie die eben kopierte Variable ein, und belegen Sie diese mit dem Dateipfad zu Ihrer Datei class.ux_[Originalklasse].php, z. B.: $TYPO3_CONF_VARS[TYPO3_

```
MODE]["XCLASS"]["t3lib/class.t3lib_tsfebeuserauth.php"] = t3lib_extMgm::extPath($_
EXTKEY)."class.ux_t3lib_tsfeBeUserAuth.php";
```
Falls Sie Änderungen an einer Klasse vornehmen, die sowohl im Frontend als auch im Backend zum Einsatz kommt, die Änderung aber nur im Frontend zum Tragen kommen soll, ändern Sie TYPO3_MODE nach FE (oder analog nach BE). In der Konstante TYPO3_MODE ist genau diese Information enthalten, je nachdem, ob sich der Benutzer im Frontend oder im Backend befindet.

9. Passen Sie den Schluss Ihrer Klassendatei entsprechend an, damit auch diese bei Bedarf wieder überschrieben werden kann:

Listing 5.72: Die Einbindung der XCLASS wird wiederum bereits vorbereitet.

```
if (defined("TYPO3_MODE") &&
$TYPO3_CONF_VARS[TYPO3_MODE]["XCLASS"]["ext/ingmar_admpanelwrap/class.ux_t3lib_tsf
eBeUserAuth.php"]) {
    include_once($TYPO3_CONF_VARS[TYPO3_MODE]["XCLASS"]["ext/ingmar_admpanelwrap/cl
ass.ux_t3lib_tsfeBeUserAuth.php"]);
}
```

10. Ändern Sie die gewünschten Funktionalitäten in der neuen Klasse. Bei Bedarf kopieren Sie die Methode aus der Originalklasse und ändern sie dann entsprechend ab. Falls Sie nur ein Pre- oder Postprocessing benötigen, kopieren Sie nicht den gesamten Code der Methode, sondern rufen innerhalb der neuen Methode die Originalmethode mit parent::[funktion] auf und fügen Ihren Code hinzu. Pre- oder Postprocessing bedeutet das Hinzufügen von Code ganz am Anfang oder am Schluss, es ist jedoch keine Änderung des eigentlichen Codes notwendig.

Falls Sie Ihrer Klasse gänzlich neue Methoden hinzufügen, versehen Sie diese mit dem Suffix *ux_**, um sicherzustellen, dass später vom Autor der Originalklasse nicht derselbe Name für eine Funktion verwendet wird (und somit diesmal unerwünschterweise statt der Originalmethode wieder Ihre Methode aufgerufen wird).

11. Testen Sie die korrekte Funktionsweise Ihrer XCLASS, nachdem Sie den Cache geleert haben.

Achtung

Die Erweiterung durch eine XCLASS ist nur für instanziierte Klassen möglich. Klassen wie t3lib_div, t3lib_extMgm oder t3lib_BEfunc und ihre Funktionen können Sie also nicht erweitern, da sie statisch aufgerufen werden.

Damit TYPO3 die erweiterten Klassen erkennt und entsprechend einbindet, müssen alle Instanziierungen von Klassen über das TYPO3-Framework durchgeführt werden.

5.9 Funktionsweisen von TYPO3 abändern

Bei der Instanziierung von Klassen mittels t3lib_div::makeInstance() wird auf das Vorhandensein von XCLASSes geprüft, und diese werden entsprechend eingebunden.

> **Hinweis**
> Beachten Sie zu den Coding-Vorgaben in TYPO3 bitte auch die Hinweise im Abschnitt *Coding Guidelines*, Seite 436.

SC_*-Klassen im Backend

Aus historischen Gründen werden hier sehr viele Variablen aus dem globalen Gültigkeitsbereich benutzt. Da derzeit versucht wird, möglichst viele Variablen als intern zu deklarieren, können in zukünftigen Versionen globale Variablen in lokale/interne Variablen umgewandelt werden. Versuch Sie, dies bei Ihrer Programmierung bereits zu berücksichtigen.

Weitere Punkte, die Sie beachten sollten

- Falls Sie eine sehr umfangreiche Methode erweitern wollen, sind Sie vom Core Team dazu aufgefordert, den Einbau einer Dummy-Methode vorzuschlagen (falls ein Hook keinen Sinn macht, siehe nächstes Kapitel). Dabei wird ein kleiner Ausschnitt der Methode in eine eigene Methode ausgelagert, und Sie können dann diese kleine Methode überschreiben und die große Methode unangetastet lassen. Dies steigert die Übersichtlichkeit und verringert die Gefahr, dass Ihre XCLASS nicht mehr mit einer Folgeversion von TYPO3 kompatibel ist.

- Machen Sie sich bewusst, dass die Originalmethode in der Zukunft durchaus neue Parameter dazubekommen kann. In diesem Fall sind Sie vermutlich dazu gezwungen, Ihre Methoden nachzubessern.

- Falls Sie in Ihrer Klasse einen Konstruktor einsetzen, prüfen Sie unbedingt das Vorhandensein eines Konstruktors in der Originalklasse, und rufen Sie diesen in diesem Fall am Anfang Ihres eigenen Konstruktors auf.

Listing 5.73: Codestruktur für eine XCLASS mit Konstruktor

```
class ux_classname extends classname {
    /* constructor */
    function ux_classname() {
        parent::classname();
        #weiterer Code
    }
}
```

- Stellen Sie sicher, dass Sie exakt die richtige Klasse erweitern und nicht die Elternklasse der eigentlich gewünschten, z. B. tslib_tmenu statt tslib_menu.

5.9.3 Hooks

Hooks sind derzeit der *state of the art* für Veränderungen an Funktionalitäten in TYPO3 und werden mit Nachdruck für diesen Zweck empfohlen. Hooks bieten die Möglichkeit, funktionelle Anpassungen für mehrere Extensions gleichzeitig vorzunehmen. Ein Nachteil ist, dass Hooks erst von einem autorisierten Entwickler im Quellcode implementiert werden müssen, bevor sie eingesetzt werden können. Ein simples Einsatzbeispiel für Hooks bietet die Extension abz_developer.

Listing 5.74: Nutzung eines Hooks zum Löschen des Frontend-Caches

```
$TYPO3_CONF_VARS['SC_OPTIONS']['tslib/index_ts.php']['preBeUser'][] =
'EXT:abz_developer/hooks/index_ts.php:tx_cache->clearCache';
```

Es gibt keine Liste von verfügbaren Hooks, weil die Pflege dieser Liste bei einer schnell wachsenden Anzahl aufwendig und die Liste wohl selten gänzlich aktuell wäre. Außerdem kann die Entscheidung, ob ein Hook benötigt wird, meist nur durch Kenntnisse des Quellcodes beurteilt werden, und ein direkter Blick in die entsprechende Klasse klärt schnell die Frage nach dem Vorhandensein eines Hooks.

Generell gibt es verschiedene Bereiche für die Konfiguration von Hooks:

$TYPO3_CONF_VARS['EXTCONF']
Damit werden Hooks innerhalb spezifischer Extensions angesprochen. Welche Hooks mit welchen Konfigurationsmöglichkeiten vorliegen, hängt von der jeweiligen Extension ab. Beachten Sie die Dokumentation der Extension. Beispiele: tt_news, indexed_search

Schreibweise:

```
$TYPO3_CONF_VARS['EXTCONF'][ extension_key ][ sub_key ] = value
```

- extension_key:

    Extension Key der zu erweiternden Extension

- sub_key:

    String zur Identifikation des Kontextes des Hooks

- value:

    Es hängt von der Extension ab, welche Werte hier möglich sind. Lesen Sie die Dokumentation der Extension, oder werfen Sie einen Blick in den Quellcode.

Listing 5.75: Aufruf eines Hooks der Extension tt_news: ext_localconf.php

```
//hook for additional markers in single view
$GLOBALS['TYPO3_CONF_VARS']['EXTCONF']['tt_news']['extraItemMarkerHook']['additionalFields'] =
'EXT:myExt/hooks/class.tx_myext_additionalMarkers.php:tx_myext_additionalMarkers';
```

5.9 Funktionsweisen von TYPO3 abändern

Die hier genannte Klasse und Methode müssen Sie dann natürlich auch zur Verfügung stellen.

Listing 5.76: Funktionalität für den Hook bereitstellen

```
class tx_myext_additionalMarkers {
    function extraItemMarkerProcessor($markerArray, $row, $lConf, &$obj) {
        [markerArray anpassen]
        return $markerArray;
    }
}
```

$TYPO3_CONF_VARS['SC_OPTIONS']
Damit werden Hooks für Core-Scripts angesprochen.

Schreibweise:

`$TYPO3_CONF_VARS['SC_OPTIONS'][ main_key ][ sub_key ][ index ] = function_reference`

- main_key:

  Relativer Pfad des Scripts, z. B. *tslib/index_ts.php*

- sub_key:

  Wird vom Hook definiert und beschreibt den Kontext des Hooks

- index:

  Index des Hook-Arrays, normalerweise Integer, entscheidet über die Aufrufreihenfolge der Hooks.

- function_reference:

  Funktionsreferenz, die je nach Art des Hooks durch `t3lib_div::callUserFunction()` oder `t3lib_div::getUserObj()` bestimmt wird.

$TYPO3_CONF_VARS['TBE_MODULES_EXT']
Diese Variante werden Sie vermutlich nicht sehr häufig verwenden. Sie wurde schon vor dem Konzept der Hooks eingesetzt. Ihr Haupteinsatzgebiet ist das Einbinden von neuen Menüpunkten in Kontextmenüs oder von neuen Funktionsmenüpunkten in Backend-Module.

So lässt sich z. B. dem Template-Modul ein neues Untermodul mit Hilfe von `t3lib_extMgm::insertModuleFunction()` hinzufügen. In der System-Extension `tstemplate_analyzer` können Sie die Anwendung betrachten.

Hooks nutzen

Die Notwendigkeit, einen Hook zu nutzen, resultiert im Allgemeinen aus der Erkenntnis, dass Ihre speziellen Anforderungen mit den TYPO3-Bordmitteln an die Konfiguration nicht abzudecken sind. Um auf diesen Wissensstand zu kommen, haben Sie natürlich schon die entsprechende Dokumentation gelesen und vermutlich

5 Das Framework – der Werkzeugkasten

sogar einen Blick in den Quelltext geworfen, um den zur Verfügung stehenden Hook zu begutachten.

Im Folgenden werden wir den Ablauf für den Einsatz eines Hooks anhand von zwei Beispielen durchgehen, da es zwei verschiedene Arten von Hooks gibt.

- Beispiel 1, Typ Funktionsaufruf

Mittels der Extension `abz_developer` wollen wir einen Hook nutzen, um in Zukunft auf das lästige Löschen des Frontend-Caches während der Entwicklung verzichten zu können.

- Beispiel 2, Typ Objektaufruf

Mittels der fiktiven Extension `myext` wollen wir einen Hook in der Extension `tt_news` nutzen, um dem Template eigene Marker hinzufügen zu können.

1. Sie erzeugen mit dem Extension Kickstarter die neue Extension.
2. Sie öffnen die Datei, in der die Funktionsanpassung erfolgen soll. Im Regelfall werden Sie zu diesem Zeitpunkt schon wissen, in welcher Datei/Klasse Sie einen Hook nutzen möchten. Alle Hooks sollten mit einem entsprechenden Kommentar markiert sein und können anhand einer Suche nach »hook« im Quellcode der entsprechenden Klasse leicht gefunden werden.

Listing 5.77: Beispiel 1: Hook in der Datei tslib/index_ts.php

```
// ****************
// PRE BE_USER HOOK
// ****************
if (is_array($TYPO3_CONF_VARS['SC_OPTIONS']['tslib/index_ts.php']['preBeUser'])) {
    foreach($TYPO3_CONF_VARS['SC_OPTIONS']['tslib/index_ts.php']['preBeUser'] as
    $_funcRef) {
        $_params = array();
        t3lib_div::callUserFunction($_funcRef, $_params , $_params);
    }
}
```

Listing 5.78: Beispiel 2: Hook in der Datei tt_news/pi1/class.tx_ttnews.php

```
    // Adds hook for processing of extra item markers
    if
    (is_array($GLOBALS['TYPO3_CONF_VARS']['EXTCONF']['tt_news']['extraItemMarkerHook']
    )) {

    foreach($GLOBALS['TYPO3_CONF_VARS']['EXTCONF']['tt_news']['extraItemMarkerHook']
    as $_classRef) {
        $_procObj = & t3lib_div::getUserObj($_classRef);
        $markerArray = $_procObj->extraItemMarkerProcessor($markerArray, $row,
        $lConf, $this);
    }
}
```

5.9 Funktionsweisen von TYPO3 abändern

3. Sie bestimmten die Art des Hooks. Derzeit gibt es den Typ *Objektaufruf* (die neuere Version) und den Typ *Funktionsaufruf*. Es unterscheidet sich lediglich die Art des Aufrufs, die Funktionsweise ist dieselbe.
4. Sie legen eine neue *php*-Datei im Verzeichnis der eben geschaffenen Extension an. Falls der originale Hook innerhalb einer Klasse zu finden ist, folgt der Name der Datei idealerweise folgenden Vorgaben: class.tx_[myext]_[hookfunctionname].php.
   In unserem Beispiel nennen wir die Datei wie die Datei, in der der originale Hook liegt (*index_ts.php*), da es sich nicht um eine Klasse handelt.
5. Sie schreiben die Klasse in die Datei und fügen die richtigen Funktionen ein. Die Funktionalität bleibt Ihnen überlassen, Sie müssen lediglich eine korrekte Rückgabe von eventuell modifizierten Daten sicherstellen.

Listing 5.79: Beispiel 1: Funktionalität des Hooks

```php
<?php
class tx_cache {
   function clearCache(&$params, &$ref) {
         // clear cache tables for this page to be sure to have no caching while
            developing:
      $GLOBALS['TYPO3_DB']->exec_DELETEquery('cache_pages','');
      $GLOBALS['TYPO3_DB']->exec_DELETEquery('cache_hash','');
      $GLOBALS['TYPO3_DB']->exec_DELETEquery('cache_pagesection', '');
      t3lib_div::devLog('clearCache','index_ts.php',0,$params);
      return true;
   }
}
?>
```

Listing 5.80: Beispiel 2: Funktionalität des Hooks

```php
class tx_myext_additionalMarkers {
   function extraItemMarkerProcessor($markerArray, $row, $lConf, &$obj) {
         // 2 additional Text Blocks for content
      $markerArray['###NEWS_CONTENT_BLOCK_2###'] = $obj->
pi_RTEcssText($row['tx_myext_rte_textblock2']);
      $markerArray['###NEWS_CONTENT_BLOCK_3###'] = $obj->
pi_RTEcssText($row['tx_myext_rte_textblock3']);
      return $markerArray;
   }
}
```

6. Sie öffnen bzw. erzeugen die Datei *ext_localconf.php* in der neuen Extension und registrieren den Hook.

Listing 5.81: Beispiel 1: Hook registrieren

```
//hook to delete all cache before generating page
$TYPO3_CONF_VARS['SC_OPTIONS']['tslib/index_ts.php']['preBeUser'][] =
'EXT:abz_developer/hooks/index_ts.php:tx_cache->clearCache';
```

Listing 5.82: Beispiel 2: Hook registrieren

```
//hook for additional markers in single view
$GLOBALS['TYPO3_CONF_VARS']['EXTCONF']['tt_news']['extraItemMarkerHook']['addition
alFields'] = 'EXT:myExt/hooks/class.tx_myext_additionalMarkers.php:
tx_myext_additionalMarkers';
```

7. Sie löschen den Cache im Backend: CLEAR CACHE IN TYPO3CONF/

Nun sollte Ihre Modifizierung der Funktionalität greifen.

> **Tipp**
>
> Eine ausführliche Beschreibung zum Einsatz von Hooks von Robert Lemke finden Sie auch auf der Seite *typo3.org*[5].

Hooks anfordern

Falls Sie einen Hook im Core oder in einer fremden Extension benötigen, schreiben Sie dem Autor der Klasse, und beschreiben Sie den Grund und die gewünschte Stelle für einen Hook. Der Hook selbst ist sehr schnell implementiert und hat selbst noch keinen Einfluss auf die Funktionsweise. Erst die Nutzung des Hooks verursacht Veränderungen. Da Sie den Autor der ursprünglichen Klasse von der Güte Ihrer Idee erst überzeugen müssen, wird dadurch (hoffentlich) auch die Qualität des Codes verbessert.

Hooks selbst einbauen

Falls Sie der Autor einer beliebten Extension sind, wird es Ihnen eventuell schnell passieren, dass andere Entwickler einen Hook bei Ihnen anfordern. Überdenken Sie zuerst immer den Sinn und die Aufgabe des Hooks, und wählen die Stelle im Code mit Bedacht. Unsinnig gesetzte Hooks bringen nur Verwirrung. Der Einbau ist denkbar einfach. Betrachten Sie dazu ruhig einmal Hooks in bekannten Extensions wie tt_news:

---

[5] Hooks nutzen: http://typo3.org/development/articles/how-to-use-existing-hooks/

Listing 5.83: Hook vom Typ Objektaufruf in EXT:tt_news/pi1/class.tx_ttnews.php

```
// function Hook for processing the selectConf array
if (is_array($GLOBALS['TYPO3_CONF_VARS'] ['EXTCONF']['tt_news']['selectConfHook'])) {
    foreach($GLOBALS['TYPO3_CONF_VARS'] ['EXTCONF']['tt_news']['selectConfHook'] as
    $_classRef) {
        $_procObj = & t3lib_div::getUserObj($_classRef);
        $selectConf = $_procObj->processSelectConfHook($this, $selectConf);
    }
}
```

5.9.4 Services

Services verfolgen ein ganz ähnliches Konzept wie Hooks. Mit Services können Sie die Funktionalität von TYPO3 erweitern, ohne Änderungen am eigentlichen Code vornehmen zu müssen. Bei Services werden jedoch nicht wie bei Hooks aufzurufende Klassennamen definiert, sondern der jeweilige Servicetyp. Daraus resultiert, dass der Klassenname und die jeweilige Nutzung nicht hartkodiert sind. Ein und derselbe Service kann von verschiedenen Extensions zur Verfügung gestellt werden, wobei der Service mit der höchsten Priorität und Qualität zuerst gewählt wird. Der einfachste Einsatzfall eines Service ist die Verwendung eines Objekts für einen Servicetyp. Ein gutes Anschauungsbeispiel bietet der Authentifizierungsservice in TYPO3.

Alle Serviceklassen basieren auf der Klasse t3lib_svbase in *t3lib/class.t3lib_svbase.php*, für den Service vom Typ auth wird von TYPO3 bereits die Basisklasse tx_sv_authbase in *EXT:sv/class.tx_sv_authbase.php* implementiert.

Eine einfache Extension, die diesen Service nutzt, ist die Extension sg_beiplogin von Stefan Geith. Diese Extension bietet einen zusätzlichen Authentifizierungsservice für das Login am Backend. Normalerweise müssen Sie Benutzer und Passwort angeben. Falls es den Benutzer gibt und das Passwort richtig ist, werden Sie eingeloggt. Für Entwicklungsarbeiten an Projekten auf dem lokalen Server ist es jedoch lästig, sich immer wieder anmelden zu müssen. Die Extension bietet Ihnen die Möglichkeit, sich über Ihre IP-Adresse anzumelden. Eine bestimmte IP-Adresse wird automatisch einem Backend-Benutzer zugeordnet. Im Falle der Entwicklung auf Ihrem Rechner wird z. B. die IP-Adresse 127.0.0.1 (localhost) mit dem von Ihnen benutzen Backend-Admin-User gemappt.

So testen Sie die Funktionsweise:

Installieren Sie die Extension sg_beiplogin, und tragen Sie bei Ihrem Backend-Benutzer die IP-Adresse 127.0.0.1 ein.

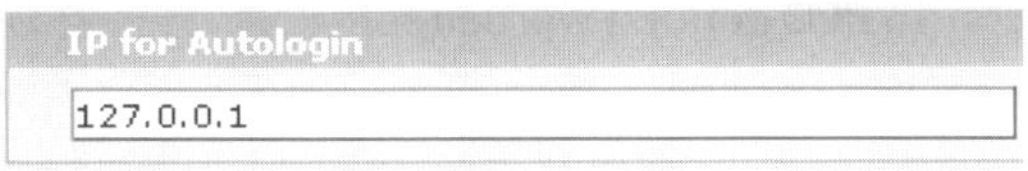

Abbildung 5.42: Neues Feld im Backend-Benutzer für die IP-Adresse des Autologins

5 Das Framework – der Werkzeugkasten

Klicken Sie auf den Button LOGOUT, und Sie sehen wieder die Login-Maske. Jetzt einfach OK klicken, ... und Sie sind drin! Natürlich nur, falls Sie auch wirklich lokal arbeiten und tatsächlich mit der IP-Adresse 127.0.0.1 auf TYPO3 zugreifen. Was ist passiert? TYPO3 hat die Authentifizierungsmethode der Extension benutzt, um Sie anzumelden.

Achtung

Ein solches Autologin stellt natürlich ein erhebliches Sicherheitsrisiko dar und sollte nur zu Entwicklungszwecken auf dem eigenen Rechner eingesetzt werden.

Nachdem wir den erfolgreichen Einsatz bereits getestet haben, kehren wir noch mal zur Registrierung und Konfiguration eines Service zurück.

Listing 5.84: Registrierung des Auth Service in EXT:sg_beiplogin/ext_localconf.php

```
t3lib_extMgm::addService($_EXTKEY, 'auth' /* sv type */, 'tx_sgbeiplogin_sv1' /* sv key */,
    array(
        'title' => 'Automatic BE login by IP',
        'description' => 'Login a backend user automatically if one is found with the
            right IP configured.',
        'subtype' => 'getUserBE,authUserBE',
        'available' => TRUE,
        'priority' => 60,
        'quality' => 50,
        'os' => '',
        'exec' => '',
        'classFile' =>
            t3lib_extMgm::extPath($_EXTKEY).'sv1/class.tx_sgbeiplogin_sv1.php',
        'className' => 'tx_sgbeiplogin_sv1',
    )
);
```

Die Extension registriert einen Service vom Typ auth mit den Subtypen getUserBE und authUserBE. Die Subtypen werden von der API des jeweiligen Servicetyps bestimmt, sind also in der Regel für verschiedene Servicetypen unterschiedlich.

Konfigurationswerte:

- Available:

  Gibt an, ob der registrierte Service von TYPO3 genutzt werden soll.

5.9 Funktionsweisen von TYPO3 abändern

- priority: (0 bis 100)

  Entscheidet über die Reihenfolge, in der die registrierten Services aufgerufen werden. Höhere Priorität kommt zuerst, der Defaultwert ist 50 und kann per $TYPO3_CONF_VARS konfiguriert werden. Die normale Authentifizierung im TYPO3-Backend hat die Priorität 50, unser Service (Priorität 60) wird also zuerst aufgerufen.

- quality:

  Bei gleicher Priorität entscheidet die Qualität über die Reihenfolge des Aufrufs. Die Angabemöglichkeit hängt vom Servicetyp ab, normalerweise liegt sie im Bereich von 0 bis 100, eine normale Qualität wird mit 50 angegeben.

- os:

  Wird ein spezielles Betriebssystem (*operating system*) für den Service benötigt? Mögliche Werte sind "", "UNIX", "WIN".

- exec:

  Liste von externen Programmen, die vom Service benötigt werden.

- classFile:

  Dateipfad der Serviceklasse, wird vom Extension Kickstarter bereits richtig ausgefüllt.

- className:

  Name der Serviceklasse, vom Extension Kickstarter bereits richtig ausgefüllt.

Werfen wir nun einen Blick in die Serviceklasse:

```
class tx_sgbeiplogin_sv1 extends tx_sv_authbase {
```

Die Serviceklasse basiert auf der tx_sv_authbase, die wiederum auf der t3lib_svbase basiert.

Die Methoden getUser() und authUser() werden implementiert und entsprechend unseren Authentifizierungsvorgaben gefüllt. Die Namen der möglichen Methoden, Eingangs- und Rückgabeparameter werden von der Service-API vorgegeben und müssen eingehalten werden. Falls wir dazu keine Dokumentation finden können, hilft ein Blick in den Quellcode:

Listing 5.85: Aufruf der verfügbaren Serviceobjekte in t3lib/class.t3lib_userauth.php

```
401 $serviceChain = '';
402 $subType = 'getUser'.$this->loginType;while (is_object($serviceObj =
      t3lib_div::makeInstanceService('auth', $subType, $serviceChain))) {
403   $serviceChain.=','.$serviceObj->getServiceKey();
404   $serviceObj->initAuth($subType, $loginData, $authInfo, $this);
405   if ($row=$serviceObj->getUser()) {
```

```
406        $tempuserArr[] = $row;
407
408        if ($this->writeDevLog)    t3lib_div::devLog('User found:
             '.t3lib_div::arrayToLogString($row, array($this->userid_column,$this->
             username_column)), 't3lib_userAuth', 0);
409
410            // user found, just stop to search for more if not configured to go on
411        if(!$this->svConfig['setup'][$this->loginType.'_fetchAllUsers']) {
412            break;
413        }
414    }
415    unset($serviceObj);
416 }
417 unset($serviceObj);

[...]

457 $subType = 'authUser'.$this->loginType;
458 while (is_object($serviceObj = t3lib_div::makeInstanceService('auth', $subType,
      $serviceChain))) {
459     $serviceChain.=','.$serviceObj->getServiceKey();
460     $serviceObj->initAuth($subType, $loginData, $authInfo, $this);
461     if (($ret=$serviceObj->authUser($tempuser)) > 0) {
462
463         // if the service returns >=200 then no more checking is needed - useful
for         IP checking without password
464         if (intval($ret) >= 200)   {
465             $authenticated = TRUE;
466             break;
467         } elseif (intval($ret) >= 100) {
468             // Just go on. User is still not authenticated but there's no reason to
stop         now.
469         } else {
470             $authenticated = TRUE;
471         }
472
473     } else {
474         $authenticated = FALSE;
475         break;
476     }
477     unset($serviceObj);
478 }
479 unset($serviceObj);
```

Das Serviceobjekt wird sowohl für getUser als auch für authUser neu erzeugt, und die entsprechende Funktion wird aufgerufen.

Der Ablauf ist wie folgt: Für alle verfügbaren Serviceklassen wird in der Reihenfolge ihrer Priorität die Methode `getUser` aufgerufen. Da (in Zeile 411) `$this->svConfig ['setup'][$this->loginType]['BE_fetchAllUsers']` nicht gesetzt ist, wird die Aktion (prüfe, ob *user* im System angelegt ist) beendet. Mit diesem Benutzer wird dann einige Zeilen weiter im Code die Authentifizierung durchgeführt. Auch hier wird dann die Methode `authUser` aller verfügbaren Serviceklassen aufgerufen – mit ein paar logischen Einschränkungen: Sobald eine Serviceklasse ≥ 200 zurückliefert, ist die Authentifizierung erfolgreich abgeschlossen; falls stattdessen ≥ 100 zurückgeliefert wird, wird das nächste Serviceobjekt aufgerufen, und falls nichts oder *false* zurückgeliefert wird, gilt die Authentifikation als fehlgeschlagen und wird beendet.

5.10 Texte anpassen

Da die Anpassung von Texten (von uns auch Label genannt) in der Regel projektspezifisch ist und sehr gut innerhalb einer dafür vorgesehenen Extension gekapselt werden kann, haben wir dafür ein eigenes HowTo vorgesehen, siehe Abschnitt *Label überschreiben*, Seite 531.

5.11 Materialien zum Weitermachen

Sollten Sie weiterführende Informationen benötigen, können Sie bei folgenden Quellen nachlesen:

- Auf CD
  - *doc_core_api*
  - *doc_core_inside*
  - *doc_l10nguide*
- Im Internet
  - *http://typo3.org/documentation/*
  - *http://wiki.typo3.org/index.php*

6 Extensions entwickeln

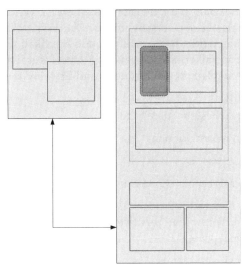

Die große Beliebtheit und Mächtigkeit von TYPO3 hat zu einem großen Teil mit Extensions zu tun. Seit in der Version 3.5 das modulare Konzept der Einbindung von Extensions geschaffen wurde, ist die Anzahl der aktiven TYPO3-Entwickler geradezu explodiert. Seitdem wurde es sukzessive leichter und unkomplizierter, mit eigenen Extensions den Funktionsumfang von TYPO3 zu erweitern. Nichtsdestotrotz gibt es viele Dinge zu beachten, wenn Sie wirklich gute und zukunftsfähige Extensions schreiben wollen.

Lernziele:

- Geltungsbereich von Extensions unterscheiden können
- Extensions erstellen und verstehen
- API-Funktionen kennen und einsetzen
- Coding Guidelines einhalten

6.1 Wozu Extensions?

Ganz einfach, wie der Name schon sagt: um das System TYPO3 zu erweitern. Dies stellt dann auch einen idealen Brutkasten für neue Ideen und Funktionalitäten dar. Das Extension-Modell versetzt jeden Entwickler in die Lage, neue Funktionen hinzuzufügen oder bestehende Funktionalitäten zu verändern – und zwar ohne auf das Source-Paket von TYPO3 Schreibzugriff zu besitzen oder gleich Absprachen mit allen anderen Entwicklern treffen zu müssen. Extensions können praktisch alles an TYPO3 verändern, wobei die Änderung nur greift, sobald die Extension installiert ist. Wird die Extension deinstalliert, ist die Änderung wieder verschwunden. Dadurch wird TYPO3 zu einem wirklich sehr flexiblen Framework, da die resultierende Applikation und deren Einsatzzweck durch die Art der installierten Extensions gesteuert werden kann. Mit Extensions werden unter anderem folgende Änderungen und Erweiterungen durchgeführt:

- Hinzufügen neuer Tabellen und Felder zu bestehenden Tabellen
- Hinzufügen von Tabellen mit statischen Informationen
- Hinzufügen von statischen TS Templates
- Hinzufügen von Backend Skins, also der optischen Anpassung des Backends
- Hinzufügen von Frontend-Plugins und Backend-Modulen aller Art. So sind Funktionalitäten wie Gästebuch, Fotogalerie, Forum, Shop-Anwendungen, Besucherauswertungen usw. alle in Extensions gekapselt.
- Hinzufügen von Punkten zu kontextsensitiven Menüs
- Hinzufügen von *Page-* und *User TS Config*-Angaben
- Hinzufügen und Anpassen von Konfigurationseinstellungen
- Erweitern/Überschreiben von praktisch allen Klassen im System (*XCLASS*). Dadurch ist eine fast beliebige Anpassung möglich. Aber Achtung: Codestellen, die sich bei einem Update des TYPO3-Source-Pakets (also der TYPO3-Version) ändern, sollten nur mit Bedacht überschrieben werden.
- Einbinden von *Hooks*. Mehr Informationen zum Konzept von Hooks finden Sie im Abschnitt *Hooks*, Seite 376.
- Kapselung der kompletten Layouteinstellungen eines Projektes inklusive Templates. Dadurch wird ein Transfer des Layouts zu anderen Projekten ein Kinderspiel.

Natürlich sind auch alle möglichen Kombinationen der genannten Punkte möglich.

6.2 Extension Key

Der sogenannte *Extension Key* ist eine Zeichenkette, die die Extension eindeutig identifiziert. Er könnte auch als ihr Kurzname bezeichnet werden.

Hinweis

Der Extension Key dient als Schlüssel, der Ihre Extension und alle dazugehörigen Tabellen, Tabellenfelder, Frontend-Plugins, Backend-Module und PHP-Klassen eindeutig identifiziert. Dadurch sind Namensüberschneidungen und daraus folgende Probleme ausgeschlossen, was bei weltweit verstreuten, oft unabhängig voneinander agierenden Entwicklern extrem wichtig ist.

Der Ordner im Dateisystem, der die Extension enthält, entspricht exakt diesem Namen. Dadurch führt die Suche nach der richtigen Stelle sehr schnell zum Erfolg, falls Sie Code einer Extension im Editor öffnen wollen.

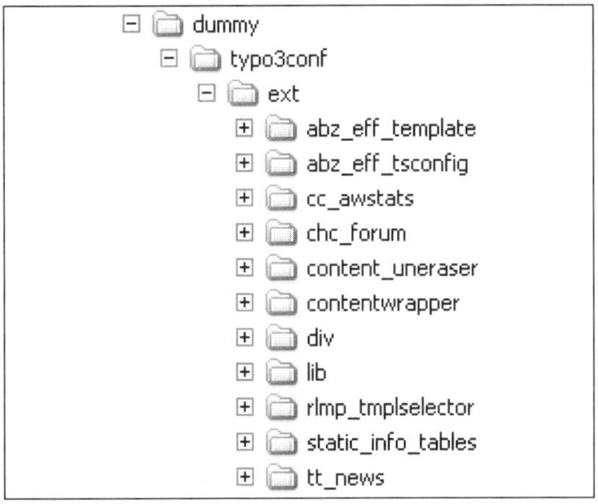

```
□ dummy
   □ typo3conf
      □ ext
         ⊞ abz_eff_template
         ⊞ abz_eff_tsconfig
         ⊞ cc_awstats
         ⊞ chc_forum
         ⊞ content_uneraser
         ⊞ contentwrapper
         ⊞ div
         ⊞ lib
         ⊞ rlmp_tmplselector
         ⊞ static_info_tables
         ⊞ tt_news
```

Abbildung 6.1: Vorhandene lokale Extensions in einer TYPO3-Installation

Die derzeit offiziellen (nicht immer eingehaltenen) Richtlinien für gute Extension-Namen sind:

- Der Name sollte Sinn machen, also bereits etwas über die Funktion und die Einsatzmöglichkeiten aussagen.

- Er sollte bereits von vornherein durchdacht sein und endgültig festgelegt werden. Es ist relativ aufwendig, ihn im Nachhinein zu ändern, da er wie oben erwähnt in fast jedem Element der Extension vorkommt.

- Unterstriche sollten vermieden werden. Ein Name muss auch ohne Unterstriche noch einzigartig sein, da Backend-Module (automatisch) wie die Extension benannt werden, allerdings ohne Unterstriche. Da jetzt der Name der Extension mal mit, mal ohne Unterstrich vorkommt, kann es gelegentlich zu Verwirrungen kommen.
- Der Name sollte möglichst kurz sein, wenn möglich nicht länger als 10 Zeichen.
- Vermeiden Sie Großbuchstaben. Die Anfangsbuchstaben tx oder u (Ausnahme: Präfix user_, siehe folgender Absatz) sind nicht erlaubt.
- Sehen Sie sich die Praxis der Namensvergabe bereits bestehender Extensions an. Dadurch erhalten Sie gute Ideen, welche Namen für welche Art von Extension passen.
- Zum Testen der Namensregistrierung probieren Sie einen beliebigen Schlüssel mit dem Präfix test_ aus.

Rein technisch können Sie mit dem Namen keinen Fehler machen, da bei der Registrierung auf alle nötigen Einschränkungen geprüft wird. Wenn Sie einen Extension-Namen registrieren konnten, dann wird er auch funktionieren.

Hinweis

Viele Programmierer und Agenturen beginnen den Namen von selbst entwickelten Extensions mit einem Kürzel, das auf den Autor hinweist. Wir halten dies durchaus für sinnvoll, weil dann der Name der Extension schon einen (oft zutreffenden) Rückschluss auf die Qualität der Extension zulässt.

Die Namensregeln für den Extension Key werden bei der Registrierung einer Extension auf *typo3.org* automatisch geprüft. Es gibt zwei vorgeschlagene Namensgruppen für Extensions:

1. Projektbezogene Extensions sind speziell für ein Projekt erstellt und erfüllen einen Zweck, der nicht direkt für andere Projekte einsetzbar ist. Einem beliebigen Namen (natürlich den Regeln oben folgend) wird user_ vorangestellt. Dies ist der einzige Fall, bei dem ein u am Anfang erlaubt ist.
2. Allgemeine Extensions können auf *typo3.org* kostenlos registriert werden. Der Name wird dabei geprüft und dem Autor zugesichert. Es kann also niemand mehr eine andere Extension mit demselben Namen registrieren. Diese Extensions erfüllen einen allgemeinen Zweck und können nach Freigabe auch von anderen Benutzern aus dem *TER (TYPO3 Extension Repository)* geladen und eingesetzt werden.

6.2 Extension Key

In der Realität sieht es mit der Benennung natürlich nicht immer so einfach aus, da sich eine Spezial-Extension für ein Projekt durchaus zu einer allgemein einsetzbaren Extension mausern kann. Sie sind natürlich aufgerufen, Extensions möglichst so zu programmieren und zu dokumentieren, dass auch andere davon profitieren können. Frei nach dem Motto:

TYPO3 – inspiring people to share!

Achtung

Bedenken Sie, dass TYPO3 und dadurch auch Ihre Extension der GPL unterliegt. Dies zwingt Sie nicht zum Teilen, sollte Sie aber inspirieren.

Sie müssen sicherstellen, dass Sie das Copyright am Code Ihrer Extension besitzen oder dass alle von anderen übernommenen Teile selbst der GPL oder einer kompatiblen Lizenz unterliegen.

Des Weiteren sind Sie verpflichtet, dafür Sorge zu tragen, dass die Inhalte Ihrer Extension komplett der GPL unterliegen. Andernfalls können Ihre Extensions vom Webmaster auf *typo3.org* ohne Warnung entfernt werden.

Hinweis

Manche Extensions der ersten Stunde genügen nicht den Namensanforderungen. Aus Gründen der Abwärtskompatibilität wird hier eine Ausnahme gemacht.

6.2.1 Extension Key registrieren

Falls Sie schon eine neue Extension im Kopf haben, können Sie sich gleich einmal den Namen sichern und damit auch schon Ihren Beitrag zur Verbesserung von TYPO3 ankündigen. Auf *typo3.org*[1] finden Sie die entsprechenden Masken. Beachten Sie bitte, dass Sie angemeldet sein müssen, um einen Extension Key registrieren zu können. Folgen Sie einfach den Anweisungen auf dem Bildschirm.

---

1 http://typo3.org/extensions/extension-keys/

6.3 Ja, wo liegt sie denn? Sysext vs. global vs. lokal

TYPO3 bietet drei verschiedene Bereiche für die physische Lage der Extension und aller zugehörigen Dateien an. Dies hat in der Vergangenheit schon des Öfteren zu Verwirrung geführt, macht aber durchaus Sinn. Extensions müssen generell so programmiert werden, dass sie ihre Position automatisch erkennen können und dass sie von allen drei Positionen aus installiert werden können. Ist dieses Verhalten explizit nicht erwünscht, können Sie in der Konfigurationsdatei entsprechende Einstellungen vornehmen (siehe Abschnitt *Extension-Daten in ext_emconf.php*, Seite 418).

6.3.1 System-Extensions, typo3/sysext

System-Extensions gehören zum TYPO3-Source-Paket. Sie können sich darauf verlassen, dass diese **immer** mit jeder Version des Source-Paketes mitgeliefert werden, da sie grundlegende Funktionalitäten für TYPO3 bereitstellen. System-Extensions haben einen besonderen Status und verlangen explizit die Einhaltung der Coding Guidelines, um die Qualität des Source-Paketes hochzuhalten. Alle Instanzen, die auf dieses Source-Paket zugreifen, können die enthaltenen Extensions installieren. Sie werden normalerweise nicht einzeln aktualisiert, sondern zusammen mit dem Source-Paket in einer neuen Version veröffentlicht.

6.3.2 Globale Extensions, typo3/ext

Globale Extensions gehören zum Bereich des TYPO3-Source-Paketes, da sie im Ordner *typo3* liegen. Alle TYPO3-Instanzen, die auf dieses Source-Paket zugreifen, können darin enthaltene Extensions installieren. Vor der Version 4.0 wurden je nach Popularität, historischen Gegebenheiten oder den Vorlieben des Package Managers ausgewählte Extensions standardmäßig mit dem Source-Paket ausgeliefert. Seit der Version 4.0 ist der Ordner für globale Extensions erst einmal leer. Der Hauptvorteil ist der dadurch reduzierte Umfang des Source-Paketes.

Bei entsprechender Einstellung in `$TYPO3_CONF_VARS['EXT']['allowGlobalInstall']` (Default: 0) können globale Extensions auch über das Backend einer Instanz mit Wirkung für alle anderen Instanzen nachgeladen oder gelöscht werden. Normalerweise stellt der Administrator hier Extensions zur Verfügung, die für viele Instanzen interessant sind.

6.3.3 Lokale Extensions, typo3conf/ext/

Lokale Extensions sind nur für das jeweilige Projekt (die jeweilige Instanz) verfügbar. Die allermeisten Extensions werden lokal installiert. Änderungen an diesen Extensions wirken sich nur auf das jeweilige Projekt aus.

> **Hinweis**
>
> Natürlich können auch lokale Extensions in vielen verschiedenen Projekten importiert und installiert werden – dann aber jeweils unabhängig voneinander.

6.3.4 Vorrangreihenfolge

Lokal geht vor global geht vor System. Falls eine Extension sowohl global als auch lokal verfügbar ist, wird die lokale Version installiert und verwendet. Dadurch kann die aktuellste Version einer Extension eingesetzt werden, auch wenn sie global bereits installiert ist, dort aber ein Update für den Anwender nicht erlaubt ist. Dies ermöglicht z. B. auch das Vorhalten von sehr stabilen Versionen in Form von globalen Extensions und den Einsatz von weniger getesteten Extensions auf lokalen Umgebungen.

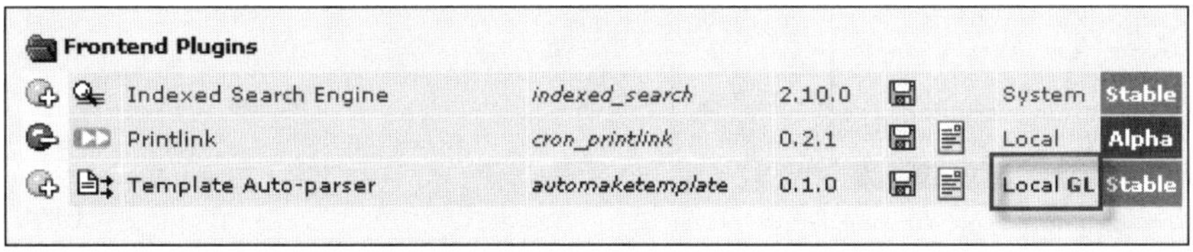

Abbildung 6.2: Extensions im Extensions Manager

In Abbildung 6.2 sehen Sie drei Extensions, von denen nur die Extension `cron_printlink` installiert ist. Die Extension `automaketemplate` ist sowohl global als auch lokal verfügbar. Falls die Extension installiert wird, greift der Code der lokalen Version.

6.4 Kickstarter

Der Kickstarter ist – wie sollte es anders sein – selbst eine Extension. Unserer Meinung nach ist der Kickstarter das wichtigste Tool innerhalb von TYPO3 für die Entwicklung von Extensions. Selbst für relative Anfänger erschließt sich sehr schnell die Funktionsweise der einzelnen Felder, und als Ergebnis halten Sie bereits eine funktionierende Extension in den Händen bzw. haben diese auf dem Rechner gespeichert. Als Entwickler müssen Sie sich nur noch um die Implementierung der gewünschten Funktionalität kümmern, die Einbindung in das TYPO3-Framework ist bereits so gut wie erledigt. Genial!

6 Extensions entwickeln

Die Extension ist jedoch keine System-Extension und muss demzufolge erst einmal aus dem *TYPO3 Extension Repository (TER)* importiert und installiert werden.

Abbildung 6.3: Import des Kickstarters

Nach der Installation der Extension haben Sie im *Extension Manager* die Möglichkeit, neue Extensions zu erstellen (siehe Abbildung 6.4).

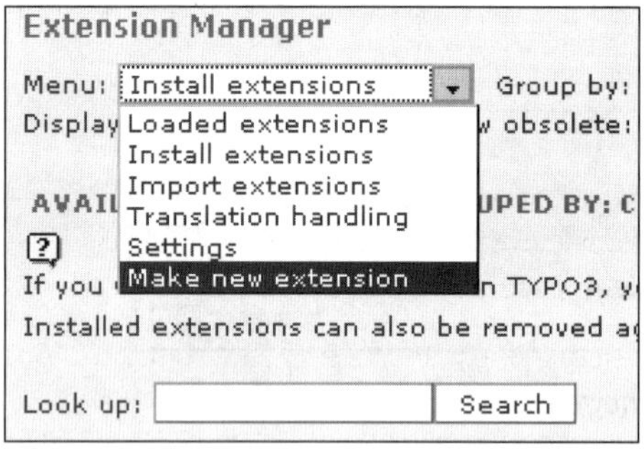

Abbildung 6.4: Kickstarter auswählen

Das Wichtigste zuerst: der Extension Key. Im Abschnitt *Extension Key*, Seite 389, haben Sie bereits alle wichtigen Informationen zur Benennung von Extensions erfahren. Falls Sie Ihre Extension später auch anderen TYPO3-Benutzern zur Verfügung stellen wollen, ist es spätestens jetzt an der Zeit, sich einen guten Namen zu überlegen und diesen auf *typo3.org* zu registrieren. Den Namen tragen Sie dann in das Feld ENTER EXTENSION KEY ein.

Bevor Sie anfangen, die Grundstruktur der Extension im Kickstarter zusammenzustellen, sollten Sie sich bereits überlegt haben, was Sie mit Ihrer Extension bezwecken und welche Bestandteile dafür benötigt werden.

Wir werden anhand einer einfachen Extension (`abz_references`) die notwendigen Schritte bei der Erstellung mit dem Kickstarter durchgehen und besprechen. Die Extension soll eine Übersicht über Projektreferenzen geben. Dabei wollen wir eine Listenansicht und eine Detailansicht ermöglichen.

Tipp

Die Basisregel für gute und nachhaltige Programmierung lautet: **Erst nachdenken, dann umsetzen.**

Die Nutzung des Kickstarters wird dadurch deutlich erleichtert.

Alle Einstellungen, die über den Kickstarter für die Extension vorgenommen werden, könnten Sie auch direkt in die entsprechenden Konfigurationsdateien schreiben. Der Kickstarter nimmt Ihnen einfach diese aufwendige Arbeit ab. Nach dem Speichern der erzeugten Extension können Sie jederzeit noch Anpassungen vornehmen. Falls Sie sich also einmal nicht sicher über ein Feld oder eine Vorgabe des Kickstarters sind, probieren Sie einfach aus, welches Ergebnis daraus entsteht. Solange Sie noch keine manuellen Änderungen in den vom Kickstarter erzeugten Dateien vorgenommen haben, können Sie jederzeit mit dem Kickstarter auf eine andere Konfiguration umstellen.

6.4.1 Allgemeine Informationen

Zuerst geben Sie die allgemeinen Informationen zur Extension an. Diese Daten sollten es anderen TYPO3-Benutzern ermöglichen, Ihre Extension zu verstehen.

❶ Titel der Extension. Finden Sie einen möglichst prägnanten Titel, da dieser sowohl im Extension Manager als auch auf der Seite der Extensions[2] auf *typo3.org* darstellt wird. Auch eine schnelle und erfolgreiche Suche nach Extensions wird durch einen guten Namen wesentlich erleichtert.

❷ Kurze Beschreibung der Extension. Die kann im Extension Manager mit angezeigt werden und sollte mit wenigen Sätzen umschreiben, was die Extension ausmacht.

❸ Durch die Kategorien sollten die Extensions grob nach ihrer Aufgabe eingeteilt werden können. Eine Extension kann jedoch durchaus Aufgaben mehrerer Kategorien erfüllen, z. B. ein Frontend-Plugin zur Darstellung und Sammlung von Daten und ein Backend-Modul zur Auswertung dieser enthalten. Wählen Sie einfach die Ihnen am geeignetsten erscheinende Kategorie.

❹ Der Status/Entwicklungsstand soll dem Benutzer der Extension eine Einschätzung vermitteln, wie erwachsen sie bereits ist und ob sie demzufolge auf einer Liveseite schon eingesetzt werden kann.

❺ Die Abhängigkeiten sind sehr wichtig beim Zusammenspiel mit anderen Extensions. Der Extension Manager prüft bei der Installation, ob die hier angegebenen Extensions bereits installiert sind, und reagiert entsprechend.

---

2 *http://typo3.org/extensions/repository*

6 Extensions entwickeln

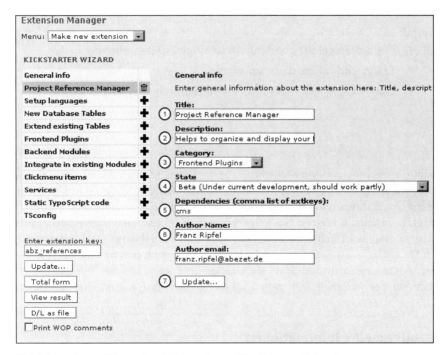

Abbildung 6.5: Allgemeine Informationen für die neue Extension

- ❻ Der Name und die E-Mail-Adresse des Autors werden vom Kickstarter in den Kopfbereich von Code-Dateien eingefügt. Falls im aktuell genutzten Backend-Benutzer die Daten eingetragen sind, werden sie von dort übernommen, falls Sie hier nichts eingeben.
- ❼ Ein Update speichert die Daten in der Session zwischen.

6.4.2 Verschiedene Sprachen vorsehen

Falls Sie bereits zum Zeitpunkt der Erstellung der Extension wissen, dass Sie verschiedene Sprachen (z. B. Deutsch und Englisch) für die Redakteure unterstützen wollen, sollten Sie schon von vornherein diese Sprachen über den Punkt SETUP LANGUAGES anlegen. Dadurch können Sie später bei allen Bezeichnungen bereits die verschiedenen Sprachen auf einen Rutsch anlegen.

Tipp

Sehen Sie auch für einfache Extensions bereits die Sprachen Englisch und Deutsch vor. Als Standardsprache sollte immer Englisch benutzt werden, zusätzlich werden die meisten Ihrer Kunden aber auch gerne deutsche Bezeichnungen vorfinden.

6.4.3 Eigene Datenbanktabellen anlegen

Nun können wir die notwendigen Datenbanktabellen und Felder anlegen.

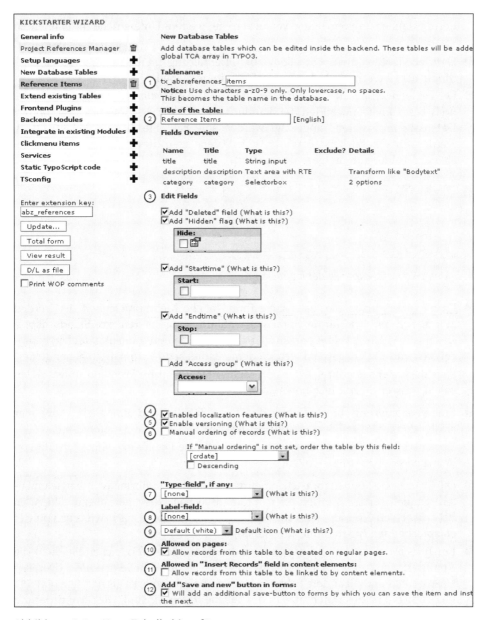

Abbildung 6.6: Neue Tabelle hinzufügen

Jede Extension-Tabelle folgt gewissen Grundregeln (siehe Abbildung 6.6):

❶ Der Tabellenname enthält bereits den Namen der Extension und wird sinnvoll vervollständigt. Dadurch kann die Tabelle eindeutig der Extension zugeordnet werden, und mehrere Tabellen derselben Extension stehen bei alphabetischer Sortierung sauber untereinander. Versuchen Sie, weitere Unterstriche im Namen zu vermeiden.

❷ Der Tabellentitel dient vor allem zur Orientierung im Backend, z. B. im List-Modul als Überschrift zu den Datensätzen in der Tabelle.

❸ Die Felder *deleted*, *hidden*, *starttime*, *endtime* und *access group* werden auch als *enable fields* bezeichnet und bilden die Standardauswahl für die Entscheidung, ob der Datensatz im Frontend angezeigt werden soll. Falls Sie diese Häkchen setzen, werden für das Backend-Formular von Datensätzen dieser Tabelle die entsprechenden Felder automatisch hinzugefügt.

Abbildung 6.7: Erzeugte Felder im Backend

❹ Damit unterstützen die Datensätze Ihrer Tabelle Mehrsprachigkeit. Es werden automatisch ein Feld für die Sprachauswahl und eine Referenz zur Standardsprache angelegt. Diese Felder passen sich nahtlos in die Funktionalität der Mehrsprachigkeit von TYPO3 ein und werden dementsprechend automatisch behandelt.

Falls die Datensätze Ihrer Extension Mehrsprachigkeit im Frontend unterstützen sollen, müssen Sie diese Option markieren.

❺ Eine Versionierung für die Datensätze dieser Tabelle wird ermöglicht. Auch hier erfolgt der größte Teil der Behandlung für eine Versionierung automatisch.

Sie sollten diese Option unbedingt setzen, falls die Datensätze einen Einsatz von Workspaces unterstützen sollen.

❻ Die Datensätze können im Backend entweder analog zu normalen Inhaltselementen manuell sortiert werden oder automatisch nach dem hier auszuwählenden Feld. Beachten Sie bitte, dass die Sortierung im Frontend nach wie vor von der entsprechenden Programmierung abhängt.

❼ Ein *Type-field* schafft eine Gruppierung der Datensätze. Vergleichen Sie dazu die Konfiguration von regulären Inhaltselementen in der Tabelle *tt_content*. Der Typ ÜBERSCHRIFT enthält andere Felder in der Bearbeitungsmaske als der Typ TEXT MIT BILD, obwohl beides Datensätze in der Tabelle *tt_content* sind. Die Strukturierung nach Typen wird für Tabellen von Extensions relativ selten eingesetzt.

Beachten Sie auch, dass Sie das Feld, das den Typ beinhalten soll, bereits angelegt haben müssen, bevor Sie es hier auswählen können.

6.4 Kickstarter

❽ Der Inhalt des Feldes wird im Backend benutzt, um den Datensatz für den Benutzer zu identifizieren. So wird er beispielsweise standardmäßig in der Listing-Ansicht angezeigt.

Beachten Sie auch, dass Sie das gewünschte Feld bereits angelegt haben müssen, um es hier auswählen zu können.

❾ Jede Tabelle bekommt im Backend ein Standard-Icon zugewiesen, um die Unterscheidung auch optisch zu erleichtern. Dieses Icon kann später jederzeit durch ein selbst kreiertes Icon ersetzt werden.

❿ Datensätze der Tabelle können auf normalen Seiten angelegt werden, zum Beispiel über den Link *Create new record* in der Listenansicht. Andernfalls können diese Datensätze im Backend nur in einem *Sysfolder* angelegt werden.

Die Darstellung im Frontend hängt vollkommen von Ihrer Programmierung ab. Diese Einstellung bezieht sich nur auf die Organisation der Datensätze im Backend.

⓫ Datensätze der Tabelle können vom Inhaltselement INSERT RECORDS verknüpft werden.

⓬ Für Datensätze, bei denen der Redakteur im Backend oft mehrere direkt nacheinander anlegt, spart dieser Button unnötige und lästige Klicks.

Abbildung 6.8: Buttonleiste mit Save und New

Jetzt kommen Sie zum eigentlichen Teil der Arbeit. Sie können beliebig viele Felder mit den jeweils nötigen Feldtypen anlegen.

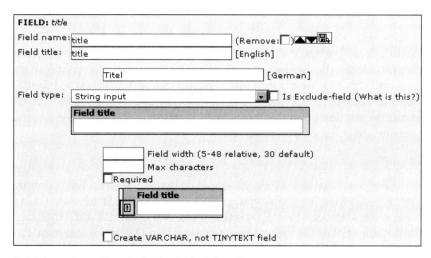

Abbildung 6.9: Neue Tabellenfelder hinzufügen

Nach einem Betätigen des UPDATE-Buttons wird das neu definierte Feld der Feldliste hinzugefügt, und Sie wenden sich dem nächsten Feld zu. Sie können weiterhin alle Angaben verändern, brauchen also keine Angst vor einer eventuellen Falscheingabe zu haben.

Es stehen Ihnen eine ganze Reihe von Feldtypen zur Verfügung, die in TYPO3 bestimmte automatische Verhaltensweisen auslösen.

Die möglichen Eingabefelder sind größtenteils selbsterklärend und mit kleinen Bildchen versehen, um die resultierende Funktionalität zu veranschaulichen.

Sie können für jedes Feld festlegen, ob es sich um ein *excludefield* handelt. Ein *excludefield* ist für einen normalen Redakteur nicht sichtbar, solange Sie es nicht explizit in der Benutzerverwaltung für seine Backend-Gruppe freischalten. Nutzen Sie diese Möglichkeit für Felder, die nicht von allen Redakteuren bearbeitet werden sollen.

Weitere Informationen zur Einstellung von Benutzerrechten finden Sie im Abschnitt *Backend-Benutzerverwaltung – Rechte*, Seite 205.

Tipp

Falls Ihnen nicht alle möglichen Feldtypen und deren Auswirkungen auf die Bearbeitung im Backend bekannt sind, erzeugen Sie doch einfach mal eine Test-Extension, und legen Sie darin beliebige Feldtypen in einer Extension an. Speichern und installieren Sie die Extension, und begutachten Sie das Ergebnis im Backend am besten in einem neuen Browserfester. Dann können Sie im Kickstarter Änderungen vornehmen und die Auswirkungen feststellen. Vergessen Sie dabei nicht, jedes Mal den Backend-Cache zu löschen.

Eine ganze Reihe von Feldtypen können derzeit direkt über den Kickstarter angelegt werden. Diese Typen beziehen sich auf die im $TCA möglichen Typen, siehe Abschnitt *columns*, Seite 318. Dabei werden hier im Kickstarter noch ein paar Varianten angeboten. Falls Sie sich bereits jetzt im Detail mit der ausführlichen Konfiguration der Feldtypen beschäftigen wollen, werden Sie dort fündig. Wir empfehlen Ihnen jedoch, erst einmal mit den Möglichkeiten des Kickstarters vorlieb zu nehmen und die damit erzielten Ergebnisse zu begutachten.

String input

Der am häufigsten vorkommende Feldtyp eignet sich für alle einfachen Informationen im String-Format wie Titel oder Namen. Die Optionen wie FIELD WIDTH, MAX CHARACTERS und REQUIRED sind wohl selbsterklärend. Mit CREATE VARCHAR, NOT TINYTEXT FIELD wird bei der Installation der Extension ein Datenbankfeld vom Typ *varchar* statt *tinytext* angelegt. Den Feldtyp können Sie in der Datei *ext_tables.sql* einsehen, die beim Speichern der Extension geschrieben wird.

String input, advanced

Hier können Sie zusätzlich noch einige Dinge wie Datenevaluierung, Verschlüsselung und eine `trim`-Funktion festlegen. Die Beschreibung im Kickstarter sollte als Erklärung ausreichen. Spannend ist insbesondere die Option zur Einzigartigkeit des Feldinhaltes (UNIQUE IN WHOLE DATABASE, UNIQUE INSIDE PARENT PAGE oder NOT UNIQUE (DEFAULT)).

Text area

Dieses Feld wird für längere beschreibende Texte verwendet, die jedoch nicht speziell formatiert werden müssen. Dies können z. B. Teaser-Texte sein. Um dem Benutzer mehr Komfort zu bieten, können Wizards hinzugefügt werden. Durch das Häkchen bei ADD WIZARD EXAMPLE wird bereits ein Beispiel-Wizard konfiguriert, den Sie dann allerdings später bei der Programmierung der Extension noch mit Leben füllen müssen.

Text area with RTE

Für alle Felder, die vom Redakteur mit Stilinformationen bearbeitet werden sollen, wählen Sie in der Regel ein RTE-Feld. Dabei können Sie Transformationsregeln festlegen.

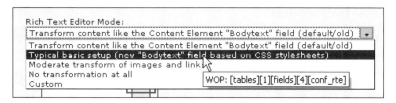

Abbildung 6.10: Transformationsmöglichkeiten für RTE-Felder

Falls Sie die Extension `css_styled_content` einsetzen, empfehlen wir Ihnen die Variante TYPICAL BASIC SETUP, um ein Verhalten wie bei regulären Inhaltselementen zu erhalten.

Text area, No wrapping

Diese Sonderform des HTML-Elements `textarea` reagiert ein wenig anders, als Sie es von `textarea` normalerweise gewohnt sind. In der Standardeinstellung wird eingegebener Text am Ende der sichtbaren Größe des Feldes einfach umbrochen, in diesem Fall jedoch nicht. Stattdessen werden Laufleisten aktiviert. Speziell für Code-Eingaben und Konfigurationen wie TypoScript ist das sehr wichtig, da die Konfiguration zeilenweise definiert wird. Wählen Sie diesen Typ also für alle Felder, in denen kein automatischer Zeilenumbruch gewünscht ist.

Checkbox, single

Die einfache Checkbox basiert auf dem Datentyp *Boolean*. Es kann also nur der Zustand 0 oder 1 eingenommen werden. Ein klassisches Beispiel ist das Flag *hidden* bei fast allen TYPO3-Datensätzen.

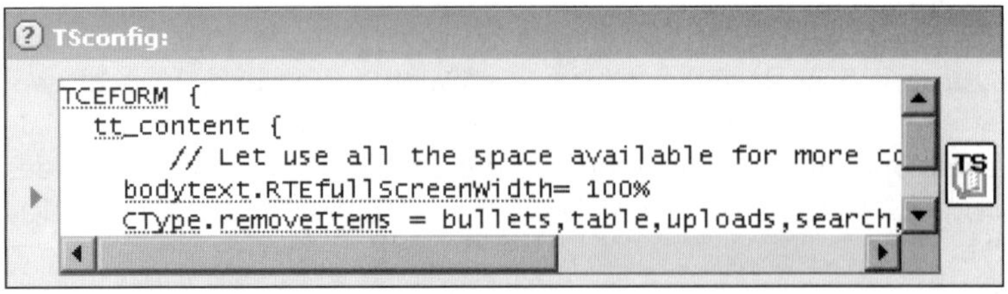

```
TCEFORM {
    tt_content {
        // Let use all the space available for more co
        bodytext.RTEfullScreenWidth= 100%
        CType.removeItems = bullets,table,uploads,search,
```

Abbildung 6.11: Beispiel für nowrap, TSConfig der Seiteneigenschaften

Checkbox, 4 boxes in a row

Sie können mehrere Auswahlmöglichkeiten in einer Reihe darstellen, die aber in einem Datenbankfeld gespeichert werden. So eine Struktur kann für eine Auswahl von Kategorien oder Wochentagen sinnvoll sein. Die Speicherung im Datenbankfeld erfolgt dabei bitbasiert. Falls Sie nicht exakt 4 Boxen, sondern eben 3 oder 5 brauchen, ist dies trotzdem das richtige Feld für Sie. Sie können nach dem Abspeichern der Ergebnisse des Kickstarters einzelne Elemente hinzufügen oder entfernen.

Im Abschnitt *columns*, Seite 318, finden Sie Hintergrundinformationen zu der Art der Speicherung (*bitwise*).

Checkbox, 10 boxes in two rows (max)

Falls Sie schon wissen, dass Sie viele Boxen brauchen werden, können Sie sofort auf 10 Boxen erhöhen. Noch mehr Boxen sind jedoch nicht möglich.

Link

Ein Link kann auf eine interne Seite in TYPO3, auf eine Datei, auf eine externe URL oder auch auf eine E-Mail-Adresse zeigen. Dabei wird dem Benutzer zur Auswahl des Links der TYPO3-Link-Assistent zur Verfügung gestellt.

Date

Dieses Feld enthält ein einfaches Datum. Wenn Sie auf die kleine Checkbox klicken, wird direkt das aktuelle Datum eingefügt.

Tipp

Falls Sie Ihren Benutzern einen zusätzlichen Komfort bieten wollen, installieren Sie die Extension erotea_date2cal. Diese fügt allen Datumsfeldern ein kleines Auswahl-Icon hinzu, das auf einen aufklappbaren Kalender verweist.

6.4 Kickstarter

Abbildung 6.12: Feld für Datum mit Kalenderfunktion

Date and time

Entspricht dem Typ *Date* mit dem Unterschied, dass hier auch die Uhrzeit gespeichert und angezeigt wird.

Integer, 10-1000

Dieses Feld ist eine Spezialisierung des Feldes *String Input*. Durch eine Evaluierungsfunktion wird geprüft, ob es sich um den Datentyp Integer handelt. Sie können den Wert der oberen und unteren Begrenzung später noch im $TCA anpassen.

Selectorbox

In der einfachsten Form können Sie hier ein Auswahlfeld mit der gewünschten Anzahl an Wahloptionen einstellen. Falls eine grafische Unterstützung Sinn macht, kann diese einfach durch das Häkchen bei ADD A DUMMY SET OF ICONS erzeugt werden. In der resultierenden Datei *tca.php* sehen Sie den Pfad zu den Icons und können diesen auf Ihre eigenen Icons abändern oder auch nur die vorgegebenen Dummy-Icons austauschen. Falls mehrere Optionen gleichzeitig gewählt werden können, wird im Backend standardmäßig eine andere Darstellung angezeigt.

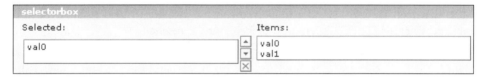

Abbildung 6.13: Darstellung für mehrere mögliche Beziehungen

Achtung

Sobald Sie im Feld MAX NUMBER OF RELATIONS eine Zahl höher als 1 eingeben, wird für das Datenbankfeld statt dem Typ *int* der Typ *varchar* benötigt. Falls Sie dies einmal nachträglich ändern wollen, müssen Sie das zugrunde liegende Datenbankfeld in der Datei *ext_tables.php* manuell anpassen und in der Datenbank über das Install Tool (DB Compare) einen Aufruf der Extension im Extension Manager oder direkt z. B. mit *phpMyAdmin* anpassen.

Radio buttons

Da diese Auswahlmöglichkeit sehr eng mit der *Selectorbox* verwandt ist und durch diese ersetzt werden kann, kommt sie nicht sehr häufig zum Einsatz. Aus optischen Gründen wird diese Form der Darstellung jedoch manchmal vorgezogen.

Database relation

Das wohl hilfreichste Feld im Kickstarter bietet die Möglichkeit, Datenbankbeziehungen zu anderen Tabellen herzustellen. Dabei können Sie im Kickstarter bereits die Zieltabelle und verschiedene Optionen der Auswahl einstellen.

In der Regel werden Sie die Option FIELD WITH ELEMENT BROWSER beibehalten, da diese dem Redakteur die meisten Möglichkeiten bietet. Falls Sie jedoch gerade diese Möglichkeiten einschränken wollen, können Sie die Auswahl auf eine einfache Auswahlliste beschränken, die auf der gewünschten Seite basiert.

Die Wizards ADD RECORD, LIST RECORDS und EDIT RECORD schaffen weiteren Komfort für den Redakteur und sind Ihnen sicher bereits aus dem TYPO3-Backend geläufig.

Die Option TRUE M-M RELATIONS hat auf die Darstellung im Backend keine Auswirkung, sie verändert jedoch die Datenbankstruktur. Statt den herkömmlichen Verbindungen über kommagetrennte Listen werden tatsächliche m:m-Verbindungen über eine entsprechende Zwischentabelle realisiert.

Files

Um Dateien (z. B. aus dem Bereich *fileadmin*) einzubinden, können Sie den Feldtyp FILES einsetzen. Dabei ist standardmäßig sowohl ein direkter Upload als auch die Einbindung über den TYPO3-internen Dateibrowser vorgesehen.

Die erlaubten Dateiendungen können Sie über das Install Tool basierend auf der Konfiguration für `$GLOBALS['TYPO3_CONF_VARS']['GFX']['imagefile_ext']` einstellen. Falls gewünscht, ist jedoch auch eine direkte Konfiguration im aus dem Kickstarter resultierenden `$TCA` möglich.

Flex

Mithilfe eines Feldes vom Typ *Flex* können Sie beinahe beliebige Strukturen von Feldern abbilden. Ein gutes Beispiel dafür ist die Konfiguration von Frontend-Plugins. Mehr Informationen zu dieser Art der Datenspeicherung finden Sie im Abschnitt *T3DataStructure, XML und Flexforms*, Seite 471.

Not editable, only displayed

Manchmal werden Daten durch Programmierung oder andere Extensions in Felder geschrieben, die Sie dem Benutzer zwar als Information anzeigen wollen, wo der Benutzer aber keinerlei Bearbeitungsmöglichkeiten haben soll. Das Datenbankfeld wird nach wie vor von Ihrer Extension angelegt.

6.4 Kickstarter

[Passthrough]

Dieser Feldtyp erzeugt keine Anzeige von Daten im Backend. Auf das Datenbankfeld kann jedoch über die *TYPO3 Core Engine (TCE)* zugegriffen werden, und dabei können Features wie *logging* und *history/undo* eingesetzt werden.

Als Ergebnis unserer Konfiguration erhalten wir unter anderem eine *.sql*-Datei für das spätere Erzeugen der Tabelle. Alle benötigten Datenbankfelder werden automatisch vom Kickstarter erzeugt.

Listing 6.1: Tabellendefinition, die auf der getätigten Konfiguration basiert: ext_tables.sql

```
01 #
02 # Table structure for table 'tx_abzreferences_items'
03 #
04 CREATE TABLE tx_abzreferences_items (
05   uid int(11) NOT NULL auto_increment,
06   pid int(11) DEFAULT '0' NOT NULL,
07   tstamp int(11) DEFAULT '0' NOT NULL,
08   crdate int(11) DEFAULT '0' NOT NULL,
09   cruser_id int(11) DEFAULT '0' NOT NULL,
10   t3ver_oid int(11) DEFAULT '0' NOT NULL,
11   t3ver_id int(11) DEFAULT '0' NOT NULL,
12   t3ver_wsid int(11) DEFAULT '0' NOT NULL,
13   t3ver_label varchar(30) DEFAULT '' NOT NULL,
14   t3ver_state tinyint(4) DEFAULT '0' NOT NULL,
15   t3ver_stage tinyint(4) DEFAULT '0' NOT NULL,
16   t3ver_count int(11) DEFAULT '0' NOT NULL,
17   t3ver_tstamp int(11) DEFAULT '0' NOT NULL,
18   t3_origuid int(11) DEFAULT '0' NOT NULL,
19   sys_language_uid int(11) DEFAULT '0' NOT NULL,
20   l18n_parent int(11) DEFAULT '0' NOT NULL,
21   l18n_diffsource mediumblob NOT NULL,
22   deleted tinyint(4) DEFAULT '0' NOT NULL,
23   hidden tinyint(4) DEFAULT '0' NOT NULL,
24   starttime int(11) DEFAULT '0' NOT NULL,
25   endtime int(11) DEFAULT '0' NOT NULL,
26   title tinytext NOT NULL,
27   description text NOT NULL,
28   category int(11) DEFAULT '0' NOT NULL,
29   image blob NOT NULL,
30
31   PRIMARY KEY (uid),
32   KEY parent (pid),
33   KEY t3ver_oid (t3ver_oid,t3ver_wsid)
34 );
```

Auch die nötige Konfiguration für die Darstellung der Felder im Backend wird automatisch erzeugt. Sie wird aus Gründen der Übersichtlichkeit auf zwei Dateien aufgeteilt. Wenn Sie die einzelnen Inhalte im Detail betrachten, werden Sie alle im Kickstarter getätigten Konfigurationen wiederfinden.

Listing 6.2: Erzeugte Konfiguration des Kickstarters: ext_tables.php

```
01 <?php
02 if (!defined ('TYPO3_MODE')) die ('Access denied.');
03
04 t3lib_extMgm::allowTableOnStandardPages('tx_abzreferences_items');
05
06 $TCA['tx_abzreferences_items'] = array (
07    'ctrl' => array (
08       'title'     =>
           'LLL:EXT:abz_references/locallang_db.xml:tx_abzreferences_items',
09       'label'     => 'uid',
10       'tstamp'    => 'tstamp',
11       'crdate'    => 'crdate',
12       'cruser_id' => 'cruser_id',
13       'versioningWS' => TRUE,
14       'origUid' => 't3_origuid',
15       'languageField'          => 'sys_language_uid',
16       'transOrigPointerField'  => 'l18n_parent',
17       'transOrigDiffSourceField' => 'l18n_diffsource',
18       'default_sortby' => "ORDER BY crdate",
19       'delete' => 'deleted',
20       'enablecolumns' => array (
21          'disabled' => 'hidden',
22          'starttime' => 'starttime',
23          'endtime' => 'endtime',
24       ),
25       'dynamicConfigFile' => t3lib_extMgm::extPath($_EXTKEY).'tca.php',
26       'iconfile'         =>
           t3lib_extMgm::extRelPath($_EXTKEY).'icon_tx_abzreferences_items.gif',
27    ),
28 );
29
30 t3lib_div::loadTCA('tt_content');
31
   $TCA['tt_content']['types']['list']['subtypes_excludelist'][$_EXTKEY.'_pi1']='layo
   ut,select_key';
32
33
   t3lib_extMgm::addPlugin(array('LLL:EXT:abz_references/locallang_db.xml:tt_content.
   list_type_pi1', $_EXTKEY.'_pi1'),'list_type');
34
35 t3lib_extMgm::addStaticFile($_EXTKEY, 'pi1/static/', 'references');
36
37 if (TYPO3_MODE == 'BE') {
```

6.4 Kickstarter

```
38
   t3lib_extMgm::addModule('web','txabzreferencesM1','',t3lib_extMgm::extPath($_EXTKE
   Y).'mod1/');
39 }
40 ?>
```

Beachten Sie bitte den hervorgehobenen Verweis auf die Datei *tca.php*. Sie könnten hier also durchaus einen anderen Namen für die Auslagerungsdatei verwenden.

Listing 6.3: Erzeugte Konfiguration des Kickstarters: tca.php

```
01 <?php
02 if (!defined ('TYPO3_MODE'))  die ('Access denied.');
03
04 $TCA['tx_abzreferences_items'] = array (
05    'ctrl' => $TCA['tx_abzreferences_items']['ctrl'],
06    'interface' => array (
07       'showRecordFieldList' =>
       'sys_language_uid,l18n_parent,l18n_diffsource,hidden,
       starttime,endtime,title,description,category'
08    ),
09    'feInterface' => $TCA['tx_abzreferences_items']['feInterface'],
10    'columns' => array (
11       't3ver_label' => array (
12          'label'  => 'LLL:EXT:lang/locallang_general.xml:LGL.versionLabel',
13          'config' => array (
14             'type' => 'input',
15             'size' => '30',
16             'max'  => '30',
17          )
18       ),
19       'sys_language_uid' => array (
20          'exclude' => 1,
21          'label'   => 'LLL:EXT:lang/locallang_general.xml:LGL.language',
22          'config' => array (
23             'type'                => 'select',
24             'foreign_table'       => 'sys_language',
25             'foreign_table_where' => 'ORDER BY sys_language.title',
26             'items' => array(
27                array('LLL:EXT:lang/locallang_general.xml:LGL.allLanguages', -1),
28                array('LLL:EXT:lang/locallang_general.xml:LGL.default_value', 0)
29             )
30          )
31       ),
32       'l18n_parent' => array (
33          'displayCond' => 'FIELD:sys_language_uid:>:0',
34          'exclude'     => 1,
35          'label'       => 'LLL:EXT:lang/locallang_general.xml:LGL.l18n_parent',
36          'config'      => array (
```

```
37                'type'  => 'select',
38                'items' => array (
39                   array('', 0),
40                ),
41                'foreign_table'       => 'tx_abzreferences_items',
42                'foreign_table_where' => 'AND
                      tx_abzreferences_items.pid=###CURRENT_PID### AND
                      tx_abzreferences_items.sys_language_uid IN (-1,0)',
43             )
44          ),
45          'l18n_diffsource' => array (
46             'config' => array (
47                'type' => 'passthrough'
48             )
49          ),
50          'hidden' => array (
51             'exclude' => 1,
52             'label'   => 'LLL:EXT:lang/locallang_general.xml:LGL.hidden',
53             'config'  => array (
54                'type'    => 'check',
55                'default' => '0'
56             )
57          ),
58          'starttime' => array (
59             'exclude' => 1,
60             'label'   => 'LLL:EXT:lang/locallang_general.xml:LGL.starttime',
61             'config'  => array (
62                'type'     => 'input',
63                'size'     => '8',
64                'max'      => '20',
65                'eval'     => 'date',
66                'default'  => '0',
67                'checkbox' => '0'
68             )
69          ),
70          'endtime' => array (
71             'exclude' => 1,
72             'label'   => 'LLL:EXT:lang/locallang_general.xml:LGL.endtime',
73             'config'  => array (
74                'type'     => 'input',
75                'size'     => '8',
76                'max'      => '20',
77                'eval'     => 'date',
78                'checkbox' => '0',
79                'default'  => '0',
80                'range'    => array (
81                   'upper' => mktime(0, 0, 0, 12, 31, 2020),
82                   'lower' => mktime(0, 0, 0, date('m')-1, date('d'), date('Y'))
83                )
```

6.4 Kickstarter

```
 84            )
 85         ),
 86         'title' => array (
 87            'exclude' => 0,
 88            'label' =>
                'LLL:EXT:abz_references/locallang_db.xml:
                tx_abzreferences_items.title',
 89            'config' => array (
 90               'type' => 'input',
 91               'size' => '30',
 92            )
 93         ),
 94         'description' => array (
 95            'exclude' => 0,
 96            'label' =>
                'LLL:EXT:abz_references/locallang_db.xml:
                tx_abzreferences_items.description',
 97            'config' => array (
 98               'type' => 'text',
 99               'cols' => '30',
100               'rows' => '5',
101               'wizards' => array(
102                  '_PADDING' => 2,
103                  'RTE' => array(
104                     'notNewRecords' => 1,
105                     'RTEonly' => 1,
106                     'type' => 'script',
107                     'title' => 'Full screen Rich Text Editing|Formatteret
                        redigering i hele vinduet',
108                     'icon' => 'wizard_rte2.gif',
109                     'script' => 'wizard_rte.php',
110                  ),
111               ),
112            )
113         ),
114         'category' => array (
115            'exclude' => 0,
116            'label' =>
                'LLL:EXT:abz_references/locallang_db.xml:
                tx_abzreferences_items.category',
117            'config' => array (
118               'type' => 'select',
119               'items' => array (
120
                     array('LLL:EXT:abz_references/locallang_db.xml:
                     tx_abzreferences_items.category.I.0', '0'),
121
                     array('LLL:EXT:abz_references/locallang_db.xml:
                     tx_abzreferences_items.category.I.1', '1'),
```

```
122              ),
123              'size' => 1,
124              'maxitems' => 1,
125          )
126       ),
127       'image' => array (
128          'exclude' => 1,
129          'label' =>
                 'LLL:EXT:abz_references/locallang_db.xml:
                 tx_abzreferences_items.image',
130          'config' => array (
131             'type' => 'group',
132             'internal_type' => 'file',
133             'allowed' => $GLOBALS['TYPO3_CONF_VARS']['GFX']['imagefile_ext'],
134             'max_size' => 500,
135             'uploadfolder' => 'uploads/tx_abzreferences',
136             'size' => 1,
137             'minitems' => 0,
138             'maxitems' => 1,
139          )
140       ),
141    ),
142    'types' => array (
143       '0' => array('showitem' => 'sys_language_uid;;;;1-1-1, l18n_parent,
             l18n_diffsource, hidden;;1, title;;;;2-2-2,
             description;;;richtext[cut|copy|paste|formatblock|textcolor|bold|
             italic|underline|left|center|right|orderedlist|unorderedlist|outdent|
             indent|link|table|image|line|chMode]:rte_transform[mode=ts_css|imgpath=
             uploads/tx_abzreferences/rte/];3-3-3, category,image')
144    ),
145    'palettes' => array (
146       '1' => array('showitem' => 'starttime, endtime')
147    )
148 );
149 ?>
```

6.4.4 Bestehende Datenbanktabellen erweitern

Falls Sie eine bestehende Funktionalität von TYPO3 erweitern wollen, ist es durchaus möglich, dass Sie dazu eine bereits bestehende Datenbanktabelle um ein oder mehrere neue Felder erweitern müssen.

Wählen Sie die zu erweiternde Tabelle aus, und folgen Sie dann der gleichen Vorgehensweise wie bei neuen Datenbanktabellen. Im Vergleich zu neuen Tabellen gibt es bezüglich der Namen der Felder einen entscheidenden Unterschied. Dem von Ihnen gewählten Namen eines neuen Feldes in einer bereits bestehenden Datenbanktabelle wird automatisch die Kennung für Ihre Extension vorangestellt, also z. B. tx_ ihreextension_feldname. Dadurch wird sichergestellt, dass es keine Namenskonflikte mit anderen Extensions gibt.

Außerdem erleichtert diese Vorgehensweise das Verstehen der Zusammenhänge in der Datenbank ganz ungemein. Sie sehen auf den ersten Blick, welche Extension welche Felder hinzugefügt hat.

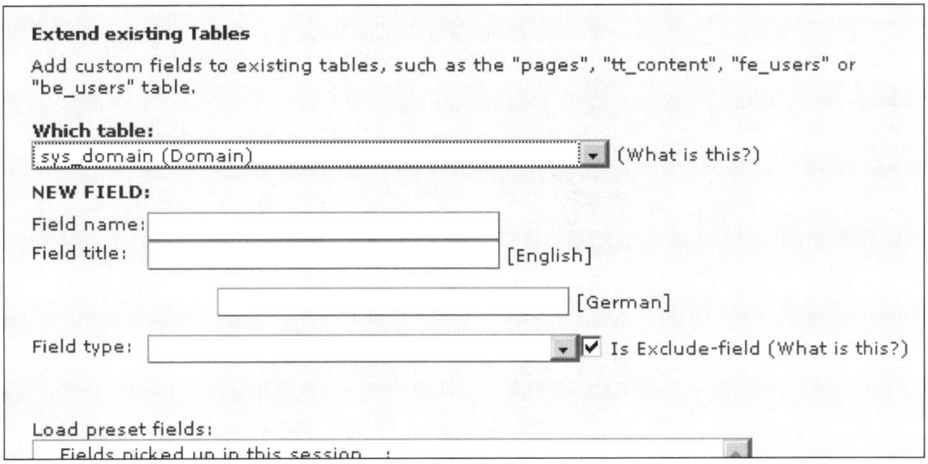

Abbildung 6.14: Bestehende Datenbanktabelle erweitern

In Formularen im Backend werden die neuen Felder standardmäßig unten angefügt. Das Verhalten der Felder entspricht dem Verhalten von Feldern in Datensätzen von neu angelegten Tabellen.

6.4.5 Frontend-Plugin erstellen

Ein Frontend-Plugin stellt eine neue Funktionalität für das Frontend bereit. Bekannte Beispiele sind ein Gästebuch, ein Forum oder ein Shop. Frontend-Plugins können auf verschiedene Wege ins Frontend eingebunden werden und erfüllen verschiedene Zwecke. Deswegen müssen Sie sich im Kickstarter für eine Variante entscheiden (siehe Abbildung 6.15). Diese bestimmt jedoch nur den vom Kickstarter erzeugten vorläufigen Code. Sie können die Variante jederzeit anpassen.

❶ Der Titel des Plugins wird später in der Auswahl der möglichen Plugins angezeigt. Falls Sie mehrere Sprachen über den Punkt SETUP LANGUAGES ermöglicht haben, können Sie diesen Text sprachabhängig eingeben.

❷ Sie sollten versuchen, mit Ihrem Plugin Caching zu ermöglichen, um unnötige Serverlast zu vermeiden. Manchmal ist dies aus funktionalen Gründen jedoch nicht möglich oder macht einfach keinen Sinn. Falls Ihr Plugin über TypoScript als USER_INT-Objekt gekennzeichnet ist, wird die Ausgabe des Plugins generell nicht gecacht.

❸ Vorbereitetes TypoScript der Extension kann immer und überall eingebunden werden oder in ein statisches Template abgelegt werden, das vom Administrator nur in dem Teil des Seitenbaumes eingebunden wird, in dem es benötigt wird.

6 Extensions entwickeln

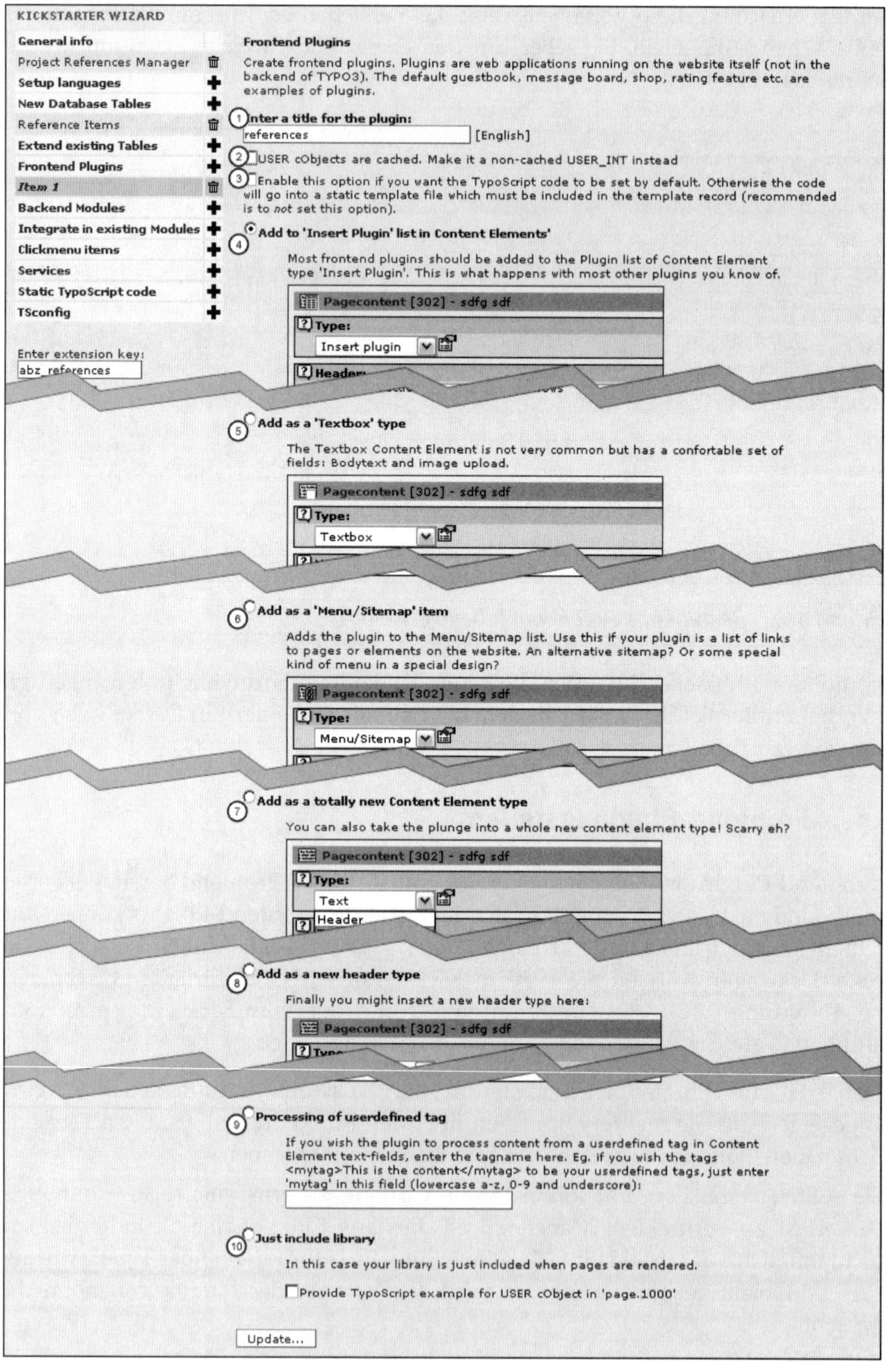

Abbildung 6.15: Neues Plugin hinzufügen

6.4 Kickstarter

❹ Die meisten Plugins werden in die reguläre Liste der verfügbaren Plugins aufgenommen. Bei der Einbindung eines solchen Plugins in eine Seite wird ein Inhaltselement mit dem Typ *Plugin* gewählt und dann das gewünschte Plugin eingestellt. Zusätzlich zur Aufnahme in die reguläre Liste der Plugins kann das neue Plugin auch noch in die Auswahlmöglichkeit im Wizard NEW CONTENT ELEMENT eingefügt werden. Die Funktionsweise wird hiervon nicht berührt, es wird lediglich noch eine weitere Möglichkeit geschaffen, das Plugin auszuwählen. Entsprechend sollte hier natürlich eine aussagekräftige Beschreibung des Plugins gewählt werden. Falls Sie mehrere Sprachen über den Punkt SETUP LANGUAGES ermöglicht haben, können Sie diesen Text sprachabhängig eingeben.

❺ Sie können Ihr Plugin auch der Liste des Inhaltselements *Textbox* hinzufügen. Sie haben die Textbox noch nie eingesetzt? Macht nichts, wir auch nicht. Dieses Inhaltselement ist veraltet und wird deshalb nicht näher besprochen.

❻ Fügen Sie Ihr Plugin zur Liste im Inhaltselement *Sitemap* hinzu, wenn Sie damit eine Reihe von Links auf Seiten oder andere Elemente der Webseite dynamisch erstellen, z. B. eine spezielle Art einer Sitemap.

❼ Ein völlig neues Inhaltselement macht beispielsweise Sinn, wenn Ihre Datensätze direkt auf einer Seite eingebunden werden können und im Frontend angezeigt werden.

❽ Ein neuer Typ einer Überschrift könnte beispielsweise ein dynamisch aus dem Überschriftentext erzeugter Button sein.

❾ Mit einen benutzerdefinierten Tag ermöglichen Sie es Ihren Redakteuren, im Backend Inhalte mit diesen Tag zu umfassen und damit eine bestimmte von Ihnen programmierte, bisher nicht mögliche Darstellung im Frontend zu erreichen.

❿ Falls TYPO3 einfach nur den Code Ihrer TypoScript-Bibliothek integrieren soll, setzen Sie dieses Häkchen. Es wird eine Beispiel-PHP-Klasse für eine Darstellung im Frontend erzeugt. Die OPTION PROVIDE TYPOSCRIPT EXAMPLE FOR USER COBJECT IN 'PAGE.1000' scheint bei der zur Drucklegung aktuellen Version des `kickstarters` (0.3.8) keine Funktion zu haben. Damit der Code Ihrer Extension ausgeführt wird, fügen Sie folgende Zeile in das Setup-Feld eines TypoScript-Templates ein:

Listing 6.4: Code der Extension auf der Seite einfügen

```
page.1000 < plugin.tx_myext_pi1
```

Tipp

Den genauen Namen der PHP-Klasse finden Sie in der Datei *ext_localconf.php* im Hauptverzeichnis Ihrer Extension.

6.4.6 Backend-Modul anlegen

Die Möglichkeiten des Kickstarters beim Anlegen eines Backend-Moduls sind im Vergleich zu einem Frontend-Plugin deutlich beschränkt. Das rührt von den wesentlich geringeren Möglichkeiten zur Einbindung her. Sie können entweder ein neues Hauptmodul wie TOOLS oder ein Untermodul wie EXT MANAGER zu einem bestehenden Hauptmodul definieren. Die Maske im Kickstarter sollte selbsterklärend sein.

Der interessanteste Punkt ist die Möglichkeit, Ihr Modul nur für Administratoren freizugeben. Wie Sie im Abschnitt *Backend-Benutzerverwaltung – Rechte*, Seite 205, bereits gelernt haben, sind für Benutzer mit dem Administrator-Attribut immer alle Module sichtbar. Für alle redaktionellen Benutzer müssen Module erst freigegeben werden. Falls Sie Ihr Modul nur für Administratoren erstellen, besteht schon gar nicht die Möglichkeit der Freigabe. Sie sollten diese Option wählen, wenn das Modul systemkritische Operationen durchführt und deshalb nie in den Einflussbereich von Redakteuren gelangen soll.

6.4.7 Neue Möglichkeiten für bestehende Module hinzufügen

Zusätzliche Funktionen können nur zu Modulen hinzugefügt werden, falls diese dafür vorbereitet sind, also eine API dafür implementieren. Nur solche Module bekommen Sie hier zur Auswahl angeboten. Die im Kickstarter zu sehenden Grafiken veranschaulichen sehr gut, wo Ihr Modul nach der Installation auftauchen könnte.

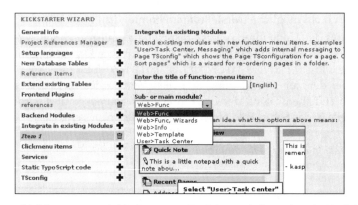

Abbildung 6.16: Einbinden neuer Funktionen in bestehende Module

Da neue Funktionselemente in Modulen zu einem bereits bestehenden Modul gehören, brauchen Sie hier keine Modulkonfiguration wie die *conf.php*-Datei. Es wird lediglich eine Option zum Menü hinzugefügt und die PHP-Klasse dafür erstellt. In der Datei *ext_tables.php* wird diese Klasse eingebunden.

6.4 Kickstarter

Listing 6.5: Fiktive Einbindung in der Extension abz_references

```
01 if (TYPO3_MODE=="BE")   {
02    t3lib_extMgm::insertModuleFunction(
03       "web_func",
04       "tx_abzreferences_modfunc1",
05
          t3lib_extMgm::extPath($_EXTKEY).
          "modfunc1/class.tx_abzreferences_modfunc1.php",
06
          "LLL:EXT:abz_references/locallang_db.xml:
          moduleFunction.tx_abzreferences_modfunc1"
07    );
08 }
```

> **Exkurs: In eigenen Modulen eine API zum Hinzufügen weiterer Menüpunkte ermöglichen**
>
> Falls Sie es anderen Programmierern ermöglichen wollen, in einem von Ihnen geschriebenen Modul neue Menüpunkte hinzuzufügen, verwenden Sie TYPO3-API-Funktionen. Erzeugen Sie Ihr Funktionsmenü mithilfe von
>
> `t3lib_BEfunc::getFuncMenu($mainParams,$elementName,$currentValue,$menuItems,$script='',$addparams='');`
>
> in der Datei *class.tx_abzreferences_modfunc1.php*.
>
> Betrachten Sie beispielsweise den Code für das Modul WEB->INFO in *typo3/mod/web/info*, um ein funktionierendes Beispiel dafür zu sehen.

6.4.8 Neue Elemente im Kontextmenü der Seiten

Eine sehr elegante Möglichkeit für die Platzierung von Zusatzfunktionalitäten ist das Kontextmenü (Klickmenü). Auch hier ist die Grafik wohl selbsterklärend.

Der Kickstarter stellt außerdem noch einige Optionen bereit:

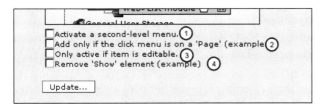

Abbildung 6.17: Optionen für Klickmenü-Elemente

❶ Ein Menü auf der zweiten Ebene schafft weitere Möglichkeiten zur Platzierung von Funktionalitäten. Damit dient der Punkt in der ersten Ebene lediglich als Einstieg in die wirklichen Funktionalitäten auf der zweiten Ebene. Über den Kickstarter können Sie lediglich einen Punkt auf der zweiten Ebene platzieren. Für weitere Punkte erweitern Sie einfach direkt den vom Kickstarter gelieferten Code.

❷ Ihr Menüpunkt erscheint nur im Kontextmenü der Seite, falls diese auch wirklich eine Seite und nicht etwa z. B. ein Sysfolder ist.

❸ Solange die zugrunde liegende Seite nicht vom aktuellen Redakteur bearbeitet werden kann, wird der neue Menüpunkt inaktiv dargestellt und kann demzufolge nicht ausgewählt werden. Aktivieren Sie diese Option, falls Ihre Funktionalität etwas mit dem Editieren der Seite zu tun hat.

❹ Neben der ganz normalen Einbindung Ihres Menüpunktes wird der Punkt *show* entfernt. Hier stellt sich die Frage, ob das nicht an anderer Stelle konfiguriert werden sollte, aber immerhin gibt es hier die Möglichkeit dazu und damit ein Anschauungsbeispiel im resultierenden Code, wie so etwas gemacht wird.

Ein gutes Anschauungsbeispiel für neue Funktionalitäten im Kontextmenü ist die Extension `stfl_ptg` von Wolfgang Klinger.

6.4.9 Neuen Service definieren

Services (siehe Abbildung 6.19) sind noch relativ neu in TYPO3. Nichtsdestotrotz sind sie extrem nützlich. Lesen Sie zuerst die entsprechenden Grundlagen im Abschnitt *Services*, Seite 381, um mehr über das Konzept und die Funktionsweise von Services zu erfahren. Dort wird auch der Einsatz einer guten Beispiel-Extension besprochen.

❶ Geben Sie einen aussagekräftigen Kurztitel für den Service an.

❷ Die Beschreibung erläutert, was der Service bewirkt. Zusätzlich sind Informationen über Abhängigkeiten und Bedingungen sinnvoll, die für eine einwandfreie Funktion Voraussetzung sind.

❸ Der Servicetyp soll helfen, verschiedene Services des gleichen Typs zusammenzufassen. Dem Titel der Extension, mit der ein Service umgesetzt wird, sollte nach Möglichkeit dieser Servicetyp vorangestellt werden, um eine Sortiermöglichkeit und schnelle Erkennung zu ermöglichen. Ein Service für Authentifizierung wird beispielsweise dem Typ *auth* angehören. Falls Sie also einen neuen Service für eine Authentifizierung schreiben wollen, muss dieser dem Typ *auth* angehören.

❹ Der Subtyp eines Service wird durch die API des Servicetyps definiert. Für den Servicetyp *auth* würden Sie vermutlich die Subtypen *getUserBE*, *authUserBE*, *getUserFE* oder *authUserFE* nutzen.

❺ Die Priorität entscheidet über die Reihenfolge, in der Services aufgerufen werden, falls mehrere zu demselben Subtyp existieren. 50 entspricht dem Standardwert, höhere Werte kommen zuerst.

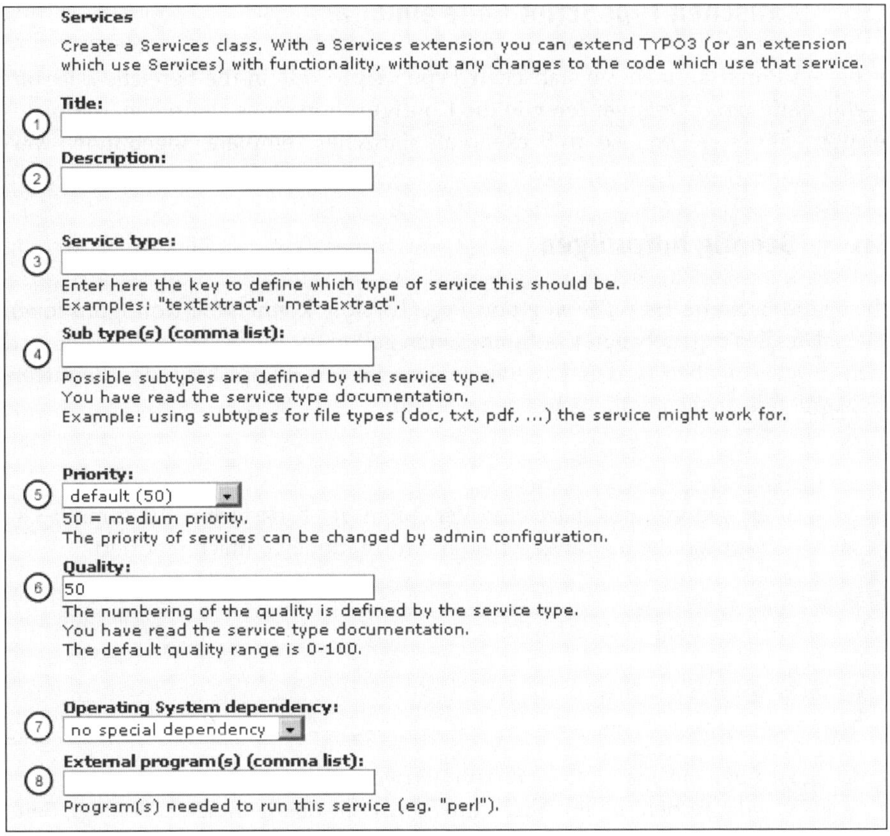

6.4 Kickstarter

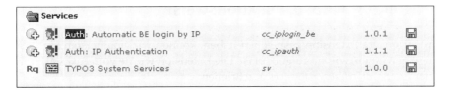

Abbildung 6.18: Angaben für einen neuen Service

Abbildung 6.19: Erkennbare Zuordnung durch den Servicetyp im Titel

- ❻ Bei gleicher Priorität entscheidet die Qualität über die Reihenfolge des Aufrufs. Die Angabemöglichkeit hängt vom Servicetyp ab, normalerweise liegt sie im Bereich von 0 bis 100, eine normale Qualität wird mit 50 angegeben.
- ❼ Falls Ihr Service abhängig von Betriebssystem aufgerufen werden soll, können Sie hier eine entsprechende Einschränkung definieren.
- ❽ Hier können Sie eine Liste von externen Programmen definieren, die vom Service benötigt werden.

6.4.10 Statischen TypoScript-Code einfügen

Über diesen Punkt können Sie statischen TypoScript-Code in die Bereiche *constants* und *setup* einfügen. Diese werden wie die Konfiguration eines statischen Templates abgelegt und können genauso im Backend als statisches Template eingebunden werden.

6.4.11 TSconfig hinzufügen

Auch für die Bereiche *User TSconfig* und *Page TSconfig* können Sie Konfigurationen angeben. Die hier angegebenen Konfigurationen gelten für die gesamte Webseite und können durch Angaben in den *TSconfig*-Feldern im Seitenkopf bzw. den Benutzer- oder Gruppendatensätzen überschrieben werden.

> **Achtung**
>
> In den von uns getesteten Versionen des Kickstarters 0.3.7 und 0.3.8 wurden die hier angegebenen Informationen einfach ignoriert.

Informationen über ein manuelles Hinzufügen von allgemeinen Angaben für *User* oder *Page TSConfig* finden Sie im Abschnitt *TypoScript-Konfiguration (TSconfig)*, Seite 219.

6.5 Struktur, Aufbau, Funktionsweise

Nachdem wir unsere Extension gespeichert haben, können wir einen ersten Einblick in die Weise gewinnen, wie sie aufgebaut ist. Die Extension wurde vom Kickstarter in den Ordner *typo3conf/ext/abz_references* geschrieben.

6.5.1 Extension-Daten in ext_emconf.php

Die im Hauptordner unserer Extension gelegene Datei *ext_emconf.php* wird vom Extension Manager benötigt und enthält alle Informationen zur Extension, die für eine Installation respektive Deinstallation vonnöten sind. Sie wird beim Speichern der Extension angelegt. Die Informationen sind im Array $EM_CONF[$_EXTKEY] hinterlegt. In vielen Fällen müssen an den vom Extension Kickstarter geschaffenen Einstellungen keine Änderungen mehr vorgenommen werden. Es ist jedoch wichtig, die einzelnen Felder zu kennen, um die Funktionsweise des Extension Managers zu verstehen.

6.5 Struktur, Aufbau, Funktionsweise

Listing 6.6: Das Array $EM_CONF[$_EXTKEY] aus ext_emconf.php

```
$EM_CONF[$_EXTKEY] = array(
'title' => 'Project References Manager',
'description' => 'Helps you to organize and display your Project References',
'category' => 'plugin',
'author' => 'Franz Ripfel',
'author_email' => 'fr@abezet.de',
'shy' => '',
'dependencies' => '',
'conflicts' => '',
'priority' => '',
'module' => '',
'state' => 'beta',
'internal' => '',
'uploadfolder' => 0,
'createDirs' => '',
'modify_tables' => '',
'clearCacheOnLoad' => 0,
'lockType' => '',
'author_company' => '',
'version' => '0.0.0',
'constraints' => array(
   'depends' => array(
   ),
   'conflicts' => array(
   ),
   'suggests' => array(
   ),
),
'_md5_values_when_last_written' =>
'a:14:{s:9:"ChangeLog";s:4:"352e";s:10:"README.txt";s:4:"9fa9";s:12:"ext_icon.gif";s:
4:"1bdc";s:17:"ext_localconf.php";s:4:"dc23";s:14:"ext_tables.php";s:4:"fd8f";s:14:"e
xt_tables.sql";s:4:"1bcc";s:31:"icon_tx_abzreferences_items.gif";s:4:"475a";s:16:"loc
allang_db.xml";s:4:"53d7";s:7:"tca.php";s:4:"a88e";s:19:"doc/wizard_form.dat";s:4:"6e
55";s:20:"doc/wizard_form.html";s:4:"0865";s:34:"pi1/class.tx_abzreferences_pi1.php";
s:4:"5910";s:17:"pi1/locallang.xml";s:4:"2862";s:24:"pi1/static/editorcfg.txt";s:4:"7
bca";}',
);
```

- Die Felder title, description, category, author, author_email und state werden im Kickstarter beim Erstellen der Extension definiert und bedürfen wohl keiner weiteren Erklärung. Das Feld author_company kann zusätzlich definiert werden.
- shy

  Als shy markierte Extensions ('shy' = '1') werden vom Extension Manager nur angezeigt, falls das entsprechende Häkchen bei DISPLAY SHY EXTENSIONS: ganz oben im Extension Manager gesetzt ist.

Abbildung 6.20: Anzeige auch von »shy extensions« im Extension Manager

- dependencies

    Von den hier kommagetrennt eingetragenen Extensions besteht eine Abhängigkeit, sie müssen also für eine korrekte Funktionsweise unserer Extension installiert sein. Der Extension Manager prüft bei der Installation unserer Extension, ob diese bereits geladen sind, und weist auf eine eventuell vorher zu ladende Extension hin.

- conflicts

    Hier stehen Extensions, die bei gleichzeitiger Installation mit unserer Extension Probleme bereiten würden. Falls eine solche Extension bereits installiert ist, verweigert der Extension Manager die Installation und weist auf das Problem hin. Dieses Werte setzen Sie beispielsweise, wenn Sie eine *XCLASS* erstellt haben und wissen, dass eine andere Extension dieselben Funktionen einer PHP-Klasse überschreibt. Mehr Informationen zu möglichen Problemen bei einer *XCLASS* finden Sie im Abschnitt *Erweiterung mittels XCLASS*, Seite 372.

- priority

    Dies ist ein sehr selten benutztes, aber enorm hilfreiches Feld, das über die Installationsreihenfolge der Extensions entscheidet. Nutzen Sie dieses Feld, falls Sie sichergehen wollen, dass von Ihnen getroffene Einstellungen nicht von anderen Extensions überschrieben werden. Mögliche Einstellungen sind 'top', '', 'bottom'. Zuerst werden alle mit top gekennzeichneten Extensions in der Reihenfolge der Installation geladen (was zuerst installiert wurde, wird auch zuerst geladen), dann folgen alle Extensions ohne Eintrag und am Schluss alle mit der Kennzeichnung bottom. Einstellungen in der zuletzt geladenen Extension überschreiben alle früher getroffenen Einstellungen vom *Core* oder anderen Extensions. Ein gutes Anwendungsbeispiel dafür bietet die Extension abz_eff_template.

- module

    Hier steht eine Liste der Namen der Ordner aller Backend-Module, falls welche vorhanden sind. Die Liste wird automatisch vom Kickstarter erstellt.

- internal

    Dieser Wert wird für eng mit dem *TYPO3 Core* verwobene Extensions gesetzt. Nur wenige elementare Extensions wie cms oder lang haben dieses Flag gesetzt.

- uploadfolder und createDirs geben an, ob ein spezieller Ordner für Datei-Uploads angelegt werden muss, und wenn ja, wie dieser heißen soll.

6.5 Struktur, Aufbau, Funktionsweise

- `modify_tables`

  Alle hier aufgelisteten Tabellen werden für TYPO3 explizit als von der Extension zu ändernde Tabellen gesetzt. In der Regel können Sie dieses Feld ignorieren. Falls Sie jedoch Namensfehler bei der Installation der Extension bekommen, sollten Sie die auslösende Tabelle manuell hier eintragen. Der Kickstarter schreibt *keine* Werte, auch wenn Sie darüber eine Tabelle erweitern.

- `clearCacheOnLoad`

  Setzen Sie diese Option, wenn es erforderlich ist, dass bei der Installation der Extension der Frontend-(Webseiten-)Cache gelöscht wird.

- `lockType`

  Durch den `lockType` können Sie die möglichen Installationsorte speziell für diese Extension festlegen. Mögliche Werte sind *L* für lokal in *typo3conf/ext*, *G* für global in *typo3/ext* und *S* für System in *typo3/sysext*. Ein Leerstring erlaubt die Installation überall, falls im Install Tool die entsprechenden Optionen generell erlaubt sind.

- `version`

  Die Version der Extension sollte nicht manuell verändert werden, sie wird beim Hochladen ins *TER (TYPO3 Extension Repository)* entsprechend Ihren Angaben angepasst.

- `constraints`

  Die neue und flexiblere Art, Einschränkungen für die Installation einer Extension anzugeben, wurde mit dem *TER2* und dem dazugehörigen neuen Extension Manager für die TYPO3-Version 4.0 eingeführt. Hier können Sie zusätzlich zu den Extensions auch noch bestimmte Versionen ansprechen.

Listing 6.7: Verbesserte Möglichkeiten für Einschränkungen

```
'constraints' => array(
    'depends' => array(
        'typo3' => '3.8.1-',
        'php' => '4.3.2-5.0.0',
        'cms' => '',
    ),
    'conflicts' => array(
        'badext' => '-1.2.4'
    ),
    'suggests' => array(
        'goodext' => ''
    ),
),
```

Im Beispiel definieren Sie für Ihre Extension die Notwendigkeit von TYPO3 Version 3.8.1 oder höher, eine PHP-Version von 4.3.2-5.0.0 und die cms-Extension in beliebiger Version.

Die fiktive Extension badext wird in den Versionen bis zu 1.2.4 einen Konflikt im Extension Manager hervorrufen, die Extension goodext wird zur Installation empfohlen, aber nicht zwingend gefordert.

- _md5_values_when_last_written

  Dieser Wert dient zur Überprüfung, ob Dateien der Extension seit dem Anlegen durch den Extension Kickstarter (bzw. seit dem Hochladen ins TER) verändert wurden, und wird vom Extension Manager gepflegt. Veränderungen an Dateien provozieren eine Warnmeldung in der Detailanzeige der Extension im Extension Manager.

6.5.2 Weitere reservierte Datei- und Ordnernamen

Die folgenden Dateinamen sind für die ihnen von TYPO3 zugedachten Funktionen reserviert.

ext_localconf.php

Diese Datei bildet eine Erweiterung zur Hauptkonfigurationsdatei *localconf.php* und wird in der Reihenfolge der Extension-Liste direkt nach dieser eingebunden. Hier können $TYPO3_CONF_VARS gesetzt bzw. überschrieben und benötigte Klassen inkludiert werden. Außerdem werden normale Plugins meist vom Extension Kickstarter hier dem statischen Default-Template hinzugefügt:

Listing 6.8: Einbindung unseres Plugins

```
t3lib_extMgm::addPItoST43($_EXTKEY,'pi1/class.tx_abzreferences_pi1.php','_pi1','list_type',1);
```

Solange $TYPO3_CONF_VARS['EXT']['extCache'] = '1' gesetzt ist (Default), werden alle *ext_localconf.php*-Dateien in der *temp_CACHED_*_ext_localconf.php* aus Geschwindigkeitsgründen zusammengefasst und ihre Konfigurationen darüber aufgerufen. Wenn Sie die *ext_localconf.php* Ihrer Extension manuell geändert haben, ohne die Extension neu zu installieren, klicken Sie den Button CLEAR CACHE IN TYPO3CONF/, um damit die *temp_CACHED_**-Dateien zu löschen und die geänderte Konfiguration Ihrer Extension zu laden. Die Datei *ext_localconf.php* wird vom Extension Kickstarter angelegt.

ext_tables.php

Diese Datei bildet analog zur *ext_localconf.php* die Erweiterung zur Tabellenkonfigurationsdatei *tables.php* und enthält Anweisungen, welche Plugins und Module von der Extension eingebunden werden sollen. Des Weiteren befinden sich hier die Angaben zum $TCA (Table Configuration Array). Dieses Array enthält alle nötigen Angaben zu neuen Datenbanktabellen und Feldern und bestimmt damit das Aussehen der Formulare im Backend.

Solange $TYPO3_CONF_VARS['EXT']['extCache'] = '1' gesetzt ist (Default), werden alle *ext_tables.php*-Dateien in der *temp_CACHED_*_ext_tables.php* aus Geschwindigkeitsgründen zusammengefasst und darüber aufgerufen. Die Datei *ext_tables.php* wird vom Extension Kickstarter angelegt.

Konfigurationen für die Darstellung der Felder in Backend-Formularen können teilweise in die Datei *tca.php* ausgelagert werden (siehe den folgenden Abschnitt).

tca.php

Die *tca.php* enthält in der Regel alle weiteren $TCA-Einstellungen, die von der *ext_tables.php* ausgelagert sind. Die Auslagerung dient dem Zweck, *ext_tables.php* bei vielen $TCA-Konfigurationen übersichtlich zu halten.

Listing 6.9: Ausschnitt einer Konfiguration in ext_tables.php, um auf die tca.php zu verweisen

```
$TCA['tx_yourTable'] = Array (
   'ctrl' => Array (
      [...weitere Definitionen...]
      'dynamicConfigFile' => t3lib_extMgm::extPath($_EXTKEY).'tca.php'
   )
);
```

Detaillierte Angaben zur Konfigurationsmöglichkeiten über das $TCA finden Sie im Abschnitt *$TCA (Table Configuration Array)*, Seite 312.

ext_tables.sql

Falls die Extension neue Datenbanktabellen oder Felder benötigt, werden hier die entsprechenden *SQL*-Befehle hinterlegt. Der *Extension Manager* greift beim Installieren der Extension darauf zurück, um die Tabellen und Felder anzulegen. Auch bei der Überprüfung der Datenbank auf Konsistenz mit den *$TCA*-Konfigurationen durch den Aufruf von COMPARE im *Install Tool* wird auf diese Informationen zurückgegriffen. Lassen Sie sich nicht durch den CREATE TABLE-Befehl auch für neue Felder einer bestehenden Datenbank irritieren. Der Extension Manager interpretiert die SQL-Befehle entsprechend. Die Datei *ext_tables.sql* wird bei Bedarf vom Extension Kickstarter angelegt.

ext_tables_static+adt.sql

Hier können benötigte statische Datenbank-Tabellen und ihre Inhalte hinterlegt werden. Diese werden vom Extension Manager und vom Install Tool automatisch erkannt und können direkt importiert werden. Ein Einsatzbeispiel können Sie anhand der Extension sr_static_info begutachten.

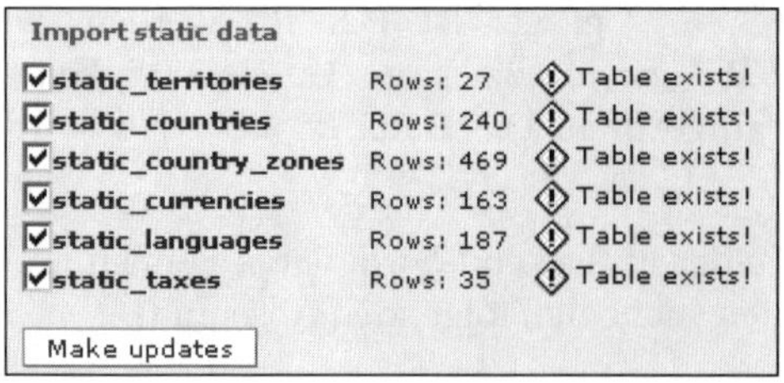

Abbildung 6.21: Direkter Import statischer Daten

ext_typoscript_constants.txt und ext_typoscript_setup.txt

Die Inhalte dieser Dateien werden in den CONSTANTS- bzw. SETUP-Bereich aller *Typo-Script*-Templates eingebunden und dürfen daher auch nur entsprechende Inhalte beinhalten. Bitte beachten Sie, dass es auch die Möglichkeit der sogenannten *static template files* gibt, deren Benutzung für die Einbringung von extensionbezogenem TypoScript empfohlen wird (siehe auch den Abschnitt *Frontend-Plugin erstellen*, Seite 411).

ext_typoscript_editorcfg.txt

Diese Datei ist veraltet, und Sie werden sie deshalb nur in ganz wenigen Extensions finden. Sie kann dazu genutzt werden, Konfigurationen für den *TypoScript*-Editor im Backend anzulegen. Genauso wie bei *ext_typoscript_constants.txt* und *ext_typoscript_setup.txt* werden diese Konfigurationen derzeit meist als *static template files* angelegt (siehe auch den Abschnitt *Frontend-Plugin erstellen*, Seite 411).

ext_icon.gif

Das Icon der Extension wird vor allem in der Installationsansicht im Extension Manager dargestellt. Es sollte das Format 16x18 oder 16x16 Pixel haben. Die Datei und der Verweis darauf wird vom Extension Kickstarter automatisch angelegt, Sie können die Datei einfach austauschen.

locallang*.xml, locallang*.php

Dateien der Form *locallang*.xml* und *locallang*.php* enthalten die Sprachinformationen für die mehrsprachige Darstellung von Textinformationen. Das *Language Tool* erkennt die Inhalte dieser Dateien automatisch. Mehr Informationen zur Mehrsprachigkeit finden Sie im Abschnitt *Textinformationen und ihre Lokalisierung (L10n)*, Seite 431 weiter unten, und im Abschnitt *Sprachvielfalt durch Lokalisierung L10n, UTF8*, Seite 293.

class.ext_update.php

Wenn diese Datei vorhanden ist, wird im Extension Manager ein neuer Punkt UPDATE zum Menü in der Extension hinzugefügt. Dadurch erhalten Extension-Programmierer die Möglichkeit einer Update-Funktionalität. Beim Aufruf des Update wird die zwingend enthaltene Klasse `ext_update` instanziiert und die Methode `main()`

aufgerufen. Der zurückgelieferte HTML-Code wird dann vom Extension Manager angezeigt. Zusätzlich ist eine Methode access() nötig, die durch Zurückgeben eines booleschen Wertes entscheidet, ob die Menüoption UPDATE angezeigt werden soll. Ein Einsatzbeispiel finden Sie in der Extension tt_news. Sie können anhand dieser Klasse die Benutzer Ihrer Extension beim Umstieg auf eine neuere Version unterstützen, bei der keine Abwärtskompatibilität mehr gegeben ist, also z. B. Datenbankeinträge umorganisiert werden müssen.

ext_api_php.dat

Hier sind API-Informationen zu den Klassen der Extension innerhalb eines serialisierten Arrays hinterlegt. Die Datei kann mithilfe von Tools der Extension extdeveval erzeugt (CREATE/UPDATE EXTENSION PHP API DATA) werden, und ihre Inhalte können betrachtet werden (DISPLAY API FROM »EXT_PHP_API.DAT« FILE). Dadurch soll anderen Entwicklern ein schneller Einblick in die API Ihrer Extension-Klassen ermöglicht werden.

res/

Weitere Dateien der Extension, die nicht zu einem *Frontend-Plugin* oder einem *Backend-Modul* gehören, können prinzipiell beliebig innerhalb der Extension platziert werden. Der Ordner *res* (für »resources«) bietet hier eine standardisierte Möglichkeit. Des Weiteren können hier abgelegte Dateien in der Konfigurationsmaske des Extension Managers für die Installation von Extensions ausgewählt werden. Ein entsprechender Eintrag in der *ext_conf_template.txt* erzeugt eine Auswahlbox mit Dateien aus diesem Ordner.

6.5.3 Konfigurationsmöglichkeiten für Extensions (ext_conf_template.txt)

Die Datei *ext_conf_template.txt* enthält ein Template für die Konfigurationsmöglichkeiten des Benutzers der Extension bei der Installation. Die Syntax entspricht der im *Constant Editor* für TypoScript.

Achtung

Anders als im *Constant Editor* kann hier als Kategorie nur basic ausgewählt werden. Die Unterkategorien entsprechen denen des *Constant Editors*. Eine Angabe der Sortierung wird ignoriert, kann also weggelassen werden.

6 Extensions entwickeln

Der Extension Manager erzeugt aus diesen Angaben eine Maske mit den Konfigurationsoptionen, die beim Installieren der Extension ausgewählt werden können und in die Datei *localconf.php* als serialisiertes Array geschrieben werden. Betrachten wir als Beispiel den *Page Template Selector* von Robert Lemke, `rlmp_tmplselector`.

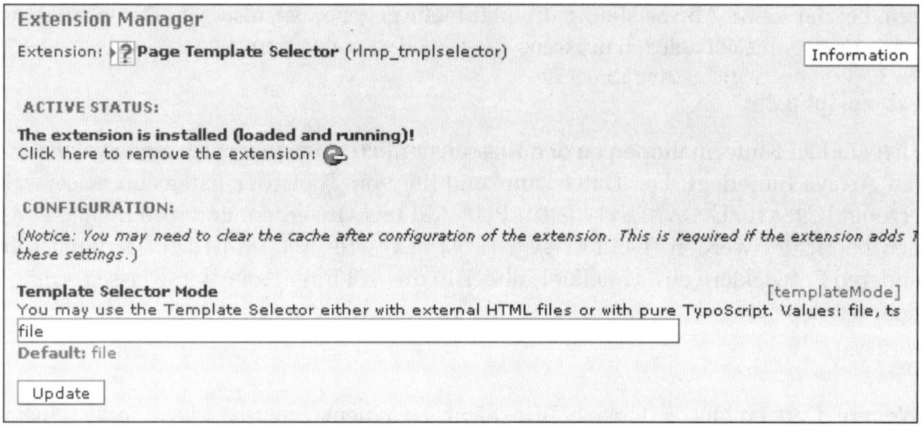

Abbildung 6.22: Konfigurationsmöglichkeit im Page Template Selector

Der Benutzer kann bei der Installation (und bei Bedarf auch noch später) auswählen, ob die verschiedenen Templates auf Dateien oder *TypoScript* basieren sollen. Sie können solcherlei Konfigurationsmöglichkeiten recht einfach zur Verfügung stellen.

Listing 6.10: Inhalt der Datei ext_conf_template.txt

```
# cat=basic//; type=string; label=Template Selector Mode: You may use the Template Selector either with external HTML files or with pure TypoScript. Values: file, ts
templateMode = file
```

Neben einer Zuordnung zu einer Kategorie können Sie den Typ des Feldes (*type=string*) und beschreibenden Text (*label=...*) definieren. Die hervorgehobene Überschrift wird durch den Doppelpunkt von der tatsächlichen Beschreibung getrennt. Den Namen für die Option können Sie frei vergeben; ein sinnvoller Name in englischer Sprache ist hier natürlich wünschenswert. Als Standardwert ist im Beispiel *file* vorgegeben, wodurch für die Auswahl der Templates Dateien aus einem in *TypoScript* zu definierenden Verzeichnis verwendet werden. TYPO3 speichert die Daten serialisiert in eine $TYPO3_CONF_VARS.

Listing 6.11: Resultierender Eintrag in der localconf.php

```
$TYPO3_CONF_VARS['EXT']['extConf']['rlmp_tmplselector'] =
'a:1:{s:12:"templateMode";s:4:"file";}';
```

6.5 Struktur, Aufbau, Funktionsweise

Tipp

Ein sehr umfangreiches Einsatzbeispiel können Sie in der Extension tt_news von Rupert Germann vorfinden. Aufgrund der vielen Konfigurationsmöglichkeiten sind dabei die einzelnen Werte gruppiert dargestellt. Dies können Sie durch eine entsprechende Auswahl vorgefertigter Kategorien für Ihre Parameter erreichen – beispielsweise *cat=basic/**enable**/120*.

Listing 6.12: Sinnvolle vordefinierte Kategorien in t3lib/class.t3lib_tsparser_ext.php

```
var $subCategories = array(
// Standard categories:
    "enable" => Array("Enable features", "a"),
    "dims"   => Array("Dimensions, widths, heights, pixels", "b"),
    "file"   => Array("Files", "c"),
    "typo"   => Array("Typography", "d"),
    "color"  => Array("Colors", "e"),
    "links"  => Array("Links and targets", "f"),
    "language" => Array("Language specific constants", "g"),
);
```

Innerhalb der Extension können Sie auf dieses serialisierte Array zugreifen und die enthaltenen Werte entsprechend berücksichtigen. Falls Sie an den Eingaben vor dem Speichern in das serialisierte Array Änderungen an den Daten vornehmen müssen, können Sie einen dafür vorgesehenen *Hook* verwenden:

Listing 6.13: Aktivierungsbeispiel für den Hook in typo3/mod/tools/em/class.em_index.php

```
$TYPO3_CONF_VARS['SC_OPTIONS']['typo3/mod/tools/em/index.php']['tsStyleConfigForm'][]
    = Ihre Funktion
```

Weitere Informationen zu Hooks finden Sie im Abschnitt *Hooks*, Seite 376.

6.5.4 Bereich für Frontend-Plugins (pi*)

Frontend-Plugins und zugehörige Dateien liegen innerhalb des Extension-Ordners im Unterordner *pi**. In der Regel werden Sie nur den Ordner *pi1* haben, da zu den meisten Extensions nur ein Frontend-Plugin gehört. Mehrere sind jedoch kein Problem und können einfach durch die Ziffer nach der Zeichenfolge *pi* unterschieden werden.

class.tx_[extName ohne Unterstrich]_pi1.php

Die PHP-Klasse enthält den logischen Code für die Erzeugung der Darstellung im Frontend. Standardmäßig erbt sie von der Klasse *tslib/class.tslib_pibase.php* und wird nur um spezifische Funktionalitäten erweitert. Hier findet die meiste Arbeit für den Entwickler des Frontend-Plugins statt. Der *Extension Kickstarter* legt bereits eine funktionierende Grundlage vor.

locallang.xml, locallang.php

Label für die Unterstützung der Mehrsprachigkeit im Frontend werden in einer PHP- oder XML-Datei abgelegt. Die Form der PHP-Dateien ist veraltet, da hier keine umfassende Zeichensatzunterstützung möglich ist. Der *Extension Kickstarter* legt bereits eine funktionierende Grundlage vor.

static/setup.txt

Falls ein Frontend-Plugin mithilfe von *TypoScript* auf Basis eines statischen Templates konfiguriert werden kann, sollte die zugrunde liegende Basiskonfiguration für den Bereich SETUP in dieser Datei liegen.

static/constants.txt

Falls ein Frontend-Plugin mithilfe von *TypoScript* und zugehörigen Konstanten konfiguriert werden kann, sollten die zugrunde liegenden Konstanten für den Bereich CONSTANTS in dieser Datei liegen.

static/editorcfg.txt

Die Konfigurationsdatei für den *TypoScript Editor* wird vom Kickstarter automatisch angelegt, wird aber in der Regel nicht benötigt.

6.5.5 Bereich für Backend-Module (mod*)

Backend-Module und zugehörige Dateien liegen innerhalb des Extension-Ordners im Unterordner *mod**. In der Regel werden Sie nur den Ordner *mod1* haben, da zu den meisten Extensions nur ein Backend-Modul gehört. Mehrere sind jedoch kein Problem und können einfach durch die Ziffer nach der Zeichenfolge *mod* unterschieden werden.

conf.php

Diese Datei wird vom Kickstarter fertig angelegt und muss in der Regel nicht mehr angepasst werden. Hier sind Konfigurationsangaben (z. B. für Zugriffsrechte) enthalten, die vom Backend benötigt werden. Die Angabe $MCONFL'access']='user,group'; legt fest, dass der Zugriff über die Rechtevergabe für die einzelnen Benutzer bzw. Gruppen geregelt wird. Ihr Modul wird dort automatisch zur Auswahl hinzugefügt. Ein Wert 'admin' würde den Zugriff nur für Administratoren zulassen, ein Leerstring den Zugriff für alle Benutzer ermöglichen.

6.5 Struktur, Aufbau, Funktionsweise

Tipp

Falls Sie beim Aufruf eines frisch vom Kickstarter erzeugten Moduls einen Fehler im Backend bekommen, weil TYPO3 die Datei *init.php* nicht findet, sollten Sie versuchen, die Pfade manuell zu ändern.

Listing 6.14: Originale und angepasste Pfadangaben

```
#define('TYPO3_MOD_PATH', 'ext/abz_references/mod1/');
#$BACK_PATH='../../../';
define('TYPO3_MOD_PATH', '../typo3conf/ext/abz_references/mod1/');
$BACK_PATH='../../../../typo3/';
```

Die Information, wo das Backend-Modul dann angezeigt wird, ist nicht hier, sondern in der Datei *ext_tables.php* hinterlegt.

Listing 6.15: Einbindungsanforderung für das Backend-Modul der Extension cc_beinfo

```
if (TYPO3_MODE=='BE')   {
   t3lib_extMgm::addModule('web',
                        'txccbeinfoM1',
                        '',
                        t3lib_extMgm::extPath($_EXTKEY).'mod1/');
}
```

index.php

In dieser Datei nehmen Sie analog zur *pi*-Klasse im Frontend die von Ihnen benötigten Änderungen nach der Erzeugung durch den Kickstarter vor.

Wichtig für den Anfang sind dabei die Funktionen menuConfig und moduleContent.

In menuConfig werden die Elemente für das Auswahlfeld der Funktionalität konfiguriert, und in moduleContent wird der entsprechende Code dafür implementiert.

Listing 6.16: Startversion für Backend-Funktionalitäten: menuConfig()

```
function menuConfig()   {
   global $LANG;
   $this->MOD_MENU = Array (
      'function' => Array (
         '1' => $LANG->getLL('function1'),
         '2' => $LANG->getLL('function2'),
         '3' => $LANG->getLL('function3'),
      )
   );
   parent::menuConfig();
}
```

Abbildung 6.23: Bereits vom Kickstarter erzeugtes Funktionsmenü

Listing 6.17: Startversion für Backend-Funktionalitäten: moduleContent()

```
function moduleContent()   {
   switch((string)$this->MOD_SETTINGS['function']) {
      case 1:
         $content='<div align="center"><strong>Hello World!</strong></div><br />
            The "Kickstarter" has made this module automatically, it contains a
            default framework for a backend module but apart from that it does
            nothing useful until you open the script '.substr(t3lib_extMgm::extPath
            ('test'),
            strlen(PATH_site)).$pathSuffix.'index.php and edit it!
            <hr />
            <br />This is the GET/POST vars sent to the script:<br />'.
            'GET:'.t3lib_div::view_array($_GET).'<br />'.
            'POST:'.t3lib_div::view_array($_POST).'<br />'.
            '';
         $this->content.=$this->doc->section('Message #1:',$content,0,1);
         break;
      case 2:
         $content='<div align=center><strong>Menu item #2...</strong></div>';
         $this->content.=$this->doc->section('Message #2:',$content,0,1);
         break;
      case 3:
         $content='<div align=center><strong>Menu item #3...</strong></div>';
         $this->content.=$this->doc->section('Message #3:',$content,0,1);
         break;
   }
}
```

Hinweis

Im Abschnitt *Das Rad nicht neu erfinden, API nutzen*, Seite 450, finden Sie viele Anhaltspunkte zu bereits bestehenden Objekten, die Sie für Ihre Programmierung einsetzen können.

locallang.xml, locallang.php

Hier hinterlegen Sie alle Label, die innerhalb des Backend-Moduls benötigt werden.

Es ist prinzipiell egal, ob die Label in Form eines Arrays als PHP-Datei oder in Form der XML-Struktur abgelegt werden. Falls kein triftiger Grund vorliegt, sollten Sie jedoch die Variante in XML bevorzugen. Weitere Informationen zum Thema Lokalisierung finden Sie im Abschnitt *Sprachvielfalt durch Lokalisierung L10n, UTF8*, Seite 293.

locallang_mod.xml, locallang_mod.php

Die Bezeichnung des Moduls wird hier bereits vom Kickstarter hinterlegt und muss in der Regel nicht mehr von Ihnen angepasst werden.

moduleicon.gif

Das Icon für das Modul wird im Backend in der Modulliste dargestellt. Die Datei und der Verweis darauf werden vom Extension Kickstarter automatisch angelegt, Sie können die Datei einfach austauschen.

6.5.6 Bereich für Services (sv*)

In Ordnern, die mit *sv** beginnen, werden Dateien abgelegt, die für Services benötigt werden. Informationen zu Services finden Sie im Abschnitt *Services*, Seite 381.

6.5.7 Textinformationen und ihre Lokalisierung (L10n)

> **Hinweis**
>
> Die grundsätzliche Funktionsweise der Lokalisierung und was dahinter steht, finden Sie beschrieben im Abschnitt *Sprachvielfalt durch Lokalisierung L10n, UTF8*, Seite 293.
>
> Es ist sicher für Ihr Verständnis des richtigen Einsatzes einer Lokalisierung von Vorteil, wenn Sie sich erst in dem genannten Abschnitt über die Zusammenhänge schlau machen. Falls Ihnen dazu gerade die Lust oder auch die Zeit fehlt, können Sie nur mit dem Wissen dieses Abschnittes trotzdem erfolgreich Lokalisierung betreiben, da wir hier besprechen, wie die Möglichkeiten von TYPO3 genutzt werden und wie Sie Ihre Extension mehrsprachig machen.

Beim Anlegen eines neuen Frontend-Plugins oder Backend-Moduls mit dem Kickstarter können Sie im Bereich SETUP LANGUAGES bereits im Vorfeld die gewünschten Sprachen zusätzlich zur Standardsprache anlegen. In Ihrem Fall wird das vermutlich meistens die Sprache Deutsch sein. Wir empfehlen Ihnen diese Vorgehensweise, anstatt einfach nur die deutschen Begriffe in die Felder für die Standardsprache einzutragen. Denn dann sind Sie praktisch ohne Mehraufwand bereits auf eine Erweiterung für mehrere Sprachen vorbereitet.

Der Kickstarter bietet Ihnen dann gleich die Eingabefelder für die jeweiligen Sprachen an und speichert diese in die entsprechenden XML-Sprachdateien ab.

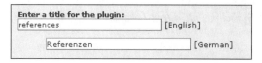

Abbildung 6.24: Mehrsprachigkeit im Kickstarter für Label des Frontend-Plugins

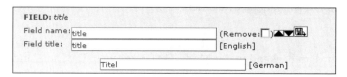

Abbildung 6.25: Mehrsprachigkeit im Kickstarter für Label von Datenbankfeldern

Listing 6.18: Zweisprachige Label vom Kickstarter erzeugt: locallang_db.xml

```xml
<?xml version="1.0" encoding="utf-8" standalone="yes" ?>
<T3locallang>
    <meta type="array">
        <type>database</type>
        <description>Language labels for database tables/fields belonging to extension
         'abz_references'</description>
    </meta>
    <data type="array">
        <languageKey index="default" type="array">
            <label index="tx_abzreferences_items">Reference Items</label>
            <label index="tx_abzreferences_items.title">title</label>
            <label index="tx_abzreferences_items.description">description</label>
            <label index="tx_abzreferences_items.category.I.0">shop</label>
            <label index="tx_abzreferences_items.category.I.1">intranet</label>
            <label index="tx_abzreferences_items.category">category</label>
            <label index="tt_content.list_type_pi1">references</label>
        </languageKey>
        <languageKey index="de" type="array">
            <label index="tx_abzreferences_items">Referenzen</label>
            <label index="tx_abzreferences_items.title">Titel</label>
            <label index="tx_abzreferences_items.description">Beschreibung</label>
            <label index="tx_abzreferences_items.category.I.0">Shops</label>
            <label index="tx_abzreferences_items.category.I.1">Intranet</label>
            <label index="tx_abzreferences_items.category">Kategorie</label>
            <label index="tt_content.list_type_pi1">Referenzen</label>
```

6.5 Struktur, Aufbau, Funktionsweise

```
        </languageKey>
    </data>
</T3locallang>
```

Tipp

Der Kickstarter legt Label inzwischen im *.xml*-Format an. Die Label können Sie mit der Extension `llxmltranslate` aus dem TER bequem im Backend anpassen. Wenn Sie die XML-Dateien mit einem Editor bearbeiten, sollten Sie darauf achten, dass der Editor auf den Zeichensatz UTF-8 eingestellt ist, sonst werden z. B. Umlaute nicht korrekt abgespeichert.

Label im Backend einbinden

Im Backend sollten Sie beim Zugriff auf lokalisierte Texte in aller Regel mit der bereits als globales Objekt zur Verfügung gestellten Klasse `$LANG` arbeiten. Diese bietet alles, was Sie für eine Lokalisierung brauchen.

```
$LANG->getLL("label_key");
```

Damit greifen Sie direkt auf einen Label im `$LOCAL_LANG`-Array zu. Zuvor müssen Sie jedoch die entsprechenden Label mittels `$LANG->includeLLFile()` in das globale Sprachobjekt geladen haben.

Eine weitere Möglichkeit ist das Auslesen der Informationen aus einem lokalen `$LOCAL_LANG`-Array mit `$LANG->getLLL("label_key", $LOCAL_LANG)`. Dieses Array können Sie mittels des zweiten Parameters der `$LANG->includeLLFile()`-Funktion anlegen, damit Sie dann darauf zugreifen können. Standardmäßig werden Label aus geladenen Lokalisierungsdateien in das globale `$LOCAL_LANG`-Array geladen. Falls Sie den angesprochenen zweiten Parameter `$setGlobal` jedoch auf 0 stellen, wird stattdessen ein Spracharray zurückgegeben.

Listing 6.19: Ausschnitt aus einen fiktiven Testmodul frisch vom Kickstarter: mod1/index.php

```
unset($MCONF);
require_once('conf.php');
require_once($BACK_PATH.'init.php');
require_once($BACK_PATH.'template.php');
$LANG->includeLLFile('EXT:testext/mod1/locallang.xml');
require_once(PATH_t3lib.'class.t3lib_scbase.php');
$BE_USER->modAccess($MCONF,1);    // This checks permissions and exits if the users
has no permission for entry.
class  tx_testext_module1 extends t3lib_SCbase {
var $pageinfo;
    function init()    {
        global $BE_USER,$LANG,$BACK_PATH,$TCA_DESCR,$TCA,$CLIENT,$TYPO3_CONF_VARS;
```

```
        parent::init();
    }
    function menuConfig()    {
        global $LANG;
        $this->MOD_MENU = Array (
            'function' => Array (
                '1' => $LANG->getLL('function1'),
                '2' => $LANG->getLL('function2'),
                '3' => $LANG->getLL('function3'),
            )
        );
        parent::menuConfig();
    }
}
```

Eine weitere Möglichkeit besteht darin, über eine Dateireferenz direkt auf ein bestimmtes Label zuzugreifen:

```
$LANG->sL("LLL:[file-reference of locallang file]:[key-name]")
```

Es spielt keine Rolle, ob Sie als Dateiendung *xml* oder *php* angegeben, da TYPO3 automatisch nach Dateien beider Endungen sucht. Diese Methode erfordert kein vorhergehendes Einbinden der locallang-Dateien und wird normalerweise nur benutzt, falls auf einzelne Label des Core (also Label außerhalb der eigenen Extension) zugegriffen wird. Für reguläre Zugriffe auf Label für die eigene Extension gilt diese Methode als veraltet (deprecated). Verwenden Sie dieses Verfahren also nach Möglichkeit nicht!

Label im Frontend einbinden

In Ihrer *pi*-Klasse, die je nach Extension Key einen anderen Namen hat, können Sie sehen, wie die vom Kickstarter erzeugten Label eingebunden werden.

Listing 6.20: Ausschnitt aus einen fiktiven Plugin, frisch vom Kickstarter: pi1/class.tx_testext_pi1.php

```
function main($content,$conf) {
    $this->conf=$conf;
    $this->pi_setPiVarDefaults();
    $this->pi_loadLL();
    $content='
        <h3>This is a form:</h3>
        <form action="'.$this->pi_getPageLink($GLOBALS['TSFE']->id).'" method="POST">
            <input type="hidden" name="no_cache" value="1">
            <input type="text" name="'.$this->prefixId.'[input_field]"
                value="'.htmlspecialchars($this->piVars['input_field']).'">
            <input type="submit" name="'.$this->prefixId.'[submit_button]"
                value="'.htmlspecialchars($this->pi_getLL('submit_button_label')).'">
        </form>
        <br />
```

6.5 Struktur, Aufbau, Funktionsweise

```
    <p>You can click here to '.$this->pi_linkToPage('get to this page
      again',$GLOBALS['TSFE']->id).'</p>
  ';
  return $this->pi_wrapInBaseClass($content);
}
```

Mithilfe der Funktion $this->pi_loadLL() werden die Sprachinformationen geladen, $this->pi_getLL('submit_button_label') greift auf den gewünschten Label zu. Der Zugriff erfolgt also analog zum Backend, da bei beiden Szenarien im Hintergrund dieselbe Funktionalität verwendet wird.

Tipp

Später hinzukommende zusätzliche Sprachen können Sie sehr komfortabel mithilfe der Extension llxmltranslate übersetzen.

Weitere nützliche Funktionen für die Lokalisierung

Die Funktion t3lib_page::getRecordOverlay() schafft eine generelle Möglichkeit, um im Frontend Datensätze auszulesen, die in verschiedene Sprachen übersetzt werden können. Die den Datensätzen zugrunde liegende Tabelle muss im $TCA entsprechend konfiguriert sein. Der bekannteste Einsatz dieser Methode erfolgt bei normalen TYPO3-Seiten, die für verschiedene Sprachen angelegt werden können. Dabei wird nicht der gesamte Datensatz kopiert und übersetzt, sondern nur für bestimmte Felder des Datensatzes ein Übersetzungsdatensatz mit Bezug auf den Orginaldatensatz angelegt. Vergleichen Sie dazu die Datenbanktabellen *pages* und *pages_language_ overlay*.

Für die Bearbeitung von eingehenden Zeichen, z. B. über Formulare, bieten uns Funktionen wie makeEntities($str) oder JScharCode($str) des $LANG-Objekts Hilfestellung. Detaillierte Informationen finden Sie direkt im Code oder über die Extension extdeveval, die eine Beschreibung der API von wichtigen Klassen zur Verfügung stellt.

Abbildung 6.26: API-Leiste mit Objekt $LANG durch die Extension extdeveval

6 Extensions entwickeln

Hilfreiche Extensions zum Thema Lokalisierung

Wie üblich in TYPO3 lohnt vor Beginn einer Problemlösung ein Blick auf die Liste der vorhandenen Extensions. Viele Probleme sind bereits für andere Programmierer aufgetreten, deren Wissen und Engagement Sie für Ihre Bedürfnisse einsetzen können.

- `rlmp_language_detection`

  Mithilfe dieser kleinen Extension von Robert Lembke können Sie die im Browser eingestellte bevorzugte Sprache erkennen und den Besucher automatisch auf die richtige Sprache bzw. den richtigen Teilbaum für diese Sprache weiterleiten. Falls diese Sprache auf Ihrer Webseite noch nicht angeboten wird, können Sie eine alternative Sprache definieren.

- `t3_locmanager`

  Schafft eine Schnittstelle für zu lokalisierende Inhalte zu professioneller Übersetzungssoftware.

6.5.8 Und dann geht's los!

Nachdem Sie die Struktur einer Extension verstanden haben, können Sie nun beginnen, Änderungen am vom Kickstarter geschriebenen Code vorzunehmen und die Extension genau an Ihre Bedürfnisse anzupassen. Beachten Sie dabei bitte auch die weiteren Ausführungen dieses Kapitels.

Achtung

Falls Sie später noch einmal eine Anpassung über den Kickstarter machen, sollten Sie bereits getätigte Veränderungen in einem Backup sichern, da der Kickstarter die von Ihnen durchgeführten Änderungen überschreiben wird, falls Sie die zugrunde liegende Datei nicht explizit vom Schreiben ausnehmen.

6.6 Coding Guidelines

Eins vorneweg: Der Weg zur Perfektion ist steinig! Bei der Lektüre der folgenden Seiten werden Sie sich vielleicht manchmal fragen, ob das nicht alles ein bisschen übertrieben ist. Ist es nicht! Durch die Reglementierung der Code-Schreibweise sollen hauptsächlich zwei Ziele erreicht werden:

- Sicherheit
- Lesbarkeit des Codes

Wir wollen im Folgenden die von Kasper und dem Core Team aufgestellten Regeln betrachten, die für Code im Source-Paket absolut verpflichtend sind und für die Entwicklung von Extensions wärmstens empfohlen werden. Um eine gute und allgemein anerkannte Extension zu schreiben, führt kein Weg an der Einhaltung dieser Regeln vorbei.

Tipp

Aus eigener Erfahrung wissen wir, dass es am Anfang nicht leicht ist, all diese Forderungen einzuhalten und seinen Lieblingseditor darauf zu trimmen. Gewohnheiten werfen wir halt nicht so gerne über Bord. Aber es lohnt sich!

Eine generelle Betrachtung zum Thema Sicherheit finden Sie im Abschnitt *Sicherheit*, Seite 653.

6.6.1 Organisationsregeln

Kopfbereich

Der Kopfbereich jeder Datei enthält die *copyright notice*. Am einfachsten kopieren Sie diesen Teil aus einer bestehenden Datei. Der Name des Autors und seine E-Mail-Adresse werden mit in dieser Information hinterlegt. Falls Sie den Code einer Bibliothek verändern, **müssen** Sie die Änderungen dokumentieren, denn das wird in der GPL so gefordert. Und TYPO3 unterliegt bekanntlich nun mal der GPL.

Exkurs: Die General Public Licence (GPL)

Die General Public Licence (GPL) ist eine von der Free Software Foundation herausgegebene Lizenz für die Lizenzierung freier Software. Die GPL oder eine ihrer Abwandlungen wird für einen Großteil der verfügbaren OpenSource-Projekte angewendet.[3]

Der String ID wird im Kopfbereich platziert und vom Versionierungssystem *subversion* durch Versionierungsinformationen ersetzt.

Der String [CLASS/FUNCTION INDEX of SCRIPT] wird als erste Zeile eines Kommentars eingefügt. Die Extension extdeveval wird hier einen automatisch erzeugten und verwalteten Index der Klassen und Funktionen einfügen, sobald Sie die Extension nutzen, um Kommentare im JavaDoc[4]-Stil einzufügen.

---

[3] GPL: http://www.gnu.org/copyleft/gpl.html,
 deutsche Fassung: http://www.gnu.de/gpl-ger.html
[4] API-Dokumentation im HTML-Format, http://java.sun.com/j2se/javadoc/

Fußbereich

Um die bekannte Erweiterungsfähigkeit von TYPO3 sicherzustellen, werden generell alle Klassen mit Code zum Überschreiben am Ende der Datei bestückt.

Listing 6.21: Erweiterungsmöglichkeit für Inhalte der Datei class.t3lib_page.php

```
if (defined('TYPO3_MODE') &&
$TYPO3_CONF_VARS[TYPO3_MODE]['XCLASS']['t3lib/class.t3lib_page.php']) {
  include_once($TYPO3_CONF_VARS[TYPO3_MODE]['XCLASS']['t3lib/class.t3lib_page.php']);
}
```

Weitere Informationen zum Thema XCLASS finden Sie im Abschnitt *Erweiterung mittels XCLASS*, Seite 372.

Dort können Sie nachlesen, wie die *XCLASS*-Methode funktioniert und wann Sie sie einsetzen sollten. Öffnen Sie ruhig zur Kontrolle ein paar Klassen aus dem TYPO3-Source-Paket, und Sie werden dieses Schema am Ende fast jeder Klassendatei finden und wiedererkennen. Wenn Sie eine Klasse instanziieren oder einen Klassennamen zur Instanziierung vorbereiten, sollten Sie immer die Hilfsfunktionen `t3lib_div::makeInstance()` oder `t3lib_div::makeInstanceClassName()` benutzen. Dadurch stellen Sie die korrekte Einbindung einer eventuell vorhandenen XCLASS sicher.

6.6.2 Formatierung und Benennung

Das Ziel ist ein einheitliches Erscheinungsbild des Codes. Dadurch wird es wesentlich leichter, die Werke anderer zu verstehen, was eine ganze Reihe von Vorteilen hat:

- Der Entwickler fühlt sich im Code zu Hause.
- Fehler und Sicherheitslücken werden schneller entdeckt.
- Verbesserungen können schneller eingebracht werden.
- Editorumwandlungsprobleme treten erst gar nicht auf.

Sprache

Für alle Namen von Datenbanktabellen, Datenbankfeldern, Klassennamen, Funktionsnamen, Kommentare usw. werden englische Begriffe oder Abkürzungen benutzt.

Dateinamen

Dateinamen sollten nicht länger als 31 Zeichen sein, bevorzugt kürzer. Kleinschreibung wird bevorzugt.

Schreibweise

- Als Scriptbeginn wird immer

  `<?php`

  verwendet und nicht etwa nur `<?`, auch falls dies in Ihrer Testumgebung funktionieren sollte.

- Es gibt keine Begrenzung der Zeilenlänge.
- Zeilen enden immer mit dem Unix-Zeilenumbruch, `chr(10)`. Konfigurieren Sie Ihren Editor entsprechend.
- Einrückungen werden durch Tabulatoren (und nicht durch Leerzeichen) erzeugt.

> **Exkurs: Gewissensfrage: Einrückung per TAB oder Leerzeichen?**
>
> Diese Diskussion wurde und wird unter Entwicklern weltweit mit Herzblut diskutiert. Die Autoren (und eben auch die *TYPO3* Coding Guidelines) stehen mit Nachdruck hinter der TAB-Variante. Zwei wichtige Gründe sprechen für Tabulatoren:
>
> 1. Ein einziges Byte steht für eine Einrückung, was schlichtes und sauberes Design verkörpert.
> 2. Die Tiefe der Einrückung kann von jedem Entwickler ohne Änderung am Code individuell gewählt werden.

Geschweifte Klammern, richtig angewandt:

```
function doSomething ($param) {
    return 'whatever you want';
}

if ($test) {
    return 'correct';
} else {
    return 'false';
}
```

Geschweifte Klammern, falsch eingesetzt:

```
function doSomething ($param)
{
    return 'whatever you want';
}

if ($test)
{
    return 'correct';
```

```
}
else
{
   return 'false';
}

if ($test)
   return 'correct';
```

Klassen

Je Datei wird nur eine Klasse hinterlegt. Der Name der Datei lautet wie folgt:

class.[classname].php

classname entspricht dem Namen der Klasse in Kleinbuchstaben. Die Klassennamen wiederum gehorchen folgender Schreibweise:

[library]_[nameInCamelCase]

library entspricht in der aktuellen TYPO3-Version entweder *tslib* oder *t3lib*. Für Klassen in Extensions wird immer das Präfix *tx_*, gefolgt vom Namen der Extensions ohne Unterstrich mit optionalem Suffix verwendet. Klassen, die eine andere Klasse überschreiben (*XCLASS*), werden mit dem Präfix *ux_* gekennzeichnet. Hier sehen Sie ein Beispiel für eine Klasse einer Extension namens my_ext:

Listing 6.22: Beispiele für Klassennamen einer Extension my_ext

tx_myext
tx_myext_doTheBest

Für beschreibende Klassennamen wird jeweils der erste Buchstabe des Wortes großgeschrieben (*camelCase*[5]). Klassen- und Funktionsnamen in PHP sind nicht case-sensitiv.

Funktionen

Sie sollten eigentlich ohne Funktionen auskommen. Benutzen Sie stattdessen Klassen und Methoden, und rufen Sie sie entsprechend auf:

ihreKlasse::dieMethode()[6]

Ein gutes Einsatzbeispiel für diese Vorgehensweise ist die Klasse t3lib_div, z. B. der Aufruf:

t3lib_div::_GP('myGPVar')

---

[5] http://de.wikipedia.org/wiki/Binnenmajuskel
[6] php 4: http://www.php.net/manual/de/keyword.paamayim-nekudotayim.php
php 5: http://www.php.net/manual/de/language.oop5.paamayim-nekudotayim.php

6.6 Coding Guidelines

Dies ist notwendig, um auf keinen Fall mit anderen Bibliotheken zu kollidieren, indem der gleiche Name für eine Funktion von verschiedenen Programmierern benutzt wird, was die Anwender solcher Extensions vor unlösbare Probleme stellt. Durch das Einbinden der Funktionen in sauber strukturierte Namensräume der entsprechenden Klassen (wie `ts_lib`, `t3_lib`, `tx_` und `ux_`) wird außerdem die Übersichtlichkeit stark erhöht.

Globale Variablen, Konstanten und Eingabevariablen

- Globale Variablen werden in Großbuchstaben geschrieben.
- Variablen mit weitem Gültigkeitsbereich haben lange Namen, Variablen mit kleinem Gültigkeitsbereich haben kurze Namen, z. B. `$i` für Zählervariablen in Schleifen. Dadurch kann der Betrachter sofort erkennen, dass es sich um Variablen mit nur kleinem lokalen Gültigkeitsbereich handelt.
- Auf GET- und POST-Variablen wird immer über die TYPO3-Funktionen `t3lib_div::_GET()`, `t3lib_div::_POST()` und `t3lib_div::_GP($var)` zugegriffen. Diese liefern die Werte *unescaped* zurück. Dadurch können die Werte direkt in Funktionen wie `$GLOBALS['TYPO3_DB']->quoteStr()` übergeben werden. Für weitere Informationen werfen Sie einen Blick in die API.
- Wenn Sie einen Wert in `$HTTP_GET_VARS` global schreiben müssen, nutzen Sie immer `t3lib_div::_GETset()`. Dadurch wird sowohl `$HTTP_GET_VARS` als auch `$_GET` korrekt geschrieben.
- Für eine Prüfung, ob eine Variable gesetzt ist (z. B. per `isset()`), ist der direkte Zugriff auf `$_GET` oder `$_POST` erlaubt.
- Falls möglich, werden alle Abfragen von Input-Variablen in einer `init()`-Funktion zusammengefasst. So kann man sofort sehen, welchen Input die Applikation von außen erwartet.
- Benutzen Sie Namensräume für die Benennung der Input-Variablen für GET und POST. Ein Input-Feld in einem Formular sollte z. B. für den Einsatz in einer Extension `myext` oder `my_ext` wie folgt aussehen:

```
<input name="tx_myext[name]">
```

Der Zugriff auf den Wert erfolgt z. B. über

```
t3lib_div::_GP('tx_myext');
```

Falls Sie ein *Frontend-Plugin* schreiben, bietet die dabei zum Einsatz kommende Klasse `tslib_pibase` nochmals weitere Möglichkeiten (siehe Abschnitt *Struktur, Aufbau, Funktionsweise → Konfigurationsmöglichkeiten für Extensions (ext_conf_template.txt)*, Seite 425.

`t3lib_div::_GET()`, `t3lib_div::_POST()` und `t3lib_div::_GP()` geben Werte immer *unescaped* zurück, egal was in der *php.ini* bei `magic_quotes` eingestellt ist. Und genau das ist auch ein Grund, warum Sie sie nutzen sollten.

Nochmals zur Verdeutlichung:

Richtig:

```
$myVar = t3lib_div::_POST('myname');
```

Falsch:

```
$myVar = $GLOBALS['myname'];
$myVar = $GLOBALS['HTTP_POST_VARS']['myname'];
$myVar = $_POST['myname'];
$myVar = $_GET['myname'];
```

Eine Auflistung von verfügbaren globalen Variablen und Konstanten in TYPO3 finden Sie im Abschnitt *Das Rad nicht neu erfinden, API nutzen*, Seite 450.

Systemvariablen

Da Systemvariablen leider naturgemäß sehr stark von der verwendeten Umgebung abhängen (Windows, Linux, Unix, ...ISS, Apache, ...), war das Core Team gezwungen, eine Wrapper-Klasse für das Abfragen von Systemvariablen zur Verfügung zu stellen. Nur dadurch kann sichergestellt werden, dass TYPO3 auf den verschiedensten Serverumgebungen zuverlässig funktioniert. Benutzen Sie für die Abfrage von Servervariablen also bitte immer `t3lib_div::getIndpEnv()` und niemals `getenv()`. Falls Sie einen Wert benötigen, der noch nicht von dieser Funktion geliefert wird, testen Sie die Verfügbarkeit auf möglichst vielen verschiedenen Systemen, und schlagen Sie bei Erfolg eine Aufnahme in die Schlüsselliste der Funktion vor. Weitere Informationen können Sie dem Quellcode der Funktion entnehmen.

6.6.3 Programmiergrundsätze mit PHP

Sie sollten Ihren Code so gestalten, dass dieser konform zu den empfohlenen *php.ini*-Einstellungen ist. Dazu gehören vor allem:

Listing 6.23: Empfohlene php.ini-Einstellungen

```
allow_call_time_pass_reference = Off
register_globals = Off
register_argc_argv = Off
magic_quotes_gpc = Off
variables_order = "GPCS"
safe_mode = On
safe_mode_gid = Off
safe_mode_exec_dir = [path]
open_basedir = [path]
short_open_tags = Off
```

Eine detaillierte Beschreibung der Auswirkungen entnehmen Sie bitte direkt der *php.ini* Datei oder dem PHP-Handbuch im Abschnitt *php.ini Einstellungen*[7].

- Arrays werden mittels is_array() geprüft und mittels reset() zurückgesetzt, bevor sie in einer while(list()=each())-Schleife abgefragt werden. Empfohlen wird die foreach()-Konstruktion, dabei ist auch kein explizites reset nötig.

- Strings werden mithilfe der Funktion strcmp() verglichen, und Variablen mit angenommenem String-Inhalt werden mit (string) gecastet. Für den Vergleich von Wert und Typ wird === eingesetzt.

Exkurs: Die Krux mit dem Typvergleich

Haben Sie jemals === in Kontrollstrukturen eingesetzt? Nein? Dann sind Sie keine Ausnahme. Da in PHP nicht für jede Variable explizit der Typ angegeben werden muss, schleicht sich schnell eine gewisse Faulheit ein. Vorsicht, das kann ins Auge gehen, und ein entsprechender Bug ist schwer zu finden. Ein Beispiel:

$test == 'part1' ergibt true, wenn $test einen String 'part1' enthält. Das ist erwünscht.

$test == 'part1' ergibt true, wenn $test einen Integer von 0 enthält. Das ist wohl eher nicht erwünscht.

Warum? Da $test ein Integer ist, wird auch der Teil rechts in einen Integer mit dem Inhalt 0 umgewandelt.

- Prüfungen auf Dateipfade mit is_file(), is_dir(), is_writeable() und file_exists() können mit PHP-Versionen >= 4.0.7 eine Warnung erzeugen, falls die Datei nicht existiert, obwohl dies die Funktion ja gerade herausfinden soll. Als Abhilfe wird den Funktionen ein @ zur Fehlerunterdrückung vorangestellt, z. B. @is_file().

- fopen() wird immer mit dem Parameter -b für binary save-Inhalt verwendet.

- is_executable() wird nur eingesetzt, wenn der Server mit absoluter Sicherheit niemals ein Windows-Server sein wird.

- Um einen Einsatz unter safe_mode oder mit einer open_basedir-Einstellung zu ermöglichen, gilt Folgendes:
  - Verzeichnisnamen in mkdir() bleiben ohne Schrägstrich (/) am Ende.
  - Zur Behandlung von temporären Dateinamen werden die Funktionen t3lib_div::tempnam($filePrefix) und t3lib_div::unlink_tempfile() eingesetzt.
  - Ein Hochladen von Dateien wird durch die Funktionen t3lib_div::upload_to_tempfile(), t3lib_div::upload_copy_move() und t3lib_div::unlink_tempfile() unterstützt. Nutzen Sie diese Funktionen.

- Direkte Ausgaben an den Browser werden durch htmlspecialchars() geschickt.

---

7 http://www.php.net/manual/de/ini.php

6.6.4 Weitere Programmiergrundsätze mit TYPO3

- Wenn Sie Änderungen am $TCA außerhalb des [ctrl]-Bereichs vornehmen wollen, laden Sie $TCA immer erst mit t3lib_div::loadTCA($tablename). Dadurch wird sichergestellt, dass die Tabelle komplett geladen ist, auch wenn sie dynamisch konfiguriert ist.

- Inhalte für <textarea> werden immer mit t3lib_div::formatForTextarea() formatiert.

- Die Größe von Eingabe- und Textfeld-Elementen für das Backend wird durch die Methoden $TBE_TEMPLATE->formWidth() für input und $TBE_TEMPLATE->formWidthText() für textarea festgelegt. Dadurch werden eine einheitliche Größe der Felder und korrekte Umbrüche über verschiedenste Browser hinweg sichergestellt. $TBE_TEMPLATE ist ein global verfügbares Objekt der Klasse *template*.

- Beim Einsatz der GD-Funktionen imageTTFBBox() und imageTTFtext() werden die Parameter für die Schriftgröße durch t3lib_div::freetypeDpiComp() bestimmt. Falls FreeType2 eingesetzt wird und dies auch richtig in der entsprechenden $TYPO3_CONF_VAR konfiguriert ist, werden die Größen auf den korrekten Wert gesetzt.

- Für Links wird die *index.php* nie als Standardwert angenommen, sondern hinzugefügt. Es muss also immer *../index.php?id=5* statt *../?id=5* heißen, da bei bestimmten Konfigurationen sonst Probleme auftreten werden.

- Wenn Sie absolute Webpfade prüfen, testen Sie nicht auf http://, solange Sie https-Verbindungen nicht absichtlich ignorieren wollen. Um das Protokoll (scheme) zu erfahren, nutzen Sie parse_url(), oder extrahieren Sie diese Information aus $TYPO3_REQUEST_HOST oder einem anderen Wert aus t3lib_div::getIndpEnv().

- Beim Einsatz der Header("Location: ")-Direktive wird die URL immer erst durch die Funktion t3lib_div::locationHeaderUrl($url) geschickt. Dadurch wird sichergestellt, dass die URL mit *http://* beginnt. Dies ist eine Forderung in der *RFC 2068*, Abschnitt 14.30 *Location*, und eliminiert den unter bestimmten Umständen auftretenden Fehler, dass der Browser nach einer Weiterleitung nicht über den geänderten Pfad informiert wird und demzufolge relative Links nicht mehr korrekt funktionieren.

6.6.5 Dokumentation

Jede Funktion wird dokumentiert. Generell ist eine JavaDoc-Formatierung wünschenswert, aber etwas Dokumentation in irgendeiner Form ist besser als gar keine Dokumentation. Eine gute Möglichkeit ist, den Kommentar mit einem Satz wie »returns ...« zu beginnen, weil dadurch die Funktion in Kürze sehr gut beschrieben werden kann. Ein Blick in die Klassen des Core zeigt die praktische Ausführung. Infos zum Aufbau von JavaDoc-Kommentaren finden Sie unter *http://java.sun.com/j2se/javadoc/writingdoccomments/index.html*.

6.6 Coding Guidelines

Ein Beispiel für Klassen:

Listing 6.24: Dokumentation zur Klasse t3lib_div

```
/**
 * The legendary "t3lib_div" class - Miscellaneous functions for general purpose.
 * Most of the functions does not relate specifically to TYPO3
 * However a section of functions requires certain TYPO3 features available
 * See comments in the source.
 * You are encouraged to use this library in your own scripts!
 *
 * USE:
 * The class is intended to be used without creating an instance of it.
 * So: Don't instantiate - call functions with "t3lib_div::" prefixed the function name.
 * So use t3lib_div::[method-name] to refer to the functions, eg.
 * 't3lib_div::milliseconds()'
 *
 * @author    Kasper Skaarhoj <kasperYYYY@typo3.com>
 * @package TYPO3
 * @subpackage t3lib
 */
```

Hinweis

Beachten Sie die Benutzung der Tags @author, @package und @subpackage:

- @author – Name und E-Mail-Adresse
- @package – **immer** TYPO3
- @subpackage – **immer** tx_[Name der Extension ohne Unterstrich]

Ein Beispiel für Funktionen:

Listing 6.25: Dokumentation zur Funktion inList($list,$item) in t3lib_div

```
/**
 * Check for item in list
 * Check if an item exists in a comma-separated list of items.
 * Usage: 163
 *
 * @param    string    comma-separated list of items (string)
 * @param    string    item to check for
 * @return   boolean   true if $item is in $list
 */
```

6 Extensions entwickeln

Ein @param-Tag ist für jeden Parameter der Funktion zwingend erforderlich, auch wenn die Aufgabe des Parameters offensichtlich erscheint. Der @return-Tag ist zwingend für alle Rückgabewerte, die nicht void sind. Die Beschreibung hier wird oft ähnlich zur Beschreibung in der ersten Zeile sein, versuchen Sie hier, den Rückgabewert noch genauer zu spezifizieren.

In der Extension extdeveval finden Sie nützliche Tools für die Erzeugung von Dokumentation im und aus dem Code.

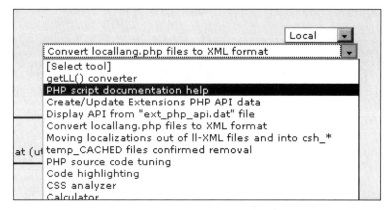

Abbildung 6.27: Hilfstools für Kommentare

Ein weiteres tolles Tool ist der *Source Code Optimizer*. Er unterstützt bei der Umwandlung von doppelten in einfache Anführungszeichen. Dies beschleunigt den Code, da PHP dann den Inhalt zwischen den Anführungszeichen nicht mehr nach Variablen parst, sondern von einer fertigen Zeichenfolge ausgeht.

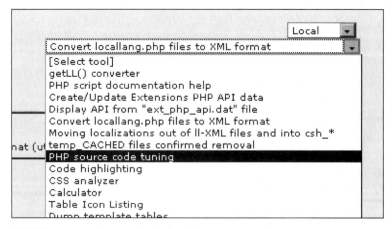

Abbildung 6.28: Source Code Optimizer

6.6.6 Datenbankzugriffe

Achtung

Das Wichtigste vorneweg: **Benutzen Sie niemals direkte PHP-Befehle für den Datenbankzugriff**. TYPO3 stellt einen Wrapper (t3lib_DB) für Datenbankzugriffe zur Verfügung, der alle Anforderungen abdecken sollte.

Der Wrapper wird global als Objekt $TYPO3_DB instanziiert. Sowohl die Erzeugung als auch die Ausführung von SQL-Abfragen kann komplett dadurch erfolgen. Eine Übersicht der Funktionen sehen Sie in der API für die DB-Klasse. Auch hier werden Sie im Code des Source-Paketes und in allen bekannten Extensions gute Beispiele sehen.

```
class t3lib_DB
    @package: TYPO3
    @subpackage: t3lib

    Query execution
    These functions are the RECOMMENDED DBAL functions for use in your appl
    Using these functions will allow the DBAL to use alternative ways of accessir
    They compile a query AND execute it immediately and then return the result
    This principle heightens our ability to create various forms of DBAL of the fu
    Generally: We want to return a result pointer/object, never queries.
    Also, having the table name together with the actual query execution allows

function exec_INSERTquery($table,$fields_values,$no_quote_fields=FALSE)
function exec_UPDATEquery($table,$where,$fields_values,$no_quote_fields=FALSE)
function exec_DELETEquery($table,$where)
function exec_SELECTquery($select_fields,$from_table,$where_clause,$groupBy='',$orderBy='',$
function exec_SELECT_mm_query($select,$local_table,$mm_table,$foreign_table,$whereClause=
function exec_SELECT_queryArray($queryParts)
function exec_SELECTgetRows($select_fields,$from_table,$where_clause,$groupBy='',$orderBy=

    Query building
function INSERTquery($table,$fields_values,$no_quote_fields=FALSE)
function UPDATEquery($table,$where,$fields_values,$no_quote_fields=FALSE)
function DELETEquery($table,$where)
function SELECTquery($select_fields,$from_table,$where_clause,$groupBy='',$orderBy='',$limit='
function listQuery($field, $value, $table)
function searchQuery($searchWords, $fields, $table)

    Various helper functions
    Functions recommended to be used for
    - escaping values,
    - cleaning lists of values,
    - stripping of excess ORDER BY/GROUP BY keywords
function fullQuoteStr($str, $table)
function fullQuoteArray($arr, $table, $noQuote=FALSE)
```

Abbildung 6.29: Ausschnitt der API der DB-Klasse

Folgende Vorteile erhalten Sie durch diese Vorgehensweise:

- SQL Injektion über Feldwerte `$fields_values` wird in allen `INSERT`- und `UPDATE`-Abfragen durch escapen verhindert. Den Teil für where müssen Sie jedoch noch selbst schützen (siehe den Abschnitt *Weitere Regeln* weiter unten).
- Der Code wird besser lesbar.
- Alle DB-Abfragen gehen über die DB-Klasse. Dadurch wird das Debugging erleichtert, Veränderungen wegen neuer Datenbankoptionen werden wesentlich einfacher, und das Wichtigste: TYPO3 ist nicht mehr nur auf MySQL festgelegt. Es kann z. B. auch eine Oracle-Datenbank genutzt werden.

Hier noch einmal die wichtigsten Zugriffsbefehle:

Listing 6.26: Die wichtigsten Datenbankzugriffsmöglichkeiten

```
// SELECT:
$res = $GLOBALS['TYPO3_DB']->exec_SELECTquery(
'*',// SELECT ...
'mytable',// FROM ...
'uid=123 AND title LIKE "%blabla%"',// WHERE ...
'',// GROUP BY...
'title',// ORDER BY...
'5,10'// LIMIT
);

// INSERT:
$insertArray=array(
  'pid'=>123,
  'title'=>"My Title"
);
$res=$GLOBALS['TYPO3_DB']->exec_INSERTquery('mytable',$insertArray);

// UPDATE:
$updateArray=array(
   'title'=>"My Title"
);
$res=$GLOBALS['TYPO3_DB']->exec_UPDATEquery('mytable','uid=123',$updateArray);

// DELETE
$res=$GLOBALS['TYPO3_DB']->exec_DELETEquery('mytable','uid=123');
```

Für Änderungsabfragen im Frontend bieten sich außerdem Funktionen aus dem *cObj* an:

Listing 6.27: Schnellzugriffe aus dem Frontend

```
tslib_cObj::DBgetInsert($table, $pid, $dataArr, $fieldList, $doExec);
tslib_cObj::DBgetUpdate($table, $pid, $dataArr, $fieldList, $doExec);
```

6.6 Coding Guidelines

```
tslib_cObj::DBgetDelete($table, $uid, $doExec);
$this->cObj->exec_getQuery($table, $queryConf); (Vorteil: Berücksichtigung der
Sprache über languageField => sys_language_uid sehr einfach)
```

Achtung

Wenn Sie eine Abfrage mit PHP-Funktionen für MySQL durchführen, z. B. mit `mysql_query()`, bekommen Sie einen *result resource pointer* zurück. DBAL (die Extension für die Datenbankabstrahierung) liefert jedoch höchstwahrscheinlich ein Objekt zurück. Im Normalfall macht das für Sie keinen Unterschied. Wenn Sie *$res* jedoch in eine Funktion als Argument geben, tun Sie dies immer als Referenz und erwarten ein Objekt.

Weitere Regeln

- Parsen Sie alle Werte für WHERE-Abschnitte mit der Funktion `$GLOBALS['TYPO3_DB']->fullQuoteStr()`, und geben Sie den Tabellennamen als zweiten Parameter mit. Dadurch kann DBAL die Aufrufe korrekt für jede gewünschte Datenbank zusammenstellen. Für *ids* (also sichere Integerwerte) verwenden Sie die PHP-Funktion `intval()`.

- Setzen Sie bei JOIN-Befehlen vor Feldnamen die Tabellenbezeichnung, um Zuordnungsprobleme zu vermeiden.

- Nutzen Sie für neue Felder SQL-Standardformate statt MySQL-spezifischer Formate. Für Zeitinformationen ist z. B. ein Timestamp-Feld vorgesehen. Dadurch ist der Inhalt zwar nicht ohne Weiteres einfach für Menschen zu lesen, es ist jedoch die Kompatibilität zu anderen Datenbanken gewährleistet.

TYPO3 benutzt eine Teilmenge des MySQL-kompatiblen SQL. Dies bedeutet, dass es von MySQL direkt ausgeführt werden kann, während für andere Datenbanken eventuell Umformungen durchgeführt werden müssen. Um die Kompatibilität Ihres SQL sicherzustellen, können Sie die Klasse *t3lib_sqlparser* nutzen. Die SQL-Befehle in TYPO3 sind relativ einfach gehalten. Dadurch wird zwar des Öfteren eine spezielle Möglichkeit von MySQL ungenutzt gelassen, aber die Kompatibilität mit anderen Datenbanken kann dadurch gewährleistet werden.

6.6.7 Operationen im Dateisystem

- Interne Pfade werden immer im Unix-Stil geschrieben, also mit / statt mit \. Ausnahmen von dieser Regel sind Pfade zu externen Programmen wie *GraphiksMagick* und Pfade zu temporären Dateien.

- Pfade werden mit der Funktion `t3lib_div::validPathStr($path)` auf Korrektheit geprüft. Für absolute Pfade steht `t3lib_div::isAbsPath($path)` zur Verfügung.

- Für Umwandlungen von Pfaden aus Windows steht t3lib_div::fixWindowsFilePath() zur Verfügung. Normale Schrägstriche werden nicht verändert, deshalb kann diese Funktion auch generell eingesetzt werden.

- Relative Pfade werden mittels t3lib_div::getFileAbsFileName() in absolute Pfade umgewandelt. Oder sie werden zumindest vorne mit ./ versehen, um sicherzugehen, dass auf allen Systemen der Pfad richtig interpretiert wird.

- Vor dem Einbinden einer Datei, deren Pfad durch Eingaben von außen (z. B. durch Benutzereingaben) bestimmt wird, wird dieser Pfad zwingend mit t3lib_div::validPathStr($path) auf Backpath-Inhalte (../../) geprüft, um Sicherheitslücken auszuschließen.

- Nutzen Sie niemals den Doppelpunkt als Trennzeichen, wenn die Möglichkeit besteht, dass ein Teil der Zeichenkette einen Pfad darstellt. Auf Windows-Systemen wird Ihr Trennversuch keine korrekten Ergebnisse bringen, da hier bekanntermaßen der Doppelpunkt in absoluten Pfaden vorkommt (z. B.: *c:\programme*).

Weitere Informationen zum Thema Sicherheit finden Sie im Abschnitt *Sicherheit*, Seite 653.

6.7 Das Rad nicht neu erfinden, API nutzen

> **Tipp**
>
> Eine der zentralen Anforderungen an einen guten TYPO3-Entwickler ist eine gute Kenntnis der zur Verfügung stehenden *TYPO3-API*. Es lohnt sich immer, bei einer Aufgabenstellung erst mal zu recherchieren, ob nicht bereits irgendwo im *TYPO3 Core* eine Funktion oder Methode zur Verfügung steht, die das aktuell anstehende Problem löst. Damit ist dann nicht nur Zeit gewonnen, sondern der resultierende Code ist besser wartbar und zuverlässiger, da die API-Methode sicher besser getestet ist und von anderen Entwicklern auch als solche erkannt wird.

Im Folgenden wollen wir die wichtigsten Methoden und Eigenschaften, Variablen und Konstanten vorstellen, die bereits von TYPO3 zur Verfügung gestellt werden.

6.7.1 Verfügbare Konstanten

In einer normalen TYPO3-Umgebung stehen nach dem Einbinden der *init.php* eine ganze Reihe von Informationen bezüglich der Scriptpfade und Datenbankzugriffsdaten zur Verfügung. Da sich diese während der Laufzeit nicht verändern, werden sie durch Konstanten dargestellt. Die Extension cc_beinfo von René Fritz bietet eine einfache und schnelle Möglichkeit, die wichtigsten dieser Konstanten im Backend einzusehen.

6.7 Das Rad nicht neu erfinden, API nutzen

Ein Großteil der Konstanten ist sowohl im Backend als auch im Frontend verfügbar. Abweichungen davon können Sie folgender Tabelle entnehmen.

Bezeichnung	Beschreibung	Definition in	Verfügbarkeit
TYPO3_OS	Betriebssystem (operating system), WIN im Falle von Windows, »« für andere Betriebssysteme	*init.php*	FE/BE
TYPO3_MODE	Bereichsmodus, FE für Frontend, BE für Backend. Wichtig evtl. für Unterscheidungen in Klassen, die in Frontend und Backend aufgerufen werden können.	*init.php*	FE/BE
PATH_thisScript	Absoluter Pfad des aktuellen Scripts	*init.php*	FE/BE
TYPO3_mainDir	Verzeichnis der Backend Scripte. Dieses ist hart kodiert auf typo3/ festgelegt. Dieses Verzeichnis muss ein Unterverzeichnis der Webseite sein.	*init.php*	FE/BE
PATH_typo3	Absoluter Pfad zum Backend (PATH_site + TYPO3_mainDir)	*init.php*	BE
PATH_typo3_mod	Relativer Pfad (ausgehend von PATH_typo3) zum aktuellen Modul, falls dieses korrekt konfiguriert wurde, z. B. *../typo3conf/ext/cc_beinfo/mod1/*	*init.php*	BE
PATH_site	Absoluter Pfad zur aktuellen TYPO3-Instanz (im Frontend), wird ermittelt als das Elternverzeichnis von PATH_typo3	*init.php*	FE/BE
PATH_t3lib	Absoluter Pfad zum Verzeichnis *t3lib*	*init.php*	FE/BE
PATH_typo3conf	Absoluter Pfad zum Konfigurationsverzeichnis der TYPO3-Instanz *typo3conf*. Diese Konstante muss gesetzt sein, damit die Standardkonfiguration in *t3lib/config_default.php* geladen wird.	*init.php*	FE/BE
TYPO3_db	Name der für die aktuelle Instanz zu verwendenden Datenbank. Dieser Wert wird wie die folgenden TYPO3_*-Konstanten erst nach der Einbindung der *typo3conf/localconf.php* definiert und kann über die dortige Variable (z. B. $typo3_db) belegt werden.	*config_default.php*	FE/BE
TYPO3_db_username	Datenbank-Benutzername. Kann über die Variable $typo_db_username in der *localconf.php* festgelegt werden.	*config_default.php*	FE/BE

Tabelle 6.1: Konstanten in TYPO3

Bezeichnung	Beschreibung	Definition in	Verfügbarkeit
TYPO3_db_password	Passwort des obigen Benutzers. Kann über die Variable $typo_db_password in der localconf.php festgelegt werden.	*config_default. php*	FE/BE
TYPO3_db_host	Hostname der Datenbank, z. B. *localhost*. Bei Einsatz einer ODBC-Schnittstelle der Name der Schnittstelle, die beim Einrichten frei definierbar ist. Kann über die Variable $typo_db in der *localconf.php* festgelegt werden.	*config_default. php*	FE/BE
TYPO3_tables_script	Standardmäßig ist dies *t3lib/stddb/tables.php*. Hier könnte eine andere Datei im Ordner *typo3conf* als Basistabellendefinitionsdatei eingestellt werden. Dies ist allerdings eine veraltete Vorgehensweise. Falls Sie Änderungen an den Definitionen in der *tables.php* vornehmen wollen, entwickeln Sie eine Extension, die die entsprechenden Werte überschreibt.	*config_default. php*	FE/BE
TYPO3_extTableDef_script	Name der Datei, die weitergehende Definitionen zu Tabellen enthält. Auch dies ist veraltet! Erstellen Sie eine Extension, die die entsprechenden Werte überschreibt.	*config_default. php*	FE/BE
TYPO3_version	Die Version von TYPO3: x.x.x für freigegebene Versionen, x.x.x-dev für Entwicklungsversionen vor einem Release, x.x.x-bx für Betaversionen	*config_default. php*	FE/BE
TYPO3_languages	Definiert die Liste der Keys für die Sprachen im TYPO3-Backend, z. B. de für Deutsch.	*config_default. php*	FE/BE
TYPO3_DLOG	Wird durch die Einstellung des Wertes enable_DLOG im Install Tool gesetzt. Dieser Wert wird als globaler Schalter für die Aktivierung des Event-Logs in TYPO3 genutzt. Weitere Informationen zum Event-Log finden Sie im Abschnitt *Debug: debug und devlog*, Seite 494.	*config_default. php*	FE/BE

Tabelle 6.1: Konstanten in TYPO3 (Forts.)

6.7 Das Rad nicht neu erfinden, API nutzen

Bezeichnung	Beschreibung	Definition in	Verfügbarkeit
TYPO3_MOD_PATH	Pfad zum Modul relativ zu PATH_typo3. Wird im Modul definiert und muss vor der Einbindung der *init.php* festgelegt sein. Dies erfolgt automatisch bei Benutzung des Kickstarters in der Datei *conf.php* innerhalb eines Ordners im Modul.	je nach Programmierung	BE
TYPO3_PROCEED_IF_NO_USER	Falls auf true gesetzt, übergibt die *init.php* wieder an das aufrufenden Script. Dies wird z. B. für die Anzeige der Login-Maske im Backend eingesetzt. Aus Sicherheitsgründen sollten Sie diese Konstante nur einsetzen, wenn Sie genau wissen, was Sie tun.	z.B. *typo3/index.php*	BE
TYPO3_cliMode	Startet den CLI-Modus (Command Line Interface). Dies kann eingesetzt werden, falls Sie aus einem auf der Konsole aufgerufenen PHP-Script ein TYPO3-Backend initialisieren wollen. Weitere Informationen zum CLI-Modus finden Sie im Abschnitt *Alleinstehende Scripts*, Seite 487.	vor Einbindung der *init.php*	BE

Tabelle 6.1: Konstanten in TYPO3 (Forts.)

6.7.2 Globale Variablen

Dem TYPO3-Entwickler stehen eine ganze Reihe globaler Variablen und Objekte zur Verfügung.

Tipp

Greifen Sie auf globale Objekte mithilfe von $GLOBALS zu. Darin stehen Ihnen alle im Folgenden genannten Objekte von Haus aus zur Verfügung, beispielsweise durch $GLOBALS['TYPO3_LOADED_EXT'] oder $GLOBALS['TYPO3_CONF_VARS'].

6 Extensions entwickeln

Bezeichnung	Beschreibung	Definition in	Verfügbarkeit
TYPO3_CONF_VARS	Das TYPO3-Konfigurationsarray schlechthin. Die Werte können über das *Install Tool* gesetzt werden. Dort sehen Sie auch eine Beschreibung der einzelnen Werte. Informationen zum *Install Tool* finden Sie außerdem im Abschnitt *Das Installationstool*, Seite 39. In den TYPO3_CONF_VARS werden auch Konfigurationen für Plugins abgelegt. Mehr dazu finden Sie im Abschnitt *Konfigurationsmöglichkeiten für Extensions (ext_conf_template.txt)*, Seite 425.	*config_default. php*	FE/BE
TYPO3_LOADED_EXT	Array mit allen derzeit geladenen Extensions und dazugehörigen Pfaden. Mithilfe der Funktion t3lib_extMgm::isLoaded($key) können Sie im Code speziell für eine Extension prüfen, ob sie geladen ist.	*config_default. php*	FE/BE
$TYPO3_DB	Instanz der DB-Wrapper-Klasse t3lib_db. Dieses Objekt muss für alle Datenbankverbindungen benutzt werden, um Kompatibilität zu anderen Datenbanken wie *PostgreSQL*, *Oracle* und *MS SQL* gewährleisten zu können. Siehe den folgenden Abschnitt.	*init.php*	FE/BE
TSFE	Das Objekt TSFE enthält die eigentliche Frontend-Klasse, die für viele Aufgabenstellungen genutzt werden kann. Eine tiefergehende Beschreibung finden Sie im nächsten Abschnitt *tslib/tslib_fe.php, class tslib_fe*, Seite 465.	*tslib/ index_ts.php*	FE
EXEC_TIME	Wird durch die PHP-Funktion time() gesetzt, sodass für das gesamte Script ein Zeitwert für den Beginn der Ausführung zur Verfügung steht.	*config_default. php*	FE/BE
SIM_EXEC_TIME	Wird durch $EXEC_TIME gesetzt, kann aber später im Script verändert werden, um ein anderes Ausführungsdatum zu simulieren. Diese Technik wird z. B. im Frontend für die Vorschau von vergangenen oder zukünftigen Zeiten verwendet.	*config_default. php*	FE/BE

Tabelle 6.2: Globale Variablen in TYPO3, Teil 1

6.7 Das Rad nicht neu erfinden, API nutzen

Bezeichnung	Beschreibung	Definition in	Verfügbarkeit
CLIENT	Array mit Informationen über den Browser basierend auf HTTP_USER_AGENT bzw. t3lib_div::clientInfo(): Das Array enthält folgende Elemente: BROWSER = msie, net, opera oder »«, VERSION = Browserversion (als float), SYSTEM = win, mac, unix, FORMSTYLE = boolean	init.php	FE/BEE
PARSETIME_START	Zeitinformation in Millisekunden direkt nach Einbindung der Konfiguration	init.php	BE
T3_VAR	Platzhalter für verschiedene globale Objekte in TYPO3. Derzeit definierte Elemente sind callUserFunction und callUserFunction_classPool: Diese werden von t3lib_div::getUserObj zum Speichern von dauerhaften Objekten genutzt. RTEobj: enthält das aktuelle RTE-Objekt, falls eines definiert ist; siehe Klasse t3lib_BEfunc. ['ext'][extension-key]: Hier ist ein Speicherplatz für Ihre eigenen Extension-Objekte vorgesehen.	config_default.php	BE
T3_SERVICES	Enthält Objektregistrierung für Services, siehe auch die Funktion addService() in t3lib/class.t3lib_extmgm.php	config_default.php	FE/BE
WEBMOUNTS	Array der *uid*s von Seiten, die im Seitenbaum für den aktuellen Backend-Benutzer eingebunden (gemountet) werden sollen.	init.php	(FE)/BE Für Frontend-Editing auch im FE verfügbar
FILEMOUNTS	Array der Pfade auf dem Server, die in die Dateiliste im Modul FILELIST eingebunden werden sollen.	init.php	(FE)/BE Für Frontend-Editing auch im FE verfügbar
BE_USER	Das PHP-Objekt des Backend-Benutzers, wird beispielsweise zum Prüfen des Admin-Status verwendet: $GLOBALS['BE_USER']->isAdmin()	init.php	(FE)/BE Für Frontend-Editing auch im FE verfügbar

Tabelle 6.2: Globale Variablen in TYPO3, Teil 1 (Forts.)

Bezeichnung	Beschreibung	Definition in	Verfügbarkeit
TBE_MODULES_EXT	Enthält Informationen über Module von Extensions, die in die Funktionsmenüs (Dropdowns rechts oben) von bestehenden Modulen eingebunden werden sollen; wird dann in *config_default.php* gelöscht.	*ext_tables.php* der Extension	BE
TCA_DESCR	Hier können Referenzen zu Dateien stehen, die beschreibende Texte für Lokalisierungen zu Feldern enthalten; wird dann in *config_default.php* gelöscht.	in *[ext_]tables.php* Files.	BE

Tabelle 6.2: Globale Variablen in TYPO3, Teil 1 (Forts.)

Folgende Variablen haben einen sehr starken Bezug zum $TCA und sind nicht immer von Haus aus komplett geladen. Sie müssen unter Umständen von Ihnen erst eingebunden werden. Weitere Informationen zu den einzelnen Objekten finden Sie im Abschnitt *$TCA (Table Configuration Array)*, Seite 312.

Bezeichnung	Beschreibung	Definition in	Verfügbarkeit
PAGES_TYPES	Konfigurierte Seitentypen	*t3lib/stddb/ tables.php*	unterschiedlich
TCA	Konfigurationsarray für alle Datenbankfelder. Einen tieferen Einblick in das $TCA bekommen Sie im Kapitel *Das Framework – der Werkzeugkasten*, Abschnitt *Im Zentrum der Macht: The Core → $TCA (Table Configuration Array)*, Seite 312.	*t3lib/stddb/ tables.php*	BE/FE (teilweise)
TBE_MODULES	Modulstruktur im Backend mit Haupt- und Untermodulen (siehe Abschnitt *Aufbau der Backend-Schnittstelle*, Seite 357).	*t3lib/stddb/ tables.php*	unterschiedlich
TBE_STYLES	Definieren das Aussehen der Backend-Formulare (siehe Abschnitt *Aussehen der Backend-Formulare anpassen*, Seite 360).	*t3lib/stddb/ tables.php*	unterschiedlich
FILEICONS	Assoziatives Array mit der Zuordnung von Icons (ohne Pfade) zu den entsprechenden Dateiendungen, z. B.: 'zip' => 'zip.gif'	*t3lib/stddb/ tables.php*	unterschiedlich

Tabelle 6.3: Globale Variablen in TYPO3, Teil 2

6.7.3 Die wichtigsten Klassen für den Extension-Entwickler

Es gibt einige Klassen in TYPO3, um deren Benutzung man als Entwickler von sauber eingebundenen Extensions nicht herumkommt. Diese Klassen stellen Ihnen einen Grundumfang an Funktionalitäten zur Verfügung, auf die Sie in allen möglichen Situationen zurückgreifen können bzw. müssen.

Tipp

Falls Sie es nicht schon längst getan haben, ist jetzt der richtige Zeitpunkt gekommen, um den *Extension Development Evaluator* (Extension Key: evtdeveval) zu installieren. Dadurch bekommen Sie im Backend eine Link-Leiste dazu, in der einige dieser Klassen mit Verweisen auf die entsprechende API eingebunden sind.

`Dev links: t3lib/ | div | extMgm | BEfunc | DB | template | lang | pibase | cObj | TSref | TYPO3.org`

Abbildung 6.30: Link-Leiste mit Zugriff auf API-Informationen

Wir werden diese Klassen nur relativ kurz vorstellen, eine genauere Beschreibung entnehmen Sie bitte dieser API. Um das Auffinden der Klassen im Verzeichnissystem zu erleichtern, geben wir in der Überschrift zusätzlichen den Namen der Datei an, die die Klassen enthält.

class.t3lib_div.php, class t3lib_div

Eine der ältesten Klassen in TYPO3 – t3lib_div – steht für Diverses. In dieser Klasse sind viele Funktionalitäten zusammengefasst, die nicht unbedingt TYPO3-spezifisch sind. Deshalb wird die Klasse auch nicht instanziiert, sondern die Funktionen werden aufgerufen, z. B.:

Listing 6.28: Aufruf der debug-Funktion aus der Klasse t3lib_div

```
t3lib_div::debug($var);
```

Tipp

Von der Klasse t3lib_div wird überall im TYPO3-Source-Paket fleißig Gebrauch gemacht. Schließen Sie sich dem an, und sehen Sie sich die Möglichkeiten über die API an!

Eine kleine Auswahl an oft eingesetzten Funktionen:

- `t3lib_div::_GP($var)`

  zum Auslesen von Daten aus POST oder GET.

- `t3lib_div::breakTextForEmail($str,$implChar="\n",$charWidth=76)`

  zum Einfügen von Umbrüchen in textbasierten E-Mails.

- `t3lib_div::inArray($in_array,$item)`

  zum Überprüfen, ob ein Element in einem Array vorkommt.

- `t3lib_div::writeFile($file,$content)`

  schreibt Inhalt in eine Datei auf dem Dateisystem.

- `t3lib_div::debug($var="",$brOrHeader=0)`

  erzeugt eine Ausgabe der gewünschten Variablen zur Fehlersuche.

  Mehr Informationen zum Thema Debugging und den angebotenen Möglichkeiten finden Sie im Abschnitt *Debug: debug und devlog*, Seite 494.

- `t3lib_div::loadTCA($table)`

  lädt das $TCA für eine bestimmte Tabelle, um beispielsweise danach Änderungen daran vorzunehmen.

- `t3lib_div::makeInstanceClassName($className)`

  gibt den korrekten Klassennamen für eine zu initialisierende Klasse zurück.

- `t3lib_div::validEmail($email)`

  überprüft eine E-Mail-Adresse auf korrekte Syntax.

- `t3lib_div::getURL($url, $includeHeader=0)`

  liest die Datei aus einer URL aus und gibt den Inhalt zurück.

class.t3lib_extmgm.php, class t3lib_extMgm

Dies ist die Hauptklasse für den Extension Manager, die wie die `t3lib_div` nicht instanziiert wird, sondern deren Funktionen statisch aufgerufen werden. Diese Klasse kommt in so gut wie jeder Extension irgendwie zum Einsatz. Beim Einbinden von Frontend-Plugins wird z. B. schon vom Kickstarter folgende Zeile in der *ext_tables.php* hinterlegt:

Listing 6.29: Einbindung des Plugins in der abz_references

```
t3lib_extMgm::addPlugin(array('LLL:EXT:abz_references/locallang_db.xml:tt_content.list_type_pi1', $_EXTKEY.'_pi1'),'list_type');
```

6.7 Das Rad nicht neu erfinden, API nutzen

Folgende Funktionen sollten Sie sich außerdem auf jeden Fall vormerken:

- `extPath($key,$script='')`

  dient zur Erkennung des korrekten absoluten Pfades beim Einbinden einer Klasse aus der Extension `$key`. Erinnern Sie sich an die drei verschiedenen Stellen, an denen eine Extension installiert sein kann? Die Frage wird hier automatisch für Sie beantwortet.

Listing 6.30: Einbindung einer weiteren Klasse in tt_news

```
include_once(t3lib_extMgm::extPath('tt_news').'class.tx_ttnews_catmenu.php');
```

- `addPiFlexFormValue($piKeyToMatch,$value)`

  für den Einsatz von Flexforms zur Konfiguration Ihres Plugins (siehe Abschnitt *T3DataStructure, XML und Flexforms*, Seite 471).

- `addPItoST43($key,$classFile='',$prefix='',$type='list_type',$cached=0)`

  zum Hinzufügen des neuen Plugins an das statische Template mit der *uid* 43 (*content.default*), das praktisch für jede Art der Generierung von Inhalten eingesetzt wird. Normalerweise wird die nötige Zeile Code schon vom Kickstarter angelegt.

Listing 6.31: Hinzufügen des Plugins an das Standard-Template content.default

```
t3lib_extMgm::addPItoST43($_EXTKEY,'pi1/class.tx_abzreferences_pi1.php','_pi1','list_type',1);
```

class.t3lib_befunc.php, class t3lib_BEfunc

In dieser Klasse sind Funktionalitäten für das TYPO3-Backend gesammelt. Auch hier werden die Funktionen statisch, also ohne Instanziierung aufgerufen. Häufig eingesetzt werden folgende Funktionen:

- `deleteClause($table,$tableAlias='')`

  Diese Funktion sollten Sie in jede SQL-Abfrage im Backend einbauen, sobald die zugrunde liegende Tabelle über das `$TCA` konfiguriert ist, um über TYPO3 gelöschte Datensätze sauber zu behandeln.

- `getRecord($table,$uid,$fields='*',$where='')`

  Dies ist die ideale Funktion, um schnell und direkt einen Datensatz aus einer Tabelle zu holen, zu dem die *uid* bekannt ist.

- `getPagesTSconfig($id,$rootLine='',$returnPartArray=0)`

  Über das `Page TSconfig` Array können Sie Konfigurationsparameter für Ihre Module anbieten und auswerten.

- `editOnClick($params,$backPath='',$requestUri='')`

  Mithilfe dieser Funktion können Sie für einen Datensatz einen Link direkt zum normalen Bearbeitungsformular erzeugen.

Listing 6.32: Beispielcode für einen Link mit Edit-Icon zum Datensatz mit uid 23 der Tabelle pages

```
$editUid = 23;
$params = '&edit['pages'][' .$editUid.']=edit';
$output.= '<a href="#"
onclick="'.htmlspecialchars(t3lib_BEfunc::editOnClick($params,$GLOBALS['BACK_PATH'
])).'">'.'<img'.t3lib_iconWorks::skinImg($GLOBALS['BACK_PATH'],
'gfx/edit2.gif','width="11"
height="12"').'/>'.'</a>';
```

class.t3lib_db.php, class class t3lib_DB

Die Klasse t3lib_DB ist die generelle Wrapper-Klasse für jeglichen Datenbankzugriff. Allein für sich stellt sie noch keine komplette Abstraktionsschicht dar, schafft aber die notwendige Grundlage dafür. Solange TYPO3 mit MySQL betrieben wird, werden die Zugriffsbefehle direkt in native MySQL-Befehle umgewandelt. Bei der Zusammenarbeit mit anderen Datenbanken kommt die Extension DBAL ins Spiel, die die jeweiligen Zugriffe steuert. Das Datenbank-Objekt steht in jedem TYPO3-Script zur Verfügung.

Listing 6.33: SQL Select-Abfrage mithilfe von t3lib_DB

```
$GLOBALS['TYPO3_DB']->
exec_SELECTquery($select_fields,$from_table,$where_clause,$groupBy='',$orderBy='',$li
mit='')
```

Weitere Vorgaben und Empfehlungen zur Nutzung von t3lib_DB finden Sie im Abschnitt *Coding Guidelines*, Seite 436.

Hinweis

Es wird empfohlen, möglichst nur die Methoden, die mit exec_* beginnen, einzusetzen, da diese eine einwandfreie Zusammenarbeit mit der Extension dbal und damit mit anderen Datenbanken ermöglichen.

Listing 6.34: Komplettes Gerüst für eine SQL-Abfrage

```
$table = 'pages';
$where = $this->cObj->enableFields($table);
$groupBy = '';
$orderBy = 'sorting';
$limit = '';
$res = $GLOBALS['TYPO3_DB']->exec_SELECTquery (
    '*',
```

6.7 Das Rad nicht neu erfinden, API nutzen

```
    $table,
    $where,
    $groupBy,
    $orderBy,
    $limit
);
$rows = array();
while ($row = $GLOBALS['TYPO3_DB']->sql_fetch_assoc($res)) {
    $rows[] = $row;
}
$GLOBALS['TYPO3_DB']->sql_free_result($res);
```

Nutzen Sie die API aus der Extension extdeveval, um weitere Details zu erfahren.

template.php, class template

Diese Klasse ist die zentrale Stelle für alle layout- und ausgabebezogenen Bereiche im Backend. Für einfache Backend-Module verrichtet sie ihren Dienst im Hintergrund und wird vom Programmierer (in vom Kickstarter erzeugten Extensions) gar nicht mehr bewusst eingesetzt.

lang.php, class language

Mithilfe der Klasse *language* wird die gesamte Steuerung der Lokalisierung von TYPO3 abgewickelt. Detaillierte Angaben zur Verwendung finden Sie im Abschnitt *Textinformationen und ihre Lokalisierung (L10n)*, Seite 431.

tslib/class.tslib_pibase.php, class tslib_pibase

Diese Basisklasse für *Frontend-Plugins* stellt dem Entwickler ein grundlegendes Framework für den Einsatz im Frontend zur Verfügung. Fast alle aktuellen Plugins stellen eine abgeleitete Klasse von tslib_pibase dar.

Tipp

Hier lohnt es sich ganz besonders, vor dem Erstellen des nächsten Plugins die zur Verfügung gestellten Möglichkeiten zu studieren. Es stehen Ihnen viele Möglichkeiten zur Erzeugung von Listen, Blätterfunktionen, Suchfunktionen, Lokalisierung und Verlinkung zur Verfügung. Bei Bedarf können diese Funktionen natürlich auch überschrieben werden.

Eine Einführung in die Verwendung der tslib_pibase zur Erzeugung von Links im Frontend finden Sie im Abschnitt *Links im Frontend richtig erzeugen*, Seite 477.

Weitere interessante Methoden sind:

- `pi_list_browseresults($showResultCount=1,$tableParams='',$wrapArr=array(), $pointerName = 'pointer', $hscText = TRUE)`

  Sie können sehr komfortabel eine Blätterfunktion in Ihre Listendarstellung im Frontend integrieren. Vergleichen Sie die Darstellung moderner Frontend-Plugins wie `ve_guestbook` oder `tt_news`.

- `pi_list_searchBox($tableParams='')`

  Sie erhalten eine Suche basierend auf den Datensätzen des Plugins, die sich nahtlos in das Frontend-Framework einpasst.

- `function pi_wrapInBaseClass($str)`

  Jede Ausgabe, die mit Ihrem Plugin erzeugt wird, ist sauber in `<div>`-Tags mit aussagekräftiger Stilangabe eingeschlossen.

Listing 6.35: Hauptmethode eines fiktiven Plugins frisch vom Kickstarter

```
function main($content,$conf) {
  $this->conf=$conf;
  $this->pi_setPiVarDefaults();
  $this->pi_loadLL();
  $content='
    <h3>This is a form:</h3>
    <form action="'.$this->pi_getPageLink($GLOBALS['TSFE']->id).'"
      method="POST">
        <input type="hidden" name="no_cache" value="1">
        <input type="text" name="'.$this->prefixId.'[input_field]"
          value="'.htmlspecialchars($this->piVars['input_field']).'">
        <input type="submit" name="'.$this->prefixId.'[submit_button]"
          value="'.htmlspecialchars($this->pi_getLL('submit_button_label')).'">
    </form>
    <br />
    <p>You can click here to '.$this->pi_linkToPage('get to this page
       again',$GLOBALS['TSFE']->id).'</p>
  ';
  return $this->pi_wrapInBaseClass($content);
}
```

Listing 6.36: Resultierender HTML-Code

```html
<div class="tx-testext-pi1">
    <h3>This is a form:</h3>
    <form action="index.php?id=23" method="POST">
        <input type="hidden" name="no_cache" value="1" />
        <input type="text" name="tx_testext_pi1[input_field]" value="" />
        <input type="submit" name="tx_testext_pi1[submit_button]" value="Abschicken" />
    </form>
    <br />
    <p>You can click here to <a href="index.php?id=23">get to this page again</a></p>
</div>
```

Achtung

Umschließen Sie jede Ausgabe aus Ihrem Plugin mit den entsprechenden `<div>`-Tags. Dadurch werden Kollisionen von CSS-Angaben mit Ergebnissen anderer Plugins praktisch ausgeschlossen. Der Kickstarter schlägt die Verwendung von `pi_wrapInBaseClass` bereits richtig vor.

- `pi_getEditIcon($content,$fields,$title='',$row='',$tablename='',$oConf=array())`,
  `pi_getEditPanel($row='',$tablename='',$label='',$conf=Array())`

Verwenden Sie diese Funktionen, um ein Frontend-Editing für die Datensätze Ihres Plugins zu ermöglichen.

tslib/class.tslib_content.php, class tslib_cObj

Die umfangreichste Klasse im TYPO3-Framework ist zuständig für die Ausführung und Aufarbeitung der gesamten *TypoScript*-Angaben und stellt somit das Rückgrat der Seitengenerierung für das Frontend dar. Alle regulären TypoScript-Objekte sind in dieser Klasse enthalten. Hier werden Sie fündig, wenn Sie trotz Kapitel *Das Frontend – vorne raus*, Seite 67, und der TypoScript-Dokumentation in der *core_tsref* nicht mehr weiterwissen.

Listing 6.37: Die Funktion COBJ_ARRAY

```php
function COBJ_ARRAY($conf,$ext='')    {
    $content='';
    switch($ext)    {
        case 'INT':
            $substKey = $ext.'_SCRIPT.'.$GLOBALS['TSFE']->uniqueHash();
            $content.='<!--'.$substKey.'-->';
            $GLOBALS['TSFE']->config[$ext.'incScript'][$substKey] = array(
                'file'=>$incFile,
                'conf'=>$conf,
```

```
                'cObj'=>serialize($this),
                'type'=>'COA'
            );
        break;
        default:
            if ($this->checkIf($conf['if.'])) {
                $content=$this->cObjGet($conf);
                if ($conf['wrap']) {
                    $content=$this->wrap($content, $conf['wrap']);
                }
                if ($conf['stdWrap.']) {
                    $content=$this->stdWrap($content, $conf['stdWrap.']);
                }
            }
        break;
    }
    return $content;
}
```

Den Zusammenhang zwischen TypoScript und PHP-Code sehen Sie sehr gut im Bereich default der switch-Anweisung. Es wird geprüft, ob die einzelnen Konfigurationsmöglichkeiten in TypoScript wie stdWrap gesetzt wurden, und die entsprechende Funktionalität wird aufgerufen.

Um beispielsweise ein Bild in einer Listendarstellung darzustellen, können Sie den Bildnamen aus der Datenbank lesen, alle weiteren Informationen (wie die Breite) in TypoScript hinterlegen, und dann zur Erzeugung des img-Tags inklusive eines automatisch kleingerechneten temporären Bildes auf bestehende Funktionen zurückgreifen.

Listing 6.38: Ausschnitt aus TypoScript zu unserem Plugin

```
plugin.tx_myPlugin_pi1 {
    listView {
        myImage = IMAGE
        myImage {
            file.maxW = 50
        }
    }
}
```

Listing 6.39: Erzeugung des Bild-Elements

```
$conf['listView.']['myImage.']['file'] =
    'uploads/tx_myplugin/'.$this->internal['currentRow']['image'];
$content.= $this->cObj->IMAGE($conf['listView.']['myImage.']);
```

Dabei werden der Pfad und der Name der Bilddatei erst in PHP in das Konfigurationsarray hinzugefügt, um aus dem gesamten Konfigurationsarray $conf['listView.']['myImage.'] dann das Bild und das img-Tag zu erzeugen. In der Variable $this->internal['currentRow']['image'] ist im Beispiel der Name der Datei aus der Datenbank hinterlegt.

tslib/tslib_fe.php, class tslib_fe

Die Klasse enthält eine ganze Reihe von Funktionen und Attributen, die von der Hauptdatei im Frontend *index_ts.php* eingesetzt werden. Für den Extension-Entwickler bietet sie viele Möglichkeiten, um den aktuellen Zustand des Frontends abzufragen. Über die global verfügbare Variable $GLOBALS["TSFE"] können Sie einfach darauf zugreifen.

- $GLOBALS["TSFE"]->id

  Sie erhalten die *uid* der aktuellen Seite zurück.

- $GLOBALS["TSFE"]->page

  Der komplette Datensatz der aktuellen Seite steht Ihnen hiermit zur Verfügung.

- $GLOBALS["TSFE"]->loginUser,
  $GLOBALS["TSFE"]->fe_user->user

  Mithilfe von $GLOBALS["TSFE"]->loginUser prüfen Sie, ob der Betrachter der Seite sich als Frontend-Benutzer beispielsweise für einen geschützten Bereich angemeldet hat, und greifen dann per $GLOBALS["TSFE"]->fe_user->user auf den Datensatz des Benutzers zu.

- $GLOBALS['TSFE']->tmpl->setup['config.']['sys_language_uid'],
  $GLOBALS['TSFE']->tmpl->setup['plugin.']['tx_testext_pi1.']['param']

  Falls Sie innerhalb Ihres PHP-Codes auf eine beliebige TypoScript-Einstellung zugreifen müssen, können Sie die entsprechende Angabe analog zu den beiden Beispielen nutzen.

Listing 6.40: TypoScript-Angaben, auf die man per PHP zugreifen kann

```
config.sys_language_uid = 1
plugin.tx_testext_pi1.param = 3
```

Achtung

Beachten Sie den Punkt beispielsweise in ['config.']. Falls Sie auf Einstellungen der nächsttieferen Ebene zugreifen wollen, muss am Ende der Punkt stehen, und zwar so oft, bis das endgültige Zielelement erreicht ist.

6.7.4 Reference Index Table

Haben Sie sich schon einmal darüber geärgert, dass TYPO3 an vielen Stellen die Verknüpfungen zwischen Datensätzen nicht – wie sonst oft bei relationalen Datenbankstrukturen üblich – mittels einer m:m-Tabelle speichert, sondern kommaseparierte Listen verwendet? Eine Zuordnung von zwei Frontend-Benutzergruppen (*uid* 3 und *uid* 4) zu einem Frontend-Benutzer resultiert in folgendem Eintrag im Feld *usergroup*: 3,4. Dabei sind diese Felder in TYPO3 oft als binäre BLOB-Felder angelegt.

Exkurs: BLOB-Felder mit phpMyAdmin in der Datenbank betrachten

Um den Inhalt von BLOB-Feldern mithilfe von *phpMyAdmin* sehen zu können, müssen Sie entsprechende Einstellungen vornehmen.

1. Öffnen Sie dazu die Datei *config.inc.php* im Hauptordner von *phpMyAdmin*. Falls die Datei noch nicht vorhanden ist, legen Sie eine neue Datei mit diesem Namen an.

2. Platzieren Sie folgenden Code in der Datei:

```
$cfg['ShowBlob'] = 1;
$cfg['ProtectBinary'] = 0;
```

3. Springen Sie in die Editierungsmaske für einen Datensatz (z. B. be_users). Sie sollten nun den Inhalt der binären Felder sehen und editieren können.

Es ist also recht einfach, per SQL-Befehl die zugewiesenen Benutzergruppen für einen Benutzer herauszufinden; dies ist auch die häufigste Aufgabe. Was aber, wenn wir wissen wollen, welche Benutzer die Gruppe mit der *uid* 3 zugeordnet haben? Das war bisher nicht ohne Komplettsuche beispielsweise in der Tabelle der *fe_users* möglich. Und hier kommt die *Reference Index Table* ins Spiel.

Hinweis

Seit der Version 4.0 enthält TYPO3 einen Index in Gestalt der Tabelle *sys_refindex*, der alle Beziehungen in TCA-basierten Feldern enthält und vom System aktualisiert wird. Dazu gehören Beziehungen zwischen Datentabellen, Dateien und weiche Referenzen in TypoScript-Bereichen und Flexforms.

Sie können die Einträge in der Tabelle *sys_refindex* manuell aktualisieren. Dazu öffnen Sie das Modul DB CHECK und wählen aus der Funktionsliste den Punkt MANAGE REFERENCE INDEX.

Um alle Frontend-Benutzer mit der Frontend-Benutzergruppe *uid* 3 mithilfe des Reference Index herauszufinden, können wir eine direkte SQL-Abfrage ausführen:

6.7 Das Rad nicht neu erfinden, API nutzen

Listing 6.41: Lesen von Frontend-Benutzern mit der Benutzergruppe uid 3

```
SELECT recuid FROM sys_refindex WHERE tablename = "fe_users" AND ref_table =
"fe_groups" AND ref_uid =3
```

Achtung

Beachten Sie bitte eine Tatsache: Mit dieser Abfrage können wir nur die direkten Beziehungen erfassen, *Subgroups* (also Untergruppen, die der Gruppe mit der *uid* 3 zugeordnet sind) werden davon nicht erfasst.

Auch ein richtiger JOIN-Befehl über die Tabellen *fe_users* und *fe_usergroups* wird durch den Reference Index möglich:

Listing 6.42: Reguläre JOIN-Anweisung mithilfe von sys_refindex

```
SELECT fe_users.username, fe_groups.uid, sys_refindex.sorting FROM
fe_users,fe_groups,sys_refindex WHERE sys_refindex.tablename="fe_users" AND
sys_refindex.ref_table="fe_groups" AND fe_users.uid=sys_refindex.recuid AND
fe_groups.uid=sys_refindex.ref_uid ORDER BY fe_users.username;
```

Prüfungen auf Datenintegrität sind dadurch sehr einfach umsetzbar. Beim Einsatz von *TemplaVoila* kann durch diesen Ansatz für jeden Datensatz erkannt werden, wo er eingebunden ist und ob ein sicheres Löschen (keine Referenzen mehr vorhanden) möglich ist.

Im TYPO3-Backend können Sie mittlerweile an vielen Stellen die praktische Anwendung sehen. Vor allem im Listmodul bekommen Sie häufig die Anzahl der Referenzen auf einen Datensatz zu sehen.

Abbildung 6.31: Anzeige der Datenreferenzen im Listmodul

Eine weitere tolle Möglichkeit ist das Durchsuchen von Inhalten nach Links und Ähnlichem.

Listing 6.43: SELECT-Abfrage für die Suche nach einer E-Mail-Adresse

```
SELECT tablename,recuid,field FROM sys_refindex WHERE softref_key = "email" AND
ref_string="info@yourdomain.de";
```

Der Schlüssel *softref_key* kann verschiedene Werte von typischen weichen Referenzen in einem CMS annehmen.

Schlüssel	Bedeutung
substitute	Der komplette Wert eines Feldes, der für Ersetzungsfunktionen vorgesehen ist, beispielsweise ein Domain-Name aus der Tabelle *sys_domain*. Dies wird hauptsächlich für Import/Export-Funktionalitäten benötigt.
notify	Es wird nur mitgeteilt, dass ein Wert gefunden wurde, es gibt keine weitere Funktionalität.
images	HTML-<img>-Tag für Bilder im RTE oder aus dem *fileadmin*-Bereich.
typolink	Verweise auf Seiten-IDs oder Dateien, optional mit einem anchor/target-Attribut versehen.
typolink_tag	Analog zu typolink, allerdings werden nur Links erfasst, die mit dem TYPO3-spezifischen <link>-Tag eingeschlossen sind.
TSconfig	Datei-Referenzen innerhalb von TSconfig-Feldern. Derzeit wird diese Möglichkeit von keinem Element genutzt.
TStemplate	Freitext-Referenzen zu Dateiangaben in TypoScript mit *fileadmin/...*
email	Verweist auf E-Mail-Adressen in Tabellen, beispielsweise in *tt_content*, *be_user* oder *sys_template*.
url	Verweist auf URL-Angaben mit Schema, beispielsweise in Templates in *sys_template*.

Tabelle 6.4: Mögliche Schlüssel für Soft References

Für detaillierte technische Einblicke öffnen Sie am besten die Dateien *t3lib/class.t3lib_refindex.php* und *t3lib/classt3lib_softrefproc.php* in Ihrem Lieblingseditor.

6.8 Cache-Möglichkeiten intelligent nutzen

Aufgrund der vielfältigen Möglichkeiten, die TYPO3 bietet, können Sie sich sicher vorstellen, dass für den Aufbau einer Seite für das Frontend eine ganze Menge an PHP ausgeführt werden muss. Da dies natürlich auch die entsprechende Menge an Zeit verbraucht, ist es nachdrücklich zu empfehlen, die Möglichkeiten für das Caching zu nutzen, die TYPO3 Ihnen praktischerweise auch gleich zur Verfügung stellt.

Achtung

Standardmäßig ist der Frontend-Cache in TYPO3 aktiviert. Dieser schließt auch Inhalte mit ein, die von selbst entwickelten Frontend-Plugins erzeugt werden. Nun ist aber eine Zwischenspeicherung von Inhalten nicht immer erwünscht, vor allem dann nicht, wenn die Anzeige von Benutzereingaben abhängt, wie beispielsweise einer Suche.

Falls die dargestellten Ergebnisse Ihres Plugins nicht gecacht werden sollen, haben Sie natürlich auch die Möglichkeit, den Cache per TypoScript für die besagte Seite komplett auszuschalten. Dann muss aber auch der gesamte HTML-Code außerhalb Ihres Plugins (wie Menüs, Haupttemplate usw.) bei jedem Aufruf der Seite komplett neu erzeugt werden, obwohl sich daran nichts ändert. Das ist in Hinblick auf die Performance sehr unerwünscht.

TYPO3 bietet Ihnen die Möglichkeit, einzelne Bereiche der Seite aus dem Caching-Mechanismus herauszulösen. Die gleichbleibenden Elemente der Seite werden dann aus dem Cache geladen, während die dynamischen Teile direkt erzeugt werden. Dieses Verhalten können Sie durch eine entsprechende Definition Ihres Elements in *TypoScript* hervorrufen.

Eine detaillierte Darstellung der konfigurierbaren Möglichkeiten des Cachings für das Frontend in TYPO3 finden Sie im Kapitel *Das Frontend – vorne raus*, Abschnitt *Caching*, Seite 193.

6.8.1 plugin als USER oder USER_INT

Ein Plugin wird als USER- oder USER_INT-Objekt in TypoScript eingefügt. Einfach ausgedrückt, wird ein USER-Objekt gecacht und ein USER_INT-Objekt nicht.

Tipp

Normalerweise können Sie einen Großteil aller Frontend-Plugins als USER-Objekt anlegen. Ein herkömmliches Plugin mit Listen- und Detailansicht hat keine Probleme mit Caching, solange Sie die nötigen cHash-Parameter richtig setzen. Dies wird im folgenden Abschnitt besprochen.

Bereits bei der Anlage eines Frontend-Plugins mit dem Extension Kickstarter können Sie anstelle des standardmäßigen USER-Objekts ein USER_INT-Objekt anlegen.

Diese Option bewirkt zwei entscheidende Änderungen im resultierenden Code.

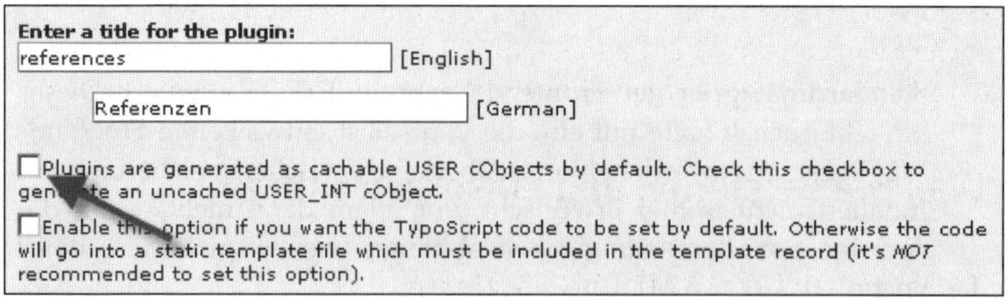

6 Extensions entwickeln

Abbildung 6.32: Ungecachtes Plugin einsetzen

Listing 6.44: Einbindung des Plugins in der Datei ext_localconf.php

```
t3lib_extMgm::addPItoST43($_EXTKEY,'pi1/class.tx_abzreferences_pi1.php','_pi1','list_
type',0);
```

Die Funktion `t3lib_extMgm::addPItoST43` bietet als fünften Parameter die Option für den Cache an. Dieser Parameter bewirkt die Einbindung in TypoScript als USER- oder USER_INT-Objekt. In Abbildung 6.33 sehen Sie das Ergebnis der Einbindung verschiedener Plugins. Dabei sehen Sie auch, dass beispielsweise die Login-Box immer ungecacht sein muss, schließlich soll sich der aktuelle Besucher der Seite nicht mit den Daten des vorigen Besuchers anmelden können.

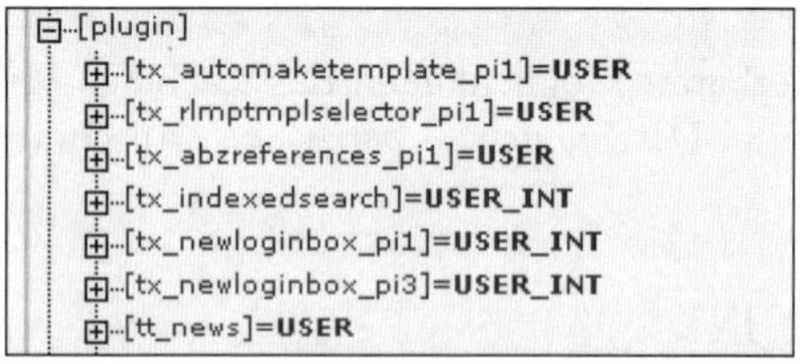

Abbildung 6.33: Verschiedene Plugins im TypoScript Object Browser

Innerhalb der Frontend-Plugin-Klasse wird eine neue Zeile hinzugefügt. Dieses Flag darf nur im Zusammenspiel mit einem USER_INT-Objekt gesetzt sein und bewirkt die Unterdrückung des *cHash*-Parameters.

Listing 6.45: Ausschnitt aus dem PHP-Code in der resultierenden pi-Klasse

```
function main($content,$conf) {
    $this->conf=$conf;
    $this->pi_setPiVarDefaults();
    $this->pi_loadLL();
    $this->pi_USER_INT_obj=1;    // Configuring so caching is not expected. This value
      means that no cHash params are ever set. We do this, because it's a USER_INT
      object!
```

Der *cHash*-Parameter ist relevant für alle Links, die mit Ihrer Extension zusammenhängen. Welche Möglichkeiten TYPO3 Ihnen für die Erstellung dieser Links bietet, ist im folgenden Abschnitt *Links im Frontend richtig erzeugen*, Seite 477, beschrieben.

6.9   Was Sie verstehen und einsetzen sollten

6.9.1   T3DataStructure, XML und Flexforms

In TYPO3 steht Ihnen ein spezielles XML-Format namens *T3DataStructure* zur Verfügung. Dieses bietet Ihnen die Möglichkeit, Daten für Ihre Extension strukturiert und hierarchisch abzulegen und dafür fertige TYPO3-Funktionen zu nutzen. Haupteinsatzgebiete für diese Strukturen sind derzeit *TemplaVoila* und *Flexforms*. Wir werden uns dem Thema mithilfe der *Flexforms* annähern und die Möglichkeiten für die Konfiguration von Frontend-Plugins betrachten.

Abbildung 6.34: Einsatz einer Flexform für das Frontend-Plugin der newloginbox

Tipp

In den Zeiten vor den Flexforms wurde die Tabelle *tt_content* von fast allen Frontend-Plugins um neue Felder erweitert, um im Backend beim Einbinden des Plugins Felder für Konfigurationswerte zu bekommen. Damit ist Schluss! Heutzutage gibt es ein Feld *pi_flexform*, in dem in einer sauberen XML-Struktur alle nötigen Konfigurationsmöglichkeiten individuell für jede Extension abgelegt werden können.

Um die Bearbeitungsmöglichkeiten und die Übersichtlichkeit zu bewahren, macht es Sinn, die Definition der *Flexforms* in Form der XML-Strukturen nicht in der Datenbank abzulegen, sondern in eine XML-Datei auszulagern. Wenn wir uns dazu wieder der Extension newloginbox zuwenden, finden wir in der Datei *ext_tables.php* unter anderem diese Befehle:

Listing 6.46: Flexforms ermöglichen

```
$TCA['tt_content']['types']['list']['subtypes_addlist'][$_EXTKEY.'_pi1']='pi_flexform';
t3lib_extMgm::addPiFlexFormValue($_EXTKEY.'_pi1','FILE:EXT:newloginbox/flexform_ds.xml');
```

Diese Methode der Klasse t3lib_extMgm ist explizit dafür vorgesehen, in dem Feld *pi_flexform* eigene Definitionen für Backend-Formulare unterzubringen. Denn in der Tabelle *tt_content* werden unter Umständen viele verschiedene Plugins abgelegt, die natürlich stark unterschiedliche Masken benötigen. Folgen wir der Dateireferenz in dem Aufruf, finden wir die tatsächliche Konfiguration in der angegebenen XML-Datei.

Tipp

Halten Sie sich an den bereits etablierten Standard, und nennen Sie die XML-Datei für Ihre Extension auch *flexform_ds.xml*. Sie könnten die Datei benennen, wie Sie wollen, eine einheitliche Benennung über alle Extensions hinweg erleichtert die Zusammenarbeit unter Entwicklern jedoch wesentlich.

Aus Platzgründen haben wir hier nur die ersten beiden Reiter der Maske abgebildet, alle weiteren sind analog. Am besten werfen Sie mithilfe Ihres Lieblingseditiors direkt einen Blick in die Datei.

Listing 6.47: Ausschnitt aus der Datenstruktur für die Flexform

```
01 <T3DataStructure>
02   <sheets>
03    <sDEF>
04     <ROOT>
05      <TCEforms>
06
  <sheetTitle>LLL:EXT:newloginbox/locallang_db.php:
  tt_content.pi_flexform.sheet_general
  </sheetTitle>
07      </TCEforms>
08      <type>array</type>
09      <el>
10       <show_forgot_password>
11        <TCEforms>
12
```

6.9 Was Sie verstehen und einsetzen sollten

```
     <label>LLL:EXT:newloginbox/locallang_db.php:
     tt_content.pi_flexform.show_forgot_password</label>
13           <config>
14               <type>check</type>
15           </config>
16         </TCEforms>
17         </show_forgot_password>
18         <show_permalogin>
19           <TCEforms>
20
     <label>LLL:EXT:newloginbox/locallang_db.php:
     tt_content.pi_flexform.show_permalogin</label>
21           <config>
22               <type>check</type>
23           </config>
24         </TCEforms>
25         </show_permalogin>
26       </el>
27     </ROOT>
28   </sDEF>
29   <s_welcome>
30     <ROOT>
31       <TCEforms>
32
     <sheetTitle>LLL:EXT:newloginbox/locallang_db.php:
     tt_content.pi_flexform.sheet_welcome
     </sheetTitle>
33       </TCEforms>
34       <type>array</type>
35       <el>
36         <header>
37           <TCEforms>
38
     <label>LLL:EXT:newloginbox/locallang_db.php:
     tt_content.pi_flexform.header</label>
39           <config>
40               <type>input</type>
41               <size>30</size>
42           </config>
43         </TCEforms>
44         </header>
45         <message>
46           <TCEforms>
47
     <label>LLL:EXT:newloginbox/locallang_db.php:
     tt_content.pi_flexform.message</label>
48           <config>
49               <type>text</type>
50               <cols>30</cols>
```

```
51                  <rows>5</rows>
52                </config>
53              </TCEforms>
54            </message>
55         </el>
56      </ROOT>
57   </s_welcome>

[...]

174   </sheets>
175 </T3DataStructure>
```

Sie sehen, dass durch die nötige Vorgabe einer Struktur für das XML (<T3DataStructure>) eine relativ umfangreiche Auflistung von Code zusammenkommt, obwohl gar nicht so viel definiert wird. Dies ist jedoch unumgänglich, wenn TYPO3 alle möglichen Konfigurationen lesen und verstehen soll. Für Ihre eigenen Zwecke kopieren Sie am besten das XML einer bestehenden Extension und passen den Inhalt des XML entsprechend an.

Achtung

Stellen Sie sicher, dass die im Listing fett markierten Verweise auf Spracheinträge auf die richtige Datei in Ihrer Extension zeigen und dass dort die notwendigen Label hinterlegt sind.

Innerhalb des Elements <sheets> können Sie einzelne Reiter definieren. Der Standardreiter <sDEF> muss zwingend immer vorhanden sein. Dies ist der standardmäßig eingeblendete Reiter. Falls außer <sDEF> keine weiteren Sheets, also Blätter oder Reiter, definiert sind, verzichtet TYPO3 komplett auf die Reiterdarstellung und zeigt nur den Inhalt von <sDEF>.

Das Element <TCEforms> schließt dann wiederum die tatsächlichen Felddefinitionen ein. Darin finden Sie eine Konfiguration analog zu den im Abschnitt *$TCA (Table Configuration Array)*, Seite 312, besprochenen Feldtypen.

Die Speicherung der eingegebenen Konfigurationsdaten in der korrekten Form übernimmt TYPO3. Innerhalb der <value>-Tags werden die potenziellen Eingaben des Benutzers gespeichert. Auch hier haben wir aus Platzgründen nur die Daten für die ersten beiden Reiter der Maske abgebildet.

Listing 6.48: Abgespeicherte Struktur im Feld pi_flexform, tt_content

```xml
01 <?xml version="1.0" encoding="utf-8" standalone="yes" ?>
02 <T3FlexForms>
03   <data>
04     <sheet index="sDEF">
05       <language index="lDEF">
06         <field index="show_forgot_password">
07           <value index="vDEF">0</value>
08         </field>
09         <field index="show_permalogin">
10           <value index="vDEF">0</value>
11         </field>
12       </language>
13     </sheet>
14     <sheet index="s_welcome">
15       <language index="lDEF">
16         <field index="header">
17           <value index="vDEF"></value>
18         </field>
19         <field index="message">
20           <value index="vDEF"></value>
21         </field>
22       </language>
23     </sheet>

[...]

64   </data>
65 </T3FlexForms>
```

In Ihrem Plugin können Sie dann TYPO3-API-Funktionen nutzen, um auf die gespeicherten Werte zuzugreifen.

Listing 6.49: Funktionen der Klasse pibase und Anwendungsbeispiel

```
pi_initPIflexForm($field='pi_flexform')
pi_getFFvalue($T3FlexForm_array,$fieldName,$sheet='sDEF',$lang='lDEF',$value='vDEF')
pi_getFFvalueFromSheetArray($sheetArray,$fieldNameArr,$value)

$this->pi_getFFvalue($this->cObj->data['pi_flexform'], 'show_permalogin', 'sDEF');
```

Tipp

Sie können es dem Benutzer Ihres Plugins ermöglichen, Parameter per TypoScript für jede Instanz des Plugins zu bestimmen und im Einzelfall anhand der Flexform zu überschreiben. Der Wert aus Ihrem TypoScript wird nur überschrieben, falls in der Flexform ein alternativer Wert angegeben wurde.

Listing 6.50: Beispiel für das Überschreiben von TypoScript mittels Flexform-Werten

```
// Get flexform values and override regular TypoScript Configuration
$this->pi_initPIflexForm();
$piFlexForm = $this->cObj->data['pi_flexform'];
foreach ($piFlexForm['data'] as $sheet => $data) {
    foreach ($data as $lang => $value) {
        foreach ($value as $key => $val) {
            if(!empty(trim($this->pi_getFFvalue($piFlexForm, $key, $sheet))) {
                $this->conf[$key] = trim($this->pi_getFFvalue($piFlexForm, $key, $sheet));
            }
        }
    }
}
```

Mehrsprachigkeit mit Flexforms

Flexforms unterstützen Mehrsprachigkeit. Das gewünschte Verhalten können Sie in der Konfiguration für die Flexform einstellen und dann in Ihrer PHP-Klasse darauf reagieren.

Listing 6.51: Sprachkonfiguration der Flexforms

```
<T3DataStructure>
   <meta>
      <langDisable>0</langDisable>
      <langChildren>1</langChildren>
   </meta>
   <sheets>

[...]
```

Falls Sie die direkte Sprachunterstützung in Flexforms nicht benötigen, weil Sie – wie derzeit mit den meisten Plugins üblich – ein neues Inhaltselement für jede Sprache erzeugen, können Sie mittels <langDisable>1</langDisable> die Sprachbehandlung abschalten. Falls Sie direkte Sprachunterstützung wünschen, haben Sie zwei Möglichkeiten der Darstellung: die einzelnen Felder zusammengezogen (mittels <langChildren>1</langChildren>) oder die komplette Flexform für jede Sprache dupliziert. Die letzte Möglichkeit stellt das derzeitige Standardverhalten von Flexforms dar.

Um auf die Werte der jeweils aktuellen Sprache zuzugreifen, müssen Sie den entsprechenden Sprachparameter mit übergeben.

Listing 6.52: Sprachbasiertes Auslesen der Konfigurationswerte

```
$piFlexForm = $this->cObj->data['pi_flexform'];
$langIndex = $GLOBALS['TSFE']->sys_language_uid;
$sDef = current($piFlexForm['data']);
$lDef = array_keys($sDef);
$flexConf['show_permalogin'] = $this->pi_getFFvalue($pi_flexform, 'show_permalogin',
'sDEF', $lDef[$langIndex]);
```

6.9.2 Links im Frontend richtig erzeugen

TYPO3 wird in vielen Umgebungen unter vielen verschiedenen Konfigurationen eingesetzt. Dabei können naturgemäß eine ganze Reihe von unterschiedlichen Anforderungen an Links auftreten, die Sie möglichst berücksichtigen sollten, ohne viel Zeit dafür aufwenden zu müssen. Ohne tieferes Wissen um TYPO3 könnte man sich Links in einer sehr einfachen Form vorstellen, hier als Sprung von einer Listendarstellung zur Einzelansicht auf der gleichen Seite:

Listing 6.53: Beispiel für einen einfachen manuellen Link

```
$content = '<a href="index.php?id='.$GLOBALS['TSFE']->
id.'&myParam=4">Einzelansicht</a>';
```

Solange sich an Ihrem einfachen Szenario nichts ändert, wird dieser Link zuverlässig seinen Dienst tun. Was aber passiert, wenn das Frontend-Plugin mit komplexeren Konfigurationen eingesetzt werden soll?

Achtung

Parameter außerhalb unserer Extension wie der Sprachumschalter L oder der `type`-Parameter (z. B. `type=99` für Textversionen) oder sonstige Parameter, von denen wir im Moment nichts wissen, dürfen nicht unberücksichtigt bleiben, wenn wir eine allgemein einsatzfähige Extension schreiben wollen.

In der Regel werden Sie aus Performance-Gründen außerdem versuchen, die Ausgaben des Frontend-Plugins cachefähig zu machen. Dazu müssen Sie bei Links mit Parametern für die Extension den *cHash* berücksichtigen.

An dieser Stelle besprechen wir nur den richtigen Einsatz der von TYPO3 angebotenen API-Funktionen. Vertiefende Informationen zum Thema Caching finden Sie im Kapitel *Das Frontend – vorne raus*, Abschnitt *Caching*, Seite 193.

Da die Verlinkungsfunktionen in der Klasse `tslib_pibase` letztendlich alle die Methode `typolink` der Klasse aufrufen, ist bei einer durchgehenden Verwendung dieser API eine korrekte Arbeitsweise bereits sichergestellt. Die Methode `typolink` ist die Grundlage für das TypoScript-Objekt *typolink* und kümmert sich um alle nötigen Parameter für das System.

- `pi_getPageLink($id,$target='',$urlParameters=array())`

  Liefert die URL der Seite `$id` zurück und ermöglicht die Angabe von `target` und zusätzlichen (zu denen vom System benötigten) URL-Parametern und wird häufig für Formulare eingesetzt.

- `pi_linkToPage($str,$id,$target='',$urlParameters=array())`

  Die am häufigsten verwendete Funktion liefert einen kompletten HTML-Link (`<a href="...">...</a>`) zum einer Seite innerhalb von TYPO3 zurück.

- `pi_linkTP($str,$urlParameters=array(),$cache=0,$altPageId=0)`

  Für Links auf dieselbe Seite mit zusätzlichen Parametern. Mithilfe des Parameters `$altPageId` können Sie eine andere Seite als die aktuelle Seite als Zielseite angeben.

- `pi_linkTP_keepPIvars($str,$overrulePIvars=array(),$cache=0,$clearAnyway=0,$altPageId=0)`

  Zusätzlich zu den Möglichkeiten von `pi_linkTP` werden alle Parameter des Plugins wieder in den Link integriert. `piVars` werden weiter unten noch besprochen.

- `pi_linkTP_keepPIvars_url($overrulePIvars=array(),$cache=0,$clearAnyway=0,$altPageId=0)`

  Nutzen Sie diese Funktion als Alternative zu `pi_linkTP_keepPIvars`, wenn Sie statt des kompletten Links nur die URL benötigen.

- `pi_list_linkSingle($str,$uid,$cache=FALSE,$mergeArr=array(),$urlOnly=FALSE,$altPageId=0)`

  Basierend auf den Möglichkeiten der Klasse `tslib_pibase` können Sie einen direkten Link auf die Detailansicht eines Datensatzes ausgehend von der Listenansicht erzeugen.

- `pi_openAtagHrefInJSwindow($str,$winName='',$winParams='width=670,height=500,status=0,menubar=0,scrollbars=1,resizable=1')`

  Sie können einen Link erzeugen, der auf einem `onClick`-Ereignis basiert, um über diesen Link die Zielseite in einem neuen Fenster zu öffnen.

Tipp

Betrachten Sie den PHP-Code von einigen der bekanntesten Frontend-Plugins, und beobachten Sie resultierende Links bei unterschiedlichen Zusatzparametern. Werfen Sie auch einen Blick auf die Funktion typolink in der Datei *tslib/class.tslib_content.php*.

piVars

Die Nutzung von piVars basiert auf der Aufgabe, alle Parameter eines Plugins in einem Namensraum zusammenzufassen und somit zwei grundlegende Vorteile zu ermöglichen:

1. Alle Parameter für ein Frontend-Plugin können über einen einheitlichen Zugriff bearbeitet werden.
2. Namenskollisionen mit Parametern von anderen Extensions oder dem TYPO3 Core werden unmöglich, da die Benennung der Parameter auf dem Extension-Namen basiert.

Betrachten Sie folgenden Funktionsaufruf. Es werden zwei Parameter übergeben. Dabei müssen Sie sich beim Einsatz der besprochenen API-Funktionen nicht um die korrekte Schreibweise des Schlüssels kümmern.

Listing 6.54: Beispiel-Link mit zwei Parametern als piVars, Erzeugung und Resultat

```
$this->pi_linkTP_keepPIvars ('linktext', $overrulePIvars=array('param1' => 'value1',
'param2' => 'value2'), $cache=0, $clearAnyway=0, $altPageId=3)

<a href='index.php?id=3&tx_myext_pi1[param1]=value1&tx_myext_pi1[param2]=value2'>
linktext</a>
```

In Ihrem Frontend-Plugin, das von der Klasse pibase abgeleitet ist, werden die Parameter automatisch der Eigenschaft $this->piVars zugewiesen und in einem Array abgelegt. Sie haben also im PHP-Code sofort direkten Zugriff.

Listing 6.55: Struktur der Eigenschaft piVars

```
$this->piVars = Array (
   param1 => value1,
   param2 = value2
)
```

Falls Sie nun einen neuen Link mithilfe von pi_linkTP_keepPIvars oder pi_linkTP_keepPIvars_url erzeugen, werden diese Parameter automatisch an die URL angehängt. Mithilfe von $overrulePIvars können Sie einzelne Parameter mit neuen Werten belegen.

6 Extensions entwickeln

Achtung

Bei einem Einsatz und entsprechender Konfiguration der Extension realurl werden die piVars umgewandelt und in resultierenden Links anders dargestellt. Es handelt sich dennoch um piVars, die intern ganz normal mit der TYPO3-API behandelt werden.

Sie haben per *TypoScript* die Möglichkeit, bestimmte Parameter an jeden von TYPO3 erzeugten Link automatisch anzuhängen und somit zu übergeben. Mehrere Parameter werden als kommagetrennte Liste angegeben.

Listing 6.56: Automatisches Anhängen des Parameters für die Sprache

```
config.linkVars = L
```

Details zu möglichen TypoScript Konfigurationen finden Sie, wie bereits mehrfach erwähnt wurde, im Kapitel *Das Frontend – vorne raus*, Seite 67.

6.9.3 Cache während der Entwicklung unterdrücken

Um im Live-Betrieb eine möglichst gute Performance zu erzielen, wird in TYPO3 im Normalfall ein intensives Caching betrieben. An dieser Stelle wollen wir Ihnen zeigen, wie Sie das lästige Leeren des Caches während der Entwicklung umgehen können. Je nach Art der Erweiterung (Frontend-Plugin, Backend-Modul, Service, Hook), die Sie gerade bearbeiten, gibt es verschiedene Ansatzpunkte.

config.no_cache = 1

Solange Sie nicht gerade das korrekte Caching an sich für Ihr Frontend-Plugin testen, erspart Ihnen diese Einstellung im Feld SETUP des Haupt-TypoScript-Templates eine Menge Klicks. Sobald Sie mit der Funktionsweise zufrieden sind, testen Sie das Verhalten Ihrer Extension bei aktiviertem Cache. Dazu kommentieren Sie diese Angabe einfach aus. Natürlich müssen Sie für Ihre Tests auch Ihre sonstigen Einstellungen im Auge behalten.

$TYPO3_CONF_VARS['EXT']['extCache'] = '0'

Diese Änderung können Sie über das Install Tool oder direkt in der Datei *typo3conf/localconf.php* vornehmen. Dadurch unterdrücken Sie den Aufbau der temporären Dateien *temp_CACHED_*_ext_localconf.php* und *temp_CACHED_*_ext_tables.php* und erzwingen die Einbindung der einzelnen *ext_localconf*- und *ext_tables*-Dateien. Die Einstellung ist vor allem dann sinnvoll, wenn Sie (meist für das Backend) manuell Änderungen an eben diesen *ext_**-Dateien vornehmen.

Tipp

Falls Sie (wie die Autoren) Konfigurationen für TypoScript in Textdateien auslagern, um sie besser mit dem Editor bearbeiten zu können, reicht die Angabe `no_cache` nicht aus, um alle Änderungen ohne manuelles Klicken auf CLEAR FE CACHE sofort zu sehen, da auch der Aufbau des kompletten TypoScript-Baums intern gecacht wird. Um jede Änderung an einem ausgelagerten TypoScript sofort zu sehen, können Sie die Extension `abz_developer` installieren. Diese löscht über einen Hook die Caching-Tabellen und stellt so einen Neuaufbau der Ausgabe im Frontend sicher. Diese Extension sollte natürlich nur auf dem Entwicklungssystem eingesetzt werden und **nie auf einem Livesystem**.

6.9.4 Sessions im Frontend

Im TYPO3-Frontend wird bei jedem Besuch auf der Seite eine Session gestartet, die auch Ihnen als Programmierer zur Verfügung steht. Durch die Sessionvariablen ist es möglich, Daten über mehrere Seitenaufrufe hinweg zu speichern und wieder aufzurufen. Der Haupteinsatz für die Session ist gegeben, sobald Sie Webseitenbenutzern ein Login im Frontend ermöglichen.

Die Behandlung der Daten für die Session erfolgt im Objekt `$GLOBALS['TSFE']->fe_user`, das auf der Klasse *tslib_feUserAuth* basiert. Die Session wird dabei basierend auf Cookies verfolgt.

Tipp

Falls manche Ihrer Besucher, die ein Login besitzen, Cookies deaktiviert haben, wird das Login nicht funktionieren. In diesem Fall können Sie über die TypoScript-Einstellung `config.ftu = 1` einen GET-Parameter aktivieren, der von Link zu Link übergeben wird und damit die Sessionidentifikation übernimmt.

Beachten Sie bitte: Setzen Sie diese Option nicht, falls Sie auf eine gute Indizierung bei Suchmaschinen Wert legen, da aufgrund des Parameters die jeweilige Seite vermutlich als dynamische Seite erkannt wird, was eine Indizierung erschwert.

Ob der aktuelle Besucher auf Ihrer Seite angemeldet ist, können Sie über eine einfache Abfrage herausfinden. Auf die Inhalte des Benutzerdatensatzes können Sie ebenso direkt zugreifen.

Listing 6.57: Prüfung auf Login und Zugriff auf den Benutzerdatensatz

```
if ($GLOBALS['TSFE']->loginUser) {
...//Ihr Code
...$GLOBALS['TSFE']->fe_user->user['uid'];
...$GLOBALS['TSFE']->fe_user->user['username'];
}
```

Auch für das Speichern von eigenen Werten in die Session stehen Funktionen zur Verfügung. Sie können für die Verfügbarkeit Ihrer Werte zwei Gültigkeitsräume durch einen Schlüssel festlegen.

Schlüssel	Ablage der Daten
user	Informationen werden bleibend beim Benutzerdatensatz gespeichert. Sie werden beim nächsten Besuch der Seite also wieder zur Verfügung stehen.
ses	Informationen werden zur aktuellen Session gespeichert, die standardmäßig nur für die Dauer des Besuches gültig ist.

Tabelle 6.5: Zwei Möglichkeiten der Ablage von Daten zu Besuchern

Listing 6.58: Beispielaufrufe zur Benutzung der Sessionfunktionalität

```
$GLOBALS['TSFE']->fe_user->setKey('ses','myData',$data);
$myData = $GLOBALS['TSFE']->fe_user->getKey('ses','myData');
```

Der erste Parameter gibt den Schlüssel für die Ablage der Daten an, der zweite Parameter ist die von Ihnen gewählte Identifizierung Ihrer Daten. Der dritte Parameter bei setKey enthält dann logischerweise die zu speichernden Daten.

Hinweis

Die Speicherung erfolgt serialisiert. Dadurch können Sie beispielsweise problemlos auch Arrays in der Session ablegen.

6.9.5 Workspaces beachten

Bei der Programmierung eigener Extensions werden durch die Einführung von *Workspaces* neue Überlegungen notwendig. Solange Sie bzw. Ihre Anwender nur den LIVE-*Workspace* verwenden, ändert sich nichts im Vergleich zur Prä-Workspace-Zeit. Allerdings sollten Sie zumindest bei neuen Extensions davon ausgehen, dass irgendwann *Workspaces* zum Einsatz kommen. Hintergrundinformationen und Anforderungen zu Workspaces finden Sie im Abschnitt *Versioning und Workspaces im Detail*, Seite 365.

Mit einer kleinen Einschränkung werden Ihre Extensions auch ohne Beachtung der Anforderungen für *Workspaces* zumindest im Live-Zustand keine Probleme machen. Die kleine Einschränkung bezieht sich auf das Anlegen von neuen Elementen in einem Offline-Workspace. Wie oben bereits besprochen, wird dafür ein Platzhalterelement im LIVE-*Workspace* angelegt. Dieser wird jedoch durch den Flag im Feld *t3ver_state* gekennzeichnet (t3ver_state=1) und muss deshalb natürlich darauf geprüft werden.

Im Backend sind Workspaces und die zugehörigen Zugriffsberechtigungen nativ in die TCEMain integriert. Sie sollten deshalb bei Verwendung der TCEMain keine Probleme bekommen.

Tipp

Nutzen Sie *TYPO3-API-Funktion*en, um die Problematik generell zu minimieren.

Richtlinien für das Frontend

Die Hauptproblematik im Frontend ist die Darstellung einer korrekten Voransicht für den aktuellen Workspace, also der richtigen Version des darzustellenden Datensatzes.

Häufig werden Sie Datensätze anhand Ihrer *uid* oder *pid* auslesen. Bei diesem einfachen Fall werden Sie keine Probleme bekommen. Nutzen Sie die API-Funktion $GLOBALS['TSFE']->sys_page->versionOL($table,&$row);.

Dieses sogenannte *Versioning Preview Overlay* sollte für alle Abfragen auf versionsfähige Tabellen durchgeführt werden. Statt wie bisher ...

Listing 6.59: Idealtypische Abfrage auf eine Tabelle ohne Versionierung

```
$table = 'tx_testtable';
$where = $this->cObj->enableFields($table);
$groupBy = '';
$orderBy = 'sorting';
$limit = '';
$res = $GLOBALS['TYPO3_DB']->exec_SELECTquery (
    '*',
    $table,
    $where,
    $groupBy,
    $orderBy,
```

```
    $limit
);
$rows = array();
while ($row = $GLOBALS['TYPO3_DB']->sql_fetch_assoc($res)) {
    $rows[] = $row;
}
$GLOBALS['TYPO3_DB']->sql_free_result($res);
```

... sieht eine Abfrage jetzt wie folgt aus:

Listing 6.60: Idealtypische Abfrage auf eine Tabelle mit Versionierung

```
$table = 'tx_testtable';
$where = '';
$groupBy = '';
$orderBy = 'sorting';
$limit = '';
$res = $GLOBALS['TYPO3_DB']->exec_SELECTquery (
    '*',
    $table,
    $where,
    $groupBy,
    $orderBy,
    $limit
);
$rows = array();
while ($row = $GLOBALS['TYPO3_DB']->sql_fetch_assoc($res)) {
    $GLOBALS['TSFE']->sys_page->versionOL($table,$row);
    if (is_array($row)) {
        $rows[] = $row;
    }
}
$GLOBALS['TYPO3_DB']->sql_free_result($res);
```

Sie prüfen nicht mehr auf `enableFields()`, da diese Prüfung nur auf den Live-Datensatz greift, der Zustand für den versionierten Datensatz aber nicht derselbe sein muss. Stattdessen filtern Sie alle Datensätze heraus, die nicht im aktuellen Workspace sichtbar sein sollen.

Achtung

Diese Vorgehensweise funktioniert nur stabil bei Abfragen von allen Datensätzen oder bei einer Prüfung auf *uid* oder *pid*. Sobald Sie andere Felder für die Auswahl benötigen, z. B. Namen, müssen Sie eine korrekte Funktionsweise sicherstellen.

6.9 Was Sie verstehen und einsetzen sollten

Weitere Hilfestellungen:

- Stellen Sie sicher, dass Ihre Abfragen Datensätze mit einer `pid=-1` ausschließen.
- `$GLOBALS['TSFE']->sys_page->versioningPreview` gibt Ihnen im Fall von `true` das Recht, auch andere Versionen in der Voransicht darzustellen.
- `$GLOBALS['TSFE']->sys_page->versioningWorkspaceId` gibt Ihnen die ID des Workspaces des aktuellen Backend-Benutzers.

Derzeit nicht lösbare Problemstellungen:

- Ein Auslesen von Datensätzen basierend auf anderen Feldern als *uid*, *pid* und den *enableFields* (wie z. B. eine Suche) wird nicht die für den Offline-Workspace richtigen Ergebnisse bringen, da diese Suchabfragen auf dem LIVE-Workspace aufsetzen und die Überlagerung mit den Versionen erst danach passiert.

  Für Versionen von neuen Datensätzen können Sie dieses Problem zumindest einschränken, indem Sie über die Einstellung `shadowColumnsForNewPlaceholders` den Wert von Feldern auf den Platzhalterdatensatz übertragen.

  Listing 6.61: Default-Einstellungen für die Tabelle tt_content

  ```
  $TCA['tt_content']['ctrl']['shadowColumnsForNewPlaceholders'] =
  'sys_language_uid,l18n_parent,colPos,header';
  ```

  Bei bestehenden Datensätzen werden die Felder für die Suche in der Regel auch bei neuen Versionen nicht geändert, da sie meist charakteristisch für den Datensatz sind und somit keine Suchunterschiede auftreten.

- Eine Abfrage von Seiten, die auf dem Seitentyp (*doktype*) basiert, wird keine korrekten Ergebnisse bringen, falls für die gewünschte Version der Seitentyp geändert wurde, beispielsweise von Standard zu SysFolder.

- *Shortcuts* und *Mount Points* werden höchstwahrscheinlich keine korrekten Ergebnisse bringen.

Richtlinien für das Backend

Im Backend stehen wir vor der Herausforderung, das gesamte System im Workspace so abzubilden, wie es nach der Live-Stellung aussehen würde. Dazu muss praktisch jeder Datensatz einer versionsfähigen Tabelle auf Versionen für den aktuellen Workspace geprüft werden. Besonders im Seitenbaum können dabei knifflige Situationen entstehen.

Die im Abschnitt für das Frontend angesprochenen Schwierigkeiten bei einer Abfrage, die auf anderen Feldern als *uid* und *pid* basiert, gelten natürlich auch hier.

Die Klassen `t3lib_BEfunc` und `$BE_USER` bieten hier einige Unterstützung, die wir jedoch nicht einzeln auflisten wollen. Nutzen Sie die API-Dokumentation, oder werfen Sie einen direkten Blick in die jeweiligen Klassen.

Listing 6.62: Beispiele für den Aufruf von Workspace-Funktionalitäten

```
t3lib_BEfunc::workspaceOL();
t3lib_BEfunc::getWorkspaceVersionOfRecord();
$BE_USER->checkWorkspace();
$BE_USER->setWorkspace();
```

Hinweis

Einen schnellen Zugriff auf die wichtigsten API-Funktionalitäten von TYPO3 erhalten Sie mithilfe der Extension extdeveval.

Um die ID des aktuellen Workspaces zu erfahren, können Sie auf

```
$GLOBALS['BE_USER']->workspace;
```

zurückgreifen. Diese Eigenschaft kann folgende Werte annehmen:

- 0: online (live)
- -1: offline (draft)
- >0: custom (benutzerdefiniert)
- -99: kein Workspace ausgewählt, dies wird einen Fehler erzeugen; sollte nie der Fall sein.

Sie können für Module Einschränkungen für Workspaces konfigurieren und angeben, in welchen Workspaces das Modul überhaupt zur Verfügung steht.

Listing 6.63: Definition der Verfügbarkeit in der Datei conf.php innerhalb des Moduls

```
$MCONF['workspaces'] = online,offline,custom
```

Funktionsmenüs können Sie analog dazu auch nur für bestimmte Workspaces freigeben. Dies erreichen Sie durch eine Parameterübergabe beim Einbinden des Menüelements. Der letzte Parameter bestimmt die Workspaces, für die Ihre Funktion freigegeben ist.

Listing 6.64: Einbindung einer Menüfunktion für die Extension realurl

```
t3lib_extMgm::insertModuleFunction(
    'web_info',
    'tx_realurl_modfunc1',
    t3lib_extMgm::extPath($_EXTKEY).'modfunc1/class.tx_realurl_modfunc1.php',
```

6.9 Was Sie verstehen und einsetzen sollten

```
    'LLL:EXT:realurl/locallang_db.php:moduleFunction.tx_realurl_modfunc1',
    'function',
    'online'
);
```

6.9.6 Alleinstehende Scripts

Manchmal ist es notwendig, Scripts außerhalb des vorgegebenen TYPO3-Frameworks auszuführen. Dies wird dann häufig über einen *cronjob* wie bei `direct_mail` gelöst. Die Anforderung kann sowohl im Backend als auch im Frontend auftreten. Da für diese beiden Szenarien jeweils unterschiedliche TYPO3-Objekte eingesetzt werden, gibt es gewisse Unterschiede in der konkreten Anwendung. Generell müssen Sie alle Objekte einbinden und initialisieren, die Sie für Ihre Anforderungen benötigen. Ein gutes Beispiel bietet die Extension `direct_mail`.

Listing 6.65: Code aus EXT: direct_mail/mod/dmailerd.phpcron in Version 2.1.4

```
01 #!/usr/bin/php -q
02 <?php
03 /***************************************************************
04 *  Copyright notice
05 *
06 *  (c) 1999-2004 Kasper Skaarhoj (kasperYYYY@typo3.com)
07 *  (c) 2004-2006 Stanislas Rolland <stanislas.rolland(arobas)fructifor.ca>
08 *  All rights reserved
09 *
10 *  This script is part of the TYPO3 project. The TYPO3 project is
11 *  free software; you can redistribute it and/or modify
12 *  it under the terms of the GNU General Public License as published by
13 *  the Free Software Foundation; either version 2 of the License, or
14 *  (at your option) any later version.
15 *
16 *  The GNU General Public License can be found at
17 *  http://www.gnu.org/copyleft/gpl.html.
18 *  A copy is found in the textfile GPL.txt and important notices to the license
19 *  from the author is found in LICENSE.txt distributed with these scripts.
20 *
21 *
22 *  This script is distributed in the hope that it will be useful,
23 *  but WITHOUT ANY WARRANTY; without even the implied warranty of
24 *  MERCHANTABILITY or FITNESS FOR A PARTICULAR PURPOSE.  See the
25 *  GNU General Public License for more details.
26 *
27 *  This copyright notice MUST APPEAR in all copies of the script!
28 ***************************************************************/
29 /**
30  * Cron tack for sending mails
```

```
31  *
32  * @author   Kasper Skaarhoj <kasperYYYY@typo3.com>
33  * @author   Stanislas Rolland <stanislas.rolland(arobas)fructifor.ca>
34  *
35  * $Id: dmailerd.phpcron,v 1.13 2006/05/16 18:19:39 stanrolland Exp $
36  *
37  */
38  error_reporting (E_ALL ^ E_NOTICE);
39  if ($_SERVER['PHP_SELF']) {
40      if (!defined('PATH_thisScript')) define('PATH_thisScript',str_replace('//','/',
            str_replace('\\','/', $_SERVER['PHP_SELF'])));
41  } else {
42      if (!defined('PATH_thisScript')) define('PATH_thisScript',str_replace('//','/',
            str_replace('\\','/', $_ENV['_'])));
43  }
44  if (!defined('PATH_site')) define('PATH_site',
        dirname(dirname(dirname(dirname(dirname(PATH_thisScript))))).'/');
45  if (!defined('PATH_t3lib')) if (!defined('PATH_t3lib')) define('PATH_t3lib',
        PATH_site.'t3lib/');
46  define('PATH_typo3conf', PATH_site.'typo3conf/');
47  define('TYPO3_mainDir', 'typo3/');
48  if (!defined('PATH_typo3')) define('PATH_typo3', PATH_site.TYPO3_mainDir);
49  if (!defined('PATH_tslib')) {
50      if (@is_dir(PATH_site.'typo3/sysext/cms/tslib/')) {
51          define('PATH_tslib', PATH_site.'typo3/sysext/cms/tslib/');
52      } elseif (@is_dir(PATH_site.'tslib/')) {
53          define('PATH_tslib', PATH_site.'tslib/');
54      }
55  }
56  define('TYPO3_OS', stristr(PHP_OS,'win')&&!stristr(PHP_OS,'darwin')?'WIN':'');
57  define('TYPO3_MODE', 'BE');
58
59  require_once(PATH_t3lib.'class.t3lib_div.php');
60  require_once(PATH_t3lib.'class.t3lib_extmgm.php');
61  require_once(PATH_t3lib.'config_default.php');
62  require_once(PATH_typo3conf.'localconf.php');
63
64  if (!defined ('TYPO3_db'))  die ('The configuration file was not included.');
65  if (isset($_POST['GLOBALS']) || isset($_GET['GLOBALS']))     die('You cannot set
        the GLOBALS-array from outside this script.');
66
67      // Check if cronjob is already running:
68  if (@file_exists (PATH_site.'typo3temp/tx_directmail_cron.lock')) {
69          // If the lock is not older than 1 day, skip index creation:
70      if (filemtime (PATH_site.'typo3temp/tx_directmail_cron.lock') > (time() -
        (60*60*24))) {
71          die('TYPO3 Direct Mail Cron: Aborting, another process is already
            running!'.chr(10));
72      } else {
```

6.9 Was Sie verstehen und einsetzen sollten

```
73      echo('TYPO3 Direct Mail Cron: A .lock file was found but it is older than 1
        day! Processing mails ...'.chr(10));
74    }
75 }
76 touch (PATH_site.'typo3temp/tx_directmail_cron.lock');
77
78    // Connect to the database
79 require_once(PATH_t3lib.'class.t3lib_db.php');
80 $TYPO3_DB = t3lib_div::makeInstance('t3lib_DB');
81 $result = $TYPO3_DB->sql_pconnect(TYPO3_db_host, TYPO3_db_username,
   TYPO3_db_password);
82 if (!$result) {
83    die("Couldn't connect to database at ".TYPO3_db_host);
84 }
85 $TYPO3_DB->sql_select_db(TYPO3_db);
86
87 // *****************************************************
88 // Include tables customization (tables + ext_tables)
89 // *****************************************************
90 include (TYPO3_tables_script ? PATH_typo3conf.TYPO3_tables_script :
   PATH_t3lib.'stddb/tables.php');
91    // Extension additions
92 if ($TYPO3_LOADED_EXT['_CACHEFILE'])    {
93    include (PATH_typo3conf.$TYPO3_LOADED_EXT['_CACHEFILE'].'_ext_tables.php');
94 } else {
95    include (PATH_t3lib.'stddb/load_ext_tables.php');
96 }
97    // extScript
98 if (TYPO3_extTableDef_script)    {
99    include (PATH_typo3conf.TYPO3_extTableDef_script);
100 }
101
102 require_once(PATH_t3lib.'class.t3lib_cs.php');
103 require_once(PATH_t3lib.'class.t3lib_htmlmail.php');
104 require_once(t3lib_extMgm::extPath('direct_mail').'mod/class.dmailer.php');
105
106 $htmlmail = t3lib_div::makeInstance('dmailer');
107 $htmlmail->start();
108 $htmlmail->runcron();
109
110 unlink (PATH_site.'typo3temp/tx_directmail_cron.lock');
111
112 ?>
```

Listing 6.66: Angaben zum ausführenden Programm

```
#!/usr/bin/php -q
```

6 Extensions entwickeln

Diese erste Zeile liefert dem Server bzw. der Shell die Anweisung, dass das Script mit dem PHP-Interpreter aufgerufen werden soll. Natürlich müssen Sie sicherstellen, dass an dieser Stelle auch wirklich die ausführbaren PHP-Binärdateien liegen. Diese Einstellung wird jedoch auf den meisten Systemen bereits korrekt funktionieren.

Listing 6.67: Abfrage zum Lesen aktuellen Pfades

```
if ($_SERVER['PHP_SELF']) {
   if (!defined('PATH_thisScript'))   define('PATH_thisScript',str_replace('//','/',
      str_replace('\\','/', $_SERVER['PHP_SELF'])));
} else {
   if (!defined('PATH_thisScript')) define('PATH_thisScript',str_replace('//','/',
      str_replace('\\','/', $_ENV['_'])));
}
```

Falls Sie Ihr TYPO3 auf einem Windows-System betreiben, kommen Sie möglicherweise bereits hier in Bedrängnis. Die Variante des Teils zur Erkennung von *PATH_site* auf einem Windows-System sieht etwas anders aus:

Listing 6.68: Pfaderkennung für Windows

```
define('PATH_thisScript',str_replace('//','/', str_replace('\\','/',
(php_sapi_name()=='cgi'||php_sapi_name()=='isapi' ||php_sapi_name()=='cgi-
fcgi')&&($_SERVER['ORIG_PATH_TRANSLATED']?$_SERVER['ORIG_PATH_TRANSLATED']:$_SERVER['
PATH_TRANSLATED'])?
($_SERVER['ORIG_PATH_TRANSLATED']?$_SERVER['ORIG_PATH_TRANSLATED']:$_SERVER['PATH_TRA
NSLATED']):($_SERVER['ORIG_SCRIPT_FILENAME']?$_SERVER['ORIG_SCRIPT_FILENAME']:$_SERVE
R['SCRIPT_FILENAME']))));
define('PATH_site', str_replace('//','/',
str_replace('\\','/',realpath("../../../../")."/")));
```

Tipp

Falls Sie mit beiden Varianten auf Ihrem Server keinen richtigen Wert für PATH_thisScript bekommen, lassen Sie sich die zugrunde liegenden Variablen ausgeben:

```
print_r($_SERVER);
print_r($_ENV);
```

Aus den resultierenden Ausgaben sollten Sie die richtige Abfrage für die Pfadangabe extrahieren können.

Auf *FreeBSD*-Servern muss diese Informationen eventuell aus $_SERVER['argv'][0] extrahiert werden.

Da die relative Lage des Scripts zum Hauptverzeichnis von TYPO3 bekannt ist (*typo3conf/ext/direct_mail/mod/*), können wir aus diesen beiden Informationen das TYPO3-Hauptverzeichnis ableiten. Dies funktioniert auch für eine globale Installation (*typo3/ext/direct_mail/mod/*).

Listing 6.69: Ableitung des TYPO3-Hauptverzeichnisses

```
if (!defined('PATH_site')) define('PATH_site',
  dirname(dirname(dirname(dirname(dirname(PATH_thisScript))))).'/');
```

Die weiteren Definitionen der Pfade erfolgen dann analog zum normalen Ablauf in TYPO3, da alle relativen Pfade zum TYPO3-Hauptverzeichnis bekannt sind.

Nach dem Einbinden aller benötigten Dateien können nun die gewünschten Aufgaben durchgeführt werden.

Tipp

Da per *Cronjob* aufgerufene Dateien in einem vom Systemadministrator bestimmten Zeitintervall aufgerufen werden, ist ein Schutzmechanismus gegen parallel laufende Scripts sehr sinnvoll. Ein Script sollte komplett abgearbeitet sein, bevor es von Neuem gestartet wird.

Listing 6.70: Schutz gegen parallelen Scriptaufruf

```
// Check if cronjob is already running:
if (@file_exists (PATH_site.'typo3temp/tx_directmail_cron.lock')) {
    // If the lock is not older than 1 day, skip index creation:
  if (filemtime (PATH_site.'typo3temp/tx_directmail_cron.lock') > (time() -
    (60*60*24))) {
     die('TYPO3 Direct Mail Cron: Aborting, another process is already
       running!'.chr(10));
  } else {
     echo('TYPO3 Direct Mail Cron: A .lock file was found but it is older than 1
       day! Processing mails ...'.chr(10));
  }
}
touch (PATH_site.'typo3temp/tx_directmail_cron.lock');
```

Eine Verbindung zur Datenbank ist in aller Regel notwendig. Die nötigen Verbindungsparameter werden nicht noch einmal hier hinterlegt, sondern aus der bereits bestehenden Konfigurationsdatei *localconf.php* gelesen, damit sie nicht redundant vorgehalten werden müssen.

Listing 6.71: Verbindung zur Datenbank

```
// Connect to the database
require_once(PATH_t3lib.'class.t3lib_db.php');
$TYPO3_DB = t3lib_div::makeInstance('t3lib_DB');
$result = $TYPO3_DB->sql_pconnect(TYPO3_db_host, TYPO3_db_username,
TYPO3_db_password);
if (!$result)  {
   die("Couldn't connect to database at ".TYPO3_db_host);
}
$TYPO3_DB->sql_select_db(TYPO3_db);
```

An dieser Stelle können Sie nun den von Ihnen benötigten Code einfügen.

Zum Abschluss muss die Sperrung als Sicherung gegen parallel laufende Scripts wieder aufgehoben werden, damit das Script beim nächsten Aufruf wieder sauber durchlaufen werden kann.

Listing 6.72: Aufhebung der Sperrung

```
unlink (PATH_site.'typo3temp/tx_directmail_cron.lock');
```

Backend, CLI-Modus

Für das Backend gibt es mittlerweile eine sehr elegante Möglichkeit für alleinstehende Scripts, den sogenannten *CLI-Modus*. Dabei können Sie auf die Datei *init.php* zurückgreifen, die alle nötigen Initialisierungen für das Backend durchführt.

> **Tipp**
>
> Legen Sie Dateien für den CLI-Modus in einem Unterverzeichnis mit dem Namen *cli* ab.

Ein Beispiel sehen wir in der Extension crawler von Kasper Skårhøj.

Listing 6.73: Script im CLI-Modus

```
#! /usr/bin/php -q
<?php
// ****************************************
// Standard initialization of a CLI module:
// ****************************************
    // Defining circumstances for CLI mode:
define('TYPO3_cliMode', TRUE);
```

6.9 Was Sie verstehen und einsetzen sollten

```
    // Defining PATH_thisScript here: Must be the ABSOLUTE path of this script in the
        right context:
    // This will work as long as the script is called by it's absolute path!
define('PATH_thisScript',$_ENV['_']?$_ENV['_']:$_SERVER['_']);
    // Include configuration file:
require(dirname(PATH_thisScript).'/conf.php');
    // Include init file:
require(dirname(PATH_thisScript).'/'.$BACK_PATH.'init.php');
# HERE you run your application!
require_once(t3lib_extMgm::extPath('crawler').'class.tx_crawler_lib.php');
$crawlerObj = t3lib_div::makeInstance('tx_crawler_lib');
$crawlerObj->CLI_main();
?>
```

Beachten Sie bitte die Definition der Konstante *TYPO3_cliMode*: Diese muss zwingend gesetzt sein. Die Einbindung der Datei *conf.php* erfolgt analog zu einem regulären Backend-Modul.

Listing 6.74: Konfiguration für ein Backend-Modul, conf.php

```
<?php
// DO NOT REMOVE OR CHANGE THESE 3 LINES:
define('TYPO3_MOD_PATH', '../typo3conf/ext/crawler/cli/');
$BACK_PATH = '../../../../typo3/';
$MCONF['name'] = '_CLI_crawler';
?>
```

Achtung

Damit Ihr CLI-Script korrekt funktioniert, muss **zwingend** ein Backend-Benutzer mit dem Namen aus $MCONF['name'] in Kleinbuchstaben angelegt sein – für den Crawler also *_cli_crawler*. Ihr Script läuft mit den Rechten dieses Benutzers.

Da das Script auf der Konsole ausgeführt wird, gibt es gewisse Einschränkungen:

- Sie können nicht mit aufrufenden URLs und dabei eventuell mitgegebenen Parametern arbeiten, da das Script nicht von einer URL, sondern von einem cronjob gestartet wird. Eine Nutzung beispielsweise von t3lib_div::getIndpEnv() wird nicht die gewünschten Ergebnisse bringen.
- Sie können keine Sessiondaten für den Backend-Benutzer speichern, da es keine cookie-basierende Session gibt.

6 Extensions entwickeln

> **Tipp**
>
> Eine Angabe des Arguments status liefert Informationen über die Initialisierung des Scripts und damit über die Korrektheit der Einstellungen. Ein Aufruf auf der Konsole sieht zum Beispiel so aus:
>
> /var/www/test/typo3conf/ext/crawler/cli/crawler_cli.phpsh status

6.9.7 Debug: debug und devlog

Sie haben verschiedene Möglichkeiten, im aktuell von Ihnen bearbeiteten Projekt Debugging-Ausgaben zu erzeugen, um die Entwicklung zu unterstützen. Die Grundlagen dafür finden Sie in der Klasse t3lib_div.

t3lib_div::debug($var="",$brOrHeader=0)

Auf dieser Funktion basieren alle weiter unten noch angesprochenen Debug-Ausgaben von Extensions wie cc_devlog und abz_developer. Ohne weitere Extensions wird direkt auf der Seite noch vor allen weiteren HTML-Ausgaben eine Tabelle mit dem Inhalt der Variablen $var ausgegeben. Die Angabe

Listing 6.75: Aufruf von debug für die TypoScript-config-Einstellungen

t3lib_div::debug($GLOBALS['TSFE']->tmpl->setup['config.']);

erzeugt eine Ausgabe am Anfang der Webseite.

> **Achtung**
>
> Die Einstellung im Install Tool für [SYS][devIPmask] (siehe weiter unten) schränkt die mögliche Ausgabe von Informationen zum Debugging ein. Falls Sie Informationen auf einem Server ausgeben wollen, auf den Sie nicht lokal zugreifen, müssen Sie dort eine entsprechende Einstellung der IP-Masken vornehmen.

t3lib_div::debug_trail()

Basierend auf der PHP-Funktion debug_backtrace() bekommen Sie den Ablauf der Aufrufe bis zur Stelle Ihres Funktionsaufrufs zurückgeliefert. Ein Aufruf dieser Funktion innerhalb der Methode addLabelMarkers() in der Klasse tx_sremailsubscribe_pi1 der Extension sr_emailsubscribe liefert beispielsweise folgendes Ergebnis:

6.9 Was Sie verstehen und einsetzen sollten

extTarget	_top
stat	1
stat_typeNumList	0,1
debug	1
admPanel	1
disablePrefixComment	0
headerComment	featured by _YourCompany_
pageTitleFirst	1
simulateStaticDocuments	1
simulateStaticDocuments_noTypeIfNoTitle	1
simulateStaticDocuments_pEnc	md5
simulateStaticDocuments_pEnc_onlyP	
stat_apache	1
stat_apache_logfile	apache_log.txt
removeDefaultJS	external
inlineStyle2TempFile	1
spamProtectEmailAddresses	6
spamProtectEmailAddresses_atSubst	(at)
index_enable	1
index_externals	1
sendCacheHeaders	1
sendCacheHeaders_onlyWhenLoginDeniedInBranch	1
language	de
locale_all	de_DE
htmlTag_langKey	de
typolinkCheckRootline	1
doctype	xhtml_trans

Abbildung 6.35: Debug-Ausgabe der Einstellungen für config

Listing 6.76: Ausgabe der Funktion debug_trail()

```
|require // tslib_fe->intincscript // tslib_cobj->user // tslib_cobj->
calluserfunction // call_user_method // tx_sremailsubscribe_pi1->main //
tx_sremailsubscribe_pi1->displaycreatescreen // tx_sremailsubscribe_pi1->
addlabelmarkers|
```

t3lib_div::debugRows($rows,$header='')

Ein Array aus gleichartigen Datensätzen, wie sie beispielsweise bei einer SQL-Abfrage entstehen, wird sauber als Tabelle zurückgegeben.

Im *Install Tool* haben Sie einige Möglichkeiten, die Ausgaben von Debugging und *devlog* von TYPO3 zu beeinflussen.

[SYS][sqlDebug]

Ist diese Einstellung gesetzt, werden alle SQL-Fehler direkt im Browser ausgegeben und bringen den Entwickler sehr schnell auf den richtigen Pfad.

6 Extensions entwickeln

[SYS][devIPmask]

Die Funktion debug prüft vor einer Ausgabe von Werten, ob der aktuelle Besucher von der gesetzten IP-Maske aus zugreift, und verhindert so die Übermittlung sicherheitskritischer Informationen an Unberechtigte. Die Standardeinstellung ist *192.168.**, *127.0.0.1*, was einem lokalen Zugriff entspricht.

[SYS][enable_DLOG]

Aktiviert den Entwickler-Log, der von Extensions wie cc_debug oder abz_developer genutzt wird. Damit können Sie zentral Log-Einträge im Core und anderen Extensions aktivieren und deaktivieren. Dieser Wert wird von TYPO3 in die Konstante TYPO3_DLOG übernommen und von dort aus abgefragt.

Listing 6.77: Code für einen Log-Eintrag in typo3/sysext/cms/tslib/index_ts.php

```
if (TYPO3_DLOG)    t3lib_div::devLog('END of FRONTEND
session','',0,array('_FLUSH'=>TRUE));
```

Achtung

Aufrufe der Funktion debug werden unabhängig von der Einstellung in [SYS][enable_DLOG] ausgegeben, da TYPO3_DLOG, wie oben im Listing zu sehen ist, normalerweise nur zusammen mit t3lib_div::devLog benutzt wird.

Die Extensions cc_debug und abz_developer nutzen

Je nach dem Aufbau Ihrer Seite sind Ausgaben durch das Debugging im Frontend manchmal schwer zu lesen. Dafür schafft die Extension cc_debug von René Fritz eine tolle Abhilfe. Ausgaben werden in einem eigenen Fenster angezeigt, und im Orginalfenster verweist ein Symbol in Form einer Bombe mit brennender Zündschnur auf die Ausgabe. Sobald Sie cc_debug installiert haben, können Sie die Debugging-Ausgaben mit weiteren Informationen anreichern. Dabei ist nur der erste Parameter verpflichtend, da dieser die auszugebenden Werte enthält.

Listing 6.78: Mögliche Aufrufe von debug für cc_debug

```
debug($array, 'array', __LINE__, __FILE__,6);
debug($string, 'string', __LINE__, __FILE__);
debug($string, 'string', __LINE__);
debug($string, 'string');
debug($string);
```

Die Extension abz_developer basiert auf cc_debug und schafft noch eine weitere Verfeinerung für Entwickler, die im Team mithilfe eines Versionierungssystems wie *Subversion* arbeiten. Um während der Entwicklungsphase nicht andere Entwickler mit Debugging-Ausgaben zu belästigen, kann jeder Entwickler über seine Initialen oder eine sonstige Kennung Ausgaben erzeugen, die nur für ihn sichtbar sind. Dazu wird als zusätzlicher erster Parameter einfach diese Kennung mit an die Funktion übergeben.

Listing 6.79: Mögliche Aufrufe von debug für abz_developer

```
tx_abzdeveloper::debug('fr',$var, 'array', __LINE__, __FILE__,6);
tx_abzdeveloper::debug('fr',$var, 'string', __LINE__, __FILE__);
tx_abzdeveloper::debug('fr',$var, 'string', __LINE__);
tx_abzdeveloper::debug('fr',$var, 'string');
tx_abzdeveloper::debug('fr',$var);
```

Bei der Installation von abz_developer können Sie angeben, welche Ausgaben beim Debugging erzeugt werden sollen.

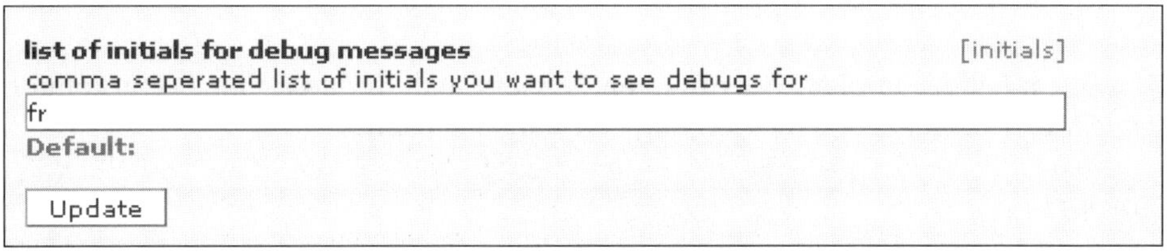

Abbildung 6.36: Option bei der Installation von abz_developer

Devlog nutzen

Der Developer-Log, also ein Logging von Informationen des laufenden Systems für Entwicklerzwecke, ist im TYPO3 *Core* als Dummy für eigene Logging-Extensions vorgesehen. Die Funktion devlog implementiert lediglich einen Hook, den andere Extensions nutzen können und sollen.

Listing 6.80: Funktion devlog in der Klasse t3lib_div

```
function devLog($msg, $extKey, $severity=0, $dataVar=FALSE) {
   global $TYPO3_CONF_VARS;
   if
(is_array($TYPO3_CONF_VARS['SC_OPTIONS']['t3lib/class.t3lib_div.php']['devLog']))   {
      $params = array('msg'=>$msg, 'extKey'=>$extKey, 'severity'=>$severity,
'dataVar'=>$dataVar);
      $fakeThis = FALSE;
      foreach($TYPO3_CONF_VARS['SC_OPTIONS']['t3lib/class.t3lib_div.php']['devLog']
         as $hookMethod)   {
         t3lib_div::callUserFunction($hookMethod,$params,$fakeThis);
      }
   }
}
```

6 Extensions entwickeln

Eine gute Implementierung des Hooks bieten die Extensions cc_devlog von René Fritz und rlmp_filedevlog von Robert Lemke. Dabei schreibt cc_devlog die Einträge in eine Datenbanktabelle, wohingegen rlmp_filedevlog eine Datei mit Log-Meldungen füllt.

Listing 6.81: Definition des Hooks in der Datei localconf.php in cc_devlog

```
$TYPO3_CONF_VARS['SC_OPTIONS']['t3lib/class.t3lib_div.php']['devLog'][$_EXTKEY] =
'EXT:'.$_EXTKEY.'/class.tx_ccdevlog.php:tx_ccdevlog->devLog';
```

Einträge in den Log sollten Sie immer unter Beachtung der Konstante TYPO3_DLOG basierend auf der Einstellung [SYS][enable_DLOG] im Install Tool erzeugen, damit diese Log-Meldungen tatsächlich nur während der Entwicklung auftreten.

Listing 6.82: Code für einen Log-Eintrag in typo3/sysext/cms/tslib/index_ts.php

```
if (TYPO3_DLOG)    t3lib_div::devLog('END of FRONTEND
session','',0,array('_FLUSH'=>TRUE));
```

Vor allem bei der Implementierung von Services stellt der *devlog* eine sehr komfortable Möglichkeit zur Nachverfolgung von Vorgängen dar.

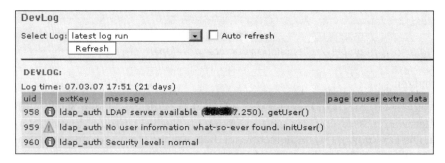

Abbildung 6.37: Ausgabe von cc_devlog für LDAP-Authentifizierung

Hinweis

Auch für *TypoScript* gibt es Möglichkeiten für das Debugging. Diese werden im Kapitel *Das Frontend – vorne raus*, Abschnitt *Fehler finden → Debuggen mit TypoScript*, Seite 191, besprochen.

6.9.8 sysLog

Das System-Logging ist als regulärer Mitschnitt für den Live-Betrieb gedacht, der kritische oder interessante Informationen bereitstellt, um den einwandfreien Betrieb der

6.9 Was Sie verstehen und einsetzen sollten

TYPO3-Installation zu gewährleisten. Geschrieben werden die Informationen des Loggings in der Regel an kritischen Stellen oder bei kritischen Operationen, wobei ein Schweregrad angegeben werden sollte.

Listing 6.83: Ausschnitt aus sql_pconnect() in der Datei t3lib_db.php

```
895 if (!$this->link) {
896     t3lib_div::sysLog('Could not connect to Mysql server '.$TYPO3_db_host.' with
        user '.$TYPO3_db_username.'.','Core',4);
897 } else {
898     $setDBinit = t3lib_div::trimExplode(chr(10),
        $GLOBALS['TYPO3_CONF_VARS']['SYS']['setDBinit'],true);
899     foreach ($setDBinit as $v) {
900         if (mysql_query($v, $this->link) === FALSE) {
901             t3lib_div::sysLog('Could not initialize DB connection with query
            "'.$v.'": '.mysql_error($this->link),'Core',3);
902         }
903     }
904 }
```

Schweregrad	Anwendung bei
0	Informationen
1	Notizen
2	Warnungen
3	Fehler
4	Schwere Fehler

Tabelle 6.6: Mögliche Werte des Schweregrades

Im Install Tool gibt es dazu zwei Einstellmöglichkeiten.

[SYS][systemLog]

Sie können die Art des Loggings bestimmen und durch Strichpunkt getrennt auch mehrere angeben.

Art	Auswirkung / Konfiguration
file	Die Informationen werden in eine Datei geschrieben: *file,<absoluter-pfad zur-datei>[,<level>]*
mail	Die Informationen werden per Mail verschickt: *mail,<Empfänger>[/<Absender>][,<level>]*

Tabelle 6.7: Möglichkeiten für das System-Logging

Art	Auswirkung / Konfiguration
syslog	Die Informationen werden über das Logging des Betriebssystems abgelegt, wobei *facility* LOCAL0 bis LOCAL7 und USER (auf Windows nur USER) sein kann: *syslog,<facility>,[,<level>]*
error_log	Die Informationen werden über das PHP-Fehler-Logging abgelegt: *error_log[,<level>]*

Tabelle 6.7: Möglichkeiten für das System-Logging (Forts.)

Listing 6.84: Beispiel für eine Angabe im Install Tool

```
$TYPO3_CONF_VARS['SYS']['systemLog'] =
'file,/var/www/typo3/syslog/syslog.txt,2;mail,admin@ihrServer.de,3'
```

[SYS][systemLogLevel]

Sie können die Schwelle (den Schweregrad) bestimmen, ab der auflaufende Nachrichten des Loggings bearbeitet werden. Mögliche Angaben sehen Sie weiter oben in der Tabelle der Schweregrade.

> **Hinweis**
>
> Über einen Hook in t3lib_div::sysLog können Sie zusätzliche eigene Möglichkeiten des Loggings implementieren:
>
> ```
> $TYPO3_CONF_VARS['SC_OPTIONS']['t3lib/class.t3lib_div.php']['systemLog'][]
> ```

6.10 AJAX

Da das Thema AJAX derzeit auch unter den TYPO3-Entwicklern eine sehr große Aufmerksamkeit erfährt, wollen wir dieser Technik einen eigenen kleinen Abschnitt widmen. Klein deshalb, weil sich derzeit viele Diskussionen und auch Veränderungen abspielen, die in Form eines Buches nicht aktuell abgedeckt werden können.

AJAX steht mittlerweile in einigen verschiedenen Frameworks zur Verfügung, die jeweils für verschiedene Geschmäcker und Ausrichtungen geeignet sind. Im Bereich TYPO3 ist unser Favorit derzeit *xaJax*[8]. Elmar Hinz hat eine TYPO3-Extension mit demselben Namen xajax veröffentlicht, die auf diesem Framework basiert. Um die Einsatzmöglichkeiten anhand eines sehr einfachen und gut nachvollziehbaren Beispiels abschätzen zu können, installieren Sie am besten neben der Extension xajax die Extension xajax_tutor von Jörg Schoppet. Diese zeigt sowohl für ein Frontend-Plugin

---

[8] xaJax Framework: http://www.xajaxproject.org/

6.10 AJAX

als auch für ein Backend-Modul sehr anschaulich die optimale Vorgehensweise für einen Einsatz von AJAX.

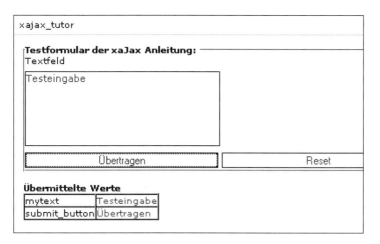

Abbildung 6.38: Eingabeformular mit Ergebnis

Das Beispiel für das Frontend zeigt ein einfaches Eingabeformular, das per AJAX Daten an den Server übermittelt. Dieser gibt darauf basierend Inhalte an den Client zurück, die dann an einer definierten Stelle über die ID eines HTML-Elements auf der Seite dargestellt werden.

AJAX-Anwendungen generell und auch in TYPO3 folgen dabei im Prinzip immer der gleichen Logik, die im Folgenden am Beispiel xajax und xajax_tutor erläutert wird.

Tipp

Öffnen Sie direkt die Datei *pi1/class.tx_xajaxtutor_pi1.php* aus der Extension xajax_tutor, um den gesamten Code im Überblick zu behalten.

1. Nötige Klasse einbinden und initialisieren

Listing 6.85: Einbinden und Instanziieren der xajax-Klasse

```
require_once (t3lib_extMgm::extPath('xajax').'class.tx_xajax.php');
$this->xajax = t3lib_div::makeInstance('tx_xajax');
```

2. Konfigurationen setzen

Listing 6.86: Konfigurationswerte setzen

```
# $this->xajax->setRequestURI('xxx');
   // Decode form vars from utf8 to current charset
#$this->xajax->decodeUTF8InputOn();
   // Encode of the response to utf-8
#$this->xajax->setCharEncoding('utf-8');
   // To prevent conflicts, prepend the extension prefix
$this->xajax->setWrapperPrefix($this->prefixId);
   // Do you wnat messages in the status bar?
$this->xajax->statusMessagesOn();
   // Turn only on during testing
#$this->xajax->debugOn();
```

Die Konfigurationen sind neben den Funktionen in PHP die wichtigste Stelle, an der Sie die Sachlage verstehen und Ihren Wünschen entsprechend eingreifen müssen. Im Beispiel ist der URI für die Bearbeitung der AJAX-Anfragen derselbe wie für die gerade dargestellte Seite, deswegen kann diese Einstellung weggelassen werden. *Character Encoding, Debugging*, Anzeigen in der Statuszeile usw. werden je nach individuellen Projektbedürfnissen eingestellt.

Hinweis

Dem Thema *Zeichensatz einstellen* haben wir weiter unten noch einen eigenen Abschnitt gewidmet. Alle weiteren möglichen Einstellungen finden Sie direkt im Code der Klasse *class.tx_xajax.php* in der Extension xajax.

3. Funktionsnamen registrieren

Listing 6.87: Registrierung des Funktionsnamens in JavaScript und PHP

```
$this->xajax->registerFunction(array('processFormData', &$this, 'processFormData'));
```

Für die Registrierung von Funktionsnamen und damit für das Abarbeiten des Aufrufs haben Sie mit *xaJax* verschiedene Möglichkeiten. Sie können

- direkt eine Funktion aufrufen:

    Dies ist der einfachste Weg, der in vielen Anfängertutorials genannt wird. Hier entspricht der Name der aufrufenden JavaScript-Funktion dem Namen der PHP-Funktion.

    ```
    $xajax->registerFunction("myFunction");
    ```

6.10 AJAX

- die Methode einer statischen Klasse aufrufen:

  Das entspricht im Prinzip der Variante 1, nur dass hier die Methode einer Klasse aufgerufen wird und dabei der Name der JavaScript-Funktion getrennt angegeben wird. Es macht jedoch nach wie vor Sinn, die JavaScript-Funktion und die PHP-Methode mit dem gleichen Namen zu benennen.

  ```
  $xajax->registerFunction(array("myFunctionName", "myClass", "myMethod"));
  ```

- die Methode einer Objektinstanz aufrufen:

  Diese Variante sehen Sie in unserem Beispiel, und Sie werden sie in TYPO3 am häufigsten antreffen, da Sie im Frontend Ihre instanziierte Klasse des Plugins zur Verfügung haben wollen.

  ```
  $xajax->registerFunction(array("myFunctionName", &$myObject, "myMethod"));
  ```

  Beim Einsatz von PHP 4 müssen Sie das Zeichen & vor das Objekt stellen, um sicherzugehen, dass es als Referenz übergeben wird. In PHP 5 ist dies das Standardverhalten.

4. AJAX-Anfragen annehmen und abarbeiten:

Listing 6.88: Bearbeitung der AJAX-Anfragen

```
$this->xajax->processRequests();
```

Dies ist eine wichtige Stelle für das Verständnis von AJAX-Anwendungen. Falls der aktuelle Scriptdurchlauf von einer AJAX-Anfrage ausgelöst wurde, wird die registrierte Funktion aufgerufen. und die erhaltenen Werte werden sauber an die Webseite zurückgegeben. Danach wird das Script an dieser Stelle abgebrochen, da bereits alles erledigt ist! Falls es sich um einen regulären Aufruf handelt, passiert hier nichts, und das Script wird ganz normal abgearbeitet.

5. Nötiges JavaScript einfügen:

Listing 6.89: JavaScript einbinden

```
    // Else create javascript and add it to the header output

$GLOBALS['TSFE']->additionalHeaderData[$this->prefixId] = $this->xajax->
getJavascript(t3lib_extMgm::siteRelPath('xajax'));
```

Für einen regulären Aufbau der Seite muss die nötige JavaScript-Bibliothek eingebunden werden, um einen AJAX-Aufruf überhaupt erst zu ermöglichen.

6. PHP-Funktion oder Methode bereitstellen:

Listing 6.90: Methode für den AJAX-Aufruf

```
function processFormData($data) {
    // We put our incoming data to the regular piVars
  $this->piVars = $data[$this->prefixId];
```

```
            // and proceed as a normal controller ...
        $content = $this->sGetFormResult();
        $objResponse = new tx_xajax_response();
            // Add the content to or result box
        $objResponse->addAssign('formResult', 'innerHTML', $content);
            //return the XML response
        return $objResponse->getXML();
    }
```

Die weiter oben für einen Aufruf definierte PHP-Funktion oder Methode müssen Sie natürlich auch bereitstellen. Die überaus smarte Idee ist hierbei, die per AJAX in der Regel als *POST* gesendeten Daten direkt in `$this->piVars` zu schreiben, um dadurch die Logik genau so schreiben zu können, als wenn Daten auf dem herkömmlichen Weg an den Server geschickt worden wären. Der resultierende HTML-Code kann dann einem HTML-Objekt auf der Seite zugewiesen und zurückgeliefert werden.

Hinweis

Die verschiedenen Möglichkeiten der Datenrückgabe an den aufrufenden Browser finden Sie in der Datei *class.tx_xajax_response.php* innerhalb der Extension `xajax`.

Sie können beispielsweise neben dem Zuweisen von Daten an ein HTML-Objekt auch Daten anfügen oder ersetzen oder auch nur ein `alert()` **ausgeben.**

7. Auslöser und Aktion festlegen:

Listing 6.91: Formular zum Auslösen einer AJAX-Anfrage

```
<form onsubmit="return false;" action="2.html?&L=" method="POST"
enctype="multipart/form-data" id="xajax_form">
    <fieldset>
    <legend><strong>Testformular der xaJax Anleitung:</strong> </legend>
        <label for="mytext">Textfeld</label>
        <br />
        <textarea id="mytext" name="tx_xajaxtutor_pi1[mytext]" rows="5"
         cols="30"></textarea>
        <br />
        <input type="hidden" name="no_cache" value="1" />
        <input
         onClick="tx_xajaxtutor_pi1processFormData(xajax.getFormValues('xajax_form'))
         " type="submit" name="tx_xajaxtutor_pi1[submit_button]" value="Übertragen"
         />
        <input type="reset" />
    </fieldset>
</form>
```

> **Hinweis**
>
> Wir stellen hier den aus PHP resultierenden HTML-Code dar, um ein einfacheres Verständnis zu ermöglichen. Den zugrunde liegenden PHP-Code können Sie direkt in der Klasse tx_xajaxtutor_pi1 einsehen.

Entscheidend ist hier, dass durch onsubmit="return false;" ein direktes Abschicken des Formulars und damit ein Neuladen der Seite verhindert wird. Die Daten werden über das Attribut onClick des Submit-Buttons an den Server übertragen. Um die Daten aus dem Formular auszulesen und in der korrekten Form an den Server zu übermitteln, können Sie wiederum auf vorgegebene Möglichkeiten zurückgreifen. Der Name der JavaScript-Funktion setzt sich aus den Angaben in setWrapperPrefix und dem definierten Namen in registerFunction zusammen, um sich überschneidende Namen aus verschiedenen Plugins zu verhindern.

Eine AJAX-Anfrage durchläuft kurz gefasst also folgende Schritte:

1. Daten umwandeln und an den Server übermitteln
2. Daten an die verarbeitende Funktion übergeben
3. Rückgabewerte der Funktion entgegennehmen
4. Werte umwandeln und an den Client übermitteln
5. Frontend entsprechend den Werten anpassen

6.10.1 Zeichensatz richtig einstellen

Das JavaScript-Objekt XmlHttpRequest, auf dem alle AJAX-Anfragen basieren, behandelt alle Datensätze in *UTF-8*. Es wird mittlerweile auch bei TYPO3 empfohlen, alle Projekte (und Datenbanken) in *UTF-8* umzusetzen, da mit diesem Zeichensatz alle Sprachen abgebildet werden können.

Falls Sie – aus welchen Gründen auch immer – Ihr TYPO3-Projekt in einem anderen Zeichensatz umsetzen, müssen entsprechende Umwandlungen vorgenommen werden. Bei *xaJax* bieten sich hier verschiedene Vorgehensweisen an:

- Standard-Encoding einstellen
- Encoding bei der Instanziierung setzen
- Encoding erst nach der Instanziierung setzen

Den einfachsten Weg bietet das Standard-Encoding an, das Sie sauber in TYPO3 definieren können. In der Extension xajax wird die dafür verwendete Konstante definiert, falls sie nicht bereits definiert wurde.

Listing 6.92: Definition des Standard-Zeichensatzes

```
if (!defined ('XAJAX_DEFAULT_CHAR_ENCODING')) {
   define ('XAJAX_DEFAULT_CHAR_ENCODING', 'utf-8' );
}
```

Falls Sie also bereits vorher diese Konstante definiert haben, wird ihre Definition der Konstante verwendet. Eine gute Möglichkeit bietet beispielsweise die PHP-Datei, in der Sie Ihr Frontend-Plugin definiert haben. Definieren Sie die Konstante jedoch vor dem Einbinden der Klasse aus der Extension xajax.

Listing 6.93: Standard-Zeichensatz definieren

```
   // configure my encoding
define ('XAJAX_DEFAULT_CHAR_ENCODING', 'ISO-8859-1' );
   // Include xaJax
require_once (t3lib_extMgm::extPath('xajax').'class.tx_xajax.php');
```

Weitere Informationen zum Thema Zeichensatz finden Sie auf der Wiki-Seite von xaJax[9].

6.11 Veröffentlichung Ihrer Extension

6.11.1 Dokumentation erstellen

Eine gute Extension sollte eine hilfreiche Dokumentation enthalten. Selbst wenn Sie selbst Ihre Extension auch ohne Dokumentation verstehen und einsetzen können, sollten Sie versuchen, sich an diese Vorgabe zu halten. Der Aufwand ist überschaubar und erleichtert vielen Benutzern den Einsatz Ihrer Extension wesentlich. Als Grundlage dient das *TYPO3 Documentation Repository (TDR)*. Darin liegt die Dokumentationsdatei im Format *OpenOffice Writer* (.sxw) oder *Open Document Text* (.odt) vor. Jede Änderung muss an diesem Dokument vorgenommen werden. Daraus werden dann die verschiedenen Ausgabeformate wie HTML generiert. Als Editor bietet sich der *OpenOffice Writer* [10] an.

> **Hinweis**
>
> Im Zuge der Umstellung auf das neue *TYPO3 Extension Repository* TER2 ist die optimale Vorgehensweise für Dokumentation noch nicht endgültig entschieden. Einblicke in den aktuellen Stand erhalten Sie auf typo3.org:
>
> http://typo3.org/teams/typo3org/documents/tdr/

---

9 xaJax Encoding: http://wiki.xajaxproject.org/Tutorials:Character_Encoding_and_xajax
10 Open Office: http://www.openoffice.org/

6.11 Veröffentlichung Ihrer Extension

Derzeit ist der beste Weg zur Dokumentation Ihrer Extension:

1. Erstellen Sie Ihre Extension.
2. Nutzen Sie als Grundlage für Ihre Dokumentation die Extension doc_template oder die Dokumentation einer guten bestehenden Extension, und bearbeiten Sie die Datei mit dem *OpenOffice Writer*.
3. Speichern Sie die Datei im Ordner *doc* Ihrer Extension. Beim Hochladen ins TER wird die Dokumentation automatisch im TDR abgelegt und steht dann auf *typo3.org* zur Verfügung.

Tipp

Falls Sie auch bei der Erstellung und Verbesserung der Dokumentation zu Ihrer Extension auf die Zusammenarbeit in der TYPO3-Community zurückgreifen wollen, bietet sich eine Seite auf dem TYPO3-Wiki an:

http://wiki.typo3.org/index.php/Overview_Extension_manuals

6.11.2 Ins TER hochladen

Nun haben Sie es fast geschafft. Die Extension ist getestet, die Dokumentation geschrieben. Hier sehen Sie noch einige Tipps und Hilfen für den letzten Feinschliff von dem Upload ins TER. Nutzen Sie diese als Checkliste.

- Haben Sie den Code sauber dokumentiert? Die API für Ihre Klassen erstellt? Doppelte Anführungszeichen durch einfache Anführungszeichen ersetzt? Texte in XML-Dateien zur Unterstützung der Mehrsprachigkeit ausgelagert?

  Nutzen Sie die Hilfe der Extension extdeveval!

- Sie haben die Dokumentation für Ihre Extension erstellt und im Ordner *doc* mit der Endung *.odt* oder *.swx* gespeichert.

- Sie haben eigene Icons für die Extension erzeugt und die entsprechenden *_icon.gif-Dateien ersetzt.

- Sie sind bereits auf *typo3.org* registriert und kennen Ihren Benutzernamen und Ihr Passwort[11].

Mithilfe des *Extension Managers* können Sie die neue oder überarbeitete Extension ins TER hochladen.

---

11 *http://typo3.org/community/your-account/*

6 Extensions entwickeln

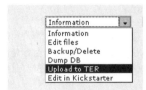

Abbildung 6.39: Menü des Kickstarters nach Auswahl einer Extension

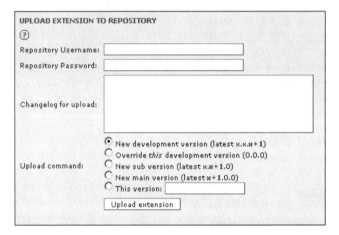

Abbildung 6.40: Eingabemaske für das Hochladen der Extension

Als Hilfestellung für die Auswahl der richtigen Versionsnummer dienen folgende Regeln:

- Die erste stabile Version erhält die Versionsnummer 1.0.0.
- Jede Änderung (auch ein Bugfix) sollte eine neue Version bekommen.
- Kleine Erweiterungen und behobene Fehler resultieren in einer neuen Entwicklungsversion.
- Deutliche Erweiterungen und neue Features erhalten eine neue Unterversion.
- Größere Umstellungen und herausragende Weiterentwicklungen erhalten eine neue Hauptversion.

6.11.3 Ein eigenes Extension Repository aufsetzen

Eine weitere sehr spannende neue Möglichkeit ist das jetzt sehr einfache Aufsetzen eines eigenen privaten *Extension Repository*. Sie können damit sehr komfortabel Extensions innerhalb einer Firma oder Firmengruppe verwalten, falls Sie diese Extensions nicht (oder noch nicht) allgemein veröffentlichen wollen.

Wie üblich bei TYPO3 brauchen Sie dazu erst einmal die passende Extension. In diesem Fall ist es `ter`. Diese Extension liefert auch das zentrale TYPO3 Extension Repository auf *www.typo3.org*. Außerdem sind zwingend PHP 5 und das zugehörige *SOAP*-Modul nötig. Hilfe beim Einrichten finden Sie in der Dokumentation der Extension und an diversen Stellen im Internet. Eine Suche nach »*typo3 create your private extension repository*« sollte Ihnen weiterhelfen.

6.12 Ausblick: Model-View-Control-Architektur

Der Begriff Modell-Präsentation-Steuerung (MPS) bzw. englisch Model-View-Control (MVC) bezeichnet ein Architekturmuster zur Aufteilung von Softwaresystemen in die drei Einheiten Datenmodell (engl. Model), Präsentation (engl. View) und Programmsteuerung (engl. Controller).

Ziel des Modells ist ein flexibles Programmdesign, um u. a. eine spätere Änderung oder Erweiterung einfach zu halten und die Wiederverwendbarkeit der einzelnen Komponenten zu ermöglichen. Außerdem sorgt das Modell bei großen Anwendungen für eine gewisse Übersicht und Ordnung durch Reduzierung der Komplexität.[12]

Es soll also eine bessere Wartbarkeit und Wiederverwendbarkeit des Codes erreicht werden, was im Besonderen bei Open Source-Projekten einen sehr hohen Stellenwert genießen sollte. Durch die Anwendung des MVC-Paradigmas erleichtern Sie es Dritten, den Code zu verstehen, was wiederum zu einer besseren und effizienteren Zusammenarbeit führt. Schlussendlich entsteht bei kürzerer Entwicklungszeit ein besseres Produkt! Eine derzeit sehr erfolgreiche auf dem MVC-Prinzip basierende Web-Applikation ist Ruby on Rails[13], die bei manchem TYPO3-Entwickler schon gewisse Neidgefühle hervorgerufen hat, weil der Einstieg so einfach ist.

Tipp

Nehmen Sie sich vor allem als bereits fortgeschrittener TYPO3-Entwickler die Zeit und Muße, sich mit diesem Ansatz zu beschäftigen. In vielen Softwareprojekten ist das MVC-Prinzip bereits als Standard etabliert, und es wird auch in TYPO3 immer wichtiger werden. Vor allem bei größeren Projekten werden die resultierenden Vorteile sehr schnell den anfänglichen Zeitaufwand rechtfertigen.

Der deutlich kompliziertere Ablauf im Vergleich zu herkömmlichen Scripts aufgrund der Einbindung von verschiedenen Klassen für verschiedene Aufgaben relativiert sich schnell, da er im Prinzip immer wieder den gleichen Grundsätzen folgt.

---

12 aus: Wikipedia, http://de.wikipedia.org/wiki/Model_View_Controller
13 Ruby on Rails, http://www.rubyonrails.org/

6.12.1 Struktur, theoretisch

Wie der Name schon vermuten lässt, besteht das MVC-Architekturmuster aus drei Komponenten. Diese sind je nach Implementierung unterschiedlich stark voneinander abhängig.

Model (Modell)

Das Modell enthält die eigentlichen Daten (Datenbank und Objekte), wobei es irrelevant ist, wie diese Daten strukturiert sind und wie sie gespeichert werden. Informationen über die Darstellung der Daten sollten hier nicht auftauchen, dem Modell ist nichts über die View oder den Controller bekannt. In der Regel sollte die Geschäftslogik (mögliche Zusammenhänge zwischen vorhandenen Objekten durch Methoden und Attribute) in diesem Bereich hinterlegt sein. Das Modell muss zwingend Schnittstellen implementiert haben, auf die die View oder der Controller zugreifen kann.

View (Präsentation)

Die View, also die Präsentationsschicht, ist für die Darstellung der Daten aus dem Modell zuständig, übernimmt jedoch keine Funktion bei der Interaktion mit dem Benutzer. Geänderte Daten müssen sich also durch eine Änderung der View auswirken. Durch die Abwesenheit von implementierter Logik können Views leicht für unterschiedliche Anforderungen ausgetauscht werden, etwa einmal als HTML-Weboberfläche und einmal als grafische Benutzeroberfläche eines installierten Programms.

Controller (Steuerung)

Der Controller hat die Aufgabe, eine angemessene Reaktion auf die Eingaben des Benutzers auszulösen. Darunter fällt in der Regel auch die Auswertung der Benutzerdaten. Er dient also als Schnittstelle zwischen Modell und View und leitet jeweils die erhaltenen Daten an die richtigen Objekte im Modell und die passenden Ansichten in der View weiter. Es ist durchaus üblich, dass verschiedene Controller-View-Paare auf dasselbe Modell zugreifen.

6.12.2 Struktur, praktisch für TYPO3

Für TYPO3 hat der Ansatz der Bereiche Model, View, Controller einen ganz praktischen Grund. Die bereits in Planung befindliche Version 5.0 wird keine PHP-Version unterhalb von 5 unterstützen und vollkommen objektorientiert arbeiten. Für aktuelle Versionen von TYPO3 und die zugehörigen Extensions soll dafür schon der Weg bereitet werden, aber trotzdem soll noch ein Betrieb mit PHP Version 4 möglich sein.

Wenn man das MVC-Paradigma auf TYPO3 überträgt, liegen die Datenbank und die zugehörigen Zugriffsfunktionalitäten im Bereich Model. Der Controller nimmt die Benutzereingaben in Form von Formulareingaben oder GET-Parametern entgehen und steuert die daraus resultierende View in Form einer HTML-Seite.

6.12 Ausblick: Model-View-Control-Architektur

Hinweis

Das *Extension Coordination Team (ETC)* um Elmar Hinz ist derzeit dabei, die notwendigen Grundlagen zu schaffen. Es sollen mittelfristig sowohl die wichtigsten bestehenden Extensions als auch alle neuen Extensions auf demselben Konzept basieren.

Das neue System kann mit einigen Vorteilen aufwarten:

- Die einzelnen Komponenten (Model, View, Controller) sind durch ihre Unabhängigkeit austauschbar.
- Die Weiterentwicklung bestehender Extensions für eigene Bedürfnisse wird durch die Möglichkeit von Addons deutlich vereinfacht; bestehender Code kann direkt verwendet werden. Dadurch entstehen weniger Extensions mit fast identischen Funktionalitäten, wodurch viel Aufwand für Evaluierung wegfällt.
- Übersicht und Verständnis werden durch die klare Strukturierung deutlich erhöht (den objektorientierten Ansatz müssen Sie dazu allerdings schon verinnerlicht haben).
- Problematische Erweiterungen durch das Prinzip XCLASS werden hinfällig.

Als Basis und Bibliothek für die Entwicklung von Frontend-Plugins werden zwei Extensions zur Verfügung gestellt: `lib` und `div`. Diese sollen in Zukunft die derzeit gebräuchliche Klasse `tslib_pibase` ersetzen.

Hinweis

Um auf der Höhe der Zeit zu sein, holen Sie sich am besten die aktuellste Version aus dem TER oder zu Entwicklungs- und Studienzwecken direkt aus dem Subversion-Repository *typo3xdev*[14] bei *sourceforge*. In der Extension `lib` ist eine sehr gute Dokumentation in Form einer Folienpräsentation als *pdf* enthalten. Folgende Ausführungen basieren auf den Extension-Versionen `div` (0.0.9), `lib` (0.0.20) und `efaq` (0.1.5).

---

14 *typo3xdev*: https://typo3xdev.svn.sourceforge.net/svnroot/typo3xdev

Exkurs: PHP 5 und die *Standard PHP Library* (SPL)

Eine wesentliche Erweiterung von PHP 5 ist die Möglichkeit, Iterationen über Objekte durchzuführen. Sie können also auf ein Objekt den Befehl foreach oder vergleichbare Array-Anweisungen anwenden.

Listing 6.94: Iteration über Eigenschaften eines Objekts

```
01 <?php
02 class Ball {
03    public $material;
04    public $size;
05    public $color;
06
07    public function __construct($material, $size, $color) {
08        $this->material = $material;
09        $this->size = $size;
10        $this->color = $color;
11    }
12 }
13
14 $myBall = new Ball('leather', 'big', 'red');
15 foreach ($myBall as $prop => $val) {
16    echo $prop.' => '.$val."\n";
17 }
18 ?>
```

Da Iteration ein wesentlicher Bestandteil jeder Programmierung in PHP (und auch in anderen Sprachen) ist, wurde die SPL geschaffen, um über einen einheitlichen und objektorientierten Weg ein durchgängiges Verfahren zum Elementabruf bereitzustellen. Über die Schnittstelle Iterator, die von allen Iteratoren implementiert wird, werden einige Basismethoden definiert.

- current()

  Diese Methode gibt das aktuelle Element der Auflistung zurück.

- next()

  In der Auflistung wird um einen Schritt vorgerückt.

- valid()

  Es wird geprüft, ob beim vorhergehenden Aufruf von *next()* ein weiteres Element gefunden wurde. Falls ja, wird *true* zurückgeliefert, ansonsten *false*.

- rewind()

  Der Zeiger, der die Auflistung durchläuft, wird wieder an den Anfangspunkt gesetzt. Dies ist vergleichbar mit der PHP-Funktion *reset()* für Arrays.

6.12 Ausblick: Model-View-Control-Architektur

Basierend auf diesen Methoden können Schleifenaufrufe realisiert werden. Diese ermöglichen es jedoch nur, die einzelnen Elemente vorwärts durchzulaufen, wobei nicht direkt auf ein spezifisches Element gesprungen werden kann, da current() keine Parameter erwartet. Die Schleifen können natürlich auch mit Arrays eingesetzt werden.

Listing 6.95: Beispiele für eine Iteration über ein Array

```
01 <?php
02 $array = array('1' => 'erstens',
03                '2' => 'zweites',
04                '3' => 'drittens');
05 $arrayobject = new ArrayObject($array);
06 $iterator = $arrayobject->getIterator();
07    //the while way of doing it
08 while($iterator->valid()) {
09    echo $iterator->key().' => '.$iterator->current()."\n";
10    $iterator->next();
11 }
12    //the for way of doing it
13 for($iterator=$arrayobject->getIterator();$iterator->valid();$iterator->next()) {
14    echo $iterator->key().' => '.$iterator->current()."\n";
15 }
16 ?>
```

In Zeile 06 wird eine Instanz gebildet, über die iteriert werden kann. In beiden Schleifen wird jeweils geprüft, ob aktuell noch ein Element vorhanden ist ($iterator->valid()), und am Ende des Durchlaufs wird das nächste Element ermittelt ($iterator->next()).

Schleifenaufrufe, die auf diesen Funktionen basieren, können auch in PHP 4 über Objekte durchgeführt werden, da die notwendigen Funktionen auch ohne die Definition eines Interfaces zur Verfügung gestellt werden können.

Als praktisches Anschauungsbeispiel zum Entwicklungsansatz MVC bietet sich die Extension efaq zur Frontend-Darstellung von FAQs als Plugin an.

Diese Extension basiert auf den oben bereits erwähnten Extensions lib und div und wird ganz regulär wie jede andere Extension installiert:

1. efaq installieren
2. Seite für das Plugin anlegen
3. Seite für die Datensätze anlegen (als *sysfolder*) und einige Datensätze erzeugen
4. Plugin einbinden und Datenquelle (*sysfolder*) entsprechend auswählen

6 Extensions entwickeln

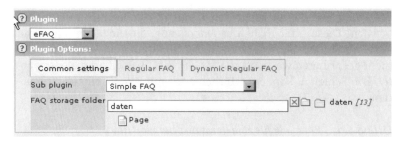

Abbildung 6.41: Grundeinstellungen im Plugin

5. Statisches Template *eFAQ* einbinden

Abbildung 6.42: Vergessen Sie nicht, das statische Template einzubinden!

Nach diesen Schritten sollten Sie bereits eine Ansicht von FAQ-Elementen in Ihrem Frontend sehen können. Auf den folgenden Seiten wollen wir uns die zentralen Elemente ansehen.

Abbildung 6.43: Struktur der Extension

6.12 Ausblick: Model-View-Control-Architektur

Sie sehen bereits hier, dass sich die Struktur der Extension von einer herkömmlichen Extension für ein Frontend-Plugin unterscheidet. Es gibt keinen Order *pi1* mehr, dafür sind andere hinzugekommen, insbesondere *controllers*, *models* und *views*. Die Ordnerstruktur ist auch als Vorschlag für eine saubere Strukturierung eigener Extensions zu sehen.

Tipp

Eine Anleitung zur Erzeugung einer eigenen Extension, die auf dem vorgestellten MVC-Framework basiert, finden Sie in der englischen Dokumentation der Extension lib. Dort wird eine sehr einfache Extension apples erzeugt. Falls Ihnen die Ausführungen auf den folgenden Seiten zur Struktur eines komplexeren Beispiels zu kompliziert werden, finden Sie dort einen leichteren Einstieg.

In der Datei *ext_tables.php* werden wie gewohnt Einstellungen vorgenommen und Einbindungsbefehle für das Plugin geschrieben.

Listing 6.96: Einstellungen aus der Datei ext_tables.php

```
require_once(t3lib_extMgm::extPath('div', 'class.tx_div.php'));
t3lib_extMgm::addStaticFile('efaq', './configurations', 'eFAQ');
t3lib_extMgm::addPlugin(Array('LLL:EXT:efaq/locallang_db.php:pluginLabel', 'tx_efaq'));
t3lib_extMgm::addPiFlexFormValue('tx_efaq','FILE:EXT:efaq/configurations/flexform.xml');
$TCA['tt_content']['types']['list']['subtypes_excludelist']['tx_efaq']='layout,select_key,pages,recurs';
$TCA['tt_content']['types']['list']['subtypes_addlist']['tx_efaq']='pi_flexform';
```

In der Datei *configurations/setup.txt* werden die notwendigen Einbindungen der Klassen vorgenommen.

Listing 6.97: Einbindung notwendiger Klassen: configurations/setup.txt

```
includeLibs.tx_div = EXT:div/class.tx_div.php
includeLibs.tx_lib_switch = EXT:lib/class.tx_lib_switch.php
includeLibs.tx_efaq_controllers_xajax =
EXT:efaq/controllers/class.tx_efaq_controllers_xajax.php
includeLibs.tx_efaq_controllers_simpleFaq =
EXT:efaq/controllers/class.tx_efaq_controllers_simpleFaq.php
includeLibs.tx_efaq_controllers_dynamicSimpleFaq =
EXT:efaq/controllers/class.tx_efaq_controllers_dynamicSimpleFaq.php
includeLibs.tx_efaq_controllers_classicalFaqQuestions =
EXT:efaq/controllers/class.tx_efaq_controllers_classicalFaqQuestions.php
includeLibs.tx_efaq_controllers_classicalFaqAnswers =
EXT:efaq/controllers/class.tx_efaq_controllers_classicalFaqAnswers.php
includeLibs.tx_efaq_controllers_regularFaqQuestions =
EXT:efaq/controllers/class.tx_efaq_controllers_regularFaqQuestions.php
```

```
includeLibs.tx_efaq_controllers_regularFaqAnswer =
EXT:efaq/controllers/class.tx_efaq_controllers_regularFaqAnswer.php
includeLibs.tx_efaq_controllers_dynamicRegularFaqQuestions =
EXT:efaq/controllers/class.tx_efaq_controllers_dynamicRegularFaqQuestions.php
includeLibs.tx_efaq_controllers_dynamicRegularFaqAnswer =
EXT:efaq/controllers/class.tx_efaq_controllers_dynamicRegularFaqAnswer.php
includeLibs.tx_efaq_controllers_textSearch =
EXT:efaq/controllers/class.tx_efaq_controllers_textSearch.php
```

Auch wird hier die Standardkonfiguration des Plugins wie gewohnt abgelegt.

Listing 6.98: TypoScript-Konfiguration für das Plugin: configurations/setup.txt

```
plugin.tx_efaq.configurations {
   phpTemplatePath = EXT:efaq/templates/
   pathToLanguageFile = EXT:efaq/locallang.xml
   ajaxPageType = {$plugins.efaq.ajaxPageType}
   simpleFaqTemplate = simpleFaq
   dynamicSimpleFaqTemplate = dynamicSimpleFaq
   classicalFaqQuestionsTemplate = classicalFaqQuestions
   classicalFaqAnswersTemplate = classicalFaqAnswers
   regularFaqQuestionsTemplate = regularFaqQuestions
   regularFaqAnswerTemplate = regularFaqAnswer
   dynamicRegularFaqQuestionsTemplate = dynamicRegularFaqQuestions
   dynamicRegularFaqAnswerTemplate = dynamicRegularFaqAnswer
   textSearchTemplate = textSearch
   spinnerEnabled = 1
   spinnerFilePath = EXT:efaq/resources/spinner.gif
   spinnerTimeInSeconds = 0.5
   spinnerImgId = efaq_spinner
   spinnerImgAlt = spinner
   spinnerImgStyle = position:absolute; right:2em;
   fieldsToSearchIn = question, answer, author, email, url
   fieldsToHighlight = question, answer, author
   highlightWrap = <span style="background-color:yellow">|</span>
}
```

Da wir uns gleich an ein anspruchsvolleres Beispiel gehalten haben, wird es jetzt etwas komplizierter. Der Entscheidungsvorgang, welche Aktion vom Controller (basierend auf Aktionen des Webseitenbesuchers) aktuell ausgeführt wird und was dann jeweils dahinter steht, kann über *TypoScript* elegant und sauber erweiterbar gelöst werden.

6.12 Ausblick: Model-View-Control-Architektur

Listing 6.99: TypoScript-Aufbau für den Controller: configurations/setup.txt

```
01 plugin.tx_efaq.controllerSwitch = USER
02 plugin.tx_efaq.controllerSwitch{
03    userFunc = tx_lib_switch->main
04
05    // simple list of questions and answers
06    simpleFaq = USER
07    simpleFaq{
08       userFunc = tx_efaq_controllers_simpleFaq->main
09       setupPath = plugin.tx_efaq.configurations.
10    }
11
12    // dynamic simple list of questions and answers
13    dynamicSimpleFaq = USER
14    dynamicSimpleFaq {
15       userFunc = tx_efaq_controllers_dynamicSimpleFaq->main
16       setupPath = plugin.tx_efaq.configurations.
17    }
18    // classical list of questions
19    classicalFaqQuestions = USER
20    classicalFaqQuestions {
21       userFunc = tx_efaq_controllers_classicalFaqQuestions->main
22       setupPath = plugin.tx_efaq.configurations.
23    }
24    // classcial list of answers
25    classicalFaqAnswers = USER
26    classicalFaqAnswers {
27       userFunc = tx_efaq_controllers_classicalFaqAnswers->main
28       setupPath = plugin.tx_efaq.configurations.
29    }
30    // regular list of questions
31    regularFaqQuestions = USER
32    regularFaqQuestions {
33       userFunc = tx_efaq_controllers_regularFaqQuestions->main
34       setupPath = plugin.tx_efaq.configurations.
35    }
36    // single view of regular FAQ
37    regularFaqAnswer = USER
38    regularFaqAnswer {
39       userFunc = tx_efaq_controllers_regularFaqAnswer->main
40       setupPath = plugin.tx_efaq.configurations.
41    }
42    // dynamic regular list of questions
43    dynamicRegularFaqQuestions = USER
44    dynamicRegularFaqQuestions {
45       userFunc = tx_efaq_controllers_dynamicRegularFaqQuestions->main
46       setupPath = plugin.tx_efaq.configurations.
47    }
```

```
48      // dynamic single view of regular FAQ
49      dynamicRegularFaqAnswer = USER
50      dynamicRegularFaqAnswer {
51          userFunc = tx_efaq_controllers_dynamicRegularFaqAnswer->main
52          setupPath = plugin.tx_efaq.configurations.
53      }
54      textSearch = USER_INT
55      textSearch {
56          userFunc = tx_efaq_controllers_textSearch->main
57          setupPath = plugin.tx_efaq.configurations.
58      }
59  }
60  tt_content.list.20.tx_efaq =< plugin.tx_efaq.controllerSwitch
```

In Zeile 03 wird die Funktion main der Klasse tx_lib_switch aufgerufen. Dort wird die Konfiguration aus der Flexform des Plugins geladen. Basierend auf dem Schlüssel (siehe im obigen Screenshot des Plugins aus dem Auswahlfeld SUB PLUGIN) simpleFaq wird der Unterbereich von Zeile 05 bis Zeile 10 gewählt und das hier definierte *TypoScript* über bestehende TYPO3-Funktionen aufgerufen, ausgewertet und das Resultat zurückgegeben. Falls sie in TypoScript definiert sind, werden zusätzlich noch *stdWrap*-Definitionen durchgeführt.

Listing 6.100: Abarbeitung der TypoScript-Angaben mit dem cObj in tx_lib_switch

```
function main($content, $conf){
    $sheetName = $conf['flexFormSheetName'] ? $conf['flexFormSheetName'] : $this->
     flexFormSheetName;
    $fieldName = $conf['flexFormFieldName'] ? $conf['flexFormFieldName'] : $this->
     flexFormFieldName;
    $this->_initFlexForm('pi_flexform');
    $key = $this->_getFlexFormValue($this->cObj->data['pi_flexform'], $fieldName,
     $sheetName);
    $return = $this->cObj->cObjGetSingle($conf[$key], $conf[$key.'.']);
    $return = $this->cObj->stdWrap($return,$conf[$key.'.']['stdWrap.']);
    return $return;

}
```

Den Zusammenhang zwischen dem ausgewählten Eintrag aus dem Auswahlfeld im Screenshot und den Angaben in *TypoScript* erkennen Sie, wenn Sie einen Blick in die Konfigurationsdatei für die Flexform (*configurations/flexform.xml*) werfen. Dort sind exakt jene Schlüsselwerte festgelegt, die auch die *TypoScript*-Unterobjekte definieren (beispielsweise 'simpleFaq').

6.12 Ausblick: Model-View-Control-Architektur

Listing 6.101: Ausschnitt aus der Konfiguration für die Flexform: configurations/flexform.xml

```xml
<numIndex index="50" type="array">
   <numIndex
     index="0">LLL:EXT:efaq/locallang_db.xml:flexform.controllerSelection.
     faqFulltextSearch</numIndex>
   <numIndex index="1">faqFulltextSearch</numIndex>
</numIndex>
<numIndex index="10" type="array">
   <numIndex
     index="0">LLL:EXT:efaq/locallang_db.xml:flexform.controllerSelection.
     simpleFaq</numIndex>
   <numIndex index="1">simpleFaq</numIndex>
</numIndex>
<numIndex index="20" type="array">
   <numIndex
     index="0">LLL:EXT:efaq/locallang_db.xml:flexform.controllerSelection.
     dynamicSimpleFaq</numIndex>
   <numIndex index="1">dynamicSimpleFaq</numIndex>
</numIndex>
```

Im *TypoScript* wird im Unterbereich zu simpleFaq über userFunc die zuständige Klasse und Methode aufgerufen. Wie Sie im Listing des *TypoScript* sehen können, wird für jeden Unterbereich in einer eigenen Controller-Klasse jeweils die Methode main() aufgerufen. Die Klassen wurden über die includeLibs-Befehle vorher eingebunden und damit zur Verfügung gestellt. Da diese Controller-Klassen alle von einer zentralen Controller-Klasse tx_efaq_controllers_common abgeleitet sind und diese wiederum von tx_lib_controller abgeleitet ist, wird letztendlich immer die Methode main() aus der Klasse tx_lib_controller aufgerufen. Sie könnte aber bei Bedarf in jedem Controller überschrieben werden.

Über die Eigenschaften der Controller-Klasse (bzw. des instanziierten Controller-Objekts) werden die richtigen Klassen und Templates für die Darstellung definiert.

Listing 6.102: Eigenschaften in der Klasse tx_efaq_controllers_simpleFaq

```
var $viewClassName = 'tx_efaq_views_simpleFaq';
var $entryViewClassName = 'tx_efaq_views_simpleFaqEntry';
var $templateKey = 'simpleFaqTemplate';
```

Um die gewünschte Aktion und damit die aufzurufende Methode zu finden, wird aus der Methode tx_lib_controller->main() heraus die Methode _findAction() aufgerufen. Dabei wird erst die Eigenschaft defaultAction des aktuellen Controllers gelesen, und dieser Wert wird – falls vorhanden – von der Konfiguration in TypoScript defaultAction überschrieben. Diese kann wiederum von Angaben aus *POST-* oder *GET*-Parametern überschrieben werden.

Achtung

Ein Wert der Objekteigenschaft oder des TypoScript-Parameters defaultAction (z. B. clear, siehe tx_efaq_controllers_common) wird immer auf eine Funktion mit dem Namen des Wertes und dem Suffix Action verweisen (z. B. clearAction). Für die richtige Benennung der Methode und deren Implementierung im Zusammenspiel mit den Benennungen im *TypoScript* oder der Eigenschaft im Controller sind also Sie als Extension-Entwickler zuständig. Die Schritte dazwischen überlassen Sie lib/div.

Wenn Sie also eine Aktion festlegen wollen, können Sie dies über Eigenschaften der Controller-Klassen, über TypoScript oder über übergebene Parameter von der aktuellen Seite tun. Sie müssen im aktuellen Controller dann nur noch die zugehörige Methode (z. B. eben clearAction()) implementieren). Das Befüllen des Parameter-Objekts mit den gesendeten Parametern erfolgt bereits durch das Framework, vergleichbar zu den piVars in herkömmlichen Frontend-Plugins.

Listing 6.103: Implementierung der aufgerufenen Methode clearAction()

```
function clearAction() {
   $this->parameters->clear();
   return $this->_compose();
}
```

Listing 6.104: Die Methode _compose() der Klasse tx_efaq_controllers_common

```
01 function _compose() {
02    // check settings
03    if(!$this->templateKey) {
04       die('Please set the class variable templateKey in the controller ' . $this->
          getClassName());
05    }
06    if(!$this->viewClassName) {
07       die('Please set the class variable viewClassName in the controller ' .
          $this->getClassName());
08
09    }
10    if(!$this->entryViewClassName) {
11       die('Please set the class variable entryViewClassName in the controller ' .
          $this->getClassName());
12
13    }
14
15    // finding classnames
16    $modelClassName = tx_div::makeInstanceClassName('tx_efaq_models_faq');
```

6.12 Ausblick: Model-View-Control-Architektur

```
17   $entryListClassName = tx_div::makeInstanceClassName($this->entryListViewClassName);
18   $entryClassName = tx_div::makeInstanceClassName($this->entryViewClassName);
19   $highlightingFilterClassName = tx_div::makeInstanceClassName($this->
     highlighterClassName);
20   $templateEngineClassName = tx_div::makeInstanceClassName($this->viewClassName);
21   $translatorClassName = tx_div::makeInstanceClassName($this->translatorClassName);
22
23   // the chain
24   $model = new $modelClassName($this);
25   $model->load();
26   $resultList = $model->get('resultList');
27   $entryList = new $entryListClassName($this);
28   for($resultList->rewind(); $resultList->valid(); $resultList->next()) {
29      $highlighted = new $highlightingFilterClassName($this, $resultList->current());
30      $highlighted->setPattern($this->getParameter('searchString'));
31      $entry = new $entryClassName($this,$highlighted);
32      $entryList->append($entry);
33   }
34   $templateEngine = new $templateEngineClassName($this);
35   $templateEngine->set('entryList', $entryList);
36   $templateEngine->setTemplatePath($this->getConfiguration($this->templatePathKey));
37   $templateEngine->render($this->getConfiguration($this->templateKey));
38   $translator = new $translatorClassName($templateEngine, $this);
39   $translator->setPathToLanguageFile($this->getConfiguration($this->
     keyOfPathToLanguageFile));
40   return $translator->translateContent();
41 }
```

Die letztendlich aufgerufene Methode _compose() steuert den kompletten Ablauf der Datenfindung, Datenaufbereitung und schließlich der Darstellung der Daten im Frontend. Ab Zeile 16 werden die nötigen Klassennamen ermittelt. In Zeile 25 werden die Daten im Modell geladen, von Zeile 28 bis 33 für die Darstellung in der View aufbereitet und dann mithilfe der *Template Engine* dargestellt.

Beachten Sie insbesondere die Aufbereitung der Daten für die View. Anders als Sie es vermutlich erwarten würden, wird hier nicht einfach ein Array aus den Ergebnisdatensätzen der Datenbankabfrage gebildet, sondern es werden Objekte instanziiert und übergeben.

Achtung

Wo die Daten herkommen und wie sie letztendlich zusammengestellt werden, bleibt allein der Klasse tx_efaq_models_faq, also dem Modell, überlassen. Hier sehen Sie ein wichtiges Grundprinzip des MVC-Paradigmas: die saubere Trennung von Zuständigkeiten.

6 Extensions entwickeln

Nachdem der Controller und der in *TypoScript* definierte Pfad zu den Templates gesetzt sind (`configurations.phpTemplatePath = EXT:efaq/templates/`), wird die Ausgabe über die Funktion `render()` des Objekts der Klasse `tx_efaq_views_simpleFaq` (siehe `$templateEngineClassName`) abgerufen und zurückgegeben. Da diese Klasse von `tx_lib_phpTemplateEngine` abgeleitet ist, müssen wird dort nach der Methode suchen.

Listing 6.105: Funktion render() der Klasse tx_lib_phpTemplateEngine

```
function render($view){
   $path = $this->pathToTemplates;
   $path .= substr($path, -1, 1) == '/' ? $view : '/' . $view;
   $path .= substr($path, -4, 4) == '.php' ? '' : '.php';
   ob_start();
   include($path);
   $out = ob_get_clean();
   $this->set('content', $out);
   return $out;
}
```

Dort wird lediglich der Ausgabepuffer gesteuert und das vorbereitete Template basierend auf der *TypoScript*-Konfiguration eingebunden (`configurations.simpleFaqTemplate = simpleFaq`). In der aufgerufenen Template-Datei *simpleFaq.php* sind dann alle Informationen für die Darstellung im Frontend enthalten. Hier wird dann wiederum die oben bereits erwähnte Schnittstellenbeschreibung zum einheitlichen Durchlauf von Schleifen für Objekte genutzt.

Listing 6.106: Inhalt der Template-Datei simpleFaq.php

```
<?php $entryList = $this->get('entryList'); ?>

<?php if($entryList->isNotEmpty()): ?>
   <ol class="faq">
<?php endif; ?>

<?php for($entryList->rewind(); $entryList->valid(); $entryList->next()): $entry =
   $entryList->current();    ?>

   <li>
      <h3><?php $entry->printAsHtml('question'); ?></h3>
      <?php if($entry->has('author')): ?>
         <p>%%%by%%%
            <strong> <?php $entry->printAsEmail('email', 'author'); ?> </strong>
            <em> <?php $entry->printAsUrl('url'); ?> </em>
         </p>
      <?php endif; ?>
      <div><?php $entry->printAsRte('answer'); ?></div>
   </li>
```

6.12 Ausblick: Model-View-Control-Architektur

```
<?php endfor; ?>

<?php if($entryList->isNotEmpty()): ?>
   </ol>
<?php endif; ?>
```

Hinweis

Neben der sehr rudimentären Implementierung der View auf Basis dieser Angaben von PHP im Template können natürlich auch ausgefeiltere Templating-Ansätze wie beispielsweise *smarty* genutzt werden. Dabei kann auf die Klasse tx_lib_smartyView in der Extension lib zurückgegriffen werden, die wiederum bereits auf der TYPO3-Extension smarty basiert.

6.12.3 Erweiterung bestehender Extensions

Wenn Sie eine auf dem MVC-Prinzip basierende Extension erweitern bzw. an Ihre Bedürfnisse anpassen wollen, können Sie einfach einen neuen Controller registrieren. Diesem wird dann bei der Suche nach der richtigen Action-Methode der Vorzug vor dem orginalen Controller eingeräumt, wodurch Sie alle Möglichkeiten zur Anpassung der Extension in der Hand halten.

Um einen eigenen Controller zu registrieren, geben Sie einfach Ihre Klasse über $TYPO3_CONF_VARS['CONTROLLERS']['A']['B'] an. Dabei ist A die orginale Klasse und B Ihre neue Controller-Klasse.

Über die Hilfsmethode _findController in *class.tx_lib_controller.php* wird aus main() heraus basierend auf diesen Angaben die letztendlich zuständige Klasse rekursiv ermittelt.

Listing 6.107: Hilfsmethode _findController

```
function _findController($controllerName, $action){
   global $TYPO3_CONF_VARS;
   $resultingControllerName = NULL;
   // Is the action in the given controller?
   foreach((array)get_class_methods($controllerName) as $method){
      if(strtolower($method) == strtolower($action)){
         $resultingControllerName = $controllerName;
      }
   }
   // Is the action in one of it's childs?
   // The deepest and last childs have precedence.
   foreach((array)array_keys((array)$TYPO3_CONF_VARS['CONTROLLERS'][$controllerName])
      as $childName){
      $childsResult = $this->_findController($childName, $action);
```

```
        $resultingControllerName = $childsResult ? $childsResult :
          $resultingControllerName;
    }
    return $resultingControllerName;
}
```

> **Hinweis**
>
> Den aktuellsten Stand der Entwicklung können Sie jederzeit über eine eigens eingerichtete Seite im TYPO3-Wiki einsehen: *http://wiki.typo3.org/index.php/MVC_Framework*

6.13 Materialien zum Weitermachen

Sollten Sie weiterführende Informationen benötigen, können Sie bei folgenden Quellen nachlesen:

- Auf CD
  - *doc_core_api*
  - *doc_core_inside*
  - *doc_core_cgl*
  - *doc_core_tsconfig*
  - *doc_core_tsref*
  - *doc_l10nguide*
- Im Internet
  - *http://typo3.org/documentation/*
  - *http://wiki.typo3.org/index.php*
  - *http://wiki.typo3.org/index.php/Extension_Development*
  - *http://wiki.typo3.org/index.php/Extension_Developers_Guide*
  - *http://wiki.typo3.org/index.php/Backend_Programming*
  - *http://wiki.typo3.org/index.php/Extension_coordination_team*
  - *http://wiki.typo3.org/index.php/Extension_Development%2C_using_Flexforms*

7 HowTos

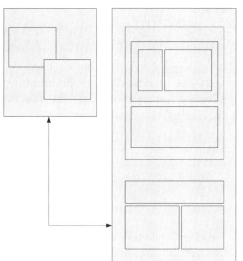

In diesem Kapitel wollen wir für einige häufig anfallende Problemstellungen Lösungen vorstellen. Es wird von einigen Stellen im Buch hierher verwiesen. Es geht uns nicht in erster Line darum, alle Hintergründe ausführlich zu erläutern, sondern darum, möglichst schnell und umkompliziert Lösungen entwickeln zu können.

Achtung

Beachten Sie bitte, dass die hier genannten Möglichkeiten einen Administrator-Zugang zum Backend voraussetzen. Die HowTos sind für Leute gedacht, die TYPO3 für ein Projekt einrichten und entsprechenden Vollzugriff auf das System haben.

7.1 Darstellung im Backend anpassen

Aufgrund der vielfältigen Konfigurationsmöglichkeiten gibt es viele Stellen, an denen Sie das Aussehen des Backends und die Strukturierung von Feldern beeinflussen können. Um einen Überblick zu bekommen, haben wir Ihnen zwei Extensions mit exemplarischen Änderungen zusammengepackt. In abz_skin und abz_eff_tca finden Sie alle derzeitigen wichtigen Ansatzpunkte, um das Backend nach Ihren Wünschen grafisch und strukturell anzupassen. Natürlich nur, soweit TYPO3 das zulässt. Aber seien Sie versichert, es geht mehr, als man denkt ...

Achtung

Beim Einsatz von eigenen Skins gibt es neben den technischen jedoch auch rechtliche Einschränkungen. Beachten Sie dazu die Bestimmungen der GPL. Es muss beispielsweise immer erkennbar sein, dass es sich um TYPO3 handelt.

7.1.1 Login-Formular anpassen

Für das Bild auf der Login-Maske können Sie einen Dateiordner angeben. Von den darin enthaltenen Bilddateien wird im Wechsel per Zufallsprinzip jeweils eine eingeblendet.

Den Pfad konfigurieren Sie in der Datei *ext_tables.php* Ihrer Extension.

Listing 7.1: Angabe des Ordners für Bilder auf der Login-Maske

```
$temp_eP = t3lib_extMgm::extRelPath($_EXTKEY);
$TBE_STYLES['loginBoxImage_rotationFolder'] = $temp_eP.'images/login/';
```

Sie erstellen dann innerhalb Ihrer Extension den Ordner *images/login/*, in dem Sie die gewünschten Bilder ablegen, die dann auf der Login-Seite erscheinen werden.

7.1.2 Icons und Farben verändern

Auch die Angaben zu eigenen Icons werden in der *ext_tables.php* festgelegt. Mittels $TBE_STYLES['skinImgAutoCfg'] können ganz einfach bestehende Icons durch eigene Icons überschrieben werden.

7.1 Darstellung im Backend anpassen

Dazu müssen Sie lediglich die eigenen Icons unter dem gleichen Namen und relativen Pfad (unterhalb des in $TBE_STYLES['skinImgAutoCfg'] konfigurierten Pfades) abspeichern wie das Original. Zusätzlich können Sie die Verwendung der Dateierweiterung *png* erzwingen und die Größe Ihrer Icons skalieren.

Listing 7.2: Angaben für Icons: ext_tables.php

```
$TBE_STYLES['skinImgAutoCfg']=array(
   'absDir' => t3lib_extMgm::extPath($_EXTKEY).'icons/',
   'relDir' => t3lib_extMgm::extRelPath($_EXTKEY).'icons/',
   'forceFileExtension' => 'png',   // Force to look for PNG alternatives...
   'scaleFactor' => 2/3,   // Scaling factor, default is 1
);
```

Einige wenige Icons müssen direkt über $TBE_STYLES['skinImg'] gesetzt werden, da sie nicht über $TBE_STYLES['skinImgAutoCfg'] abgedeckt werden können. Überschreiben Sie dabei einfach den Pfad des Icons mit dem neuen Pfad zu Ihrem Icon.

Listing 7.3: Pfad zum Überschreiben spezieller Icons: ext_tables.php

```
$TBE_STYLES['skinImg'] = array_merge($presetSkinImgs, array (
   'MOD:web/website.gif'  => array($temp_eP.'icons/module_web.gif','width="24"
      height="24"'),
));
```

Durch Einbindung einer eigenen CSS-Datei können Sie die für das Backend vorgegebenen Stile überschreiben. Alternativ können Sie auch das vorgegebene CSS komplett überschreiben oder CSS-Angaben definieren, die direkt in das Dokument eingebunden werden. Die Standardeinstellungen kommen aus der Datei *typo3/stylesheet.css*.

Tipp

Um die richtige CSS-Definition zu finden, können Sie ein Helferlein der Extension extdeveval nutzen. Öffnen Sie den Quellcode der entsprechenden Maske im Backend, und kopieren Sie ihn in die Eingabemaske der Funktion CSS ANALYZER des Moduls extdeveval (im linken Frame). Dabei erhalten Sie den genauen Aufbau der CSS-Struktur und können die gewünschten CSS-Angaben explizit anpassen.

Listing 7.4: Alternative CSS-Dateien und -Definitionen angeben: ext_tables.php

```
// Setting up stylesheets (See template() constructor!)
// Alternative stylesheet to the default "typo3/stylesheet.css" stylesheet.
#$TBE_STYLES['stylesheet'] = $temp_eP.'stylesheets/stylesheet.css';
// Additional stylesheet (not used by default).  Set BEFORE any in-document styles
$TBE_STYLES['stylesheet2'] = $temp_eP.'stylesheets/stylesheet2.css';
```

```
// Additional stylesheet. Set AFTER any in-document styles
#$TBE_STYLES['styleSheetFile_post'] = $temp_eP.'stylesheets/stylesheet_post.css';
// Additional default in-document styles.
#$TBE_STYLES['inDocStyles_TBEstyle'] = '* {text-align: right;}';
```

Achtung

Durch das Festlegen einer eigenen CSS-Datei wird die originale Datei nicht mehr eingebunden. Falls Sie bereits eine *Skinning Extension* wie t3skin installiert haben und die dort verwendeten Layouts beibehalten wollen, müssen Sie die korrekte Übernahme der dort definierten Stile sicherstellen.

Da nach den Regeln von CSS eine exakte Definition eines Stils (z. B. SPAN.class-main24 b {color: red;}) Vorrang vor einer allgemeinen Definition (z. B. b {color: yellow;}) hat, können Sie so ganz gezielt einzelne Stile überschreiben. Besser nachvollziehbar ist allerdings folgende Vorgehensweise: Definieren Sie eigene Klassen in $TBE_STYLES, und belegen Sie diese mit Stilen.

Kurzes Beispiel für das schnelle Erfolgserlebnis

Listing 7.5: Angabe einer neuen Stilgruppe und Verwendung für das Feld title: ext_tables.php

```
01 $TBE_STYLES['colorschemes'][7]='-|class-main71,-|class-main72,-|class-main73,
   -|class-main74,-|class-main75';
02 $TBE_STYLES['inDocStyles_TBEstyle'] .= 'tr.class-main71 td {background-color:
   red;color:white;}';
03 t3lib_div::loadTCA("pages");
04 $TCA['pages']['types']['1']['showitem'] = 'hidden;;;;1-1-1, doktype;;2;button,
   title;;3;;7-7-7';
```

Hier sehen Sie die wenigen Zeilen, die für einen schnell sichtbaren Erfolg nötig sind. Platzieren Sie diese Zeilen in der Datei *ext_tables.php* Ihrer Extension. Zeile 01 definiert eine neue Stilgruppe unter Verwendung von CSS-Klassen, Zeile 02 definiert diese CSS-Klassen und sorgt gleichzeitig dafür, dass sie auch eingebunden werden, und die Zeilen 03 und 04 ändern schließlich die Anzeige der Felder in der Maske der Seiteneigenschaften. Beachten Sie dabei die Verwendung der neuen Stilgruppe 7 für das Feld *title*.

Hintergründe zu diesen Veränderungen im *$TCA* finden Sie im Abschnitt *$TCA (Table Configuration Array)*, Seite 312.

7.1.3 Datensätze im Page-Modul anzeigen

Für viele Redakteure würde die Funktionalität im Modul WEB, PAGE vollkommen ausreichen, wären da nicht Datensätze von Extensions, die per Frontend-Plugin auf der Webseite angezeigt werden und die oftmals nur im LIST-Modul verwaltet werden können.

Ein sehr häufig eingesetztes Beispiel sind News-Datensätze der Extension tt_news. Diese sind auch bereits für eine Sichtbarkeit im Modul WEB, PAGE konfiguriert.

Abbildung 7.1: Darstellung von tt_news-Datensätzen im Page-Modul

Mit Hilfe der Extension abz_eff_tca können Sie recht einfach auch andere Datensätze im Page-Modul anzeigen bzw. auch die Anzeigen der tt_news-Datensätze verändern.

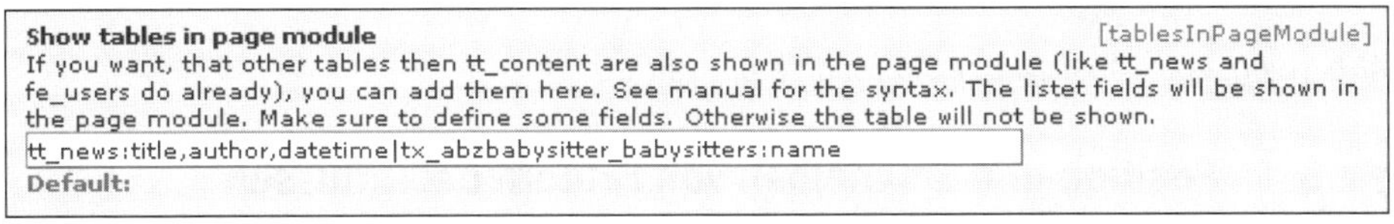

Abbildung 7.2: Konfiguration von tt_news und einer weiteren Extension für die Darstellung im Page-Modul

Die Konfigurationsangaben der Extension abz_eff_tca im Extension Manager werden in der Datei *ext_localconf.php* ausgewertet und in entsprechende Angaben für TYPO3 umgewandelt.

Listing 7.6: Auswertung des Parameters tablesInPageModule

```
01 if($confArr['tablesInPageModule']) {
02    $tablesInPageModule = explode('|',$confArr['tablesInPageModule']);
03 }
04 if (is_array($tablesInPageModule)) {
05    foreach($tablesInPageModule as $tableLine)  {
06       $tableData = explode(':',trim($tableLine));
07          // set the localconfvar for each table
08 
  $TYPO3_CONF_VARS['EXTCONF']['cms']['db_layout']['addTables']
  [trim($tableData[0])][0] = array(
```

```
09          'fList' => trim($tableData[1]),
10          'icon' => TRUE,
11      );
12  }
13 }
```

Die entscheidenden Aktionen passieren dabei ab Zeile 08. Hier wird die Konfigurationsvariable $TYPO3_CONF_VARS['EXTCONF']['cms']['db_layout']['addTables'] gefüllt. Diese Aktion können Sie auch manuell für eine ganz bestimmte Tabelle in einer eigenen Extension durchführen.

Abbildung 7.3: Ansicht der tt_news-Datensätze nach der Neukonfiguration

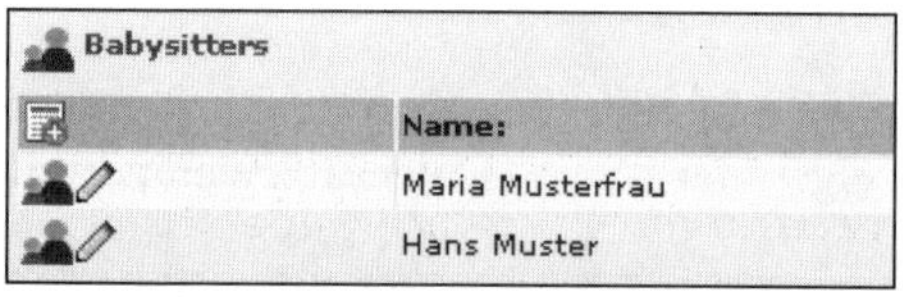

Abbildung 7.4: Ansicht der Datensätze Babysitters

7.1.4 Position und Erscheinen von Feldern beeinflussen

Falls Sie Felder eines Seitentyps (beispielsweise das Feld *abstract* aus dem Seitentyp *Advanced*) auch auf anderen Seitentypen (beispielsweise hier *Standard*) in der Backend-Maske verfügbar machen wollen, können Sie dies sehr komfortabel mit Hilfe der Klasse *t3lib_BEfunc* durchführen.

Listing 7.7: Feld abstract auf Seitentyp Standard anzeigen

```
t3lib_div::loadTCA('pages');
t3lib_extMgm::addToAllTCAtypes('pages','abstract','1','after:nav_hide');
```

Als erster Parameter wird die gewünschte Tabelle angegeben, als zweiter ein String mit den Feldnamen, durch Kommas getrennt. Der im Beispiel angegebene dritte Parameter (optional) limitiert – falls angegeben – die Ausführung des Befehls auf eine sogenannte *specificTypesList*, das bedeutet '1' gibt in diesem Fall den *doktype* der Seiten an, dem die Felder hinzugefügt werden sollen. Der vierte Parameter 'after:nav_hide' gibt an, an welcher Stelle in der Maske die Felder eingefügt werden sollen (hier können Sie auch das Schlüsselwort *before:* nutzen).

Alternativ können Sie direkt auf die Angabe showitem zugreifen.

Listing 7.8: Direktes Verändern der Konfiguration mit showitem

```
t3lib_div::loadTCA('pages');
$TCA['pages']['types']['1']['showitem'] = 'hidden;;;;1-1-1, doktype;;2;button';
```

> **Tipp**
>
> Einen tieferen Einblick in die Möglichkeiten der Backend-Gestaltung über das $TCA erhalten Sie im Abschnitt *$TCA (Table Configuration Array)*, Seite 312.

7.2   Label überschreiben

Spracheinträge (Label) können sowohl im Frontend als auch im Backend an eigene Bedürfnisse angepasst werden, ohne den eigentlichen Code einer Extension ändern zu müssen. Eine aus unserer Sicht sehr kompakte und übersichtliche Möglichkeit bietet eine eigene Extension mit den gewünschten Spracheinträgen für das jeweilige Projekt (dies muss nicht nur für mehrsprachige Seiten verwendet werden). Für diesen Zweck stellen wir die Extension abz_labels zur Verfügung.

Das Vorgehen sieht wie folgt aus: Für einen Text im Backend müssen wir zuerst herausfinden, welcher Schlüssel in welcher *locallang*-Datei den entsprechenden Text enthält. Falls unklar ist, zu welcher Extension das Label gehört, starten Sie am besten eine Volltextsuche in den Dateien des infrage kommenden Bereichs.

> **Achtung**
>
> Beachten Sie bitte, dass diese Vorgehensweise nur funktionieren kann, falls das infrage kommende Label mittels des TYPO3-Lokalisierungsframeworks über das globale $LANG-Objekt eingebunden wurde, was jedoch in der Regel der Fall ist.

Wie Sie bereits wissen, ist ein Großteil der Texte in TYPO3 lokalisiert, das heißt in verschiedene Sprachen übersetzt bzw. damit in weitere Sprachen übersetzbar. Wenn Sie also Label gezielt mit eigenen Ausdrücken überschreiben möchten, sollten Sie dabei auch die Auswahlmöglichkeit verschiedener Sprachen für die Benutzer berücksichtigen. Entweder Sie übersetzen die von Ihnen veränderten Label in alle benötigten Sprachen oder Sie stellen sicher, dass den Benutzern nur bestimmte Sprachen zur Verfügung stehen, genau diejenigen nämlich, die Sie angepasst haben.

Es gibt grundsätzlich drei Bereiche für Label:

- Label für Frontend-Plugins basieren auf der Sprache der Webseite.
- Tabellenbasierte Label sind solche, die im $TCA konfiguriert sind und über Page TypoScript angepasst werden können.
- Sonstige Texte wie z. B. die Beschriftung des Logout-Buttons können über eigene Sprachdateien modifiziert werden.

Die beiden letzten Bereiche basieren auf der eingestellten Sprache des Backend-Benutzers.

7.2.1 Label über Frontend-TypoScript anpassen

Sie können mit Hilfe von TypoScript-Angaben die Texte für das Frontend anpassen bzw. überschreiben – und das für jede gewünschte Sprache. Im Beispiel sind die Hinweise auf die Standardsprache Englisch und die Sprache Deutsch fett markiert.

Listing 7.9: Anpassung der Beschriftung des Buttons für die indizierte Suche

```
plugin.tx_indexedsearch {
  _LOCAL_LANG.default {
    submit_button_label = go for it!
  }
  _LOCAL_LANG.de {
    submit_button_label = hols dir!
  }
}
```

Da wir diese TypoScript-Angaben in einer Datei namens *ext_typoscript_setup.txt* abgelegt haben, werden sie von TYPO3 automatisch mit der (installierten) Extension eingebunden. Sie können diese Angaben natürlich an jeder anderen Stelle für TypoScript machen, z. B. in einem Extension-Template.

7.2.2 Label für das Backend über Page TSConfig anpassen

Mit dem Parameter *altLabels* in Page TypoScript können Sie alternative Begriffe für Label aus Elementen von Auswahlfeldern vergeben.

7.2 Label überschreiben

Listing 7.10: Anpassung der Texte von Auswahlfeldern

```
TCEFORM.pages.doktype {
   altLabels.1 = normale Seite
}
```

Eine grundsätzliche Sache zur Lokalisierung müssen Sie hierbei beachten: Wenn Sie direkt einen neuen Begriff mit *altLabels* festlegen, dann überschreibt dieser alle Sprachen. Es ist also völlig gleichgültig, welche Sprache der Benutzer in seinem Backend eingestellt hat, er wird immer den von Ihnen festgelegten neuen Begriff zu sehen bekommen.

Listing 7.11: Anpassung der Texte von Auswahlfeldern mit Mehrsprachigkeit

```
TCEFORM.pages.doktype {
   altLabels.1 = LLL:EXT:abz_skin/locallang_be.php:altLabel.pageStandard
}
```

Falls Sie also mehrere Sprachen unterstützen wollen, wählen Sie die gezeigte zweite Option und definieren eine Sprachdatei mit zugehörigem Schlüssel, in der dann alle von Ihnen gewünschten Sprachen angelegt werden können. Die Sprachdatei und Informationen zur Aktivierung derselben finden Sie im folgenden Kapitel.

7.2.3 Label über Sprachdateien

Wenn Sie Beschriftungen im Frontend wie den Text des Logout-Buttons anpassen wollen, müssen Sie zuerst einmal herausfinden, in welcher Datei und mit welchem Schlüssel dieser Text definiert ist. Dazu starten Sie am besten eine Volltextsuche mit Ihrem Lieblingseditor und suchen so nach dem aktuellen Begriff. Den Schlüssel für den Logout-Button finden Sie so in der Datei *typo3/sysext/lang/locallang_core.php*.

Um Label im TYPO3-Backend zu überschreiben, legen wir eine neue Datei *locallang_db.php* in unserer Extension, die wir dafür nutzen, an und weisen TYPO3 an, diese einzubinden. Das Beispiel bindet unsere Datei für das Überschreiben von Labeln im Core ein. Analog können Sie für Label von anderen Extensions vorgehen.

Listing 7.12: Angabe in der Datei ext_localconf.php

```
$TYPO3_CONF_VARS['BE']['XLLfile']['EXT:lang/locallang_core.php']=
'EXT:abz_labels/locallang_db.php';
```

Aus der Originaldatei kopieren Sie den Schlüssel – hier `buttons.logout` – heraus und können diesen dann in Ihrer Sprachdatei neu belegen.

Listing 7.13: Änderung des Logout-Buttons im Backend

```
$LOCAL_LANG = Array (
    'default' => Array (
        'buttons.logout' => 'end session',
    ),
    'de' => Array (
        'buttons.logout' => 'Session verlassen',
    ),
);
```

Abbildung 7.5: Geänderte Beschriftung des Logout-Buttons im Backend

Falls Sie mehrere Label aus verschiedenen Stellen im TYPO3-Backend anpassen möchten, können Sie diese innerhalb einer Sprachdatei zusammenfassen, obwohl sie aus verschiedenen Quellen stammen.

Listing 7.14: Selbst erstellte Sprachdatei locallang_db.php

```
$LOCAL_LANG = Array (
    'default' => Array (
        //label from EXT:lang/locallang_core.php
        'buttons.logout' => 'end session',
        //label from EXT:cms/locallang_tca.php
        'pages.doktype.I.0' => 'advanced page',
        'pages.hidden' => 'hide on website',
        //label from EXT:cms/locallang_ttc.php
        'CType.I.0' => 'only Header',
        //version with Page TS, see tsconfig_page.txt
        'altLabel.pageStandard.1' => 'basic page',
    ),
    'de' => Array (
        'buttons.logout' => 'Session verlassen',
        'pages.doktype.I.0' => 'erweiterte Seite',
        'pages.hidden' => 'auf Webseite verstecken',
        'CType.I.0' => 'nur Überschrift',
        'altLabel.pageStandard.1' => '0815 Seite',
    ),
);
```

7.3 Kontextsensitive Hilfe einbauen

Sie müssen dazu den entsprechenden API-Aufruf für alle Dateien ausführen, die originale Texte enthalten, in unserem Fall durch Code in der Datei *ext_localconf.php*:

Listing 7.15: Einbindung der neuen Sprachdatei

```
$TYPO3_CONF_VARS['BE']['XLLfile']['EXT:lang/locallang_core.php']=
 'EXT:abz_labels/locallang_db.php';
$TYPO3_CONF_VARS['BE']['XLLfile']['EXT:cms/locallang_ttc.php']=
 'EXT:abz_labels/locallang_db.php';
$TYPO3_CONF_VARS['BE']['XLLfile']['EXT:cms/locallang_tca.php']=
 'EXT:abz_labels/locallang_db.php';
```

Tipp

Leeren Sie prinzipiell den Cache für das Backend CLEAR CACHE IN TYPO3CONF, nachdem Sie Änderungen in *ext_localconf.php*-Dateien vorgenommen haben, um sicher zu sein, dass TYPO3 die neuen Anweisungen annimmt.

Als Basis für die kompakte Zusammenfassung von veränderten Texten in einer Extension können Sie die Extension abz_labels aus dem TYPO3 TER herunterladen, installieren und nach Ihren Wünschen verändern.

7.3 Kontextsensitive Hilfe einbauen

Oft ist es für neu eingefügte oder bestehende Felder im Backend sinnvoll, einen Hilfetext für die Redakteure hinzuzufügen, um ihnen die Arbeit zu erleichtern. Zu unserer im Kapitel *Extensions entwickeln*, Seite 387, erstellten Extension abz_references wollen wir für die Auswahl der Kategorie erläuternde Texte hinzufügen.

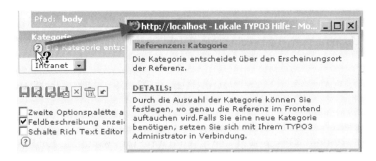

Abbildung 7.6: Beschreibungstexte als Hilfe für Redakteure

Erzeugen Sie diese Sprachdatei nach der Namenskonvention: Dem eigentlichen Namen sollte *locallang_csh_* vorangestellt sein. Da die *TYPO3 Coding guidelines* eine maximale Namenslänge von 31 Zeichen festlegen und wir zusätzlich die Hilfetexte für verschiedene Sprachen mit Sprachkennungen vorsehen müssen, bleiben noch 9 Zeichen für einen aussagekräftigen Namen. *(locallang_csh_de_*.php* oder *locallang_csh_de_*.xml)*. Das ist zugegebenermaßen sehr wenig, vor allem, wenn Sie einfach den Namen einer neu angelegten Tabelle verwenden wollen. Machen Sie das Beste aus diesen Einschränkungen.

Die Tabelle unseres Beispiels heißt *tx_abzreferences_items*, und wir nennen die Sprachdatei *locallang_csh_refitems.php*. Füllen Sie die Datei mit den entsprechenden Texten. Die entsprechende Syntax sehen Sie beispielhaft in der Extension. In unserem Fall wird die Extension nur projektbezogen für deutsche Mitarbeiter eingesetzt, deshalb werden die neuen Label direkt und nur auf Deutsch angelegt. Es wird also unabhängig von der gewählten Sprache im Backend nur ein deutscher Hilfetext zur Verfügung stehen.

Listing 7.16: Inhalt der Datei locallang_csh_refitems.php

```
01 <?php
02 $LOCAL_LANG = Array (
03   'default' => Array (
04     'category.description' => 'Die Kategorie entscheidet über den
         Erscheinungsort der Referenz.',
05     'category.details' => 'Durch die Auswahl der Kategorie können Sie festlegen,
         wo genau die Referenz im Frontend auftauchen wird.<br />Falls Sie eine
         neue Kategorie benötigen, setzen Sie sich mit Ihrem TYPO3 Administrator in
         Verbindung.',
06   ),
07 );
08 ?>
```

Entscheidend für die richtige Zuordnung ist dabei der richtige Name des Feldes, erweitert mit den Schlüsselbegriffen description und details, wie in Zeile 04 und Zeile 05 zu sehen ist.

Binden Sie die Datei durch einen entsprechenden Befehl in *ext_tables.php* in TYPO3 ein:

t3lib_extMgm::addLLrefForTCAdescr('tx_abzreferences_items','EXT:'.$_EXTKEY.'/locallang_csh_refitems.php');

Optional können Sie jetzt noch die PHP-Datei mit dem passenden Tool der Extension extdeveval in XML umwandeln. Dies macht vor allem dann Sinn, wenn Sie für Ihre Webseite Zeichensätze einsetzen, die nicht aus dem mitteleuropäischen Sprachraum stammen.

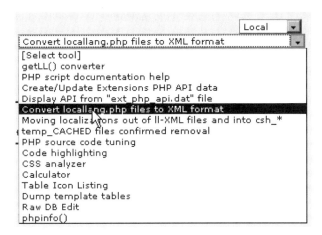

Abbildung 7.7: Umwandlung von PHP in XML über das Modul der Extension extdeveval

Falls es sich nur um wenige Label handelt und Sie diese nur projektbezogen einsetzen, können Sie eventuelle Übersetzungen direkt in dieser einen Datei anlegen. Bei größeren Textmengen und Extensions für die gesamte TYPO3-Gemeinde sollten Sie die Extension llxmltranslate einsetzen, um Sprachpakete zu erzeugen.

7.4 Datensätze in Feldern speziell bearbeiten (itemsProcFunc)

Im $TCA wird bei den Feldtypen *radio*, *check* oder *select* darauf hingewiesen, dass die Inhalte von Feldern über eigene PHP-Funktionen modifiziert werden können. Diese Möglichkeit wird beispielsweise in der Extension direct_mail für das Feld *module_sys_dmail_category* genutzt, um lokalisierte Kategorien darzustellen.

Die Extension static_info_tables nutzt auch diese Option, um durch eine eigene Funktion die Einflussmöglichkeiten auf das Auswahlfeld für den ISO-Code in Datensätzen zu *sys_language* auszuweiten.

Abbildung 7.8: Auswahlfeld für den ISO-Code

Listing 7.17: $TCA-Konfiguration für sys_language:static_lang_isocode

```
01 $TCA['sys_language']['columns']['static_lang_isocode']['config'] = array(
02     'type' => 'select',
03     'items' => array(
04         array('',0),
05     ),
06     #'foreign_table' => 'static_languages',
07     #'foreign_table_where' => 'AND static_languages.pid=0 ORDER BY
            static_languages.lg_name_en',
08     'itemsProcFunc' => 'tx_staticinfotables_div->selectItemsTCA',
09     'itemsProcFunc_config' => array(
10         'table' => 'static_languages',
11         'indexField' => 'uid',
12         // I think that will make more sense in the future
13         // 'indexField' => 'lg_iso_2',
14         'prependHotlist' => 1,
15         // defaults:
16         //'hotlistLimit' => 8,
17         //'hotlistSort' => 1,
18         //'hotlistOnly' => 0,
19         //'hotlistApp' => TYPO3_MODE,
20     ),
21     'size' => 1,
22     'minitems' => 0,
23     'maxitems' => 1,
24 );
```

In Zeile 08 wird auf die aufzurufende PHP-Funktion verwiesen, und ab Zeile 09 können eigene Parameter definiert werden, die der Funktion bei einem Aufruf mit übergeben werden.

Achtung

Damit der Aufruf funktioniert, muss natürlich die Datei, in der die Klasse definiert ist, eingebunden sein. In static_info_tables geschieht dies in der Datei *localconf.php*.

```
require_once(t3lib_extMgm::extPath(STATIC_INFO_TABLES_EXTkey).
'class.tx_staticinfotables_div.php');
```

Listing 7.18: Auszug aus der Funktion selectItemsTCA, die von itemsProcFunc aufgerufen wird

```
function selectItemsTCA($params) {
    global $TCA;
    $table = $params['config']['itemsProcFunc_config']['table'];
```

7.5 Eigene Wizards zu Feldern hinzufügen

```
    if ($table) {
        $indexField = $params['config']['itemsProcFunc_config']['indexField'];
        $indexField = $indexField ? $indexField : 'uid';

        $lang = strtolower(tx_staticinfotables_div::getCurrentLanguage());
        $titleFields = tx_staticinfotables_div::getTCAlabelField($table, TRUE, $lang);
[...]
        if ($params['config']['itemsProcFunc_config']['prependHotlist']) {
[...]
            foreach ($rows as $index => $title) {
                $params['items'][] = array($title, $index, '');
                $cnt++;
            }
            if($cnt && !$params['config']['itemsProcFunc_config']['hotlistOnly']) {
                $params['items'][] = array('---------------', '', '');
            }
        }
[...]
    }
}
```

Hinweis

Das Array der Items wird als Referenz über `$params['items']` an die Funktion übergeben, sodass über diese Variable direkt Änderungen durchgeführt werden können. Um also die Daten für die Darstellung im Backend anzupassen, müssen Sie in Ihrer Funktion einfach das Array `$params['items']` verändern.

7.5 Eigene Wizards zu Feldern hinzufügen

Falls Sie bestehenden oder neuen Feldern einen eigenen Wizard hinzufügen wollen, betrachten Sie doch einmal die Extension `lorem_ipsum`. Diese fügt einfach dem Feld, dessen Lipsum-Wizard Sie anklicken, Blindtext hinzu.

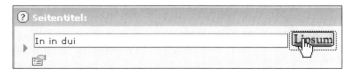

Abbildung 7.9:   Wizard der Extension lorem_ipsum

Sie können relativ einfach im `$TCA` der entsprechenden Tabelle über den Konfigurationsparameter `wizards` einen weiteren Wizard mitsamt Konfiguration in das entsprechende Feld einbinden.

Im Fall der Extension lorem_ipsum wird der zu diesem Feld hinzugefügte Wizard vom Typ *userFunc* wie folgt eingebunden.

Listing 7.19: Hinzufügen des Wizards zu bestimmten Feldern: ext_tables.php

```
    // Create wizard configuration:
$wizConfig = array(
    'type' => 'userFunc',
    'userFunc' => 'EXT:lorem_ipsum/class.tx_loremipsum_wiz.php:tx_loremipsum_wiz-> main',
    'params' => array()
);

    // Load affected tables (except "pages"):
t3lib_div::loadTCA('tt_content');
t3lib_div::loadTCA('pages_language_overlay');
t3lib_div::loadTCA('sys_language');
    // *********************
    // Apply wizards to:
    // *********************
    // Titles:
$TCA['pages']['columns']['title']['config']['wizards']['tx_loremipsum'] =
$TCA['pages']['columns']['nav_title']['config']['wizards']['tx_loremipsum'] =
$TCA['pages_language_overlay']['columns']['title']['config']['wizards']['tx_loremipsum'
] =
$TCA['pages_language_overlay']['columns']['nav_title']['config']['wizards']['tx_lorem
  ipsum'] =
    array_merge($wizConfig,array('params'=>array(
        'type' => 'title'
    )));
```

Die Logik ist also in einer PHP-Funktion hinterlegt. Die Rückgabe der Funktion wird dann den Wizard im Backend bestimmen.

Listing 7.20: Auszug aus class.tx_loremipsum_wiz.php

```
/**
 * Main function for TCEforms wizard.
 *
 * @param   array    Parameter array for "userFunc" wizard type
 * @param   object   Parent object
 * @return  string   HTML for the wizard.
 */
function main($PA,$pObj)   {
      // Detect proper LR file source:
    $this->setLRfile($PA);
      // Load Lorem Ipsum sources from text file:
    $this->loadLoremIpsumArray();
    switch($PA['params']['type']) {
        case 'title':
```

7.5 Eigene Wizards zu Feldern hinzufügen

```
            case 'header':
            case 'description':
            case 'word':
            case 'paragraph':
            case 'loremipsum':
                $onclick = $this->getHeaderTitleJS(
                    "document.".$PA['formName']."['".$PA['itemName']."'].value",
                    $PA['params']['type'],
                    $PA['params']['endSequence'],
                    $PA['params']['add'],
                    t3lib_div::intInRange($PA['params']['count'],2,100,10),
                    "document.".$PA['formName']."['".$PA['itemName']."']"
                ).';'.
                    implode('',$PA['fieldChangeFunc']).   // Necessary to tell TCEforms that
                                                           the value is updated.
                    'return false;';
                $output.= '<a href="#" onclick="'.htmlspecialchars($onclick).'">'.
                    $this->getIcon($PA['params']['type'],$this->backPath).
                    '</a>';
            break;
[...]
    return $output;
}
```

Um nun beispielsweise diesen Wizard auch Feldern in Datensätzen für die Extension tt_news hinzuzufügen, sind nur relativ wenige weitere Zeilen Code notwendig. Diesen Code können Sie am einfachsten durch eine neue (fast leere) Extension in TYPO3 einbringen. Der Code aus dem Listing muss dabei in einer Datei *ext_tables.php* innerhalb der neuen Extension abgelegt werden.

Listing 7.21: Wizard lorem ipsum für tt_news-Datensätze: ext_tables.php

```
if (TYPO3_MODE=='BE')   {
    // Load additional affected tables (except "pages"):
    t3lib_div::loadTCA('tt_news');
    // *********************
    // Apply wizards to:
    // *********************
    // Titles:
    $TCA['tt_news']['columns']['title']['config']['wizards']['tx_loremipsum'] =
        array_merge($wizConfig,array('params'=>array(
            'type' => 'title'
    )));
    // Description / Abstract:
    $TCA['tt_news']['columns']['short']['config']['wizards']['tx_loremipsum'] =
        array_merge($wizConfig,array('params'=>array(
            'type' => 'description',
            'endSequence' => '46,32',
            'add' => TRUE
```

```
        )));
    // Bodytext field in Content Elements:
$TCA['tt_news']['columns']['bodytext']['config']['wizards']['_VERTICAL'] = 1;
$TCA['tt_news']['columns']['bodytext']['config']['wizards']['tx_loremipsum_2'] =
    array_merge($wizConfig,array('params'=>array(
        'type' => 'loremipsum',
        'endSequence' => '32',
        'add'=>TRUE
    )));
$TCA['tt_news']['columns']['bodytext']['config']['wizards']['tx_loremipsum'] =
    array_merge($wizConfig,array('params'=>array(
        'type' => 'paragraph',
        'endSequence' => '10',
        'add'=>TRUE
    )));

$TCA['tt_news']['columns']['image']['config']['wizards']['_POSITION'] = 'bottom';
$TCA['tt_news']['columns']['image']['config']['wizards']['tx_loremipsum'] =
    array_merge($wizConfig,array('params'=>array(
        'type' => 'images'
    )));
}
```

Achtung

Damit diese simple Form der Einbindung des Lipsum-Wizards in einer anderen Extension funktioniert, muss die Extension lorem_ipsum bereits installiert sein. Sie erreichen dies durch eine Abhängigkeit Ihrer Extension von lorem_ipsum. Abhängigkeiten können Sie im Kickstarter bzw. in der Datei *ext_emconf.php* Ihrer Extension mit der Eigenschaft *dependencies* festlegen.

Eine detaillierte Übersicht über alle Möglichkeiten zum Einbinden von Wizards finden Sie in der *TYPO3 Core API*.

7.6 Durch eigene Listenansichten den Überblick behalten

Mit Hilfe von Befehlen (*actions*) können Sie sich im TYPO3-Backend eigene Listen zusammenstellen. Beispielsweise möchten Sie auf einen Blick sehen können, welche Inhalte in der letzten Zeit bearbeitet worden sind – und zwar nicht nur von Ihnen, denn das könnten Sie ja auch über das Modul DOC, sondern von allen Backend-Benutzern. Diese Möglichkeit ist speziell für einen Supervisor von mehreren Redakteuren sehr wertvoll.

Folgende Schritte müssen Sie dazu durchführen:

1. Installieren Sie die Extension `sys_action`.
2. Legen Sie auf der Root-Seite (der Seite mit dem Globus) einen neuen Befehl (ACTION) an, und wählen Sie dann den Typ SQL-QUERY.

Abbildung 7.10: Befehl aus der Maske Create new record auswählen

3. Speichern Sie den neuen Befehl mit einem aussagekräftigen Namen. Sie können zu diesem Zeitpunkt auch schon bestimmen, welche Backend-Benutzergruppen über das Modul USER, TASK CENTER auf diesen Befehl später zugreifen können.
4. SQL-Abfrage erzeugen. Um die SQL-Abfrage zu erzeugen, wechseln Sie in das Modul TOOLS, DB CHECK und wählen aus der Auswahlliste die Option FULL SEARCH. In der daraufhin zusätzlich erscheinenden Auswahlliste wählen Sie die Option ADVANCED QUERY. Dann können Sie mit Hilfe des Assistenten die gewünschte SQL-Abfrage für eine gewählte Tabelle zusammenstellen. Der Assistent ist etwas gewöhnungsbedürftig, sollte aber trotzdem selbsterklärend sein. Als Hilfestellung können Sie sich nach jeder Änderung den resultierenden SQL-Befehl anschauen. Spielen Sie einfach ein wenig mit den Möglichkeiten, und Sie werden schnell die gewünschte Abfrage erstellt haben.

Hinweis

Diese Vorgehensweise hat leider die Schwäche, dass Sie mit dem Assistenten nur Abfragen zu einer einzelnen Tabelle erzeugen können, also nicht mehrere Tabellen verknüpfen.

5. Speichern und verknüpfen. Abschließend müssen Sie noch die eben erstellte Abfrage mit dem zuvor erstellten Befehl verknüpfen. Dies können Sie ganz komfortabel mit dem Auswahlfeld LOAD/SAVE QUERY, indem Sie den gewünschten Befehl (den Sie vorher erstellt haben) zur Zuordnung auswählen und dann den SAVE-Button klicken.

7 HowTos

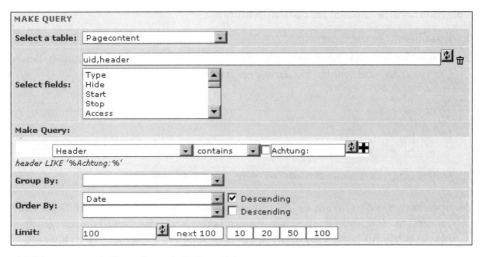

Abbildung 7.11: Aufbau einer einfachen Abfrage

Abbildung 7.12: Neue Abfrage zum Befehl speichern

Hinweis

Für den technisch Interessierten: Der SQL-Befehl wird von TYPO3 in das Feld *t2_data* in der Tabelle *sys_action* im gewählten Befehl gespeichert.

Ein Backend-Benutzer mit Zugriff auf den soeben erstellten Befehl kann dann sehr komfortabel eine speziell auf ihn zugeschnittene Liste von Datensätzen zur Anzeige vorgelegt bekommen. Dazu ruft er das Modul USER, TASK CENTER auf und wählt den entsprechenden Befehl (*action*) aus. Dabei steht ihm noch die Möglichkeit zur Verfügung, jeden der Datensätze zu editieren.

Welcher SQL-Befehl für Ihre Bedürfnisse und die Ihrer Anwender Sinn macht, können nur Sie entscheiden. Wir sind jedoch sicher, dass Sie nach diesem Beispiel die Idee verstanden haben.

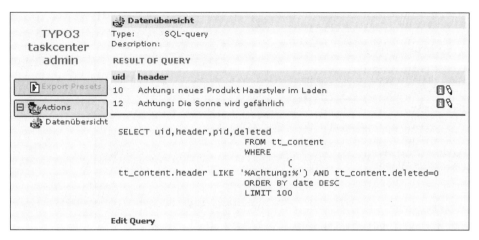

Abbildung 7.13: Benutzeransicht der individuellen Liste

7.7 Den kompletten Seitenbaum auf einmal erzeugen

Es kommt relativ häufig vor, dass Sie für eine neue Webseite bereits die Seitenstruktur mit allen gewünschten Seiten konzeptionell erarbeitet haben, die Seiten jedoch noch in TYPO3 angelegt werden müssen. Mit etwas Erfahrung kennen Sie bereits die Funktionalität aus dem Modul WEB, FUNCTIONS, mit dem Sie mehrere Seiten auf einmal anlegen können.

Die Extension `wizard_crpagetree` von Michiel Roos erweitert diese Möglichkeiten in diesem Modul, sodass Sie den gesamten Seitenbaum auf einen Schlag anlegen können!

Nach einem Klick auf CREATE PAGE TREE wird der gesamte Baum auf einen Schlag angelegt. Über das Feld ADVANCED können Sie dabei sogar noch weitere Datenbankfelder der Seite befüllen. Im Screenshot sehen Sie das Feld *subtitle*, das bereits in diesem Schritt mit Daten gefüllt werden kann.

Für das Anlegen der Seiten wird in der Datei *class.tx_wizardcrpagetree_webfunc.php* die TYPO3-API wie im Abschnitt *TCE (TYPO3 Core Engine)*, Seite 303, beschrieben genutzt.

Listing 7.22: Daten-Array mit Hilfe der TCE einspielen

```
$tce->start($pageTree,array());
$tce->process_datamap();
```

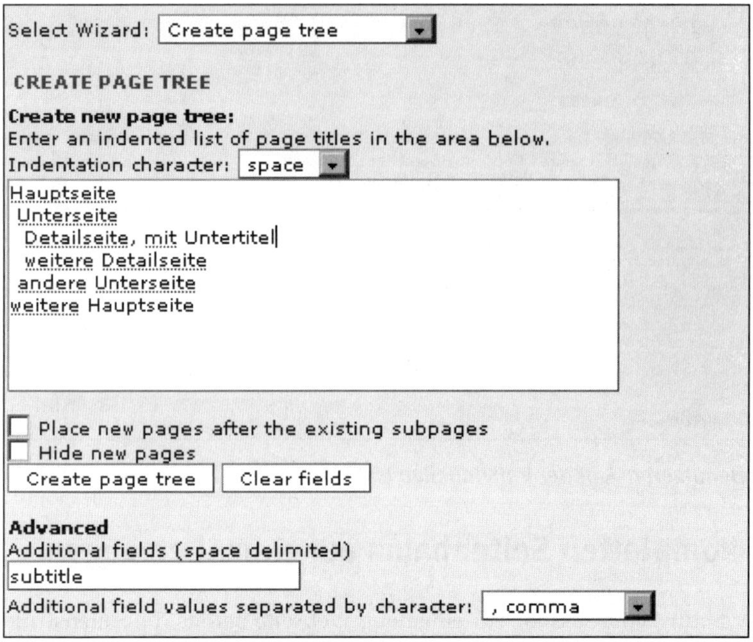

Select Wizard: Create page tree
CREATE PAGE TREE
Create new page tree:
Enter an indented list of page titles in the area below.
Indentation character: space
Hauptseite
Unterseite
Detailseite, mit Untertitel
weitere Detailseite
andere Unterseite
weitere Hauptseite
Place new pages after the existing subpages
Hide new pages
Create page tree
Clear fields
Advanced
Additional fields (space delimited)
subtitle
Additional field values separated by character: , comma

Abbildung 7.14: Bearbeitungsmaske mit dem Wizard Create page tree

Pagetitle:
Detailseite
Subtitle:
mit Untertitel

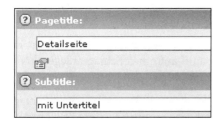

Abbildung 7.15: Das Feld Subtitle wird gleich mit gefüllt.

8 Extension TOP 10 (für Entwickler)

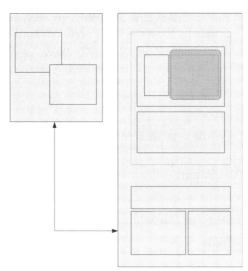

In diesem Abschnitt wollen wir 10 spannende Extensions von TYPO3 vorstellen und einen schnellen Einstieg ermöglichen. Die Auswahl ist natürlich subjektiv, und wir bitten um Verständnis, falls Sie andere Extensions bevorzugen würden. Kriterien für die Auswahl sind hauptsächlich der Nutzwert der Extension und das Lernpotenzial durch ihre Anwendung, wobei wir natürlich nur Extensions besprechen müssen, die aufgrund ihrer Komplexität eine Hilfe beim Einstieg erforderlich machen oder speziell für Entwickler sehr interessant sind.

Hinweis

Den aktuellsten Stand an Informationen zur jeweiligen Extension finden Sie in der englischsprachigen Dokumentation, die in der Regel der Extension beiliegt.

8.1 cal

Version: 0.15.3

Herkunft: TER

8.1.1 Beschreibung

Die Extension cal ist der Zusammenschluss mehrerer Kalender-Extensions. Wir finden diesen Zustand besonders bemerkenswert, da wir es als sehr vorteilhaft betrachten, wenn sich Entwickler zusammenschließen, um eine leistungsfähige Extension mit vielen Features gemeinsam zu entwickeln, anstatt eigene Süppchen zu kochen. Die Extension ist darauf ausgelegt, durch zusätzliche Extensions mit weiteren Funktionalitäten ausgestattet zu werden. Für die Koordination dieser Anstrengungen gibt es eine eigene Newsgroup[1] und Wiki-Seite[2].

Einige der Highlights sind:

- die mögliche Anbindung an *iCal*-Applikationen
- die Umsetzung nach dem MVC-Pattern, was die gemeinsame Entwicklung erleichtert
- die mögliche Einbindung von tt_news-Datensätzen
- die Bearbeitung im Frontend
- die Möglichkeit der benutzergruppenabhängigen Darstellung im Frontend
- die Erzeugung von iCal-Feeds und RSS-Feeds

Exkurs: ICS / iCal[3]

ICS und iCal meinen im Prinzip dasselbe, nämlich einen Standard zum Austausch von Kalenderinformationen. ICS bezieht sich auf die zugehörige Dateiendung, falls Daten ausgetauscht werden sollen, und iCal unter MacOS X war die erste Anwendung, die dieses Datenformat genutzt hat.

---

1 Newsgroup zu cal: news://news.netfielders.de/typo3.projects.calendar
2 Wiki zu cal: http://wiki.typo3.org/index.php/Calendar
3 iCalendar: http://de.wikipedia.org/wiki/ICalendar

8.1.2 Voraussetzungen

Für den direkten Betrieb sind keine speziellen Voraussetzungen zu beachten. Da es sich jedoch um eine relativ komplexe Extension mit sehr vielen Einstellungsmöglichkeiten handelt, sollten Sie als Administrator gute Grundkenntnisse in der Konfiguration von TYPO3-Extensions und über das Zusammenspiel von einzelnen Datensätzen in TYPO3 mitbringen.

8.1.3 Installation und Konfiguration

Hinweis

Der Extension liegt eine sehr ausführliche Dokumentation in englischer Sprache bei. Wir werden aus diesem Grund nur auf speziellere Punkte eingehen, für die zusätzliche Erläuterungen besonders hilfreich sind.

Überlegen Sie sich zuerst die Grundstrukturen Ihrer Kalenderdaten. Sie können Kalendereinträge sowohl einzelnen Kalendern als auch verschiedenen Kategorien zuordnen. Für einen Sportverein könnten Sie beispielsweise je einen Kalender für die verschiedenen Sportarten wie Fußball oder Tischtennis anlegen. Sinnvolle Kategorien wären dabei beispielsweise *Wettkampf*, *Training* und *Arbeitseinsatz*. Diese Strukturierung ermöglicht Ihnen später sowohl eine optische Unterscheidung der Einträge als auch eine detaillierte Zugriffskontrolle verschiedener Benutzer auf die verschiedenen Einträge im Kalender. Mit den einzelnen Kalendereintragungen (CALENDER EVENT) können zusätzlich Veranstaltungsort (CALENDAR EVENT LOCATION) und Organisator (CALENDAR EVENT ORGANIZER) als getrennt gepflegte Datensätze verknüpft werden.

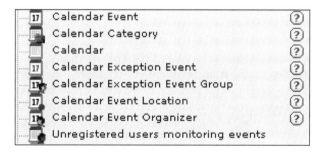

Abbildung 8.1: Die verschiedenen Datensätze der Extension

8 Extension TOP 10 (für Entwickler)

In der Dokumentation, die der Extension beiliegt, finden Sie eine ausführliche Schritt-für-Schritt-Anleitung für die Installation.

Tipp

Folgen Sie der Anleitung bis zu Schritt 5 (»Install the Plugin«), und überprüfen Sie, ob bereits eine Darstellung des Kalenders im Frontend erfolgt. Dann erzeugen Sie nach der Datenstruktur, die Sie sich bereits überlegt haben, verschiedene Kalender und Kategorien, falls Sie einen Einsatz von Kategorien als sinnvoll erachten. Erst dann beginnen Sie mit dem Anlegen von Kalenderdaten. Dabei können Sie bereits den richtigen Kalender und die passende Kategorie zuordnen.

Kalendertypen

Es stehen Ihnen drei verschiedene Kalendertypen zur Verfügung:

- STANDARD CALENDAR

  Der Default-Kalendertyp ist mit ganz normalen Ereignis-Einträgen in der Datenbank verbunden. Diese Einträge werden manuell im Backend oder im Frontend angelegt.

- EXTERNAL CALENDAR

  Ein externer Kalender basiert auf einem ICS-Feed zur Erzeugung von Ereignis-Einträgen. Durch einen solchen Feed können Sie Einträge von anderen (Online-)Kalendern in Ihren Kalender einbinden.

- INCLUDE ICS FILE

  Für diesen Kalendertyp können Sie eine ganze Reihe von Kalendereinträgen, die aus anderen Kalendersystemen als ICS-Datei (*.ics) exportiert wurden, in Ihren Kalender importieren. Dazu müssen Sie lediglich die erzeugte ICS-Datei in das System hochladen.

Filter für die Anzeige

Im Plugin-Datensatz (Reiter FILTERS) können Sie basierend auf Kalendern und Kategorien die Darstellung von Kalendereinträgen im Frontend einschränken. Die Möglichkeiten folgen dabei denen, die Sie vermutlich aus der Extension tt_news kennen. Sie können einzelne Kalender und Kategorien auswählen und diese als Positiv- oder Negativfilter einsetzen.

Seite für Einzelansicht bewusst einstellen

Im Plugin-Datensatz (Reiter EVENT VIEW) können Sie ganz bewusst eine Seite auswählen, die immer für die Einzelansicht eines Kalendereintrags benutzt wird, egal aus welcher Kalenderansicht der Besucher kommt. Dies ist aus Caching-Sicht vor allem dann sehr zu empfehlen, wenn Sie die verschiedenen Kalenderansichten wie

Monats- oder Wochenansicht auf unterschiedlichen Seiten hinterlegt haben. Weitere Informationen zum Thema Caching bei der Extension cal finden Sie im Abschnitt *Spezialwissen*, Seite 553.

Konstanten festlegen

Neben der Konfiguration mittels Flexform können Sie Konfigurationen über den CONSTANT EDITOR vornehmen. Gehen Sie alle Optionen durch. Die einzelnen Werte sind gut beschrieben; Sie sollten also keine Verständnisschwierigkeiten haben.

Falls Sie das statische TypoScript-Template *News-feed (RSS,RDF,ATOM) (cal)* eingebunden haben, bekommen Sie für die Erzeugung dieser Feeds zusätzliche Konfigurationsmöglichkeiten angeboten.

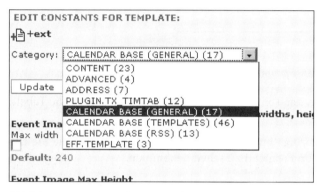

Abbildung 8.2: Gruppierungen der Konstanten im Constant Editor

8.1.4 Anwendung

Die Anwendung der Extension aus dem Backend folgt dem TYPO3-Standard und sollte keiner speziellen Erklärung bedürfen. Im Folgenden gehen wir auf einige interessante Dinge noch gesondert ein.

Kalendereinträge importieren

Besonders interessant finden wir die Möglichkeit, Kalendereinträge mithilfe von ICS-Dateien direkt zu importieren. Aus Microsoft Outlook können Sie beispielsweise mit Hilfe des kostenlosen Makros *Outlook to iCal Export Utility*[4] die Kalendereinträge in das Online-Kalendersystem übertragen. Auf der Webseite finden Sie eine detaillierte Schritt-für-Schritt-Anleitung, die wir auf einem Windows XP-System ohne Probleme durchführen konnten. Nach dem Export der Datei mithilfe des Makros können Sie diese direkt über einen neuen Kalender-Datensatz einbinden.

---

4 outlook2ical: http://outlook2ical.sourceforge.net/

8 Extension TOP 10 (für Entwickler)

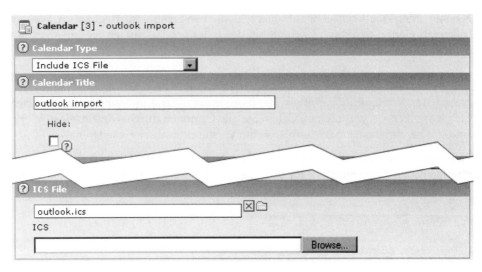

Abbildung 8.3: Kalender-Datensatz vom Typ Include ICS File

Beim Speichern werden die in der Textdatei enthaltenen Informationen in die Tabelle *tx_cal_event* importiert.

Falls der Kalender für die Anzeige im Frontend vorgesehen ist, werden Sie die entsprechenden Einträge direkt im Frontend zu sehen bekommen.

Exception Events

Bei wiederkehrenden Ereignissen (wie beispielsweise einem wöchentlichen Jour Fixe) kommt es durchaus einmal vor, dass das Ereignis an speziellen Terminen (wie zum Beispiel Feiertagen) nicht stattfinden soll. Sie können solche *Exception Events* anlegen und diese direkt im Event-Datensatz einbinden. Dadurch wird dieser spezielle Termin nicht im Frontend angezeigt. Mit Hilfe des *Exception Event Groups Record* können Sie einzelne Exception Events zusammenfassen und somit in verschiedenen Event-Datensätzen (im Reiter OTHER) komfortabel einbinden.

Frontend Editing

Um einer breiten Benutzerschicht einen möglichst komfortablen Umgang mit cal zu ermöglichen, ist ein umfangreiches Frontend-Editing integriert worden. Zur Steuerung von Rechten kann hierbei sogar noch einmal zwischen Administratoren und Benutzern unterschieden werden. Sie finden dazu einen umfangreichen Abschnitt »Frontend Editing« in der Dokumentation, die der Extension beiliegt.

8.1.5 Spezialwissen

captcha

Um möglichst nur realen Personen die Möglichkeit zu geben, sich für eine automatische Benachrichtigung bei Änderungen im Kalender anzumelden, sollten Sie die Extension captcha einsetzen. Grundsätzliche Informationen zu Captchas unter TYPO3 finden Sie im Abschnitt *Spam-Vermeidung*, Seite 666.

Sie können Captchas durch ein Häkchen im Plugin-Datensatz aktivieren.

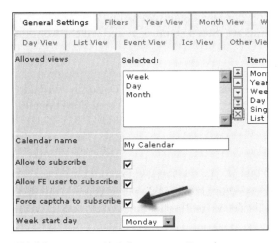

Abbildung 8.4: Aktivierung von Captchas

Achtung

Diese Option steht Ihnen nur zur Verfügung, wenn Sie die Extension captcha tatsächlich installiert haben.

Externe Extensions zur Verwaltung von Organisatoren und Örtlichkeiten

Sie haben die Möglichkeit, auf externe Extensions (tt_address und partner) für die Verwaltung von Organisatoren und Örtlichkeiten zuzugreifen. Die entsprechende Konfiguration nehmen Sie im Extension Manager innerhalb der Konfigurationsmaske der Extension cal vor.

8 Extension TOP 10 (für Entwickler)

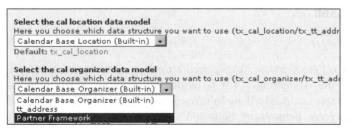

Abbildung 8.5:   Externe Datenstrukturen für Örtlichkeiten und Organisatoren nutzen

Bitte entnehmen Sie der Dokumentation der jeweiligen Extension, welche Möglichkeiten diese bietet, welche Voraussetzungen erfüllt sein müssen und welche Konfigurationen durchzuführen sind.

Nach einer Umstellung wird beim Anlegen oder Auswählen von Organisatoren und Örtlichkeiten auf die entsprechenden Datensätze zugegriffen. Dadurch wird eine gemeinsame Nutzung dieser Datensätze mit anderen Extensions und Funktionalitäten in Ihrer TYPO3-Instanz möglich.

Tipp

In der Regel werden Sie diese externen Datensätze im *General Record Storage* ablegen. Damit diese von cal gelesen werden können, müssen Sie den entsprechenden *SysFolder* im Plugin zum Feld STARTINGPOINT hinzufügen.

Weitere zusätzliche Extensions einsetzen

Sie haben die Möglichkeit, weitere Extensions einzusetzen, um den Funktionsumfang Ihrer Kalender-Anwendung zu erweitern. Im Besonderen gehören dazu folgende Extensions:

- gabriel

  Die Extension stellt Ihnen einen Rahmen zur Verfügung, mit dem für andere Extensions ein regelmäßiges Abarbeiten (scheduler, cron) von Aufgaben angestoßen werden kann. In unserem Fall kann damit z. B. ein regelmäßiger Abgleich mit anderen Online-Kalendern erfolgen, oder es können Benutzer per E-Mail über geänderte Daten informiert werden.

- wec_map

  Basierend auf *Google Maps* können Sie Ortspläne für einzelne Veranstaltungen erzeugen.

Weitere Details zu den jeweiligen Möglichkeiten entnehmen Sie bitte der Dokumentation, die den Extensions beiliegt.

8.1 cal

Caching-Einträge überwachen

Die Extension cal nutzt TYPO3-Caching für alle regulären Ansichten. Das ist an sich sehr vorteilhaft, allerdings kann durch die Vielzahl an verschiedenen Parameter-Konfigurationen (verschiedene Einträge in verschiedenen Ansichten) die Caching-Tabelle von TYPO3 extrem aufgeblasen werden. Sie erinnern sich: Jede unterschiedliche Parameterkonfiguration erzeugt einen eigenen Eintrag in der Caching-Tabelle, auch wenn die Anzeige im Frontend eigentlich die gleiche ist.

Von TYPO3-Hosting-Anbietern wurden hier schon Probleme wegen übergroßer Caching-Tabellen gemeldet; behalten Sie die Caching-Tabellen also im Auge, vor allem bei mehreren Ansichten und vielen Einträgen in Ihrer Kalender-Applikation.

Eigene Funktionalitäten mit Hilfe von Services einbringen

Wie wir in der Beschreibung zur Extension bereits erwähnt haben, wurde von den Entwicklern großer Wert auf Erweiterbarkeit durch eigene Extensions gelegt. Als Basis dafür wurde das MVC-Paradigma eingesetzt und eine service-basierte Struktur gewählt.

Um also Erweiterungen oder Veränderungen an der Extension vorzunehmen, können Sie über eine eigene Extension einen neuen Service registrieren. Vertiefende Informationen zu Services in TYPO3 finden Sie im Abschnitt *Services*, Seite 381.

So wird z. B. die Klasse, die für die Anzeige der standardmäßigen Wochenansicht im Kalender zuständig ist, in der Datei *ext_localconf.php* als Service eingebunden:

Listing 8.1: Einbindung des Service für die Standard-Darstellung der Wochenansicht

```
147 /* Default week View */
148 t3lib_extMgm::addService($_EXTKEY, 'cal_view' /* sv type */,
    'tx_default_week' /* sv key */,
149   array(
150     'title' => 'Default Week View', 'description' => '', 'subtype' => 'week',
151     'available' => TRUE, 'priority' => 50, 'quality' => 50,
152     'os' => '', 'exec' => '',
153     'classFile' =>
        t3lib_extMgm::extPath($_EXTKEY).'view/class.tx_cal_weekview.php',
154     'className' => 'tx_cal_weekview',
155   )
156 );
```

Um diese Wochenansicht im Frontend durch eine selbst programmierte Ansicht zu ersetzen, legen Sie mit Hilfe des *Kickstarters* eine neue Service-Extension an. Die notwendigen Eintragungen für SERVICE TYPE und SUB TYPE können Sie den Angaben aus oben genannter *ext_localconf.php* entnehmen.

8 Extension TOP 10 (für Entwickler)

```
Service type:
cal_view
Enter here the key to define which type of service this should be.
Examples: "textExtract", "metaExtract".

Sub type(s) (comma list):
week
Possible subtypes are defined by the service type.
You have read the service type documentation.
Example: using subtypes for file types (doc, txt, pdf, ...) the service

Priority:
high (80)
50 = medium priority.
The priority of services can be changed by admin configuration.
```

Abbildung 8.6: Eingabe der Daten im Kickstarter für den neuen Service

Der Kickstarter legt die komplette Grundstruktur des neuen Service an. Sie müssen lediglich in der erzeugten PHP-Klasse die von cal benötigten Methoden einfügen. Dies ist in unserem Fall die Methode drawWeek(). Laut Dokumentation sollte Ihre Service-Klasse von der Klasse tx_cal_base_view erben, damit alle benötigten Methoden und Eigenschaften vorhanden sind.

Listing 8.2: Dummy-Klasse des Service für eine fiktive Extension namens extcal

```php
require_once (t3lib_extMgm :: extPath('cal').'view/class.tx_cal_base_view.php');

class tx_extcal_sv1 extends tx_cal_base_view {
   var $prefixId = 'tx_extcal_sv1';
   var $scriptRelPath = 'sv1/class.tx_extcal_sv1.php';
   var $extKey = 'extcal';

   function drawWeek(&$master_array, $getdate) {
      return 'Cal Week Dummy';
   }
}
```

Tipp

Lesen Sie den Abschnitt »Developer's Manual« aus der englischsprachigen Dokumentation, die der Extension beiliegt. Dort finden Sie eine ausführliche Erklärung zu den Programmierstrukturen.

8.2 commerce

Version: 0.9.1

Herkunft: TER

8.2.1 Beschreibung

Das E-Commerce-Projekt für TYPO3 ist angetreten, um einen voll funktionsfähigen Shop mit aktuellen Funktionalitäten umzusetzen und dabei auf eine vollständige und saubere Integration in die TYPO3-API zu achten. Nachdem der Zeitplan deutlich schwerer einzuhalten war als gedacht, ist mittlerweile ein ziemlich stabiler Release Candidate freigegeben worden.

Obwohl die Extension noch sehr neu ist, sind bereits einige Shop-Projekte mit commerce umgesetzt worden, wie z. B. *http://www.heimwerker.de* oder *http://www.weltkunst.de*.

Das komplette Paket besteht aus einer ganzen Reihe von zusammenhängenden Extensions (commerce, dynaflex, graytree und mehreren optionalen Extensions für Erweiterungen) und ist eine der umfangreichsten Extensions für TYPO3 überhaupt.

Bemerkenswerte Features sind:

- die konsequent objektorientierte Programmierung
- gute Erweiterungsmöglichkeiten durch zahlreiche sinnvoll platzierte Hooks
- die flexible Layoutgestaltung durch Templates
- ein Import-Modul für Katalogdaten
- die ausgefeilte Produktsuche
- beliebig vertiefbare Produktkategorien
- Adressverwaltung
- der simpleMode für einfache Shops ohne Attribut- und Artikelverwaltung

8.2.2 Voraussetzungen

commerce wurde auf Basis der TYPO3-Version 3.8.1 entwickelt und ist natürlich auch für die Versionen 4.x einsatzfähig. Naturgemäß ist ein ausgereifter Shop auch sehr komplex. Um ihn einsetzen zu können, müssen Sie bereits über gute TYPO3-Kenntnisse verfügen und shop-spezifische Strukturen wie Produktkategorien, Produkte und Artikel verstanden haben. Um eine individuelle Konfiguration für Ihre Bedürfnisse kommen Sie nicht herum, deshalb sind fortgeschrittene Kenntnisse in TypoScript sehr hilfreich.

8.2.3 Installation und Konfiguration

Im Folgenden sehen wir uns an, wie Sie schrittweise einen Shop einrichten und an Ihre Bedürfnisse anpassen.

Seitenstruktur anlegen

Fügen Sie eine normale TYPO3-Seite ein, benennen Sie sie mit *commerce*, und erzeugen Sie darin folgende Unterseiten:

- Produktdarstellung
- Warenkorb
- Checkout
- Adressverwaltung
- Darstellung bei leerem Warenkorb
- Darstellung bei leerem Checkout
- optional: Rechnungen darstellen

Des Weiteren brauchen Sie folgende SysFolder:

- Benutzerdaten
- Adressdaten

Sie können die Namen natürlich frei nach Belieben auswählen. Die vorgegebenen Namen sollen nur den Zweck der Seiten verdeutlichen und werden so in den folgenden Ausführungen verwendet.

> **Tipp**
>
> Um schnell mehrere Seiten auf der gleichen Ebene anzulegen, können Sie das Modul WEB, FUNCTIONS benutzen.

Notwendige Extensions installieren

Installieren Sie folgende Extensions, am besten in der genannten Reihenfolge:

- tt_address
- static_info_tables
- moneylib
- graytree
- dynaflex

8.2 commerce

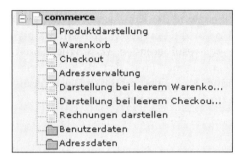

Abbildung 8.7: Manuell angelegter Seitenbaum für commerce

- commerce

Die Extension commerce bietet nun bei der Installation schon einige Konfigurationsmöglichkeiten.

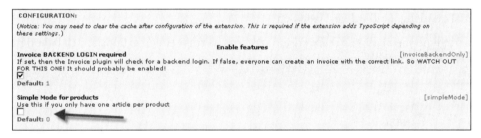

Abbildung 8.8: Möglichkeit der Installation für simpleMode

Elementar wichtig ist hier das Verständnis für den sogenannten *simpleMode*. Dieser vereinfachte Modus von commerce ermöglicht eine deutliche Verringerung der Komplexität sowohl beim Einrichten als auch bei der Pflege des Shops. Falls Sie eine einfache Produktstruktur haben und nicht auf den Einsatz von Attributen angewiesen sind, sollten Sie sich für den *simpleMode* entscheiden.

> **Exkurs: Zusammenhang zwischen Produkten, Artikeln und Attributen**
>
> Um den Zusammenhang und die Bedeutung der einzelnen Begriffe zu verstehen, sei hier ein Beispiel genannt:
>
> Eines Ihrer *Produkte* ist ein Fußball. Dieser hat unter anderem die *Attribute* Farbe, Material und Größe. Sie bieten drei verschiedene Farben, zwei verschiedene Materialien und zwei verschiedene Größen an. Daraus entstehen (3x2x2=) 12 verschiedene Möglichkeiten für den Käufer: Er kann sich für eine Größe, eine Farbe und sein favorisiertes Material entscheiden.

8 Extension TOP 10 (für Entwickler)

Um nun einen Fußball zu erstehen, wird der Kunde im Shop das Produkt Fußball auswählen und dann die gewünschten Attribute per Auswahlfeld einstellen. Jede der resultierenden 12 Möglichkeiten entspricht einem *Artikel* mit einem eigenen Preis, da z. B. die Materialien unterschiedlich wertvoll sind. Und jeden dieser Artikel müssen Sie in Ihrem Lager tatsächlich zur Verfügung haben.

Also noch mal in Kürze:

- **Produkt**: Fußball
- **Attribute**: Farbe, Größe, Material
- **Artikel**: der tatsächliche Gegenstand, resultierend aus den Kombinationsmöglichkeiten der Attribute

Um die vielfältigen Möglichkeiten von commerce kennenzulernen, entscheiden wir uns im Beispiel gegen den *simpleMode*. Alle weiteren Konfigurationen können Sie erst einmal auf dem Standardwert belassen.

Durch die Installation der Extension commerce werden einige grundsätzlich benötigte Ordner (als SysFolder) angelegt.

Abbildung 8.9: Automatisch angelegte SysFolder

TypoScript-Template aktivieren

Nachdem Sie im Modul WEB, TEMPLATE ein Extension-Template auf Ihrer soeben angelegten Seite *commerce* erzeugt haben, können Sie in diesem Template das statische Template COMMERCE hinzufügen. Speichern Sie das Extension-Template, und wechseln Sie in den Constant Editor, um die nötigen Anpassungen auf Ihrem Seitenbaum im Bereich LINKS AND TARGETS durchzuführen.

8.2 commerce

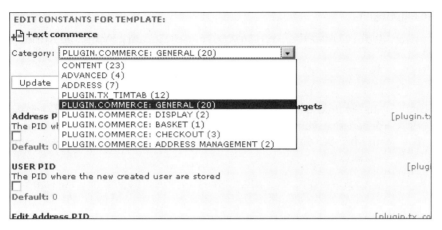

Abbildung 8.10: Konfiguration über den Constant Editor

Als Resultat sollten die wichtigsten Konstanten gesetzt sein.

Listing 8.3: Die wichtigsten Einstellungen mit den aktuellen Seiten-IDs

```
plugin.tx_commerce_lib.addressPid = 90
plugin.tx_commerce_lib.userPid = 91
plugin.tx_commerce_lib.editAddressPid = 95
plugin.tx_commerce_lib.basketPid = 97
plugin.tx_commerce_lib.checkoutPid = 96
plugin.tx_commerce_lib.emptyBasketPid = 93
plugin.tx_commerce_lib.emptyCheckoutPid = 92
```

Wichtig ist hier, dass Sie die IDs Ihrer angelegten Seiten eintragen! Sie können natürlich auch alle weiteren nach Ihren Wünschen und Bedürfnissen konfigurieren, falls Sie schon wissen, was Sie alles brauchen werden.

Plugins einfügen

Platzieren Sie die passenden Frontend-Plugins auf den Seiten.

Seite	Plugin
Produktdarstellung	Commerce: Product Listing
Warenkorb	Commerce: Basket
Checkout	Commerce: Checkout
Adressverwaltung	Commerce: Address Management

Tabelle 8.1: Seiten und darin enthaltene Frontend-Plugins

Attribute einpflegen

Über das neue Modul COMMERCE, SYSTEMDATA können Sie nun gewünschte Attribute anlegen.

Tipp

Falls Sie links bei den Modulen noch keine Commerce-Module sehen können, drücken Sie [F5], um die Seite neu zu laden. Der linke Frame wird bei der Installation neuer Extensions nicht automatisch neu geladen.

Wir legen als Erstes die Attribute an, da Attribute den Produkten auch direkt über die Produktkategorie zugewiesen werden können und dann schon zur Verfügung stehen sollten. Attribute können Sie mit einer vorgegebenen Werteliste belegen, was in der Regel der Fall sein wird.

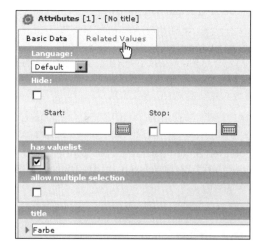

Abbildung 8.11: Attribute anlegen

Speichern Sie das Attribut nach Angabe des Namens und der internen Bezeichnung (INTERNAL TITLE), und wechseln Sie dann auf den Reiter RELATED VALUES. Dort können Sie die gewünschten Werte für die Attribute hinzufügen.

Wir legen analog zu unserem Beispiel von oben drei Attribute an: Farbe, Größe, Material.

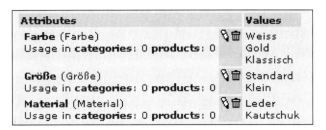

Abbildung 8.12: Attribute mit Werteliste

Produktkategorien anlegen

Da die Strukturierungsmöglichkeiten der Kategorien und Unterkategorien sehr gut nachvollziehbar sind, werden wir uns auf die Anlage einer einzigen Demo-Kategorie beschränken: Fußbälle.

Kategorien werden über das Modul COMMERCE, CATEGORIES gepflegt.

Wechseln Sie also in dieses Modul, und klicken Sie als Erstes auf den Punkt CATEGORY, um dann rechts eine neue Hauptkategorie anzulegen.

In die Kategorien können Sie jetzt oder später weitere Informationen wie Kategoriebeschreibung, Bilder usw. einfügen. Ob diese Daten für die Darstellung im Frontend genutzt werden, hängt von dem Template ab, das Sie später noch bearbeiten müssen.

Tipp

Falls Sie eine komplexere Kategoriestruktur planen, als sie in unserem Beispiel vorgesehen ist, können Sie die benötigten Kategorien sofort anlegen, um dann später die Produkte gleich richtig zuordnen zu können.

Produkte anlegen, Artikel erzeugen

Produkte legen Sie am einfachsten ebenso über das Modul COMMERCE, CATEGORIES an.

Neben den allgemeinen Informationen wie Beschreibung und Teaser-Text sind vor allem die Reiter SELECT ATTRIBUTES und ARTICLES spannend, denn hier entscheiden Sie, welche Attribute für dieses Produkt möglich sind und welche Artikel daraus entstehen. Wechseln Sie also auf den Reiter SELECT ATTRIBUTES, und wählen Sie im ersten Feld SELECT die vor Kurzem angelegten Attribute *Farbe*, *Größe* und *Material* aus.

8 Extension TOP 10 (für Entwickler)

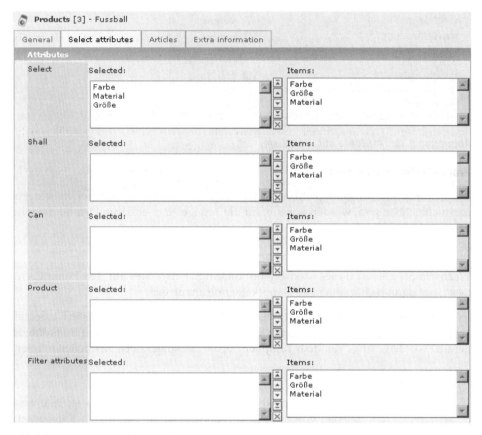

Abbildung 8.13: Gewählte Attribute vom Typ Select

Die einzelnen Felder haben folgende Bedeutung:

- SELECT

    Attribute, durch deren Kombinationsmöglichkeit verschiedene Artikel des Produkts erzeugt werden. Da der Artikel durch den Wert des Attributs definiert ist, wird das Attribut im Artikel selbst nicht mehr bearbeitet.

- SHALL und CAN

    Um möglichst hohe Flexibilität für die Darstellung im Frontend zu erreichen, wurde die Unterscheidung zwischen SHALL und CAN eingeführt. Hier zugewiesene Attribute werden dann im Backend für jeden Artikel mit eigenen Werten belegt und dienen zur Darstellung von zusätzlichen Information zu den Artikeln im Frontend. Je nach Shop-Anforderungen können Sie dadurch verschiedene Anzeigeoptionen im Frontend ermöglichen.

    SHALL sollte vom Redakteur gefüllt werden, da voraussichtlich eine Anzeige im Frontend erfolgt; CAN ist für optionale Zusatzinformationen geeignet.

8.2 commerce

- PRODUCT

    Produktattribute werden im Produkt gepflegt, sind also für alle Artikel identisch, die auf dem Produkt basieren. (In unserem Fall könnte dies beispielsweise der Hersteller sein.)

- FILTER ATTRIBUTES

    Die hier ausgewählten Attribute können für eine Suche eingesetzt werden, um bestimmte Artikel zu finden. Dies greift natürlich nur, falls Sie eine Artikelsuche basierend auf Attributwerten für Ihren Shop vorsehen.

Speichern Sie dann das Produkt. Nun können Sie auf den Reiter ARTICLES wechseln und sich im Unterreiter PRODUCIBLE ARTICLES eine Auflistung aller möglichen Kombinationen aus den angelegten Attributen ansehen.

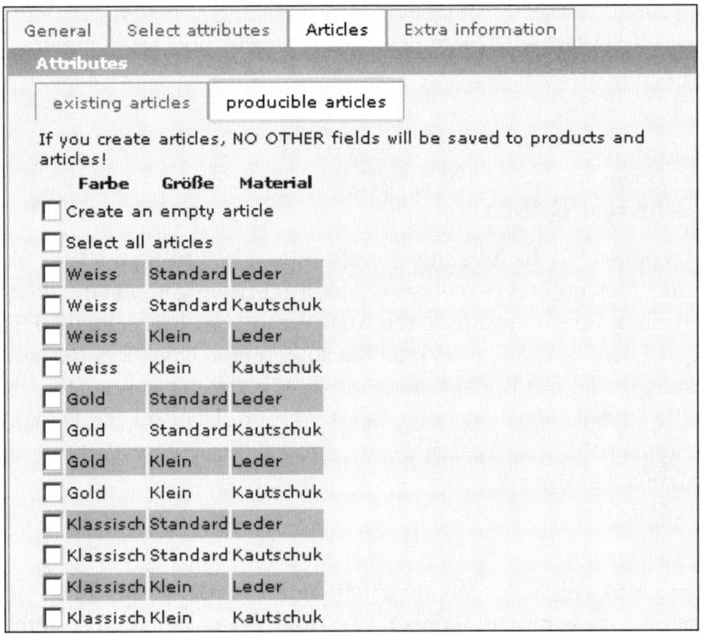

Abbildung 8.14: Alle möglichen Kombinationen von Attributen ergeben je einen Artikel.

In der Abbildung sehen Sie die automatisch generierte Auflistung all unserer 12 möglichen Kombinationen, die jede für sich einen Artikel darstellt. Sie erinnern sich an den Exkurs zu Produkten, Artikeln und Attributen weiter oben? Spätestens jetzt wird es einleuchtend, oder?

Sie können hier nun entweder alle oder nur bestimmte Artikel auswählen. Damit können Sie also individuell bestimmen, welche Attributkombinationen existieren und lieferbar sind.

Artikel bearbeiten

Jetzt kommen wir zum anstrengenden Teil beim Anlegen eines neuen Shops. Für alle angebotenen Artikel müssen wir jetzt die Detailinformationen eingeben, die benötigt werden, um einen Shop zu betreiben. Dazu gehören Angaben wie Bestellnummer, Bild und nicht zuletzt der Preis mitsamt Umsatzsteuer.

Hier liegt derzeit noch eine kleine Schwäche in der Standardinstallation von commerce: Der Prozentsatz für die Steuer und entsprechende Preise müssen für jeden Artikel getrennt eingegeben werden, was bei einer größeren Produktpalette sehr mühsam werden kann.

Tipp

Geben Sie den Steuersatz als ersten Wert ein, dann genügt bei der Eingabe des Preises die Angabe des Brutto- oder Netto-Wertes. Der jeweils andere Wert wird beim Speichern ausgerechnet und eingetragen.

Ausgabe auf der Webseite kontrollieren

Wenn Sie so weit sind, können Sie die Ergebnisse im Frontend kontrollieren. Falls Sie genug Geduld aufgebracht haben und den vorgegebenen Schritten gefolgt sind, können Sie nun den ersten Blick auf die resultierende Ausgabe auf der Webseite werfen. Starten Sie mit der Seite *Produktdarstellung*. Voilà! Sie sollten eine Übersicht der von Ihnen erzeugten Fußball-Artikel mit Bestellbutton sehen. Hierbei verwenden Sie die Standard-Templates, die in der Extension mitgeliefert werden. Über eigene HTML-Templates und CSS können Sie das Aussehen von Produktansichten, Warenkorb usw. nun an Ihre Bedürfnisse anpassen.

Achtung

Falls Sie einen Fehler wegen einer fehlenden Funktion exec_SELECT_mm_rec_query bekommen, können Sie folgenden Patch aus dem TYPO3-Bugtracker einspielen, der den Fehler behebt: *http://bugs.typo3.org/view.php?id=2540*

In der TYPO3-Version 4.1.1 ist er noch nicht enthalten, er sollte aber in die Folgeversionen einfließen.

8.2.4 Anwendung

Falls Sie ein paar Schritte weiter vorne die *pid* der Warenkorbseite richtig angegeben haben, sollten Sie auch direkt einen Artikel in den Warenkorb legen und sich dann weiter zum Checkout bewegen können.

Nach Abschluss der Bestellung können Sie im Backend im Modul COMMERCE, ORDERS Ihre erste erzeugte Bestellung einsehen.

Je nach Konfiguration werden dabei Datensätze in den SysFoldern BENUTZERDATEN und ADRESSDATEN angelegt. Standardmäßig werden bei einer neuen Bestellung – falls der Besucher noch nicht als Frontend-Benutzer angemeldet ist – sowohl ein neuer Frontend-Benutzer als auch neue Adressdatensätze erzeugt. Die Zugriffsdaten werden an die vom Benutzer angegebene E-Mail-Adresse gesendet.

Bei der nächsten Bestellung kann sich der neue Kunde dann am System anmelden. Diese Anmeldung realisieren Sie am besten ganz TYPO3-konform mit der Extension newloginbox. Auf der Seite ADRESSVERWALTUNG mit dem passenden commerce-Plugin kann dann jeder Kunde im Frontend seine Daten verwalten.

Zur Übersicht hier nochmals der schematische Ablauf einer Bestellung aus Sicht des Besuchers:

1. Produkte in den Warenkorb legen
2. Den Warenkorb kontrollieren und nach Einverständnis zum Checkout gehen
3. Bezahlart und Versand auswählen
4. Adressdaten eingeben (außer der Besucher ist bereits eingeloggt)
5. Optional: Daten zu Bezahlart eingeben
6. Bestellübersicht bestätigen

8.2.5 Spezialwissen

Zusätzliche Bezahlmöglichkeiten und Versandarten einstellen

Die zur Verfügung stehenden Bezahl- und Versandarten werden über die bei der Installation automatisch angelegten Pseudoprodukte PAYMENT und DELIVERY gesteuert. Jeder Artikel stellt dabei eine Auswahlmöglichkeit für den Kunden dar. Auf diesem Weg können Aufpreise für einzelne Bezahl- oder Versandarten sehr einfach in den Prozess eingebunden werden. Geben Sie einfach einen Preis im entsprechenden Artikel an.

8 Extension TOP 10 (für Entwickler)

Achtung

Stellen Sie sicher, dass für Bezahlartikel im Feld ARTICLE_TYPE_UID der entsprechende Wert payment eingestellt ist. (Dies gilt analog, wenn Sie eine Liefermöglichkeit eingeben.)

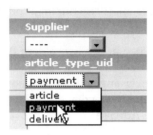

Abbildung 8.15: Artikeltyp für Bezahlung auf payment einstellen

Falls Sie einen neuen Artikel vom Typ payment anlegen, müssen Sie neben dem Artikel auch noch den Code (Konfigurationsbezeichnung) für die erfolgreiche Abwicklung der Bezahlung liefern, wie wir das im Folgenden beschreiben. Falls Sie dies nicht tun, bekommt der Besucher im Frontend die folgende Meldung angezeigt:

Abbildung 8.16: Der Artikel payment ist vorhanden, aber nicht der Code zu seiner Behandlung

Schreiben Sie eine Extension, die basierend auf den bestehenden Bezahlmöglichkeiten die Konfiguration und den PHP-Code für die neue Bezahlart liefert.

Listing 8.4: Konfiguration für die fiktive Klasse xx

```
$TYPO3_CONF_VARS['EXTCONF'][COMMERCE_EXTkey]['SYSPRODUCTS']['PAYMENT']['types']['xx']
  = array (
    'path' => PATH_txcommerce .'payment/class.tx_commerce_payment_xx.php',
    'class' => 'tx_commerce_payment_xx',
    'type'=>PAYMENTArticleType,
);
```

Die Zuordnung des neuen Bezahlartikels zu dieser Konfiguration und damit zu Ihrer PHP-Klasse erfolgt über einen manuell durchzuführenden Datenbankeintrag. In der Tabelle *tx_commerce_articles* setzen Sie den gewünschten Schlüssel im Feld *classname* für Ihren Bezahlartikel. Betrachten Sie die bereits bestehenden Einträge als Inspiration.

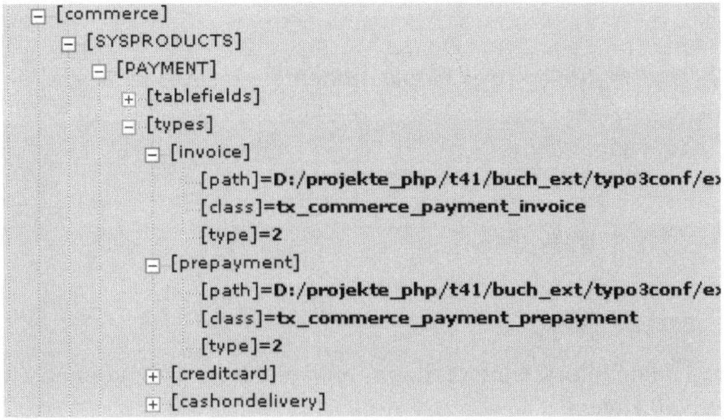

8.2 commerce

```
[commerce]
  [SYSPRODUCTS]
    [PAYMENT]
      [tablefields]
      [types]
        [invoice]
          [path]=D:/projekte_php/t41/buch_ext/typo3conf/e>
          [class]=tx_commerce_payment_invoice
          [type]=2
        [prepayment]
          [path]=D:/projekte_php/t41/buch_ext/typo3conf/e>
          [class]=tx_commerce_payment_prepayment
          [type]=2
      [creditcard]
      [cashondelivery]
```

Abbildung 8.17: Konfiguration der bestehenden Bezahltypen im $TCA

Hooks für individuelle Anpassungen nutzen

Es gibt eine ganze Reihe von Hooks, die Sie für eine individuelle Anpassung von commerce nutzen können, die Vorgehensweise dabei ist TYPO3-konform. Suchen Sie einfach im Quellcode nach dem für Ihre Wünsche passenden Hook.

Im Folgenden haben wir einige Hooks zusammengestellt, die für Shop-Anforderungen interessant sind:

- tx_commerce_*: postinit

  Für viele der Klassen stehen Hooks dieser Art zur Verfügung, die bereits nach der Instanziierung der Klasse eingreifen.

- tx_commerce_article: calculateDeliveryCost

  Berechnung der Lieferkosten eines Artikels

- tx_commerce_product: articleOrder

  Sortierung der Artikel eines Produkts in der Frontend-Anzeige

- tx_commerce_pi2: makepayment

  Hook für die Erzeugung des Auswahlfeldes der Bezahlarten

- tx_commerce_pi2: postartAddUid

  Hook nach dem Hinzufügen eines Artikels zum Warenkorb

- tx_commerce_pi3: postpayment

  Checkout: Hook nach Abarbeitung der Bezahlung

- tx_commerce_pi3: preinsert

  Checkout: Hook vor Eintragung der Daten in die Datenbank

- tx_commerce_pi3: preGenerateMail

  Checkout: Hook vor dem Absenden der Infomails

8 Extension TOP 10 (für Entwickler)

Hinweis

Generelle Informationen über Hooks finden Sie im Abschnitt *Hooks*, Seite 376.

Materialien zum Weitermachen

Falls Sie sich zu diesem Themenblock weitergehend informieren wollen, können Sie folgende Quellen in Betracht ziehen:

- *http://wiki.typo3.org/index.php/Ext_commerce*

8.3 DAM

Version 1.0.10

Herkunft: TER

8.3.1 Beschreibung

Die Extension für das *Digital Asset Management* (DAM) in TYPO3 soll die bisherige Verwaltung von Dateien im Backend, die mit Hilfe des Moduls FILE, FILELIST im Bereich *fileadmin* erfolgte, ablösen und vollständig ersetzen.

Abbildung 8.18: DAM-Module

Dafür gibt es das neue Hauptmodul MEDIA mit diversen Untermodulen. Standardmäßig werden derzeit die Untermodule FILE, LIST und TOOLS installiert. FILE übernimmt dabei praktisch alle bisherigen Funktionalitäten vom alten Modul FILELIST plus einiger neuer Funktionen.

Durch das DAM entsteht eine ganz Reihe von neuen Möglichkeiten im Umgang mit Mediendaten, also z. B. Bildern, Filmen, PDF-Dateien usw.

- Vergabe von Meta-Informationen zu den Mediendaten: Solche Meta-Informationen sind beispielsweise Schlüsselwörter, beschreibende Texte, Angaben zum Autor, technische Daten wie Dateigröße, Bildgrößen oder Auflösungen.

- Deutlich verbesserte Möglichkeiten der Kategorisierung und Suche nach verschiedenen Kriterien: Dies ist vor allem bei Seiten mit einer größeren Anzahl von Mediendateien eine sehr große Unterstützung, da bei einer Strukturierungsmöglichkeit nur nach Ordnerstruktur schnell der Überblick verloren geht.
- Zusammenfassen von Dateien zu Paketen und Gruppen beispielsweise für den Download oder für Bildergalerien
- Erkennung von Änderungen an Dateien mit Hilfe der Prüfsumme
- Automatische Erstellung des Index bei neuen Dateien

8.3.2 Voraussetzungen

Für den Einsatz des DAM gibt es eigentlich keine verpflichtenden Voraussetzungen, die Sie speziell beachten müssen. Sie sollten allerdings auf einer TYPO3-Version 4 aufsetzen, da die Unterstützung für die Version 3.8 nur experimentell umgesetzt wurde.

8.3.3 Installation und Konfiguration

Die Extension dam benötigt für eine korrekte Funktionsweise die Extension static_info_tables. Diese stellt Informationen zu Länderkennungen, Sprachen, Währungen usw. zur Verfügung, auf die dann meist über Auswahllisten zugegriffen wird. Seit der Version 4.1 unterstützt TYPO3 nativ bidirektionale Verbindungen. Eine bidirektionale Datensatzverbindung erlaubt die Bearbeitung von Verknüpfungen von beiden Seiten aus. Sie können also beispielsweise einer Kategorie einzelne Datensätze zuordnen und diese Zuordnung sowohl von der Kategorie aus als auch von dem Datensatz aus bearbeiten.

Bei der Installation haben Sie wie in TYPO3 üblich einige Konfigurationsmöglichkeiten:

- Die Option ENABLE WEB→FILE sollten Sie auf 0 belassen, da das alte Modul zur Dateiverwaltung beim Einsatz des DAM nicht mehr benötigt wird und durch eine zweigleisige Bearbeitung Inkonsistenzen und Verwirrung entstehen können.
- Eine neue, sehr zu empfehlende Möglichkeit besteht darin, den SysFolder *Media* zu verstecken, der vom DAM während der Installation angelegt wird. Innerhalb dieses Ordners werden alle Datensätze zum DAM abgelegt. Auf diese sollte jedoch nicht direkt, sondern nur über die Benutzermasken des DAM zugegriffen werden, um die gewünschten Zugriffsrechte auch einsetzen zu können.

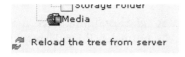

Abbildung 8.19: Sichtbarer Ordner Media im Seitenbaum

Achtung

Jeder Benutzer, der mit dem DAM arbeiten soll, muss Zugriffsrechte auf den SysFolder *Media* haben, dieser SysFolder muss also für Redakteure in der Regel als zusätzlicher Datenbank-Mount angelegt werden, da er außerhalb des regulären Seitenbaumes liegt. Damit ein Redakteur dann jedoch nicht direkt in den nun sichtbaren Datensätzen arbeitet, sollte durch obige Option dieser SysFolder versteckt werden.

- Die beiden Optionen DEVELOPER FUNCTIONS und DEBUG FUNCTIONS sind nur für Entwicklungsumgebungen sinnvoll und empfehlenswert. Lassen Sie diese deaktiviert, solange Sie nicht genau wissen, was sich dahinter verbirgt. Im Abschnitt *Spezialwissen*, Seite 553, gehen wir detaillierter auf diese Möglichkeiten ein.

Vergessen Sie nicht, nach der Installation Ihren Redakteuren die notwendigen Rechte freizuschalten. Dazu zählen die Module des DAM, gewünschte *Exclude Fields* und besonders die DAM MOUNTS im Benutzergruppendatensatz. Es ist außerdem nach wie vor wichtig, dass ein funktionierender Eintrag im Feld FILE MOUNTS vorhanden ist.

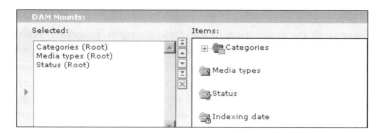

Abbildung 8.20: DAM-Mounts der Benutzergruppe zuweisen

Mehrsprachigkeit

Das DAM unterstützt die Mehrsprachigkeit auch von Metadaten analog zur Unterstützung der Mehrsprachigkeit in TYPO3, indem sogenannte *language overlay records* erzeugt werden. Damit dies funktioniert, müssen Sie zuerst vom oben angesprochenen Ordner *Media* eine Übersetzung für jede gewünschte Sprache anlegen.

Die übersetzten Datensätze werden genauso in der Tabelle *tx_dam* gespeichert, allerdings sind sie mit einer *uid* im Feld *sys_language* versehen, die auf den Datensatz mit der originalen Sprache verweist.

Optionen durch TSConfig

Sie können sowohl per *User TSConfig* als auch per *Page TSConfig* Konfigurationen vornehmen. Die Syntax ist jeweils dieselbe, dabei gelten die normalen Prioritätsregeln von TYPO3 (siehe auch Abschnitt *TypoScript-Konfiguration (TSconfig)*, Seite 219).

Beachten Sie bitte, dass für den Ordner *Media* nur Angaben aus Page TSConfig greifen.

Listing 8.5: Deaktivierung von Funktionsblöcken

```
mod.txdamM1_list.menu.function.tx_dam_list_list = 0
mod.txdamM1_list.menu.function.tx_dam_list_thumbs = 0
mod.txdamM1_list.menu.function.tx_dam_list_editsel = 0
mod.txdamM1_list.menu.function.tx_dam_list_batch = 0
mod.txdamM1_file.menu.function.tx_dam_file_list = 0
mod.txdamM1_file.menu.function.tx_dam_file_upload = 0
mod.txdamM1_file.menu.function.tx_damindex_index = 0
mod.txdamM1_index.menu.function.tx_damindex_index = 0
mod.txdamM1_info.menu.function.tx_daminfo_reference = 0
mod.txdamM1_tools.menu.function.tx_dam_tools_indexupdate = 0
mod.txdamM1_tools.menu.function.tx_dam_tools_filerelcheck = 0
mod.txdamM1_tools.menu.function.tx_damcron_modfunc1 = 0
```

Listing 8.6: Konfiguration für einzelne Möglichkeiten

```
    // +=- Icons allgemein deaktivieren
tx_dam.selections.default.disableModeSelIcons = 1
    // +=- Icons für Status Auswahlbaum verstecken
tx_dam.selections.txdamStatus.disableModeSelIcons = 0
    // Auswahlbaum für Indizierung verstecken
tx_dam.selections.txdamIndexRun.disable = 1
    // Auswahltiefe für Kategorien einschränken
tx_dam.selections.txdamCat.sublevelDepth = 0
    // Automatische Indizierung abstellen
tx_dam.indexing.auto.disable = 1
```

8.3.4 Anwendung

Mediendateien hochladen, Metadaten hinzufügen

Sie werden in der Regel die Mediendateien auf zwei Wegen in das DAM einbringen:

- einzeln während der redaktionellen Tätigkeit
- viele vorbereitete Mediendateien auf einen Schlag

Bei einem einzelnen Upload können Sie bzw. Ihre Redakteure dies entweder über das Modul MEDIA, FILE oder direkt aus dem Dialog zum Einfügen eines Bildes in einem Content-Element durchführen.

Dabei wird jeweils automatisch bereits ein Datensatz für die Mediendaten zu der hochgeladenen Datei vom DAM angelegt.

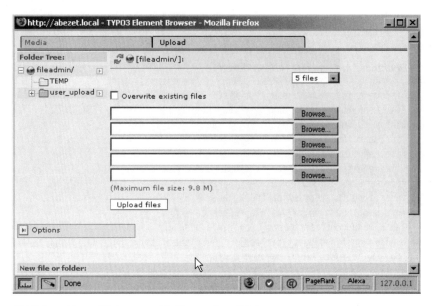

Abbildung 8.21: Dialog zum Einfügen eines Bildes

Tipp

Falls Sie eine konsistente Nutzung des DAM sicherstellen möchten, sollten Sie die direkte Möglichkeit des Hochladens von Dateien aus den Inhaltselementen (ohne Nutzung des Bereiches *fileadmin*) unterbinden, da diese Dateien sonst am DAM vorbei in die Inhaltselemente geladen werden. Dateien, die direkt hochgeladen werden, werden von TYPO3 direkt im Ordner *uploads* abgelegt und tauchen nicht im Bereich *fileadmin* (also dem DAM) auf.

Mit Hilfe des Moduls MEDIA, FILE können die einzelnen Datensätze nun bearbeitet und mit Informationen angereichert werden.

Eine effiziente Vorgehensweise ist natürlich das Indizieren einer ganzen Reihe von Mediendateien in einem Durchlauf. Dazu bietet Ihnen die Extension `dam_index` alle notwendigen Funktionalitäten.

Tipp

Sie können über eigene Extensions die Regeln für eine Indizierung erweitern, um beispielsweise bestimmte Mediendaten direkt einer speziellen Kategorie zuzuordnen.

Mehr zur Erweiterung des DAM durch eigene Extensions finden Sie im Abschnitt *Erweiterung durch eigene Extensions*, Seite 578.

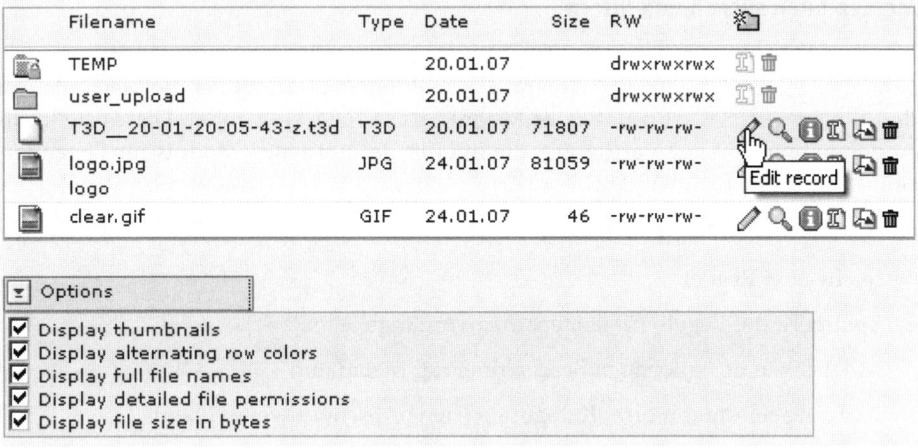

8.3 DAM

Abbildung 8.22: Dateiliste mit allen aktivierten Optionen

Pflege der Kategorien

Um Kategorien für Mediendatensätze anlegen und pflegen zu können, müssen Sie derzeit noch die Extension dam_catedit installieren. Dadurch wird Ihnen ein weiteres Modul, CATEGORIES, zur Verfügung gestellt.

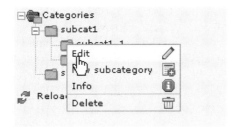

Abbildung 8.23: Baum der Kategorien im Modul Categories

Tipp

Falls Sie beim Erzeugen einer neuen Kategorie diese nicht gleich einer Elternkategorie zuordnen können, weil das gewünschte Element nicht anwählbar ist, speichern Sie die Kategorie erst einmal. Danach sollte die Zuordnung möglich sein.

Sobald Sie Kategorien erstellt haben, können Sie diese nutzen, um eingeschränkte Zugriffe und eine verfeinerte Strukturierung der Mediendaten zu erhalten.

Mediendaten suchen und filtern

Mit dem DAM haben Sie viele Möglichkeiten, die Suchkriterien für Mediendateien einzugrenzen und diese dadurch schnell aufzufinden. Da dies über die Metadaten zu den Dateien erfolgt, wird dazu das Modul MEDIA, LIST verwendet. Dieses stellt uns eine Funktionalität zur Verfügung, die mit der des normalen Moduls für Listendarstellungen, WEB, LIST, vergleichbar ist.

Hervorzuhebende Möglichkeiten sind:

- Suche über Regeln
- Speichern der Regeln für spätere Suchvorgänge
- Möglichkeit der sofortigen Bearbeitung der Metadaten
- Nutzung selbstdefinierter Kategorien (siehe Abschnitt weiter oben)

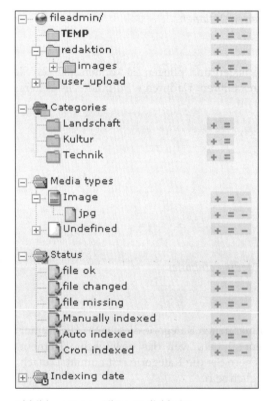

Abbildung 8.24: Filtermöglichkeiten

Ein Klick auf eines der Auswahlzeichen +, = oder – sendet einen entsprechenden Parameter an das DAM.

8.3 DAM

Listing 8.7: Beispiele für erzeugte Parameter

```
...&SLCMD[SELECT][txdamMedia][jpg]=1

...&SLCMD[NOT][txdamMedia][png]=1
```

Folgende Schlüssel des Filterparameters *SLCMD* kommen dabei zum Einsatz:

Schlüssel	Aktion und Ergebnis
SELECT	Der Benutzer klickt auf den Titel einer Filtermöglichkeit.
	Die bisherige Auswahl wird aufgehoben.
OR	Der Benutzer klickt auf +.
	Alle betroffenen Elemente werden der Auswahl hinzugefügt.
AND	Der Benutzer klickt auf =.
	Die Elemente der Auswahl müssen dem Kriterium entsprechen.
NOT	Der Benutzer klickt auf -.
	Die Elemente mit diesem Kriterium werden ausgeschlossen.
SEARCH	Der Benutzer sendet einen Wert aus dem Suchformular.
	Der Filter wird um den Suchbegriff erweitert.
DESELECT_ID	Der Benutzer entfernt einzelne Elemente bewusst aus der Liste.
	Das Element wird über seine ID ausgeschlossen.

Tabelle 8.2: Mögliche Aktionen für den Mediendatenfilter

Wenn Sie auf einen Ordner klicken, in dem einige Bilddateien hinterlegt (und bereits indiziert) sind, sehen Sie alle Bilddateien dieses Ordners. Durch eine Einschränkung der Auswahl, wie sie in obiger Tabelle beschrieben wird, können Sie auch bei großen Datenmengen schnell das gewünschte Material finden, vorausgesetzt natürlich, Informationen wie die Kategorie sind auch bei den Bilddaten hinterlegt.

Tipp

Ein besonderes Schmankerl ist die Möglichkeit, über die aus den vielfältigen Filtermöglichkeiten resultierenden Datensätze eine Stapelverarbeitung zur Anreicherung der Metadaten durchzuführen. Dies ist über den Reiter PROCESS möglich.

8.3.5 Spezialwissen

Hinweis

Das DAM war die Umgebung, in der die *TYPO3 Services* das Licht der Welt erblickt haben. Dadurch soll es weiteren Extensions unabhängig voneinander und sehr einfach möglich sein, eigene Funktionalitäten in das DAM einzubringen.

Erweiterung durch eigene Extensions

Die Extension dam_demo von René Fritz bietet ein sehr gutes Anschauungsbeispiel für die Erweiterung durch eigene Extensions. Bei der Installation werden der Tabelle *tx_dam* zwei neue Felder hinzugefügt.

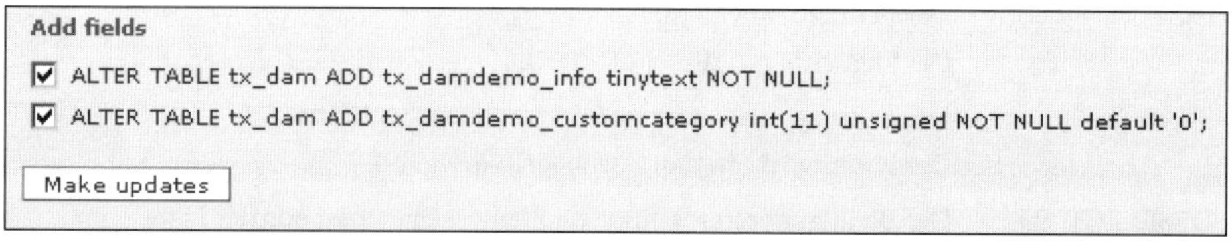

Abbildung 8.25: Neue Felder bei der Installation

Nach erfolgreicher Installation sind dem DAM einige neue interessante Details hinzugefügt worden.

Zusätzliche Datenbankfelder (dam_demo/fields)
Diese werden nicht nur hinzugefügt, wie Sie es von einer normalen Erweiterung von Tabellen mit Hilfe eigener Extensions kennen, sondern diese Felder können zusätzlich auch bei der Indizierung direkt berücksichtigt werden. Entsprechende Einstellungen können Sie über die Datei *ext_tables.php* vornehmen.

Listing 8.8: Felder für die Indizierung hinzufügen

```
$TCA['tx_dam']['txdamInterface']['index_fieldList'] .=
',tx_damdemo_info,tx_damdemo_customcategory';
```

Weitere Regeln für die Indizierung (dam_demo/indexrule)
Eigene Regeln für den Vorgang der Indizierung werden über die Registrierung einer dafür vorgesehenen Klasse erreicht.

Listing 8.9: Registrierung der Klasse für weitere Indizierungsregeln

```
tx_dam::register_indexingRule ('tx_damdemo_indexRule',
'EXT:dam_demo/indexrule/class.tx_damdemo_indexrule.php:&tx_damdemo_indexRule');
```

8.3 DAM

Achtung

Die Extension dam_demo ist in einzelne Bereiche aufgeteilt, um eine saubere Strukturierung zu gewährleisten. In den einzelnen Unterbereichen liegen jeweils Angaben für *ext_tables.php* oder *ext_localconf.php*. Damit diese von TYPO3 eingebunden werden, müssen sie jedoch von den Dateien *ext_tables.php* und *ext_localconf.php* im Hauptverzeichnis der Extension eingebunden werden.

Listing 8.10: Einbindung der einzelnen Bereiche

```
$tempPath = t3lib_extMgm::extPath('dam_demo');

require($tempPath.'fields/ext_tables.php');
require($tempPath.'action/ext_tables.php');
require($tempPath.'previewer/ext_tables.php');
```

Als Resultat steht eine neue Option bei der Indizierung zur Verfügung.

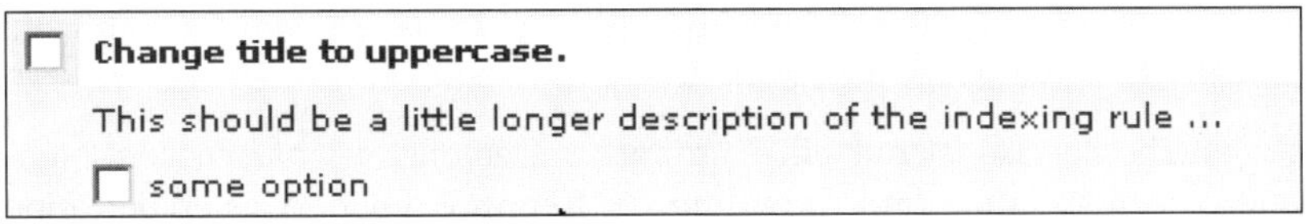

Abbildung 8.26: Neue Indizierungsregel

Die verwendete Klasse tx_damdemo_indexRule basiert auf der Klasse tx_dam_ indexRuleBase, die direkt vom DAM zur Verfügung gestellt wird. Die Basisklasse dient dabei eigentlich nur zur Definition der Schnittstelle. Sie sehen darin also die Namen der Funktionen, die Sie benutzen sollen, und überschreiben sie mit dem für Sie notwendigen Code. Die eigentliche Bearbeitung geschieht dann in der Funktion processMeta().

Listing 8.11: Die Funktion processMeta

```
function processMeta($meta)  {
   $meta['fields']['title']=strtoupper($meta['fields']['title']);
   if($this->setup['option1']) {
      // do some extra stuff
   }
   return $meta;
}
```

Service für die Indizierung einsetzen

Sie können für die Indizierung einen oder mehrere eigene Services registrieren. Dafür sollten Sie in der Regel eine eigene Extension entwerfen. Die Möglichkeit eines Service bietet sich nicht nur im DAM, sondern generell in TYPO3 an einigen Stellen. Mehr zu diesem Thema finden Sie im Abschnitt *Services*, Seite 381.

Listing 8.12: Registrierung des Service

```
t3lib_extMgm::addService($_EXTKEY, 'metaExtract', 'tx_damdemo_sv1',
   array(
      'title' => 'Meta extraction (demo)',
      'description' => 'Simulate a meta extraction service for file type *.test',
      'subtype' => 'test', // this service is for *.test files
      'available' => true,
      'priority' => 60,
      'quality' => 50,
      'os' => '',
      'exec' => '',
      'classFile' => t3lib_extMgm::extPath($_EXTKEY).'sv1/class.tx_damdemo_sv1.php',
      'className' => 'tx_damdemo_sv1',
   )
);
```

In der Klasse *tx_damdemo_sv1*, die auf der Klasse *t3lib_svbase* basiert, werden dann alle gewünschten Funktionsweisen implementiert.

Der hier vorgestellte Service ist nur ein Dummy zu Demonstrationszwecken. Nehmen Sie ihn also als Inspiration und Anleitung zur Kenntnis, aber erwarten Sie keine tolle Funktionalität.

Hinweis

Es existieren bereits weitere Extensions, die dem DAM einen Service hinzufügen. Analysieren Sie die Extensions cc_metaexif und cc_metaexec, um eine automatische Extrahierung von Metadaten aus den zugrunde liegenden Mediendateien zu sehen.

Eigene Betrachter implementieren (dam_demo/previewer)
Einen selbst definierten Betrachter können Sie beispielsweise für Thumbnails oder Abspielmöglichkeiten von Sprachdateien einsetzen. Die Extension dam_demo bietet uns einen kleinen Flash Player zum Abspielen von Sprachdateien in der Bearbeitungsansicht des Mediendatensatzes.

Abbildung 8.27: Abspielen einer Audiodatei

8.3 DAM

Dazu muss der eigene Betrachter eingebunden werden.

Listing 8.13: Betrachter einbinden

```
tx_dam::register_previewer ('tx_damdemo_previewerFlash',
'EXT:dam_demo/previewer/class.tx_damdemo_previewerFlash.php:&tx_damdemo_previewer
Flash');
```

Tipp

Falls Sie sich detaillierter mit der Einbindung von eigenen Betrachtern beschäftigen wollen, öffnen und analysieren Sie die Klasse tx_damdemo_previewerFlash, um einen Einblick in die Vorgehensweise zu bekommen.

Weitere Aktionen (Actions) einbringen

Sie können zusätzliche Aktionsmöglichkeiten in die GUI, also die grafische Oberfläche, einbringen. In unserem Beispiel wird in der Ansicht der Dateien ein neuer Button namens INFO hinzugefügt.

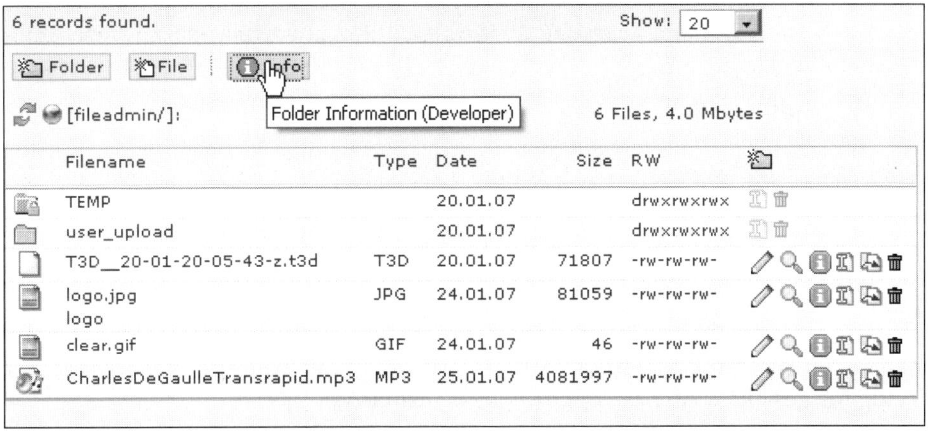

Abbildung 8.28: Neue Aktionsmöglichkeit zum Abruf von zusätzlichen Informationen

Auch Aktionen werden über einen entsprechenden Eintrag in die Datei *ext_tables.php* registriert.

Listing 8.14: Aktion registrieren

```
tx_dam::register_action ('tx_damdemo_pathInfo',
'EXT:dam_demo/action/class.tx_damdemo_pathInfo.php:&tx_damdemo_pathInfo');
```

Wiederum basiert die eingebundene Klasse tx_damdemo_pathInfo auf einer Basisklasse aus dem DAM, der Klasse tx_dam_actionbase. Die Funktion _getCommand() gibt die gewünschten Kommandos zurück. Die Funktion der Basisklasse bereitet dabei das Array der möglichen Kommandos vor.

Listing 8.15: Auflisten von Detailinformationen und Vorbereitung der Ausgabe

```
function _getCommand() {
  $commands = parent::_getCommand();
  $commands['href'] = '#';
  $output = '';
  foreach ($this->itemInfo as $key => $value) {
     $output .= $key.': '.$value.'\\n';
  }
  $commands['aTagAttribute'] =
   'onclick="alert(\''.htmlspecialchars($output).'\');return false;"';
  return $commands;
}
```

Listing 8.16: Vorbereitung des Arrays $commands

```
function _getCommand() {
  $commands = array(
       'href' => '',
       'onclick' => '',
       'aTagAttribute' => '',
       'preHTML' => '',
       'postHTML' => '',
    );
  return $commands;
}
```

Zusätzliche Auswahlmöglichkeit
Sie haben die Möglichkeit, einen zusätzlichen Auswahlbaum vergleichbar zu den Kategorien zu implementieren, falls Ihnen die standardmäßig vom DAM zur Vefügung gestellten Auswahloptionen nicht ausreichen.

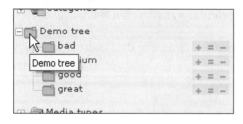

Abbildung 8.29: Zusätzlicher Auswahlbaum

8.3 DAM

Auch hier ist die Funktionsweise bereits bekannt. Sie registrieren die neue Auswahlmöglichkeit ...

Listing 8.17: Weitere Auswahlmöglichkeit registrieren

```
tx_dam::register_selection ('txdamdemodamcat',
'EXT:dam_demo/selection/class.tx_damdemo_damcat.php:&tx_damdemo_damcat',
'before:txdamMedia');
```

... und implementieren die eingebundene Klasse nach Ihren Bedürfnissen. Insbesondere müssen Sie sich um die verschiedenen Auswahloptionen und die korrekte Behandlung einer Auswahl durch den Benutzer bemühen.

Listing 8.18: Definition des beispielhaften Auswahlbaums

```
function getTreeArray() {
   $tree = array(
      '1' => array(
         'title' => 'bad',
      ),
      '2' => array(
         'title' => 'medium',
      ),
      '3' => array(
         'title' => 'good',
      ),
      '4' => array(
         'title' => 'great',
      )
   );
   return $tree;
}
```

Listing 8.19: Berücksichtigung der Benutzerauswahl für die Anzeige der gefilterten Elemente

```
function selection_getQueryPart($queryType, $operator, $cat, $id, $value, &$damObj)
{

   $query= 'tx_dam.tx_damdemo_customcategory';
   if($queryType=='NOT') {
      $query.= ' NOT';
   }
   $likeStr = $GLOBALS['TYPO3_DB']->escapeStrForLike($id,'tx_dam');
   $query.= ' LIKE BINARY '.$GLOBALS['TYPO3_DB']->fullQuoteStr($likeStr,'tx_dam');
   return array($queryType,$query);

}
```

Debugging

Über die Konfiguration durch den Extension Manager stehen den Entwicklern Optionen für ein einfaches Debugging zur Verfügung.

Die Option DEVEL aktiviert eine Indizierungsregel, die das Löschen des gesamten Index vor dem Durchlauf einer Indizierung erlaubt.

Die Option DEBUG schaltet einige Ausgaben zum Debuggen sichtbar.

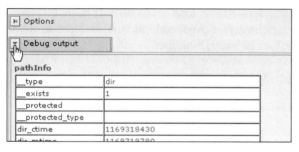

Abbildung 8.30: Ausgeklapptes Feld für Ausgaben zum Debuggen

Tipp

Aktuelle Hilfestellungen und Beschreibungen zum DAM finden Sie in der Dokumentation, die der Extension auf Englisch beiliegt.

8.4 direct_mail

Version 2.2.0

Herkunft: TER

Hinweis

In absehbarer Zeit soll eine überarbeitete Version von direct_mail mit deutlich verbesserter Benutzerführung erscheinen. Informationen zum aktuellen Stand finden Sie in der Mailing-Liste zu direct_mail.

8.4.1 Beschreibung

Das Newsletter-System direct_mail bietet hervorragende Möglichkeiten zur Konfiguration und Personalisierung Ihrer Newsletter. Die gute Einbindung in TYPO3 macht es für Redakteure sehr einfach, neue Newsletter anzulegen, da diese wie reguläre TYPO3-Seiten entstehen. Lediglich beim Versenden gibt es aus unserer Sicht (derzeit noch) Schwächen bezüglich der Benutzerfreundlichkeit. Wir wollen Ihnen mit diesem Abschnitt helfen, die hier auftauchenden Schwierigkeiten zu meistern.

Achtung

Die Extension direct_mail ist für das Erzeugen und Versenden von Newslettern aus dem Backend heraus geschaffen worden; für die (Online-)Registrierung der Empfänger gibt es eigene Erweiterungen, z. B. sr_email_subscribe. Darauf werden wir weiter unten im Abschnitt *Spezialwissen*, Seite 596, kurz eingehen.

8.4.2 Voraussetzungen

Die hier besprochene Version von direct_mail benötigt TYPO3 ab der Version 4.0 und die Extension tt_address zur Bereitstellung der Adresstabellen. Falls Sie eine größere Anzahl von Empfängern für jeden Newsletter haben, sollten Sie auf Ihrem Server über die Möglichkeit verfügen, Cronjobs einzurichten und PHP-Scripts über CLI (Command Line Interface) ausführen zu können. Damit können Sie den Versand der E-Mails nach Fertigstellung und Freigabe automatisch durchführen lassen.

8.4.3 Installation und Konfiguration

Einstellungen bei der Installation

Die Optionen bei der Installation sind relativ selbsterklärend; im Zweifel belassen Sie es bei den Standardeinstellungen. Hier gehen wir nur auf die beiden Einstellungen ein, deren Funktion sich wohl nicht auf den ersten Blick erschließt: *useDeferMode* und *addRecipFields*.

useDeferMode
Diese Option macht nur Sinn, wenn Sie *sendmail* zum Verschicken von E-Mails nutzen.

Standardmäßig versucht *sendmail*, bereits beim Aufruf die Domain der E-Mail-Adresse aufzulösen, was natürlich seine Zeit dauert. Dabei kann es zu starken Verzögerungen kommen, sodass das PHP-Script, das vom Cron-Task gestartet wird, abgebrochen wird oder gar schon ein weiteres Mal aufgerufen wird, bevor es abgelaufen ist. Durch den *defer mode* werden die zu sendenden E-Mails erst einmal in die Warteschlange gestellt. Somit läuft das Script deutlich schneller ab, und *sendmail* kümmert sich dann um das Versenden. Natürlich muss *sendmail* entsprechend konfiguriert sein, Informationen dazu finden Sie auf der Webseite von *sendmail*[5].

addRecipFields
Sie können zusätzliche Datenbankfelder definieren, die für eine Personalisierung des Newsletters zur Verfügung stehen. Hier tragen Sie den Namen des Feldes ein. Im Newsletter können Sie einen entsprechenden Marker hinterlegen. Detaillierte Informationen zum Thema Personalisierung finden Sie im Abschnitt *Personalisierung*, Seite 596.

Notwendige Seiten anlegen

In der Regel werden Sie einen Teilbaum Ihres TYPO3-Systems für die Newsletter nutzen.

Abbildung 8.31: Abschnitt des Seitenbaumes für den Newsletter

Für jeden Newsletter legen Sie dann einfach eine neue Unterseite an (hier NEWSLETTER 1) und füllen sie mit den Inhalten, die dann im Newsletter stehen sollen.

Achtung

Stellen Sie sicher, dass die Hauptseite NEWLETTER CENTER im Feld CONTAINS PLUGIN den Wert *Direct Mail* eingestellt hat, da sonst das Modul WEB, DIRECT MAIL nicht die gewünschten Inhalte anzeigen wird.

Abbildung 8.32: Die Seite für Direct Mail einrichten

---

5 *sendmail*: http://www.sendmail.org

Kategorien festlegen

Sie können dem Besucher Ihrer Webseite anbieten, bei der Anmeldung für den Newsletter diejenigen Kategorien aus Ihrem Inhaltsangebot auszuwählen, für die er sich interessiert. Falls Sie diese Möglichkeit nicht anbieten wollen, bekommt jeder Empfänger des Newsletters (abgesehen von den personalisierten Teilbereichen) den gleichen Inhalt zugesandt.

Ein Weinhändler könnte beispielsweise die Kategorien für verschiedene Anbauregionen festlegen – der Benutzer bekommt dann nur Informationen zu den Gebieten, die ihn interessieren.

Hinweis

Bei einer Nutzung von Kategorien füllen Sie nach wie vor den Newsletter mit allen Informationen, jedoch teilen Sie die Inhalte nach Kategorien auf und weisen dann vor dem Versenden jeden Inhalt den gewünschten Kategorien zu. Dadurch erhalten Sie eine sehr flexible Steuerung der Inhalte je Empfänger.

Kategorien können Sie ganz einfach mit der regulären Ansicht im Modul WEB, LIST anlegen. Sinnvoll ist es, die Kategorien in die Seite NEWSLETTER CENTER vom Typ Sys-Folder zu legen.

Abbildung 8.33: Angelegte Kategorien für den Versand der Newsletter

Sie können dann später sowohl das Backend zum Versenden als auch das Frontend zum Anmelden für den Zugriff auf diese Kategorien konfigurieren.

Achtung

Damit durch die unterschiedliche Zusammensetzung der E-Mails – abhängig von der Kategorieauswahl – keine Probleme in den E-Mails auftreten, sollten Sie das statische Template DIRECT MAIL CONTENT BOUNDARIES einbinden.

Dies machen Sie am besten in einem *Extension-Template*, das Sie auf Ihrer Basisseite für die Newsletter erzeugen. In unserem Beispiel ist dies die Seite NEWSLETTER CENTER. Dort können Sie dann auch Ihre TypoScript-Konfigurationen für die zu erzeugenden Newsletter hinterlegen.

Um die richtige Zuordnung der Kategorien zu Inhaltselementen und Empfängern konfigurieren zu können, müssen Sie der Extension mitteilen, in welcher Seite die jeweils vorgesehenen Kategorien liegen. Für einfache Konstellationen liegen in der Regel alle Kategorien in derselben Seite. Die Einstellungen nehmen Sie im Bereich *Page TSConfig* vor.

Listing 8.20: Einstellung zur Position der Kategorien

```
TCEFORM.tt_content.module_sys_dmail_category.PAGE_TSCONFIG_IDLIST =8
TCEFORM.tt_address.module_sys_dmail_category.PAGE_TSCONFIG_IDLIST =8
TCEFORM.fe_users.module_sys_dmail_category.PAGE_TSCONFIG_IDLIST =8
TCEFORM.sys_dmail_group.select_categories.PAGE_TSCONFIG_IDLIST =8
```

Um die Darstellung und Auswahl der Kategorien auch im Backend zielgerichtet freigeben zu können, stehen folgende Konfigurationsmöglichkeiten zur Verfügung:

Listing 8.21: Kategoriezuordnungen im Backend freigeben

```
TCEFORM.tt_content.module_sys_dmail_category.disabled = 0
TCEFORM.tt_address.module_sys_dmail_category.disabled = 0
TCEFORM.fe_users.module_sys_dmail_category.disabled = 0
TCEFORM.sys_dmail_group.select_categories.disabled = 0
```

Empfängerlisten festlegen

Eine sehr komfortable Möglichkeit zur Verwaltung von Empfängerlisten ist die Aufteilung in verschiedene SysFolder. In unserem Beispiel haben wir nur eine Empfängerliste (EMPFÄNGERDATEN), Sie können hier jedoch beliebig viele Gruppierungen erzeugen und die Zuordnung bei der Anmeldung im Frontend beispielsweise von verschiedenen Anmeldeseiten aus herstellen.

Sie erzeugen im Modul WEB, LISTE Datensätze von Typ RECIPIENT LIST und bestimmen darin den SysFolder, der die zugehörigen Empfänger enthält, und die Tabelle, die die Datensätze der Empfänger enthält. Welche Tabelle die Daten enthält, entscheiden Sie bei der Konfiguration der Anmeldung im Frontend. In der Regel wird es die Tabelle *tt_address* oder *fe_users* sein.

8.4 direct_mail

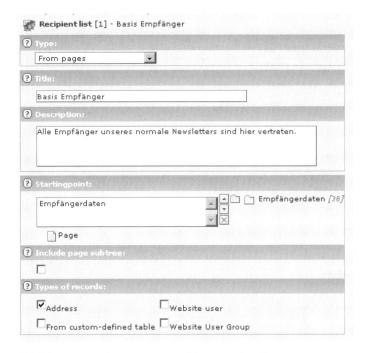

Abbildung 8.34: Datensatz einer Liste von Empfängern

Diese Empfängerlisten (Typ FROM PAGES) werden Ihnen dann beim Versenden des Newsletters zur Auswahl angeboten. Es stehen Ihnen jedoch neben dem Typ FROM PAGES noch weitere Möglichkeiten an Empfängerlisten zur Verfügung.

- PLAIN LIST

  Sie können direkt eine Liste von Empfängerdaten eingeben, am besten eine E-Mail-Adresse pro Zeile. Sie können auch durch Komma getrennt E-Mail-Adresse und Name angeben. Dieser Typ ist nur für Plain-Text-Newsletter vorgesehen und unterstützt weiterhin auch keine Kategorisierung des Inhalts.

- STATIC LIST

  Sie können eine individuelle Liste aus einzelnen Datensätzen zusammenstellen. Falls Sie eine Gruppe von Frontend-Benutzern auswählen, werden alle Mitglieder dieser Gruppe zu den Empfängern hinzugefügt.

- SPECIAL QUERY

  Sie können über eine selbst erstellte SQL-Abfrage eine Liste von Empfängern erzeugen.

- FROM OTHER RECIPIENT LISTS

  Durch die Zusammenfassung von Empfängerlisten können Sie übergeordnete Empfängerlisten erstellen, beispielsweise für alle Empfänger, die Sie haben.

Eine weitere Alternative ist der Import einer Empfängerliste im *csv*-Format. Diesen Import können Sie anstelle einer Auswahl einer Empfängerliste kurz vor dem Versand des Newsletters durchführen. Dabei bestimmt die erste Zeile der Daten die Felderzuordnung, wobei folgende Felder zur Verfügung stehen:

uid, name, title, email, phone, www, address, company, city, zip, country, fax, module_sys_dmail_html, module_sys_dmail_category.

Hinweis

Falls Sie keine Feldliste angeben, wird von *name, email* ausgegangen. Weitere Informationen finden Sie in der englischen Dokumentation zur Extension direct_mail.

Plain-Text-Version vorsehen

Da mit hoher Wahrscheinlichkeit einige Ihrer Newsletter-Empfänger entweder keine HTML-Mails empfangen möchten und dies entsprechend eingestellt haben oder mit einen E-Mail-Client arbeiten, der nicht mit HTML-Mails umgehen kann, sollten Sie immer auch zusätzlich eine reine Textversion Ihres Newsletters anbieten. Schon bei der Anmeldung zum Newsletter können Sie dann dem Besucher eine diesbezügliche Wahlmöglichkeit anbieten.

Um eine korrekte Erzeugung der reinen Textversion sicherzustellen, sollten Sie das statische Template DIRECT MAIL PLAIN TEXT einbinden. Dies machen Sie am besten auch innerhalb des Extension-Templates, das weiter oben im Kapitel bereits für die Kategorien angelegt wurde. Die dort hinterlegten Konfigurationen können Sie mit Hilfe des *Template Analysers* betrachten und bei Bedarf anpassen.

Hinweis

Standardmäßig sieht direct_mail die Erzeugung eines Newsletters sowohl als HTML- wie auch als Textversion vor. Dies äußert sich in der Einstellung mod.web_modules.dmail.sendOptions = 3. Durch einen Wert von 2 erzeugen Sie nur die HTML-Version, 1 erzeugt nur die Textversion.

Page TS-Konfiguration

Sie können alle Einstellungen über den Menüpunkt MODULE CONFIGURATION vornehmen, der sich in dem Auswahlfeld rechts im Newsletter-Modul befindet. Dort sind entsprechende Erläuterungen hinterlegt. Beim Speichern werden die resultierenden Einträge in das Feld für *Page TSConfig* abgelegt.

8.4 direct_mail

Tipp

Entscheiden Sie sich gleich zu Anfang für eine Konfiguration entweder über das Modul oder direkt über Eintragungen in das Feld *TSconfig*, und behalten Sie diese Vorgehensweise dann bei. Ansonsten besteht die Gefahr, dass Einträge doppelt geschrieben werden und dass dies zu Unübersichtlichkeit, schlechter Wartbarkeit und zu Verwirrung führt.

Listing 8.22: Beispielhafte Konfiguration, gespeichert im Feld TSconfig der Seite »Newsletter versenden«

```
mod.web_modules.dmail.from_email=newsletter@ihredomain.de
mod.web_modules.dmail.from_name=Newsletter Team
mod.web_modules.dmail.replyto_email=info@ihredomain.de
mod.web_modules.dmail.replyto_name=Newsletter Team
mod.web_modules.dmail.return_path=bounce@ihredomain.de
mod.web_modules.dmail.organisation=Ihre Organisation
mod.web_modules.dmail.priority=3
mod.web_modules.dmail.sendOptions=3
mod.web_modules.dmail.includeMedia=0
mod.web_modules.dmail.flowedFormat=1
mod.web_modules.dmail.plainParams=&type=99
mod.web_modules.dmail.use_domain=0
mod.web_modules.dmail.quick_mail_encoding=quoted-printable
mod.web_modules.dmail.direct_mail_encoding=quoted-printable
mod.web_modules.dmail.quick_mail_charset=iso-8859-1
mod.web_modules.dmail.direct_mail_charset=iso-8859-1
mod.web_modules.dmail.use_rdct=1
mod.web_modules.dmail.long_link_mode=0
mod.web_modules.dmail.enable_jump_url=1
mod.web_modules.dmail.test_tt_address_uids = 1,6

mod.web_modules.dmail.test_dmail_group_uids = 2
```

Tipp

Legen Sie eine eigene Empfängergruppe vom Typ STATIC LIST an. Dort können Sie beliebige einzelne Datensätze aus den Tabellen *tt_address* oder *fe_users* als Testempfänger hinterlegen. Diese Testgruppen teilen Sie – wie im obigen Listing zu sehen ist – in der letzten Zeile dem Modul DIRECT MAIL mit.

Die Konfigurationsmöglichkeiten in *Page TSConfig* bezüglich der Kategorien finden Sie weiter oben im Abschnitt *Kategorien festlegen*, Seite 587.

8.4.4 Anwendung

Für das erfolgreiche Versenden eines Newsletters sind einige Arbeitsschritte nötig:

1. Erstellung eines Newsletters, Auswahl zum Versand
2. Zuordnung der Inhaltselemente zu Kategorien (optional)
3. Erzeugung eines Versandobjekts (direct mail)
4. Erstellung der Empfängerliste
5. Abschicken einer E-Mail an einen Testempfänger
6. Bereitstellung des Versandobjekts für die tatsächlichen Empfänger
7. Versand des Newsletters (bei manuellem Versand)
8. Kontrolle der Statusinformationen zum Newsletter

Da die Benutzerführung aus unserer Sicht auch für einen Bearbeiter mit TYPO3-Erfahrung nicht immer sehr intuitiv ist, besprechen wir im Folgenden die einzelnen Schritte etwas genauer.

Erstellung eines Newsletters, Auswahl zum Versand

Für den Redakteur gestaltet sich die Erstellung eines Newsletters genauso wie die Erstellung einer neuen Seite. Auch die Inhaltselemente werden wie gewohnt angelegt. Als zusätzliche Möglichkeit sind hier jedoch die Marker für die Personalisierung zu nennen.

Tipp

Da die Newsletter normalerweise in einem einheitlichen Layout erstellt werden sollen, sollten Sie als Entwickler oder Administrator nur Mitarbeitern mit besonderen Rechten und Fähigkeiten den Zugriff auf Inhaltselemente mit Markern gestatten und dem normalen Redakteur lediglich den Zugriff auf die Inhaltselemente erlauben, die sich bei jedem Newsletter verändern.

Die Möglichkeiten zur Personalisierung mit Hilfe von Markern werden im Abschnitt *Personalisierung*, Seite 596, beschrieben.

Eine fertig vorbereitete Seite für einen Newsletter kann dann im Modul WEB, DIRECT MAIL unter dem Menüpunkt NEWSLETTER des Auswahlfeldes zum Versand gewählt werden.

Zuordnung der Inhaltselemente zu Kategorien

Falls Sie sich für den Einsatz von Kategorien entschieden haben und diese so eingerichtet haben, wie im Abschnitt *Kategorien festlegen*, Seite 587 beschrieben wird, sollten Sie im darauffolgenden Bildschirm die Möglichkeit der Kategoriezuordnung erhalten.

8.4 direct_mail

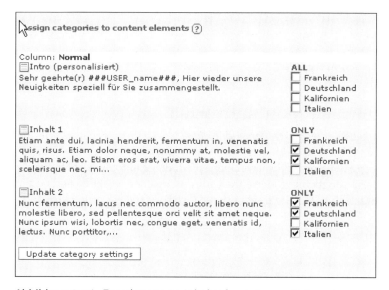

Abbildung 8.35: Newsletter auswählen

Abbildung 8.36: Zuordnung von Inhaltselementen zu Kategorien

Dabei wird ein Inhaltselement grundsätzlich für alle Kategorien vorgesehen. Sobald Sie jedoch eine Teilauswahl treffen und diese über den Button UPDATE CATEGORY SETTINGS abspeichern, werden diese Inhaltselemente nur bei denjenigen Empfängern eingefügt, die sich für einen Empfang dieser Kategorien entschieden haben. Die Zuordnung wird dauerhaft in die Tabelle gespeichert. Sie steht also auch für weitere zukünftige Versandobjekte zur Verfügung, die auf diesem Newsletter basieren.

Hinweis

Wie Sie die Kategorieauswahl bei der Anmeldung für einen Newsletter freischalten, ist im Abschnitt *Registrierung für den Newsletter*, Seite 596, beschrieben.

Erzeugung eines Versandobjekts

Ein Versandobjekt basiert auf einem Newsletter und wird personalisiert an alle Empfänger geschickt. In der englischsprachigen Literatur und im TYPO3-Backend ist dabei von *direct mails* die Rede. Betrachten Sie das Wort *Versandobjekt* also als Synonym für *direct mail*.

Die Erstellung eines neuen Versandobjekts starten Sie durch einen Klick auf CREATE NEW DIRECT MAIL BASED ON THIS PAGE.

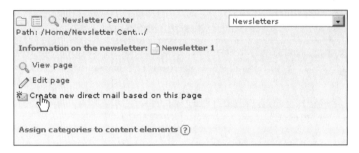

Abbildung 8.37: Erstellung eines neuen Versandobjekts

Auf der folgenden Seite bekommen Sie eine Übersicht über die aktuellen Daten für das Versandobjekt und die Möglichkeit, den Inhalt für das Versandobjekt basierend auf der zugrunde liegenden TYPO3-Seite zu generieren (*Fetch and compile mail content*).

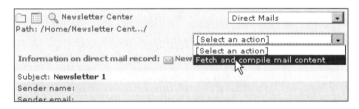

Abbildung 8.38: Versandobjekt generieren

Wiederum auf der folgenden Seite bekommen Sie noch einmal die Links angezeigt, die für die Generierung des Versandobjekts aufgerufen werden. Für eine nochmalige Kontrolle der Inhalte können Sie auch diese Links nochmals testen. Dabei sollte die HTML-Version abgesehen von der Personalisierung direkt so aussehen, wie Sie es im E-Mail-Client erwarten würden. Beim Öffnen der Textversion im Browser müssen Sie den Quellcode der Seite betrachten, um die Umbrüche richtig sehen zu können.

Erstellung der Empfängerliste

Falls Sie noch keine Empfängerliste konfiguriert haben, müssen Sie dies spätestens jetzt tun. Sie können dies über den Menüpunkt RECIPIENT LISTS des Auswahlfeldes durchführen oder direkt über das Modul WEB, LIST. Dies wurde bereits im Abschnitt *Einstellungen bei der Installation*, Seite 585, besprochen.

8.4 direct_mail

Abschicken einer E-Mail an einen Testempfänger

Bevor Sie einen Massenversand von E-Mails anstoßen, sollten Sie unbedingt den aktuellen Newsletter an einen oder mehrere Testempfänger schicken, um die Qualität und saubere Erscheinungsform zu überprüfen (eventuell auch mit verschiedenen Clients). Falls Sie, wie weiter oben im Listing zur *Page TS*-Konfiguration besprochen, eine Testgruppe eingerichtet haben, können Sie diese hier einfach auswählen und damit einen direkten Versand an alle konfigurierten Empfänger anstoßen. Falls Sie mit dem Ergebnis noch nicht zufrieden sind, können Sie noch einmal die Inhalte anpassen.

Bereitstellung des Versandobjekts für die tatsächlichen Empfänger

Nach erfolgreichem Eingang des Newsletters beim Testempfänger können Sie nun den massenhaften Versand Ihres Newsletters vorbereiten. Dazu wählen Sie die gewünschte Empfängergruppe und starten den Versand. Falls Sie einen automatischen Versand aller vorbereiteten E-Mails per Cronjob eingerichtet haben, ist an dieser Stelle der Prozess des Versendens abgeschlossen. Gratulation!

Versand des Newsletters (bei manuellem Versand)

Falls Sie keinen Cronjob zum automatischen Versand aller angestoßenen E-Mails konfiguriert haben, müssen Sie den Versand manuell durchführen. Dies können Sie im Hauptauswahlfeld unter dem Punkt MAILER ENGINE STATUS durchführen. Dort sehen Sie auch weitere Informationen zum Versandstatus der E-Mails.

Kontrolle der Statusinformationen zum Newsletter

Falls Sie direct_mail (wie im Abschnitt *Spezialwissen*, Seite 596, beschrieben) mit den weiteren notwendigen Features konfiguriert haben, können Sie für jeden versendeten Newsletter die Statistik abfragen.

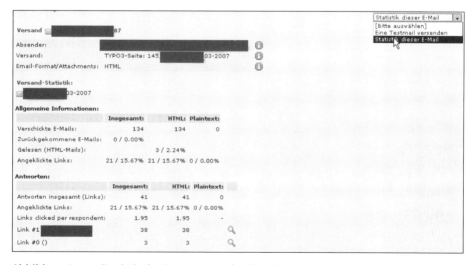

Abbildung 8.39: Statistische Auswertung des Newsletters

8 Extension TOP 10 (für Entwickler)

Hinweis

Um das Versenden und die Auswertung von Rückläufern automatisch per Cronjob durchführen zu können, sind einige Voraussetzungen auf Ihrem Server zu klären. Detaillierte Angaben dazu finden Sie im nächsten Abschnitt *Spezialwissen*.

8.4.5 Spezialwissen

Registrierung für den Newsletter

Die Registrierung für den Newsletter wird nicht mit Hilfe der Extension direct_mail umgesetzt. Für diese Aufgaben stehen Ihnen Extensions wie direct_mail_subscription, sr_feuser_register oder sr_email_subscribe zur Verfügung. Die von diesen Extensions normalerweise in den Tabellen *tt_address* oder *fe_users* gespeicherten Datensätze können direkt von direct_mail ausgelesen werden.

Personalisierung

Für die Personalisierung eines Newsletters stehen Ihnen, wie in vielen Bereichen, von TYPO3 bereitgestellte Marker zur Verfügung, die automatisch durch entsprechende Daten aus Datenbankfeldern ersetzt werden.

- ###USER_uid###
- ###USER_name### (vollständiger Name)
- ###USER_firstname### (Vorname)
- ###USER_title###
- ###USER_email###
- ###USER_phone###
- ###USER_www###
- ###USER_address###
- ###USER_company###
- ###USER_city###
- ###USER_zip###
- ###USER_country###
- ###USER_fax###

Möglich ist auch die Version in Großbuchstaben, beispielsweise ###USER_NAME### oder ###USER_FIRSTNAME###.

8.4 direct_mail

Abmeldelink direkt in der E-Mail bereitstellen

Um einen automatisch erzeugten Link einzubinden, mit dem sich ein Besucher von der Newsletter-Empfängerliste abmelden kann, stehen Ihnen folgende Marker zur Verfügung:

- ###SYS_TABLE_NAME###
- ###SYS_MAIL_ID###
- ###SYS_AUTHCODE###

Einen Beispiellink finden Sie im Template für die Textversion im Ordner *pi1/tx_directmail_pi1_plaintext.tmpl*:

Listing 8.23: Beispiel für einen Abmeldelink

http://example.com.test/?id=3&cmd=edit&aC=###SYS_AUTHCODE###&rU=###USER_uid###

Automatischen Versand per Cronjob einrichten

Ein automatisches Versenden der Newsletter ist relativ einfach einzurichten, wenn Ihr Webserver oder Hosting Provider die nötigen Umgebungsbedingungen zur Verfügung stellt. Sie können die automatische Versendung wie gewünscht per Cronjob einstellen.

Listing 8.24: Aufruf des Shell-Scripts alle 10 Minuten

```
*/10 * * * * /home/....../
typo3conf/ext/direct_mail/mod/dmailerd.phpcron> /dev/null
```

Stellen Sie sicher, dass der korrekte absolute Pfad zum Script angegeben ist.

Der zeitliche Abstand sollte mit der Anzahl der bei einem Durchlauf zu sendenden Newsletter zusammenpassen und genügend Zeit für die Abarbeitung vorsehen. Diese Anzahl können Sie über den Extension Manager für `direct_mail` konfigurieren.

Achtung

Auf dem Server müssen die PHP-Binärdateien vorliegen, normalerweise in */usr/bin/php*. Korrigieren Sie diese Angabe in der ersten Zeile des Shell-Scripts, falls auf Ihrem Server ein anderer Pfad gilt.

8 Extension TOP 10 (für Entwickler)

Klickstatistik erzeugen

Durch den Page TSConfig-Parameter `mod.web_modules.dmail.enable_jump_url` = 1 ermöglichen Sie die Auswertung von Klickstatistiken. Dadurch werden über eine Pfadumleitung das Öffnen des Newsletters sowie jeder Klick registriert.

Sie können diese Einstellung auch über die Backend-Konfiguration der Extension im Modul *Direct Mail* aktivieren.

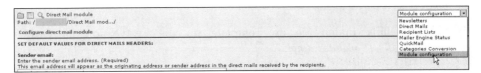

Abbildung 8.40: Modul-Konfiguration für Direct Mail

Abbildung 8.41: Option über die Backend-Konfiguration einstellen

Achtung

So wertvoll eine Auswertung der Klickstatistiken für den Ersteller des Newsletters auch sein mag, die Empfänger (und deren E-Mail-Clients) stufen dieses Vorgehen oft als unerwünschten Eingriff in ihre Privatsphäre ein und versuchen, die Übermittlung der entsprechenden Daten zu verhindern. Seien Sie beim Einsatz also eher zurückhaltend, und rechnen Sie mit unscharfen Ergebnissen.

Auswertung der Rückläufer

Um Rückläufer, also nicht zustellbare E-Mails zu erfassen, führen Sie folgende Schritte durch:

- Richten Sie ein E-Mail-Konto für Rückläufer ein.

  Ein eigenes Konto auf demselben Server wie `direct_mail`, z. B. *bounce@ihredomain.de*, soll alle zurückkommenden Newsletter sammeln.

- Geben Sie eine Rückläuferadresse an.

  Der Page TSConfig-Parameter in `mod.web_modules.dmail.return_path` enthält diese Angabe:

  `mod.web_modules.dmail.return_path = bounce@ihredomain.de`

- Richten Sie ein Mailprogramm wie z. B. *fetchmail* ein, um die Rückläufer auszulesen und an das Shell-Script *direct_mail/mod/returnmail.phpsh* durchzureichen. Genaue Konfigurationsangaben zu diesem Zweck für *fetchmail* finden Sie in der englischsprachigen Dokumentation zu `direct_mail`.

8.5 indexed_search

Version 2.10.0

Herkunft: TYPO3-Core-Paket

8.5.1 Beschreibung

Für eine komfortable und schnelle Suche nach Inhalten Ihrer Webseite sind grundsätzlich zwei Arbeitsschritte nötig:

- Indizierung der Seiteninhalte (geschieht automatisiert oder kann angestoßen werden)
- Suche nach Schlüsselwörtern und Anzeige der Ergebnisse (Benutzeraktion)

Die Extension `indexed_search` bietet dabei umfangreiche Konfigurations- und Anpassungsmöglichkeiten. Dabei ist hinter dem Suchalgorithmus durchaus einiges an Logik versteckt. Zu den Features zählen hier unter anderem:

- konfigurierbare Priorisierung von Schlüsselwörtern
- Durchsuchen von externen Dateien wie PDFs, Word-Dokumenten o. Ä. (Hierzu werden allerdings externe Programme benötigt.)
- unscharfe Suche, Suche nach Wortteilen
- Verknüpfung von Suchbegriffen
- sprachabhängige Suche
- Sortiermöglichkeit der Suchergebnisse

8.5.2 Voraussetzungen

Eine Seite muss im Frontend aufgerufen werden, um indiziert zu werden. Dafür muss das Caching für die Seiteninhalte aktiviert sein.

Tipp

Um eine automatische Indizierung aller gecachten Seiten auf einen Schlag zu erhalten, können Sie die Extension `crawler` einsetzen (siehe Abschnitt *Crawler*, Seite 605).

8.5.3 Installation und Konfiguration

Extension Manager

Bei der Installation können Sie die Pfade zu externen Tools angeben, um ein Durchsuchen von Formaten wie beispielsweise PDF, Word oder OpenOffice zu ermöglichen. Neben einigen weiteren Einstellungen, deren Bedeutung und Auswirkung durch den beschreibenden Text recht klar wird, haben Sie die Möglichkeit, die Priorisierung von Schlüsselwörtern einzustellen.

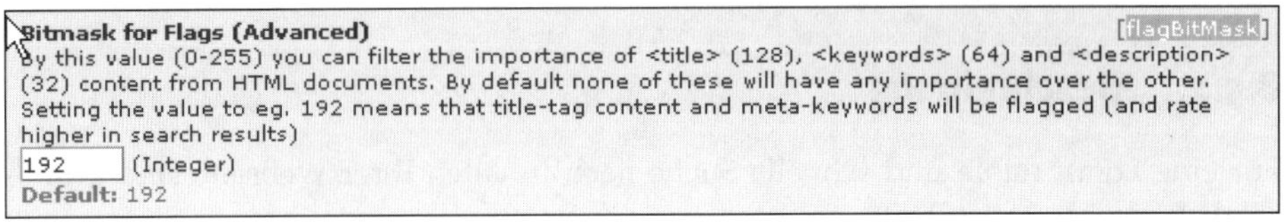

```
Bitmask for Flags (Advanced)                                          [flagBitMask]
By this value (0-255) you can filter the importance of <title> (128), <keywords> (64) and <description>
(32) content from HTML documents. By default none of these will have any importance over the other.
Setting the value to eg. 192 means that title-tag content and meta-keywords will be flagged (and rate
higher in search results)
192     (Integer)
Default: 192
```

Abbildung 8.42: Priorisierung einstellen

In der Grundeinstellung werden Wörter aus dem Seitentitel und den Schlüsselwörtern im Meta-Tag *keywords* mit einer höheren Priorität versehen als Wörter aus dem regulären Inhaltsbereich der Seite. Setzen Sie den Wert auf 0, wenn Sie diese Priorisierung nicht wünschen.

TypoScript

Als wichtigste Einstellung müssen Sie den Indexer für die Seite aktivieren. Nur gecachte Seiten sind indizierbar.

Listing 8.25: Indexer aktivieren

```
config.index_enable = 1
config.no_cache = 0
```

Sie können das Frontend-Plugin der Suche mittels einiger TypoScript-Parameter beeinflussen. Wir haben eine in Projekten bewährte Grundkonfiguration zusammengestellt.

Listing 8.26: Beispielhafte Defaultkonfiguration für indexed_search

```
01 plugin.tx_indexedsearch {
02   #templateFile =
03   search {
04     rootPidList=
05     page_links = 10
06     detect_sys_domain_records = 0
07     #defaultFreeIndexUidList =
08     #noResultPid =
09   }
```

8.5 indexed_search

```
10    show {
11       rules = 0
12       alwaysShowPageLinks = 0
13       advancedSearchLink = 1
14       #resultNumber = 15
15    }
16    blind {
17       sections=1
18       order=1
19       lang=1
20    }
21    rules_stdWrap =
22    sectionlinks_stdWrap =
23    _DEFAULT_PI_VARS {
24       type = 1
25       group = flat
26    }
27    _CSS_DEFAULT_STYLE >
28 }
```

Sie können ein eigenes Template für die Darstellung der Suchergebnisse entwerfen (Zeile 02), die Suche auf einen bestimmten Teil des Seitenbaumes einschränken (Zeile 04), verschiedene Elemente der Suchmaske ein- oder ausblenden (Zeilen 10-20) und einige Standardwerte vorgeben (Zeilen 23-26). Um das Aussehen individuell zu gestalten, deaktivieren Sie am besten die Standardeinstellungen für das CSS (Zeile 27) und fügen die benötigten Klassen in Ihre eigene CSS-Datei ein.

Tipp

Mit dem TypoScript-Objekt-Browser können Sie alle verfügbaren Optionen und die aktuellen Werte dafür einsehen.

8.5.4 Anwendung

Plugin für die Suche auf einer Seite einfügen

Erzeugen Sie ein neues Inhaltselement vom Typ INSERT PLUGIN, und wählen Sie dort dann die Option INDEXED SEARCH. Als Ergebnis sollten Sie sofort die Suchmaske im Frontend sehen können.

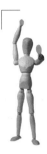

Achtung

Verwechseln Sie nicht die Extension `indexed_search` mit dem regulären (und etwas veralteten) Inhaltselement SEARCH. Dieses Element führt bei Eingabe eines Suchwortes eine direkte Textsuche in der Datenbank durch, was sowohl die Performance als auch die Suchleistung beeinträchtigt.

Beobachtung der Indizierung im Backend

Sie haben im Backend zwei Möglichkeiten, um auf den jeweils aktuellen Stand der Indizierung zuzugreifen:

1. Allgemeine Statistik über das Modul TOOLS, INDEXING

   Hier können Sie einige generelle Zahlen zum Stand der Indizierung abfragen. Zusätzlich können Sie eine Liste der indizierten Seiten mit zugehörigen Daten wie Anzahl der indizierten Wörter, Zeitpunkt und Inhaltsgröße abfragen.

Indexing Engine Statistics

List: TYPO3 Pages

TYPO3 PAGES

id/type:	Title:	Size:	Words:
7	What's new	10.7 K	118
7	Aktuell	12.2 K	186
7/98	Aktuell	12.6 K	169
7/98	What's new	12.5 K	174
7	Attualità	10.7 K	118
7	Actualités	10.8 K	118
7	Actualidad	10.7 K	119
10	Competences	14.2 K	205
10	Kompetenzen	14.3 K	185

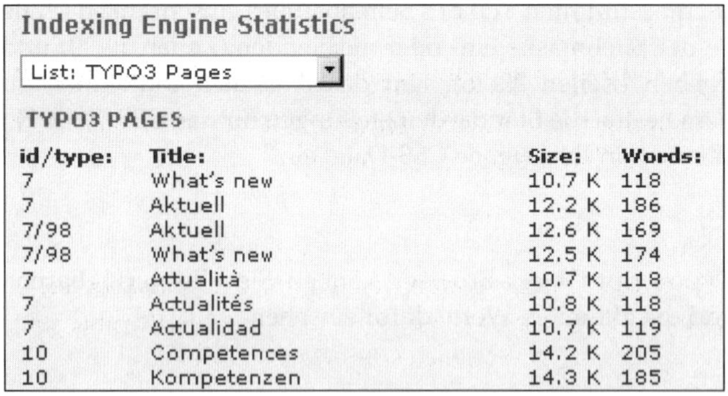

Abbildung 8.43: Info aus dem Modul Tools, Indexing

2. Seitenbezogene Informationen über die Indizierung

   Sie können für jede Seite eine sehr detaillierte Übersicht über die gefundenen Wörter, Parameter, Cache-Informationen und vieles mehr einsehen. Vor allem bekommen Sie hier einen schnellen Überblick, wenn ein Suchbegriff nicht die Seite findet, die Sie erwarten würden. Sie können sehr gut erkennen, ob die Seite überhaupt schon indiziert wurde und unter welchen Bedingungen und mit welchen Parametern.

   Eine kurze Erläuterung der Spalten und ihrer Bedeutungen im Menüpunkt TECHNICAL DETAILS finden Sie im Abschnitt *Indizierung überprüfen und verstehen – Fehlersuche*, Seite 603.

8.5.5 Spezialwissen

Suchbereich auf einer Seite definieren

Normalerweise wird, wenn Sie keine Einschränkung machen, jede Seite voll indiziert. Das bedeutet, es werden auch beispielsweise die Navigationstitel des Hauptmenüs für jede Seite erneut indiziert. Dies führt dazu, dass, wenn Sie derartige Begriffe suchen, praktisch jede Seite im Suchergebnis erscheint, was den Nutzwert der Suche ad absurdum führt.

Hier helfen Ihnen die folgenden Marker:

Listing 8.27: Marker zur Einschränkung des zu indizierenden Bereiches

```
<!--TYPO3SEARCH_begin-->
<!--TYPO3SEARCH_end-->
```

Beim Einsatz der Marker gelten folgende Regeln:

- Ohne Marker wird die gesamte Seite indiziert.
- Wenn ein Anfangsmarker vorhanden ist, wird der Inhalt davor nicht indiziert, ab dem Marker startet die Indizierung.
- Vor einem Endmarker wird indiziert, nach einem Endmarker wird nicht indiziert.

Sie müssen also nicht zwangsläufig beide Marker einsetzen, sondern können auch nur einen gewissen Bereich von der Indizierung ausschließen.

Tipp

Schränken Sie den zu indizierenden Bereich auf den Inhaltsbereich bzw. die Inhaltsbereiche ein. Schließen Sie also alle Inhalte aus, die auf allen oder mehreren Seiten gleich sind, wie z. B. Menüs.

Indizierung überprüfen und verstehen – Fehlersuche

Im Modul WEB, INFO können Sie rechts oben aus dem Auswahlfeld die Option INDEXED SEARCH auswählen, um Informationen zu den technischen Details der Indizierung von Seiten zu bekommen.

8 Extension TOP 10 (für Entwickler)

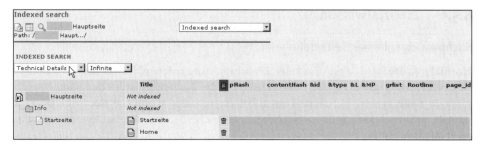

Abbildung 8.44: Technische Details zur Indizierung im Modul Info (Ausschnitt)

Sie können exakt einsehen, welche Seiten bereits indiziert wurden und unter welchen Bedingungen dies stattfand.

- *pHash*

    Der Wert in dieser Spalte ist die eindeutige Identifikation für einen Treffer im Suchergebnis. Die Tabelle *index_phash* beinhaltet zugehörige Informationen. Der Wert stellt eine Kombination aus Seite, Seitentyp, Sprache, cHash, Mountpoint und Benutzergruppe des eingeloggten Frontend-Benutzers dar, also allen Parametern, die ein unterschiedliches Ergebnis für die gleiche Seiten-ID verursachen können.

    Im Ergebnis bedeutet dies, dass es viele verschiedene Einträge für dieselbe Seiten-ID geben kann.

- *cHash*

    Ein Hash, der auf dem tatsächlichen Inhalt basiert, der indiziert wurde.

- *&id*

    Der Parameter *id* steht für die ID der anzuzeigenden Seite.

- *&type*

    Der *type*-Parameter ist wichtig bei Framesets und alternativen Anzeigen wie Druckansicht oder XML-Darstellung – beispielsweise für Newsfeeds. In der Regel wollen Sie solche Anzeigetypen aber nicht für die Suche indizieren.

- *&L*

    Der Parameter *L* für die gewählte Sprache muss natürlich eine Unterscheidung bei der Indizierung verursachen, da in der Regel völlig andere Inhalte (vor allem in anderen Sprachen) davon abhängen.

- *&MP*

    Der Parameter für Mountpoints ist vor allem für die Links zwischen Seiten relevant.

- *grlist*

    Die Liste der verschiedenen Benutzergruppen für das Frontend ist sehr wichtig, da theoretisch verschiedene Gruppen verschiedene Inhalte für ein und dieselbe Seite bekommen können. Falls es jedoch keine Unterschiede gibt, soll die Seite nicht für

8.5 indexed_search

jede einzelne Gruppe indiziert werden, sondern nur einmal. Diese Abfragen und Entscheidungen trifft der Indexer selbstständig, Sie brauchen sich nicht darum zu kümmern. Wichtig ist lediglich, dass Sie die Problemstellung verstanden haben.

- *Rootline, page_id*

  Sind wohl selbsterklärend.

- *phash_t3*

  Falls sich der Indizierungsdatensatz auf ein externes Dokument wie beispielsweise eine PDF-Datei bezieht, steht hier die *PHash*-ID der TYPO3-Seite, auf der dieses Dokument eingebunden ist.

- *CfgUid*

  Konfigurations-ID, relevant für die Indizierung externer Daten wie PDF.

- *RecUid*

  Die *Record UID* ist die UID des zugrunde liegenden Datensatzes bei externen Daten.

- *GET-parameters*

  Die Parameter beim Aufruf der jeweiligen Seite, z. B. `&tx_ttnews[backPid]=30&tx_ttnews[tt_news]=17`.

- *&cHash*

  Der *cHash* ist entscheidend bei der Anzeige von Inhalten eines Plugins (z. B. *tt_news*), das je nach übergebenem Parameter verschiedene Inhalte anzeigt, aber trotzdem gecacht werden soll. Die Beachtung dieses Parameters ist auch bei der Programmierung von Plugins wichtig und hängt sehr eng mit den GET-Parametern zusammen. Mehr Informationen zum *cHash* erhalten Sie im Abschnitt *Links im Frontend richtig erzeugen*, Seite 477.

Crawler

Mit Hilfe der Extension `crawler` können Sie eine automatische Indizierung aller gecachten Seiten durchführen. Sie finden nach der Installation dieser Extension die zugehörigen Backend-Masken im Modul WEB, INFO unter dem Punkt SITE CRAWLER im Auswahlmenü rechts oben.

Wir gehen hier nicht im Detail darauf ein. Der Extension liegt eine englischsprachige Dokumentation für die Konfiguration und Benutzung bei.

8.6 realurl

Version 1.1.4

Herkunft: TER

8.6.1 Beschreibung

Ein normaler Link in TYPO3 sieht in der Standardkonfiguration – vor allem bei der Darstellung von Daten aus Extensions – nicht sehr ansprechend aus:

http://www.domain.de/index.php?id=30735&tx_ttnews[tt_news]=10&cHash=bf998eb80d

Um es Suchmaschinen und Menschen leichter zu machen, können Sie Seiten aus TYPO3 mit Hilfe einiger Konfigurationsparameter ein statisches Aussehen verleihen.

Listing 8.28: Konfigurationsparameter für die Simulation statischer Seiten

```
simulateStaticDocuments
simulateStaticDocuments_noTypeIfNoTitle
simulateStaticDocuments_addTitle
simulateStaticDocuments_pEnc
simulateStaticDocuments_pEnc_onlyP
```

Beim Einsatz von Extensions stehen Sie dann jedoch wieder vor dem Problem, die benötigten GET-Parameter mit in die URL einbinden zu müssen, was nach wie vor keine sehr ansprechenden URLs erzeugt. Außerdem liegen für den Betrachter alle Seiten in einer Ebene, die Strukturierung des Seitenbaumes kann nicht in das Frontend übertragen werden.

Die Extension `realurl` hebt diese Einschränkungen auf, ein Link auf eine TYPO3-Seite kann damit sowohl für Menschen wie auch für Suchmaschinen aussagekräftiger dargestellt werden.

8.6.2 Voraussetzungen

Als serverseitige Voraussetzung müssen Sie lediglich sicherstellen, dass die von `realurl` erzeugten virtuellen Pfade korrekt bei TYPO3 ankommen. Dazu muss beim Webserver Apache das Modul *mod_rewrite* aktiviert sein.

Bei den meisten Hosting-Angeboten können Sie durch die Ablage einer Datei mit dem Namen *.htaccess* die korrekte Weiterleitung der virtuellen Dateien sicherstellen. Im Dummy-Paket von TYPO3 ist bereits eine solche Datei enthalten, die Sie nur noch dadurch aktivieren müssen, dass Sie den Unterstrich am Anfang des Dateinamens entfernen.

Tipp

Im Explorer von Windows lässt sich die Datei eventuell nicht in *.htaccess* umbenennen. Wenn Sie *Eclipse* als Entwicklungsumgebung nutzen, dann können Sie die Datei innerhalb von Eclipse umbenennen. Dasselbe gilt auch für andere Programme wie *TotalCommander*. Eine weitere Möglichkeit besteht in der Kommandozeile von Windows. Dort können Sie die Datei mit dem Befehl `move _.htaccess .htaccess` umbenennen.

Achtung

Links aus Extensions werden nur dann korrekt umgewandelt, wenn die Links in der Extension mit Hilfe der TYPO3-API für Links erstellt wurden. Für das Frontend bieten sich hier die Funktionen der Klasse `pibase` an. Stellen Sie sicher, dass alle installierten Extensions realurl-fähig sind.

8.6.3 Installation und Konfiguration

Die Installation gestaltet sich recht einfach. Das beinhaltet jedoch noch nicht die Aktivierung – diese muss durch TypoScript erfolgen. Eine Konfiguration für die Parameter einzelner Extensions erfolgt dann in den `$TYPO3_CONF_VARS`.

TypoScript

Aufgrund der Aktivierung von `realurl` über TypoScript können Sie entscheiden, in welchen Teilen Ihres Seitenbaumes die Extension verwendet werden soll.

Listing 8.29: Aktivierung in TypoScript

```
config {
   simulateStaticDocuments = 0
   tx_realurl_enable = 1
   baseURL = http://ihredomain.de/
   prefixLocalAnchors = all
}
```

8 Extension TOP 10 (für Entwickler)

Achtung

Der Eigenschaft `baseURL` muss seit der Typo3-Version 3.8.1 eine richtige URL zugeordnet werden. Der Wert 1 ist aus Sicherheitsgründen nicht mehr erlaubt. Achten Sie darauf, diese Eigenschaft anzupassen, wenn Sie Ihre Entwicklungsinstanz live schalten und sich dabei die Domain ändert.

Tipp

Nutzen Sie mehrere Domains in einem Projekt, so können Sie mit Hilfe von Bedingungen in TypoScript die jeweils richtige Domain zuweisen.

```
[globalString =IENV:HTTP_HOST=dieanderedomain.de]
config.baseURL = dieanderedomain.de
[global]
```

TYPO3_CONF_VARS

Die eigentliche Konfiguration der Extension findet in `$TYPO3_CONF_VARS['EXTCONF'] ['realurl']` statt. Sie können die nötigen Einstellungen direkt in der Datei *typo3conf/localconf.php* vornehmen, schöner ist es jedoch, eine eigene projektbezogene Extension zu verwenden. Ein gutes Beispiel dafür liefert die Extension `realurlsettings` von Michael Fritz.

8.6.4 Anwendung

Bei der Anwendung im Backend gibt es nichts zu beachten. Der Redakteur wird keinen Unterschied bei der Bearbeitung von Inhalten bemerken.

Wie auch Seitennamen jederzeit ohne zusätzliche Mühe geändert werden können, sehen Sie im Abschnitt *Caching*, Seite 611.

Achtung

Sobald Sie neue Funktionalitäten integrieren und aktivieren wollen, wie beispielsweise Frontend-Editing, weitere Sprachen oder neue Plugins, müssen Sie die korrekte Funktionsweise im Zusammenhang mit `realurl` überprüfen. In den meisten Fällen müssen Sie nur Ihre Konfigurationen zu `realurl` erweitern.

8.6.5 Spezialwissen

Umwandlung der virtuellen Pfade

Die Umwandlung der normalen URI inklusive aller angehängter Parameter erfolgt über die Anwendung eines Hooks in t3lib_tstemplate::linkData().

Listing 8.30: Hook für die Kodierung

```
$TYPO3_CONF_VARS['SC_OPTIONS']['t3lib/class.t3lib_tstemplate.php']
['linkData-PostProc']['tx_realurl'] = 'EXT:realurl/class.tx_realurl.php:&tx_realurl->
encodeSpURL';
```

Die Rückwandlung in für TYPO3 lesbare URIs erfolgt wiederum über die Nutzung eines Hooks. Werfen Sie einen Blick in den Quellcode, wenn Sie sich für weitere Details interessieren.

Listing 8.31: Hook für die Dekodierung

```
$TYPO3_CONF_VARS['SC_OPTIONS']['tslib/class.tslib_fe.php']['checkAlternativeIdMethods
-PostProc']['tx_realurl'] =
'EXT:realurl/class.tx_realurl.php:&tx_realurl->decodeSpURL';
```

Eine Gegenüberstellung einer orginalen URL und der zugehörigen sprechenden URL bringt hier schnell Licht ins Dunkel.

Listing 8.32: Orginale und sprechende URL

```
index.php?id=123&type=1&L=1&tx_mininews[mode]=1&tx_mininews[showUid]=456
en/123/news/list/456/page.html
```

Falls Ihnen nicht alle der Parameter geläufig sind, sind sie hier noch einmal in der Übersicht:

Parameter	Bedeutung
id=123	ID der gewünschten Seite
type=1	Konfigurationsparameter für die Steuerung der Ansicht, wird z. B. bei Frames oder bei Ausgabe für Druck oder XML eingesetzt.
L=1	Sprache, die durch die Datensätze *sys_language* dargestellt wird. In unserem Fall entspricht die ID 1 der englischen Sprache. 0 (Default) wäre wahrscheinlich in den meisten Fällen Deutsch.

Tabelle 8.3: Parameter des Seitenaufrufs

8 Extension TOP 10 (für Entwickler)

Parameter	Bedeutung
tx_mininews[mode]=1	Erster Parameter für die Extension mininews
tx_mininews[showUid]=456	Zweiter Parameter für die Extension mininews
	Diese Parameter können für jede Extension mit einem Frontend-Plugin auftreten und müssen durch Konfiguration berücksichtigt werden.

Tabelle 8.3: Parameter des Seitenaufrufs (Forts.)

Die Konfiguration in den $TYPO3_CONF_VARS schafft die nötige Zuordnung.

Listing 8.33: Konfiguration für obige Umwandlung

```
01  $TYPO3_CONF_VARS['EXTCONF']['realurl']['_DEFAULT'] = array(
02      'preVars' => array(
03          array(
04              'GETvar' => 'L',
05              'valueMap' => array(
06                  'en' => '1',
07              ),
08              'noMatch' => 'bypass',
09          ),
10      ),
11      'fileName' => array (
12          'index' => array(
13              'page.html' => array(
14                  'keyValues' => array (
15                      'type' => 1,
16                  )
17              ),
18              '_DEFAULT' => array(
19                  'keyValues' => array(
20                  )
21              ),
22          ),
23      ),
24      'postVarSets' => array(
25          '_DEFAULT' => array (
26              'news' => array(
27                  array(
28                      'GETvar' => 'tx_mininews[mode]',
29                      'valueMap' => array(
30                          'list' => 1,
31                          'details' => 2,
32                      )
33                  ),
34                  array(
```

```
35                    'GETvar' => 'tx_mininews[showUid]',
36                ),
37            ),
38        ),
39    ),
40 );
```

Die einzelnen Teile der sprechenden URL sind dabei immer in der Reihenfolge [TYPO3_SITE_URL] [preVars] [pagePath] [fixedPostVars] [postVarSets] [fileName] und werden in den einzelnen Bereichen des Konfigurationsarrays festgelegt. Wenn Sie beispielsweise die Zeilen 26 und 30 betrachten, sehen Sie, dass Sie durch diese Konfiguration bestimmen können, welche Schlüsselwörter realurl für Parameter von Extensions nutzen soll. Wenn Ihnen also das Schlüsselwort *news* nicht zusagt, können Sie ein für Ihre Bedürfnisse besser passendes Wort definieren.

Hinweis

Eine detaillierte Übersicht über die einzelnen Elemente des Konfigurationsarrays und alle Möglichkeiten finden Sie in der englischsprachigen Dokumentation zur Extension.

Caching

Damit die nötige Umwandlung der URLs bei jedem Seitenaufruf nicht zu einer großen Belastung für die Performance wird, werden die Parameter in speziellen Cache-Tabellen abgelegt: *tx_realurl_urldecodecache* und *tx_realurl_urlencodecache*. Die Einträge für die jeweilige Seite müssen bei Änderungen an der Seite gelöscht werden, was durch einen Hook für clearPageCacheEval erreicht wird.

Listing 8.34: Aufruf eines Hooks für die Bearbeitung des Caches: ext_localconf.php

```
$TYPO3_CONF_VARS['SC_OPTIONS']['t3lib/class.t3lib_tcemain.php']['clearPageCacheEval']
['tx_realurl'] = 'EXT:realurl/class.tx_realurl.php:&tx_realurl->clearPageCacheMgm';
```

In der Funktion clear_cacheCmd der Klasse t3lib_TCEmain können für Befehle zum Löschen des allgemeinen TYPO3-Frontend-Caches zusätzliche Tabellen angegeben werden, die auch gelöscht werden sollen. Hier werden die beiden Caching-Tabellen von realurl hinzugefügt.

Listing 8.35: Zusätzliche zu leerende Caching-Tabellen angeben

```
$TYPO3_CONF_VARS['SC_OPTIONS']['t3lib/class.t3lib_tcemain.php']['clearAllCache_additi
onalTables']['tx_realurl_urldecodecache'] = 'tx_realurl_urldecodecache';

$TYPO3_CONF_VARS['SC_OPTIONS']['t3lib/class.t3lib_tcemain.php']['clearAllCache_additi
onalTables']['tx_realurl_urlencodecache'] = 'tx_realurl_urlencodecache';
```

Tipp

Falls eine Änderung des Seitentitels auch sofort Eingang in die URL dieser Seite finden soll, können Sie dies durch die Nutzung eines Hooks ermöglichen. Werfen Sie dazu einen Blick in die Extension realurlsettings von Michael Fritz, oder installieren Sie diese Extension einfach. Stellen Sie dabei sicher, dass es nicht zu Konflikten zwischen Ihrer und der vorgefertigten Konfiguration der Extension kommt.

Advanced Realurl

Um anstatt der Seiten-ID den Titel der Seite im virtuellen Pfad zu haben, können Sie die Klasse tx_realurl_advanced einbinden. Dadurch erreichen Sie eine richtig sprechende URL.

Listing 8.36: Aktivierung der Erweiterung für die Auflösung des Seitennamens

```
'pagePath' => array(
    'type' => 'user',
    'userFunc' => 'EXT:realurl/class.tx_realurl_advanced.php:
        &tx_realurl_advanced->main',
    'spaceCharacter' => '-',
    'languageGetVar' => 'L',
    'expireDays' => 7
),
```

Weitere Informationen finden Sie in der englischsprachigen Dokumentation von realurl.

8.7 rtehtmlarea und weitere Rich-Text-Editoren

rtehtmlarea ist derzeit der Standard-Rich-Text-Editor, allerdings gibt es immer wieder Klagen über die zu komplizierte Konfiguration und daraus entstehende Fehler. Die Weiterentwicklung des originären *HTMLArea*[6] wurde eingestellt, der Rich-Text-Editor (RTE) wird derzeit nur von der TYPO3 Community weiterentwickelt. Da aus die-

---

6 HTMLArea: http://de.wikipedia.org/wiki/HTMLArea

sem Grund in Zukunft eventuell ein Wechsel des standardmäßigen RTE erfolgt, wollen wir hier auch die vielversprechende Alternative tinyrte ansprechen.

- rtehtmlarea:

  Version: 1.5.2

  Herkunft: TYPO3 Core Paket

- tinyrte:

  Version 1.5.10

  Herkunft: TER

8.7.1 Beschreibung

Ab der TYPO3-Version 4.0 ist rtehtmlarea zum Standard in Sachen RTE erkoren worden. Durch die sehr umfangreichen, wenn auch manchmal nervenaufreibenden Konfigurationsmöglichkeiten haben Sie ein Tool an der Hand, mit dem Sie praktisch alle Anforderungen an einen Rich-Text-Editor abdecken können. Um die Funktionsweise des RTE zu verstehen und auftretende Fehler und Fehlkonfigurationen beheben zu können, ist ein grundsätzliches Verständnis der Datentransformation zwischen RTE, Datenbank und Frontend nötig.

Hinweis

Informationen zu diesen Datentransformationen finden Sie im Abschnitt *RTE-API*, Seite 363.

8.7.2 Voraussetzungen

Da ein Rich-Text-Editor sehr eng mit dem Browser zusammenarbeitet, ist hier nicht in jedem Fall eine Kompatibilität gewährleistet. Für alle aktuellen Browser sollte jedoch ein normales Arbeiten möglich sein. JavaScript wird wie generell beim TYPO3-Backend vorausgesetzt.

8.7.3 Installation und Konfiguration

rtehtmlarea

Die Extension bietet zwar bei der Installation drei verschiedene Grundkonfigurationen an, die Sie in den Ordnern *res/typical*, *res/advanced* und *res/demo* betrachten können, jedoch ist damit unserer Erfahrung nach ein problemloser Einsatz noch nicht sichergestellt. Dies hängt immer noch stark von den Bedürfnissen des Benutzers ab.

Die weiteren Einstellungsmöglichkeiten bei der Installation sind bereits in der Maske der Extension-Konfiguration recht gut erklärt, Sie sollten bei der Auswahl keine Schwierigkeiten haben.

Sehr sinnvoll ist die Option ENABLE MOZILLA/FIREFOX EXTENSION, die ein Kopieren und Einfügen von Inhalten direkt in den RTE ermöglicht. Falls es bei der Installation dieser Extension (beim ersten Versuch, etwas direkt in den RTE zu kopieren) zu Schwierigkeiten kommt, sollten Sie die URL im Feld URL OF ALLOWCLIPBOARD HELPER überprüfen.

Eine bei uns häufig erfolgreich eingesetzte und von den Benutzern gut angenommene Grundkonfiguration sieht wie folgt aus:

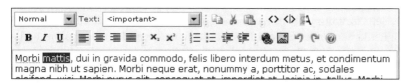

Abbildung 8.45: RTE in sinnvoller Konfiguration

Diese Konfiguration ist in der Extension `abz_eff_tsconfig` in der aktuellen Version untergebracht. Dort können Sie in der Datei *tsconfig_page.txt* alle getätigten Einstellungen einsehen.

Entscheidend für eine saubere Funktionsweise des RTE ist der Zusammenhang zwischen dem vom RTE erzeugten Code und der korrekten Transformation über die RTE-API.

Falls Sie beispielsweise wie im Screenshot dem Wort *mattis* einen Stil zuweisen, wird im RTE dabei der Code `<span class="important">mattis</span>` erzeugt.

Listing 8.37: Definition der Klasse für die Darstellung im Backend

```
RTE.classes {
   important {
      name = LLL:EXT:rtehtmlarea/htmlarea/plugins/DynamicCSS/locallang.xml:important
      value = color: #8A0020;
   }
}
```

Die CSS-Klasse `important` muss dabei bei der Transformation in die Datenbank und zurück erhalten bleiben und wird deshalb zu den erlaubten CSS-Klassen hinzugefügt.

Listing 8.38: CSS-Klasse im Frontend definieren und für die Transformation erlauben

```
RTE.default {
  contentCSS = EXT:abz_eff_template/templates/css/rte.css

    // Use stylesheet file rather than the above mainStyleOverride and inlineStyle
properties to style the contents (htmlArea RTE only)

  ignoreMainStyleOverride = 1

  proc.allowedClasses (
    external-link, external-link-new-window, internal-link,
    internal-link-new-window, download, mail,
    align-left, align-center, align-right,
    csc-frame-frame1, csc-frame-frame2,
    component-items, action-items,
    component-items-ordered, action-items-ordered,
    important, name-of-person, detail
  )
}
```

Durch die Angabe `ignoreMainStyleOverride = 1` wird eine CSS-Datei als Basis für das Auswahlfeld TEXT: genommen. Nur CSS-Klassen, die dort hinterlegt sind, werden im Backend angezeigt. Dies bewirkt, dass die nötigen Definitionen für die richtige Darstellung im Frontend automatisch getroffen sind.

Listing 8.39: Klassendefinition in der Datei rte.css

```
/* classes for textstyle dropdown */
span.important { color: #8A0020; }
span.name-of-person { color: #10007B; }
span.detail { color: #186900; }
```

Tipp

Steuern Sie die Anzeige der Buttons über die Option `RTE.default.toolbarOrder`, und behalten Sie für die Option `RTE.default.showButtons` alle Buttons bei. Dann können Sie neben der Anzeige auch gleich die Position der Buttons bestimmen.

tinyrte

Die Extension `tinyrte` arbeitet sehr ähnlich wie `rtehtmlarea`, allerdings ist sie – wie der der Name schon vermuten lässt – deutlich kleiner im Umfang. Für den normalen Benutzer ist jedoch alles Notwendige an Bord, auch die Konfigurationsmöglichkeiten erscheinen ausreichend. Die Extension hat den Ruf, kleiner, schneller und leichter konfigurierbar zu sein als rtehtmlarea. Falls Sie jedoch bereits Erfahrung mit rtehtml-area haben oder an deren Grundeinstellung nicht viel verändern wollen, ist ein Umstieg aus unserer Sicht (zumindest derzeit) nicht nötig.

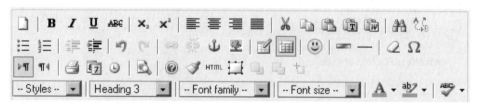

Abbildung 8.46: Mögliche Felder im tinyrte

Die Steuerung, welche Buttons angezeigt werden sollen, kann hier – zusätzlich zur Einstellung über *Page TSConfig* und *User TSConfig* – auch in einem Feld des Backend-Benutzers oder der Backend-Benutzergruppe durchgeführt werden.

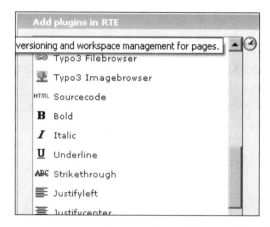

Abbildung 8.47: Auswahl der sichtbaren Buttons für Benutzer oder Benutzergruppe

8.7.4 Anwendung

Die reine Anwendung des RTE ist dann sogar für relative Anfänger eine intuitive Sache, da bereits für die richtige Darstellung der gewählten Formatierungen im Frontend gesorgt ist.

8.7.5 Spezialwissen

Mit Hilfe der Extension de_custom_tags können Sie benutzerdefinierte Tags einführen. Damit können Sie beispielsweise einen Text definieren, der im Frontend automatisch in den von Ihnen definierten Wert umgewandelt wird. Dies ist z. B. sinnvoll bei einer mehrfachen Angabe einer Kontakt-E-Mail-Adresse auf Ihrer Webseite. Wenn sich die

8.7 rtehtmlarea und weitere Rich-Text-Editoren

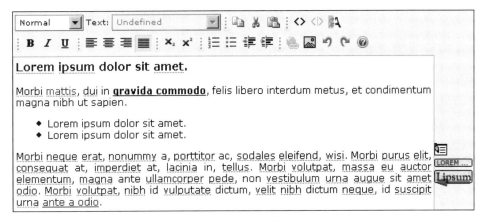

Abbildung 8.48: RTE mit einigen genutzten Formatierungen

E-Mail-Adresse ändert, müssen Sie nur Ihr *Custom Tag* anpassen, und schon sind im Frontend alle vorkommenden Stellen angepasst.

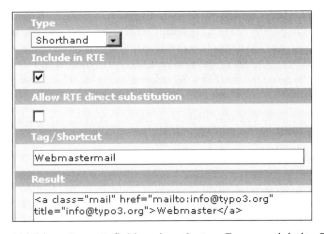

Abbildung 8.49: Definition eines Custom Tags zur globalen Ersetzung

Abbildung 8.50: Einsatz des Custom Tags Webmastermail

Abbildung 8.51: Ergebnis im Frontend

Details zur Konfiguration und weitere Verwendungsmöglichkeiten der Extension de_custom_tags entnehmen Sie bitte der Dokumentation, die der Extension beiliegt.

8.8 templavoila

Version: 1.3.0

Herkunft: TER

8.8.1 Beschreibung

Die Extension templavoila bietet einen neuen Ansatz zur Abbildung von komplexen Layouts. Auslöser für die Entwicklung der Extension war ein großes Projekt, an dem Kasper Skårhøj und Robert Lemke federführend beteiligt waren. Es ging vor allem darum, die Einschränkungen von TYPO3 bezüglich des Layouts von Inhalten zu eliminieren. Ohne templavoila sind Sie vor allem bei der Eingabe von Inhalten auf das klassische Spaltenlayout angewiesen, da im TYPO3-Backend nur eine Platzierung von Inhalten nach Spalten aufgeteilt vorgesehen ist.

Durch ein neues Modul WEB, PAGE, das das bisherige Modul ersetzt, wird hier Abhilfe geschaffen. Es bietet tolle neue Möglichkeiten für die Seitengestaltung, hat jedoch auch einige Nachteile, vor allem, was die Ablage der Daten in der Datenbank betrifft.

templavoila arbeitet wie gehabt mit Templates (diese entsprechen den bisher bekannten Templates der klassischen Methode), die jedoch flexibler belegt werden können, sowie mit den neuartigen sogenannten *Flexible Content Elements*.

templavoila bietet Ihren viel mehr Freiheit bei der Strukturierung einer Webseite, als Sie mit der klassischen Methode umsetzen können. Für die neue Art der Seitenorganisation wurde sogar eine eigene Dokumentation *Futuristic Template Building, doc_tut_ftb1*, geschrieben. Diese Dokumentation bietet einen guten Einstieg in die Vorgehensweise und die Ideen hinter templavoila, ist jedoch während wir dies schreiben (Juli 2007) sehr veraltet!

8.8.2 Voraussetzungen

Im Prinzip sind keine speziellen Voraussetzungen für den Einsatz von templavoila nötig. Da die Möglichkeiten von templavoila jedoch sehr stark auf dem Einsatz von

XML-Strukturen beruhen, sollten Sie als Entwickler der Webseite auf diesem Gebiet Erfahrungen mitbringen bzw. bereit sein, sich Erfahrungen anzueignen.

Achtung

Entscheiden Sie bereits *vor Beginn der Umsetzung* einer Webseite, ob Sie den klassischen Weg oder den Weg über templavoila wählen. Eine spätere Umstellung wird Ihnen einiges an Mühe bereiten. Versuchen Sie es mit templavoila, wenn Sie die Struktur Ihrer Webseite nicht mit klassischen Inhaltselementen in einer Spaltenstruktur abbilden können. Insbesondere ineinandergeschachtelte Elemente sind eine große Stärke von templavoila.

8.8.3 Installation und Konfiguration

Die Installation ist sehr einfach und auch nicht durch verwirrende Konfigurationsmöglichkeiten gekennzeichnet. Allerdings passiert dann erst mal noch gar nichts, da Sie ja erst die Strukturen Ihrer Templates aufsetzen müssen.

Hinweis

Es gibt Extensions, die bereits ein vorgefertigtes Layout mitsamt der zugehörigen Konfiguration für templavoila mitbringen. Eine beliebte Extension aus dem TER ist tmpl_andreas09 von Dmitry Dulepov.

Wir gehen davon aus, dass Sie bereits Erfahrung in der Umsetzung von Webseiten mit TYPO3 auf dem klassischen Weg haben. Wir können hier aus Platzgründen nur den roten Faden zur Erstellung einer Webseite mit templavoila bieten. Dies sollte Ihnen jedoch genügen, um sich zurechtzufinden.

1. HTML-Template erstellen

   Hier gibt es keine gravierenden Unterschiede zum herkömmlichen Verfahren. Vor allem, wenn Sie bisher die Extension automaketemplate eingesetzt haben, können Sie oder Ihr zuständiger HTML-Profi die Templates wie bisher erstellen. Wichtig sind die korrekte Einbindung des CSS-Stylesheets und die saubere Benennung von Elementen mit den Attributen id oder class.

8 Extension TOP 10 (für Entwickler)

Tipp

Falls Sie einen schnellen Start hinlegen wollen und detaillierte Grundlagen im Moment nicht benötigen, klicken Sie direkt auf das Modul WEB, TEMPLAVOILÀ. Dort wird Sie ein Wizard durch die Basisinstallation führen. Wir haben die einzelnen vom Wizard durchgeführten Schritte im Folgenden explizit erläutert. Damit sollten Sie auch ein manuelles Einrichten der Webseite bewältigen können.

Falls Sie auf grundlegende Verständnisprobleme stoßen, empfehlen wir Ihnen, die Dokumentation *Futuristic Template Building* (*doc_tut_ftb1*) durchzuarbeiten.

Der Wizard fordert die Ablage des HTML-Templates im Ordner *fileadmin/templates*.

Listing 8.40: Beispiel-Template ohne Dummy-Inhalte

```
<!DOCTYPE html
    PUBLIC "-//W3C//DTD XHTML 1.0 Transitional//EN"
    "http://www.w3.org/TR/xhtml1/DTD/xhtml1-transitional.dtd">
<?xml version="1.0" encoding="iso-8859-1"?>
<html xmlns="http://www.w3.org/1999/xhtml" xml:lang="de" lang="de">

<html>
<head>
    <link href="../css/10_screen.css" rel="stylesheet" type="text/css"/>
    <title>Main Template</title>
    <meta http-equiv="Content-Type" content="text/html; charset=utf-8" />
</head>
<body>
<!-- ###DOCUMENT_BODY### begin -->
    <div id="pageContainer">
        <div id="headerContainer">
            <div id="pageTitle">
                <img src="../media/logo.gif" border="0" />
                <h1>PAGE_TITLE</h1>
            </div>
            <div id="metaNavi"></div>
            <div class="clear-both"></div>
        </div>
        <div id="mainContainer">
            <div id="col1Container">
                <div id="col1">
                    <div id="mainNavi"></div>
                </div>
            </div>
            <div id="col2Container">
                <div id="col2">
```

8.8 templavoila

```
            <div id="breadcrumb"></div>
<!--TYPO3SEARCH_begin-->
            <div id="content"></div>
<!--TYPO3SEARCH_end-->
          </div>
        </div>
        <div class="clear-both"></div>
      </div>
      <div id="footer">
        &copy; ###YEAR### Your Company <a href="javascript:window.print();">print
          this page</a>
      </div>
    </div>
<!-- ###DOCUMENT_BODY### end -->
</body>
</html>
```

Der Wizard schlägt Ihnen also Ihr Template vor, sobald es im richtigen Verzeichnis vorliegt, und legt einen Backend-User an. Sie finden dieses Beispiel-Template als *main.html* auf der beiliegenden CD.

Achtung

Die folgenden Punkte werden vom Wizard in wenigen Masken zusammengefasst. Sie können jedoch nach Abschluss des Wizards die Ergebnisse einfach im Seitenbaum betrachten. Im Folgenden erläutern wir die Schritte, die der Wizard für Sie übernimmt. Wir empfehlen Ihnen, alle Schritte erst einmal durchzulesen, bevor Sie beginnen, damit Sie einen Überblick haben.

2. Benötigte Seiten anlegen

   Für eine korrekte Funktionsweise wird eine ganze Reihe von Seiten und Datensätzen benötigt. Für die Seiten sind dies insbesondere die Startseite und ein SysFolder als Speicherort für die `templavoila`-Datensätze.

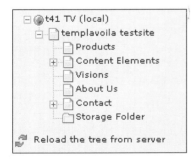

Abbildung 8.52: Vom Wizard angelegter Seitenbaum

3. Grundlegendes TypoScript-Template anlegen
   Wie bei jeder TYPO3-Seite müssen Sie auf der obersten Seite einen Datensatz für das TypoScript-Template anlegen. Dort hinterlegen Sie ein paar Zeilen TypoScript-Code.

Listing 8.41: Grundlegende Konfiguration für templavoila

```
page = PAGE
page.typeNum = 0
page.10 = USER
page.10.userFunc = tx_templavoila_pi1->main_page
```

Hierdurch wird TYPO3 angewiesen, die Generierung der Webseite im Frontend basierend auf `templavoila` durchzuführen. Aktivieren Sie außerdem wie üblich auch das statische Template CSS STYLED CONTENT. Falls Sie jetzt schon einen Blick in das Frontend riskieren wollen, können Sie einen Fehler sehen, wenn `templavoila` noch nicht über alle benötigten Informationen verfügt.

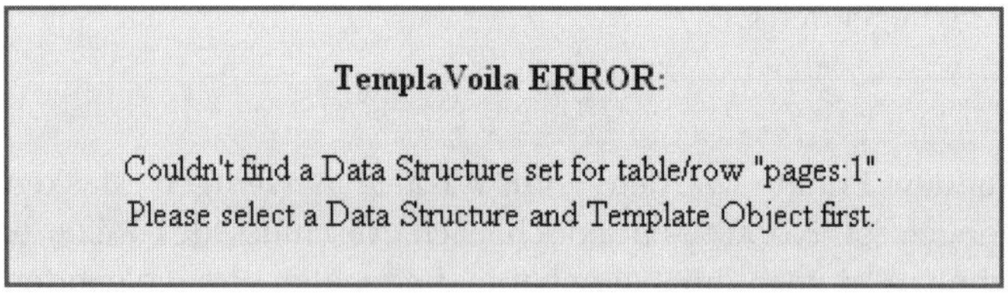

> **TemplaVoila ERROR:**
>
> Couldn't find a Data Structure set for table/row "pages:1".
> Please select a Data Structure and Template Object first.

Abbildung 8.53: Noch ist `templavoila` *nicht konfiguriert.*

4. Data Structure anlegen
   Um später eine Zuordnung von Inhaltselementen zu Bereichen im HTML-Template vornehmen zu können, müssen Datenstrukturen festgelegt werden. Diese werden im Format XML gespeichert und innerhalb eines Datensatzes TEMPLAVOILÀ DATA STRUCTURE in der Seite STORAGE FOLDER abgelegt. Eine einfache Struktur wird vom Wizard angelegt und könnte wie folgt aussehen:

Listing 8.42: Grundlegende Datenstruktur: data structure

```
01 <T3DataStructure>
02   <meta type="array">
03     <langChildren type="integer">1</langChildren>
04     <langDisable type="integer">1</langDisable>
05   </meta>
06   <ROOT type="array">
07     <tx_templavoila type="array">
08       <title>ROOT</title>
09       <description>Select the HTML element on the page which you want to be the
           overall container element for the template.</description>
```

8.8 templavoila

```
10    <tags>body</tags>
11    </tx_templavoila>
12    <type>array</type>
13    <el type="array">
14     <field_content type="array">
15      <tx_templavoila type="array">
16       <title>Main Content Area</title>
17       <description>Pick the HTML element in the template where you want to place
          the main content of the site.</description>
18       <sample_data type="array">
19        <numIndex index="0">Lorem ipsum dolor </numIndex>
20       </sample_data>
21       <eType>ce</eType>
22       <tags>table:outer,td:inner,div:inner,p,h1,h2,h3,h4,h5</tags>
23       <oldStyleColumnNumber>0</oldStyleColumnNumber>
24       <TypoScript>
25   10= RECORDS
26   10.source.current=1
27   10.tables = tt_content
28       </TypoScript>
29      </tx_templavoila>
30      <TCEforms type="array">
31       <config type="array">
32        <type>group</type>
33        <internal_type>db</internal_type>
34        <allowed>tt_content</allowed>
35        <size>5</size>
36        <maxitems>200</maxitems>
37        <minitems>0</minitems>
38        <multiple>1</multiple>
39        <show_thumbs>1</show_thumbs>
40       </config>
41       <label>Main Content Area</label>
42      </TCEforms>
43     </field_content>
44     <field_menu type="array">
45      <tx_templavoila type="array">
46       <title>Main menu</title>
47       <description>Pick the HTML container element where you want the
          automatically made menu items to be placed.</description>
48       <sample_data type="array">
49        <numIndex index="0">[Menu goes here]</numIndex>
50       </sample_data>
51       <eType>TypoScriptObject</eType>
52       <tags>table:inner,ul,div,tr,td</tags>
53       <eType_EXTRA type="array">
54        <objPath>lib.mainMenu</objPath>
55       </eType_EXTRA>
56       <TypoScriptObjPath>lib.mainMenu</TypoScriptObjPath>
```

```
57      </tx_templavoila>
58     </field_menu>
59     <field_submenu type="array">
60      <tx_templavoila type="array">
61       <title>Sub menu (if any)</title>
62       <description>Pick the HTML container element where you want the
                automatically made submenu items to be placed.</description>
63       <sample_data type="array">
64        <numIndex index="0">[Menu goes here]</numIndex>
65       </sample_data>
66       <eType>TypoScriptObject</eType>
67       <tags>table:inner,ul,div,tr,td</tags>
68       <eType_EXTRA type="array">
69        <objPath>lib.subMenu</objPath>
70       </eType_EXTRA>
71       <TypoScriptObjPath>lib.subMenu</TypoScriptObjPath>
72      </tx_templavoila>
73     </field_submenu>
74    </el>
75   </ROOT>
76  </T3DataStructure>
```

Hervorgehoben sehen Sie jeweils den Beginn der Definitionen für jeden Datenbereich. Beispielsweise sehen Sie in Zeile 54 und 56 für den Datenbereich `field_menu` den Verweis auf ein TypoScript-Objekt. Dieses Objekt werden Sie später selbst definieren und mit allen gewünschten Eigenschaften versehen.

Wie Sie die Datenstrukturen an die speziellen Bedürfnisse Ihres Projekts anpassen können, ist im Abschnitt *Nachträglich neue Bereiche zum Template hinzufügen*, Seite 631, beschrieben.

5. Mapping der Datenstruktur auf das HTML-Template durchführen (siehe Abbildung 8.53)
   Das Mapping wird in den Datensätzen TEMPLAVOILÀ TEMPLATE OBJECT wiederum in der Seite STORAGE FOLDER abgelegt. Darin sind auch Pfadangaben zum HTML-Template und der gewünschten DATA STRUCTURE hinterlegt.

   Das Mapping erfolgt im folgenden Schritt.

6. Nun wird die Verbindung zwischen den einzelnen Teilen des HTML-Templates und den dafür vorgesehenen dynamischen Inhalten hergestellt. Wählen Sie für jeden vorgesehenen dynamischen Inhaltsbereich die passende Stelle bzw. das passende HTML-Objekt im Template.
   Der Wizard bietet Ihnen die in Abbildung 8.54 gezeigte Maske.

   Sie werden gebeten, den Hauptinhaltsbereich sowie die Haupt- und die Unternavigation zu bestimmen. Achten Sie darauf, die richtigen HTML-Elemente zu wählen.

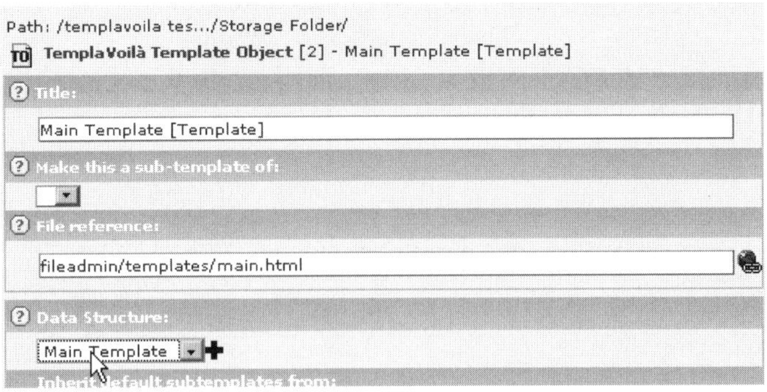

8.8 templavoila

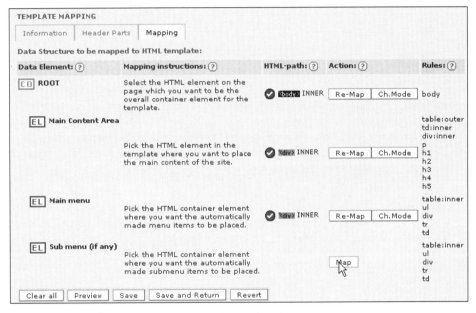

Abbildung 8.54: templavoila-Template-Object in der Seite Storage Folder

Abbildung 8.55: Übersicht über die Zuordnung der Elemente

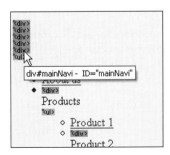

Abbildung 8.56: Auswahl des richtigen Elements für den dynamischen Bereich Main menu

Tipp

Wenn Sie sich in der optischen Ansicht nicht zurechtfinden, wählen Sie die HTML-Quellcode-Ansicht.

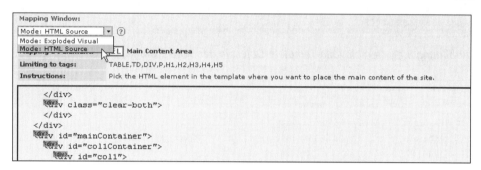

Abbildung 8.57: HTML-Source-Ansicht

Das von Ihnen festgelegte Mapping wird auch im Datensatz *TemplaVoilà Template Object* hinterlegt. Das dafür genutzte Feld *templatemapping* ist allerdings im Backend-Formular nicht zu sehen.

Tipp

Betrachten Sie die Informationen zum Mapping durch einen direkten Blick in die Tabelle *tx_templavoila_tmplobj*.

Achtung

Dass die Mapping-Informationen auf diese Weise in der Datenbank abgelegt werden, ist aus unserer Sicht auch der größte Nachteil von templavoila. Sie haben praktisch keine einfache Möglichkeit, manuell einzugreifen, sondern sind immer auf das Backend-Modul zur Verknüpfung angewiesen.

8.8 templavoila

7. Data Structure und Mapping auf eine Seite anwenden

   Sie können für jede Seite in TYPO3 auswählen, welches Mapping basierend auf welcher Data Structure für die Erzeugung des Frontends verwendet wird. Falls Sie bereits einmal die Extension `rlmp_tmplselector` von Robert Lemke eingesetzt haben, kennen Sie diesen Ansatz bereits. Die Angaben werden auf alle Kindseiten vererbt und können dort überschrieben werden. Um also für alle Seiten unsere Beispielkonfiguration zu aktivieren, müssen Sie auf der Startseite (bei uns heißt sie TEMPLAVOILA TESTSITE) die nötigen Einstellungen vornehmen.

Abbildung 8.58: Auswahl der gewünschten Datenstruktur und des Mappings

8. Gewünschte Verknüpfungen im HTML-Header auswählen

   Normalerweise wird Ihr Spezialist für HTML im Bereich `<header>` der HTML-Struktur bereits CSS-Dateien eingebunden haben, da er bereits das nötige Layout damit umgesetzt hat. Sie entscheiden nun, welche HTML-Tags zur Einbindung der CSS-Dateien auch für die dynamische Erzeugung des Inhalts in TYPO3 notwendig sind.

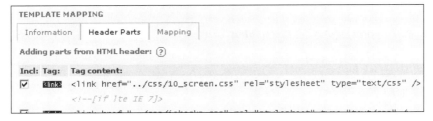

Abbildung 8.59: Übernahme der Header-Informationen für TYPO3

> **Tipp**
>
> Eventuell ist es sinnvoll, hier gar keine Elemente auszuwählen, und die nötigen Dateien über TypoScript (wie beim herkömmlichen Templating) in den Seitenkopf einzubinden, da die Verbindungen hier an dieser Stelle bei Änderungen an Data Structure oder Mapping gelegentlich verloren gehen und dann immer wieder neu angewählt werden müssen.

9. TypoScript für dynamische Inhalte festlegen

   Sie müssen – wie auch bei herkömmlichen Seiten z. B. für die dynamischen Menüs – das dafür vorgesehene TypoScript hinterlegen. Auch dabei hilft Ihnen der Wizard. Allerdings werden Sie sicher einige Änderungen an dem vom Wizard erzeugten Code vornehmen wollen.

Listing 8.43: TypoScript für das Hauptmenü

```
lib.mainMenu = HMENU
lib.mainMenu.entryLevel = 0
lib.mainMenu.wrap = <ul>|</ul>
lib.mainMenu.1 = TMENU
lib.mainMenu.1.NO {
    wrapItemAndSub = <li class="no"> | </li>
}
lib.mainMenu.1.ACT = 1
lib.mainMenu.1.ACT {
    wrapItemAndSub = <li class="act"> | </li>
}
lib.mainMenu.2 < lib.mainMenu.1
```

Die Konfigurationen in TypoScript werden wie üblich im TypoScript-Template hinterlegt, das bereits in Schritt 3 angelegt wurde.

Vom Wizard werden zusätzlich noch einige sinnvolle Einstellungen für die Konstanten vorgenommen.

Listing 8.44: Vorbelegung der Konstanten

```
styles.content.imgtext.maxW = 600
PAGE_TARGET =
content.pageFrameObj =
styles.content.imgtext.captionSplit = 1
```

Tipp

Durchforsten Sie den erzeugten Seitenbaum, um alle besprochenen Inhalte und Datensätze aufzuspüren. Dadurch werden Sie die Zusammenhänge verstehen und können später bei Bedarf Änderungen vornehmen.

Nach Abschluss des Wizards oder auch der manuellen Durchführung dieser Schritte sollten Sie im Frontend eine grundsätzlich funktionierende Webseite sehen können.

Weitergehende Informationen zur Konfigurationen für spezielle Projektanforderungen finden Sie im Abschnitt *Spezialwissen*, Seite 631.

Alle zur Verfügung stehenden Konfigurationsoptionen finden Sie in der englischsprachigen Dokumentation, die der Extension templavoila beiliegt.

8.8.4 Anwendung

Nach erfolgreicher Grundkonfiguration Ihrer Webseite können Sie nun die Eingabe der Inhalte im Backend angehen. Durch das neue Modul WEB, PAGE ergeben sich auch hier einige Unterschiede.

Seiteninhalte einfügen

Im Seitenmodul gibt es keine Einteilung der Inhalte nach Spalten, sondern eine Einteilung abhängig von der gewählten Datenstruktur. Da wir in unserem Template nur einen Bereich für Seiteninhalte vorgesehen haben, gibt es auch nur ein Feld im Backend.

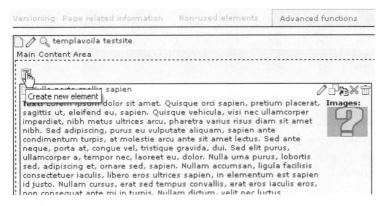

Abbildung 8.60: Neuen Inhalt einfügen

Die Bearbeitung der Inhalte an sich ändert sich nicht im Vergleich zu einer herkömmlichen Seite mit TYPO3. Ihnen stehen dieselben Inhaltselemente mit denselben Masken zur Verfügung.

Wie Sie die Datenstrukturen an die speziellen Bedürfnisse Ihres Projekts anpassen können, ist im Abschnitt *Nachträglich neue Bereiche zum Template hinzufügen*, Seite 631, beschrieben.

Inhalte referenzieren

Eine sehr schöne neue Möglichkeit bietet die Referenzierung von Inhalten. Sie können anstelle einer Kopie auch die Referenz eines Inhaltselements erzeugen.

In der so erzeugten Referenz haben Sie später immer noch die Möglichkeit, die Referenz in eine lokale Kopie umzuwandeln, also die Referenz aufzuheben.

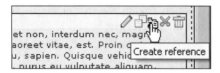

Abbildung 8.61: Referenz statt Kopie erzeugen

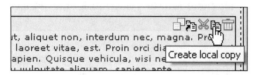

Abbildung 8.62: Referenz in lokale Kopie umwandeln

Hinweis

Anhand der Farbe des Bereichs, in dem die Überschrift des Inhaltselements steht, können Sie tatsächliche und referenzierte Datensätze unterscheiden, allerdings ist der visuelle Unterschied bei der aktivierten Skin der Extension t3_skin nicht sehr auffällig.

Wie Sie jetzt sicher richtig vermuten, werden Änderungen des originalen Datensatzes direkt auch im referenzierten Datensatz angezeigt. Bei aktiviertem Frontend-Cache müssen Sie diesen für die Seite mit der Datensatzreferenz erst löschen, um die Änderung sehen zu können.

Hinweis

Sie können auch vom referenzierten Datensatz aus die Inhalte ändern. Ein Klick auf SAVE DOCUMENT AND VIEW PAGE liefert dann allerdings die Ansicht der Seite, auf der der originale Datensatz gespeichert ist, da TYPO3 ja eigentlich den originalen Datensatz bearbeitet.

Neue Seiten anlegen

Da es in dem neuen Modul WEB, PAGE keinen Button NEW PAGE mehr für das Anlegen einer neuen Seite gibt, nehmen Sie dafür am besten den Weg über den Seitenbaum.

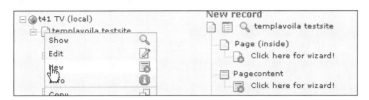

Abbildung 8.63: Neue Seite über den Seitenbaum anlegen

8.8.5 Spezialwissen

Speicherung der Zuordnung von Inhalt zu Seiten mit Flexforms

Um Inhalte zu den Seiten in der XML-Struktur zuzuordnen, wurde ein neues Feld zur Tabelle *pages* hinzugefügt: *tx_templavoila_flex*.

Listing 8.45: Zuordnung von Inhaltselementen für die Darstellung im Frontend

```
<?xml version="1.0" encoding="utf-8" standalone="yes" ?>
<T3FlexForms>
 <data>
  <sheet index="sDEF">
   <language index="lDEF">
    <field index="field_content">
     <value index="vDEF">92,47</value>
    </field>
   </language>
  </sheet>
 </data>
</T3FlexForms>
```

Dabei wird für jeden Inhaltsdatensatz in *tt_content* weiterhin das Feld *pid* geführt. Dadurch ist für TYPO3 immer klargestellt, ob es sich um einen originalen oder referenzierten Datensatz handelt. Wenn der Wert im Feld *pid* mit der aktuellen Seite übereinstimmt, handelt es sich um einen originalen Datensatz, ansonsten um eine Referenz.

Nachträglich neue Bereiche zum Template hinzufügen

Sie müssen – nach erfolgreichem Durchlauf des Wizards zum Aufsetzen von templavoila – voraussichtlich weitere dynamische Bereiche hinzufügen. Wir wollen hier exemplarisch den Ablauf für das Hinzufügen einer Breadcrumb-Navigation durchsprechen.

Neues Feld zur Data Structure hinzufügen

Um die Datenstruktur anzupassen, führt der direkteste Weg über den Datensatz TEMPLAVOILÀ DATA STRUCTURE. Sie können ihn über die Module WEB, LIST und WEB, TEMPLAVOILÀ erreichen.

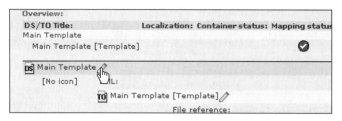

Abbildung 8.64: Den Datensatz data structure editieren

Achtung

Sie müssen in der Notation von XML bewandert sein, um hier sinnvoll weiterarbeiten zu können. Da wir zumindest Erfahrung mit XHTML (einem Unterbereich von XML) bei Ihnen voraussetzen, sollte dies jedoch der Fall sein.

Sobald Sie sich in der Maske des Datensatzes befinden, können Sie direkt im Feld DATA STRUCTURE XML die gewünschten Änderungen vornehmen. Für unser Beispiel kopieren wir das XML-Objekt `<field_menu>` und fügen es direkt unterhalb des Objekts wieder ein. Dann ändern wir den Namen des Feldes und alle weiteren Angaben.

Listing 8.46: Neu eingefügter Abschnitt mit dem XML-Objekt field_breadcrumb

```
[...]
02 </field_menu>
03 <field_breadcrumb type="array">
04    <tx_templavoila    type="array">
05        <title>Breadcrumb</title>
06        <description>here breadcrumb will be placed</description>
07        <sample_data type="array">
08            <numIndex index="0">[breadcrumb goes here]</numIndex>
09        </sample_data>
10        <eType>TypoScriptObject</eType>
11        <tags>table:inner,ul,div,tr,td</tags>
12        <eType_EXTRA type="array">
13            <objPath>lib.breadcrumb</objPath>
14        </eType_EXTRA>
15        <TypoScriptObjPath>lib.breadcrumb</TypoScriptObjPath>
16    </tx_templavoila>
17 </field_breadcrumb>
18 <field_submenu type="array">
[...]
```

8.8 templavoila

Entscheidend für die Anzeige des Breadcrumb-Menüs im Frontend sind die Angaben in den Zeilen 13 und 15. Dort ist der Verweis auf ein TypoScript-Objekt mit dem Namen `lib.breadcrumb` hinterlegt. Dass es sich dabei um einen Verweis auf ein TypoScript-Objekt handelt, ist in Zeile 10 definiert.

Hinweis

Die Inhalte der Spalte RULES in der Mapping-Ansicht geben an, welche HTML-Tags zum Mapping angeboten werden. Diese Angaben (im XML das Element `tags`) greifen für das Mapping auf das HTML-Template, um die Anzahl der Elemente übersichtlich und die Zuordnung damit fehlerresistent zu halten.

Mapping des neuen Objekts in das HTML-Template durchführen

Um das neue Objekt mit der richtigen Stelle im HTML-Template zu mappen, nutzen Sie das Modul WEB, TEMPLAVOILÀ.

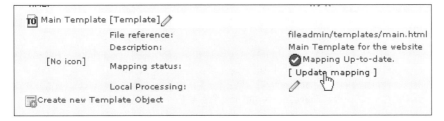

Abbildung 8.65: Link zum Aktualisieren des Mappings

Das Mapping führen Sie in bekannter Weise wie im Abschnitt *Installation und Konfiguration*, Seite 619, besprochen durch.

Als Ergebnis haben Sie das neue Objekt eingebunden.

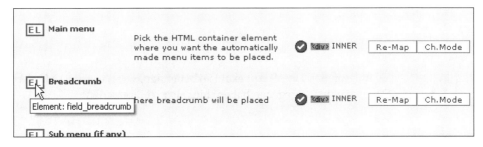

Abbildung 8.66: Eingebundenes und gemapptes Element Breadcrumb

8 Extension TOP 10 (für Entwickler)

Hinweis

Es passiert manchmal, dass bei einer Änderung der Datenstruktur (oder auch des HTML-Templates) die Informationen des Mappings verloren gehen. Führen Sie in diesem Fall einfach die Zuordnungen noch einmal durch. Das ist zwar lästig, aber meist mit nur wenig Zeitaufwand verbunden.

Definition des TypoScript-Objekts

Wie beim Hauptmenü können wir auch das Objekt breadcrumb durch ein TypoScript-Objekt festlegen.

Listing 8.47: TypoScript Code für die Darstellung der breadcrumb-Navigation

```
lib.breadcrumb = HMENU
lib.breadcrumb {
   special = rootline
   special.range = 1|-1
   1 = TMENU
   1 {
      NO {
         allStdWrap.noTrimWrap = | | &gt; |
         stdWrap.htmlSpecialChars = 1
         stdWrap.htmlSpecialChars.preserveEntities = 1
      }
      CUR = 1
      CUR {
         doNotLinkIt = 1
         stdWrap.htmlSpecialChars = 1
         stdWrap.htmlSpecialChars.preserveEntities = 1
      }
   }
}
```

Achtung

Sie müssen das TypoScript exakt so benennen, wie Sie es im XML der Datenstruktur angegeben haben, hier also lib.breadcrumb.

8.8 templavoila

Weitere Haupttemplates hinzufügen

Ein weiteres Template folgt denselben Regeln wie das erste bereits erstellte. Ein pragmatischer Weg ist das Kopieren des Datensatzes TEMPLAVOILÀ TEMPLATE OBJECT im Modul WEB, LIST. Danach können Sie im neuen Datensatz ein weiteres HTML-Template auswählen und dann über das Modul WEB, TEMPLAVOILÀ das Mapping vornehmen. Falls Sie zusätzlich auch noch eine andere Datenstruktur benötigen, kopieren Sie den Datensatz TEMPLAVOILÀ DATA STRUCTURE und passen dann das enthaltene XML an Ihre Bedürfnisse an.

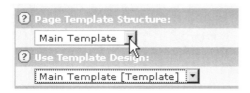

Abbildung 8.67: Auswahl des Templates im Page Header

Jeder Datensatz vom Typ TEMPLAVOILÀ TEMPLATE OBJECT aus der Seite STORAGE FOLDER wird im Auswahlfeld für die Templates bei den Seiteneigenschaften angezeigt.

Frei definierte Inhaltsbereiche anlegen

Die große Stärke von templavoila kommt zum Tragen, wenn Sie komplizierte Inhaltsbereiche umsetzen müssen. Sie können praktisch beliebige Inhaltsstrukturen anlegen und diese im Backend vom Redakteur füllen lassen. Als einfaches Beispiel wollen wir ein neues Inhaltselement mit einem Bild links und zwei Textblöcken rechts davon kreieren. Das wäre mit einem normalen Inhaltselement *Text mit Bild* nicht möglich.

HTML-Template
Als Grundlage müssen Sie wieder das HTML-Template und das zugehörige CSS vorbereiten.

Listing 8.48: HTML-Template für das neue Inhaltselement (tmpl2col.html)

```
<!DOCTYPE html
    PUBLIC "-//W3C//DTD XHTML 1.0 Transitional//EN"
    "http://www.w3.org/TR/xhtml1/DTD/xhtml1-transitional.dtd">
<?xml version="1.0" encoding="iso-8859-1"?>
<html xmlns="http://www.w3.org/1999/xhtml" xml:lang="de" lang="de">
<head>
<title>Demo</title>
<link href="css/fce.css" rel="stylesheet" type="text/css"/>
</head>
<body>
<div id="img2col">
    <div id="imgContainer">
```

```
        <img src="endoftrail.jpg" border="0" />
    </div>
    <div id="text1Container">
        <p>Lorem ipsum dolor sit amet,</p>
    </div>
    <div id="text2Container">
        <p>Lorem ipsum dolor sit amet,</p>
    </div>
    <br class="clear" />
</div>
</body>
</html>
```

Listing 8.49: CSS-Angaben zum HTML-Template in css/fce.css

```
div#img2col {
    border:1px solid black;
}
div#imgContainer {
    float: left;
    width:20%;
}
div#text1Container {
    float: left;
    width:40%;
}
div#text2Container {
    float: left;
    width:40%;
}
.clear {
    clear:both;
    font-size:1px;
    margin-top:-1px;
}
```

Datensatz data structure

Um dem Redakteur im Backend die passenden Eingabemasken zur Verfügung zu stellen, müssen Sie die Datenstruktur unseres Inhaltselementes anlegen. Dazu benötigen Sie einen neuen Datensatz vom Typ TEMPLAVOILÀ DATA STRUCTURE. Stellen Sie sicher, dass im Feld CATEGORY der Wert für ein flexibles Inhaltselement ausgewählt ist. Auf der dem Buch beiliegenden CD finden Sie dieses Beispiel als Snippet.

8.8 templavoila

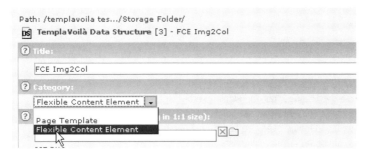

Abbildung 8.68: Die Datenstruktur als flexibles Inhaltselement kennzeichnen

Listing 8.50: Konfiguration der Datenstruktur

```
<T3DataStructure>
   <meta type="array">
      <langChildren type="integer">1</langChildren>
      <langDisable type="integer">1</langDisable>
   </meta>
   <ROOT type="array">
      <tx_templavoila type="array">
         <title>ROOT</title>
         <description>select matching container</description>
      </tx_templavoila>
      <type>array</type>
      <el type="array">
         <field_image type="array">
            <tx_templavoila type="array">
               <title>image</title>
               <description>image</description>
               <sample_data type="array">
                  <numIndex index="0">[...image...]</numIndex>
               </sample_data>
               <eType>imagefixed</eType>
               <TypoScript>
10 = IMAGE
10.file = GIFBUILDER
10.file {
   XY = 146,107
   10 = IMAGE
   10.file.import = uploads/tx_templavoila/
   10.file.import.current = 1
   10.file.import.listNum = 0
   10.file.maxW = 146
   10.file.minW = 146
   10.file.maxH = 107
   10.file.minH = 107
}
```

```
                </TypoScript>
            </tx_templavoila>
            <TCEforms type="array">
                <config  type="array">
                    <type>group</type>
                    <internal_type>file</internal_type>
                    <allowed>gif,png,jpg,jpeg</allowed>
                    <max_size>1000</max_size>
                    <uploadfolder>uploads/tx_templavoila</uploadfolder>
                    <show_thumbs>1</show_thumbs>
                    <size>1</size>
                    <maxitems>1</maxitems>
                    <minitems>0</minitems>
                </config>
                <label>image</label>
            </TCEforms>
        </field_image>
        <field_col1 type="array">
            <tx_templavoila type="array">
                <title>col1</title>
                <description>col1</description>
                <sample_data type="array">
                    <numIndex index="0">[...col1...]</numIndex>
                </sample_data>
                <eType>text</eType>
                <tags>*:inner</tags>
                <proc type="array">
                    <HSC type="integer">0</HSC>
                </proc>
                <TypoScript>
<![CDATA[
10 = TEXT
10.current = 1
10.parseFunc =<   lib.parseFunc_RTE
]]>
                </TypoScript>
            </tx_templavoila>
            <TCEforms type="array">
                <config  type="array">
                    <type>text</type>
                    <cols>48</cols>
                    <rows>5</rows>
                </config>
                <label>col1</label>
                <defaultExtras>richtext[*]:rte_transform[mode=ts_css]</defaultExtras>
            </TCEforms>
        </field_col1>
        <field_col2 type="array">
            <tx_templavoila type="array">
```

8.8 templavoila

```xml
                <title>col2</title>
                <description>col2</description>
                <sample_data type="array">
                    <numIndex index="0">[..col2...]</numIndex>
                </sample_data>
                <eType>text</eType>
                <tags>*:inner</tags>
                <proc type="array">
                    <HSC type="integer">0</HSC>
                </proc>
                <TypoScript>
<![CDATA[
10 = TEXT
10.current = 1
10.parseFunc =< lib.parseFunc_RTE
]]>
                </TypoScript>
            </tx_templavoila>
            <TCEforms type="array">
                <config  type="array">
                    <type>text</type>
                    <cols>48</cols>
                    <rows>5</rows>
                </config>
                <label>col2</label>
                <defaultExtras>richtext[*]:rte_transform[mode=ts_css]</defaultExtras>
            </TCEforms>
        </field_col2>
    </el>
  </ROOT>
</T3DataStructure>
```

Aufgrund der vielfältigen Konfigurationsmöglichkeiten nimmt die XML-Struktur schnell einen relativ großen Platz ein, obwohl nur drei Felder enthalten sind.

Tipp

Lassen Sie sich nicht durch den umfangreichen XML-Code entmutigen, sondern nehmen Sie das oben gezeigte Listing als Beispiel, um die Konfigurationsmöglichkeiten zu erkennen. In der Dokumentation der Extension templavoila finden Sie eine Beschreibung der einzelnen Parameter.

Mapping durchführen

Erzeugen Sie einen neuen Datensatz vom Typ TEMPLAVOILÀ TEMPLATE OBJECT.

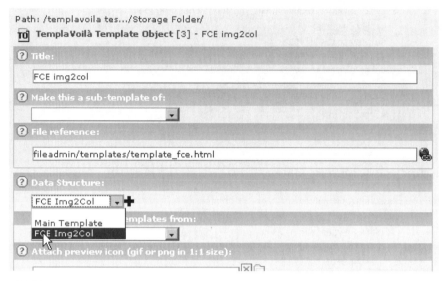

Abbildung 8.69: Neues Template-Objekt

Das Mapping führen Sie dann wieder mit Hilfe des Moduls WEB, TEMPLAVOILÀ durch. Für das Mapping von flexiblen Inhaltselementen wählen Sie dann den Reiter FLEXIBLE CE. Alles Weitere ist wie beim normalen Seiten-Template.

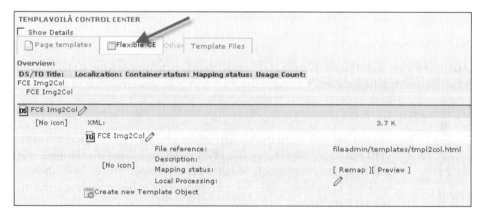

Abbildung 8.70: Mapping des FCE

Achtung

Vergessen Sie nicht, die CSS-Datei im Reiter HEADER PARTS einzubinden, da sonst die Darstellung im Frontend später nicht wie gewünscht erfolgen wird.

Inhaltselement im Backend mit Daten füllen

Nach erfolgreicher Konfiguration wird Ihnen Ihr eben definiertes Inhaltselement im Dialog für ein neues Inhaltselement im unteren Bereich als *Flexible content* angeboten.

Abbildung 8.71: Neues Inhaltselement auswählen

Im Inhaltselement bekommen Sie dann die Felder angezeigt, die von Ihnen konfiguriert wurden. Falls Sie die Größe der Felder oder die Elemente im RTE anpassen wollen, gehen Sie einfach zurück zur Datenstruktur und passen die Einstellungen im XML entsprechend an.

Mehrsprachigkeit

Mit TemplaVoilà umgesetzte Seiten, die Mehrsprachigkeit unterstützen sollen, bedürfen einer speziellen Konfiguration. Hier gehen wir nicht weiter ins Detail.

Die folgenden Quellen enthalten eine ausführliche Erläuterung dieses komplexen Themenbereiches:

- *http://typo3.org/documentation/document-library/core-documentation/doc_l10nguide/1.0.0/view/1/3/*
- *http://www.typo3-media.com/blog/article/mehrsprachigkeit-und-templavoila.html*

8.9 timtab (Weblog)

Version: 0.5.11

Herkunft: TER

8.9.1 Beschreibung

Die offizielle Kurzbeschreibung der Extension lautet: *TYPO3 Is More Than A Blog (but now offers blog functionality, too) – Weblog for TYPO3*.

Sie können also mit Hilfe von `timtab` eine Blog-Funktionalität zu TYPO3 hinzufügen. Dabei hat der Autor Ingo Renner sehr smart bereits bestehende und bewährte Extensions eingebunden bzw. auf diese aufgebaut. Bereits mitgeliefert wird das bekannte Standard-Template Kubrick der Blogging-Engine *Wordpress*[7].

8.9.2 Voraussetzungen

Sie benötigen eine lauffähige TYPO3-Version ab 3.8 und folgende Extensions:

- `css_styled_content`
- `tt_news` ab Version 2.2.0
- `ve_guestbook` ab Version 1.7.5
- `realurl` (empfohlen)

8.9.3 Installation und Konfiguration

Die Abhängigkeiten von den genannten Extensions sind nicht konfiguriert, Sie müssen sich also selbst um die richtige Reihenfolge der Installation bemühen.

Achtung

Halten Sie sich bitte unbedingt an die folgende Reihenfolge, um Probleme (vor allem bei der Anlage der nötigen Tabellen) zu vermeiden.

---

7 Wordpress: http://wordpress-deutschland.org/

1. tt_news installieren

   Für einen möglichst einfachen Einsatz entfernen Sie am besten das Häkchen bei USE GENERAL RECORD STORAGE PAGE. Weitere Informationen zu tt_news finden Sie im Abschnitt *tt_news*, Seite 645.

2. ve_guestbook installieren

   Es ist keine spezielle Konfiguration nötig.

3. timtab installieren

   Es ist keine spezielle Konfiguration nötig.

Tipp

Falls Sie die Extension nach dem Import aus dem TER nicht finden können, haben Sie vermutlich das Häkchen DISPLAY SHY EXTENSIONS ganz oben im Extension Manager nicht gesetzt.

4. Seitenbaum erzeugen

   Halten Sie sich für erste Tests an die in der Dokumentation der Extension gezeigte Baumstruktur, und fügen Sie, wie dort beschrieben, statische Templates und Frontend-Plugins ein. Beachten Sie ganz besonders die richtige Zuordnung der Seiten-IDs bei den Einstellungen im CONSTANT EDITOR für timtab und tt_news.

8.9.4 Anwendung

Nach diesen Schritten sollten Sie bei einem Aufruf Ihrer Hauptseite für den Blog bereits eine vorbereitete Webseite im Blog-Format zu sehen bekommen.

Sie können nun neue Blog-Einträge in Form von tt_news-Datensätzen auf Ihrer Seite anlegen.

Abbildung 8.72: Blog-Eintrag, der auf einem tt_news-Datensatz basiert

Ihre Seitenbesucher können dann, wie es bei einem Blog üblich ist, Kommentare zu Ihren Einträgen hinterlegen. Diese werden als Datensätze der Extension ve_guestbook abgelegt.

8.9.5 Spezialwissen

Anderes Layout festlegen

Im TER ist bereits eine ganze Reihe an Extensions vorhanden, die weitere Layouts für Ihren Blog zur Verfügung stellen. Um das neue Layout zu aktivieren, müssen Sie lediglich die entsprechende Extension installieren und das neue gewünschte statische Template für das Layout anstelle des bisherigen einbinden.

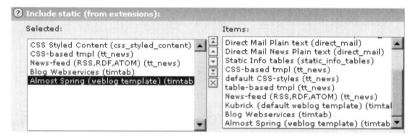

Abbildung 8.73: Ein alternatives Weblog-Template einbinden

Sehen Sie sich beispielsweise einmal den Inhalt der Extension timtab_theme_spring an. Das veränderte Layout wird durch die Einbindung von neuen HTML-Templates und zugehörigen CSS-Dateien erzeugt. Diese Einbindung und eine dazu passende weitere Konfiguration von tt_news und ve_guestbook werden über normale TypoScript-Templates gesteuert.

Tipp

Durch eine einfache Anpassung von TypoScript, CSS und HTML können Sie den Blog, wie am Beispiel der Extension timtab_theme_spring zu sehen ist, komplett nach Ihren Bedürfnissen umgestalten.

Trackbacks

Trackbacks stellen eine Verbindung zwischen verschiedenen Blogs her und sind ein Grund, warum Blogs so beliebt und erfolgreich sind. Wenn Sie in Ihrem Blog einen Eintrag auf einem anderen Blog kommentieren, verlinken Sie in der Regel im Text auf diesen Eintrag, damit Ihre Leser dort den Grund Ihres Kommentars nachlesen können. Falls der andere Block Trackback unterstützt, wird dieser automatisch von Ihrem

Blog über Ihre Veröffentlichung informiert, und die Trackback-Adresse wird bei Ihnen eingetragen. Falls keine automatische Unterstützung vorliegt, können Sie die Trackback-Adresse jederzeit selbst in Ihrer Blog-Nachricht eintragen.

Abbildung 8.74: Eintrag einer Trackback-URL

`timtab` sucht bei jedem Speichern eines Blog-Eintrags mit verändertem Feld TEXT automatisch nach verfügbaren Trackbacks. Weitere Informationen zum Prinzip von Trackbacks finden Sie im Internet, beispielsweise unter *http://en.wikipedia.org/wiki/Track-Back*.

Spam-Schutz

Sie sollten sich in jeden Fall darum kümmern, dass Sie möglichst wenig unerwünschte Spam-Einträge in Ihr Blog-System bekommen. Eine gute Möglichkeit ist die Einbindung einer Captcha-Extension wie `sr_freecap`. Diese arbeitet hervorragend mit `ve_guestbook` zusammen. Eine erfolgversprechende Alternative bietet die Extension `timtab_badbehavior`. Informationen zu beiden Extensions finden Sie im Abschnitt *Spam-Vermeidung*, Seite 666.

8.10 tt_news

Version: 2.5.0

Herkunft: TER

8.10.1 Beschreibung

Die News-Extension `tt_news` ist eine der universal einsetzbaren Allround-Extensions. Ursprünglich nur für den Einsatz eines News-Systems mit Listen- und Detailansicht gedacht, hat sie sich dank ihres Betreuers Rupert Germann zu einer Vorzeige-Extension entwickelt, die nicht nur ein gutes Vorbild für die TYPO3 Coding Guidelines und für die Verwendung der TYPO3-API darstellt, sondern dank Templating, vielfältiger Konfigurationsmöglichkeiten und Hook-Einsatz für viele Szenarien eingesetzt werden kann. So dient `tt_news` unter anderem auch als Grundlage für diverse Blogs, Podcasts und RSS-Feeds.

8 Extension TOP 10 (für Entwickler)

Hervorstechende Features sind:

- Unterstützung der Mehrsprachigkeit
- fast unbegrenzte Möglichkeiten für die optische Darstellung
- detaillierte Konfigurationsmöglichkeit der Rechte verschiedener Benutzer im Backend
- Unterstützung von RSS-Feeds aus News

8.10.2 Voraussetzungen

Damit Sie tt_news für Ihre Zwecke sinnvoll einsetzen können, brauchen Sie grundlegende HTML- und CSS-Kenntnisse, da die News template-basiert dargestellt werden. Ein Beispiellayout wird mitgeliefert; dieses werden Sie in der Regel jedoch an Ihre Bedürfnisse anpassen wollen. Um die Extension für Ihre Zwecke konfigurieren zu können, müssen Sie im Einsatz von TypoScript bewandert sein.

8.10.3 Installation und Konfiguration

Die detaillierten Konfigurationsmöglichkeiten entnehmen Sie bitte der Dokumentation der Extension. Für einen Schnellstart (und damit schnelle Erfolgserlebnisse) sind nur wenige Schritte nötig – für einen realen Einsatz sollten Sie sich jedoch mit den verschiedenen Optionen und vor allem mit der kategoriebasierten Anzeige beschäftigen.

1. Extension installieren

   Für einen schnellen Test sind dabei die Standardeinstellungen ausreichend. Lediglich das Häkchen im Feld USE »GENERAL RECORD STORAGE PAGE« müssen Sie für unser Beispiel entfernen.

   Für die Funktionsweise von tt_news ist es prinzipiell egal, ob dieses Flag gesetzt ist. Falls ja, müssen Sie jedoch einen SysFolder als *General record storage* nutzen und dies TYPO3 über den entsprechenden Eintrag in den Seiteneigenschaften auch mitteilen.

   Lesen Sie die jeweilige Beschreibung bei den Optionen, und entscheiden Sie selbst, welche Einstellungen Ihre Bedürfnisse abdecken.

2. Seite und SysFolder für News bereitstellen

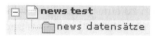

Abbildung 8.75: Neue Seite mit SysFolder

3. Statische TypoScript-Templates einbinden

   Durch die angepasste Konfiguration der TypoScript-Werte, ein eigenes HTML-Template und die dazu passende CSS-Datei können Sie eine völlig individualisierte Ansicht der News erzeugen.

Abbildung 8.76: Einbindung der statischen TypoScript-Templates

4. Plugin auf Seite einfügen

   Auch hier können Sie bis auf eine Ausnahme die Standardeinstellungen beibehalten. Im Feld STARTINGPOINT stellen Sie den zuvor angelegten SysFolder ein.

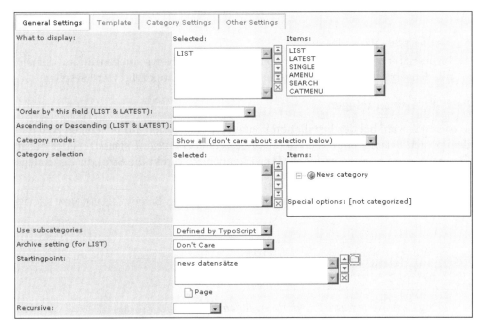

Abbildung 8.77: Einstellungen des tt_news-Plugin

Sie können sehr detailliert bestimmen, welche Kategorien bzw. Kategoriekombinationen durch das Plugin angezeigt werden. Des Weiteren können Sie durch einen einfachen Umschalter zwischen Archiv und aktuellen News unterscheiden. Alternativ können Sie immer alle News unabhängig vom Archivstatus anzeigen lassen. Weitere Informationen zum Thema Archivierung sehen Sie im Archivierungskapitel weiter unten.

Wie in vielen Frontend-Plugins üblich, können Sie über den Startpunkt und die Einstellung, ob der Bereich rekursiv durchsucht werden soll, die Seiten auswählen, von denen News eingelesen werden sollen, sodass Sie hier noch einmal eine mächtige Möglichkeit der Einschränkung haben, falls News in verschiedenen Seitenbereichen liegen. Falls Sie hier nichts angeben, werden nur News der Seite angezeigt, auf der das aktuelle Plugin als Inhaltselement angelegt ist.

Alternativ können Sie die Startseite(n) und die Anzahl der rekursiv zu durchsuchenden Ebenen auch per TypoScript mittels pid_list und recursive angeben.

Hinweis

Eine vollständige Übersicht über alle Möglichkeiten und ihre Konsequenzen finden Sie in der Dokumentation, die der Extension beiliegt.

5. News-Datensätze anlegen
   Im bereits erwähnten SysFolder können Sie nun die News anlegen, die auf der Seite mit dem entsprechenden News-Plugin im Frontend angezeigt werden sollen.

News-Kategorien anlegen

Je nach Auswahl bei der Installation können Sie Kategorien auf beliebigen Seiten (in dem obigen Beispiel am besten in der angelegten Seite *news Datensätze*) oder nur im General Record Storage einfügen. Dabei können Sie direkt die Struktur der Kategorien abbilden.

Neue News sowie News-Kategorien legen Sie über den Befehl CREATE NEW RECORD an.

Abbildung 8.78: Neue News-Kategorie erzeugen

8.10.4 Anwendung

In der Regel werden Sie als Administrator die Struktur der News-Kategorien vorgeben und auch entscheiden, wo die News welcher Kategorien angezeigt werden. Der Redakteur kann dann entscheiden, ob er eine reguläre News anlegen oder eine Verlinkung auf eine TYPO3-Seite oder externe Seite einstellen möchte.

Die Templates für die Ansichten LATEST, LIST und SINGLE können durch entsprechende Marker auf die in der Backend-Maske verfügbaren Felder für die Darstellung im Frontend zurückgreifen.

8.10 tt_news

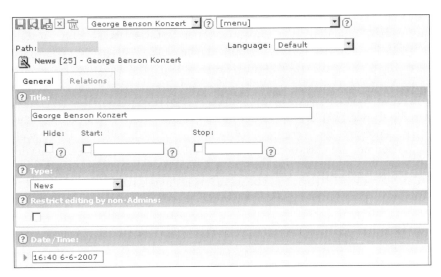

Abbildung 8.79: News-Datensatz (Ausschnitt)

Im zweiten Reiter eines News-Datensatzes, RELATIONS, kann der Redakteur der News eine oder auch mehrere (vorher angelegte) Kategorien zuweisen. Diese Kategorien entscheiden gegebenenfalls über die Darstellung der News in den Listen im Frontend, falls in den Plugins Kategorien für die Anzeige ausgewählt werden. Zusätzlich können einzelne News direkt miteinander verknüpft werden, um dem Besucher weitere passende Informationen leicht zugänglich zu machen.

8.10.5 Spezialwissen

Mehrsprachigkeit

Falls Sie eine mehrsprachige Seite aufsetzen, können Sie einzelne News wie normale Inhaltselemente mehrsprachig anlegen.

Kategorien werden nicht für jede Sprache einzeln angelegt, jedoch kann der Titel mehrsprachig hinterlegt werden. Nutzen Sie dazu die entsprechenden Felder in der Kategoriemaske.

Abbildung 8.80: Kategorietitel sprachabhängig eingeben

Stellen Sie sicher, dass die Reihenfolge der durch das Zeichen / getrennten Einträge der aufsteigenden Reihenfolge der implementierten Sprachen entspricht. Die Einträge im Screenshot entsprechen der Defaultsprache Deutsch (*language_uid* = 0) bei zusätzlichen Sprachen Englisch (*language_uid* = 1) und Spanisch (*language_uid* = 2).

Kategorieabhängige Zielseite für Detailansicht

Sie können die ID der TYPO3-Seite, in der die Darstellung der Detailansicht geschehen soll, per TypoScript definieren (plugin.tt_news.singlePid). Falls Sie jedoch viele Kategorien haben und den Ort der Detailansicht unabhängig von der Seite, auf der Sie gerade sind, von der ersten zugeordneten Kategorie abhängig machen wollen, dann können Sie diese Zielseiten ganz bequem jeweils in der Kategoriemaske eintragen. Hierbei muss jedoch der TypoScript-Parameter useSPidFromCategory = 1 gesetzt sein.

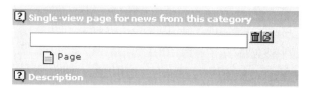

Abbildung 8.81: Zielseite für Einzelansicht von News dieser Kategorie

Automatische Archivierung

tt_news ist in der Lage, News automatisch nach vorgegebenen Regeln ins Archiv zu verschieben, wobei die einzelne News nicht wirklich physikalisch verschoben wird, sondern einfach nur den Status *archiviert* annimmt.

Abbildung 8.82: Erzeugungs- und Archivdatum der News

Sie haben folgende Möglichkeiten der Datumsverwaltung:

- Das News-Datum wird oftmals auch (als Erzeugungsdatum der News) im Frontend angezeigt. Meist erfolgt die Sortierung nach diesem Datum.

- Die zweite Option einer Datumsangabe bezieht sich auf die Archivierung. Dieses Archivierungsdatum – ab wann also eine News in das Archiv verschoben werden soll – kann vom Redakteur manuell angegeben werden.

- Per TypoScript kann der Administrator auch durch Angabe eines festen Zeitraumes ab Erzeugung der News definieren, wann die Archivierung stattfinden soll. Diese Angabe hat Priorität vor der Information im einzelnen Datensatz, da diese zentral vom Administrator vorgegeben ist. Hierbei beschreiben die Parameter enableArchiveDate und datetimeDaysToArchive, datetimeHoursToArchive oder datetimeMinutesToArchive die Dauer, ab wann dieser Zustand ausgehend vom angegebenen News-Datum eintritt.

Archivübersicht

Da ein Archiv in der Regel einen größeren Zeitraum abdeckt und eine große Menge an Einträgen ansammelt, bietet tt_news die Möglichkeit, das Archiv nach den Zeiteinheiten Jahr, Monat oder Quartal zu untergliedern. Dies kann über die TypoScript-Eigenschaft archiveMode gesteuert werden. Für die Darstellung des Archivmenüs sorgen Sie, indem Sie das News-Plugin im Anzeigemodus AMENU einbinden.

XML-Feeds erzeugen

Es steht schon eine Konfiguration zur Verfügung, mit deren Hilfe Sie mit wenigen Einstellungen Ihre News als RSS-Feeds anbieten können.

Fügen Sie dazu Ihrem Root-Template das statische Template NEWS-FEED (RSS,RDF,ATOM) hinzu.

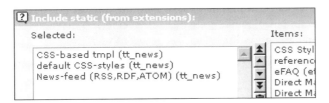

Abbildung 8.83: Statisches Template für RSS-Feeds einbinden

Im *Object Browser* können Sie dann sehen, dass ein neues PAGE-Objekt mit typeNum = 100 im Setup hinzugefügt wurde.

Nutzen Sie den Constant Editor, um die genauen Einstellungen zu definieren. Sie sind in der Kategorie TT_NEWS ganz unten zu finden.

Wird nun eine Seite mit einem News-Plugin in der Listenansicht mit dem zusätzlichen URL-Parameter *type=100* aufgerufen, wird die XML-Struktur des Feeds anstelle der regulären TYPO3-Seite zurückgeliefert.

Fügen Sie einen link-Tag im Header der Seite hinzu, damit Browser die Seite als RSS-Quelle erkennen und spezifische Einbindungen vorschlagen können.

Listing 8.51: TypoScript für die automatische Erkennung des RSS-Feeds

```
page.headerData.47 = TEXT
page.headerData.47 {
    typolink.parameters = {$rssFeedPage}
    typolink.returnLast = url
    wrap = <link href=" | " rel="alternate" title="RSS-Feed" type="application/rss+xml" />
}
```

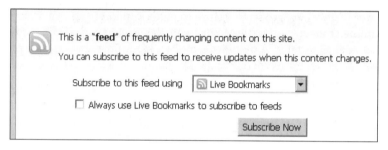

Abbildung 8.84: RSS-Unterstützung bei Firefox 2.0

Eigene Felder per Hook einbinden

Falls Sie für Ihre News weitere Felder benötigen, können Sie diese über einen speziell dafür vorgesehenen Hook einbinden. Erzeugen Sie dazu eine eigene Extension, die weitere Felder in der Datenbank anlegt und den Hook *extraItemMarkerHook* nutzt.

Grundlegende Informationen zum Einsatz von Hooks finden Sie im Abschnitt *Hooks*, Seite 376.

9 Spezialthemen

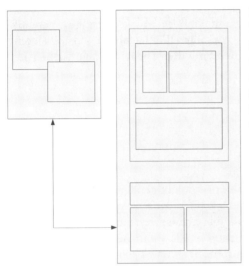

In diesem Kapitel wollen wir besondere Themenblöcke zusammenfassen, die nicht in einem der anderen Kapitel untergehen sollen. Ganz besonders liegt uns hier das Thema Sicherheit am Herzen, das leider oft aus Kostengründen und manchmal auch aus Unwissenheit vernachlässigt wird.

9.1 Sicherheit

If you think, safety is expensive, try having an accident.

Sicherheit sollte ein zentrales Anliegen für alle Ihre Projekte sein, die in den Live-Betrieb gehen. Leider sind die Aufwände für Sicherheit nicht sofort im Ergebnis des Projekts sichtbar und deswegen nicht immer im Blickfeld. Wir haben versucht, hier alle wichtigen Aspekte und Tipps für einen möglichst sicheren Einsatz von TYPO3 zu beleuchten. Durch die Anwendung einer durchaus überschaubaren Zahl von Regeln und Konfigurationen können Sie die Sicherheit Ihrer Webserver und Projekte ohne Einschränkung des Bedienkomforts deutlich erhöhen.

Wichtig ist das Verständnis dafür, dass die Sicherheit von IT-Projekten bei Weitem nicht nur von entsprechend hoher Programmierqualität abhängt, sondern insbesondere auch stark von organisatorischen und menschlichen Faktoren bestimmt wird. Gefährdungen durch höhere Gewalt wie etwa Feuer oder technisches Versagen sollten Sie bei der Wahl Ihrer Hardware und Backup-Strategien immer berücksichtigen. Eine Analyse dieser Gefährdungen würde jedoch den Rahmen unseres Buches sprengen.[1]

Achtung

Dieses Kapitel kann nur einen Einblick in die wichtige Thematik Sicherheit geben und will vor allem für Gefahren sensibilisieren. Beschäftigen Sie sich fortlaufend mit dem Thema, und versuchen Sie, sich ständig weiterzubilden.

9.1.1 Organisationsverschulden

In diesem Kapitel geht es uns darum, Ihnen die vielfältigen Gefahrenpotenziale für IT-Projekte, zu denen ja auch TYPO3-Projekte zählen, aufzuzeigen. Wir werden aufgrund des Umfangs natürlich nicht auf alle hier anzusprechenden Punkte eingehen können, jedoch sehen wir unsere Mission schon erfüllt, wenn Sie sich über diese Thematik Gedanken machen. Nach unseren Erfahrungen und Beobachtungen sind häufig folgende Umstände problematisch:

- unterbudgetierte Projekte mit Festpreis
- angespanntes Betriebsklima
- nicht ausreichende Qualifikation der Mitarbeiter, sowohl der Dienstleister als auch der Auftraggeber
- mangelnde Akzeptanz sicherheitsrelevanter Themen
- unbefugter physischer Zugang von Personen

Daraus können folgende Schwachstellen in einem Projekt resultieren:

- fehlende oder unzureichende Dokumentation
- fehlendes oder unzureichendes Test- und Freigabeverfahren
- fehlende oder unzureichende Backup-Strategie
- fehlerhafte Administration von Zugangs- und Zugriffsrechten
- unbeabsichtigte Datenmanipulation, fahrlässiges Löschen

---

1   *Ausführlich behandelt wird dieses – und manch anderes Thema in Evi Nemeths* Linux-Administrationshandbuch. *Addison-Wesley, 2007, ISBN 978-3-8273-2532-7.*

9.1 Sicherheit

Hinweis

Auch für IT-Projekte gilt das Gebot der Nachhaltigkeit. Erfolgreich und dauerhaft gewinnbringend für alle Beteiligten können nur solche Projekte sein, die umfassend geplant und umgesetzt werden. Dadurch bedingte höhere Kosten am Anfang des Projektes amortisieren sich in der Regel recht schnell.

9.1.2 Beliebte Angriffsvarianten

Hinweis

Wir beschränken uns hier auf die für webbasierte Dienste relevantesten Gefahren und besprechen im folgenden Abschnitt die Gegenmaßnahmen, die Sie grundsätzlich ergreifen sollten.

XSS – Cross Site Scripting

Sie klicken auf einen scheinbar harmlosen Link, und Cookies, Passwörter und Formularinhalte werden an einen Angreifer übermittelt. Damit dieses schlimmste Szenario eintritt, müssen zugegebenermaßen einige Faktoren zusammentreffen, aber ist das bei schlimmen Unfällen nicht immer so? Vier Akteure sind bei XSS normalerweise beteiligt:

1. ein Angreifer mit einem manipulierten Link von einer fremden Seite
2. eine Webapplikation mit dynamisch erzeugten Seiten
3. der leidtragende Besucher mit einem Browser, in dem JavaScript aktiviert ist
4. ein Cookie mit Benutzerdaten

Die einzige Stelle, an der Sie als Programmierer Ihrer Webseite Einfluss haben, ist die Webapplikation. Hier müssen Sie XSS-Schwachstellen verhindern bzw. ausmerzen. Folgendes Szenario ist vorstellbar:

Der Angreifer platziert auf einer beliebigen anderen Seite (deshalb der Name *Cross Site Scripting*) oder in einer HTML-Mail einen präparierten Link, z. B. *http://www.ihre-domain/index.php?id=10&param=<script>alert(»Überraschung«)</script>*. Falls Sie den eingegebenen Parameter, der bei Ihnen z. B. eigentlich die Ausgabe eines Suchergebnisses erzeugen soll, ungefiltert zurückgeben, wird das Script beim Benutzer ausgeführt werden. Und da der Besucher Ihre Seite als vertrauenswürdig einstuft, hat er JavaScript für Ihre Seite aktiviert. Wenn Sie jetzt denken: »Na ja, so ein alert ist zwar ärgerlich, aber nicht wirklich schlimm«, dann bedenken Sie z. B. die Möglichkeit von JavaScript, aktuelle Cookies auszulesen. Viele Webanwendungen (so auch TYPO3) setzen Cookies ein, um den Besucher eindeutig zu identifizieren. Mittels erfolgreichem *Cross Site Scripting* ist der Angreifer in der Lage, diese einzusehen, zu verändern oder zu löschen. Im schlimmsten Fall kann der Angreifer die Session des gerade im Sicherheitsbereich eingeloggten Besuchers stehlen, da die richtige Cookie-ID genügt, um sich am Webserver zu authentifizieren. Damit hat er also Zugriff auf den Bereich, an dem Sie gerade angemeldet sind. Was er dann für Möglichkeiten hat, können Sie sich sicher vorstellen ...

Listing 9.1: Aufrufender Link, wie Sie ihn erwarten würden

http://www.ihre-domain/index.php?id=10&param=suchwort

Listing 9.2: Aufrufender Link, präpariert

http://www.ihre-domain/index.php?id=10&param=<script>alert("Überraschung")</script>

Ihr Code sollte auf keinen Fall so aussehen:

Listing 9.3: Ungefilterte Ausgabe des Parameters

```
<?php
echo 'Ihre Suche nach "'.$_GET['param'].'"
ergab folgende Treffer:<br />';
?>
```

Listing 9.4: Ausgabe des Parameters escapen

```
<?php
echo 'Ihre Suche nach "'. htmlentities($_GET['param']).'"
ergab folgende Treffer:<br />';
?>
```

Achtung

Ihre Maßnahmen gegen XSS auf Ihrer Webseite:

- Überprüfen Sie Benutzereingaben immer. Vertrauen Sie niemals auf korrekte Daten, da vom Browser gesendete Daten sehr einfach manipuliert werden können.

- Escapen Sie immer die Ausgaben im Frontend (mithilfe von `htmlentities()` oder `strip_tags()`).

9.1 Sicherheit

Tipp

Um Ihre Seiten auf Schwächen in diesem Bereich zu testen und Ihren Wissensstand zu vertiefen, sollten Sie sich die Webseite *http://ha.ckers.org/xss.html* näher ansehen und die dort hinterlegten Codeschnipsel für Sicherheitschecks nutzen.

SQL-Injection

Mittels SQL-Injektionen versucht ein Angreifer, eine Sicherheitslücke im Zusammenhang mit SQL-Datenbanken zu nutzen, um eigene Befehle in die Datenbank einzuschleusen. Dadurch kann er unter Umständen Kontrolle über die Datenbank erlangen.

Die Sicherheitslücke besteht dann, wenn die Applikation SQL-Abfragen an die Datenbank weiterreicht, ohne von Benutzern eingegebene Parameter zu kontrollieren und bei Bedarf zu maskieren. Dadurch können Funktionszeichen wie Backslash, Apostroph oder Semikolon eingeschleust werden. Relevant ist dies immer, wenn die Applikation auf Benutzereingaben reagieren muss, z. B. wenn ein Suchwort die Auswahl der Datensätze beeinflusst.

Listing 9.5: Normaler Aufruf und resultierende Abfrage, ungeschützt

```
http://www.ihre-domain.de?id=1&searchword=test
SELECT uid,header FROM tt_content WHERE header like '%test%';
```

Listing 9.6: Manipulierte Anfragen und eventuell resultierende SQL-Befehle

```
http://www.ihre-domain.de?id=1&searchword=test';delete from be_users
SELECT uid,header FROM tt_content WHERE header like '%test%';delete from be_users

http://www.ihre-domain.de?id=1&searchword=test' union select user,password from
  fe_users
SELECT uid,header FROM tt_content WHERE header like '%test%' union select
  username,password from fe_users
```

Achtung

- Vermeiden Sie die ungeprüfte Übergabe von Benutzereingaben!
- Nutzen Sie das Datenbankobjekt `$GLOBALS['TYPO3_DB']` für alle SQL-Befehle.
- Parsen Sie alle Werte für `WHERE`-Abschnitte mit der Funktion `$GLOBALS['TYPO3_DB']->quoteStr()`, und geben Sie den Tabellennamen als zweiten Parameter mit. Für IDs (also sichere Integer-Werte) verwenden Sie die PHP-Funktion `intval()`.

Je nach eingesetztem Datenbankserver gibt es noch eine ganze Reihe weiterer potenzieller Gefahrenquellen. Diese können jedoch alle durch Einhaltung der Coding Guidelines vermieden werden.

Hinweis

Die *TYPO3 Coding Guidelines* finden Sie im Abschnitt *Coding Guidelines*, Seite 436.

Systematisches Ausprobieren von Passwörtern

Hierbei kann es sich um ein Ausprobieren von beliebigen Zeichenkombinationen bis zu einer bestimmten Länge (sogenannte Brute-Force-Attacke) oder um einen sogenannten Wörterbuch-Angriff handeln, bei dem eine Liste von Wörtern als mögliche Passwörter abgearbeitet wird. Mit Hilfe eines leistungsfähigen Rechners kann so vor allem bei einfachen Passwörtern durch eine ganze Folge von Anmeldeversuchen durchaus das richtige Kennwort gefunden werden.

Tipp

Achten Sie auf sichere Passwörter, möglichst als Kombination von Buchstaben und Zahlen, verwenden Sie Unterstriche und – soweit erlaubt – Groß- und Kleinschreibung.

Es gibt mittlerweile eine große Auswahl an Tools, die Ihnen beim Erinnern an die vielfältigen und oftmals kryptischen Passwörter behilflich sind und auch die Generierung von sicheren Passwörtern anbieten. Eine Suche im Internet hilft Ihnen weiter.

Informieren Sie auch Ihre Frontend- und Backend-Benutzer.

Denial of Service (DoS)

Ein Denial-of-Service-Angriff hat das Ziel, den angegriffenen Server lahmzulegen. Dies kann entweder durch eine große Anzahl an regulären Anfragen geschehen, die der Server nicht mehr bearbeiten kann, oder durch Ausnutzen einer Schwachstelle, die zum Absturz und somit zum Ausfall des Dienstes führt.

Hierbei geht es dem Angreifer nicht primär darum, mit dieser Attacke in den Server einzudringen, um Daten zu stehlen, sondern häufig wird ein solcher DoS-Angriff eingesetzt, um vom eigentlichen Angriff abzulenken bzw. diesen in Form eines DNS-Spoofings erst zu ermöglichen.

Web-Spoofing, DNS-Spoofing

Der Besucher einer Webseite geht aufgrund der eingegebenen Domain in der Adresszeile des Browsers davon aus, auf dem von ihm gewünschten Webangebot zu sein. Er befindet sich jedoch aufgrund eines kleinen Fehlers in der Domain oder einer böswilligen Umleitung der Domain auf einer anderen Seite, die der gewünschten Seite jedoch sehr ähnlich sieht.

Dieses Muster wurde in letzter Zeit sehr häufig für das Ausspähen von Zugangsdaten zu Online-Banking-Systemen verwendet: Benutzer wurden aufgefordert, sich bei einer gefälschten Domain anzumelden und somit ihre Zugangsdaten preiszugeben.

Social Engineering

Social Engineering ist eine Methode, um unberechtigten Zugang zu Informationen oder zu IT-Systemen erlangen, indem man Mitarbeiter aushorcht. Dabei werden menschliche Eigenschaften wie z. B. Hilfsbereitschaft, Vertrauen, Angst oder Respekt vor Autorität ausgenutzt. Mitarbeiter können dadurch so manipuliert werden, dass sie (oft unbewusst) unzulässig handeln.

Ein typischer Fall von Angriffen mithilfe von Social Engineering ist das Manipulieren von Mitarbeitern per Telefonanruf, bei dem sich der Angreifer als jemand anderes ausgibt. Hier hilft nur Aufklärung und eine ausreichende, firmeninterne Informationspolitik.

9.1.3 Grundsätzliche Sicherheitsmaßnahmen

Betriebssystem und Webserver

Bei der Konfiguration eines Webservers und des zugrunde liegenden Betriebssystems sind viele sicherheitsrelevante Punkte zu beachten. Hier sind einige der wichtigsten Stichpunkte:

- Schließen Sie nicht benötigte Ports, bzw. deaktivieren Sie Netzwerkdienste, und führen Sie Wartungsarbeiten von außen nur über sichere Verbindungen wie Secure Shell (SSH) durch.
- Sehen Sie ausreichend Plattenplatz vor.
- Richten Sie die Rechtestruktur auf dem Server so restriktiv wie möglich ein.
- Entfernen Sie unnötige Software und Module, und halten Sie installierte Software auf dem aktuellen Stand.
- Stellen Sie die Protokollierung nach Bedarf ein.
- Überprüfen Sie die Defaulteinstellungen.
- Schalten Sie die Verzeichnisdarstellung im Webserver ab, damit ein Besucher nicht in der Dateistruktur browsen kann.

- Entfernen Sie Defaultseiten nach der Installation, und schalten Sie Standard-Fehlermeldungen ab, um dem potenziellen Angreifer so wenige Informationen wie möglich über den Zustand des Systems zu geben.

PHP

Manchmal geht erhöhte Sicherheit zu Lasten von schnell implementierten Funktionalitäten. Falls Sie die TYPO3 Coding Guidelines einhalten, sollten Sie jedoch mit den hier genannten Einstellungen in Ihrer PHP-Konfigurationsdatei (*php.ini*) keine Probleme haben. Die Einstellungen sind für eine Live-Umgebung gedacht, und während der Entwicklung ist ihre Anwendung nicht sinnvoll, da dadurch Programmierung und Debugging erschwert werden.

- Fehlerausgabe (Debug):

    Durch die Einstellungen `log_errors = On`, `display_errors = Off` wird die Ausgabe von Fehlern am Bildschirm unterdrückt. So wird verhindert, dass potenzielle Angreifer daraus Schlüsse über den Aufbau Ihres Systems ziehen können.

- `safe_mode`:
    `safe_mode` schränkt die Möglichkeiten von PHP ein. Dies wird oft in Shared-Hosting-Umgebungen eingesetzt. Ab PHP Version 6.0.0 wird *safe_mode* voraussichtlich wegfallen.

- `open_basedir`:
    Mit der Option `open_basedir` dürfen nur Dateien aus dem angegebenen Pfad von PHP geöffnet werden.

- `register_globals`:

    Es wird schon seit Langem mit Nachdruck geraten, die Einstellung `register_globals = Off` zu setzen, da andernfalls Parameter, die per POST oder GET übergeben werden, automatisch als Variable erzeugt werden und vom Programmierer nicht explizit kontrollierbar sind.

Datenbank

Bei einer typischen MySQL-Datenbank für TYPO3-Instanzen wird in die Absicherung der Datenbank nicht allzu viel Zeit investiert, da es keine komplizierten Benutzerszenarien gibt. Einige Grundregeln erhöhen die Sicherheit deutlich:

- Der Zugriff auf die Datenbank sollte nur lokal möglich sein. Falls der Webserver auf einer anderen Maschine liegt, wird der Zugriff auf entsprechend benötigte IP-Adressen begrenzt.

- Der Zugriff von TYPO3 erfolgt niemals über *root*, sondern über einen mit passenden Rechten ausgestatteten Benutzer.

9.1.4 Einstellungen im Install Tool

Im Install Tool können einige sicherheitsrelevante Einstellungen getätigt werden. Wir gehen hier auf unseres Erachtens wichtige Punkte ein, ausführliche Details zu den jeweiligen Konfigurationsmöglichkeiten finden Sie in der beschreibenden Erklärung in der Maske im Install Tool.

Install Tool-Passwort

Nach der Installation sollten Sie sofort das Install Tool-Passwort ändern, da der Standardwert *joh316* hinreichend in der (TYPO3-)Welt bekannt ist.

Gute Vorgaben zur Erstellung eines möglichst sicheren Passworts finden Sie z. B. auf der Webseite *Das Unabhängige Landeszentrum für Datenschutz Schleswig-Holstein*[2]. Falls Sie sich beim Überlegen eines guten Passwortes immer noch schwer tun: Eine Suche im Internet nach »gutes Passwort« bringt genug Tipps!

[SYS][encryptionKey]

Dieser Schlüssel leistet einen sehr wichtigen Beitrag zur Sicherheit bei Verschlüsselungs- und Hashing-Algorithmen. Der Inhalt der Zeichenkette ist relativ unwichtig, wir empfehlen die angebotene zufällige Generierung.

Da diese Zeichenkette auch beim Speichern von temporären Daten, URLs usw. verwendet wird, sollten Sie – sofern Sie den Schlüssel zu einem späteren Zeitpunkt ändern – den Cache löschen, damit die Informationen mit dem neuen Schlüssel erstellt werden können.

> **Exkurs: Warum ist der Encryption Key für die Sicherheit wichtig?**
>
>
>
> Zur Speicherung von Passwörtern, beispielsweise der Backend-Benutzer, werden md5-Schlüssel erzeugt, sodass ein Passwort nicht aus der Datenbank gelesen werden kann. Auch die Rückentschlüsselung des Passwortes aus dem md5-Schlüssel ist nicht möglich. Bei einfachen Passwörtern besteht jedoch die Gefahr, durch schlichtes Durchprobieren mit Hilfe eines Programms (Brute-Force-Angriff) oder mithilfe bereits vorbereiteter Listen von Schlüsseln das richtige Passwort herauszubekommen, da dasselbe Passwort auch auf verschiedenen Installationen immer den gleichen Schlüssel ergeben würde. Der Encryption Key wird einfach dem zu verschlüsselnden Passwort hinzugefügt, wodurch für die gleichen Passwörter unterschiedliche Schlüssel herauskommen, was einen Brute-Force-Angriff nahezu aussichtslos macht.
>
> Mehr zu diesem Thema finden Sie unter anderem bei Wikipedia[3].

---

2 http://www.datenschutzzentrum.de/selbstdatenschutz/internet/passwd/passwd.htm
3 Salted Hash: http://de.wikipedia.org/wiki/Salted_Hash

[BE][warning_email_addr]

Sie können sich von TYPO3 benachrichtigen lassen, falls ein Login-Versuch viermal innerhalb einer Stunde fehlschlägt – für sicherheitsbewusste Administratoren eine sehr empfehlenswerte Option.

[BE][lockIP] und [FE][lockIP]

Die aktive Session des Benutzers oder Besuchers kann fest an seine IP-Adresse (REMOTE_ADDR IP) gebunden werden. Damit wird die aktuelle Session ungültig, falls der Benutzer seine IP-Adresse während der Session wechselt bzw. ein Angreifer von einer anderen IP-Adresse aus versucht, die Session zu übernehmen. Falls Ihre Benutzer dadurch öfter die Session verlieren, z. B. aufgrund von DHCP-Servern, können Sie den Anteil der IP-Adresse reduzieren, da die angegebene Zahl (0-4) den einzelnen Teilen der IP-Adresse entspricht.

[BE][IPmaskList]

Sie können bestimmen, von welchen IP-Adressen aus auf das Backend zugegriffen werden kann. Der Einsatz von Platzhaltern (*) ist möglich. Die Funktionsweise ist analog zur Möglichkeit der IP-Maskierung im TSConfig, siehe auch [BE][enabledBeUserIPLock] im Install Tool.

[BE][lockSSL]

Mit dieser Option können Sie die Anmeldung oder den kompletten Zugriff auf das Backend über eine SSL-Verbindung erzwingen.

Tipp

Falls Sie diese Option über das Install-Tool fälschlicherweise aktiviert haben und nicht mehr in der Lage sind, sich einzuloggen, können Sie diese Einstellung manuell in der *localconf.php* im Verzeichnis *typo3conf/* ändern.

[BE][fileDenyPattern]

Das Hochladen (und damit Einschleusen) von sicherheitskritischen Dateien wie *.php* wird über diese Namensmaske verhindert. Vergleichen Sie hierzu Ihre Einstellungen zum Ausführen von Scripts in PHP und Apache.

Listing 9.7: Konfiguration des Apache für PHP-Handler

```
AddType application/x-httpd-php .php .php5 .php4 .php3 .phtml
```

Mit der Zeile im Listing geben Sie für den Apache an, welche Dateiendungen an PHP übergeben werden sollen, also von PHP ausgeführt werden. Dateiendungen, die Sie hier eingestellt haben, sollten nicht von Redakteuren hochgeladen werden können.

[FE][noPHPscriptInclude]

Diese Sicherheitsoption erlaubt das Einbinden von PHP-Dateien aus TypoScript heraus nur für Dateien, die im Ordner *media/scripts/* liegen. Dadurch wird verhindert, dass Benutzer mit Zugriff auf die TypoScript-Templates ungewollte Scripts einbinden.

9.1.5 Standard-Admin-Benutzer deaktivieren

Erzeugen Sie nach der Anmeldung im Backend mit dem Standardbenutzer *admin/password* einen neuen Admin-Benutzer, und deaktivieren bzw. löschen Sie den Benutzer *admin*. Dies erhöht noch einmal die Sicherheit im Vergleich zu einem reinen Ändern des Passworts.

9.1.6 Coding Guidelines einhalten

Besonders Angriffe wie *Cross Site Scripting* und SQL-Injection können Sie durch konsequente Anwendung der TYPO3 Coding Guidelines verhindern. Eine Übersicht und Anleitung zur Beachtung der Coding Guidelines finden Sie im Abschnitt *Coding Guidelines*, Seite 436.

9.1.7 Abonnieren Sie die Mailingliste TYPO3-Announce

Beim Bekanntwerden einer Sicherheitslücke wird umgehend eine entsprechende Benachrichtigung an diese Mailingliste versandt. Abonnieren Sie diese Liste[4] auf jeden Fall, da hier alle wichtigen Ereignisse behandelt werden.

Tipp

Zusätzlich oder alternativ können Sie diese Informationen auch im Bereich *News*[5] auf *typo3.org* einsehen oder als XML-Feed abonnieren.

---

4 TYPO3-Announce: http://lists.netfielders.de/cgi-bin/mailman/listinfo/typo3-announce
5 Security News: http://news.typo3.org/news/teams/security/

9.1.8 Weitere Möglichkeiten

Zusätzlich zu den bereits angesprochenen Möglichkeiten, die TYPO3 bietet, sind folgende Vorschläge eine Überlegung wert. Wir halten diese aber nicht mehr für zwingend notwendig und wollen damit lediglich Optionen für sehr sicherheitsbewusste Seitenbetreiber aufzeigen.

.htaccess-Schutz

Auf das Backend-Verzeichnis *typo3/* kann zusätzlich zum TYPO3-Login noch ein *.htaccess*-Schutz gelegt werden, der eine weitere Barriere für potenzielle Angreifer darstellt. Die Benutzer müssen dann allerdings zweimal einen Benutzer und ein Passwort eingeben. Außerdem dürfen Sie keine Extensions für das Frontend (Frontend Plugins) global oder als System-Extension installiert haben, die auf Dateien wie Bilder innerhalb der Extension zugreifen. Da diese Dateien dann innerhalb des *.htaccess*-Schutzes liegen würden, könnten Sie nicht ohne Authentifizierung abgerufen werden.

Install Tool schützen

Wie bereits im Abschnitt *Das Installationstool*, Seite 39, besprochen wurde, stellt dieses Script ein erhebliches Sicherheitsrisiko dar, da damit z. B. ein Backend-Benutzer mit Administratorrechten erzeugt werden kann.

Zusätzlich zur Änderung des Install Tool-Passwortes können folgende Maßnahmen die Sicherheit erhöhen:

- Schützen Sie das *install*-Verzeichnis per *.htaccess*.
- Fügen Sie die `die()`-Anweisung in der *index.php* wieder ein.
- Ultimativer Schutz: Entfernen Sie nach erfolgter Installation das Install Tool-Verzeichnis komplett. Bei notwendigen Änderungen müssen Sie die Dateien dann entweder wieder einspielen oder die Änderungen manuell in der *localconf.php* durchführen.

localconf.php auslagern

Um absolut sicherzustellen, dass externe Benutzer den Inhalt der Konfigurationsdatei *localconf.php* nicht einlesen können, verschieben Sie diese Datei aus dem Webroot-Bereich (z. B. */var/www/localhost/securedata/*). Dabei müssen Sie natürlich die nötigen Zugriffsrechte für den Webserver sicherstellen. Anstelle der Original-Datei wird dann im Ordner *typo3conf* nur noch eine Datei mit dem entsprechenden Aufruf der Konfigurationsdatei benötigt.

Listing 9.8: *Verbleibender Inhalt der Datei localconf.php*

```
<?php
require("/var/www/localhost/securedata/localconf.php");
?>
```

Ungenutzten Code entfernen

Duplizierter Code oder Teile davon aus Ihrer Arbeitsumgebung, wie beispielsweise *.bak*-Dateien oder Ordner wie */.cvs* und */.dev*, sollten nicht in einer Live-Umgebung zu finden sein, da potenzielle Angreifer daraus Informationen über das System gewinnen können.

Nur eingesetzte Extensions installieren

Das klingt sehr banal, wird aber oft missachtet. Belassen Sie nur solche Extensions in Ihrem Ordner *typo3conf/ext*, die tatsächlich im Einsatz sind. Dies gilt vor allem bei Extensions, die Sie nicht sehr genau kennen.

Tipp

Der Extension Manager erlaubt standardmäßig nur die Installation von geprüften Extensions. Da viele Extensions noch keiner Sicherheitsprüfung unterzogen wurden, werden Sie die entsprechende Einstellung im Menüpunkt SETTINGS meist anpassen müssen, um auch diese installieren und einsetzen zu können. Machen Sie sich bewusst, dass jede Extension grundsätzlich ein Sicherheitsrisiko darstellen kann und entsprechend geprüft werden sollte.

Datenbank-Dumps nicht im Webverzeichnis ablegen

Die Dumps Ihrer Datenbank sowie *.t3d*-Dateien sollten Sie nicht im Web-Verzeichnis speichern, denn sie können sonst leicht Fremden bzw. Angreifern zugänglich sein, sobald diese den Namen der Dump-Datei wissen oder erraten.

Statische Seiten simulieren

Durch den Einsatz der Extension `RealUrl` oder der TypoScript-Konfiguration `config.simulateStaticDocuments` erkennt der Besucher (oder der Robot) nicht sofort, dass es sich hier um eine dynamische und somit angreifbare Webseite handelt.

9.1.9 Zugriffsgeschützte Seiten im Frontend

Normale TYPO3-Seiten können mittels der Zugriffseinstellungen von TYPO3 sehr einfach vor einem unbefugten Zugriff geschützt werden. Wie aber sieht es mit Dateien aus, die auf diesen Seiten eingebunden sind, beispielsweise mit Bildern, *.pdf*-Dateien und Ähnlichem?

Falls der unbefugte Besucher die URL dieser Datei kennt oder errät (eventuell auch durch Probieren), kann er die Datei ganz einfach durch direkte Eingabe des URI herunterladen. Da die Dateien immer in den Ordnern *fileadmin* oder *uploads* (oder Unterordnern davon) liegen, ist dies für versierte Angreifer mit entsprechenden Tools keine große Herausforderung. Zur Lösung dieses Problems gibt es derzeit zwei Möglichkeiten. Eine Suche im TYPO3 Extension Repository (TER) nach »*download secure*« bringt für beide Ansätze mögliche Extensions zur Auswahl.

Dateien in der Datenbank ablegen

Eine Lösungsmöglichkeit ist, dass Dateien nicht mehr in Ordnerstrukturen abgelegt, sondern zusammen mit dem Inhalt der Seite in die Datenbank gespeichert werden. Dadurch greift die volle Zugriffsberechtigung von TYPO3. Ein Nachteil ist die erhöhte Belastung der Datenbank bei hoher Performance und hohem Speichervolumen.

Überprüfung der Dateilinks durch ein PHP-Script

Eine andere Alternative sieht vor, dass Links zu Dateien nicht direkt aufgelöst, sondern über ein PHP-Script geleitet werden, das wiederum die Berechtigungen des aktuellen Besuchers überprüft. Falls die Rechte ausreichend sind, wird die Datei vom PHP-Script aus dem Dateiverzeichnis gelesen und an den aufrufenden Browser geschickt. Natürlich muss in diesem Fall das Verzeichnis per *.htaccess* geschützt werden, weil sonst weiterhin ein normaler Zugriff auf die Dateien über den direkten Link möglich wäre.

9.1.10 Spam-Vermeidung

Eine nicht unmittelbare Gefahr für den Server stellt das sogenannte Spamming dar. Spamming wird meist mit Hilfe von Programmen, z. B. Webrobots, durchgeführt. Da Spamming für die Benutzer oft sehr ärgerlich ist und unnötig Zeit und Ressourcen kostet, wollen wir grundlegende Gegenmaßnahmen erläutern.

E-Mail-Adressen verschlüsseln

Eine sehr einfache Methode für potenzielle Spam-Versender, um an viele reguläre und tatsächlich benutzte E-Mail-Adressen zu kommen, ist das Durchsuchen von Webseiten nach Kontaktadressen, was automatisiert abläuft: Da eine E-Mail-Adresse das charakteristische @-Zeichen enthält, ist eine solche Suche sehr leicht gezielt durchführbar, auch wenn die Adresse nicht direkt per *mailto:* verlinkt ist.

Abhilfe kann hier durch eine Verschlüsselung der E-Mail-Adresse geschaffen werden.

Abbildung 9.1:   Verschlüsselte Anzeige der E-Mail-Adresse

Dadurch ist die E-Mail-Adresse für menschliche Augen immer noch erkennbar und lesbar. Zusätzlich wird eine Verschlüsselung über JavaScript durchgeführt, sodass (zumindest bei aktiviertem JavaScript) der Besucher nach wie vor einfach nur auf den Link klicken muss, um eine E-Mail an die korrekte Adresse senden zu können. In TYPO3 können Sie dieses Verhalten ganz einfach durch eine entsprechende Konfiguration per TypoScript erreichen. Dabei können Sie sogar die für den Betrachter resultierende Darstellung beeinflussen.

Listing 9.9: Anti-Spam-Einstellungen per TypoScript

```
config.spamProtectEmailAddresses = 1
config.spamProtectEmailAddresses_atSubst = (at)
```

Captcha verwenden

Bei Foren, Gästebüchern, Blogs und ähnlichen Kommentierungssystemen können normale Besucher einer Webseite oftmals ohne Authentifizierung Inhalte auf die Webseite übertragen. Dies ist eigentlich sehr positiv, da es eine lebendige Webseite mit Interaktionsmöglichkeit für die Besucher bietet. Leider können die für die Eingabe der Benutzernachrichten erforderlichen Formulare von Spam-Robotern entdeckt werden, was dann zu einer ständigen (automatischen) Überflutung z. B. des Gästebuchs mit ärgerlichen und im schlimmsten Fall böswilligen Einträgen führt.

Dem kann ein Riegel vorgeschoben werden, indem der Besucher anhand eines sogenannten Captcha beweist, dass er leibhaftig vor dem Bildschirm sitzt. Captcha steht für »Completely Automated Public Turing-Test to tell Computers and Humans Apart«, also für einen Test, der automatisiert zwischen Mensch und Maschine unterscheidet. Dazu generiert der Server dynamisch ein Bild, dessen Textinhalt nur von menschlichen Besuchern lesbar ist, und der Besucher muss diesen Text in ein speziell dafür vorgesehenes Feld eingeben. Die Spam-Roboter sind (zumindest derzeit noch oft) nicht in der Lage, den Textinhalt des Bildes zu lesen, und scheitern somit an der Captcha-Prüfung.

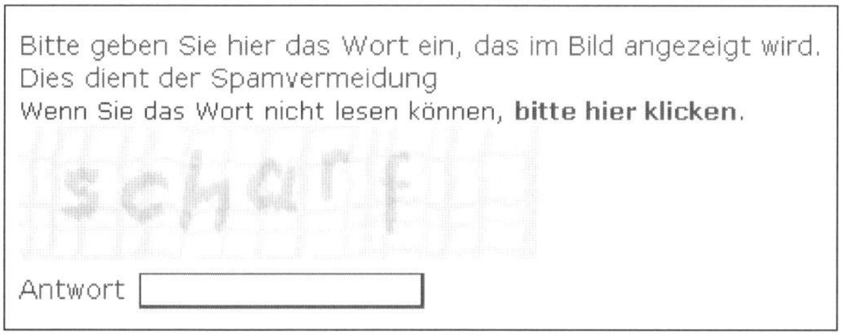

Abbildung 9.2: Ausschnitt eines Formulars mit captcha-Prüfung: sr_freecap

In TYPO3 gibt es derzeit zwei gute Basis-Extensions für den Einsatz von Captchas: `captcha` und `sr_freecap`.

9 Spezialthemen

Hinweis

Während wir dies schrieben, war im TER bei der Extension `captcha` noch die Ursprungsversion von Kasper Skårhøj hinterlegt, obwohl Bernhard Kraft bereits eine Überarbeitung mit deutlicher Verbesserung der Konfigurierbarkeit vorgenommen hat. Die überarbeitete Version gibt es auch unter:

http://think-open.org/kraftb/index/T3X_captcha-1_0_0-kb.t3x

Achtung

Für sehr häufig eingesetzte und beliebte Captchas gibt es aufgrund der immer gleich ablaufenden Art der Bildgenerierung bereits Ansätze zur Überwindung dieser Hürde.

Eingehende Anfrage überprüfen

Eine sehr direkte und einfach zu implementierende Möglichkeit stellt die Extension `timtab_badbehavior` von Ingo Renner zur Verfügung. Diese prüft über den Hook *tslib_fe-PostProc* alle Eingaben, die an TYPO3 abgeschickt werden. Sie weist einen Großteil des Spams direkt zurück und liefert dabei einen *Error 403* (Zugriff verweigert). Dazu wurden die *Bad Behavior scripts*[6] implementiert.[7]

9.1.11 Materialien zum Weitermachen

Sollten Sie weiterführende Informationen benötigen, können Sie bei folgenden Quellen nachlesen:

- Auf CD
  - TYPO3 Coding Guidelines
  - *doc_core_inside*
- Im Internet
  - *http://typo3.org/fileadmin/teams/security/writing_secure_typo3_extensions.pdf*
  - *http://wiki.typo3.org/index.php/Security*

---

6 Bad Behavior: http://www.bad-behavior.ioerror.us/
7 PWNtcha Captcha Decoder: http://sam.zoy.org/pwntcha/

http://www.sklar.com/page/article/owasp-top-ten

http://www.owasp.org/index.php/PHP_Top_5

http://www.bsi.de/gshb

9.2 TYPO3 im Intranet mit Single Sign On (SSO)

TYPO3 ist durch seine Erweiterbarkeit hervorragend für den Betrieb eines Intranets geeignet. Sie können durch den Einsatz von (eigenen) Extensions wertvolle Funktionalitäten eines Intranets abbilden.

Da sich Mitarbeiter eines Intranets in aller Regel für ihre Arbeit sowieso am Betriebssystem anmelden müssen, liegt es nahe, diese Anmeldung auch gleich für die Anmeldung bei TYPO3 zu nutzen, um dem Mitarbeiter das Leben einfacher zu machen und zugleich die Verwaltung von Passwörtern zu zentralisieren. Eine sehr gute Möglichkeit dafür bietet ein LDAP-Server.

Exkurs: Was ist LDAP?

Das *Lightweight Directory Access Protocol* ist ein Netzwerkprotokoll, das bei Verzeichnisdiensten zum Einsatz kommt. Man spricht heute von einem LDAP-Server und meint damit eigentlich einen Directory-Server, der den LDAP-Spezifikationen entspricht. Das Verzeichnis enthält oft alle relevanten Daten, die für die Struktur des Unternehmens aufseiten der IT notwendig sind, beispielsweise die Benutzer, Kontaktdaten der Benutzer, Passwörter und Hierarchien. Die personelle Firmenstruktur kann dabei in *Organisational Units* (OU), also Organisationseinheiten, abgebildet werden.

Bekannte Implementierungen von LDAP-Servern sind beispielsweise:

- openLDAP[47], eine OpenSource-Variante für viele Plattformen
- Active Directory Service[48] von Microsoft

Es gibt bereits einige Extensions, die eine Unterstützung von LDAP anbieten. Eine Suche nach *ldap* im TYPO3 Extension Repository wird Ihnen die Möglichkeiten aufzeigen.

Da in vielen Intranets eine Windows-Umgebung implementiert ist, zeigen wir ein Beispiel, wie ein Single Sign On im Zusammenspiel mit dem Active Directory von Microsoft und TYPO3 funktioniert. Sie können dies auf andere LDAP-Server adaptieren.

---

8 OpenLDAP: http://www.openldap.org/
9 Active Directory Service: http://www.microsoft.com/windowsserver2003/technologies/directory/activedirectory/default.mspx

Hinweis

Wir gehen von einem bereits funktionierenden Intranet inklusive Active Directory aus und nehmen auch die Strukturen innerhalb des Active Directory als gegeben hin. Dies wird auch der Regelfall bei Ihrer Arbeit sein.

9.2.1 Authentifizierungsmodul für Apache einrichten

Sie sollten auf jeden Fall den Apache Webserver in der Version 2 einsetzen. Dabei stellt sich die grundsätzliche Frage, ob der Apache auf einem Windows- oder Linux/Unix-Server eingesetzt werden soll. Es gibt sicher Gründe für beide Varianten, die normalerweise nicht im Einflussbereich der TYPO3-Applikation liegen. Für die Variante Linux/Unix bietet sich Kerberos in Form des Apache-Moduls mod_auth_kerb[10] an. Auf einem Windows-Server können Sie auf das Authentifizierungsmodul mod_auth_sspi[11] zurückgreifen. Hinweise zur Installation finden Sie über die genannten Webseiten.

Listing 9.10: Beispiele für die Aktivierung der Module im Apache

```
LoadModule sspi_auth_module modules/mod_auth_sspi.so
LoadModule auth_kerb_module libexec/mod_auth_kerb.so
```

Achtung

Achten Sie darauf, dass die Auswertung von *.htaccess*-Dateien für das Verzeichnis von TYPO3 aktiviert ist. Dies wird in der Apache-Konfiguration durch die Direktive `AllowOverride All` für das Verzeichnis sichergestellt.

9.2.2 LDAP für PHP aktivieren

Das LDAP-Modul von PHP muss aktiviert sein. Auf einem Windows-Rechner entfernen Sie in der Datei *php.ini* das Kommentarzeichen vor `extension=php_ldap.dll`.

---

10 Kerberos für Apache: http://modauthkerb.sourceforge.net/
11 mod_auth_sspi: http://sourceforge.net/projects/mod-auth-sspi/

9.2.3 Browsereinstellungen

Sie müssen gegebenenfalls die Einstellungen des verwendeten Browsers anpassen, um ein Single Sign On zu ermöglichen. Kontrollieren Sie dazu die Werte im Bereich der Sicherheitseinstellungen: INTERNET OPTIONS, SECURITY.

Abbildung 9.3: Automatisches Einloggen nur im Intranet erlaubt, Zone Internet

Abbildung 9.4: Automatisches Einloggen, Zone lokales Intranet

Achten Sie darauf, dass die lokale URL als Intranet erkannt wird. Dies können Sie unter SITES einstellen.

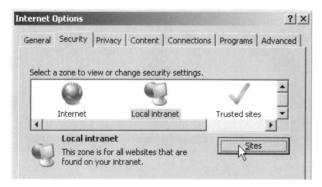

Abbildung 9.5: URLs für das Intranet festlegen

9.2.4 Testumgebung einrichten

> **Tipp**
>
> Wir haben sehr gute Erfahrungen mit virtuellen Maschinen gemacht. Eine gute Option bietet *VMWare*. Installieren Sie einen virtuellen Server für die Domäne und einen virtuellen Arbeitsplatz, dann können verschiedene Entwickler sehr einfach auf dieselbe Testumgebung zurückgreifen. Beziehungsweise können Sie so sicherstellen, dass Ihre Testumgebung auch nach längerer Zeit noch korrekt zur Verfügung steht.

Falls Sie Ihr Single Sign On nicht gerade an einem Live-System testen wollen, bietet sich folgende Umgebung an:

- Webserver

  Als Webserver werden Sie dieselbe Maschine verwenden, auf der Sie auch sonst entwickeln, es kommen nur die beiden folgenden (virtuellen) Rechner hinzu.

- Windows 2003 Server mit Active Directory

  Installieren Sie einen rudimentären Windows 2003 Server, und aktivieren Sie das Active Directory für eine Testdomäne. In unserem Beispiel wird das *testdom1.local* sein. Dieser Rechner muss natürlich im (virtuellen) Netzwerk für alle anderen erreichbar sein.

- Arbeitsstation (Windows XP) mit Internet Explorer

  Der Testbenutzer auf der Arbeitsstation meldet sich an der oben genannten Domäne an und ruft dann im Browser (im Beispiel mit dem Internet Explorer) die Webseite auf Ihrem Webserver auf.

9.2.5 TYPO3 konfigurieren

Für unseren Anwendungsfall kommen die Extensions `ldap_auth`, `ldap_lib`, `ldap_server` und `ldap_sync` zum Einsatz. Diese enthalten eine ausführliche Dokumentation in englischer Sprache.

> **Hinweis**
>
> Aus Platzgründen können wir nicht auf alle Aspekte und Möglichkeiten eingehen, sondern wollen ein beispielhaftes Szenario aufzeigen.

9.2 TYPO3 im Intranet mit Single Sign On (SSO)

Im Folgenden beziehen wir uns auf die TYPO3- Konfiguration für ein personalisiertes Intranet in einer Windows-Umgebung. Die Anmeldung wird basierend auf einem Active Directory Server durchgeführt.

Achtung

Beachten Sie bitte die Struktur des Active Directory. Der Ordner bzw. die Organisationseinheit *abzusers* wird später auch noch in der Konfiguration auftauchen.

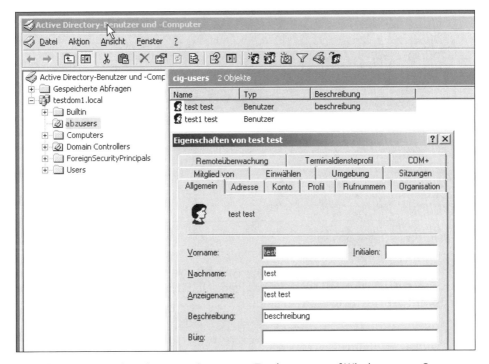

Abbildung 9.6:   Active Directory mit unserem Testbenutzer auf Windows 2003 Server

Extensions installieren

Die Konfiguration des Single Sign On erfolgt über Datensätze in einem TYPO3-SysFolder. Nur bei der Installation der Extension ldap_auth sind Konfigurationsmöglichkeiten vorhanden. Setzen Sie die Häkchen nach Ihren Anforderungen. Für ein SSO im Frontend werden Sie vermutlich die Optionen [ENABLEFE] und [FE_FETCHUSERIFNOSESSION] setzen.

Datensatz LDAP server

Der Konfigurationsdatensatz LDAP SERVER muss in dem SysFolder liegen, der als GENERAL RECORD STORAGE PAGE auf der Root-Seite eingetragen ist.

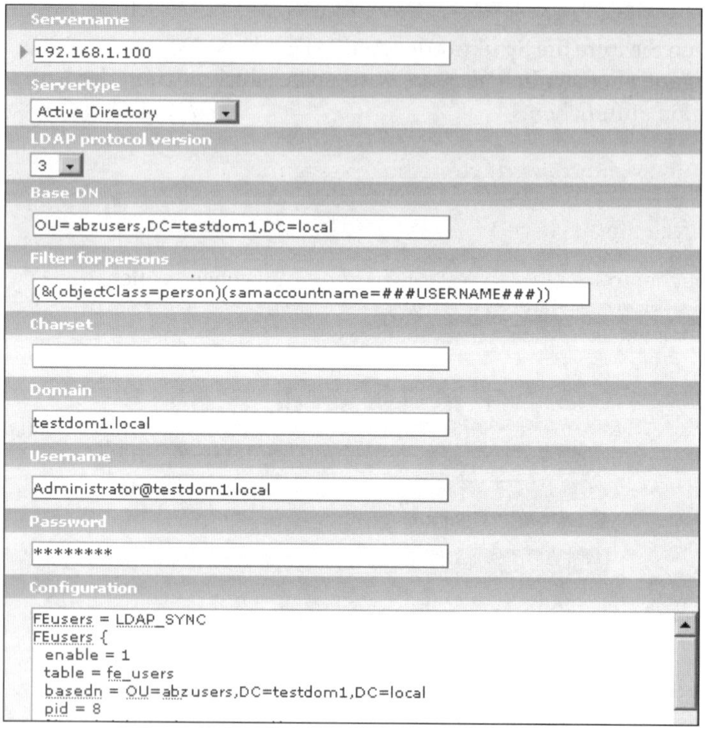

Abbildung 9.7: LDAP-Datensatz

Im Feld CONFIGURATION stehen dann die Angaben, wie das Mapping vom Active Directory auf den Benutzer-Datensatz erfolgen soll. Eine detaillierte Dokumentation dazu finden Sie in der Extension ldap_server.

9.2.6 Troubleshooting

Sie können davon ausgehen, dass Ihr erster Konfigurationsdurchlauf nicht sofort zu einem erfolgreichen automatischen Login führt. Dann geht es an die Fehlersuche, die nicht gerade einfach ist, weil normales Debugging nicht funktioniert, da hier ein TYPO3-Service eingesetzt wird.

Knackpunkte

Es gibt einige Knackpunkte, die ein funktionierendes Single Sign On verhindern können. Sie sollten also als Erstes überprüfen, dass folgende Bedingungen erfüllt sind:

9.2 TYPO3 im Intranet mit Single Sign On (SSO)

- Die Rechner sind über ein Netzwerk tatsächlich sauber miteinander verbunden. Dies können Sie mit *ping* sicherstellen.
- Der Benutzer der Arbeitsstation ist an der (Test-)Domäne angemeldet.
- Der Browser der Arbeitsstation ist korrekt konfiguriert (siehe Abschnitt weiter oben).
- Das Authentifizierungsmodul im Apache ist aktiv, PHP hat die Extension für LDAP eingebunden.
- Die ldap_*-Extensions sind installiert und richtig konfiguriert.

Ablauf des beispielhaften Single Sign On

Ob Sie einen Fehler suchen oder einfach nur die Technik verstehen wollen, die Reihenfolge der Aktionen ist sehr wichtig.

Tipp

Eine Hilfestellung zur Abfrage des aktuellen Zustands bietet die Extension cc_devlog von René Fritz. Damit erkennen Sie in der Regel schnell, an welcher Stelle das Single Sign On abbricht, da an allen wichtigen Stellen Log-Einträge geschrieben werden.

1. Einbindung des Service: Mittels der Extension ldap_auth wird der Service für das Single Sign On angefügt. Falls Sie vertiefende Informationen zum Thema Services in TYPO3 wünschen, werden Sie im Abschnitt *Services*, Seite 381, fündig.
2. Im Service wird die Klasse tx_ldapserver der Extension ldap_server initialisiert. Diese liest die Informationen aus dem Datensatz LDAP SERVER (siehe den Abschnitt weiter oben) ein und versucht, eine Verbindung zu LDAP (hier Active Directory) aufzubauen.
3. Der aktuell angemeldete Benutzer wird vom Browser abgefragt, und es wird nach einem zugehörigen Eintrag im LDAP-Server gesucht.
4. Falls der Benutzer gefunden wird und noch kein Eintrag in der Benutzertabelle von TYPO3 vorliegt, wird ein entsprechender Datensatz angelegt. Über die oben gezeigte Konfiguration können Sie dabei spezielle Funktionalitäten durch eine eigene Extension einbringen.
5. Die Benutzer-Session in TYPO3 wird gestartet. Das Single Sign On ist erfolgreich durchgeführt.

9.3 Seiten mit sehr viel Last, Performance

Für die meisten der mit TYPO3 aufgesetzten Webseiten spielt die Serverlast keine allzu große Rolle, da die Anzahl der Seitenaufrufe zu gering ist, um einen modernen Server in die Knie zu zwingen. Jedoch sollte für jeden Betreiber einer Webseite die Geschwindigkeit der Seitenauslieferung ein wichtiges Kriterium sein. Somit sollte eine Vermeidung unnötiger und eine Beschleunigung der verbleibenden Arbeitsschritte immer von Interesse sein.

Im Folgenden wollen wir Anhaltspunkte und Erfahrungswerte zur Leistungsfähigkeit von TYPO3 geben und Möglichkeiten zur Steigerung der Performance aufzeigen.

9.3.1 Lasttests durchführen

Damit Sie die Performance Ihrer TYPO3-Seite überblicken und die Seite für erwartete Lasten fit machen können, sollten Sie Lasttests durchführen. Dafür stehen Ihnen einige Tools zur Verfügung. Hier eine Auswahl für einen guten Einstieg in das Thema:

- Apache JMeter[12]
- ab – Apache HTTP server benchmarking tool[13]
- Microsoft Web Application Stress Test Tool[14]
- Badboy[15]

Da sich hier eine große Bandbreite an Möglichkeiten und möglichen Wünschen auftut, werden wir nicht detailliert auf die einzelnen Tools eingehen. Finden Sie selbst Ihren Favoriten!

9.3.2 Technische Rahmenbedingungen und Erfahrungswerte

Aufgrund eigener Erfahrungen und Rückmeldungen aus der Community können folgende Rahmenwerte als gute Vorgaben für *LAMP*-Systeme angesehen werden. Die Angaben beziehen sich auf »normale« TYPO3-Seiten mit einem gewissen Anteil an dynamischem Inhalt, für die das reguläre Caching eingesetzt wird. Bei speziellen Funktionalitäten, die nicht durch Caching abzudecken sind, kann sich die Bearbeitungsgeschwindigkeit je nach Programmierung deutlich verringern und dadurch die Serverlast erhöhen. Um die für einen Serverbetrieb relevanten Spitzenlasten im Blick zu behalten, betrachten wir die Seitenaufrufe pro Stunde für eine Belastung während der Spitzenzeiten.

---

12 JMeter: http://jakarta.apache.org/jmeter/
13 ab: http://httpd.apache.org/docs/2.0/programs/ab.html
14 Microsoft WAS: http://www.microsoft.com/germany/msdn/library/net/aspnet/WieSchnellIstSchnell.mspx?mfr=true
15 Badboy: http://www.badboy.com.au/

9.3 Seiten mit sehr viel Last, Performance

Achtung

Die Angaben sind als grobe Richtwerte über den Daumen gepeilt zu verstehen und können je nach Projekt und Hardware deutlich variieren.

- bis 5000 Seitenaufrufe pro Stunde

  Sie sollten eigentlich ohne eigenen Server auskommen und mit einen Shared-Hosting-Angebot ganz gut zurechtkommen.

- bis 30.000 Seitenaufrufe pro Stunde

  Ein eigener Server, meist als Managed Server angeboten, bietet Ihnen den Komfort eines gewarteten Servers, der seine ganze Rechenkraft für Ihre Webseite zur Verfügung stellt. Dies ist für den allergrößten Anteil aller Webseiten ausreichend. Ausreichend Arbeitsspeicher sichert eine stabile Performance, dies dürfen ruhig 2 GB und mehr sein.

- Schwerlastseiten

  Große Systeme können nicht mehr in Schubladen gepackt werden. Hier ist eine individuelle Analyse mit professionellen und erfahrenen Mitarbeitern nötig. Ein wahrscheinliches Szenario sind mehrere Server (Web- und Datenbank- und Fileserver getrennt), die durch Load Balancing gesteuert werden.

9.3.3 TYPO3 Cache nutzen, serverseitig

Eine der einfachsten und grundsätzlichen Möglichkeiten zur Performance-Steigerung ist der *TYPO3 Cache*. Er funktioniert auf Seitenbasis und ist für reguläre TYPO3-Seiten bereits aktiviert. Fertig generierte Seiten oder Seitenbereiche werden als statischer HTML-Code in der Cache-Tabelle abgelegt und beim nächsten Aufruf direkt ausgeliefert. Einstellungen zum Cache werden in der Regel im TypoScript vorgenommen.

Listing 9.11: Konfigurationsmöglichkeiten für den Seiten-Cache

```
config.cache_period
config.cache_clearAtMidnight
config.no_cache
```

Sie können hiermit die Gültigkeitsdauer der Cache-Einträge definieren (per Standard 24 Stunden), einen Verfall für Mitternacht definieren oder den Cache völlig deaktivieren. Die Nutzung des Caches bewirkt für normale Seiten eine Beschleunigung um das drei- bis vierfache. Beim Einsatz von Extensions unterliegt dieser Wert starken Unter-

9 Spezialthemen

schieden, je nach Funktionalität und Programmierung der Extension. Mehr Informationen zur Funktionsweise des Caches und darüber, wie Sie als Entwickler das Caching für Ihre Extensions nutzen, finden Sie im Abschnitt *Cache-Möglichkeiten intelligent nutzen*, Seite 468.

Tipp

Bei sehr vielen Seiten und Parametern und in der Folge schnell wachsender Cache-Tabelle besteht im Install Tool die Konfigurationsmöglichkeit, den HTML-Code der Cache-Einträge nicht in die Datenbank, sondern als statische Dateien in das Dateisystem zu schreiben.

```
[FE][pageCacheToExternalFiles] = 1
```

9.3.4 Cache Control Headers, clientseitig

Unter clientseitigem Cachen versteht man alle Zwischenspeicherungen der ausgelieferten Seiten, die nicht direkt auf dem Server liegen. Dazu gehören der Browser-Cache auf dem Rechner des Besuchers sowie auch ein zwischengeschalteter Proxy. Eine Seite, die aus dem Browser-Cache oder vom Proxy geladen wird, erzeugt naturgemäß überhaupt keine Last auf dem Server, da dieser davon gar nichts mitbekommt. Es muss aber sichergestellt werden, dass der Besucher trotzdem aktuelle Seiten zu sehen bekommt, dass also z. B. Seiten mit dynamischem Inhalt vom Server und nicht aus dem Cache geladen werden.

Für diesen Zweck stellt das HTTP/1.1-Protokoll eine Reihe von Header-Informationen zur Verfügung, die dem Browser-Cache oder dem Proxy mitteilen, ob eine Seite gecacht werden kann. Ein generelles Cachen von Seiten ist bei TYPO3 natürlich nicht möglich, da es fast immer einen bestimmten Anteil an dynamischen Seiten gibt. Bis zur Version 3.8 war deshalb clientseitiges Zwischenspeichern von Seiten komplett deaktiviert. Mit der Version 3.8 wurden jedoch Konfigurationsmöglichkeiten für die sogenannten Cache Control Headers in TYPO3 geschaffen.

Listing 9.12: Konfigurationseinstellungen für Cache Control Headers

```
config.sendCacheHeaders = 1
config.sendCacheHeaders_onlyWhenLoginDeniedInBranch = 1
```

Die Option in der zweiten Zeile schafft noch eine zusätzliche Sicherheit. Für den Fall, dass eine Seite von einem nicht eingeloggten Benutzer geladen wird und diese – nicht personalisierte – Seite dabei in einem zwischengeschalteten Proxy gespeichert wird, erhält ein weiterer Besucher, der auch über den Proxy auf den Server zugreift und sich als Frontend-Benutzer anmeldet, die nicht personalisierte, gecachte Version aus dem Proxy statt der gewünschten personalisierten Seite, falls die genannte zweite Option nicht gesetzt ist.

9.3 Seiten mit sehr viel Last, Performance

Dies kann man ausschließen, indem man die Cache Headers nur für Bereiche nutzt, in denen sicher keine Logins stattfinden werden, weil diese explizit deaktiviert sind.

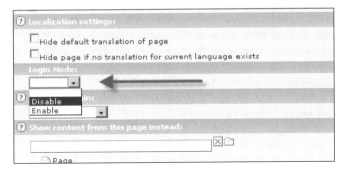

Abbildung 9.8: Login im Frontend deaktivieren

Eine weitere Möglichkeit, diesen Sonderfall auszuschalten, besteht darin, für Seiten mit angemeldeten Besuchern eine andere URL als für normale Seiten zu verwenden. Dies kann durch Einsatz der Extension `realurl` realisiert werden.

Damit TYPO3 die Cache Control Headers nur für Seiten verschickt, auf denen keine dynamischen Inhalte Probleme verursachen würden, müssen gewisse Bedingungen erfüllt sein:

- Die Seite wurde bereits von TYPO3 serverseitig gecacht.
- Es befinden sich keine *_INT- oder *_EXT-Objekte auf der Seite, z. B. USER_INT.
- Der Besucher ist nicht im Frontend angemeldet.
- Der Besucher ist nicht im Backend angemeldet.

Performance-Messungen bei Seiten mit aktivierten Cache Control Headers ergaben eine Steigerung um das vier- bis fünffache, was gleichzeitig bedeutet, dass nur ca. 20 Prozent der Seiten direkt von TYPO3 ausgeliefert werden mussten. Dies kann jedoch für jede Webseite je nach Anteil an tatsächlich dynamischen Seiten variieren.

Tipp

Das Drücken der Tasten `Strg` oder `Umsch` während eines *Reload* schickt eine Anfrage an den Server mit der Anweisung, die Seite frisch vom Server zu holen. Dies wird natürlich auch von TYPO3 unterstützt.

Falls eine Seite nicht neu vom Server geladen wird, wird dieser Zugriff auch nicht in der Logfile-Statistik auftauchen, was diese deutlich verzerren kann. Eine Lösungsmöglichkeit dafür besteht darin, Apache gleichzeitig als Proxyserver zu benutzen.

9.3.5 Statische Files

Mit Hilfe der Extension `crawler` können aus TYPO3-Seiten statische Dateien in das Dateisystem exportiert werden. Dies kann auch automatisiert über Cronjobs durchgeführt werden. Lesen Sie dazu die Dokumentation der Extension. Eine kurze Beschreibung der Extension `crawler` im Zusammenhang mit der automatischen Indizierung für die Extension `indexed_search` finden Sie im Abschnitt *Spezialwissen*, Seite 553. Im Zusammenspiel mit der Extension `realurl` oder der TypoScript-Einstellung `config.simulateStaticDocuments` werden so statische Dokumente nicht nur simuliert, sondern tatsächlich genutzt! Besonders effizient ist diese Vorgehensweise bei vielen Aufrufen auf Seiten, die sich inhaltlich eher selten verändern.

Hinweis

Eine weitere gute Extension, die tatsächlich statische Seiten erzeugt, ist `nc_staticfilecache`. Lesen Sie die der Extension beiliegende Dokumentation, um zu sehen, ob sie Ihren Bedürfnissen entspricht.

9.3.6 PHP-Beschleuniger

Da PHP eine Scriptsprache ist, wird normalerweise bei jedem Aufruf einer Seite der Code Schritt für Schritt abgearbeitet. Dass hier gewaltiges Beschleunigungspotenzial versteckt ist, versteht sich von selbst. Zwei der beliebtesten Beschleuniger derzeit sind der unter OpenSource-Lizenz stehende *eAccelerator*[16] und der *PHP Accelerator*[17]. Zend bietet mit der *Zend Platform*[18] eine sehr professionelle Möglichkeit an. Die Installation ist bei den genannten Produkten jeweils recht einfach, komplizierte Konfigurationen sind nicht zu tätigen. Für das Zusammenspiel mit TYPO3 kann man von einer Steigerung der Performance um den Faktor 3 bis 10 ausgehen. Einen PHP-Beschleuniger sollten Sie also auf alle Fälle installieren. Die entsprechenden Anleitungsschritte finden Sie in der Dokumentation auf den genannten Webseiten.

9.3.7 Apache optimieren

Da die Optimierung eines Webservers eine Wissenschaft für sich ist und den Rahmen dieses Buches sprengen würde, haben wir uns auf die Nennung wichtiger Parameter beschränkt. An diesen Punkten sollten Sie bei Performance-Überlegungen ansetzen; für weitere Feinheiten konsultieren Sie bitte die Apache-Dokumentation[19]. Auf die

---

16 eAccelerator: http://eaccelerator.net/
17 PHP Accelerator: http://www.php-accelerator.co.uk/
18 Zend Platform: http://www.zend.com/de/products/zend_platform
19 Apache Performance Tuning: http://httpd.apache.org/docs/2.0/misc/perf-tuning.html

Besprechung alternativer Webserver wie z. B. *lighttpd* verzichten wir völlig, da der Apache der bei Weitem am häufigsten eingesetzte Webserver ist. Eine Recherche im Internet wird Ihnen schnell Hinweise und Informationen liefern.

Die im Folgenden genannten Konfigurationen werden in der Regel in der Apache-Konfigurationsdatei *httpd.conf* vorgenommen. Eine Anpassung dieser Werte ist für eine Optimierung zu empfehlen.

- `MaxClients 40`

  Um ein K.o. des Servers zu verhindern, sollte die maximale Anzahl der gleichzeitigen Zugriffe auf ein Niveau gesetzt werden, das der Server gut verkraftet. Die passende Anzahl hängt natürlich stark von der eingesetzten Hardware ab.

- `LogLevel warn`

  Das Fehlerprotokoll kann für den Live-Betrieb auf diese empfohlene Stufe eingeschränkt werden.

- `AllowOverride None`

  Um zu verhindern, dass für jeden Aufruf rekursiv in den Dateistrukturen nach Konfigurationsdirektiven in Form von *.htaccess*-Dateien gesucht wird, kann diese Suche mit dieser Einstellung abgestellt werden. Aber Achtung: In einigen Fällen werden bei TYPO3 solche Direktiven eingesetzt, etwa bei der Simulation statischer Webseiten oder zum Schutz von Dateien vor unerlaubtem Zugriff. Die dafür benötigten Direktiven müssen dann direkt in der Konfigurationsdatei des Webservers hinterlegt werden.

- `HostnameLookups Off`

  DNS-Rückfragen für das Logfile können unnötige Verzögerungen bedeuten. Die Auflösung kann später ohne Probleme durch den eingesetzten Logfile Analyser durchgeführt werden.

Falls die Netzwerkverbindung einen Engpass darstellt, kann die Ausgabe durch Module wie `mod_gzip` bzw. `mod_deflate` komprimiert werden, allerdings resultiert daraus wiederum eine höhere Belastung des Servers. Hier hilft wohl nur testen ...

9.3.8 Datenbank optimieren (MySQL)

Die Optimierung einer Datenbank kann durchaus als eigene Wissenschaft angesehen werden. Wir werden deshalb auch hier nicht in die Tiefe gehen können, wollen aber dennoch einige Hinweise und Anhaltspunkte für erfolgversprechende Einstellungen geben.[20] Diese werden in der MySQL-Konfigurationsdatei *my.cnf* bzw. *my.ini* eingetragen. Für viele andere Datenbanksysteme wie Oracle, MS SQL Server oder PostgreSQL gibt es vergleichbare Einstellmöglichkeiten.

---

20 Das offizielle MySQL 5.1-Handbuch, *2007 erschienen bei Addison-Wesley, ist für tiefergehende Fragen die beste Informationsquelle (ISBN 978-3-8273-2404-7).*

9 Spezialthemen

Hinweis

Die hier genannten Einstellungen sind Erfahrungswerte, die nicht unbedingt unter allen Umständen die besten Ergebnisse bringen müssen. Führen Sie ruhig eigene Tests durch.

- Da TYPO3 standardmäßig beständige Verbindungen (*persistent connections*) nutzt, sollte die Anzahl der standardmäßig erlaubten Verbindungen ausreichend sein.

    max_connections = 100

- Der interne Query-Cache sollte aktiviert sein, und es sollte genügend Kapazität dafür vorgesehen sein.

    query_cache_limit = 2M
    query_cache_size = 64M
    query_cache_type = 1

- Der Tabellen-Cache sollte eventuell erhöht werden.

    table_cache = 256

- Auch der Speicherpuffer für Datenbankschlüssel bedarf eventuell einer Erhöhung.

    key_buffer_size   = 64M

- Falls Sie kein Logging benötigen, können Sie das Schreiben der Log-Dateien deaktivieren.

    log-bin

- Kontrovers diskutiert wird auch die Effizienz von Indizes auf die in TYPO3 in fast jeder Tabelle vorkommenden Spalten *deleted* und *hidden*. Fast jedes SQL-Statement enthält eine Prüfung auf den Wert dieser Spalte.

Achtung

Die Annahme, dass jeder zusätzliche Index die Performance verbessere, ist nicht korrekt. Die Ergebnisse hängen sehr stark von der Inhaltsstruktur der Datenbank ab. Überprüfen Sie also die Effekte einer solchen Veränderung der Datenbanktabellen.

9.3.9 Hardware, Cluster

Ein einfacher, aber selten kostengünstiger Weg ist die Beschaffung neuerer und besserer Hardware. In diesem Bereich haben Sie immer die Möglichkeit, noch ein Quäntchen Performance herauszuholen. Relativ schnelle und einfache Erfolge erzielen Sie, wenn Sie Datenbank und Webserver auf zwei verschiedenen Servern betreiben. Falls das Backend stark genutzt wird, kann dieses zusätzlich auf einen dritten Server oder eventuell auch den Datenbankserver gepackt werden.

Ein Einsatz von Clustern und Load Balancern bleibt absoluten Profis vorbehalten. Dazu gibt es im TYPO3-Universum noch relativ wenig Erfahrung. Allerdings ist TYPO3 bereits dabei, auch in diesen Bereich vorzudringen.

9.3.10 Materialien zum Weitermachen

Sollten Sie weiterführende Informationen benötigen, können Sie bei folgenden Quellen nachlesen:

- *http://wiki.typo3.org/index.php/Performance_tuning*
- *http://dev.mysql.com/doc/refman/4.1/en/optimization.html*

9.4 Werkzeuge für Profis

Wir wollen an dieser Stelle kurz einige nützliche Werkzeuge vorstellen, die uns die tägliche Arbeit deutlich erleichtern und für uns wichtige Bausteine qualitativ hochwertiger Arbeit sind. Dieser Abschnitt erhebt natürlich weder Anspruch auf Vollständigkeit noch wird er für alle Geschmäcker und Geldbeutel das jeweils Beste darstellen.

Hinweis

Wir haben eine Seite im TYPO3-Wiki gestartet, auf der wertvolle Tools vorgestellt werden können:

http://wiki.typo3.org/index.php/Helpful_Tools

Von uns eingesetzte und hilfreiche Tools sind unter anderem:

- *Eclipse*

  http://www.eclipse.org/
  http://www.phpeclipse.de/tiki-view_articles.php
  http://www.zend.com/de/pdt

Die Java-basierte Open Source-Entwicklungsplattform erfreut sich einer sehr großen Anwender- und Entwicklergemeinde. Für PHP-Entwickler stehen verschiedene Zusatz-Tools wie *PHPEclipse* und *PHP Development Tools* (PDT) zur Verfügung, die vielen kostenpflichtigen IDEs (*Integrated Development Environments*) durchaus Paroli bieten können.

- *Subversion* als Teamwerkzeug

http://subversion.tigris.org/

Der Nachfolger von CVS ist ein unverzichtbarer Bestandteil für die qualitätsorientierte Programmierung im Team.

- *Total Commander*

http://www.ghisler.com/deutsch.htm

Dieses Tool bietet vor allem Entwicklern, die auch unter Windows möglichst selten die Tastatur verlassen wollen, viele Möglichkeiten.

- *Symlinks für Windows*

http://www.elsdoerfer.info/ntfslink/
http://www.totalcmd.net/plugring/ntfslinks.html

Es gibt auch unter Windows die Möglichkeit, Referenzen auf Ordner zu setzen, um damit mehrere TYPO3-Instanzen mit einem Kern zu betreiben. Die dafür verwendeten sogenannten NTFS-Links sind nur auf mit NTFS formatierten Festplatten möglich, bieten ansonsten aber Möglichkeiten, die mit denen von Symlinks unter Linux vergleichbar sind. Nach einer erfolgreichen Installation und dem nötigen Neustart des Systems können Sie komfortabel sogenannte *Junction Points* anlegen. Um eine solche Verbindung zu ändern, löschen Sie wie unter Linux einfach die alte Verbindung und erzeugen eine neue mit dem korrekten Ziel.

Stichwortverzeichnis

Numerics
404 Handling 48
$cObj 136
$conf 154
$content 154
$GLOBALS siehe Variablen, globale
$PAGES_TYPES 356
$TBE_MODULES 359
$TBE_STYLES 360
$TCA 312, 537
   defaultExtras 355
   eval 322
   Feldtypen 320
   itemsProcFunc 347
   palettes 353
   showitem 349, 528
$this->data 136
$TYPO3_CONF_VARS 44, 454
(Inhalts)elemente 78
+calc 172
_GIFBUILDER 169

A
Active Directory 669
ADJUST 170
AdminPanel 192
admPanel 158
Ajax 500
Akronyme 202
allowed excludefields 319
allowTags 169
Apache 670, 680
API siehe TYPO3 API
Arbeitsspeicher 32, 34, 45
Association 30
Authentifizierung 670

B
Backend
   Benutzer 207
   Darstellung 526
   Farbschema anpassen 361
   Formulare anpassen 360
   Masken definieren 318
   Modul 414, 428
   Suche 276
Backup 50, 279
Bad Behavior 668
Barrierefreiheit 201
Basis-Templates 105
BBackend
   Log 272, 283
BE_USER 455
Bedingungen 94, 164
Befehle (Actions) 273
Benutzerverwaltung 205
Berechtigungsprobleme 38
bitweise speichern 325
Blog 642
bodytext 168
Borderschemes 363
BOX 170
Breadcumb 75
Browsereinstellungen 33
Brute-Force-Attacke 658, 661

C
Cache 193, 468, 677
   Einzelbereiche aufnehmen 198
   extCache 480
   Gültigkeitsdauer 197
   löschen 309
   unterdrücken 480
Caching 193
   Tabellen 194
Captcha 645, 667
CASE 149
Charset 47, 175, 177
cHash 199, 605
COA 138
COA_INT 138
COBJ_ARRAY 138

cObjects 136
Coding Guidelines 436, 536
Colorschemes 361
colPos 147
Community 27, 29
compatVersion 148
config 119, 123
Constant Editor 115
CONSTANTS 120
CONTENT 142, 164
content (default) 171
Content Management System 77
Cookies 33, 655
Core 303
    ändern 371
Crawler 680
Cronjob 487
CROP 170
Cross Site Scripting siehe XSS
CSS 70
css_styled_content 76, 146

D
data 159
dataWrap 160
Dateien
    allgemein 288
    class.t3lib_befunc.php 459
    class.t3lib_db.php 460
    class.t3lib_div.php 457
    class.t3lib_extmgm.php 458
    class.tslib_content.php 463
    class.tslib_fe.php 465
    class.tslib_pibase.php 461
    conf.php 428
    einbinden 404
    ext_conf_template.txt 425
    ext_emconf.php 418
    ext_localconf.php 422
    ext_tables.php 293, 406, 422
    ext_tables.sql 405, 423
    ext_tca.php 423
    ext_typoscript_constants.txt 424
    ext_typoscript_setup.txt 424
    ext_update.php 424
    lang.php 461
    localconf.php 291
    locallang.xml 424, 431
    schützen 665
    superadmin.php 65, 289
    tca.php 407
    template.php 461

Dateipfade 449
Dateiverwaltung in der TCE 310
Daten-Array in der TCE 306
Datenbank 297, 660, 681
    adodb 35
    Beziehungen festlegen 404
    blob 466
    compare 60
    Dump erzeugen 50
    erweitern 410
    import 61
    installieren 35
    m:m-Relation 301
    wichtige Tabellen 298
    zugreifen 447
Datenbankfehler 277
Datensätze im Page-Modul anzeigen 529
Datentyp 90, 99
DB Check 277
DB Dump 665
DB Mount 214
debug 191, 494
default 150
Denial of Service siehe DoS
denyTags 169
devlog 494, 497
diff-Tool 242
disableAllHeaderCode 81
displayCond 320
DNS-Spoofing 659
DocumentRoot 39
Dokumentation erstellen 444
DoS 658
Dummy-Paket 36

E
E-Mail 666
Eclipse 684
EDITPANEL 157
EFFECT 170
Eigenschaft 90, 99
Element Browser 142, 161
EMBOSS 170
enable fields 398
entryLevel 127
equals 164
excludefields 211, 319, 400
expAll 129, 131
Export 278
extdeveval 537
    siehe auch Extensionkeys, extdeveval

Stichwortverzeichnis

Extension Keys *389*
    abz_developer *44, 481*
    abz_eff_tca *526*
    abz_eff_tsconfig *220*
    cal *548*
    cc_beinfo *450*
    cc_debug *44*
    cc_devlog *498*
    cc_ipauth *285*
    cc_iplogin_be *285*
    cc_metaexec *580*
    cc_metaexif *580*
    commerce *557*
    crawler *492*
    dam *570*
    dbal *35, 297*
    de_custom_tags *616*
    direct_mail *584*
    erotea_date2cal *402*
    extdeveval *357, 370, 446, 527*
    gb_bedraganddrop *281*
    impexp *278*
    indexed_search *599*
    ingmar_admpanelwrap *373*
    irre_tutorial *340*
    language_detection *436*
    ldap_auth *672*
    ldap_lib *672*
    ldap_server *672*
    ldap_sync *672*
    llxmltranslate *297, 433*
    lorem_ipsum *542*
    realurl *480, 606*
    realurlsettings *612*
    registrieren *391*
    rlmp_filedevlog *498*
    rlmp_tmplselector *426*
    rtehtmlarea *363, 612*
    sg_beiplogin *381*
    smarty *523*
    sr_feuser_register *596*
    sys_action *273, 542*
    t3_locmanager *436*
    t3skin *362*
    t3skin_improved *272*
    templavoila *618*
    ter_update_check *55*
    timtab *642*
    timtab_badbehavior *668*
    tinyrte *615*
    tt_news *645*
    w4x_backup *50*
    wizard_crpagetree *545*
    wwsc_t3sync *51*
    xajax_tutor *501*
Extension Templates *106*
Extensions *547*
    Abhängigkeiten *421*
    allgemeine Informationen *395*
    Aufbau *418*
    conflicts *420*
    dependencies *420*
    dokumentieren *506*
    entwickeln *388*
    extdeveval *457*
    Extension Key *389*
    Extension Manager *52*
    global *59, 289, 392*
    Hilfetexte siehe Hilfetexte
    importieren *54*
    ins TER hochladen *507*
    installieren *56*
    Kickstarter *393*
    konfigurieren *56*
    lokal *290, 392*
    Namensrichtlinien *389*
    Newsletter *584*
    priority *420*
    Reihenfolge festlegen *353*
    sysext *392*
    system *290*
    TER *52*
externalBlocks *169*

F
Fallback *185*
Fehler finden *190*
Feldnamen *80*
Feldtypen *400*
FILE *140*
file *140, 161*
File Mount *214*
fileadmin *290*
Flexform *338, 404, 471*
Flexible Content Element *635*
FORM *151*
FreeType *35*
Frontend
    Editing *46, 157, 232*
    Plugins *411, 427, 461*
    Session *228*
Funktion (TypoScript) *158*
Funktionen *90*
Funktionsmenü *429*

G

GDLib 35
Gefahren 653
getText 159
GIFBUILDER 129, 141, 169
Globale Variablen 150
GMENU 129
GNU 27
GPL 27, 437
    einhalten 391
Grafisches Menüs 129
GraphicsMagick 35, 42

H

Hardware 32, 683
height 162
Hilfe
    kontextsensitiv 369
Hilfetexte 535
HMENU 125, 127, 148
HMENU_LAYER 130
Hooks 376
    anfordern 380
Hosting 32
HTML 137
    Template 70, 86, 156
htmlarea 612

I

iCal 548
ICS 548
    Dateien 551
IDE 684
if 164
IMAGE 140, 163, 170
imageLinkWrap 141, 163
ImageMagick 35, 42
IMG_RESOURCE 140
IMGMAP 170
imgResource 140, 161
IMGTEXT 148
Import 278
import 161
includeLibs 156
Info/Modify 110
Inhaltselemente 78, 136
Inhaltsobjekte 136
Insert Records 335
Install Tool 39, 290, 661, 664
    Encryption Key 661
    IPmaskList 662
    lockIP 662

Installation 31
    Apache-Benutzer herausfinden 38
    Shell-Zugriff simulieren 37
Intranet 669
iProc 132
IRRE 340
isFalse 164
isInList 164
isPositive 164
isTrue 164
itemArrayProcFunc 132
itemsProcFunc 347, 537

J

JavaDoc 444
JSMENU 131
JSMENUITEM 131
jumpurl 228

K

Kalender 548
Kasper Skårhøj 28
Kategorisierung von Dateien 571
key 149
Kickstarter 393, 436
Klassen 457
    language 461
    t3lib_basicFileFunctions 310
    t3lib_BEfunc 459
    t3lib_DB 460
    t3lib_div 457
    t3lib_extMgm 458
    t3lib_svbase 381
    t3lib_TCEMain 303
    t3lib_TCEmain 308
    template 461
    tslib_cObj 463
    tslib_fe 465
    tslib_pibase 461, 478
Klickvergrößern 163
Kommentare 91
Konditionen 94
Konstanten 93, 115, 450
Kontextmenü (Klickmenü) 368, 415
Kontextsensitive Hilfe 535
konzeptioneller Aufbau 288

L

Label 531
    im Backend einbinden 433
    im Frontend einbinden 434
    übersetzen 435

Lasttest *676*
Layermenü *130*
LDAP *669*
levelmedia *160*
lib.* *104*
lib.parseFunc_RTE *168*
Links erzeugen *167, 477*
linkVars *167*
Lizenz *27*
LOAD_REGISTER *150*
localconf.php *664*
locallang *531*
lockPosition *131*
Login *465, 481*
Lokalisierung *173, 293, 396, 431, 435, 476, 531*
Lokalisierungsansicht *180*

M
Mailingliste *663*
makelinks *169*
Marker *70, 87*
marks *157*
maxH *162*
maxW *162*
media *141*
Mediendatenfilter *577*
Mehrsprachigkeit *173, 531, 641*
Memory Limit *34, 45*
Menü *74*
Menüzustand *125*
META *123*
Meta-Informationen zu Dateien *570*
Metatags *123*
minH *162*
minW *162*
mm-Relation siehe Datenbank, mm-Relation
Module siehe auch Backend-Modul
    erweiterbar gestalten *415*
    verschiedene Typen *359*
Mount Point *329*
MVC (Model-View-Control-Architektur) *509*
MySQL *681*

N
Namenskonventionen *536*
Navigation *125*
nonTypoTagStdWrap *169*
Nutzung *27*

O
Object Browser *111*
Objekt *89, 90, 99*
    Typ *90, 100*
Open Source *27*
Operatoren *91*
optionSplit *134*
OUTLINE *170*
Outlook-Daten importieren *551*
Overlay *185*

P
PAGE *121*
Page TSconfig *220, 418*
pages *136*
Paletten *353*
parameters *167*
parseFunc *120, 168*
Passthrough *405*
Passwörter *658, 661, 669*
pdfinfo *36*
pdftotext *36*
Performance *676*
PHP
    Beschleuniger *680*
    Konfiguration *660*
PHP_SCRIPT *154*
piVars *479*
plainTextStdWrap *169*
plugin *124*
Plugin siehe Frontend, Plugins
postUserFunc *154*
ppthtml *36*
preUserFunc *154*

Q
Quotierung *436*

R
RECORDS *142*
Recovery *50*
Reference Index Table *303, 466*
relPathPrefix *71, 157*
renderObj *144*
RESTORE_REGISTER *150*
Rich Text Editor siehe RTE
Rootline *49*
RSS *551, 651*
RTE *63, 78*
    API *363*
    Datentransformation *363, 401*
rte *612*

S

SCALE 170
Scheduler 487
Seitenbaum 78
select 144, 164
Service 381, 416, 431
Session im Frontend 481
Setup 118
SHADOW 169
shadow 169
Shared Hosting 32
Sicherheit 653
    Maßnahmen 659
Single Sign On 669
Sitemap 413
slide 160
Smarty 523
Social Engineering 659
softref_key 468
Source-Paket 36
sources 147
Spalten ausblenden 223
Spam 645, 666
special 128
Spracheinstellungen 177, 181
Sprachmenü 183
Sprachpakete 57, 175, 293
    erzeugen 537
SQL Injection 657
SQL-Statement 164
static template 79
Statisches Template 109
stdWrap 83, 137, 159
styles.* 104
Styleschemes 362
Subparts 70, 87
subparts 157
Subversion 684
Suche 276
Symlinks 37, 58, 684
sys_language_mode 186
sys_language_overlay 187
sysLog 498
Systemlog 272, 283
Systemvoraussetzungen 32

T

T3CON 29
T3DataStructure 338, 471
T3N Magazin 29
Tabellen
    anlegen 397
    Feldtypen 400

tables 147
TCA siehe $TCA
TCE 303
TCEMAIN 224
Teamarbeit 684
temp.* 104
Templa Voila 467
TEMPLATE 156
Template 86, 101, 121
    Analyzer 114
    Datensatz 101
    Modul 109
template 121, 157
TER 28, 394, 507
    siehe auch Extensions
TEXT 137, 169
Textmenü 128
Title-Tag 103
TMENU 128
TMENU_LAYER 130
TMENUITEM 128
Tools 683
Toplevel Objects 118
Trackback 644
TSconfig 84, 219, 418
TSFE 454
tslib_cObj 136
TSref 97
tt_* 125
tt_content 136
typeNum 122
TYPO3
    API 450
    Coding Guidelines 658, 660, 663
    Developer Days 29
    Object Browser 333
    Snowboard Tour 28, 29
    Update 63
TYPO3_DB 454
typo3conf 290
typo3temp 291
typolink 167, 477
TypoScript 82, 84
    Dateien 106
    Editor 106, 109
    Referenz siehe TSref
    Semantik 88
    Syntax 88, 89
    Template 68, 79, 86, 101
Typvergleich 443

U
Übersetzungen *188*
    Übersicht *180*
ul/li-Menü *129*
Update *58, 63*
uploads *161, 291*
USER *154, 469*
User TSconfig *229, 418*
USER_INT *154, 469*
UTF-8 *505*
utf-8 siehe Charset

V
value *137, 164*
Variablen, globale *453*
Verschlüsselung *661*
Versionierung *236, 365, 398*

W
Web-Spoofing *659*
Webserver *33, 659*
Werkzeuge *683*
width *162*
Wizards *347, 539*
WORKAREA *170*
Workflow *236*
workOnSubpart *157*
Workspace Manager *245*
Workspaces *236, 238, 365*
    bei Programmierung beachten *482*
wrapItemAndSub *129*
www-data *38*

X
XCLASS *372*
XSS *655*

Z
Zeichensatz siehe Charset
Zugriffsschutz *665*

informit.de, Partner von
Addison-Wesley, bietet aktuelles
Fachwissen rund um die Uhr.

www.informit.de

In Zusammenarbeit mit den Top-Autoren von
Addison-Wesley, absoluten Spezialisten ihres
Fachgebiets, bieten wir Ihnen ständig
hochinteressante, brandaktuelle deutsch- und
englischsprachige Bücher, Softwareprodukte,
Video-Trainings sowie eBooks.

wenn Sie mehr wissen wollen ...

www.informit.de

THE SIGN OF EXCELLENCE

So vielseitig und erweiterbar TYPO3 auch ist, so hoch sind die ersten Hürden, die Sie als Anwender auf Ihrem Weg vom Einstieg bis zu Ihrer ersten TYPO3-Webseite bewältigen müssen. Auf diesem Weg unterstützt und begleitet Sie das TYPO3-Anwenderhandbuch. Vom Aufsetzen und Einrichten des CMS, über die Erstellung und Verwendung von Templates bis hin zu TypoScript, Mehrsprachigkeit und dem Beispiel zweier Praxisprojekte hilft es Ihnen, TYPO3 für Ihre eigenen Webprojekte einzusetzen.

Joscha Feth
ISBN 978-3-8273-2354-5
39.95 EUR [D]

www.addison-wesley.de

THE SIGN OF EXCELLENCE

Wenn ein Buch den Aufstieg von Linux im deutschsprachigen Raum begleitet hat, dann dieses: Michael Koflers „Linux"-Buch, auch schlicht „der Kofler" genannt. Seit mehr als zehn Jahren gilt dieses Buch als DAS Standardwerk für Linux-Einsteiger und Anwender. Es richtet sich an alle, die ihr Betriebssystem nicht nur einsetzen, sondern auch hinter die Kulissen blicken möchten. Das Buch wurde für die 8. Auflage vollständig überarbeitet und neu strukturiert. Es erscheint in neuem Design: übersichtlicher, leichter lesbar und mit noch mehr Inhalt. Die beiliegenden DVDs enthalten Fedora 7 und Ubuntu 7.04.

Michael Kofler
ISBN 978-3-8273-2478-8
59.95 EUR [D]

www.addison-wesley.de

THE SIGN OF EXCELLENCE

Diese Neuauflage wurde auf die Debian GNU/Linux-Version 4 „Etch" hin aktualisiert und überarbeitet. Sie wendet sich an Nutzer, die vielleicht schon eine Linux-Distribution ausprobiert haben, aber dennoch eine grundlegende Einführung benötigen. Autor Frank Ronneburg bietet genau das: einen Einstieg in alle Bereiche der täglichen Arbeit mit Debian – von der Installation auf verschiedensten Plattformen über Netzwerkeinsatz, Office- und Grafikanwendungen bis hin zu Multimedia. Ein Schwerpunkt des Buch liegt auf der Debian-eigenen Paketverwaltung apt-get.

Frank Ronneburg
ISBN 978-3-8273-2523-5
49.95 EUR [D]

www.addison-wesley.de

THE SIGN OF EXCELLENCE

Sie kennen TYPO3 bereits und möchten die nächste Stufe erklimmen? TypoScript ist der Schlüssel zu eigenen Templates, Navigationsstrukturen, Erweiterungen und vielem mehr. Am Ende dieses Video-Trainings können Sie:
- Grundlagen, Syntax und Semantik von TypoScript verstehen,
- die TYPO3-Werkzeuge gekonnt einsetzen,
- mit TypoScript-Objekten umgehen,
- Navigationen mit TypoScript erstellen,
- mehrsprachige Websites erstellen,
- den Chache von TYPO3 berücksichtigen u.v.a.m.

video2brain; Irene Höppner
ISBN 978-3-8273-6069-4
49.95 EUR [D]

www.addison-wesley.de